KB213139

야코부스 아르미니우스 전집

2

The Works of James Arminius, vol. 2

by James Arminius

Published by Acanet, Korea, 2025.

한국연구재단총서 학술명저번역 667
Academic Library of NRF

야코부스 아르미니우스 전집

2

The Works of James Arminius, vol. 2

야코부스 아르미니우스 지음

김혜련 옮김

아카넷

일러두기

1. 본문의 각주는 모두 옮긴이의 것이다.
2. 인용한 성경은 새번역성경(RNKSV)에 기초한다.
3. 원서의 본문 체제와 달리 한국어판에서는 가독성을 높이기 위하여 단락을 적절하게 구분하고 소제목을 추가했다.
4. 외래어 표기는 국립국어원 외래어표기법을 따랐으나, 관습적으로 굳은 표기는 그대로 허용했다.

차례

옮긴이 서문

『야코부스 아르미니우스 전집 2』는 일반 대중에게 덜 알려진 문서들로 구성되어 있다. 『야코부스 아르미니우스 전집 1』에서는 국내외 각처에서 아르미니우스에게 쏟아지는 중상과 비방에 공개적으로 답변하는 글, 전국 교회총회(시노드) 대리인들과의 면담 보고, 심지어 네덜란드 연합주 국가회의(State General)[1] 앞에서 발표한 공식 선언 등 공개적이고 공식적인 문서를 볼 수 있지만, 2권에서는 학생들에게 강의한 내용, 그의 박사 학위 논문, 공식적이거나 비공식적인 서한 등 다분히 개인적 차원의 문서를 볼 수 있다.

2권은 크게 3부로 구성되어 있다. 먼저 1부의 비공개 토론은 아르미니우스가 1603년에 레이던대학에 부임한 후 진행한 강의 내용의 일부로 구성되어 있다. 당시 네덜란드 대학에서 교수들은 정해진 커리큘럼에 따라

---

1)　국왕 대리인과 영주들이 포함되었기 때문에 요즘의 국회와는 사뭇 다르다.

학교에서 강의를 진행하는 한편, 다양한 이유로 자택에 하숙생처럼 기숙하는 학생들을 대상으로 개인 서재에서 강론하는 것이 보편적이었다. 그것은 비단 네덜란드뿐만 아니라 당시 유럽 전역의 대학에서 관행적으로 이루어진 일이었다. 따라서 교수들은 오전에는 학교에 출근하여 정해진 수업을 진행하고, 학과 업무와 학교 당국에서 요구하는 일을 담당한 다음 집에 돌아와 점심 식사를 한 뒤 신학부 교수라면 대학 교회에 들러 장로회 회의에 참석하거나 경건 시간을 가졌다. 그리고 집에 돌아와 개인 교습을 하듯이 비공개 토론을 진행했다.

이 책에 실린 비공개 토론에서는 신학의 세부 주제들에 대해 격론에 빠질 필요 없이 차분하게 논증적으로 접근한다. 물론 이 토론은 학생들의 학문적 성장에 보조를 맞추면서 그들이 내놓는 질의에 답변하는 방식으로 진행되었다. 그런데 흥미로운 점은 『야코부스 아르미니우스 전집 1』에서 본 비방에 가까운 비판 조항들 가운데 그의 집에 살았던 한 학생에 의해 약간의 악의와 개인적인 혼란이 보태어져 가공된 것이 들어 있었다는 사실이다. 교수 생활에는 그런 위험이 어딘가에 늘 도사리고 있는 법인데, 특히 후속 종교개혁이 진행되고 있던 17세기 초 네덜란드 상황에서는 그런 위험의 수위가 한층 높았던 것으로 보인다.

비공개 토론에서 다룬 주제는 신학의 정의에서 시작해서 그리스도의 신성, 그리스도의 삼중직, 그리스도의 의의 본질, 칭의의 구조와 효력 발생과정 등 신학의 기초 개념에 해당한다. 1605년이 끝나갈 무렵 아르미니우스는 요나서에 대한 강독 강의를 끝마친 것으로 알려졌지만 그 강의안은 남아 있지 않다. 그리고 1606년 초부터 말라기 강독을 시작하여 마무리하는 데 시간이 들었는데, 그가 그 책에 그토록 오랜 시간을 들였던 이유가 무엇인지 궁금하다.

비공개 토론의 말미에는 아르미니우스가 줄곧 관심을 기울여 온 주제인 교회와 국가의 관계가 언급된다. 이 주제를 빼놓을 수 없었던 이유는 네덜란드 종교개혁을 이끈 중심 세력이 암스테르담 뷔르고마스터(행정장관)와 시의회 의원들과 상인 길드 계층이었으므로 교회 개혁이 곧 사회 개혁과 국가 개혁으로 연결되기 때문이었다. 당시 아르미니우스가 꿈꾸었던 교회와 국가의 관계는 현대 민주주의적 관점에서는 도저히 실현될 수 없는 공중누각이었다. 그 정도로 그는 세속 통치자의 신앙적 성실성이나 합리성을 기대했기 때문인 것 같다. 후대 역사가 보여 주듯이 스페인과의 전쟁과 휴전 협상을 둘러싼 소요 사태, 전통 세력과 이주민들 간의 갈등, 강성 칼뱅주의자들의 득세 등 아르미니우스의 열망이 계속 타오르기에는 힘에 부쳤던 것 같다.

2부는 아르미니우스의 신학 박사 학위 논문으로, 그가 암스테르담 개혁교회에 시무하는 동안 주일 설교를 위해 연구한 로마서 7장이 중심축을 이룬다. 실제로 제네바에서의 수학을 마치고 귀국할 때 그는 논문 초고를 학교에 제출한 상태였고, 이후로 주해와 연구를 계속했다. 지도 교수인 테오도르 베자는 사후 승인 방식으로 학위 논문을 추인했다.

이 논문에서 아르미니우스는 칭의에 대한 도식적 해석을 과감하게 넘어선다. 그리고 바울이 구성한 논증을 거의 심리철학 또는 행위 이론의 관점에서 해부한다. 어느 시점에서 아르미니우스는 로마서 7장을 다룬 장편의 논문을 라틴어로 쓰기 시작했는데, 강해 설교라기보다 오히려 논리적 분석에 가까운 글이었다. 그것은 1613년에 호더프리뒤스 바손에 의해 『로마서 7장의 참되고 순전한 의미에 관한 연구』라는 제목으로 라틴어로 출간되었다. 이 논문에는 아르미니우스가 낳은 아홉 명의 유자녀들의 서명과 함께 장문의 헌사가 첨부되었는데, 그것을 통해 아르미니우스가 질병으로 마지막 시간을 보내는 동안에도 출간을 위해 원고를 교정하고 있었던 것을 알 수 있다. 이 책에는 책 전체의 논증을 라미즘(ramism) 스타일의 도표로 만든 커다란 별지가 첨부되었다. 그 도표는 『신학대전(*Opera Theologica*)』 영역본을 포함하여 이후의 편집본에서는 삭제되었다.

이 논문에서 아르미니우스는 5장으로 구성된 논증을 제시한다. 첫째, 그는 바울이 "자기 자신에 대해 말하는 것도 아니고, 은혜 아래 살고 있는 어떤 사람에 대해 말하는 것이 아니라, 율법 아래 있는 사람의 인격을 자기 자신에게 전이하고" 있음을 보일 것이다. 둘째, 이 입장에 대해서는 교회사를 통틀어 늘 옹호자들이 있었고, 한 번도 이단 선고를 받은 적이 없다. 셋째, 이 입장으로부터 펠라기우스주의를 포함하여 어떤 이단론도 추론될 수 없다. 넷째, '우리의 근대 신학자들'(예를 들어 칼뱅과 베자 같은)이 취한 입장은 초기 교부들이나 심지어 아우구스티누스에 의해서도 인정되지 않았다. 다섯째, 칼뱅과 베자의 입장은 "은혜에 유해하고" "선한 도덕관에 배치된다."

아르미니우스는 먼저 확고한 정의를 내리고, 이어서 명석하고 논리적인 관계를 구축한다. 판별성과 명료성을 보여 주는 그의 분석은 아리스토텔레스를 상기시키는 동시에 데카르트를 암시하는 듯하다. 사람은 중생한 자와 중생하지 못한 자로 나뉜다. "율법 아래 있다"라는 것은 율법의 책무에 지배될 뿐만 아니라, 그 죄책과 저주에 지배받는 것을 의미한다. "은혜 아래 있다"라는 것은 죄책으로부터 사면되고 은혜와 성령에 의해 소생함을 얻는 것을 의미한다. 아르미니우스는 "중생에 선행하는 것"과 "중생 자체"를 나누는 베자의 구별과, "굴종적인 두려움"이라는 칼뱅의 개념에 호소한다. 그로부터 중생한 사람에 대해 필연적으로 귀결되는 정의를 제시하고, 그리하여 그 정의는 로마서 7장에 대한 주석의 기초를 이룬다.

중생한 사람은 "세상의 어둠과 허영에서 벗어난, 그리고 그리스도의 참되고 구원하는 지식으로 조명된" 마음을, "죄의 지배와 종살이에 대해 죽고 그로부터 해방된" 감성을, 그리고 성령의 도우심에 의해 "죄, 세상, 사탄에 대항하여 싸울 수 있는" 권능을 소유한 자다. 그는 죄에 대해 저항할 뿐만 아니라, 그것을 이기고 승리를 구가할 수 있으며, 따라서 "더 이상 육체와 불의한 욕망을 기쁘게 하는 일을 하지 않고, 하나님께 감사함을 표현하는 일을 한다. 즉 그는 실제로 악에서 돌아서고 선을 행한다. 물론 그것은 완전한 수준에 이르렀기 때문이 아니라, 믿음의 정도(measure of faith)와 그리스도의 은사를 따라서 가능하다."

　　반대로 중생하지 않은 사람은 "눈이 어둡고, 하나님의 뜻에 대해 무지하며, 알면서도 고의적으로 양심의 거리낌 없이 죄로 스스로를 오염시키며, 하나님의 진노에 대해 무감각하고, 양심의 가책에도 전혀 두려워하지 않는다." 그러나 중생하지 않은 사람은 그 정도에서 그치지 않는다. 그는 또한 "하나님의 뜻을 알되 그것을 따르지 않고", "의의 길에 대해 잘 알면서도 그 길에서 돌아선다." 따라서 죄 인식은 '엄격한 의미의 중생'에만 국한되는 것이 아니라, '선행하는 것들'과 중생의 '원인'에도 포함된다. 아르미니우스와 강한 칼뱅주의의 차이는 바로 여기에 있다.

　　3부에는 공식 서한문과 개인 서한문 두 편이 실려 있다. 첫째 편지는 독일 팔츠 대사인 히폴리투스 아 콜리부스에게 보낸 공식 서한이고, 둘째 편지는 친구 아위텐보하르트에게 보낸 개인 서한이다. 1606년부터 시작된 스페인과의 휴전 협상이 잘 풀리지 않는 상태에서 네덜란드 전국은 전쟁파와 평화파로 분열되고, 국가와 교회 사이의 양극화는 심화되었다. 그 와중에 네덜란드 종교개혁의 정통 노선인 상인 길드의 비호 아래 있던 아르미니우스에 대한 악성 루머가 끊이지 않았다. 당시 헤이그에 파견되었던 독일 팔츠 대사인 아 콜리부스는 사건의 전말을 정확히 파악할 필요가 있었고, 숱한 비방 문서를 검토하는 것 외에도 당사자인 아르미니우스를 공관으로 초청하여 혐의에 대해 직접 답변을 듣기로 했다.

아 콜리부스는 아르미니우스의 답변에 만족했고, 그리하여 그 내용을 글로 써 줄 것을 요청했다. 아르미니우스가 자신의 답변을 정리하여 편지로 전달한 것이 바로 이 서한이다. 이 글은 1613년에 출간되었고, 아르미니우스의 『신학대전』에도 수록되었다. 여기서 논의한 주제는 다섯 가지로, 하나님 아들의 신성(아우토테오스 문제), 하나님의 섭리(죄의 필연성의 문제), 예정, 은혜와 자유의지, 칭의(의의 전가 문제)다. 이 답변 내용은 1608년 10월, 헤이그에서 열린 네덜란드 국회에서 발표한 「입장 선언」의 기초가 되었다.

둘째 편지는 아르미니우스가 한스 아위텐보하르트에게 보낸 것으로, 일종의 서신 토론이라고 말할 수 있다. 아르미니우스의 친구들 가운데서도 가장 가까웠던 두 사람이 언제 만났는지는 정확히 알 수 없지만, 제네바에서 수학하던 시절에 처음 만났다는 이야기가 가장 믿을 만하다. 아위텐보하르트는 1580년에, 아르미니우스는 1582년에 제네바에 도착했다. 이후로 두 사람은 개인적인 차원을 넘어 네덜란드 교회와 시노드, 국가와 관련된 사안에서 자문위원이나 대변인으로 함께 일한 적이 많다.

이 편지를 쓴 1599년에 아르미니우스는 암스테르담 개혁교회의 목사로 있었고, 아위텐보하르트는 헤이그에서 목사로 시무하고 있었다. 그는 헤이그 교회 회중에게 '성령을 거스르는 죄'를 주제로 설교할 계획이었고, 특별히 이 주제에 대해 아르미니우스에게 편지로 도움을 청했다. 아르미니우스의 응답에서 부분적으로 그 자신의 과묵함과 주저함이 눈에 띈다. 그 문제 자체와 가능한 답변에 대한 그의 분석은 여느 때와 다름없이 길고 복잡하다. 그는 간결한 답을 내놓지 못했다. 논증은 차치하고 그의 분석은 완전한 의미를 갖추고 있지 않지만, 여기서 볼 수 있는 것은 아르미니우스가 예정 이론을 둘러싸고 논적들과 논쟁의 소용돌이에 휩싸여 있기 전에 그가 신학 주제에 대해 논의하는 방식을 엿볼 수 있는 한 사례다. 1609년 3월 15일 일요일에 아르미니우스는 그의 마지막 편지를 아위텐보하르트에게 보냈다.

그의 서술 방식은 거의 '논리 기계'와도 같다고 불렸는데, 그것은 그가 고대 그리스의 형상론과 사원인론을 분석 도구로 사용했기 때문이다. 예를 들어 믿음을 설명할 때도 그것의 형상과 질료가 무엇인지 각각 묻는다. 사건이나 행위에 대해 설명할 때도 그 행위의 주원인과 근접 원인, 목적 원인, 도구적 원인 등을 분석한다. 오늘날의 독자에게는 낯설게 보일 수 있는 이 같은 설명 방식은 정밀성을 추구하는 그의 기질을 여실히 보여 준다. 그러므로 저자의 목표와 스타일을 감안하면서 이 책을 읽어 나간다면 의외로 흥미진진한 이야기로 읽힐 수 있을 것이다.

2권이 가진 특별한 면모는 신학 연구자이자 신학을 가르치는 교수로서 아르미니우스가 중요하게 여기는 주제가 무엇인지 알 수 있는 기회를 제공한다는 점이다. 당시 포스트 종교개혁의 한복판에서 격렬한 논쟁을 이끈 쟁점이나 신학 정파의 주도권을 쟁취하려는 목적과 무관하게 신학의 초석을 이루는 개념이 어떤 것들인지, 또 신학을 연구하는 목적과 방법은 어떠해야 하는지 천천히 서두르며(festina lente) 설명하는 신학자의 모습을 볼 수 있을 것이다.

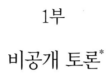

1부

비공개 토론[*]

토론 1

신학의 정의에 관하여

은혜로우신 우리 하나님의 보호하심 아래 다시 신학 토론의 여정을 떠나고자 하는데, 이번 기회에 우리는 먼저 다루었던 신학의 학문적 성격에 대해 심도 있는 성찰을 하게 될 것이다.

'신학(theology)'이라는 낱말을 마주할 때, 그 의미에 당연히 들어 있는 것이기는 하지만 그 낱말의 자구적 의미를 따라 우리는 하나님 자신에 관한 개념이나 담론 같은 것이 아니라, 오히려 그 낱말의 통상적인 용례를 따라 하나님과 신적인 일에 관한 '개념'이나 '담론'으로 이해한다.

신학은 경건을 따르는, 그리고 하나님께서 우리 인간들에게 나타내신 진리의 교의 또는 학문이라고 정의할 수 있다. 그 계시의 목적은 우리로 하여금 신적인 일에 대해 배우고, 하나님을 믿으며, 믿음을 통해 그에게 사랑과 경외, 공경, 경배, 순종의 행위를 나타낼 수 있도록, 그리고 궁극적으로 그와 연합함으로써 복을 얻고 하나님께 영광을 돌릴 수 있게 하려는 것이다. 그러한 교의나 학문이 다루는 근접 대상과 직접 대상은 하나님 자신이 아니라, 인간이 하나님께 이행해야 할 의무와 실천이다. 그렇기 때문에 신학은 이론적인 학문이나 교의가 아니라, 전인적 행위를 요구하는 실천 학문이다. 따라서 인간의 능력이 허용하는 한계 내에서 자신의 모든 것을 총체적이고 개별적으로 사용하여 이 학문의 주제인 하나님의 탁월성에 응답하는, 가장 초월적인 수준의 행위가 요구된다.

이 전제로부터 신학의 교의는 하나님께서 그 자신을 인식할 수 있는 수단으로서 자연과학의 모형을 통해 제시하는 것이 아니라, 인간의 의무와 그것을 이행하는 데 필요한 것을 규정하는, 영원 전부터 하나님의 마음 안에서 작정하신 뜻을 지시한다고 말할 수 있다.

토론 2
신학의 학문적 내용에 관하여

이론 학문은 종합적 순서[1]를 따르는 반면, 실천 학문은 분석적 순서를 따라 학습되어야 한다는 것은 방법과 질서의 대가인 철학자들의 오랜 격률이었다. 신학은 실천 학문의 성격을 가지므로 분석적 방법에 따라 탐구되어야 한다고 결론 내릴 수 있다. 그러므로 이 교의에 대한 우리의 논의는 이 학문의 목적에서 출발해야 할 것인데, 먼저 우리는 신학의 본성 또는 신학의 실체와 그 특성에 대해 매우 짧게 개괄할 것이다. 그다음으로 우리는 이번 강론 전체를 통틀어 신학의 목적에 이르기 위한 수단과, 목적

1) 종합적 지식과 분석적 지식의 구별은 18세기에 이마누엘 칸트에 의해 정립된 것이다. 칸트가 의미하는 종합적 지식은 경험을 통해 얻은 자료에 대한 추론에 의존하는 반면, 분석적 지식은 명제들에 대한 추론적 판단에 의존한다. 아르미니우스가 다루는 신학의 성격은 경험이나 분석에 의해 설명되지 않는다. 오늘날 학문으로서 신학의 위상은 충분히 논쟁적이지만, 역사적으로 신학은 형이상학 차원에 속한다.

에 도달한 다음에 증보(增補)할 것이 무엇인지 살펴보고 그 지점에서 이번 토론 전체는 마무리될 것이다.

이 순서를 따라 전체 교의뿐만 아니라, 그것에 속하는 모든 부분들까지 신학의 으뜸가는 목적에 비추어 논의할 것이고, 그럼으로써 각 항목들을 교의 전체와 그 전체의 목적과의 주요한 관계에 따라 올바른 위치에 놓을 수 있을 것이다. 그러나 진리에 부합하는 한, 적어도 핵심적인 근본 요점들이 성경에 부합하는 한 우리는 신학의 조직 전체를 설명하는 모든 논고에 쉽게 만족할 수 있고, 어떤 연구 저술이든지 기꺼이 찬사를 보내고 추천할 수 있다. 그러나 만일 오직 내적 질서를 탐구하는 수준에 머물고, 연구 주제를 더 정확히 설명하는 일에 힘쓸 뿐이라면 그러한 연구 경향에 대해 우리가 어떤 견해를 가지고 있으며 바라는 것이 무엇인지를 토로할 필요가 있다.

우선적으로 신학을 하나님과 하나님의 행위에 관해 다루는 학문으로 제시하는 것은 매우 부적절해 보인다. 우리는 신학을 병리학으로 분류하거나, 그 학문의 원리와 목적과 작용적 원인을 제시하는 이론의 서론이 끝난 뒤에 나오는 치료법처럼 분류하는 것에 결코 만족할 수 없다. 또한 표면적으로 어떤 방식으로 분류되든지 하나님의 말씀을 원리로, 그리고 하나님 자신을 우리의 구원을 위한 원인으로 전제한 다음, 하나님의 활동과 그 효력과 구원해야 할 대상인 인간을 신학의 한 범주로 정초하는 것에 대해서도 마찬가지다. 따라서 우리는 신학이라는 학문을 하나님에 관한 지식과 인간에 관한 지식으로 구획 짓고, 그 구획에 따라 신학을 하나님과 교회에 관한 탐구로 규정한다. 이 같은 전제로부터 귀결되는 것은, 신학 교의란 자연과학적 표본처럼 하나님이 자신을 인식하는 대로 보여 주는 것이 아니라, 피조 인간의 의무와 그것을 이해하는 데 필요한 모든 것을 제정함에 있어서 영원 전부터 하나님께서 내적으로 품으신 기뻐하시는 뜻을 예시한 다는 것이다.

신학의 목적인 참된 행복에 관하여

신학의 목적은 인간의 참된 행복, 즉 동물적이거나 자연적인 것이 아닌 영적이고 초자연적인 행복에 있다. 그 행복은 향유[2]하는 상태이며, 그 대상은 완전하고 으뜸가는 자기충족적인 선, 즉 하나님이다. 향유하는 행위의 토대는 지성과 지적 감수성을 부여받은 생명이다. 향유의 결합적 또는 연합적 원인은 하나님과의 연합이고, 그것에 의해 생명은 놀라울 정도로 완전한 수준에 이르므로 그 연합에 속한 사람은 '신적인 본성과 영원한 생

..

2) 이 개념은 인간 생명의 궁극적 목적을 하나님을 즐거워하는 것(frui deo) 또는 향유 (fruition)하는 상태로 규정한 아우구스티누스의 견해를 반영한다. 향유 개념의 그리스적 기원은 플라톤의 이데아와 아리스토텔레스의 행복 개념인 '에우다이모니아'에서 찾을 수 있 다. 두 개념 모두 마음의 관조(contemplation) 양태에 기초하는데, 특히 플라톤의 이데아 는 단순한 지적 관조라기보다 에로스적 동기에 의한 기회 원인을 필요로 한다. 따라서 전 인적인 실천이 요구되지는 않더라도 이데아적 관조는 정서적으로 대상을 지향하는 점에서 향유하는 상태에 근접한다.

명에 참여하는 자'라고 불린다. 이 향유 행위의 매개체는 지성과, 감정이나 감수성으로, 그것은 모형이나 형상에 의한 것이 아니라, 얼굴과 얼굴을 마주보는 것 같은 선명한 시상(視像)과, 이 시상에 상응하는 정서에 의해 성취되는 지성적 인식이다.

참된 행복의 일차 원인은 자신을 인간과 연합시키는 하나님, 즉 인간이 관조하고, 사랑하고, 소유하며, 그럼으로써 향유할 수 있도록 자신을 내주시는 하나님 자신이다. 이 행복의 선행 원인 또는 유일한 운동 원인은 하나님의 선하심과 세밀한 정의로서, 그것을 선두에서 이끄는 것은 하나님의 지혜다. 이 행복을 실행하는 운동 원인은 하나님의 용적만큼 영혼을 확장시키고, 동물적인 몸을 영적인 몸으로 변화시키고 고양시킬 수 있는 하나님의 권능이다.

향유의 목적, 그로 인해 발생하는 사건 또는 결과는 두 가지다. 하나는 하나님의 영광스러운 지혜, 선하심, 정의, 권능, 보편적 완전성을 증명하는 것이고, 다른 하나는 복 받은 자들에 의해 그가 영광을 얻으시는 것이다. 향유의 부수적인 속성들은 그것이 영구히 지속되는 것, 그것을 소유한 사람들에 의해 영원히 인식되는 것, 그리고 그 상태가 다른 모든 욕구를 충족시키며 그 자체로 지속적인 욕구의 대상이 되는 것이다.

토론 4

종교적 신앙[3]에 관하여

'인간의 중재 행위가 없이도 하나님께서 인간을 자기와 연합시킴으로써 그를 행복하게 만들 수 있는가?'라는 물음이 야기하는 논란은 차치해 두고, 영원한 행복의 상(償)을 내리기 원하시는 하나님은 그의 뜻에 부합하는 의무를 이행하지 않는 한 결코 인간에게 복을 주지 않기로 하는 것이 하나

..

3) 별다른 구별 없이 흔히 사용되는 '종교'라는 낱말의 기원을 살펴보면 동양과 서양이 서로 매우 상이한 기원을 가지고 있음을 알 수 있다. 따라서 'religion'은 맥락을 고려하지 않은 채 '종교'로 번역하는 것은 옳지 않다. 'religion'은 라틴어 'religio'에서 파생한 것으로, 적어도 두 가지 배경을 가지고 있다. 키케로는 'religio'가 라틴어 'relego'(숭배하다)에서 왔다고 보는데, 're'(다시)가 'lego'(읽다)와 결합하여 '다시 읽다', '반복적으로 음미하다', '주의 깊게 관찰하다'라는 의미로 쓰인다. 즉 신에게 바치는 예배와 관련된 것을 지속적으로 살피는 것이다(Cicero, *De Deorum Natura*, 2, 28, 72). 한편 락탄티우스는 're'(다시)가 'ligare'(묶다)와 결합하여 '다시 묶다'가 되었다고 본다(Lactantius, *Divinae Institutiones*, 4, 28). 아우구스티누스는 이 견해를 따른다. 즉 하나님께로 다시 결합하여(to reconnect) 하나님을 경외하는 것(reverence for God, the fear of God)이 'religio'의 근본이다.

님의 기뻐하시는 뜻이라고 우리는 단언한다. 그리고 가장 공정하신 하나님의 그 뜻은 정의와 공정성에 기초하고, 그에 따라 창조자로서 그는 이성을 부여받은 피조물에게 그의 뜻에 순종할 것을 요구하며, 그 요구에 대해 이성을 가진 피조물이 자기의 창조자이며 자비로우신 주와 주인이신 하나님께 복종함으로써 응답하는 것은 합당하고 마땅한 일이다.

이 행위는 인간이 자기가 가진 모든 것을 참여시키는 전인적인 것이어야 한다. 즉 정신의 경우 총체적으로, 그리고 소유한 개별 능력을 모두 사용해야 한다. 육체 자체는 정신에 종속된 무언(無言)의 도구임에도 불구하고 정신을 통해 얻는 행복을 경험할 수 있게 만드는 수용 능력을 가지고 있다. 또한 이 순종 행위는 인간이 수행할 수 있는 모든 일 중 가장 탁월한 것으로서, 마치 하나의 지속적인 행위처럼 계속되어야 한다. 따라서 의지의 간섭을 통해 인간이 다른 어떤 행위를 수행할 수 있는 경우에도 그 행위는 이 순종 행위와 그 기준을 따라 수행되어야 한다.

이 의무는 전체적 본질과 그 아래의 모든 부분들을 구속하므로 하나의 이름으로 부르기 어렵지만, 그것을 '신앙'이라는 이름으로 부른다면 결코 부적절한 구분이 아닐 것이다. 가장 일반적인 용례에 따르면 이 낱말은 세 가지 요소, 즉 행위 자체, 행위에 대한 책무, 그 행위가 지향하는 대상인 하나님에 대한 책무를 포함한다. 그러므로 우리가 부모를 공경해야 하는 것은 하나님 때문이다. 따라서 신앙은 신학이 반드시 포함해야 할 행위다. 그렇기 때문에 신앙을 '신학적 교의의 대상'이라고 타당하게 부를 수 있다.

신앙의 방법은 인간의 선택에 의해서가 아니라, 하나님의 명령에 의해 규정된다. 하나님의 말씀은 신앙의 기준이자 척도이기 때문이다. 오늘날 우리는 구약성경과 신약성경을 통해서만 그의 명령을 들을 수 있으므로 이 성경이야말로 신앙이 준수해야 할 강령이라고 단언한다.

신앙에 반대되는 것은 불경건, 즉 하나님을 경시하고 멸시하는 것이며, 또한 에텔로트레스케이야,[4] 즉 인간에 의해 창시된 신앙 양태인 우상이나 미신을 포함한다. 위선이 신앙에 전적으로 반대되는 것은 아니지만, 신앙의 진정성이나 순수성에 반대되는 것은 분명하다. 신앙은 인간이 전인적으로 참여해야 하는 문제이기 때문에 오직 몸으로만 예배하는 것은 위선이 된다.

··
4) 그리스어로는 'ἐθελοθρησκεία'. 고전적 의미의 유서(由緒), 즉 예로부터 전하여 내려오는 까닭과 내력 또는 우상을 뜻한다.

신앙의 기준, 하나님의 말씀, 특히 성경에 관하여

신앙은 하나님에 대한 인간의 의무인 까닭에 그것이 하나님의 명령에 따라 우리를 구속한다는 사실을 확증하기 위해 하나님의 말씀에 의해 그렇게 분명히 규정되어야 한다. 또는 적어도 인간이 그 기준을 분명히 인지할 수 있어야 하고, 또한 반드시 인지해야 한다.

여기서 사용되는 낱말은 엔디아데톤(내적 또는 마음에서 전개되는 추론)[5] 또는 프로포리콘(말로 언표되거나 전달되는 담화)[6]로, 전자는 생득적인 것이든지 외부에서 주입되는 것이든지 인간의 마음에서 이루어지는 내적 각인을 뜻하는 반면, 후자는 마음속에 있는 것을 겉으로 표출하는 행위를 가리

..

[5] 엔디아데톤($\epsilon\nu\delta\iota\alpha\theta\epsilon\tau\omega\nu$)은 형용사형 엔디아테오스($\epsilon\nu\delta\iota\alpha\theta\epsilon\tau o\varsigma$)에서 파생된 것으로, 마음에서 발생하는 인지 작용을 기술한다.

[6] 프로포리콘($\pi\rho o\varphi o\rho\iota\kappa\omega\nu$)은 형용사형 프로포리코스($\pi\rho o\varphi o\rho\iota\kappa o\varsigma$)에서 파생된 것으로, 입으로나 말로 표현하는 것을 가리킨다.

킨다.

말씀을 마음에 각인시킴으로써 하나님은 인간에게 신앙의 의무를 명령하신다. 처음에는 인간이 하나님을 경배해야 한다는 것과, 그 경배를 하나님이 기쁘게 여기신다는 것을 내적으로 설득함으로써, 그다음에는 그러한 경배를 하나님께서 기뻐하시고 또한 그 경배는 하나님과 이웃에 대한 사랑에 기초해야 한다는 것을 이해시킴으로써, 끝으로 경배에 대한 보상을 분명히 알 수 있게 하거나 보증하심으로써 인간의 마음에 보편적으로 계시하신다. 이 내적 계시는 모든 외적 계시의 토대가 된다.

하나님이 외적인 언어 표현을 통해 그의 뜻을 나타내실 때, 첫째는 그가 마음에 각인시킨 것들을 다시 반복하시고, 즉 그것들을 기억나게 하여 그의 명령을 실천에 옮길 것을 촉구하시고, 둘째는 다른 것들도 생각나게 하시는데 여기에 네 가지 차이가 발견된다.

1) 그것들은 우리가 기억하기 쉽고 실천할 수 있을 만큼, 또는 마음에 각인된 것으로부터 추론하기 어려울 정도로 자연법과 겹칠 수 있다. 2) 또는 외관상 동일하게 보이지만 마음에 각인된 것으로부터 보편적으로 하나님의 뜻과 갈등을 일으키는 것, 또는 적어도 일시적으로 충돌하는 결론을 추론할 수 없게 하나님께서 기꺼이 제약을 가하시는 것이 있다. 3) 신앙의 일반적 의무에 기초한 것임에도 마음에 각인된 것과 전혀 소통되지 않고 다만 물리적 표면에서 그치는 행위가 있을 수 있다. 4) 끝으로 인간의 상태가 어떠한지에 따라 어떤 행위는 개인적으로 적절한 것처럼 생각될 수 있는데, 특히 원초적 상태로부터 타락한 이후에 갖게 된 상태에 친화적인 행위가 있다.

하나님께서는 밖으로 표현하는 담화나 기록된 문자 같은 외적 수단에 의해 그의 말씀을 인간에게 전달하신다. 신앙 전반 또는 하위 부분들 각각에서 하나님의 소통 양태는 아무런 제한이 없을 뿐만 아니라, 그 자신의 선택과 뜻에 따라 때로는 이것을, 때로는 저것을, 어떤 경우에는 여러 방식을 한꺼번에 사용할 수도 있다. 처음에는 직접적인 담화를 통해, 그러나 그다음에는 내용이 훼손되거나 망각되는 일을 막기 위해 보다 확실한 수단인 문자 기록을 사용하신다. 실제로 그는 기록된 문서를 통해 그의 명령 체계를 완결 지으셨기 때문에 오늘날 우리는 성경 외에 다른 어디에도 없는 완전무결한 하나님의 말씀을 가지게 되었다. 그러므로 성경을 '신앙을 위한 도구'라고 부르는 것은 매우 적절하다.

기록된 성경은 '정경(正經)'이라 불리는 구약과 신약의 합본으로 되어 있다. 그 책들은 모세가 쓴 다섯 권의 책들, 여호수아서, 사사기, 룻기, 사무엘 상하서, 열왕기 상하서, 역대기 상하서, 에스라서와 느헤미야서, 열 개의 장으로 이루어진 에스더서, 선지자들이 쓴 열다섯 권의 책들, 즉 세 권의 대선지서와 열두 권의 소선지서, 그리고 욥기, 시편, 잠언, 전도서, 아가서, 다니엘서, 예레미야 애가서가 있다. 이 책들은 모두 구약성경에 속한다. 신약성경에 포함되는 것에는 네 권의 복음서, 한 권의 사도행전, 사도 바울이 쓴 열세 편의 서신들, 히브리인들에게 보낸 서신, 사도 야고보의 서신, 사도 베드로의 두 편의 서신들, 사도 요한의 세 편의 서신, 사도 유다의 서신, 사도 요한이 기록한 계시록이 있다. 이것들 중 어떤 것은 전혀 주저하지 않고 진본이라고 말할 수 있지만, 어떤 책들에 대해서는 간혹 의문이 제기되기도 한다. 그러나 의심의 여지가 없는 책들의 수가 충분할 정도로 많다.

그 책들의 일차 원인은 성령을 통해 아들의 형상으로 자기를 나타내신 하나님이다. 도구적 원인은 하나님의 경건한 사람들이다. 그들은 자신들의 뜻이나 소망을 따라서가 아니라 영감을 통해서, 또는 자신들에게 직접

구술되었거나 신적인 인도하심 아래 관리하는 책임을 맡는 식으로 성령의 방문을 받고 그에 의해 감동을 입고 그 책들을 기록했다.

이미 언급했듯이 성경의 질료 또는 다루어지는 내용은 그리스도교 신앙이다. 성경의 본질적인 내적 형상은 신앙에 관해 하나님의 뜻을 나타내는 참된 고지(告知) 또는 표의(表意)다. 외적 형상은 언어의 형태나 특질로서, 그것은 화자의 성품을 따라 조정되고, 사물들의 본성과 인간의 능력에 적합하도록 조절된 것이다.

성경의 목적은 인간 자신의 구원과 하나님의 영광을 위해 필요한 교훈을 제시하는 것이다. 교훈 전체에 속한 각 부분들은 교의, 질책, 규정이나 명령, 훈계, 위로, 경고 등이다.

토론 6

성경의 권위와 확실성에 관하여

구약성경과 신약성경에 망라되어 있는 하나님 말씀의 권위는 과거의 일이나 현재의 일이나 장차 일어날 일에 관한 서사 전체와 모든 선언의 진실성에, 또는 그 신성한 말씀에 들어 있는 모든 명령과 금지 규정의 권능에 있다.

이 두 가지 종류의 권위는 이 말씀의 원저자인 하나님 외에 다른 무엇에서도 나올 수 없는 것이다. 왜냐하면 그는 거짓이라고 의심할 수 없는 진리 자체일 뿐만 아니라, 무엇에도 비길 데 없는 권능의 소유주이기 때문이다.

그렇기 때문에 우리가 믿고 순종하기 위해서는 반드시 이 말씀의 신적 기원을 알아야 하고, 이 구속력은 대단히 강력하기 때문에 어떤 외적 권위에 의해서도 그 의무가 추가되는 일은 없다.

어떤 방식이나 관점에 따라 교회에 대해 고찰할 수 있을지라도 교회는 성경의 권위를 확증할 수 있는 자원을 전혀 가지고 있지 않다. 왜냐하면 교회 자신이 소유한 모든 권위는 이 말씀으로부터 얻은 것이고, 먼저 이 말씀의 신성을 인정하는 신앙고백을 하고 그 말씀에 순종하는 사람이 아닌 한 아무도 자신을 참된 교회에 속한 사람으로 자처할 수 없기 때문이다. 그러므로 성경이 교회에 행사하는 권위를 유보하고자 하는 어떤 시도이든지 그 자체로 하나님이 충분한 진실성과 으뜸가는 권능의 소유주라는 사실과, 지상의 각 교회가 하나의 지역 교회라는 사실을 수정하려는 시도에 해당한다.

그러나 이 말씀이 신적인 기원을 가진다는 사실은 기적이나 예언, 신적인 현현 등 말씀을 전달하거나 선언하기 위해 사용된 기호들에 의해, 담화의 스타일과 특징, 담화를 구성하는 부분들 전체와 개별 요소들이 서로 이루는 정합성, 말씀 자체의 유효성 등 말씀 자체가 가진 설득력에 의해, 자기의 성령을 통해 하나님 자신이 직접 행하시는 내적 검증이나 증언에 의해 증명될 수 있다. 이외에도 우리가 덧붙일 수 있는 2차 증거는 이 말씀을 신적인 것으로 인정하는 사람들의 증언이다.

전술한 증언의 힘과 효력은 전적으로 인간적인 것이고, 증인들의 지혜와 진정성과 일관성에 정비례한다. 그렇기 때문에 교회의 권위는 인간적인 것 외에 다른 어떤 차원의 믿음도 생산할 수 없고, 오직 신적인 믿음의 생산을 위한 예비 조건이 될 수 있을 뿐이다. 그러므로 교회의 증언은 성경의 확실성을 우리에게 확증할 수 있는 유일한 원천이 될 수 없고, 사실상 그것은 주요 원천도 되지 못한다. 아마도 그것은 성경의 권위를 확증하기 위해 제시할 수 있는 증거들 중 가장 작은 것으로 보인다.

가장 공정한 이유에 의해 이 말씀에 속하지 않는다는 것이 확실시되는 어떤 서사 기록도 자신의 신적인 본성을 입증하는 논증을 구성할 수 없다. 그 반면에 어떤 그럴듯한 이유에 의해 성경 말씀의 신적인 본성을 파괴하는 데 기여할 수 있는 논증을 창안하는 것은 불가능하다.

이 책이든 저 책이든 그것을 쓴 저자라고 알려진 사람의 작품이라고 믿는 것 자체는 구원을 얻는 데 절대적으로 필요하지 않다. 그럼에도 같은 저자가 쓴 다른 작품이라고 동일하게 저작권을 주장하는 논증보다 더 확실한 논증에 의해 그 지식의 불필요성이 입증될 수 있다.

우리가 가지고 있는 성경은 그 안에 들어 있는 책들이 신적인 것만큼이나 표준적(canonical)인데, 왜냐하면 믿음, 사랑, 소망, 그리고 우리의 모든 내적이고 외적인 행위의 기준을 담고 있기 때문이다. 그러므로 그 책들을 표준으로, 또는 정경으로 확립하기 위해 인간적인 권위는 필요하지 않다. 오히려 하나님과 그의 피조물 간의 관계는 그의 말씀이 피조물들의 삶의 기준이 될 것을 요구한다.

구약과 신약을 이루는 성경 책들의 신적인 본성을 확립하기 위해 우리는 다음의 선언(disjunctive) 명제가 반박할 수 없는 타당성을 갖는다고 주장한다. 즉 "성경은 신적인 것이고(이 표현은 신성모독과 완전히 거리가 멀다!), 그렇지 않다면 인간에게서 나왔든지 악한 영에게서 나왔든지 그것은 모든 책들 중 가장 얼토당토않은 것이다."

이로부터 필연적으로 귀결되는 것은 이것이다. 교회가 성경보다 더 오랜 역사를 가지고 있다는 거짓된 이유를 내세우며 "성경의 권위는 교회의 권위에 의존한다"라고 주장하는 것은 거짓이고, 언어도단이며, 여러 가지 모순과 신성모독을 함축한다.

성경의 신적인 본성을 뒷받침하는 증거 능력을 가지고 있다고 내세우는 로마교황의 권위는, 그보다 더 지혜롭고 더 훌륭하며, 더 일관적인 입장을 견지하는 보통 주교들 중 그 누구의 권위보다도 취약하다.

성경의 완전성에 관하여

구원을 얻기 위해 교회가 알아야 하고, 믿어야 하며, 행하고 또 소망해야 하는 모든 것을 포괄하여 우리는 '성경의 완전성'으로 부르기로 한다.

우리는 영감, 환상, 꿈, 그 밖의 다른 새로운 종류의 열광적인 것으로부터 이 완전성을 방어하고자 하는데, 그리스도와 그의 사도들이 이 세상에 머물렀던 시기 이후로 개인이나 교회의 구원을 위해 필요한 어떤 새로운 영감, 즉 충분하고 가장 완벽한 방식으로 성경에 포괄되어 있지 않은 다른 어떤 것이 단일한 개인에게 또는 어떤 회중에게도 제시된 일이 일이 없다고 우리는 주장한다.

마찬가지로 그리스도의 교회가 시작되었을 때부터 우리의 구원을 위해 필요한 것으로 분명하게 전달되고 믿었던 가르침과는 다른 어떤 새로운 교의가 이 말세에 와서 구원에 필요하기 때문에 새롭게 제시된다는 주장은 성경으로부터 연역될 수 없는 것이라고 우리는 확신한다. 왜냐하면 그리스도께서 승천하신 이후 하나님의 교회는 구원에 필요한 것에 대한 지식과 믿음을 증진할 수 있을 만큼 성장한 상태였지만, 새로운 항목을 추가적으로 받는 일은 있을 수 없었기 때문이다. 다시 말해 초기 교회는 그리스도교의 조항들을 믿는 신앙을 증진할 수 있었지만, 믿음의 대상인 신앙 자체에 대해서는 그럴 수 없었다.

그 이후로 무엇이 추가되었든지 그 자체가 성경과 충돌하지 않는 것이어야 하고, 그럴 경우에도 성경으로부터 연역될 수 있는 해석과 증명의 지위를 얻을 수 있을 뿐이다. 그렇지 않다면 그런 것은 어떤 권위도 인정받을 수 없고, 오히려 오류의 동지로 간주되어야 할 것이다. 왜냐하면 성경에 들어 있는 명제들뿐만 아니라, 설명과 증명의 완전성도 매우 높은 수준이기 때문이다.

그러나 어떤 언명이나 명제에 관해서든지 판단력을 기를 수 있는 가장 간편한 방법은, 그 명제의 주어와 술어가 개인의 구원을 침해하는 것은 아니더라도 적어도 구원을 위해 필요하지 않은 것으로 거부될 수 있는 것을 현저하게 또는 대등한 정도로 강력한 요소를 포함하고 있는지를 분별하는 것이다. 그러나 그것을 주어에 귀속시킬 때, 구원에 해를 끼치지 않는 한 수용될 수 없는 것이라면 문제의 술어는 바로 그런 부류에 속한다고 볼 수 있다. 예를 들어 "로마교황은 교회의 머리다", "동정녀 마리아는 은혜의 여성 중보자다"라는 명제가 그러하다.

토론 8

성경의 명료성에 관하여

　성경의 명료성은 단일한 기호와도 같이 성경 전체를 관통하는 특성이고, 그 특성에 따라 성경의 각 책들은 하나님의 자비로운 섭리를 따라 성경을 관리하는 책임을 맡은 사람들에게 최적화되었으므로 그들은 성경에 망라된 낱말들의 기의(記意)를 명확하게 나타낼 수 있었다.

　그 명료성이 성경의 책들이 가지고 있는 일치된 특성이라는 사실은 그 특성의 원인과 목적의 측면에서 볼 때 증명된다. 먼저 원인에 관해 우리는 저자의 지혜와 선하심을 고려할 수 있다. 즉 그는 그의 지혜를 따라 자기가 표현하려는 의미를 정확히 알 수 있고, 또한 참으로 그의 선하심을 따라 명확하고 훌륭하게 전달할 수 있다. 한편 목적에 관해 성경 말씀을 전달받는 사람의 의무가 곧 그것인데, 하나님의 작정을 통해 그들은 이 지식이 없이는 구원에 이를 수 없다는 것이 확정되었다.

　성경의 명료성은 그 대상과 주제와 관련하여 별개로 고려될 수 있다.

(성경에 들어 있는) 모든 것이 대등하게 분명한 것이 아니고, 모든 것이 모든 사람에게 선명하게 다가오는 것도 아니며, 오히려 사도 바울의 서신에서 보듯이 어떤 것은 "매우 이해하기 어렵고", "복음은 잃어버린 자들에게 숨겨져 있거나 가려져 있는데, 그것은 멸망하는 자들에게 가려 있는 것이다. 그들의 경우 이 세상의 신이 믿지 않는 자들의 마음을 어둡게 하였기 때문이다."(고후 4:3)

그러나 구원을 얻기 위해 반드시 알고 믿어야 할 것의 뜻이나 의미는 성경에 매우 명확하게 표현되어 있기 때문에 이성을 올바르게 사용하기만 한다면 성경 내용은 아무리 소박한 지적 수준을 가진 사람이라도 얼마든지 이해할 수 있다.

그러나 성경은 성령의 빛에 조명되어 능히 볼 수 있는 눈과 이해하고 분별할 수 있는 마음을 소유한 사람들이라야 명료하게 깨달을 수 있다. 빛이 충분히 비추더라도 내적인 빛이 그러하듯이 적합한 시각 능력을 갖춘 눈이 없다면 어떤 색깔도 식별할 수 없을 것이기 때문이다.

그러나 구원을 얻기 위해 반드시 알고 또 믿어야 하는 것이기는 하지만, 율법과 복음은 첨예하게 구별되어야 하고, 십자가에 못 박히신 후에 부활하신 예수 그리스도와 관련된 부분은 특히 그러하다. 그리스도에 대해 타인이었던 이방인들도 "율법이 요구하는 일이 자기의 마음에 적혀 있음을 드러내"(롬 2:15) 보이지만, 하나님의 내적 조명과 감동이 추가되지 않는 한 그 자체로는 구원을 얻을 수 없다. 그러나 "자연인에게는 어리석음과 걸려 넘어지게 하는 돌에 불과한 십자가의 교의"는 성령의 계시가 없이는 지각될 수 없다(롬 5:1, 고전 1:18).

성경에서 어떤 것은 대단히 이해하기 어렵기 때문에 가장 명민하고 총명한 지성을 가진 사람들조차 그런 것을 이해하기 위해서는 오직 한 주제에 대해서도 평생을 다 바쳐야 할지도 모른다. 그러나 하나님은 성경을 매우 세밀하게 다듬으셨기 때문에 성경에서 유익을 얻지 못하는 사람은 아무도 없고, 수없이 읽고 숙독해도 이해하지 못한다든지, 지긋지긋하고 혐오스러워서 성경을 내던져 버리는 일은 결코 있을 수 없다.

토론 9

성경의 의미와 해석에 관하여

성경의 합당하고 참된 뜻은 문자적 의미로 쓰였든지 비유적 의미로 쓰였든지 성경의 저자인 성령이 의도한 것과, 쓰인 낱말들 자체로부터 얻는다. 즉 그것은 문법적 의미라고 부르는 것이다. 오직 이 같은 의미에서 성경의 교의를 증명하는 논증을 구성할 수 있다.

그러나 영적인 것, 하늘에 속한 것, 장차 올 것과 영원한 것을 지시하기 위해 부득이 물질적이고 육적이며, 자연적이고 이 세상에 속한 것의 유비적 상사(相似)가 사용되었기 때문에 저자에 의해 뚜렷이 의도된 의미 각각에 대해서도 이중적 의미가 성경에 쓰인 낱말들의 기저에 깔려 있고, 그중 한 종류에 대해 우리는 '전형적 의미(typical meaning)'라고 부르며, 다른 종류에 대해서는 '전형에 의해 예표된 의미', 또는 '우의(寓意)[7]'라고 부른다.

∴

7) 우의(allegory)는 '달리 표현하다'라는 뜻의 그리스어 알레고리아(Allegoria)에서 기원한다.

이 우의적 의미를 우리는 앞에 언급된 전형적 또는 문자적 의미에 반대되는 '유비적 의미'라고 부르기도 한다. 이 의미들은 각각 '원인적 의미'와 '위상학적 의미'라고 부르는 것과 다르지 않다. 왜냐하면 전자는 문법적 의미의 의미론적 원인을 파헤치는 반면, 후자는 인물, 장소, 시간 등의 상황 요소에 따라 조정된 파생적 의미를 가리키기 때문이다.

성경 해석은 쓰인 낱말들에 대해, 그리고 그것들의 뜻이나 의미에 대해 내려진다. 낱말들에 대한 해석은 단일한 낱말이나 여러 개의 낱말이 결합된 복합체에 내려지고, 낱말들을 다른 언어로 옮길 때, 또는 같은 언어라도 다른 낱말들을 통해 부연 설명(또는 윤색)할 때도 같은 방법이 사용된다.

번역에 엄격한 제한을 가하는 이유는 만일 원래의 낱말이 애매할 경우 그것의 번역어도 여전히 애매할 수 있기 때문이고, 아예 번역이 불가능한 경우라면 대안적으로 쓸 수 있는 낱말을 여백에 표시해 두어야 한다. 다른 낱말들을 사용하여 설명(또는 윤색)하는 경우, 설명에 사용한 낱말들은 성경 본문에서 찾도록 최선을 기울여야 한다. 이 목적을 위해서는 유의어와 어법에 주목하는 것이 크게 도움이 된다.

낱말들의 뜻을 해석하는 경우, 의미를 '음성문자'의 규칙이나 형식에 일치시키거나, 해당 본문에서 저자의 담화 영역이나 의도를 반영할 수 있도록 세심한 노력을 기울여야 한다. 그렇게 하려면 낱말들의 명백한 개념적 의미뿐만 아니라, 성경의 다른 본문과 비교하여 서로 간의 유사성을 탐색

••

수사법의 하나로 추상적인 생각이나 개념을 의인화하거나 동물이나 식물 형상으로 바꾸어 묘사하는 것으로, 넓게는 은유, 직유, 대유의 개념과 비슷하며, 좁게는 우화 같은 비유적인 이야기를 뜻한다. 즉 어떤 사물을 직접적으로 표현하는 것이 아니라, 다른 사물에 의해서 암시적으로 표현하는 방법이다. 이 수사법에 의해 창작된 문학 작품이나 조형예술 작품을 일반적으로 알레고리라고 부른다.

하는 것이 매우 유익하므로 면밀하게 문맥을 조사하거나 규정해야 한다. 이런 노력을 기울이는 동안 (낱말들이 사용되는) 경우와 그 목적, 선행하거나 뒤따르는 것들 간의 연관성, 인물이나 시간이나 장소 같은 상황적 요소에 주안점을 두어야 한다.

성경은 사사로이 또는 특별한 방식으로 설명될 수 없으므로 성경을 해석하는 사람은 그 안에서 '자기의 감각을 충분히 단련해야' 한다. 경건한 문서들 가운데 예언서로 분류되는 책들을 해석할 때, 처음에는 성경의 그 예언을 영적으로 감동시켰던 것과 동일한 성령을 따라야 한다.

그러나 개인이나 교회도 자기의 해석을 원본과 같은 지위에 올려놓을 수 있을 만큼 다른 사람보다 더 높은 권위를 가진 사람은 없다. 그 점을 인정한다면 우리는 탁월성에서 선지자와 사도 역시 제외해야 한다. 왜냐하면 해석은 항상 해석하는 사람의 판단에 의존할 수밖에 없으므로 해석이 논증의 설득력에 의해 확증되는 경우에 한해 해석을 수용하도록 해야 한다. 그렇기 때문에 힘들게 입증된 교부들 간의 일치된 견해, 또는 로마교황의 권위라도 해석을 위한 기준으로 받아들일 수 없다.

한 명 또는 더 많은 예언자에 의해 제시된 해석에 대해 공적인 입장에서 성경을 해석하는 사람이든지 개인적으로 해석하는 사람이든지 근거 없이 그것을 거부할 수 있는 무제한적인 허가증을 그 누구에게도 내줄 수 있다는 생각을 우리는 전혀 받아들일 수 없다. 그러나 우리는 예언할 수 있는 (또는 공적으로 주석을 제시할 수 있는) 자유를 훼손하지 않는 상태로 온전히 교회 안에 보존될 수 있기를 바란다. 우리는 그러한 자유 자체가 생사를 주관하시는 전능하신 하나님의 판단에, 그리고 묶기도 하고 풀기도 하는 권세를 부여받은 교회나 성직자들의 판단에 맡겨져야 한다는 것을 명심해야 한다.

토론 10

성경의 유효성에 관하여

구두로 전달되었든지 또는 기록된 것이든지 하나님 말씀의 능력과 유효성에 대해 논의할 때, 우리가 그 주제에 반드시 첨가해야 할 것은 성령의 주도적이고 상호작용적인 유효성이다. 이 유효성의 적용 대상은 인간이지만, 인간은 또한 이 유효성을 행사할 수 있는 주체이기도 하고 그것을 수용하는 대상이기도 하다는 사실을 고려해야 한다.

이 유효성을 역동적으로 만드는 주체는 자기의 지성과 정서에 따라, 그리고 능동적이건 수동적이건 어떤 역량을 부여받은 개체로서 행동하는 인간이다. 지성에 의해 인간은 낱말의 의미를 이해할 수 있고, 그것을 참된 것으로 또는 좋은 것으로 스스로 파악할 수 있다. 정서에 의해 인간은 자기에게 제시된 참되고 선한 것을 지향하는 욕구에 이끌리고, 그것을 포용하며, 거기에 머물기로 결정할 수 있다.

이 유효성은 지성과 정서에 의해 자신을 능가하는 더 참되고 선한 어떤 것을, 그리고 외부 세계에는 존재하지 않는 어떤 초월적인 것을 파지(把持)하는 능력을 갖게 하는 선행적인 예비 조건일 뿐만 아니라, 지상의 삶에서는 도달할 수 없는 궁극적인 완전성의 차원으로 인간의 지성과 정서를 끌어올리는 완료적 상태와도 같다. 그러므로 우리는 성경을 죽은 문자처럼 여기면서 인간을 훈련시켜서 다른 내적 계시를 얻을 수 있게 하는 역할을 할 뿐이라고 주장하는 사람들을 (그리고 그들의 교의를) 거부한다.

이 유효성은 각각 양면성을 가진 세 가지 행위에 의해 성경에 아름답게 규정되어 있다. 첫째는 참된 것을 가르치고 거짓된 것을 반박하는 행위이고, 둘째는 선한 것을 권면하고 악한 것을 금지하며, 혹시라도 자기의 의무를 벗어나거나 그것에 위배되는 어떤 일을 행하였을 경우 그것을 꾸짖는 행위이며, 셋째는 회개하는 영에게 위로를 베풀고 교만한 영에게 위협적으로 경고하는 행위가 그것이다.

성경의 이 같은 유효성이 목표하는 대상은 하나님의 정의의 법정에 서게 될 인간으로, 이 말씀에 의거하여 (보고자로서) 그는 칭의 선언을 받거나 정죄의 심판을 받을 때 비로소 그곳을 떠날 수 있을 것이다.

토론 11

더 엄격한 의미의 신앙에 관하여

우리는 일반적 수준의 신앙에 대해, 그리고 구약과 신약 성경에서 파악되는 방식을 따라 신앙의 원칙을 고찰했다. 이제는 좀 더 엄밀한 의미의 신앙에 대해 고찰할 차례다.

신앙은 하나님에 대한 인간의 의무를 함축하므로 필연적으로 그것은 하나님과 인간 사이에 존재하는 상호 관계 위에 세워져야 한다. 만일 이 관계에 변화가 발생한다면 신앙의 양태, 즉 지식, 믿음, 사랑, 경외, 신뢰, 두려움과 순종 등 항상 신앙에 내재하는 본질과 관련된 행위 역시 변모할 수밖에 없다.

하나님과 인간의 원초적 관계는 신적 형상을 따라 인간이 창조된 사실에 근거하고, 그에 따라 처음에는 인간의 마음에 각인되었고, 그다음에 모세에 의해 십계명에서 다시 추인된 포괄적인 율법에 의해 인간에게 의무로서 규정되었다. 인간의 순종 여부를 입증할 수 있도록 하나님께서는 이것 외에도 선악을 알게 하는 나무의 열매를 먹지 말도록 명령하는 상징법을 더하셨다.

인간의 죄를 통해 인간과 하나님 사이에 또 다른 관계가 유입되었고, 그에 따라 인간은 하나님께 저주받을 가능성이 있으므로 회복의 은혜가 요청된다. 만일 하나님께서 이 은혜를 인간에게 베푸신다면 인간에게 의무로서 규정된 신앙 역시 창조에 더하여 바로 그 은혜의 행위 위에 다시 세워져야 한다. 이 행위는 (하나님 편에서) 인간이 자기의 죄를 시인하고 구원에 감사할 것을 요구하기 때문에 실제로 그 관계가 하나님의 약속을 통해 변화되었듯이 이 새로운 관계 안에서 신앙의 양태도 마찬가지로 변화되어야 할 것이다.

이 같은 변화를 하나님은 기꺼이 맡아 관리하시므로 이 은혜를 즉각적으로 완전한 방식으로 나타내시지 않고, 하나님께서 정하신 때가 되면 은혜가 나타날 것이라는 약속과 함께, 얼마 동안 인간을 봉인된 죄의 지배 아래 두기로 하셨다. 따라서 이스라엘 백성을 위해 모세가 제정했던 신앙과 그리스도께서 그의 제자들에게 전달하신 신앙 사이에 차이가 발생하는데, 전자가 '옛 언약과 약속의 신앙'이라면, 후자는 '새 언약과 복음의 신앙'이다. 또한 전자는 유대인의 종교인 반면, 후자는 그리스도인의 종교인 것이다.

모세 아래서 의식법(儀式法)이 사용되었고 그리스도 아래서 그것이 철폐되었다는 사실은 이 신앙 또는 신앙의 양태가 많은 행위들의 차이로 나타난다는 것을 말해 준다. 그러나 오늘날 그리스도교 신앙이 주도하고 있고 우리는 이 신앙이 요구하는 책무를 이행해야 하므로 이 신앙을 적절한 위치에 정초하고, 그리스도교 신앙을 올바르게 설명할 수 있고, 그 목적을 위해 도움을 줄 수 있는, 원초적 신앙과 유대인의 신앙에 대해 몇 가지 측면을 적시하고자 한다.

그러나 그 차이를 확대함으로써 그리스도의 중보 없이 구약의 교수법(敎授法)을 따라 오직 약속을 믿고 하나님을 섬겼던 사람들에게 구원이 주어지듯이, 그런 방식의 구원의 길을 제시하는 것은 우리의 의도와는 거리가 멀다. 최초로 약속이 선포된 이후로 늘 증보(增補) 사항들이 인정되었기 때문이다. "이 예수 밖에는 다른 아무에게도 구원은 없습니다. 사람들에게 주신 이름 가운데 우리가 의지하여 구원을 얻어야 할 이름은, 하늘 아래에 이 이름 밖에 다른 이름이 없습니다."(행 4:12)

이것에 근거하여 고대인들 중 누군가 제시한 다음과 같은 주장은 거짓일 뿐만 아니라, 신학적으로도 모순적이다. "인간은 먼저 자연법에 의해, 그다음에는 모세의 율법에 의해, 그리고 궁극적으로 은혜의 법에 의해 구원을 얻는다." 더욱이 이 주장은 유대교 신앙과 그리스도교 신앙을 혼동하게 만들고, 하나님의 경륜이나 제도에 전혀 부합되지 않은 것이 확실하다.

토론 12

그리스도교 신앙, 그 이름과 관계에 관하여

이제 그리스도교 신앙에 대해 본격적으로 고찰하려 하는데, 우리는 먼저 이 낱말의 의미를 밝히고, 그다음으로 이 신앙의 내용을 차례로 고찰할 것이다.

유대인들이 '나사렛 이단'이라고 불렀던 그리스도교 신앙은, 하나님께서 우리의 유일한 스승으로 임명하시고 그리스도와 주님으로 세우신 나사렛 예수에게서 그 이름을 얻은 것이다. 그러나 이 이름은 두 가지 방식으로, 즉 원인과 대상의 측면에서 볼 때 예수와 일치한다. 먼저 원인의 측면에서 볼 때, '하나님께서 보내신 유일한 선생'이신 예수 그리스도께서 이 세상에 계실 때 그 자신의 목소리에 의해, 그리고 그가 세상 속으로 보내신 사도들에 의해 그리스도교가 제정되었기 때문이다. 그 다음으로 대상의 측면에서 볼 때, 이 신앙의 대상인 동일하신 예수 그리스도는 오늘날 그의 신성이 충분하고도 완전하게 나타나고 밝혀진 반면, 과거 시대에 그는 모세와 선지자들에 의해 장차 오실 분으로 약속되고 예고되었기 때문이다.

그리스도는 다른 모든 선생들─모세, 선지자, 심지어 천사들까지─을 훨씬 능가하는 선생으로서, 지각 양태에서나 가르침의 탁월성에서나 그러하다. 그의 지각 양태로 말하면 그는 아버지의 가슴속에 존재하시므로 아버지의 모든 비밀을 내밀하게 아시며, 또 영적으로 충만한 가운데 계시기 때문에 그가 말하고 가르치는 모든 것은 하나님 안에서 그가 직접 보고 들은 것이다. 반면에 다른 선생들은 영적으로 어느 정도 충만한 상태이기는 하지만 그들이 아는 것은 환상이나 꿈에 의해, 또는 '얼굴을 마주보며' 대화를 나누거나 천사들의 중재를 통해 얻은 것으로서 다른 사람들에게 그것을 선포해야 하는 의무가 부여된 것이다. 그리고 이 영은 곧 '그리스도의 영'이라고 불린다.

그의 가르침의 탁월성으로 말하면 그리스도가 다른 모든 선생들보다 우월한 것은 그가 성부 하나님의 참되심과 인간의 구원에 관한 아버지의 완전하고 최종적인 뜻에 관한 모든 것을 단번에 모두 인류에게 나타내셨기 때문이다. 그러므로 그의 계시의 확실성에 관해 아무것도 덧붙일 것이 없고, 또 그럴 필요도 없다.

이 신앙의 교의를 믿고 또 그 사실을 공개적으로 고백하기 시작한 때로부터 사람들은 그 고백자들을 그리스도인이라고 부르기 시작했다(행 11:26; 벧전 4:16). 이 이름의 탁월성을 실제로 한 개인에게 귀속시킬 수 있으려면 그 사람은 그리스도가 하나님께서 선생과 선지자로 세우신 분이라는 것을 인정하는 것만으로 충분하지 않다. 그러한 지식과 믿음이 선행해야 하고, 그 사실만으로도 간혹 그리스도를 믿는 자로 간주되기도 하지만, 진실로 그는 또한 그리스도를 이 교의의 신앙적 대상으로서 종교적 차원에서 인정하고 경배해야만 한다.

토론 13

그리스도교의 일반적 주제에 관하여

다양한 변양에도 불구하고 하나님은 모든 종교적 신앙의 대상이므로 그는 마땅히 이 그리스도교의 대상이 된다. 그러나 하나님과 관련하여 그리스도는 성부 하나님께서 그를 우주의 임금이자 주님으로, 그리고 그의 교회의 머리로 임명하신 분이므로 그리스도 역시 우리 신앙의 대상임이 분명하다.

그렇기 때문에 그리스도교를 다루는 연구서에는 다음과 같은 주제가 아래와 같은 순서로 우리가 고찰해야 할 것으로 제시된다. 1) 신앙과 종교적 예배가 수행되어야 할 대상 자체에 대해. 2) 그 대상에게 신앙과 경배를 바칠 수 있고 또 그렇게 해야만 하는 이유에 대해. 3) 하나님과 그리스도의 명령에 따라 실천해야 하는 신앙과 경배의 행위에 대해, 그리고 그것을 각각 수행하는 방식에 대해. 4) 약속되었고 우리의 소망의 대상이기도 한 구원 그 자체는 그것을 얻게 될 경우 이 신앙에 대해 내려지는 보상이며, 따라서 그것은 그리스도 안에 있는 하나님의 영원한 영광이 발산되어야 하는 강력한 원인적 동기가 된다.

그러나 이 신앙을 실천에 옮겨야 하는 당사자인 인간은 죄를 지었고, 그럼에도 그의 죄가 용서받고 화해 상태로 회복되었다. 이 표징에 의해 그리스도교는 하나님께서 역시 죄인으로 규정하셨던 유대인들의 종교와 구별될 수 있도록 기획되었다. 그러나 과거에는 아직 죄가 용서받지 못했고, 그 때문에 당시의 신앙 양태는 특히 전례와 관련하여 매우 상이한 것이었다.

우리가 고찰해야 할 것으로 언급된 모든 주제에서 그리스도교는 다른 모든 종교보다 월등히 탁월하다. 차라리 그것이 가장 탁월한 종교 양태라고 말하는 것이 옳을 것이다. 그것은 이 종교의 신앙 대상이 가장 탁월한 방식으로 제시되었기 때문이다. 따라서 이 대상에 관해 인간의 마음이 지각할 수 없거나, 그 교의를 통해 나타나지 않은 것은 하나도 없다. 즉 하나님께서는 이 종교의 교의를 통해 자기의 모든 선하심을 나타내시고, 그것을 그리스도에게서 확인할 수 있게 하셨다.

이 대상을 믿고 그 신앙을 실천에 옮겨야 하는 이유는 모든 측면에서 가장 강력한 효능을 발휘한다. 따라서 왜 다른 신에 대해 신앙을 가질 수 있거나 또 그래야만 하는지 상상하는 것은 불가능하다. 즉 그런 가능성은 그 이유의 유효성에 의해 뚜렷이 제시되지 않는다.

신앙과 경배의 행위 자체는 가장 명시적이고 특별한 방식으로 요구되었고, 요구된 그대로 실행되어야 한다. 그리고 그 행위를 통해 실현될 구원은 가장 위대하고 가장 영광스러운 것이다. 왜냐하면 다른 어떤 형태의 종교를 통해 구원을 얻을 수 있다 해도 그와 비교할 수 없을 만큼 충만하고 완전하게 하나님께서 자신의 모습을 나타내실 것이고, 이 구원에 참여하는 사람들은 그리스도를 그들의 머리로서, 곧 전 인류의 형제로서 소유할 것이고, 항상 그의 모습을 볼 수 있을 것이기 때문이다. 그리하여 구원에 이르고 그것을 소유함으로써 어떤 의미에서 우리는 천사들보다 더 우월한 존재로 영원히 살 것이다.

토론 14

그리스도교 신앙의 대상에 관하여,
그리고 일차 대상인 하나님에 관하여

그리스도교 신앙의 대상이란 이 종교를 믿는 사람이 믿고 경배해야 할 대상을 가리킨다. 그 대상은 하나님과 그의 그리스도—주 대상은 하나님, 그리고 그에게 복속하는 그리스도—즉 하나님 그 자체, 곧 하나님이신 그리스도다.

그리스도교 신앙의 주 대상인 하나님에 대해 우리가 고찰해야 할 것은 다음의 세 가지다. 첫째, 이 종교에 대한 신앙을 영예롭고 유익한 방식으로 인도할 수 있는 하나님 본성(nature)의 탁월성과 선하심. 둘째, 하나님을 반드시 믿어야 할 이유가 되는 그의 사역 행위. 셋째, 오직 그를 믿을 것을 명령하고, 그 명령을 따르는 사람에게는 상을 주는 반면, 그 명령을 불이행하는 사람에게는 심판을 내리기를 원하시는 하나님의 뜻.

하나님의 본성에 관한 탐구는 모든 종교적 신앙의 일차적이고 으뜸가는 공리인 "하나님이 계시다"를 전제로 삼아야 한다. 이 전제가 없는 한 하나님의 본성에 관한 모든 탐구는 헛된 일이다. 애초에 신의 본성 같은 것이 없다면 종교는 인간의 관념이 낳은 환상에 지나지 않을 것이기 때문이다.

하나님의 음성을 파지할 수 있는, 이성을 가진 모든 피조물에게 하나님의 존재는 암묵적으로 제시되었고, 그 심적 인상을 관조하는 모든 사람은 이 진리를 알 수 있지만, "하나님이 계시다"라는 명제는 여러 다양한 논증에 의해 증명될 수 있다. 우선 확실한 이론적 공리들에 의해, 그리고 그 공리들을 구성하는 용어를 일단 이해할 수 있을 때 그것들은 참된 것으로 인식되고, '주입된 관념들(implanted ideas)'이라고 부를 만한 것이 된다.

첫째 공리는 "어떤 것도 스스로 존재하거나 존재할 수 있는 것은 없다"라는 것이다. 따라서 어떤 것도 존재하는 동시에 존재하지 않는다거나, 자기 자신보다 먼저 있거나 나중에 발생할 수 없고, 자기 자신의 원인이면서 동시에 결과일 수 없다. 그러므로 어떤 한 존재자가 필연적으로 선행적으로 존재해야 하고, 일차적인 으뜸 원인으로서 다른 모든 것들이 발생하는 기원이 되어야 한다.

둘째 공리는 "모든 유효한 일차 원인은 그 결과보다 더 크거나 탁월하다"라는 것이다. 이로부터 모든 피조된 정신은 결과의 지위를 갖게 되므로 모든 것보다 우월하고 가장 지혜로운 어떤 단일한 정신이 먼저 존재하고, 그것으로부터 다른 모든 정신이 발생한다는 것이 함축된다. 이 정신은 바로 하나님이다.

셋째 공리는 "어떤 유한한 힘도 무로부터 무엇인가를 생산할 수 없고, 따라서 최초의 자연은 무로부터 발생했다"라는 것이다. 만일 그 최초의 자연이 그와 같지 않다면 그것은 어떤 유효적 원인이나 선행 원인에 의해 변화를 겪을 수도 없고 또 그래서도 안 될 것이므로 그것으로부터 어떤 것도 생산될 수 없을 것이기 때문이다. 그 존재는 바로 하나님이다. 이로부터 존재하는 모든 것은 영원 전부터 존재하고 일차적인 존재이거나, 하나의 일차적 존재자가 있어야 한다고 결론 내릴 수 있다. 그런데 바로 그 존재는 하나님이다.

동일한 진리를 실천적 공리에 의해, 또는 모든 합리적 피조물이 생득적으로 소유하는 양심에 의해서도 증명할 수 있다. 그 대상은 선한 일을 행하는 사람에게 용서를 베풀고 기뻐하지만, 악한 일을 행하는 사람은 꾸짖고 처벌하며, 심지어 어떤 피조물도 알지 못하는, 아직 실현되지 않았거나 결코 일어나지 않을 일에 대해서도 동일한 방식으로 다루신다. 이것은 모든 일을 정밀하게 조사하고 심판을 내리는 최고의 재판장이 존재한다는 것을 확증한다. 바로 그 재판장은 하나님이다.

존재하는 모든 사물의 엄청난 규모, 완전성, 다양성, 일치성은 다섯째 논증의 근거가 되는데, 모든 것이 다른 사물로부터 나온 것이 아니라, 오직 단일한 한 존재자로부터 나왔다는 사실을 큰 소리로 선포한다. 바로 그 존재자는 하나님이다.

여섯째 논증은 사물들을 통해 식별되는 질서로부터, 그리고 그것들 모두가 하나의 목적을 향해 질서 있는 경향성과 방향성을 보여 주는 현상으로부터 추론할 수 있다. 심지어 이성이 결여되어 어떤 목적을 추구하는 행동을 할 수 없거나, 아예 목적 같은 것을 의도할 수조차 없는 피조물까지도 그러한 경향성을 보여 주기 때문이다. 그러나 모든 질서는 하나의 존재로부터 나오고, 지혜롭고 선한 그 존재는 모든 것을 동일한 목적으로 이끈다. 그 존재는 바로 하나님이다.

정치, 교회, 경제 등 인류가 참여하는 공공 사회가 보존되어 온 사실은 우리에게 일곱째 논증을 제공한다. 사탄과 악한 사람들의 극심한 악행과 광포함이 만연한 상황에서 최고 권능자가 안전하고 온전하게 지켜 주지 않는다면 인간 사회는 안정이나 견고함을 유지할 수 없을 것이다. 그 권능자가 바로 하나님이다.

여덟째 논증은 이미 일어났던 것으로 믿어지고, 또 언제든지 일어날 수 있다고 생각되는 기적에 기초한다. 그 기적의 규모는 엄청나게 크기 때문에 그것을 야기하는 운동 원인은 피조 우주 전체의 힘과 동력을 훨씬 능가한다. 그러므로 우주 자체와 그 힘과 잠재력을 능가하는 어떤 원인이 존재하는 것이 틀림없다. 바로 그 원인은 하나님이다.

미래 사건과 우연성, 그와 동시에 정확하고 엄밀한 경로를 거쳐 완결에 이를 것을 예고하는 선언으로부터 아홉째 논증을 구성할 수 있는데, 그 예고는 하나님을 제외하고 어디에서도 나올 수 없다.

끝으로 덧붙일 것은 모든 민족이 항상성과 보편적 일치를 보여 준다는 사실인데, 그 보편적 일치는 일종의 법, 또는 오히려 신탁과 유사한 것으로 보아야 할 것이다.

이에 다음과 같은 결론에 필연적으로 이른다. 매우 박식한 사람들 사이에서도 불일치가 관찰되기 때문에 우리는 토론 주제로 다음과 같은 물음을 제안한다. '이 세상에서 분명히 관찰할 수 있는 운동 현상으로부터, 그리고 움직이는 것은 무엇이든지 다른 어떤 것에 의해 움직여진다는 사실로부터 하나님이 존재한다는 결론을 이끌어 낼 수 있는가?'

토론 15

하나님의 본성에 관하여

　신학의 일차 대상인 하나님에 관해 반드시 알아야 할 것 두 가지가 있다. 첫째는 그의 본성, 또는 하나님은 어떤 존재인가, 또는 더 낮게는 그는 어떤 속성들을 가지고 있는가? 둘째는 하나님은 어떤 분인가, 또는 신적인 본성이 귀속되어야 하는 분은 누구인가? 얼토당토않거나 부적합한 것을 하나님께 귀속하는 일이 없도록, 또는 전혀 다르거나 이상한 대상을 참된 하나님으로 받아들이지 않기 위해 우리는 이 두 가지 물음에 대해 올바로 답할 수 있어야 한다. 이 중 첫째 물음에 관해 우리는 몇 가지 논증을 통해 생각해 볼 것이다.

　우리는 하나님의 본성을 직접적으로 알 수 없다. 다만 피조된 사물들의 본성에 의해, 그리고 주로 하나님의 형상을 따라 창조된 우리 자신의 본성으로부터 유추함으로써 어느 정도 알게 될 수 있다. 그 반면에 우리는 항상 이 유사성에 탁월성의 양태를 덧붙여야 하고, 그 양태를 따라 하나님은 피조된 사물들의 완전성을 무한히 능가한다는 사실을 파악할 수 있다.

사물들의 본성 전체에서, 그리고 그 전체의 개요 또는 축약본이라고 할 수 있는 인간에게서 오직 두 가지 요소를 본질적인 것으로 구분할 수 있다. 한 주체 안에서 분할된 상태로 있든지 또는 어떤 질서를 따라 서로 연결되고 동일 주체 안에 종속되어 있든지 간에 가장 근본적인 그 두 가지는 본질과 생명이다. 또한 우리는 본성에 속한 이 두 가지 충동을 따라 하나님의 본성에 대해 고찰할 것이다. 여러 신학자들이 제안한 네 종류의 단계들, 즉 존재, 삶, 지각, 지성은 이 두 가지 운동 원인에 의해 구속을 받기 때문이다. 따라서 '살다(to live)'라는 낱말은 감성과 지성을 모두 함의한다.

우리는 하나님의 본질을 신성의 첫째 충동이라고 부르고, 그 충동에 의해 하나님이 존재하는 사실을 단순하게 그리고 절대적으로 파악한다.

사물들의 본성 전체는 고유한 본질을 따라 몸과 영에 분산된다. 그러므로 우리는 신적인 본질이 영적이고, 그 사실로부터 하나님이 영이라는 확신에 이를 수 있는데, 제일 원인이자 으뜸가는 존재자가 육체적일 수 있다고 생각하기 어렵기 때문이다. 이로부터 우리는 하나님의 초월적 권능과 풍성함을 찬양하는 것 외에 달리 무엇을 할 수 있으리라고 상상할 수 없다. 왜냐하면 하나님은 그러한 자원을 사용하여 전혀 그와 닮지 않은 육체적 대상을 창조할 수도 있었기 때문이다.

관계에 의해 또는 단순히 마음에서 만들어진 관념에 의해 실제로 본질과 상이한 것이라 해도 하나님의 본질에 어떤 것도 첨가할 수 없고, 오직 탁월성의 양태만을 귀속할 수 있을 뿐이다. 그에 따라 하나님의 본질은 자기 충족적이고 만물들의 모든 완전성을 능가하는 것으로 이해된다. 이 양태는 한마디로 다음과 같이 선언할 수 있다. '신성의 본질은 원인을 갖지 않고 출발점도 없다.'

따라서 그의 본질은 단순하고 무한하다는 것이 함축된다. 이로부터 그것은 영원하고 측정할 수 없으며, 공개 토론에서 우리가 이 주제와 관련한 논제에서 증명했듯이 그 본질은 변할 수 없고 뛰어넘을 수 없으며, 불멸적이라고 결론 내릴 수 있다.

통일성과 선은 존재와 상호 화답하고, 모든 존재자들이 가진 정서나 정념은 보편적이므로 우리는 하나님의 본질도 단일하고, 그러한 본질에 의해 하나님 역시 한 분이시며, 따라서 하나님은 선하신 분이라고 추론할 수 있다. 그보다 더 낫게는 그는 가장 선하시므로 모든 사물들은 그에게 참여함으로써 존재와 탁월성을 얻는다고 말해야 한다.

이 같은 신적인 본질은 아무것도 섞이지 않은 순수 그 자체이므로 다른 어떤 것과도 결합될 수 없다. 성경에서 '구별' 또는 '구별됨'을 뜻하는 '거룩(holiness)'이라는 낱말로 지칭하는 것이 바로 그 점에 대한 것인가 하는 것이 우리가 제안하는 토론 주제다.

이 탁월성의 양태는 하나님 자신이 가진 본질적 조건 때문에 다른 어떤 것에도 전이될 수 없다. 이 양태들을 하나님의 생명 안에서, 그리고 그의 생명의 능력 안에서 관조할 때, 그것은 신학에 무한히 유익을 주므로 결코 참된 종교를 떠받치는 가장 미미한 초석들 중 하나로 취급될 수 없다.

토론 16

하나님의 생명에 관하여

이제 우리가 고찰하려는 것은 신성의 둘째 충동인 생명(life)의 약동[8]이다. 생명이 하나님의 속성이라는 사실은 그 자신의 본성으로부터 명백할 뿐만 아니라, 하나님에 대해 최소한의 관념이라도 가지고 있는 사람이라면 누구나 자명한 진리로 인식할 수 있다. 하나님이 마음이 없고 무감각한 존재일 수도 있다는 생각은 그가 존재하지 않을 수 있다는 생각보다도

⠶

8) 제임스 니콜스 부자가 영역한 판본에서 사용한 낱말 'impulse'는 라틴어 'impetus'를 옮긴 것으로, 이것은 중세 프랑스어 'impulser'에서 기원한다. 그것은 문자 그대로 'in pulse', 즉 '맥박'이 노는 상태를 지시한다. 따라서 아르미니우스는 하나님의 삶 또는 생명을 '맥박'처럼 기술한 것인데, 이것은 형이상학적 주제를 다루는 방식으로는 매우 특이한 것이다. 한국어판에서는 현재 단락에서 'life'를 '생명의 약동'으로 옮겼다. 그것은 하나님의 창조성과 자유라는 주제가 기계론과 목적론 같은 전통 담론의 경계를 넘는 것을 포착하는 데 도움을 줄 수 있기 때문이다. 이 존재론적 도약은 20세기 프랑스 철학자인 앙리 베르그송의 '엘랑 비탈(Élan vital: 생명의 약동)'(1907년의 저서인 『창조적 진화』에서 처음 사용)이라는 개념으로 결정화된다.

훨씬 더 믿기 어렵다. 그리고 하나님의 생명을 입증하는 것은 매우 용이하다. 하나님과 밀접한 거리에 있는 것은 무엇이든지 그에게서 나온 것이므로 우리는 그에게 생명을 귀속해야 할 것인데, 왜냐하면 그가 창조한 피조물 중 많은 것이 생명을 가졌기 때문이다. 그러므로 우리는 하나님이 살아 있는 실체이고, 생명은 단적으로 완전성 자체이므로 탁월성의 수준에서뿐만 아니라, 형상적으로도[9] 생명이 그에게 속한다고 인정할 수 있다.

그러나 생명을 이차적 행위에 의존하는 '작용(operation)'으로 분류할 수도 있고, 혹은 일차적이고 주요한 절대적인 행위에 의존하는 것으로, 즉 살아 있는 대상의 본성과 형상 자체로 볼 수 있다면 우리는 후자의 의미에서 생명 자체를 일차적이고 적합한 것으로서 하나님께 귀속해야 한다. 그러므로 하나님은 본질적으로 생명 자체이며, 다른 어떤 대상과 연합함으로써 얻을 수 있는 것이 아니다(결합은 불완전성의 표지이므로). 그는 생명과 동일한 것으로서 존재한다. 즉 그는 생명 자체이고, 일차 행위에 의해 살아 계시며, 이차 행위에 의해 생명을 수여할 수 있다.

그러므로 하나님의 생명은 가장 단순하기 때문에 사실상 그의 본질과 구별되지 않고, 다만 우리 사고 능력의 제약 때문에 그의 생명을 그의 본질과 구별할 수 있을 뿐이다. 따라서 어떤 의미에서 그의 생명은 '하나님의 본질로부터 유출되는 행위'라고 동일시할 수 있는데, 그것은 하나님의 생명이 그 자체로 능동적임을 암시한다. 그것은 하나님의 넘칠 정도의 풍성함과 그의 생명의 가장 완전한 활동성에 따라 우선적으로 하나님 자신에 대해, 그다음으로 다른 대상들에 대한 반사 작용으로 기술될 수 있다.

••

9) 이 대목에서 탁월성은 마음이 가진 능력의 수행성에 대한 평가적 관점을 지시하는 반면, 형상은 존재론적 범주를 지시한다.

하나님의 생명은 '안으로 그리고 밖으로', 즉 내향적인 동시에 외향적인 운동에 대해서만 아니라, 하나님 자신이 스스로 복된 상태에 이르는 완전한 향유에 대해서도 근본적인 토대인 동시에 근인(近因)적이고 적합한 원리다. 바로 그 때문에 하나님은 자기의 생명에 준거하여 자기 자신을 거짓 신들이나 죽은 우상들과 엄격하게 구별하기 원하셨고, 사람들이 맹세할 때도 "살아 계신 여호와의 이름으로"라고 명시할 것을 요구하셨다.

하나님의 본질은 무한하고, 가장 단순하며, 영원하고, 뛰어넘을 수 없으며, 불변적이고 비가멸적이므로 존재와 생명의 그러한 양태들에 의해 그의 생명을 고찰해야 한다. 그 때문에 우리는 하나님 자체에 불멸성을, 그리고 가장 신속하고, 강력하며, 고갈될 수 없고, 결코 만족을 모르며, 적법한 것이라면 행위와 향유에서 우리 자신을 얼마든지 표현하게 하는 욕구와 권능과 만족을 귀속한다.

지성과 의지, 이 두 능력에 의해 그의 생명이 지향하는 것은 하나님 자신이다. 그러나 다른 대상들을 향해 움직일 때는 세 가지 능력에 의해, 즉 전술한 두 능력에 힘이나 역량이 추가된다. 그러나 지성과 의지, 이 두 능력은 향유(fruition)에 이르기 위해 사용되며, 주로 하나님 자신의 만족을 위해, 그리고 우리 피조물들의 만족을 위한 것인데, 그것이 풍성하게 선하신 하나님을 기쁘게 하기 때문이다.

토론 17

하나님의 지성에 관하여

하나님의 지성은 본성과 순서에서 첫째가는 그의 생명의 능력이고, 그 것에 의해 살아 계신 하나님은 모든 사물들과 피조물을 아시는데, 그들이 어떤 방식으로 존재해 왔고, 장차 어떻게 존재할 것이며, 과거에는 어떠했고, 미래에도 존재할 것인지, 또는 가언적으로 어떤 가능성이 있을지를 정확하게 아신다. 따라서 그는 세상에 존재하는 사물들 전체와 개체들 각각에 대해, 현존하는 것이든지 마음이나 상상 영역에 있는 것이든지, 표현된 기표로서 존재하든지, 즉 이성에 속하는 개체들 사이에 존재하는 질서, 연관성, 관계를 정확히 파악하신다.

악한 대상을 제외한 모든 대상들에 대해 하나님은 지성적 표상이나 유사성에 의해서가 아니라, 오직 그 자신의 본성에 의해 직접적으로 아시며, 선에 속하지 않은 것들은 간접적으로, 즉 우리가 친숙해짐에 따라 자연스럽게 알게 되듯이 그런 것을 결핍(privation)으로서 파악하신다.

하나님의 지성적 이해의 양태는 구성이나 분할, 또는 추론적 논증에 의한 것이 아니라, 시간적 연속이 아닌 순서의 연속적 계기를 따르는 단순하고 무한한 직관이다.

신적 지식의 대상에 관해 순서의 연속적 계기는 다음과 같은 방식으로 전개된다. 첫째, 하나님은 자신에 대해 완전히 그리고 적합하게 아시며, 그 인식은 그 자신의 본질 또는 존재에 속한다. 둘째, 그는 자기의 본질의 완전성에 의해 모든 가능한 것을 아시고, 그에 따라 모든 불가능한 것에 대해서도 아신다. 가능한 것에 대한 인식은 다음의 순서를 따른다. 1) 그는 그 자신의 일차적 또는 독자적인 행위에 의해 어떤 사물들이 존재할 수 있는지를 아신다. 2) 존재할 수 있거나 그렇지 않은 것을 막론하고 그는 그 자신의 보존, 운동, 도움, 상호작용, 허용에 의해 어떤 피조 대상으로부터 다른 어떤 것이 산출될 수 있는지를 아신다. 셋째, 가능한 대상들에 대한 그의 지식도 마찬가지로 전술한 같은 순서를 따라 모든 개체들에 대해 아신다.

하나님의 지성은 확실하고 오류 불가능하기 때문에 사물들의 원인이든지 또는 사물들 자체이든지, 심지어 미래의 우연적 요소에 대해서도 정확히 오류 없이 예견하신다. 그러나 이 오류 불가능성은 하나님의 본질의 무한성에 따른 것일 뿐 그의 변개될 수 없는 의지에 따르는 것이 아니다.

하나님의 지성에 의한 행위는 때때로 어떤 외부적 원인이 없이도 발생할 수 있고, 심지어 그 대상에 의해 동기화될 필요도 없다. 그러나 후속 대상이 뒤따르지 않을 경우, 그것에 대해 하나님의 지성의 행위가 동기화되지 않는다.

하나님의 지성의 행위 자체가 아무리 확실하다 해도 그것은 사물들에 어떤 필연성도 부과하지 않고, 오히려 그들의 우연성을 규정하는 효과를 낳는다. 왜냐하면 그는 사물 자체와 그것의 양태를 알고 계시므로 어떤 사물이 우연적일 경우 그것을 우연적인 것으로서 파악하시고, 따라서 신적 지식에서도 그것은 우연적인 것으로 인식될 것이기 때문이다.

하나님의 지식은 그 대상들의 유형에 따라 구별될 수 있다. 첫째, 개체와 진리의 관계에 의해 사물들을 인식하는 이론적 지식이 있고, 선과의 관계에 의해, 그리고 그의 의지와 권능의 대상으로서 사물들이 고려되는 실천적 지식이 있다. 둘째, 하나님의 지식의 한 가지 유형(그 특성)은 단순 지성(simple intelligence)에 의한 지식으로, 그것에 의해 그는 모든 가능한 것과 모든 개체들의 본성과 본질을 직접적으로 아신다. 또 다른 종류의 지식은 관조(vision)의 지식으로서, 그것에 의해 그는 자기 자신의 현전과 다른 모든 개체와 존재자들의 현전을 관조하신다.

하나님 자신의 본질과 현전, 가능한 모든 것들, 그리고 모든 개체들의 본성과 존재에 대해 아는 지식은 그가 가진 지식의 완전성에 따라 절대적인 의미에서 필연적이다. 그러나 그가 다른 개체들의 존재에 대해 아는 지식은 가언적(假言的)인 의미에서 필연적인데, 즉 그것들은 현재 존재하거나, 과거에 존재했거나, 또는 장차 필연적으로 존재할 것이기 때문이다. 왜냐하면 어떤 대상이든지 일단 그것이 규정되면 필연적으로 그것은 하나님의 지식의 영역 안에 포섭될 것이기 때문이다. 전자는 신적인 의지의 모든 자유로운 행위에 선행하고, 후자는 그의 모든 자유로운 행위를 뒤따른다.

존재할 가능성이 있거나 실제로 존재하는 어떤 대상에 대한 하나님의 지식은 제9논제와 제10논제에서 기술되었던 두 (종류의) 지식 사이에 위치한다. 실제로 그것은 지성과 관련된 의지의 행위보다 앞선다. 그러나 그것은 오직 가설을 통해 미래의 일을 관조하는 선견적 지식이다.

자유로운 지식 또는 관조적 지식은 '예지'라고 불리고, 그것은 사물들의 원인으로서 작용하지 않는다. 그러나 실천 지성 또는 단순 지성에 속한 지식은 '자연적' 또는 '필연적' 지성이라고 불리고, 그것을 규정하고 선도하는 양태에 의해 모든 것들의 원인이 되고, 의지의 행위와 능력의 행위가 그것에 첨가된다. 결정에 의한 선택이나 의향의 자유에 의존하는 사물들의 경우, 중간적이거나 간접적인 (유형의) 지식이 매개되어야 한다.

대상의 다양성과 허다함으로부터, 그리고 지성과 관조가 사용하는 수단과 양태로부터 지식의 무한성과 전지성은 마땅히 하나님에게 귀속되어야 하고, 그 대상이나 수단, 양태는 오직 하나님에게 적합하거나 특유한 것이기 때문에 다른 어떤 피조물도 그러한 지식을 가질 수 없다는 결론을 내릴 수 있다.

토론 18

하나님의 뜻에 관하여

하나님의 뜻은 세 가지 부분으로 이루어져 있다. 첫째는 의지하는 능력 자체이고, 둘째는 의지하는 행위이며, 셋째는 의지의 대상이다. 첫째 부분이 그의 뜻을 가리키는 일차적인 고유한 의미이고, 나머지 두 가지는 이차적이고 비유적인 것이다.

따라서 하나님의 뜻은 다음과 같이 기술된다. 그것은 하나님의 생명의 둘째 능력으로, 미래지향적 생명이 가진 지성으로부터 나오고, 그 능력에 의해 하나님은 스스로 아시는 선을 향해 뜻을 품으신다. 선을 지향하는 것은 그것이 모든 의지에 적합한 대상이기 때문이고, 스스로 아시는 선을 지향하는 것은 그가 선을 하나의 대상으로 여길 뿐만 아니라, 실제로 존재하는 것이든지 단지 신적 지성의 행위에 속하든지 그것이 바로 선이기 때문이다. 어떤 경우에나 둘 다 모두 지성에 의해 제시된다. 그러나 유책성(有責性)의 악이라고 부르는 악에 대해 하나님은 단순히 그리고 절대적으로 의욕하는 일이 없다.

선은 두 가지 유형, 즉 최고선과 그것으로부터 파생되는 선으로 나뉜다. 이 중에서 전자는 신적인 의지에 고유하고 적절하며, 일차적이고, 즉각적이며, 주요하고, 직접적인 대상이다. 후자는 이차적이고 간접적인 선으로서, 최고선에 의해 동기화되지 않는 한 신적인 의지가 그것을 지향하는 일이 없다.

하나님의 뜻은 다음의 순서로 대상들을 의욕한다. 1) 하나님은 그 자신에 대해 의욕을 품으신다. 2) 그는 자기에게 가능한 무한히 많은 것들 중에서 그의 지혜의 최종 판단에 의해 내려진 결정을 따라 모든 일에 대해 의욕을 품으신다. 그리고 처음에는 그것들을 존재하게 하려는 의욕을 품고, 그다음에는 그것들이 그의 본성을 어느 정도로 닮거나 얼마나 많은 흔적을 갖는가에 따라 그의 의욕이 다양해진다. 3) 하나님의 뜻의 셋째 대상은 지성과 자유의지가 부여된 피조물들이 행하는 일을 적절하고 정의로운 것으로 판단하는 것으로, 여기에 실행을 금하는 부정적인 의욕이 포함된다. 4) 신적인 의지의 넷째 대상은 허용으로, 이것은 주로 이성을 가진 피조물이 그가 금한 것을 실행하거나, 그가 명령한 것을 이행하지 않을 경우, 그것을 묵인하는 것이다. 5) 하나님은 자기의 지혜를 따라 이성을 가진 피조물의 행위에 대해 어떤 처분을 내릴 것인가에 대해 의욕을 품으신다.

하나님의 뜻의 어떤 동인도 그에게서 기원하지 않고, 어떤 목적도 그에게서 발출하지 않는다. 그러나 이성을 가진 피조물과 그의 행위나 정념이 외적 동인이 될 수 있고, 그것이 부재할 경우 하나님은 의욕이나 의지의 행위를 대체하거나 지체시킬 것이다.

그러나 다른 모든 것의 원인은 자기의 지성과 의지를 따라, 또 자기의 힘이나 능력을 사용하시는 하나님 자신이다. 그러나 피조물과 함께 또는 그들의 내면에서 그들을 통해 행하실 때, 그는 신적인 권능에 의해 그들에게 부여하신 고유한 행동 양태나 경험 방식을 제거하지 않으신다. 그리고 피조물들의 고유한 양태에 따라 그들 스스로 결과를 얻을 수 있고, 또한 하나님의 행위에 대해 스스로 필연적으로, 우연적으로, 또는 자유롭게 수용할 수 있게 허용하신다. 그러나 이러한 우연성과 자유가 하나님의 예지를 불확실하게 만드는 일은 없기 때문에 하나님의 지성과 관련하여 그 양상들은 하나님의 의지에 의해, 그리고 사건들이 특정한 미래화[10] 방식에 따라 제거될 수 있다.

⋮

10) 아르미니우스는 미래화(futurition)라는 용어를 1권에서도 사용한 적이 있다. 이 낱말의 사전적 의미는 '미래성, 존재의 특이한 현전성의 미래 양태', 또는 스페인어 마나나(manana)의 뜻을 따라 '내일이나 불특정한 미래'를 뜻하기도 한다. 성경적으로는 '천국(Kingdom)'과 연관된 '종말론적' 미래를 지시하기 위해 연대기적인 미래(future)와 구별하기 위해 사용된다.

토론 19

하나님 뜻의 다양한 구별에 관하여

하나님의 뜻은 단일하고 단순하지만 대상들에 따라 다양하게 구별되는 것은 양태와 순서에 따라 상이한 구별이 있기 때문이다. 이 구별에 관해 성경 전체를 통틀어, 그리고 많은 본문에서 기술된 여러 용례를 살펴볼 필요가 있다.

본성의 양태 또는 자유의 양태에 따라 하나님이 대상에 대해 의욕하는 방식은 상이하다. 본성의 양태에 관해 하나님은 자신의 일차적이고 고유하며 적합한 대상, 즉 하나님 자신에 대한 의욕을 품으신다. 그러나 자유의 양태에 따라 그 밖의 것이 그의 의지의 대상이 되는데, 즉 행위의 자유와 구체화의 자유에 의해 많은 것이 대상이 된다. 하나님은 사물들이 그를 닮은 정도에 따라, 즉 사물들이 어느 정도 선을 소유하고 있는 한, 물론 그가 선으로 여기시는 것에 비해 아무것도 아닌 것으로 환원될 수 있으므로 그가 그것들을 반드시 사랑해야 하는 것은 아니지만 그는 선의 수준이 미미한 그 사물들을 미워할 수 없기 때문이다.

하나님의 뜻은 어떤 일을 행할 것을 명령하거나 금지하는 절대적인 뜻과, 이성을 가진 피조물이 어떤 일을 실행하거나 불이행하는 것을 재량에 맡기는 허용적인 뜻으로 나뉜다. 전자는 '하나님의 기뻐하시는 뜻'으로 불리는데, 오히려 '그가 원하시는 것'이라고 부르는 편이 나을 것이다. 후자는 '열린 함의(open intimation)를 갖는' 뜻을 가리킨다. 전자의 경우, 실제 상황에서 그의 뜻대로 피조물이 행할 것을 요구하는 것이므로 그 의미가 정확히 전달된다. 그 반면에 후자는 부분적으로 계시되는 동시에 부분적으로 감추어진 채로 남는다. 전자의 경우, 물론 전혀 다른 방식으로 진행될 수도 있지만 애초에 지시된 뜻이 성취될 수 있도록, 또는 결과를 보장하기 위해 저항할 수 없는 힘이나 대상과 행위자에게 적합하게 조정된 힘이 행사될 수 있다.

이 두 종류의 신적인 의지에 반대되는 것은 의지의 지체이며, 이것은 두 종류로 나뉜다. 즉 하나는 열린 함의를 뜻하는 지체이고, 다른 하나는 하나님의 기뻐하시는 선한 뜻이 지체되는 것이다. 전자는 율법에 의해 어떤 행위에 제한을 가하지 않음으로써 하나님이 이성을 가진 피조물의 재량에 맡기는 것이다. 후자는 특정 행위가 실현될 수 없게 하는 장해물을 설치하지 않음으로써 하나님께서 어떤 행위를 피조물의 의지와 역량에 맡기는 것이다.

하나님이 뜻하는 것이 무엇이든지 그는 그 뜻을 그 자신 외의 다른 어떤 원인에도 의거하지 않고 오직 자기 자신으로부터(피조물에 의해 어떤 행위가 실행될 수 있는 가능성을 고려하지 않든지 아니면 피조물의 행위가 발생하는 경우만을 고려하든지), 또는 피조물이 제공하는 어떤 선행적 원인을 따라 자기의 뜻을 정하신다. 이 구별에 준거하여 어떤 행위는 '하나님께 본래적으로 적합한' 것으로, 다른 행위는 '외재적이고, 이질적이고, 소외적인' 것이라고 부를 수 있다. 그러나 하나님이 원하시는 대로 실행되어야 하는 것에는 두 가지 차이가 있다. 도덕적인 행위에서 보듯이 그 자체로 하나님께서 기뻐하시고 용납할 만한 것, 또는 의식법과 관련된 행위의 경우 우연적인 다른 이유에서 기뻐하시는 것이 있다.

하나님의 뜻은 절대적인 것과 조건적인 것으로 나뉜다. 절대적인 뜻은 하나님의 최종적인 계시를 담은 복음서에 제시된 엄격하고 확정적인 것이다. "아들에게 순종하지 않는 사람은 생명을 얻지 못하고, 도리어 하나님의 진노를 산다."(요 3:36) "믿고 세례를 받는 사람은 구원을 얻을 것이요."(막 16:16) 사무엘이 사울에게 말한 것으로, "임금님께서 주님의 말씀을 버리셨기 때문에 주님께서도 이미 임금님을 버리셔서 임금님이 더 이상 이스라엘을 다스리는 왕으로 있을 수 없도록 하셨습니다."(삼상 15:26) 하나님의 조건적인 뜻은 "사십 일만 지나면 니느웨가 무너진다!"(욘 3:4)라고 선포한 것에서 볼 수 있듯이 암묵적인 어떤 것이 조건부로 제시된 의지다. "율법책에 기록된 모든 것을 계속하여 행하지 않는 사람은 다 저주 아래에 있다."(갈 3:10) 즉 갈라디아서 3장 13절에 표현되어 있듯이 '이 저주로부터 구원받지 않는 한'이라는 조건이 첨가된다.(예레미야서 7~10장 참조)

하나님 의지의 한 유형은 보편적이고, 다른 유형은 개별적이다. 절대적인 뜻은 피조물의 의욕이나 행위를 전혀 고려하지 않은 채 하나님께서 어떤 조건도 없이 품으시는 의지로서, 예컨대 믿는 자들의 구원에 관한 신적인 의지가 바로 그것이다. 개별적 의지란 피조물의 의욕이나 행위와의 연관 속에서 어떤 뜻을 하나님께서 품으시는 것이다. 그러한 개별적 의지는 전건(前件)과 후건(後件)으로 이루어진다.

개별적 의지의 전건은 "하나님께서는 모든 사람이 다 구원을 얻고 진리를 알게 되기를 원하십니다"(딤전 2:4)라는 명제처럼 피조물의 후속 의지나 행위에 관해 하나님께서 미리 어떤 뜻을 세우는 것이다. 개별적 의지의 후건은 "인자를 넘겨 주는 그 사람은 화가 있다. 그 사람은 차라리 태어나지 않았더라면 자기에게 좋았을 것이다"(마 26:24)라는 구절에서 보듯이 피조물의 선행 의욕이나 행위의 연관 아래 하나님께서 어떤 뜻을 세우는 것이다. 전건과 후건은 모두 하나님의 절대적인 뜻에 달려 있고, 그에 따라 각 항목이 규정된다.

하나님은 어떤 사물들을 그것의 본성대로 조건 없이 고려하면서 그들이 선한 상태를 유지하는 한 어떤 것을 적극적으로 의욕하신다. 그러므로 자기의 피조물이라는 이유로 그는 인간에게 자비를 베풀고 선한 일을 행하기를 원하신다. 이 같은 의지와 일관되게 악인에게는 이렇게 말씀하신다. "너희는 어찌하여 감히 내 법도를 전파하며, 내 언약의 말을 감히 너의 입에서 읊조리느냐?"(시 50:16) 그리고 제사장 엘리에게도 같은 취지로 말씀하신다. "지난날 나는 너의 집과 너의 조상의 집이 제사장 가문을 이루어 언제까지나 나를 섬길 것이라고 분명하게 약속하였지만, 이제는 더 이상 그렇게 하지 않겠다. 이제는 내가 나를 존중하는 사람들만 존중하고, 나를 경멸하는 자들은 수치를 당하게 할 것이다."(삼상 2:30) 이 구별은 이미 언급했던 의지의 전건과 크게 다르지 않다.

하나님은 어떤 일을 그 자체로(per se) 또는 부수적으로(per accidens) 의도하신다. 어떤 것 자체에 관해 그는 오직 상대적으로 선한 일을 의도하신다. 따라서 그는 순종하는 사람에게 구원을 베풀기로 하신다. 부수적인 뜻에 관해 어떤 면에서는 악하지만 어떤 선이 혼합되어 있을 경우, 하나님은 악에 반대되는 각각의 선한 것을 능가하는 것을 의지하신다. 따라서 죄를 지은 피조물이 무사한 채로 있는 것이 그 자신에게는 선한 일이겠지만, 그가 심판을 모면할 수 있도록 허용하는 것보다 심판에 의해 정의의 질서를 보존하는 편을 택하심으로써 하나님은 심판의 악을 의지하신다.

하나님께서는 선행하는 원인을 따라 어떤 것을 의도하신다. 즉 그는 원인에 대해 먼저 뜻을 세우고 그로부터 결과가 야기될 수 있게 그 원인을 배정하신다. 그리하여 그 결과가 뒤따라 발생할 경우, 하나님은 그 자체가 그에게 만족스러운 것이 될 수 있기를 원하신다. 하나님은 그 밖의 다른 것을 그 자체로 의도하신다. 이 구별은 신적 의지를 절대적인 것과 개별적인 것으로 나눈 것과 크게 다르지 않다.

이로부터 나오는 필연적 귀결은 다음과 같다.

1) 적극적인 의미에서 반대되는 하나님의 두 가지 뜻이 동일하고 일정한 하나의 대상을 지향할 수 있는가? 그런 일은 있을 수 없다고 우리는 답한다. 2) 하나님의 하나의 의욕, 즉 형식적으로 단일한 의욕이 서로 상반되는 대상을 지향할 수 있는가? 그런 의욕은 물리적으로 반대되는 대상을 지향할 수 있으나 도덕적으로 반대되는 대상을 지향할 수 없다는 것이 우리의 답이다. 3) 하나님은 그 자신의 영역을 넘어서는, 그리고 그의 자유의지에서 나온 것이 아닌 어떤 것을 목적으로 삼을 수 있는가? 우리는 그런 일은 있을 수 없다고 답한다.

토론 20

하나님의 뜻 아래 포섭될 수 있는 속성에 관하여

성경에서 본래적으로, 또는 유비적으로 하나님에게 속하는 것으로 다루는 속성 중에는 이성을 가진 피조물의 정서(affections), 미덕(virtues)과 유사한 것으로 생각되는 것이 있다. 인간 정서와 유사한 것으로 보이는 신적인 속성은 두 가지 주요 유형으로 나뉜다. 첫째 유형은 단순히 선이나 악에 대해 말해 주는 정서를 포함하고, 따라서 그런 것은 원초적 정서의 집합으로 분류된다. 둘째 유형은 선과 악에 관해 행사되는 정서의 부재 또는 현전성에 준거하고, 따라서 원초적 정서의 집합으로부터 파생하는 하위 집합으로 부를 수 있다.

원초적 정서는 사랑(그것의 반대는 미움이다)과 선이고, 이와 연관되는 하위 범주는 고상함, 온화, 자애 등이다. 사랑은 대상에 대한 선의에 선행하고, 그것은 실제로 하나님 자신을 지시한다. 선의는 하나님 외의 다른 어떤 대상에 대한 사랑에 선행한다.

사랑은 하나님 안에서의 연합에서 나오는 정서이고, 그 대상은 하나님 자신과 정의의 선 외에 유사성에 의해서나 단순한 흔적에 의해 하나님을 닮거나 관계를 형성하는 피조물과 그 피조물의 행복이다. 그러나 이 정서를 가져야 할 이유는 단순히 향유하고 소유하기 위해 또는 선을 행하기 위해서다. 전자는 '자기만족적 사랑'이고, 후자는 선의 범주에 속하는 '우애적 사랑'이라고 부르는 것이다. 하나님의 경우 그의 본성의 완전성에 대한 만족에서 자신을 사랑하는 것이고, 따라서 그는 자기 자신을 향유하시는 것이다. 그는 또한 자기의 행위와 그 결과에 대해, 즉 그의 완전성의 표본이자 확실하고 무오류적인 증거로서 그가 외부로 발산하는 결과에 만족하는 사랑의 정감으로 그 자신을 사랑하신다. 따라서 어떤 의미에서 하나님은 자기의 행위와 그 결과 자체를 향유하신다고 말할 수 있다. 심지어 피조물에 의해 실현된 정의나 의로움조차 그를 기쁘게 한다. 따라서 그의 정감은 그것을 보존하는 수준까지 연장된다.

　미움은 하나님으로부터 소외된 상태의 정서로서, 많은 경우에 그것의 주요 대상은 부정의 또는 불의이고, 이차 대상은 피조 인간의 비참이다. 전자는 '만족감에 대한 사랑'으로부터, 후자는 '우애적 사랑'으로부터 연유한다. 그러나 하나님은 본래적으로 그 자신과 정의의 선을 사랑하고, 그 동일한 욕구 때문에 불의를 미워하시므로 이차적으로 그가 지으신 인간과 그의 행복을 사랑하시고, 바로 그 욕구 때문에 피조물의 비참한 상태를 미워하신다. 즉 그는 그런 참상이 인간에게서 제거되기를 바라시므로 결국 불의한 상태를 고집하는 인간을 미워하고 그가 비참하게 되는 것을 바라신다는 결론이 함축된다.

　그러나 미움은 사랑의 부속물이 아니라, 필연적으로 사랑으로부터 유출되는 것이다. 왜냐하면 사랑은 하나님의 지성의 대상이 되는 모든 것을 지향하는 것이 아니고, 또 그럴 수도 없기 때문이다. 그러므로 사랑은 일차적 행위에 의해 그에게 속하고, 미움의 대상이 될 만한 어떤 것의 존재보다도 선행적 위치에 있다. 그 반면에 미움의 행위는 그의 의지의 자유에 의한 것이 아니라, 자연적 필연성에 의해 사랑으로부터 야기되는 것이다.

그러나 사랑은 하나님의 온전한 뜻을 완전하게 충족시킬 수 없기 때문에 반드시 그의 선하심과 연합해야 한다. 따라서 그것은 하나님께서 그의 선하심을 전달하는 정서이기도 하다. 그것의 일차 대상 가운데 외적인 것은 없다. 그럼에도 이것이 필연적으로 첫째가 되어야 하는 것은 그것이 제거될 경우 아무것도 밖으로 전달할 수 없기 때문이다.

사랑의 첫째 행위는 창조다. 둘째 대상은 피조물의 창조이고, 이 행위는 보존 또는 지속이라고 부르는 것으로, 창조 활동의 연속이라고 볼 수 있다. 셋째 대상은 하나님의 명령에 따라 자기의 의무를 이행하는 피조물로서, 그 행위는 인간을 더 가치 있고 행복한 상태로, 즉 창조된 상태에서 피조 인간이 스스로 성취할 수 있는 것보다 더 큰 선을 누릴 수 있는 상태로 고양시켜 준다. 하나님의 선하심의 이 같은 전개 양상은 모두 '인자' 또는 '친애'로 부르는 것이 적절할 것이다. 사랑의 넷째 대상은 자기의 의무를 이행하지 않는 인간, 즉 그 때문에 죄를 지은 인간을 하나님의 정의로운 심판에 의해 비참에 빠지게 하는 것, 그리고 이후에 죄에 대한 용서와 죄 죽임(mortification)을 통해 인간을 구원하는 행위다. 선하심의 이 같은 전개 양상은 긍휼이라고 부를 수 있는데, 이것은 죄 앞에 놓인 장해물을 제거하고 비참에 빠진 인간을 구원하기 원하는 인애(仁愛)의 정서를 지시한다.

선하심과 사랑에 이어지는 은혜는 공로나 채무를 통해서도 아니고, 외부에서 강제하는 어떤 이유에 의해서도 아니며, 또한 하나님 자신에게 더해지는 것 없이 다만 선을 공급하고 사랑을 베푸시는, 즉 '관후함'으로 명명될 수 있는 행위를 하나님께서 좋게 여기시기 때문에 자기의 선을 분유하고 피조물에게 사랑을 베풀기 원하시는 하나님의 정서를 지시한다. 이 정서를 따라 하나님은 '선함과 인자가 풍성하시다'라고 말해진다.

이 같은 원천에서 발원하는, 선과 악의 현전이나 부재에 따라 선과 악에 대해 각각 발산되는 하나님의 정감은 우리 마음에 있는 끓어오르는 부분과 차분한 부분에 속하는 정서와 유사성을 갖는 것으로 보인다.

끓어오르는 부분에 해당하는 것은 첫째로 욕구와 그 반대되는 것, 그다음은 기쁨과 비탄이다. 욕구는 이성을 가진 피조물이 의의 공로를 획득하는 것이고 그것을 보상하고자 하는 것이며, 그리고 불순종 행위에 대해 심판을 내리고자 하는 정감적 경향성을 지시한다. 이에 반대편에 있는 것은 불의한 행위를 정죄하고 보상을 지체하고자 하는 정감적 경향성이다. 기쁨은 적절하거나 만족스러운 것이 현전할 때 솟아나는 정감으로서, 하나님이 자기 자신에 대해, 피조물의 순종에 대해 그의 선을 분유할 때, 그리고 배반자들과 원수들을 멸절할 때 향유하는 만족감을 가리킨다. 기쁨에 반대되는 비탄은 피조물의 불순종과 비참한 상태로부터, 그리고 이방인들 사이에서 하나님의 이름을 모독될 때 하나님의 백성이 경험하는 정서다. 이것과 어느 정도 유사한 것으로 회개를 들 수 있다. 그것은 이성을 가진 피조물의 행위에서 먼저 품었던 의도나 행동 방식을 바꾸는 것, 또는 그런 변화를 소망하는 것과 같다.

차분한 부분에 해당하는 것은 소망과 그것에 반대되는 절망, 확신과 분노, 그리고 소망과 그것에 적극적으로 반대되는 염려다. 소망은 하나님이 피조물에게 마땅히 바라시는 것으로, 하나님의 은혜에 의해 선이 실현될 수 있기를 간절히 기대하는 것이다. 이것은 하나님의 확실한 예지와 쉽게 조화되기 어렵다. 절망은 피조물이 하나님의 은혜에 불응하고 성령에 저항하면서 불의를 고집할 때 촉발된다. 확신은 바라시는 선을 포용하고 미워하는 악을 추방하시는 하나님의 넘치는 활력을 가리킨다. 분노는 하나님께서 정의를 사랑하고 죄를 미워하는 것을 가리키는 표지로서, 그의 명령을 위반한 피조물의 불의를 비참함의 악으로 처벌하고, 정당한 보복을 감행하는 심판 과정에서 하나님이 느끼는 혐오의 정서를 지시한다. 이 정서가 강렬할 경우, '격노'라고 불린다. 염려는 하나님이 혐오하는 악이 임박한 상황에서 느끼는 정서를 가리킨다.

이상의 파생적인 정서의 둘째 집합에서(논제 11 참조) 어떤 것은 단순히 내재적 완전성을 가지므로 그 자체로 하나님께 속한다. 불완전성을 내포하고 있는 것으로 생각되는 다른 것은 피조물에게 미치는 결과와 유사한 어떤 결과가 나타나는 경우가 있기 때문에 인간 감정의 양태에 준거하여 그런 정감적 성향을 하나님께 귀속한다. 그럼에도 하나님은 어떤 정념도 갖지 않기 때문에 그는 단순하고, 불변적이며, 무질서나 이성에 어긋나는 것이 전혀 없다. 그러나 우리는 첫째 집합에 속하는 정서를 적용함으로써 하나님의 무한한 지혜를 파지하지 않을 수 없는데(논제 10 참조), 그 지혜는 그러한 정서 각각에 대해 대상, 수단, 목적, 정황 요소를 미리 배정하고, 나머지 부분보다 행위 영역을 선호하여 용인하기로 작정하신다.

도덕적 미덕과 유사한,
그리고 앞에서 고찰한 정서에 대해
조정자 역할을 하는 하나님의 속성에 관하여

그러나 앞의 속성은 일반적으로 모든 정서를 관장하거나 특별히 어떤 것과 관계를 갖는다. 일반적 범주로는 '보편적' 또는 '형식적' 속성으로 불리는 정의 또는 의(義)가 있고, 고대인들이 말했던 모든 미덕을 총괄하는 일에 관여한다. 특수한 범주로는 특별한 유형의 정의, 오래 참음, 분노, 징계, 심판 같은 것을 조정하는 것이 있다.

보편적인 것으로 생각되는 하나님의 정의는 그의 미덕 중 하나로, 그의 지혜가 지휘하는 대로 자신의 성품에 적합하도록 모든 일을 올바르고 적절한 방식으로 관리한다. 지혜와 연합 관계에 있는 신적인 정의는 하나님의 모든 행위, 선포, 행동을 관장하며, 그 때문에 하나님은 '정의롭고 올바르며', 그의 길은 '공평하고', 그는 '언제나 한결같이 정의로운' 분이라고 말해진다.

하나님의 특수한 정의는 그가 일관되게 모든 피조물을 그 자신의 본성에 적합하게 다루는 것으로, 즉 하나님 자신에게는 그의 정의를, 피조물에게는 그것에 고유한 정의를 적용하는 것을 가리킨다. 그 점은 하나님의 말씀과 그의 행동 방식에서도 관찰할 수 있다. 이 사실은 말씀을 선포하는 방법에서 일관적으로 나타나는데, 하나님께서 어떤 말씀을 하거나 어떤 일을 행하든지 언제나 그의 영원한 작정을 따르기 때문이다. 특수한 정의에도 역시 조정자가 있는데, 그것은 부분적으로 하나님께서 순종의 선을 사랑하고, 또 부분적으로 자기의 피조물과 그의 선을 사랑하기 때문이다.

행동에서 실현되는 정의는 다음의 순서로 고찰할 수 있다. 첫째는 최초의 창조 또는 새 창조에 의해 선을 공급하는 행위이고, 둘째는 어떤 행동에 대한 요구, 보상에 대한 약속, 심판의 경고로 이루어지는 의무 규정과 입법 행위다. 셋째는 응보적인 것으로서, 보상과 회복이 모두 포함되고 피조물의 행동을 평가하는 행위다. 이러한 모든 행위에서 하나님의 도량이 고려되어야 한다. 전달에서도, 약속에서도, 보상에서도 그의 관후함과 장엄함을 주목할 필요가 있다. 그리고 정의는 부분적으로는 분배적 정의로, 또 부분적으로는 상호적 정의[11]로 나뉜다.

말씀에 의해 선포되는 정의 역시 세 부분으로 나뉜다. 첫째, 하나님께서 항상 사태를 정확하게 서술하거나 선포하는 준거가 되는, 거짓에 반대되는 진리에 따르는 정의. 둘째, 하나님께서 의도하신 의미와 목적에 비추어 말씀을 선포하시며 내적으로 인지하는 성실과 순전함을 지시하고, 그 반

⁘

11) 정의(justice)는 일반적으로 '선 또는 이익의 공정한 분배'로 정의된다. 아리스토텔레스의 정의 개념에 따르면 평등적 정의는 구성원들에게 균일하게 선을 나누는 반면, 분배적 정의는 구성원의 필요나 공적에 따라 차등적으로 정당한 몫을 주는 것이다. 본문에 언급된 교환적 정의(commutative justice)는 특수한 계약 관계에 있는 개인들이나 집단들 간의 공정한 거래를 확립하기 위해 법적 기준에 따라 상대화된다. 당사자들 간의 상호 동의와 교환 항목의 명시 같은 요건이 포함된다.

대로 마음의 위선이나 이중성이 인지될 수 있다. 셋째, 하나님께서 약속을 지키시는 것, 그리고 특권을 수여하실 때도 일관성을 보여 주시는, 변덕과 불성실에 반대되는 신실하심을 가리킨다.

하나님의 인내는 선이 부재하는 상태를 참고 견디시는 것, 즉 그가 사랑하고, 원하고, 바라는 순종의 의무가 이행되지 않고 오히려 그가 금지한 악이 만연한 상태에서 죄인들을 관대하게 다루시는 것을 가리킨다. 그는 법률적 행위를 통해 자비와 엄격함을 행사할 뿐만 아니라, 그들을 회개로 이끌기 원하시지만 오만한 자들은 더 큰 공정성과 엄격함으로 처벌하신다. 이 면모는 정의의 이익을 위해 (하나님께서 즐기시는) 사랑을 다소 조정하는 것처럼 보인다.

오래 참음, 온유함 또는 관대함은 정의의 조정자 역할을 한다. 온화함, 그리고 언제든지 용서를 베풀기 원하는 마음은 분노와 징계, 심판의 조정자라고 할 수 있다.

오래 참음은 하나님이 자기의 진노를 지체시키는 미덕으로서, 죄를 지은 피조물에게 응당 내려져야 할, 악에 대한 혐오감을 즉시 방출하지 않게 만든다.

온유함 또는 관후함은 하나님이 보복을 행할 때도 분노를 조절할 수 있게 하는 미덕이다. 그 때문에 처벌이 지나치게 극렬하지 않도록, 불의의 심도에 상응하지 않도록 자기의 진노를 조정하신다.

온유함은 하나님께서 피조물을 실제로 징계하고 심판하실 때조차 그 엄중함을 조절함으로써 형벌의 무게와 기간이 저지른 죄의 심각성에 상응하지 못하게 하는 것을 뜻한다. 실제로 그렇게 하지 않는다면 피조물의 힘으로는 징계를 견뎌 낼 수 없을 것이다.

언제든지 용서하기 원하는 마음이란 하나님 자신이 자기 피조물의 탄원에 마음을 바꾸시고, 저지른 죄의 죄책에 합당하게 그의 진노가 지속되지 않도록 정서적 격렬함의 상한선을 정하시는 것으로, 이것이야말로 하나님의 미덕 중 하나다.

이로써 다음과 같은 결론에 필연적으로 이른다. 하나님의 정의는 죄를 지은 적이 없는 합리적 피조물에게 그가 영원한 사형 선고를 내리는 일을 허용할 것인가? 우리의 답변은 그렇지 않다는 것이다. 하나님의 정의는 죄를 고집하는 인간에게 구원을 수여하는 일을 허용할 수 있는가? 이것 역시 불가하다는 것이 우리의 답이다. 정의와 자비는 어느 정도 조정된 의미에서 특정한 측면에서 서로 대립된다고 볼 수 있지 않은가? 우리는 그렇게 볼 수 있다고 답하겠다.

토론 22

하나님의 권능 또는 능력에 관하여

　하나님의 권능이나 능력에 관해 고찰하려 할 때, 순수 행위 자체이신 하나님께 수동적인 힘(passive power)은 귀속될 수 없으므로 마찬가지로 우리는 자연의 필연성을 통해 그의 내적 행위에 주목하는 것을 일단 건너뛸 것이다. 따라서 이제 우리는 오직 외향적 행위를 행사하는 권능을 검토하여 제시할 것이다. 그 권능에 의해 하나님은 밖으로 그의 힘을 행사할 수 있을 뿐만 아니라, 원하실 때는 언제든지 실제로 그렇게 하신다.

　이 권능은 그의 생명에 속한 능력으로서(이것은 제시하고 인도하는 하나님의 지성과 통치하는 그의 의지에 수반하여 행사된다), 그에 따라 하나님은 무엇이든지 뜻하는 것을 자유롭게 외부로 행할 수 있을 뿐만 아니라, 실제로 자유롭게 선택한 일을 밖으로 표현하신다.

　신적인 능력의 척도는 하나님의 자유의지이며, 그것은 참으로 적절한 척도다. 따라서 그 능력의 대상이 되는 것은 하나님의 자유의지의 대상에 제한하는 것이 가장 적절하고, 또 그렇게 제한되어야 한다. 왜냐하면 그의 의지 아래 놓일 수 없는 것은 무엇이든지 그의 능력 아래 놓일 수 없고, 전자에 종속되는 것은 무엇이든지 후자에도 종속되기 때문이다.

그러나 하나님은 신적인 본질(즉 그의 지성과 의지의 토대)과 대립하지 않는 것만을 의지할 수 있다. 즉 오직 실재하고 참되고 선한 것을 의지의 대상으로 삼을 수 있다. 그 밖의 어떤 것에도 그의 능력이 행사될 수 없다. 또한 '신적인 본질과 대립하지 않는 것'이라는 제호 아래 단순히 그리고 절대적으로, 가능한 것은 무엇이든지 포섭되고, 하나님은 그런 것을 모두 의지할 수 있다. 그렇기 때문에 결국 하나님은 가능한 일은 무엇이든지 행하실 수 있다는 결론이 함축된다.

모순을 포함하는 것은 하나님께 불가능하다. 예컨대 또 다른 신을 만들거나, 변성(變性)되거나, 죄를 짓거나, 거짓말을 하거나, 어떤 것을 존재하는 동시에 존재하지 않게 만들거나, 존재했던 것을 존재한 적이 없었던 것으로 만들거나, 이 사물을 이것이면서 이것일 수 없게 하거나, 저것을 그 자신과 반대되는 것으로 만들거나, 부속물이 주인을 갖지 않게 만들거나, 어떤 실체가 그에 선행하는 다른 실체로 만들거나, 빵을 그리스도의 몸으로 변화시키거나, 단일한 몸을 편재적으로 만드는 일은 허용되지 않는다. 그것은 부분적으로 그런 일을 할 수 있는 힘이 존재하지 않기 때문이고, 또 부분적으로 그런 의지가 결여되어 있기 때문이다.

그러나 하나님의 능력은 무한하다. 그의 능력은 가능한 모든 것을 행할 수 있다. 사실 그런 것은 셀 수 없이 많기 때문에 그의 능력이 행할 수 있는 것은 일일이 셀 수 없고(끝까지 다 셀 수 있다고 해도 여전히 무엇인가 남을 것이다) 더 큰일을 할 수 있지 않는 한 그런 측량은 불가능하다. 그 무엇도 그의 힘을 막을 수 없기 때문이다. 왜냐하면 창조된 모든 것은 그에게 의존하고, 존재하고 보존되기 위해 유효적 원리이신 그에게 의존하지 않을 수 없기 때문이다. 그러므로 전능성은 하나님께 정당하게 귀속된다. 이 능력은 어떤 피조물에게도 분유될 수 없다.

하나님의 완전성, 은총, 영광에 관하여

이제 다룰 주제는 하나님의 완전성으로, 그가 모든 일을 각각 가장 완벽하게 수행하신다는 의미의 완전성이 아니라(이것은 단순성과 무한성의 영역이므로), 그가 모든 사물들로 하여금 일종의 완전성을 가장 완전한 방식으로 지칭하게 하신다는 단순한 의미의 완전성이다. 이것은 우리가 이미 하나님께 귀속한 탁월성의 양태에 의해 고찰했던 모든 것의 단순하고 무한한 회로의 귀결이다. 그것은 다음과 같이 적절하게 기술할 수 있다. 하나님의 완전성이란 완결될 수 없는 것, 그와 동시에 본질과 생명을 총체적으로 완전하게 소유하는 것이다.

하나님의 이 완전성은 모든 피조 세계의 완전성을 세 가지 상이한 방식으로 무한히 초월한다. 첫째, 모든 사물들을 소유한다. 둘째, 모든 사물들을 가장 완전한 방식으로 소유한다. 셋째, 그가 소유한 것은 다른 어떤 원천으로부터 나온 것이 아니다. 그러나 피조물들이 참여를 통해 하나님의 완전성, 그 원형의 희미한 그림자를 갖고 있을 뿐이므로 그 결과 그들은 모든 종류의 완전성을 가질 수 없고, 더욱이 가장 완전한 완전성을 소유할 수도 없다. 그럼에도 어떤 피조물은 다른 것보다 더 큰 정도로 완전성을 소유한다. 그들이 더 큰 완전성을 소유할수록 하나님께 더 가까워질 수 있고, 따라서 하나님을 더 많이 닮게 된다.

이 같은 하나님의 완전성으로부터 모종의 내적 행위에 의해 우리는 그의 은총이 현전하는 것을 경험하고, 그것이 밖으로(ad extra) 형성하는 관계에 의해 그의 영광이 현전하는 것을 경험할 수 있다.

은총은 하나님의 지성에 의한 완전한 인식, 그의 의지에 의한 지고한 사랑, 즐거운 만족이 함께하는 가운데, 하나님께서 자기의 완전성을 향유하게 하시는 행위다. 그러므로 그것은 지성의 행위와 의지의 행위를 통해 성취된다. 지성의 행위는 대상의 본질을 파악하는 것이지만, 그것이 복 주시는 대상을 영구히 바라보고자 하는 의지로부터 나오는 은총의 행위가 아닌 한, 그리고 그 대상에게서 즐거운 만족감을 얻지 않는 한 그 행위는 참된 지복의 행위가 될 수 없다.

그러나 이 은총은 하나님에게만 고유한 것이므로 어떤 피조물도 그것을 분유할 수 없다. 그러나 하나님 자신은 그 대상에 대해, 지성이 부여된 피조물들의 복된 선이며, 그러한 결과를 바라고 그것에서 즐거운 만족감을 얻는 행위를 가능하게 하는 작용체(effector)다. 이러한 것은 피조물이 얻는 은총에 있다.

하나님의 영광은 모든 것을 능가하는 신적 탁월성으로, 하나님은 그것을 다양한 방식으로 외적 행위로 나타내신다.

그러나 성경이 선포하는 그 현현 양태는 주로 두 가지다. 하나는 기이한 빛과 찬란한 광휘, 또는 그와 반대로 짙은 어둠과 앞을 볼 수 없는 암흑에 의해서다. 다른 하나는 하나님의 완전성과 탁월성에 부합하게 생산하시는 작품들에 의해서다.

신적인 본성에 대한 이러한 기술은 모든 종교적 신앙의 첫째가는 기초가 된다. 하나님의 이 같은 완전성과 은총으로부터, 신앙의 행위가 하나님께 가치 있고 유익한 것으로 여겨지고, 신적인 영광의 현현을 통해 우리는 그 지식으로 인도되기 때문이다. 이 지점에서 충직한 독자들이라면 앞서 했던 공개 논박[12]에서 아버지와 아들에 대해, 성령과 거룩하고 일체를 이루시는 성삼위에 대해 제시한 논제를 참조할 수 있을 것이다.

∙∙

12) 『야코부스 아르미니우스 전집 1』 중 5부 「25개 주제에 관한 공개 논박」 참조.

토론 24

창조에 관하여

이제까지 우리는 그리스도교의 첫째 대상이신 하나님에 대해 고찰했다. 이어서 하나님 다음으로 동일한 그리스도교의 또 다른 대상이신 그리스도에 대해 고찰하려 한다. 그렇지만 우리는 몇 가지를 전제해야 하는데, 그것 없이는 그리스도가 이 신앙의 대상이 될 수 없고, 또 그리스도교의 필연성이 이해될 수도 없기 때문이다. 참으로 하나님께서 인간에게 신앙을 요구할 수 있는 권한을 가지고 계신다는 사실의 근본 원인이 무엇인지를 우선적으로 설명해야 한다. 그다음으로 이 원인과 권한에 의거하여 규정된 그리스도교 신앙에 대해, 끝으로 우리의 구세주이신 그리스도와 창조에 의해 인간에게 하나님께서 확보하신 권한은 인간의 죄로 인해 유실되지 않았을 뿐만 아니라, 죄인이며 비참한 존재가 되었음에도 인간에 대한 애정을 완전히 버리지 않으신 하나님께서 그의 뜻에 의해 세우신 그리스도교의 필연성을 확증하는 문제에 대해 고찰할 것이다.

하나님은 창조주로서, 그뿐 아니라 새롭게 재창조하는 주체로서 그리스도교의 대상이 되시므로(후자의 관점에서 하나님에 의해 구세주로서 서임된 그리스도 역시 우리 신앙의 대상이 되시므로) 우리는 먼저 시원적 창조에 관해, 그리고 자연 질서에 따라 창조와 연관된 것들에 대해, 그다음으로 인간의 행동이 초래한 결과에 대해 고찰한 뒤 새로운 창조라는 주제를 다룰 것이다. 여기서 가장 먼저 고찰할 것은 중보자로서 그리스도의 창조 활동이다.

창조는 하나님의 외적 행위로서, 그것에 의해 그는 무로부터 만물을 홀로 그의 말씀과 성령에 의해 생산하셨다.

창조의 첫째가는 유효적 원인은 말씀과 성령의 힘으로 행하시는 성부 하나님이다. 우리가 불변화사 'for'의 정의에서 적시했듯이 일차 원인은 하나님의 선하심이며, 그것에 의해 그는 자기의 선을 분유하기 원하신다. 명령자는 신적 지혜이며, 집행인 또는 수행자는 선하심의 경향성을 통해 그의 지혜의 가장 공평한 명령을 따라 하나님의 의지가 사용하는 신적인 권능이다.

하나님께서 만물을 창조하는 질료적 원인은 세 가지 방식으로 생각할 수 있다. 전체에서 첫째가 되는 제일 질료로부터 일반적인 모든 것이 산출되고, 그 때문에 모든 것은 원상태로 환원될 수 있다. 그것은 모든 실체가 제거될 때 우리의 마음이 제일 질료(first matter)로 여기는 무(無) 자체다. 왜냐하면 오직 그것만이 하나님의 최초의 외적 행위를 가능하게 하기 때문이다. 하나님은 자기의 형상을 (그 자신과 대등하게) 동기적(同期的)으로 질료에 주입하는 권한을 행사하는 것을 원하지 않으시고, 또한 그것은 실행될 수도 없으므로 그 질료는 영원할 것이고, 따라서 아무런 변화도 없는 혐오스러운 것으로 남을 것이다. 둘째 질료는 물질적인 모든 것이 자기의 개별적인 형상에 따라 구별됨으로써 분배된다. 이것은 태초에 창조된 조야 한 혼돈과 불투명한 덩어리 같다고 볼 수 있다. 셋째 질료는 그처럼 단순하고 신비한 요소들과 복합적인 개체들을 모두 포괄하고, 그로부터 다른 모든 것이 산출되는데, 마치 물에서 기는 것과 나는 것과 물고기가 나오고, 흙으로부터 다른 모든 생명체, 나무, 풀과 관목이 나오며, 아담의 갈비뼈에서 여자가 나오고, 씨로부터 수많은 종들이 끊임없이 나온다.

형상(形相)은 무로부터 만물이 산출되는 것 자체로서, 하나님의 마음에 있는 원형(archetype)을 따라 아무도 이상 세계로 치부하지 못하도록 특정한 개체 없이도 선행하는 형상은 즉각적으로 실재성을 획득한다.

질료와 형상을 깊이 들여다볼 때 첫째, 창조는 하나님이 홀로 행하신 직접 행위인 것이 명백해진다. 유한한 힘을 가질 뿐인 피조물에게는 무를 움직일 만한 능력이 없고, 또한 그런 피조물은 실체적 형상으로 질료를 빚을 수도 없기 때문이다. 둘째, 창조는 필연성에 의해서가 아니라, 자유로운 행위에 의한 생산 행위임이 명백한데, 하나님은 아무것에도 구속되지 않고, 또 형상들을 모두 구비하시기 때문이다.

목적에 관해서는—하나님은 외적인 어떤 것에 의해서도 움직일 수 없는 분이기 때문에 창조하도록 추동된 것이 아닌데, 그는 창조 행위 자체에 의해 즉각적으로 결과를 얻으며, 사실상 바로 이 행위의 본질에 속하는 것이므로—신적인 지혜와 선하심과 권능을 증명하는 표현 자체다. 행위와 병행하는 신적 속성은 그 본성을 따라 빛을 발하고 행위로 스스로를 나타내시고, 분유하심을 통해 선하심을 보여 주시며, 양태와 질서와 다양성에 의해 지혜를 나타내시는데, 그렇게도 수많은 것이 진실로 위대한 것을 무로부터 생산하시는 상황 자체를 통해 신적인 권능을 나타내신다.

그 모든 것은 '무엇을 위해서인가?'라고 말할 수 있는 목적과 관련하여 창조는 피조물들 자신의 선을 위해서이고, 특히 인간의 경우 신적인 창조의 제도를 따라 대부분의 다른 피조물은 그의 유익을 위해 창조된 것이다.

창조의 결과물은 바로 이 물질적 우주다. 성경은 그것을 하늘과 땅이라는 이름으로 부르고, 때로는 만물을 포용하고 있는 거대한 수족처럼 바다라는 이름으로 부르기도 한다. 이 우주라는 세계는 총체적 관계에서나 부분들 간의 관계에서 어떤 종류의 결함도 없는, 완전하고 완결적인 하나의 단일한 개체다. 또한 그것은 전체나 부분들과 전혀 무관한 어떤 형태의 잉여성도 갖지 않는다. 우주가 단일체 또는 연합적 개체하는 사실은 단순히 불가분적 통일성에 의해서가 아니라, 연결과 통합과 상호 관계의 경향성에 의해 확인되고, 따라서 장소와 상황의 차이뿐만 아니라 각각의 본성과 본질, 특이한 존재 양태에 따라 서로 구별되는 부분들로 이루어진다. 그것은 필연적인 것으로 생각되는데, 다양성과 다수성에 의해 하나님의 완전성이 어느 정도 예시될 뿐만 아니라, 전능하신 여호와가 자연적 필연성에 의해서가 아니라 그의 의지의 자유를 행사하심으로써 세계를 창조했다는 사실을 증명할 수 있기 때문이다.

그러나 우주 전체에 관해 성경에 따르면 가능한 최선의 방식으로 대상들을 세 그룹으로 나눌 수 있다. 첫째, 순전히 영적이고 비가시적인 피조물. 이 그룹에는 천사들이 속한다. 둘째, 단순히 육체적인 피조물. 셋째, 본성에 있어서 부분적으로 육체적이고 가시적이며, 또 다른 부분에서 영적이고 비가시적인 피조물. 이 마지막 그룹에 인간이 속한다.

우리는 창조가 다음과 같은 순서로 진행되었음을 유추할 수 있다. 영적 존재, 즉 천사들이 가장 먼저 창조되고, 물질적 피조물이 그다음인데, 일순간 한꺼번에 창조된 것이 아니라 엿새 동안 연속적으로 창조되었다. 끝으로 육체와 영을 모두 가진 인간이 창조되었다. 당연히 그의 몸이 먼저 만들어지고, 그다음에 그의 정신이 주입에 의해 창조되었다. 하나님께서 그의 영으로 창조 과정을 시작하신 것처럼 그 자신은 측량할 수 없고 영원한 영 자체이므로 그는 영적 존재를 창조함으로써 그 과정을 끝마치려 하신 것으로 보인다.

이 창조는 하나님께서 인간에게서 신앙을 요구할 수 있는 권리의 토대가 된다. 우리가 최초로 창조된 인간에 대해 특별히 집중하여 다룰 때, 그 점에 대해 더 확실하고 충분히 이해할 수 있을 것이다. 왜냐하면 만일 그가 만물의 창조자가 아니고, 따라서 만물을 자기의 수하에 부릴 수 없다면 그는 우리가 믿어야 할 대상이 될 수 없고, 그에게 어떤 희망을 두거나 신뢰할 수도 없으며, 오직 그를 두려워해야 할 이유도 없기 때문이다. 그러나 이 같은 모든 행위는 신앙에 속한 것이다.

이에 다음과 같은 결론에 필연적으로 이른다.

1) 세계는 영원 전에 창조되지도 않았고, 그런 식으로 창조될 수도 없었다. 하나님은 영원 전부터 세계를 창조할 수 있는 권능을 소유하셨고, 나중에 실제로 세계를 창조하셨으므로 단 한순간도 우리는 세계가 창조될 수 없었을 것이라고 상상할 수조차 없다.

2) 창조에 관해 정확한 관념을 마음속에 갖게 된 사람이라면 신적인 지혜와 선하심, 권능이나 능력의 풍성함 외에도 두 종류의 결여 또는 공허가 있었다는 사실도 상상할 수 있어야 한다. 첫째, 본질 또는 형상의 관점에서 무한히 많은 형상들을 생성할 수 있는 무한한 무(無). 둘째, 공간의 관점에서 수많은 세계의 용기(容器)가 될 수 있는 무한한 공허.

3) 그러므로 시간과 공간은 별개의 피조물이 아니라, 사물들과 함께 창조된 것으로, 또는 오히려 그 둘은 사물들이 창조될 때 그것 없이는 피조물들에 대해 사유하거나 상상할 수도 없는, 절대적인 것이 아닌 상대적 개체로서 동시에 존재하게 된 것이라는 결론에 이른다.

4) 이처럼 창조는 무엇보다도 창조자의 의도에 의해, 그리고 실제로 또는 실재의 차원에서 이루어진 신적인 외적 행위다. 그 행위는 그보다 더 근원적인 목적에 기여하는 수단 같은 것이 아니라, 그 자체로 완전한 행위다. 하나님은 창조 행위에 의해 존재를 부여받은 사실 외에도 더 고차적 수준에 적합하도록, 그리하여 더 탁월한 조건으로 고양될 수 있는 특별한 종류의 피조물을 만드셨다.

5) 만일 창조의 목적을 표상할 수 있다면 가능한 모든 일 중에서 피조물이 비존재로부터 존재로 창발했다는 사실보다 더 나은 기술은 없을 것이다.

토론 25

일반 천사와 특수 천사에 관하여

천사들은 하나님의 형상을 따라 창조된 순수 영적 실체로서, 그들은 자기의 창조자를 인정하고 사랑하며 경배할 수 있을 뿐만 아니라, 그와 함께 행복한 상태에서 살아갈 수도 있는 반면, 또한 하나님의 명령에 따라 나머지 피조물 전체와 관련된 일정한 직무를 수행하기도 한다.

천사란 영들의 선하거나 악한 운동이라고, 또는 도움이나 해를 끼치는 힘의 작용을 가리키는 현상에 지나지 않는다고 주장하는 사두개인들[13]을

13) 사두개파(Sadducees)는 다윗 시대의 대제사장이었던 사독(Sadoc)의 이름에서 기원하는 명칭을 가진, 종교 및 정치의 최고 지도자인 대제사장을 지지한 당파였다. 종교적으로는 보수적이고, 그리스 문화를 수용하는 등 개방적이고 세속적인 성향이 짙었다. 그 때문에 마카비 전쟁 시대에 민중에게 냉대받고 세력을 잃게 되었다. 그들은 오직 성문화된 모세의 율법만을 인정했고, 그 결과로 부활이나 천사, 영적 존재 일체를 인정하지 않았다(막 12:18, 눅 20:27, 행 23:8). 또한 미래에 있을 보응도 부정하고, 영혼은 육체와 함께 죽을 뿐이라고 생각했고, 개인의 의지의 자유를 주장하여 하나님의 섭리를 믿지 않았던 것으

비롯한 다른 사람들과는 달리 우리는 천사를 '실체(substances)'로 다룬다. 작용(가상적 존재의 운동), 현상, 그리고 그들이 충분히 입증하지도 않은 채 천사에게 귀속한 이름은 성경 전체의 관점과 완전히 충돌한다.

우리가 천사들을 '순전히 영적인' 존재라고 덧붙인 것은 그럼으로써 그들과 반대되는 종족인 인간과 구분하고, 그들의 본성을 암시하기 위해서다. 그리고 질료와 형상의 합성 원리는 천사들에게 적용되지 않지만, 우리는 그들이 전적으로 합성적 실체이며—1) 존재와 본질의 합성. 2) 행위와 힘 또는 능력의 합성. 3) 끝으로 주체와 그것에 내재하는 부수적 속성의 합성에 의해—따라서 여러 부분을 가진 존재로 주장한다.

그럼에도 천사는 피조물이므로 유한한 존재이고, 우리는 그들을 공간과 시간, 수(數)에 의해 양화할 수 있다. 공간적으로 볼 때 그들은 신체적으로 공간 안에 있지 않다. 즉 그들은 특정 위치의 장소를 점유하고 자기의 실체와 동연(同延)적 관계를 갖는 것이 아니라, 지성적으로 공간에 머물 뿐이다. 즉 그들은 어떤 장소이든지 그것을 채우거나 점유하지 않고서도 공간적으로 존재할 수 있는데, 학자들은 그것을 가리켜 '국지적 존재'[14]로 정의한다. 그러나 그들은 동시에 여러 장소에 있을 수 없고, 이번에는 이곳, 다음번에는 저곳 하는 식으로 존재하기 때문에 좀체 지각하기 어렵다. 하지만 그들이 시간이 경과되지 않은 채로 이동하는 일은 없다.

..

로 말해진다. 이러한 입장에서 그들은 예수에 대해 반대하면서 하늘로서 오는 표적을 보여 주기를 요청하고(마 16:1~4), 부활에 대해 난문(難問)을 제출하여 시험하려고도 했다(마 22:23~33). 세례 요한은 그들을 '독사의 자식들'(마 3:7)이라고 불렀다.

14) 국지적으로 존재(to be in a place)한다는 것은 공간적 좌표에 일시적으로 머물 수 있지만, 질료적 상태에서 공간을 점유하는 것이 아니라는 것을 지시한다. 그러나 천사들은 단순한 수적 존재가 아니라 영적 존재이므로 도덕적으로 유의미한 행위를 수행할 수 있고, 그것에 대해 죄책을 가질 수 있다.

우리는 천사들을 시간에 의해, 또는 지속이나 시기에 따라 측정할 수 있다. 그들의 실존성은 출발점이 있고, 그들이 계속 존재하는 전체 시기 동안 과거와 현재, 미래의 부분들에 의해 존속하기 때문이다. 그러나 그 지속 기간 전체가 동시적으로 어떤 거리 간격 없이 그들에게 제시되지는 않는다.

끝으로 우리는 천사들을 수에 의해 측정할 수 있다. 물론 그들의 수가 얼마나 되는지에 대해 성경에서 특정한 바 없고, 따라서 우리가 그것을 알 수 있는 길은 없고, 다만 하나님에게 알려져 있을 뿐이다. 어쨌거나 그들의 수가 엄청난 것은 분명한데, 왜냐하면 그들은 출산하지도 않고 죽지도 않기 때문에 그 수가 줄어들지도 않고 증가되지도 않기 때문이다.

앞에서 우리가 천사들은 "하나님의 형상을 따라 창조되었다"라고 말했던 것은 성경에서 그들을 "하나님의 아들들"(창 6:4)이라고 부르기 때문이다. 여기 언급된 '형상'은 부분적으로 그들의 본성에 속하는 것이고, 부분적으로는 선천적인 초자연적 성질에 속한 것으로 이루어진 것이라고 말할 수 있다. 그들의 본성에 속하는 것은 그들의 영적 본질, 지성과 의욕, 행동을 통해 강한 힘을 행사할 수 있는 것 등 여러 가지 능력이다. 초자연적 성질에 속하는 것은 지성에 의한 지식의 빛, 그것을 뒤따르는 의지의 순수성이나 경건성이다. 불멸성 자체는 초자연적 자질에 속하지만, 그것은 천사들이 하나님께 어떤 태도를 보이든지 하나님께서 그들에게 존속시키기로 결정하신 속성이다.

그것에 부과된 목적은 두 가지다. 하나님의 집행리(執行吏)나 전령관으로서 그의 보좌 곁에 서서 신적 주재의 영광을 영구히 기리고 하나님(께 바치는 찬송)을 경축하는 것, 그리고 놀라울 정도로 민첩하게 하나님의 명령을 집행하도록 하나님께서 그들에게 부과한 조력 업무다.

우리는 성경으로부터 천사들 사이에 모종의 서열이 있는 것을 직접 들을 수 있는데, 성경은 일반 천사들과 천사장을 언급하고 심지어 마귀도 천사들을 거느리고 있다고 말하기 때문이다. 그러나 우리는 그들의 서열과 다양한 계급, 그리고 그런 구별의 기준 같은 것에 대해 기꺼이 무지한 채로 있고자 한다. 우리는 또한 천사들의 어떤 서열을(그것의 존재를) 가정할 경우, 하나님께서 각 계급마다 각기 다른 명령을 내리는 것이 아니라, 상이한 계급에게도 똑같은 임무를 맡기는 것으로 본다. 물론 다른 견해를 가진 사람들은 그럴 만한 이유가 있을 것으로 생각한다.

자신들이 맡은 임무를 수행하는 천사들은 흔히 몸을 갖고 옷을 입은 모습으로 묘사되지만, 그들은 몸을 갖고 있지도 않고, 무로부터가 아니라 선행하는 제일 질료로부터 잠시 몸을 수취한 것뿐이다. 그들은 본질에 의해서나 개인적인 연합에 의해서가 아니라, 국지적일 뿐인 연합에 의해 공간에 머물 뿐이며(그 때문에 그들은 자기의 몸을 떠날 수 없다), 도구적 목적을 위해 그들이 참여하는 행위를 적절히 수행하기 위해 그런 몸을 사용한다.

그러므로 천사들이 취하는 몸은 살아 있는 것이 아니고, 그 몸을 통해 천사들이 실제로 어떤 이미지나 상상적 현상을 보고 듣고 냄새를 맡거나 만지거나 인식하는 것이 아니며, 그 몸의 기관을 통해 그들은 단지 위임받은 명령을 행동으로 수행할 뿐이다. 오히려 그들은 그 몸 안에서 존재하는 동안 장소 이동을 하는 것이라고 말하는 편이 나을 것이다. 이 설명에 따르면 참으로 살아 있고 지휘하는 영이 거주하는 인간의 몸이 인간적 판단력에 의해 그런 식으로 수취된 몸과 충분히 식별될 수 있다고 말하는 것은 결코 부적절하다고 말할 수는 없다.

또한 하나님은 천사들을 위해 계율을 제정하셨다. 그에 따라 그들은 자기의 뜻대로 사는 것이 아니라, 하나님의 뜻을 따라 살아야 하고, 그 계율을 지키면 복을 받지만 계율을 어길 경우 용서받을 가망이 없는 영원한 저주를 받아야 했다. 천사들에 대해 엄격한 정의가 행사될 것이지만, 하나님은 자기의 자유로운 뜻에 따라 그들이 구원을 얻을 수 있게 선하심을 베풀지 않기로 작정하셨기 때문이다.

그러나 우리는 단 한 번의 순종 행위로 영원한 은총을 얻기에 충분한가, 또는 단 한 번의 불순종 행위 때문에 영원한 멸망에 빠지는 것이 합당한가 하는 문제에 대해 어떤 결론도 내리지 않을 것이다.

천사들 중 몇몇이 자기에게 부과된 명령을 어기는 사건이 일어났고, 그 것은 온전히 그들 자신의 잘못 때문이었다. 그들에게 베푸신 은혜를 따라, 그리고 하나님께서 그들에게 주시는, 언제든지 기꺼이 주시려 하는 도우심에 의해 그들은 얼마든지 계율을 지키면서 완전무결한 상태를 누릴 수 있었기 때문이다.

그러므로 우리는 천사들을 선한 그룹과 악한 그룹으로 나눌 수 있다. 전자의 그룹을 선한 천사로 부르는 이유는 그들이 진리 안에서 의로움을 지키고, '자기의 거주지를' 떠나지 않았기 때문이다. 그러나 후자의 그룹이 '악한 천사'라고 불리는 것은 그들이 진리 안에 머무르지 않고, '자기의 거주지를 떠났기' 때문이다.

'선한 천사'라고 불리는 그룹은 자기에게 주입된 선천적 습성을 따르기도 했지만, 또한 그들의 행동 방식에 따라 실천을 통해 획득된 선한 습관을 따랐기 때문이다. 그들에게서 선의 원인으로 우리가 적시할 수 있는 것은 은혜의 경험이 증대된 것과 경건한 목적의식을 가졌다는 것인데, 부분적으로 그들은 배교한 천사들에게 내려진 심판을 목격함으로써, 부분적으로 증대된 은혜를 경험함으로써 그러한 의식을 갖게 되었을 것이다. (이렇게 물을 수도 있다.) 그들은 더 이상 바랄 것이 없을 만큼 완전한 은총을 받았던 것이 아닐까? 그렇게 생각하기 어려운 것은 탁월한 견식을 가진 분들이 동의하는바, 오히려 그것과 반대되는 이유를 찾을 수도 있기 때문이다.

후자(논제 13)의 그룹이 '악한 천사들'이라고 불리는 까닭은 첫째, 그들이 실제로 불의를 저질렀기 때문이고, 둘째, 습관화된 불의와 완악함을 고집했기 때문이다. 따라서 그들은 하나님께 질책을 들을 만한 일을 하거나 이웃을 파멸로 이끄는 일을 좋아하는 성향을 가졌다. 그러나 이처럼 악에 깊이 고착된 고집은 부분적으로 하나님의 진노를 직감하고 그로부터 싹튼 악한 양심으로부터, 부분적으로 그들의 불의한 본성으로부터 나온 것으로 보인다.

그러나 천사들이 범한 죄의 유형에 관해 우리는 실제로 그것이 무엇이었는지 확실하게 말할 수 없다. 하지만 탁월성에 대한 욕망을 가질 때 인간이 죄에 빠지기 쉽다는 논증에 기초하여 그들의 죄가 교만의 죄였을 개연성이 크다는 것을 답변으로 수용할 수 있다.

하나님이 선한 천사들의 조력을 사용하기로 결정하셨을 때, 그가 그들에게 부여한 힘과 능력뿐만 아니라, 친히 증대하신 다른 능력도 사용하려 하신 것으로 보인다. 그러나 만일 하나님께서 마귀들의 사역을 이용하기로 한다면 창조 시에 그들에게 부여된 것과 경험을 통해 그들이 후천적으로 획득한 것 이상으로 증대된 지식과 힘을 행사할 수 있으리라고 말하는 것은 진리에 어긋날 것이다.

이로부터 필연적으로 귀결되는 것은 이것이다. 우리는 다음의 물음을 토론 주제로 제안한다.

1) 선한 천사들에 관해 그들이 하나님께나 그들 서로에게, 그리고 인간에게 이행해야 할 사랑의 책무를 유보한 채 때때로 그들끼리 다툼을 벌인다고 말할 수 있는가?

2) 천사에게 중보자가 필요한가? 그리스도는 천사들의 중보자일 수 있는가? 우리는 그렇지 않다고 답한다.

3) 천사들 전체가 단일한 종에 속하는가? 우리는 그렇다고 생각하는 것이 그 반대로 생각하는 것보다 개연성이 크다고 생각한다.

토론 26

하나님의 형상을 따라 인간을 창조한 것에 관하여

육체와 합리적이고 도덕적인 정신을 가진 인간은 하나님이 지으신 피조물로서, 신적 형상을 따라 창조되었다. 그의 육체는 선행하는 제일 질료, 즉 물과 에테르를 함유한 습기가 섞이고 살포된 흙으로 빚어졌고, 그의 영은 하나님이 콧구멍에 숨을 불어넣음으로써 무로부터 발생했다.

만일 인간이 죄를 짓지 않았다면, 그리고 범죄 행위로 인해 죽음의 불가피성을 자초하지 않았다면 그의 몸은 썩지 않았을 것이고, 하나님의 은혜로 죽을 운명에 처하지도 않았을 것이다. 몸은 장차 영을 위한 그릇 같은 것이므로 지혜로운 창조자는 그의 몸에 여러 가지 탁월한 기관들을 갖추게 하셨다.

그러나 영의 기원, 실체(substance), 능력, 습성에 대해 고려할 때, 영의 본성은 가히 경탄할 만하다. 먼저 영의 기원을 살펴보자. 영은 어떤 질료도 없이 단순한 주입에 의해 창조되었다. 그러므로 필연적으로 몸은 그 영을 수용할 수 있는 역량을 갖추기 위해 인간 형상에 적합하도록 질료를 조정해야 하고, 그럼으로써 선천적 결합력에 의해 영과 몸은 서로 연합하고, 그 결과 하나의 '우피스타메논',[15] 즉 단일 생명체가 산출된다. 하나님에 의해 한 생명체가 시간 안에서 창조되는 것인데, 지금도 하나님은 날마다 각각의 몸에서 새로운 영을 창조하신다.

영의 실체는 단순하고, 비물질적이며, 불가멸적이다. 영은 단순한 것으로 기술될 수 있지만, 하나님의 입장에서는 그렇게 말할 수 없다. 영은 행위, 능력 또는 역량, 존재와 본질, 본체와 부수적인 것으로 이루어지기 때문이다. 그러나 물질적인 복합물인 다른 사물들과 비교할 때 마땅히 영은 단순하다. 영이 비물질적이라고 말하는 것은 그것이 자기 자신만으로 존립할 수 있고, 몸으로부터 분리될 때도 단독으로 움직일 수 있기 때문이다. 영이 불가멸적인 것은 자력으로 그럴 수 있다는 것이 아니라, 하나님의 은혜에 의해서만 존속할 수 있다.

영의 능력은 지성과 의지 두 가지로, 그것은 실제로 영이 두 가지 대상을 갖기 때문이다. 지성은 자연적이고 필연적인, 따라서 단일한 행위에 의해 영원과 진리, 즉 보편성과 특수성을 인식한다. 그러나 의지는 선을 지향하는 경향성을 갖는다. 그러나 이 경향성은 의지의 본성이 가진 양태를 따라 보편적인 선에 대해, 최고선에 대해, 또는 자유의 양태를 따라 다른 모든 (종류의) 선에 대한 것이다.

끝으로 영의 습성에 관해 살펴보자. 첫째, 지혜에 의해 지성은 지복과 의에 속한 초자연적 진리와 선을 명석하고 충분하게 인식한다. 둘째, 의

15) 우피스타메논(υφιστάμενων)은 '존재하는 개체(existing ones)' 또는 단순히 '존재(existing)'를 뜻한다. 개역개정 성경에는 '생령(生靈)'으로 번역되었다.

(righteousness)와 진리의 경건성에 의해 의지는 지혜가 명령하는 것을 실행하고, 지혜가 제시하는 것을 욕구할 수 있도록 조정되고 태세를 갖춘다. 바로 이 의와 지혜는 '원초적(original)'인 것으로 불리는데, 인간이 존재하기 시작할 때부터 그 둘을 소유했고, 자신의 온전함을 변함없이 지킬 수 있었다면 후손들에게 그 두 가지를 물려줄 수 있었을 것이기 때문이다.

이 모든 것에서 하나님의 형상은 매우 찬란하게 빛을 발한다. 우리가 형상이라는 낱말로 지시하는 것은 인간이 자기의 창조자를 닮고, 가지고 있는 능력의 양태를 따라 그 사실을 표현할 수 있다는 사실이다. 즉 그의 영은 자기의 실체와 능력, 습성을 따라, 그리고 그의 몸은—이것은 물론 순수한 영이신 하나님의 형상을 따라 만들어졌다고 말하는 것은 부적절하겠지만—그럼에도 신적인 면모를 갖는다고 말할 수 있다. 왜냐하면 만일 인간이 죄를 짓지 않았다면 그의 몸은 죽음을 맛보지 않았을 것이라는 상황적 조건을 고려할 때, 그리고 고린도전서 15장에서 사도 바울이 설명하는 특수한 유형의 정결함과 영광의 가능성을 고려할 때 그렇게 볼 수 있기 때문이고, 인간의 몸은 다른 생명체들의 몸과는 비교할 수 없을 정도의 탁월성과 위엄을 보여 주기 때문이며, 끝으로 탁월성, 완전성, 다른 모든 동물들을 다스리는 권한이 수여된 전인적(全人的) 측면에서 찬탄할 만한 행위와 직무를 수행할 수 있는 적합한 도구이기 때문이다.

이 형상을 이루는 부분들은 다음과 같이 구별될 수 있다. 어떤 부분은 인간에게 자연적이고, 다른 부분은 초자연적이라고 부를 수 있다. 또한 어떤 부분은 인간에게 본질적이고, 다른 부분은 부수적이다. 자유의 본성과 양태에 관해 영적 존재로 사는 것과, 지성과 의지의 능력을 부여받는 것은 인간 정신에게 본성적이고 본질적이다. 그러나 하나님과 영원한 구원에 관한 지식을 갖는 것은, 그 지식에 따라 의지가 형성하는 정직과 경건과 마찬가지로 인간에게 초자연적이고 우연적인 면모다. 불멸성은 영에게 지극히 본질적인 것이므로 영이 존재하는 것을 멈추지 않는 한 그것은 소진될 수 없다. 그러나 인간의 영에게 불멸성이 초자연적이고 우연적인 것으로 규정되는 까닭은 하나님이 인간에게 반드시 실행해야 하는 것은 아니지만, 그의 은혜와 보존의 후원을 통해서만 가능한 일이기 때문이다.

그러나 몸의 불멸성은 전적으로 초자연적이고 우연적이다. 몸은 언제든지 불멸성이 제거될 수 있고, 따라서 몸은 그것이 애초에 왔던 곳인 먼지로 돌아갈 수 있기 때문이다. 인간의 몸이 갖는 탁월성이 다른 생물의 그것을 능가하고, 다양한 결과를 산출할 수 있는 특유한 적합성을 갖는다는 사실은 인간에게 자연적이고 본질적인 측면이다. 몸과 영으로 이루어진 이 전인적 존재에 부여된, 다른 피조물에 대해 갖는 통치권은 부분적으로 본성의 탁월성에 따라 인간에게 귀속된 것으로 생각되고, 부분적으로 그 강도와 구성 요소의 변화, 증대 또는 감소가 있더라도 그 통치권이 완전히 철회되는 일은 없다는 것을 보증하는 은혜로운 선물로 보인다.

그러므로 인간은 자기의 창조자를 알고, 사랑하고, 경배하기 위해, 그리고 지복 상태에서 영원히 그와 함께 있기 위해 창조되었다. 이 창조 행위에 의해 하나님은 그의 지혜와 선하심과 권능의 영광을 가장 현저하게 나타내셨다.

이제까지 기술한 것으로부터 인간은 그에게 의무로서 요구된, 하나님께 신앙의 행위를 이행하기에 적합하게 창조되었다고 말할 수 있다. 즉 인류는 하나님께 (신앙의) 행위를 이행하는 사람에게 마땅히 수여되어야 할 보상, 또는 신앙을 경시한 사람에게 마땅히 내려질 형벌을 받기에 적합한 존재이고, 따라서 창조자와 피조물의 관계는 정당하게 인간에게 이 신앙 의무를 요구할 수 있는 권한을 가진다. 그뿐만 아니라 이 관계는 핵심적이기 때문에 우리는 인간이 하나님의 형상을 따라 창조된 신학적 사실을 인정해야 한다.

하나님의 형상에 관해서만 아니라 초자연적이고 영적인 일들과 관련하여 우리는 최초의 인간이 창조되고 조성되었던 자연적인 삶의 정황을 고찰할 필요가 있다. 사도 바울에 따르면 "그러나 신령한 것이 먼저가 아닙니다. 자연적인 것이 먼저요, 그 다음이 신령한 것입니다."(고전 15:46) 여기서 언급한 신령한 상태는 몸과 정신의 자연적 연합, 그리고 몸 안에서 자연적으로 영위되는 정신적 삶을 토대로 세워진 것이다. 이 연합과 그것이 이끄는 삶으로부터 정신이 몸에 유익한 것을 조달함에 따라 몸은 자기의 본성과 욕구에 적합한 기능을 수행할 수 있는 태세를 갖출 수 있게 된다. 이 같은 상태나 조건에 의해 인간과 물질세계의 선한 것 사이에 상호 관계가 확립되고, 따라서 인간은 그것을 욕구하고 스스로 조달할 수 있기 위해 필요하고 용이하게 생각되는 노동에 뛰어들게 된다.

토론 27

하나님의 주권 또는 통치권에 관하여

창조를 통해 만물을 다스리는 통치권은 창조자 자신에게 귀속된다. 그러므로 그것은 다른 어떤 통치권이나 주권에도 의존하지 않는 일차적 권한이다. 그렇기 때문에 그것보다 더 큰 것은 없다. 그 주권이 절대적인 이유는 피조물 전체에, 즉 전체에 대해 총체적으로, 그리고 부분들 각각에 대해, 그리고 창조자와 피조물 사이에 성립되는 모든 관계에 그 힘이 미치기 때문이다. 따라서 피조물 자체가 존재하는 한 그 주권은 항구적이다.

그러나 하나님의 통치권은 창조자의 권리이고, 자기 피조물에 미치는 권능이다. 이러한 이유로 하나님은 피조물을 자기 소유로 삼고, 명령을 내리고 부릴 수 있고, 창조의 관계와 그것에 기초하는 정당성이 허용하는 것은 무엇이든지 그들에게 행할 수 있다.

그 권한은 피조물 전체를 태동시키고, 그 전체가 의존하는 원인의 허용 범위를 넘어 확장될 수 없다. 그렇기 때문에 하나님은 자기 피조물을 다른 피조물에게 넘겨주어 제 마음대로 지배하게 함으로써 그 피조물이 하나님의 주권 행사에 따른 의무를 이행하지 않아도 되고, 그리고 동료 피조물 측의 아무런 잘못이 없는데도 그를 해치는 온갖 악을 행하거나, 적어도 그에게 아무런 이익이 되지 않는 일을 행할 수 있게 허락하거나, 하나님께서 어떤 일을 행하는 데 필요하고 충분한 능력이 피조물에게 없는데도 명령을 내리는 것은 하나님의 권리에 부합하지 않는다. 또는 피조물이 세상에 죄를 들여오는 것을 하나님께서 허용하시고 나서 그를 처벌하거나 용서하기로 결정함으로써 자기의 영광을 드높이려 하거나, 끝으로 피조물의 절대적 역량을 발휘하여 죄 없이도(즉 죄를 짓지 않고서도) 그가 영원한 심판을 받거나 형벌을 받게 하는 어떤 일을 그 피조물이 행할 수 있게 유도하는 것은 하나님의 권리에 부합하지 않는다.

이 주권은 이성을 가진 피조물을 다스리는 힘이므로(이 주제와 관련해서는 우리는 주로 하나님의 통치권과 권능에 대해 다룬다) 두 가지 관점, 즉 전제적 체제 또는 왕정이나 가부장제로 나누어 고찰할 수 있다. 전자는 피조물에게 유익이 되거나 구원을 위한 일 같은, 선에 대한 고려가 전혀 없는 지배 체제이고, 후자는 피조물을 위해 선 자체를 고려하는 통치 체제다. 바로 이 후자의 체제를 하나님께서 택하시고 그의 선하심과 권능을 풍성히 베푸시며, 피조물이 불의한 일로 무가치한 상태로 추락하지 않는 한 하나님은 왕처럼 그리고 아버지처럼 그들을 다스리신다.

그러므로 하나님께서 이성을 가진 피조물에게 어떤 명령을 내리려 할 때, 그는 정당하게 할 수 있는 모든 것을 정확하게 계수하는 것이 아니라, 설득의 유용성과 필연성을 고려하는 논증을 통해 설득하는 방법을 택하신다. 이뿐 아니라 하나님은 피조물과 계약 또는 언약 관계를 체결하시는데, 그렇게 하는 이유는 피조물이 '의무이기 때문에' 순종하는 것이 아니라, 협정과 약속에 의해 결성되는 동맹의 본성에 따라 그가 자발적이고 자유롭게, 그리고 넓은 도량으로 순종함으로써 하나님을 섬기게 하려는 것이다. 하나님께서 때때로 자기의 율법을 언약이라는 이름으로 특별히 구별하시는 것은 바로 그 때문이다.

그러나 이 조건은 항상 그 동맹에 부속된 사항이므로 만일 인간이 그 언약을 망각하고 그것의 기분 좋은 기준을 멸시한다면 하나님은 진짜 주인답게 준엄하고 엄격하게 강압적으로 강제하거나 지배하고, 정반대되는 (유형의 기준) 명령에 따르기를 거부하는 사람들에게 응분의 처분을 내릴 것이다.

따라서 이성을 가진 피조물을 다스리는 하나님의 권한은 두 종류가 있다. 첫째는 창조를 통해 그에게 속하게 된 것이고, 둘째는 계약을 통해 갖게 된 것이다. 전자는 피조물이 자기의 창조자로부터 얻은 선에 기초하고, 후자는 피조물이 자기의 보존자, 후원자, 영광스럽게 만드는 자이신 하나님으로부터 장차 얻게 될 훨씬 더 큰 혜택에 기초한다.

만일 피조물이 이 두 종류의 권한에 대항하여 죄를 범한다면 바로 그 행위에 의해 그는 자기의 주님이고 왕이며 아버지이신 하나님께 자신을 죄지은 피조물로 다룰 수 있게, 그리고 응분의 심판을 내릴 수 있게 하는 권리를 스스로 안겨 드리는 것이다. 그리고 이것은 하나님께 대항하는 피조물의 악한 행위에 의해 발생하는 셋째 권한에 해당한다.

하나님의 섭리에 관하여

하나님과 사물들 자체의 본성뿐만 아니라, 성경과 우리의 경험도 마찬 가지로 섭리[16]가 하나님께 속하는 것을 입증한다.

그러나 섭리는 하나님의 속성 중 하나로서, 성질이나 능력이나 습성 같

..

16) 섭리(divine providence)는 '예견, 배려'를 뜻하는 라틴어 프로비덴티아(providentia)에서 파생한 낱말로, 접두어 'pro'(ahead: 앞서, 미리)와 동사 'videre'(to see: 보다)의 합성어다. 즉 문자적으로 '앞서 보다'라는 뜻이다. 이것은 하나님 속성의 하나로서 미래에 대한 지식 이나 전지성에 적용되는 개념이다. 성급하게 기계론적 결정론에 귀착하지 않기 위해 신적 섭리와 인간의 자유의지의 관계를 고려할 필요가 있다. 섭리 개념에는 신의 예견과 미리 설 정된 배려라는 두 가지 요소가 포함되어 있기 때문이다. 하나님의 구원 계획에 참여하여 신 의 영광을 나타낼 수 있는 자유가 인간에게 허용되어 있는 점에서 인간의 의지나 양심과 무관하게 섭리를 규정하는 예정론과는 다르기 때문이다. 계몽주의 이후 이신론(理神論)은 기계론적인 입장에서 섭리를 부정했고, 역사주의적 관점 역시 인류의 무한한 진보 가능성 을 상정함으로써 섭리를 부정했다. 카를 바르트는 섭리를 이 세계에서 신의 현재적 의미로 파악하면서 죄로부터의 구원과 직접 연결하기보다 그리스도를 통한 신의 화해 활동을 '은 혜'라고 부름으로써 섭리와 구별했다.

은 것이 아니며, 안으로 향하거나(ad intra) 내적인 것도 아니다. 반대로 그것은 밖으로(ad extra) 향하거나 외적인 행위이며, 그리고 하나님과 구별되고, 영원 전부터 신적 지성 안에서 그에게 연합되지 않고, 그와 분리된 상태로 실재적으로 존재하는 어떤 대상에 관해 실행하는 하나님의 행위를 가리킨다.

섭리는 실천 지성 또는 지성을 사용하는 의지의 행위로서, 한순간에 완결되는 것이 아니라, 사물들의 지속의 계기를 따라 계속된다.

섭리는 하나님의 열정적이고 어디서나 강력한 지속적인 조사와 감독이라고 정의할 수 있다. 그에 따라 하나님은 온 세상을, 그리고 피조물과 그들의 행위와 욕망 각각에 대해 자기에게 어울리고 피조물에게 적합한 방법에 의해 그들의 혜택을 위해, 무엇보다도 경건한 사람들에게 유익을 주고 신적인 완전성을 선포하기 위해 전반적으로 관리하신다.

우리는 섭리의 대상에 대해 서로 일정한 관계에 있는 많은 부분들로 이루어지고, 그뿐 아니라 그것들 사이에, 그리고 행동하고 욕구하는 피조 인간들과의 관계에서도 일정한 질서를 내포하는 단일체로서 세계 전체를 표상했다. 그들이 소유하는 선을 다음과 같이 구별한다. 1) 창조를 통해 부여받은 그들의 본성에 속한 선. 2) 초자연적인 은사의 분유를 통해, 그리고 존엄한 지위로 고양됨으로써 얻는 은혜에 의해 얻는 선. 3) 본성과 은혜를 모두 올바르게 사용함으로써 얻는 선. 우리는 뒤의 두 가지를 섭리 행위에 귀속한다.

행위로써 나타나는 섭리의 기준은 하나님의 지혜로서, 그것은 그의 선하심과 엄중함, 또는 정의와 자기 피조물에 대한 사랑을 통해, 그러나 항상 공정함을 지키심으로써 그가 무엇에 가치를 두는지를 보여 준다.

섭리 집행에 속하는 행위, 즉 본질, 질과 양에 초점을 두는 것으로 보이는 보존, 그리고 피조물의 행위와 욕구를 감독하는 통치의 주요 활동으로 운동, 도우심, 상호작용(concurrence), 허용(permission)이 있다. 이 행위들 중 앞의 세 가지는 자연적이거나 도덕적인 맥락을 막론하고 선을 향해 나아가고, 마지막 것은 악한 일에만 적용된다.

하나님의 권능은 허용을 제외하고 보편적으로 그리고 항상 주요 활동에 투여된다. 특히 때때로 그 행위는 피조물 자신에 의해 수행되기도 한다. 따라서 섭리의 행위는 직접적인 것과 간접적인 것으로 나뉜다. 피조물(의 행위)을 사용할 경우, 통상적인 경로를 벗어나는 편이 더 낫지 않는 한 하나님의 섭리는 그들 자신의 본성에 적합하게 움직일 수 있도록 허용한다.

정해진 자연적 경로를 따르거나 은혜를 따라 수행되는 행위는 모두 통상적인 섭리로 간주된다. 자연적인 경로를 벗어나거나 넘어서는, 또는 심지어 이 질서에 반대되는 경로를 따라 전개되는 행위는 특수한 유형의 섭리로 구분된다. 그러나 정의(논제 4)에서 우리가 언급했듯이 그런 행위도 항상 결국에는 필연적 정당성과 적합성에 의해 설명될 수 있다.

섭리에도 정도의 차이를 구분할 수 있는데, 그것은 직관이나 간과 행위 자체에 의해서도 아니고, 현전성이나 연속성에 의해서도 아니라, 우리를 염려로부터 벗어나게 하려는 열의와 배려에 의한 것이다. 하나님은 황소들보다 사람들에게, 불경건한 사람들보다 믿는 자와 경건한 사람들에게 더 큰 관심을 쏟으시기 때문이다.

섭리와 그에 따른 모든 행위의 목적은 신적인 완전성, 지혜, 선하심, 정의, 엄정함과 권능의 선언, 피조물 전체의 유익, 특히 택정되거나 예정된 사람들의 유익을 도모하는 데 있다.

그러나 하나님은 그가 영원 전부터 작정하지 않은 것은 결코 시간 안에서 행하거나 허용하지 않으시므로 그 작정을 집행하거나 허용하는 것은 섭리보다 앞서 결정되며, 섭리의 행위 중 내적 행위가 외적 행위에 선행한다.

섭리의 효과 또는 결과는 결국 하나님 자신에게 속하는 그의 예지다. 그리고 신적인 예지는 부분적으로 자연적인 동시에 필연적이고, 또 부분적으로 자유로운 것으로 나뉜다. 자유로운 것으로 부를 수 있는 예지는 그것이 하나님의 자유로운 의지의 행위를 따르기 때문인데, 실제로 그것 없이는 섭리의 대상은 있을 수 없다. 자연적이거나 필연적인 것으로 불리는 예지는 (그 대상이 신적 의지의 행위에 의해 규정될 때) 그것을 신적 지성이 알지 못하는 것이 불가능하기 때문이다.

이 예지를 뒤따라 예고(豫告) 행위가 수반될 수 있는데, 그것은 상황이 실제로 전개되기 전에 먼저 자기 피조물에게 미래 사건에 대해 암시하는 것을 하나님이 기뻐하시기 때문이다. 그러나 어떤 예고나 예지도 이후에 발생할 어떤 일에 필연성을 부과하는 일은 없다. 왜냐하면 그 일은 (하나님의 마음 안에서) 자연과 순서에서 미래 사건보다 뒤에 위치하기 때문이다. 따라서 어떤 일이 예지되거나 예고되었기 때문에 그 일이 반드시 발생해야 하는 것은 아니다. 그러나 발생하게 되어 있는 일은 예지되고 예고된다.

주님께서 섭리와 그 행위를 배치하는 작정 자체는 미래의 일에 어떤 필연성도 부과하지 않는다. 그 이유는 작정이 하나님의 내적 행위이고(논제 12 참조), 따라서 사물 자체에 어떤 것도 규정하지 않기 때문이다. 그러나 하나님이 세상을 관리하실 때 그의 자유로운 의향에 의해 사용하기로 하는 힘의 양태에 따라 사건은 필연적으로나 우연적으로 나타나고 진행될 수 있다.

토론 29

하나님께서 우리의 최초의 조상에게 주신 언약에 관하여

　자기의 형상을 따라 창조하신 인간에게 영향을 미치는 하나님의 권리와 권능에 따르면 그는 인간이 가진 적절한 능력을 사용하여 혹은 하나님의 은혜로 그러한 상태에 있게 함으로써 그들이 모든 일에서 그에게 순종하도록 규정할 수도 있었다. 그러나 하나님은 인간에게서 자발적이고 자유로운 순종을 얻기 원하셨다. 사실 그것만으로도 인간으로서 감지덕지일 텐데, 그는 인간에게 복종을 요구하시는 반면 복종에 대한 보상을 약속하시고, 또한 처벌에 대한 경고도 규정에 첨가된 계약과 언약 관계에 들어가기를 원하셨다. 사실 그 계약은 쌍방 간에 완전히 평등하게 이루어졌다고 볼 수 없다. 그럼에도 인간이 하나님께 완전히 구속되어 있는 것처럼 보이지도 않는다.

　그렇기 때문에 하나님의 계율은 흔히 언약이라고 불린다. 그것은 행위에 대한 명령과 보상에 대한 약속, 두 부분으로 나뉘고, 그와 함께 처벌 규정을 덧붙임으로써 하나님이 인간에 대해 마땅히 권한을 갖고 계시지만, 복종을 전적으로 강제하지 않는다는 것을 명시하면서 복종을 더 강하게 촉구한다.

이런 방식으로 하나님은 복종을 제정하실 때, 우선 인간의 마음속에 계율을 내재화하고 각인시킨다. 여기에는 하나님에 대해, 그리고 당사자 자신을 포함하여 이웃에 대해 자연법적 의무가 규정되어 있다. 또한 경외심과 존경, 섬김의 자세로 상관을 사랑해야 할 의무도 있다. 참된 미덕은 정념을 제어하는 것 또는 올바른 순서에 있으므로(모든 정념 중 첫째이고 으뜸가는 것으로, 나머지 모든 정서의 토대가 되는 것은 사랑이다) 율법 전체가 사랑의 올바른 질서 안에 들어 있는 것이다. 그리고 순종하려고 노력하지도 않고, 조금도 주저하지 않고, 오직 제 뜻대로 행하는 사람에게서는 어떤 순종도 기대할 수 없는 것은 그가 행위 명령에 대해 어떤 정감에 의해 혐오감을 갖고, 금지 명령에 대해 어떤 성향에 의해 이끌리기 때문이다. 그러므로 그런 방식으로 작동하는 자기애는 올바르게 규제되고 정렬되어야 하고, 그렇게 할 때 우리가 동료 인간들과 함께 사회를 이루고, 또 인간성을 따라 살아갈 수 있게 하는 제일 원인이자 근접 원인이 조성될 수 있다.

이 율법에 더해 하나님은 다른 것, 즉 상징적 율법을 추가하기를 원하셨다. 상징적 율법이란 그 자체로 하나님께 만족감을 주거나 불쾌감을 주지 않는, 즉 유의미한 요소가 전혀 없는 어떤 행위를 요구하거나 금지하는 법이다. 그런 율법은 인간이 기꺼이 하나님께 복종하려 하는지를 시험해 보기 위해 제정된 것으로서, 오직 그런 목적을 위해 그 율법에 복종할 것을 하나님이 원하셨고, 따라서 하나님께서 왜 그런 율법을 제정하셨는지 달리 설명할 수 있는 어떤 이유도 생각할 수 없다.

인간이 자연적으로 이끌리기 쉬운 어떤 행위, 즉 선악을 아는 지식의 나무 열매를 따먹는 것 같은 행위—"여자가 그 나무의 열매를 보니 먹음직도 하고, 보암직도 하였다"(창 3:6)—를 상징적 율법이 금하는 경우가 있다. 그 자체로 중립적인 행위를 실천할 것을 명령한다면 인간의 순종을 시험하려는 의도는 동일한 성과를 거두기 어려울 것이다.

이 점에서 각각의 순종에서 차이가 있는 것으로 보이고, 전자(논제 1)의 경우는 참된 순종이고, 그 자체로 하나님을 기쁘게 하는 행위다. 그것을 행하는 사람은 참으로 경건을 따라 사는 사람이라고 말할 수 있다. 그러나 후자(논제 4, 5)의 경우는 자발적인 마음의 순종을 외적인 행위로 나타내는 순종 자체라고 볼 수 없다. 따라서 그것은 자신이 하나님께 속하였고 기꺼이 소속되고자 한다고 선언하는 사람이 객관적 사실을 인정하는 것 또는 인정의 표시에 해당한다. 정확히 똑같은 이치에서 자기의 적과 싸워 준 것에 대해 봉신(封臣)은 맹주(盟主)에게 기꺼이 복종하는 법이다. 그는 해마다 소정의 예물을 주인에게 바침으로써 자기가 기꺼이 그를 섬긴다는 사실을 고백한다.

이 비교를 통해 상징적 율법에 복종하는 것은 자연법에 복종하는 것보다 훨씬 열등하지만, 상징적 율법에 불순종할 때 그보다 덜 심각한 것이 아니라 한층 더 통탄할 만하다는 것을 알 수 있다. 왜냐하면 그 행위에 의해 인간은 자기가 전혀 복종할 뜻이 없고, 더 중요하고 더 많은 노력을 기울여야 하는 다른 일에도 순종하지 않겠다는 것을 고백하는 셈이기 때문이다.

으뜸가는 자연법적 율법에 순종할 때 따르는 보상에 관해 그 명령에 순종하는 것 자체가 하나님을 기쁘시게 하고(하나님과 인간 사이에 존재하는 유사성과 차이가 충실히 유지되므로), 따라서 우리의 의지와 욕구 전체가 완전하게 만족되는 것, 곧 영원한 생명을 상으로 받는다. 그 반면에 상징적 율법을 준수할 때 얻는 보상은 낙원의 과실을 무상으로 향유하는 것, 그리고 그것을 먹을 때 언제든지 인간이 태고의 기운을 회복하는 생명나무 열매를 먹을 수 있는 권한이다. 하지만 이 생명나무는 영생의 상징이고, 그 열매는 그것을 먹지 않기로 절제함으로써 순종하는 태도를 표상하므로 실제로 그 도덕법을 실천한 결과로 인간이 누릴 수 있었던 것은 바로 그 열매의 상징이다.

만일 우리 최초의 조상이 두 종류의 율법에 모두 순종함으로써 그들의 완전무결한 상태를 보존했더라면 하나님은 그 후손들에게도 동일한 맹약을 체결하셨을 것이라고 추정할 수 있다. 즉 그들의 마음에 각인된 도덕법과 상징적 율법 또는 의식법도 여일하게 순종하기만 했다면 그렇게 되었을 것이다. 그러나 선악을 알게 하는 지식의 나무에 관해 우리가 감히 유사한 방식으로 특정하여 동의할 수는 없다.

따라서 다시금 만일 우리 선조가 두 종류의 율법을 모두 준수했다면 여러 시대가 경과된 후 사람들은 이 자연 상태의 삶을 벗어나 자연적이고 필멸적이며, 썩을 수밖에 없는 몸으로부터 영적이고 멸망하지 않을, 썩지 않을 몸으로 변화하는 중간 상태를 거쳐, 천국의 영생과 지복의 삶 속으로 들어갈 수 있었을 것으로 추정된다.

우리는 다음 물음을 토론 주제로 제안한다. 하와는 선악을 알게 하는 나무에 관한 상징적 율법을 하나님께 직접 받았는가, 아니면 아담을 통해 간접적으로 받았는가?

첫 언약을 이행하기 위해 또는 최초의 조상들의 죄에 대해 인간이 스스로 처신한 방식에 관하여

하나님께서 인간들과 최초의 언약 관계에 들어오셨을 때, 인간 편에서 이행해야 할 의무는 이 계약이 규정하는 조건과 명령에 따라 평생토록 삶을 꾸리고 영위하는 것이었다. 그렇게만 했더라면 인간은 두 조건을 모두 이행할 경우에 약속된 보상을 받을 수 있었고, 그리하여 불순종으로 인해 처벌을 받지 않을 수 있었을 것이기 때문이다. 우리는 인간이 그 역할을 얼마나 오래 수행했어야 하는지 시간적 경과에 대해 알 길이 없지만, 성경은 인간이 순종하려고 애쓰지 않았다는 것을 증언한다.

그러나 우리는 이 언약 위반 사건이 선악에 관한 지식의 나무 열매를 먹지 말도록 금지하는 명령에 의해 부과된 상징적 율법을 어긴 것이라고 기술할 수 있다.

그 위반을 야기한 작용적 원인은 인간, 곧 금지된 조항에 관해 자기의 뜻을 관철시키고, 행동으로 옮기기 위해 자기의 힘과 역량을 행사할 수 있는 인간이다. 그러나 외적인 운동 원인과 주 원인은 여자를 부추기고, 설득하기 위해 허위 논증을 만들어 낸 마귀였다(그는 여자가 남자보다 취약하다고 보고, 그래서 여자를 먼저 설득하면 남자도 쉽게 설득할 수 있을 것이라고 생각했을 것이다). 마귀의 논증 중 하나는 이 위반 행위로부터 얻을 수 있는 선의 유용성으로부터 연역하는 것이다. 또 다른 논증은 그 행위를 금지한 하나님을 멸시하는 것, 즉 경고된 심판을 부정하는 것으로부터 연역하는 것이다. 위반의 도구적 원인은 뱀으로서, 마귀는 자기가 원하는 논증을 제시하기 위해 그의 혀를 멋대로 남용했다. 이 사건의 우연적 원인은 나무 열매 자체로서, 그것은 먹음직하게 보이고, 풍미도 상쾌하고, 보기에도 탐스러웠다. 위반의 기회 원인은 본성상 아무 의미도 없는, 그리고 인간이 자연적으로 이끌리는 경향이 있고 또 실행에 옮길 만한 능력을 가진 특정 행위를 금하심으로써 한계를 설정하시는 하나님의 명령이고, 따라서 이 위반 행위는 죄를 짓지 않는 한 행동에 옮길 수 없는 것이다.

유일한 운동 원인 또는 선행 원인이라고 할 만한 것은 인간 내면에 있는 두 가지 성향, 즉 하나님과 대등하게 되고자 하는 우월한 성향과, '보기에 좋고 먹음직스러운' 욕망의 대상에 취약한 열등한 성향이다. 이 두 가지는 모두 창조 시에 하나님으로부터 받은 것이다. 그러나 그것은 일정한 방법과 순서와 적절한 시기에 맞추어 사용되어야 한다. 명령 위반의 직접 원인과 근접 원인은 행위에 직접 투사되는 인간의 의지와, 거기에 이르는 길을 계획하고 인도하는 지성이다. 이 두 요소는 이 죄를 태동한 상호작용적 원인이고, 그 둘은 모두 하나님의 형상에 의해 얼마든지 저항할 수 있다. 따라서 그 명령이 내려졌을 때 자기의 내적 성향에 저항하는 것이 인간의 의무다. 그러므로 그런 원인이 속하는 최근류(genus)를 상정할 경우 그것 중 어느 것도, 그리고 다른 어떤 것도 (그런 죄를 지을 수밖에 없는) 어떤 필연성을 부과하지 않는다. 하나님 또는 하나님에게 속한 어떤 것, 마귀나 인간 등을 생각해 볼 수 있지만, 이 사건의 주 원인은 그런 외적 원인이 아니었다.

1) 하나님은 그 원인이 아니다. 하나님은 최고선이시므로 오직 선한 일을 행하시기 때문이다. 그러므로 그는 죄의 유효한 작용인도 아니고 불충분한 원인도 될 수 없는데, 그는 문제의 죄를 짓지 않을 수 있도록 충분하고 필요한 모든 것을 마련하셨기 때문이다. 2) 하나님에게 속한 어떤 것도 원인이 아니었다. 그의 지성이나 의지도 원인이 될 수 없는데, 그 신적인 능력은 정의로운 일을 명령하고, 선한 일을 수행하며, 악한 것을 유기하기 때문이다. 행위자의 재량에 맡기는 허용(permission)은 인간 행위의 한계를 넘어 영향력을 미치는 일이 전혀 없고, 다만 어떤 효력의 발생을 지체시킴으로써 어떤 행위를 사실상 방해하는 효과를 얻기 위해 오직 적극적 행위를 이행하지 않을 뿐이다. 따라서 이것은 어떤 것의 원인도 될 수 없다. 3) 마귀도 외적 원인이 아니었다. 왜냐하면 그는 단지 설득을 했을 뿐 강요하거나 불가항력적으로 강제하지도 않았기 때문이다. 4) 하와도 원인이 될 수 없다. 그녀는 행동으로 먼저 본을 보이고 어떤 논증을 내놓았을 뿐 아담을 강요하지 않았다.

한 가지 선에 기울어지는 경향이 있는 인간의 공통 본성이나 일반적 본성을 고려하든지, 또는 일반적인 것에 정확히 상응하는 특수한 본성을 고려하든지 그것은 내적 원인에 의한 것이 아니었다. 인간의 특수한 본성에 속한 어떤 것도 원인이 될 수 없는데, 그것은 바로 지성이었을 수도 있기 때문이다. 그 원인은 필연성에 의해서가 아니라, 오직 설득과 조언에 의해 행동하는 것이어야 했다. 그러므로 인간은 자기의 자유의지에 의해, 하나님께서 부여한 자기의 고유한 운동 능력에 의해, 그리고 마귀에게 설득된 자아에 의해 죄를 지은 것이다.

이 죄의 질료는 나무 열매를 따먹은 것인데, 그것은 본성적으로 죄와 무관하지만 계명에 의해 금지되고, 인간의 능력이 유보된 행위였다. 그것은 또한 특별히 즐거움을 놓치지 않고서도 쉽게 절제할 수 있는 행위였다. 여기서 분명히 드러나는 것은 하나님의 경탄할 만한 선하심인데, 그는 인간이 아주 쉽게 피할 수 있는 문제를 가지고 그의 명령을 기꺼이 복종하려 하는지를 시험하시기 때문이다.

이 죄의 형상은 제시된 명령의 위반, 또는 금지된 행위인 나무 열매를 따먹은 행위다. 왜냐하면 그것은 금지되었고, 적법하고 선한 행위의 질서를 위반하는 것이며, 인간의 힘의 (허용된) 범위를 넘어서는 것이므로 그것은 죄를 짓지 않는 한 실행에 옮길 수 없는 행위였기 때문이다.

이 죄는 어떤 목적도 찾을 수 없다. 목적은 항상 선의 형태나 습관으로 나타나기 때문이다. 그러나 한 가지 목적, 즉 하나님의 형상을 지향하는 인간의 우월한 성향과 나무 열매에 대한 열등한 성향을 모두 만족시키려는 목적이 제안되었지만 실현되지 못했다. 그러나 마귀의 목적은 인간으로 하여금 자기의 하나님에 대해 반감을 갖게 하고, 그것을 통해 제 위치를 벗어나 불의한 자들의 사회에 합류하도록 유혹하는 것이었다. 그 반면에 하나님의 설득은 인간에게 자유의지를 부여했던 창조의 선행 조건을 존중하고, 그에 따라 자발적으로 하나님께 영광을 돌리는 행위(의 실천)이다.

그 죄의 심각한 위중함은 다음의 특수한 측면에서 현저하게 나타난다. 1) 그것은 인간이 기꺼이 하나님의 명령에 순종하는가 여부를 시험하기 위해 내려진 명령을 어긴 것이고, 그와 함께 다른 심각한 죄가 수반되었기 때문이다. 2) 하나님께서 인간에게 탁월한 재능을 수여하신 후 인간은 이런 죄를 저지를 만한 담력을 갖게 되었기 때문이다. 3) 얼마든지 죄를 짓지 않을 수 있었음에도 인간은 너무도 쉽게 스스로 속아 넘어가고, 물질적으로 풍요로운 상황에서도 자기의 욕망을 만족시킬 수 없는 결과가 초래되었기 때문이다. 4) 인간이 그런 죄를 지었던 곳은 지척에 계시는 하나님을 거의 면전에서 뵐 수 있는, 하늘 낙원의 모형이었던 신성한 곳이었기 때문이다.

토론 31

인류 최초의 조상이 지은 죄의 결과에 관하여

금지된 열매를 따먹음으로써 아담과 하와가 지은 죄의 직접적인 첫째 결과는 신성모독과 죄책이다. 신성을 모독한 죄는 금지 명령에 근거하고, 죄책은 명령을 지키지 않을 경우 처벌을 받게 될 것이라는 경고에 의해, 금지에 더해진 처벌 조항에 근거한다.

신성을 모독한 죄로 인해 명령 위반에 대한 하나님의 진노가 야기되었다. 이 경우 정의로운 분노를 촉발시키는 원인은 세 가지다. 첫째, 하나님의 권능 또는 권리에 대한 멸시. 둘째, 하나님이 선하게 여기시는 것에 대한 거부. 셋째, 금지 명령에 의해 암묵적으로 제시된 신적인 의지에 대한 멸시.

죄책과 신적인 진노의 결말은 심판이다. 이 심판의 공정성은 죄책에 대한 것이고, 죄책은 진노에 의해 처벌된다. 그러나 그보다 앞서는 것은 양심의 가책, 진노하시는 하나님에 대한 두려움, 형벌에 대한 공포다. 그 점을 잘 보여 주는 증거는 이렇게 묘사되어 있다. 인간이 죄를 지은 후 도망하여 "그 남자와 그 아내는 날이 저물고 바람이 서늘할 때에 주 하나님이 동산을 거니시는 소리를 들었다. 남자와 그 아내는 주 하나님의 낯을 피하여서 동산 나무 사이에 숨었다. 주 하나님이 그 남자를 부르시며 물으셨다. '네가 어디에 있느냐?'"(창 3:8~9)

(우리 최초의 조상들이) 도피하고 숨은 행위의 보조적 원인은 자신들의 벌거벗은 상태에 대한 자의식과, 이전에 전혀 부끄럽게 느끼지 않았던 사실을 깨닫게 만든 수치심이다. 수치심은 그들의 양심을 공격하고, 이어서 두려움과 공포를 야기하거나 증폭시키는 역할을 했다.

인간의 내면에 거주하던 은혜의 영(spirit of Grace)은 하나님을 모독한 자의 자의식과 공존할 수 없으므로 죄가 들어오고 인간의 마음이 정죄되었을 때 성령은 그들을 떠났다. 그리하여 하나님의 영은 더 이상 인간을 인도하거나 지도하지 않고, 그들의 마음은 하나님의 호의에 대한 내적 증언을 들을 수 없게 되었다. 이 상황은 심판의 엄중함을 표상하는 것으로 간주되어야 하는데, 인간의 양심이 부패함에 따라 율법이 (그들을 대적하여) 비난하고, 증거를 제시하며, 기소하고, 그리하여 정죄하기에 이른 것이기 때문이다.

즉각적으로 내려진 이 형벌 외에도 최초의 조상들에게 두 가지 다른 형벌이 선고되었다. 즉 혼이 몸으로부터 분리되는 일시적인 죽음과, 최고선이신 하나님으로부터 전인적 소외를 뜻하는 영원한 죽음이 그것이다.

이 두 가지 형벌은 우리 최초의 조상들이 낙원에서 추방된 사실을 지시한다. 그것은 일시적 죽음을 상징한다. 최상의 완전한 지복을 영원히 풍성하게 누리게 될, 그리고 하나님 위엄의 광채로 빛나는 낙원은 하늘 장막의 모형이자 상징이다. 그 추방은 또한 영원한 죽음의 상징이기도 하다. 왜냐하면 생명나무가 심어졌던 동산에서 그 나무 열매를 먹을 수 있었더라면 죽음의 간섭 없이 인간에게 자연적 생명이 지속될 수 있었기 때문이다. 이 나무는 인간이 상실한 천국의 삶의 상징인 동시에 뒤따를 영원한 죽음의 상징이다.

이 밖에 첨가할 만한 것은 남자와 여자가 각각 특별히 감당해야 할 형벌이다. 남자의 경우 그는 "죽는 날까지 수고를 하여야만"(창 3:17) 먹고 살 수 있을 것이고, "땅은 너에게 가시덤불과 엉겅퀴를 낼 것"(창 3:18)이며, 여자에 대해서는 잉태와 출산을 통해 여러 가지 고통을 겪어야 한다는 것이었다. 남자에게 내려진 형벌은 종의 개체 수를 보존하기 위해 그가 해야 할 일에 관한 것이고, 여자에게 내려진 것은 종의 항구적 재생산에 관한 것이다.

그러나 하나님께서 우리 최초의 조상들과 체결하신 언약의 조건은, 만일 그들이 이 명령과 함께 다른 것을 준수함으로써 하나님의 호의와 은혜 안에 계속 머무른다면 그들에게 내린 혜택은 그들의 자손들에게 계승된다는 것이다. 그러나 불순종에 의해 그들이 스스로 이 혜택을 누리기에 부적합하게 만든다면 그들의 후손도 마찬가지로 이 혜택에서 제외되고, 오히려 악한 형벌에 시달리게 될 것이다. 그렇기 때문에 그 조상들로부터 자연적인 방식으로 태어난 모든 사람들은 일시적인 죽음과 영원한 죽음을 모두 피할 수 없는 혐오스러운 존재가 되었고, 성령의 선물이나 원초적 의(original righteousness)를 누릴 수 없게 되었다. 이 같은 형벌은 흔히 '하나님의 형상 결여'나 '원죄'라는 이름으로 불린다.

그러나 우리는 다음의 물음을 토론 주제로 제안하려 한다. 원초적 의의 결여뿐만 아니라, 원죄의 또 다른 부분을 이루는 상반되는 특질에는 어떤 것이 있는가? 그러나 원초적 의의 결여만으로도 원죄 자체가 성립되고, 그것만으로도 많은 자범죄(actual sins)를 시도하고 실행하게 만들기에 충분하다고 생각한다.

원죄를 낳는 것은 혼인가 아니면 몸인가 하는 물음에 대한 논의는 무의미한 것으로 보인다. 따라서 혼이 자연적으로 재생산되는가 하는 물음도 우리의 주제와 관련되지 않는 것으로 보인다.

토론 32

그리스도교 신앙의 필연성에 관하여

신앙 없이는 인간이 하나님에게 연합할 수 없고, 하나님의 명령과 제도가 없이는 어떤 종교도 존속할 수 없는바, 창조의 권리에 의해서건, 회복된 후속 권리에 의해서건 명령이나 제도는 하나님 자신에게 속한 것이므로 그의 자유로운 뜻대로 얼마든지 바꿀 수 있다. 따라서 하나님이 종교를 어떻게 규정하시든지 그는 항상 인간이 그 명령을 준수할 것을 요구하고, 이 책무를 통해 인간이 그 명령을 따르는 것을 필연적인 것으로 만드신다.

그러나 연합을 이루어야 할 인간과 하나님의 관계에 변화가 일어날 경우를 제외하고 종교적 신앙의 양태는 전혀 달라지지 않는다. 그 관계에 변화가 일어날 때, 신앙에도 변화가 일어나는데, 즉 인간이 하나님과 연합을 이루어야 한다는 선행적 가정에 균열이 생기는 것이다. 왜냐하면 신앙의 실체로 말하자면(그것은 하나님에 대한 지식, 믿음, 사랑 등으로 이루어진다) 신앙은 항상 동일한 것이되, 다만 그리스도께서 우리 신앙의 대상으로서 들어오시고 그 실체로서 지시되는 경우는 제외한다.

최초의 관계, 그리고 시원적 종교의 첫째 기초가 되었던 것은 바로 하나님과 인간의 관계, 즉 창조자로서의 하나님과, 그의 형상을 따라 만들어지고 순수한 상태에 있었던 인간 사이의 관계였다. 그리하여 그 관계 위에 세워진 종교는 엄밀하고 엄격한 의와 율법적 복종을 요구하는 관계였다. 그러나 인간 측의 범죄를 통해 그 관계에 변화가 생겼고, 인간은 더 이상 순결하거나 하나님께 용납될 만한 상태를 벗어나 범법자이자 정죄받은 존재로 변모했다. 그러므로 범죄 (행위의 실행) 이후 거룩한 경배는 훼손되고 폐지되어 더 이상 인간은 하나님 앞에 나아가 그와 연합할 수 있는 희망이 완전히 사라지고 말 위기에 처했다. 혹은 자비롭게도 그가 인간을 회복시킴으로써 하나님에 의해 인간과 창조자 사이에 새로운 관계가 수립되고, 그 관계를 통해 새로운 유형의 종교적 신앙이 제정될 수도 있다. 그런데 그의 놀라운 은혜를 찬양해야 하는바, 하나님께서 이 후자의 경로를 택하시고 역사하기 시작하신 것이다.

그러나 죄를 보속(補贖)하고, 하나님께 탄원하며, 죄인들을 정결하게 만들 수 있는 중보자 없이는, 즉 "하나님과 인간 사이에 한 중보자, 인간 그리스도 예수"를 경유하지 않는 한 하나님은 죄인을 회복시키는 일을 허락하지 않을 것이다. 다시 말해 바로 이 중보자, 오직 그를 의지하지 않는 한 하나님과 그 중보자에 의해 회복된 죄인 사이에 어떤 기초를 놓는다거나, 회복자의 영예를 위해, 그리고 그 관계 위에 하나님께서 기꺼이 구축하는 것, 즉 회복하는 자에게 영예가 되고 회복되는 자에게 영원한 행복이 실현되는, 새로운 종교적 신앙을 구축하려는 계획은 가장 영광스럽고 지극히 은혜로우신 하나님의 뜻이 아니다. 왜냐하면 성부 하나님의 기뻐하시는 뜻은 그리스도를 통해 만물을 자기와 화해시키고, 그에 의해 하늘에 있는 것과 땅에 있는 것을 화해시키는 것이기 때문이다. 또한 "모든 사람이 아버지를 공경하듯이 아들도 공경하게 하려는 것"(요 5:23)이 성부 하나님의 뜻이고, 따라서 아들을 공경하지 않는 사람은 아들을 보내신 아버지도 공경하지 않는 것이 된다.

그렇기 때문에 죄가 세상에 들어온 후 그리스도를 통하지 않는 한 하나님 편에서 인간을 위한 어떤 구원의 계획도 없고, 그리스도의 이름에 의지하지 않는 한, 그리고 죄인들을 위해 기름 부음 받은 자, 그를 믿는 사람들의 구세주로서 그를 바라보지 않는 한 하나님께 구원에 이르는 경배를 드릴 수 있는 길이 없었다. 그러므로 하나님이 없는 사람은 누구든지 그리스도도 없는 것이다. 그리스도가 없는 사람에게는 믿음도, 참된 경배도, 그리스도교 신앙도 없다. 그리고 약속되었고, 모형에 의해 예표되었으며, 명시적으로 제시되고 고지되었던 이 그리스도에게 믿음과 소망을 두지 않는 한 고대 족장들도 구원받을 수 없고 우리도 마찬가지다.

이 때문에 첫 언약을 위반한 사건은 새로운 다른 종교를 제정해야 할 필연성을 내포하고, 만일 그 첫 언약이 결정되지 않았다면 이런 일도 없었을 것이므로 처음 언약과 최초의 인간들이 저지른 위반 행위에 관해 성경이 다루는 주제에는 하나님께서 그리스도를 통해 이루실 회복의 때가 포함되어 있고, 따라서 그리스도교 신앙은 그 주제를 반드시 다루어야 할 것이다. 이 결론은 모세에 의해 전달된 서사의 형식 자체로부터 쉽게 추론된다.

하나님은 창조자로서, 그리고 그의 사랑하는 아들 그리스도 안에서 회복시키는 분으로서 마땅히 그리스도교 신앙의 대상이 된다. 그 호칭에는 창조자가 지으신 피조물이며 또한 회복자에 의해 새로운 피조물이 된 인간에게 하나님께서 그리스도교 신앙을 요구할 수 있는 이유가 내재되어 있다. 또한 이 대상에 관해 고찰해야 할 것은 죄의 허물과 비참으로부터 인간을 건져 내시고 영원한 행복으로 옮기신, 인간을 영화롭게 하시는 분(Glorifier of man)의 뜻이 어디에 있는가 하는 것이다. 창조자, 회복자, 영화롭게 하시는 분, 이 세 가지 이름은 인간이 신앙을 갖도록 설득하는 가장 강력한 논증을 담고 있다.

그러나 이 회복 과정이 반드시 그의 아들 예수 그리스도라는 중보자를 통해 완수되어야 한다는 것이 하나님의 기뻐하시는 뜻이므로 아버지에 의해 그리스도와 주님으로 서임되신 그 아들은 하나님께 속한 그리스도교 신앙의 대상이 되어야 한다. 아버지의 말씀으로 이 세상에 오신 그는 또한 영원 전부터 아버지 안에 계신 분으로 생각될 수 있고, 또 반드시 그렇게 생각되어야 한다.

토론 33

인간의 회복에 관하여

하나님은 인류의 창조자일 뿐만 아니라, 그들의 진정한 회복자로서 그리스도교 신앙의 대상이다. 방금 우리는 창조에 관한 논의를 마쳤으므로 이제 인류의 회복에 관해 고찰할 것인데, 그 주제는 그 자체로 하나님께서 정당한 권리에 의해 인간과 죄인 모두에게 신앙을 요구할 수 있는 또 다른 이유를 보여 준다.

여기서 말하는 회복은 사실상 복권(復權)이다. 죄로 인해 일시적인 죽음과 영원한 죽음을 선고받고 죄의 지배 아래 있는 혐오스러운 죄인인 인간을 새롭게 다시 창조하는 것을 가리킨다.

이 회복의 선행 원인 또는 유일한 운동 원인은 하나님의 은혜로운 자비이며, 그것에 의해 죄인을 용서하고 자기의 피조물을 비참으로부터 구하는 것이 그의 기뻐하시는 뜻이다.

(실제로 사용되는) 질료는 인간, 곧 죄를 범한 인간, 죄로 인해 하나님의

진노를 사고 죄의 종이 된 인간이다. 이 질료는 자신 안에 하나님의 은혜로운 자비라는 외적 운동 원인을 함유하지만 우연적으로 이 같은 상황에서 하나님은 자비를 베풀기를 기뻐하신다. 그 밖의 다른 모든 측면에서 죄는 그 자체로 그리고 전적으로 진노와 정죄의 외부 원인이며, 유책 원인이다.

우리는 회복, 개선, 또는 구속의 일반적인 관념 아래 회복의 형상을 고찰해 볼 수 있다. 그러나 우리는 그 형상 자체에 대해 설명하는 대신 오직 두 가지 특수한 행위에 대해 고찰할 것이다. 첫째는 죄의 용서 또는 은혜를 수여하는 것이고, 둘째는 하나님의 형상을 따라 지음 받은, 죄 지은 인간의 중생 또는 성화이며, 여기에는 하나님의 자녀로 입양되는 것이 포함된다.

회복의 목적 중 첫째는 복권 또는 구속의 행위가 집행되는 동시에 나타나고 현현하게 될 하나님의 영광스러운 은혜를 찬양하는 것이다. 그다음 목적은 인간이 회복된 후 그들이 "지상에서 맑은 정신으로, 의롭고 경건한 삶을 사는 것", 그리고 장차 올 세상에서 누리게 될 삶의 지복을 성취하는 것이다.

그러나 그가 공의를 사랑하고 죄를 미워하신다는 정의관을 먼저 선포하지 않고서는 한 인간의 회복을 위해 자비를 베풀지 않는 것이 하나님의 뜻이다. 그러므로 그가 이 회복을 집행하는 방법으로 택한 것은 하나님과 인간 사이에서 중재하는 한 중보자를 세우는 것이고, 그가 죄를 미워하고 의를 사랑하신다는 사실을 분명하고 확실하게 보여 줄 수 있는 방식으로 이 회복 과정을 전개하는 것이며, 마침내 그의 정의가 충족될 때 오직 그에게 속한 권리를 조금도 결코 양보하지 않는 것이 그의 뜻임을 밝히는 것이다.

이 중보 사역을 실행하기 위해 하나님은 그의 유일하신 아들을 그와 인간 사이의 중보자로, 실제로 그가 피를 흘리고 죽임을 당해야 하는 중보자로 세우셨다. 유언(遺言)하는 사람의 피 흘림과 죽음의 중재 없이는 어떤 보속도, 구속과 (믿는 자들의) 마음에 하나님의 법이 각인될 것에 대한 약속, 즉 새 약속(New Testament)에 대한 확증도 있을 수 없다는 것이 하나님의 뜻이기 때문이다.

바로 그 이유로 예수 그리스도가 하나님 다음으로 그리스도교 신앙의 둘째 대상이 되는 것이다. 그것은 아버지께서 그를 그리스도[17](기름 부음을 받은 자)로 세우고 우리의 주님과 교회의 머리로 정하신 후에 확정되었다. 따라서 아버지 하나님께 신앙의 의무를 다하기 위해 우리는 반드시 그리스도를 통해 하나님 앞으로 나아가야 하고, 아버지 하나님과 함께 그에게도 신앙(의 행위)을 보여야 하며, 모든 의무의 대상에서 아버지의 영과 아들의 영은 결코 제외될 수 없다.

∴

17) 유대교 전통에서는 왕이나 제사장, 또는 선지자를 성별(聖別)하기 위해 기름을 붓는 의식이 거행되었다. 그리스도(Χριστός, christos)는 기름 부음을 받은 자를 뜻하는 그리스어이고, 메시아(Messiah)는 히브리어 '마쉬아흐(mashiach)'에서 나왔다.

토론 34

우리 주 예수 그리스도의 인성에 관하여

우리 주 예수 그리스도는 그리스도교 신앙의 둘째 대상이므로 우리는
몇 가지 논박을 통해 그에 대해 더 깊이 고찰하고자 한다. 그러나 우리는
무엇보다도 과연 그리스도가 어떤 인물인가 하는, 그의 인성(人性)에 관
한 물음을 반드시 다루어야 한다. 우리는 이 인물이 하나님의 아들이자 사
람의 아들(the Son of Man)로서, 신성과 인성, 두 가지 본성을 갖지만 그
둘은 서로 섞이거나 혼합되는 일 없이 각각 단일체로서 연합을 이루며,
체질이나 내재에 의해서뿐만 아니라 고대인들이 정확하게도 '위격(位格,
hypostatic)'[18] 관계로 부르던 종류의 연합을 이룬다.

..

18) 그리스어 하이포스타시스(ὑπόστασις, Hypóstasis: 위격)는 4세기 후반부터 기독론 주제들
　 이 신학계에서 부상되기 이전에 그리스 철학에서 사용되었던 전문 용어다. 문자적으로 이
　 낱말은 실체(substance), 즉 근본적인 상태 또는 다른 모든 것이 있게 하는 근원이 되는 실
　 체를 가리킨다. 신플라톤주의에서 영혼의 하이포스타시스, 누스(nous: 지성) 및 모나드는

그리스도는 내적 교류와 외적 교류에 의해 아버지와 동일한 본성을 가진다. 그는 약속된 메시아로서 초자연적인 과정을 통해 태어나야 했다. 그러므로 성령이 동정녀 마리아에게 찾아와 그녀를 뒤덮으면서 그녀의 난자를 수태시키는 활동을 통해 그리스도는 마리아로부터 인간의 본성을 획득했다.

그럼에도 그가 가진 인성에 따라 그는 진실로 유기체로서의 몸을 가졌고, 그러한 몸을 약동시키고 움직이는, 참된 인간의 혼을 구비한 존재다. 이런 점에서 그리스도는 다른 인격체나 인간들과 유사할 뿐만 아니라 몸과 정신 각각에 속한 본질적이고 자연적인 모든 속성을 가진다.

이 같은 위격적 연합(hypostatic union)으로부터 형상이나 속성의 교류가 발생한다. 그러나 신적 본성에 고유한 것 중 일부가 인간 본성 안에 유입되기는 했지만, 그러한 교류는 실재적(real)인 것이 아니라 단지 언어적 차원일 뿐으로, 그 교류는 이 연합의 실재성에 기초하고, 두 본성 간의 가장 밀접한 결합을 암시하기 때문이다.

이로써 다음과 같은 결론에 필연적으로 이른다. 성경 본문과 그리스 및 라틴 세계의 교회들이 가진 견해에 따르면 (하나님 자신을 의미하는) 아우토테온[19]이라는 낱말이 하나님의 아들이 아버지로부터 신적 본성을 얻는다는 것을 의미하는 한 그 낱말은 하나님의 아들에게 적용될 수 없다.

∴

플로티노스에 의해 개념화되었다. 삼위일체론을 결실로 이끄는 데 결정적인 이론적 계기가 되었지만, 위격이라는 개념적 틀에 의해 그리스도의 본성을 이해하려 할 때 일반인에게 불가해한 것이 되고 만다. 『철학적 단편』에서 쇠렌 키르케고르는 그리스도의 이중적 본성은 '궁극적 역리'임을 지적했는데, 왜냐하면 완전한 최고선인 하나님이 제한되고 취약한 인간이 되었기 때문이다. 그에 따르면 이 역리는 인간의 지성과 이성을 넘어서는 신앙적 도약에 의해서만 해소될 수 있다.

19) 아우토테온(αυτοθεων)의 문자적 의미는 자급자족이다. 즉 존재하기 위해 외부적인 다른 어떤 것으로부터 도움을 얻지 않는 것을 함의한다.

토론 35

그리스도의 제사장 직분에 관하여

그리스도의 위격은 그 탁월성에서 찬양과 경배를 받기에 매우 합당하지만, 하나님과 동일하게 그리스도교의 신앙적 대상이 되기 위해서는 두 가지 다른 요건이 필요하다. 하나는 인간이 영원한 구원을 얻기 위해 그리스도는 인간을 위해 일하는 어떤 직분을 맡아야 한다. 다른 하나는 "모든 사람이 아버지를 공경하듯이 아들도 공경하게 하려는 것이다"(요 5:23), "하늘과 땅 위와 땅 아래 있는 모든 것들이 예수의 이름 앞에 무릎을 꿇고 모두가 예수 그리스도는 주님이시라고 고백하여, 하나님 아버지께 영광을 돌리게"(빌 2:10~11) 하는 뚜렷한 명령과 함께 하나님께서 그에게 만물을 다스리는 통치권 또는 주권을 수여해야 한다.

이 두 가지 요건은 구세주와 중보자라는 호칭 아래 모두 포괄된다. 그두 직분의 목적 아래 포섭되는 한 그리스도는 우리의 구세주이며, 그 두목적을 수행하는 방식을 지칭하는 호칭이 곧 중보자다. 구원하는 행위는 그것이 그리스도에게 귀속되는 한 구원의 획득과 전달 모두를 지시한다. 그러나 그리스도는 인간의 중보자로서 하나님 앞에서 구원을 요청하고 획득하셨고, 하나님과 인간 사이의 중재자로서 그것을 분유하셨다. 이제 우리는 이 가운데서 첫째 주제를 다룰 것이다.

하나님 앞에서 인간의 중보자로서 구원을 간청하고 획득하는 과정을 통해(정통주의에서는 이것을 가리켜 '공적(功績)의 양태를 통해'라고 부른다) 하나님은 레위의 반차를 따라서가 아니라, "지극히 높으신 하나님의 제사장"인 동시에 "살렘 왕(king of Salem)"이기도 했던 멜기세덱의 반차를 따라 구세주 그리스도를 제사장으로 세우셨다.

전통을 따르는 제사장이 아니라, 참된 제사장의 본성을 토대로 한 인간으로서 제사장인 동시에 희생 제물의 역할을(즉 의무를) 담당한다는 것은 그 직임을 맡기신 하나님을 향한 절대적인 순종이 아니고서는 결코 실행할 수 없는 일이었다.

그리스도의 제사장 직분에 관해 그 직책을 위한 예비 과정과 그 일을 실제로 완수한 것을 구분하여 고찰할 필요가 있다. 예비 과정이란 제사장과 희생 제물의 역할을 수행하는 과정을 지시한다. 즉 그의 제사장 직분은 그 직책으로 부르심 또는 임명에 의해 성령을 통해 그의 인성이 정화되고 성화됨으로써 친히 순종하고 고난을 당함으로써, 더 나아가 죽은 자로부터 부활하심으로써 준비되었다. 그 희생 제물 또한 구별에 의해, 순종에 의해(그 제물 역시 마찬가지로 거룩하게 구별되는 것이 필수적이므로), 그리고 죽임을 당함으로써 준비되었다.

이 직분의 완수는 자기의 살과 피를 제물로 바치거나 내놓는 것과, 하나님 앞에 드리는 중보기도로 이루어진다. 구약시대에 제사장 임무에 속했던 축도나 축성은 이 경우 구원의 분유(分有) 자체를 지칭하는 것이 더 적절할 것인데, 구약 성경에서 왕들이 축복 기도를 했던 것을 볼 수 있다.

제사장 직책을 수행함으로써 거두는 결실은 하나님과의 화해, 영원한 구속의 획득, 죄의 사면, 은혜의 영, 영생이다.

이러한 측면에서 그리스도의 제사장 직분은 진실로 화해를 위한 직무다. 그러나 그리스도의 은혜 덕택에 우리도 그리스도를 통해 하나님께 감사를 드릴 수 있는 제사장으로 임명되었기 때문에 우리가 드리는 제사가 그의 손에 의해 바쳐지고 아버지께서 그것을 기쁘게 받으신다면 하나님 아버지께 드리는 우리의 제사가 그리스도를 통해 이루어지는 한 그는 또한 유카리스트[20]적 제사장이기도 하다.

이제까지의 논의를 통해 우리는 그리스도의 봉헌에 관하여 우리가 그것을 그 자신의 것을 바치는 희생 제사로 간주하거나 우리의 소유물을 바치는 유카리스트 제사로 간주하든지, 아니면 그가 다만 중재할 뿐이라고 생

20) '유카리스트(eucharist)'는 '감사하는 마음을 갖다'를 의미하는 코이네 그리스어 '유카리스테오(εὐχαριστέω)'의 파생어인 '유카리스티아(εὐχαριστία)'에서 나온 전례(典禮) 용어로, 직역하면 '감사 예식'을 뜻한다. 성찬에 대해서는 다양한 신학적 해석이 있으며, 특히 성찬 때 '예수께서 함께한다'는 의미에 대한 해석(성찬 신학, 영성체 신학)은 크게 다음과 같이 나뉜다. 1) 기념설은 현재 개신교 대부분이 따르고 있는 성만찬 해석으로, 공재설과 상징설 등을 결합한 개념이다. 성찬은 예수 그리스도의 최후의 만찬을 상징하는 것으로서 기념하는 것일 뿐이며, 실제적이고 실체적으로 본질상 그리스도의 몸과 피로 변하지는 않는다. 다만 공재설을 받아들이는 루터교회에서는 성찬을 몸에 먹으면서 그리스도의 영적 요소가 신자에게 깃든다고(공재) 가르친다. 2) 본성 변화(또는 실체 변화, 이른바 화체설)는 로마가톨릭교회에서 따르고 있는 신학적 해석으로, 13세기에 교리화했다. 성찬례에 사용하는 빵과 포도주가 사제의 축성을 통해 질료로서의 빵과 포도주는 남아 있으나, 빵과 포도주의 형상, 곧 본질은 예수의 살과 피로 변한다는 교리다. 3) 성령에 의한 성변화는 정교회의 성체성혈성사(聖體聖血聖事) 이해다. 8세기경의 교부인 다마스쿠스의 성 요한의 전례 이론에 따라 성체성혈 대축일에 성령이 오시어 하나님의 신비를 이루시고 빵과 포도주가 그리스도로 성육화된다고 믿는다. 이것은 완전한 성체가 아닌 '메타볼레', 즉 단순히 빵의 상태를 넘어서 거룩한 상태를 지시한다.

각하든지 간에 그리스도가 제사장 직분을 수행하실 때 어떤 계승자나 대리인, 조력자를 전혀 필요로 하지 않는다는 것이 확실하다.

이로써 다음과 같은 결론에 필연적으로 이른다. 1) 우리는 멜기세덱이 왕들을 무찌르고 귀환하는 아브라함을 만났을 때 빵과 포도주를 바쳤던 사실을 토대로 핵심에 있어서나 다른 어떤 방식으로든지 그리스도의 제사장 직분과 멜기세덱의 그것을 비교할 수 없다고 주장한다. 2) 성경에 따르면 그리스도의 속죄 제사가 피 흘림 없이 성립된다는 것은 모순을 함축한다. 3) 살아 계신 그리스도는 하늘 외의 다른 어느 곳에서도 아버지께 자신을 보이지 않으신다. 따라서 그는 미사를 통해 봉헌되는 것이 아니다.

토론 36

그리스도의 선지자 직분에 관하여

그리스도의 선지자 직분은 두 가지 관점에서 고찰해 볼 수 있다. 세상에 머무는 동안 그는 살아 있는 인간으로서 그 직분을 수행하거나, 하늘에서 아버지의 오른편에 좌정하신 채로 그 직분을 수행할 수도 있다. 현재의 논의에서 우리는 그러한 관점 중 전자의 시각에서 이 주제를 다룰 것이다.

(그가 직접 설명하고) 완성하셨으며, 황폐하게 부패한 상태로부터 해방시키기도 하셨지만, 그리스도의 선지자 직분의 본래적 대상은 율법이 아니었다. 그것은 옛 선조들에게 주셨던 것으로 그가 확증하셨던 에팡겔리아,[21]

••

21) '에팡겔리아(επαγγελια)'는 본디 약속을 뜻한다. 구약시대부터 사용된 유의어인 '디아테케 (διαθήκη)'는 이미 70인역(히브리어 경전을 희랍어로 번역한) 성서에서 구약의 '약속(ברית)' 을 번역하면서 채택한 용어로, 실제로는 '유언'에 가깝다. 신약성서 저자들은 여기에다 에 팡겔리아를 더했는데, 이 낱말은 '먼저, 위에'를 뜻하는 '에피(ἐπί)'와 '메시지, 보고'를 뜻하 는 '앙겔리아(αγγελια)'의 합성어다.

즉 약속도 아니고 복음과 새 언약 자체 또는 "하나님의 나라와 하나님의 의"(마 6:33)다.

그리스도의 이 선지자 직분과 관련하여 부과된 책임 업무와 책임 이행, 두 가지를 모두 고찰해야 한다. 첫 번째로 부과된 직무는 성화, 교육 또는 양육, 서임, 도움 약속 등이다.

성화와 관련하여, 성령에 의해 수태된 순간부터 담당해야 할 직분을 위해 아버지께서 그를 성화시켰다(그 때문에 그리스도는 "나는 진리를 증언하기 위하여 태어났으며, 진리를 증언하기 위하여 세상에 왔다"(요 18:37)라고 말했다). 그 성화는 예레미야와 세례 요한의 경우보다 훨씬 더 탁월한 방식에 의한 것이었다.

교육 또는 양육은 선지자 직책의 담당 의무를 이행하기 위해 필수적인 은사를 수여하는 것이다. 그것은 그의 위에서 엄호하시는 동시에 그의 안에 내주하시는 성령이 가장 풍성하게 그에게 공급하신다. "지혜와 총명의 영, 모략과 권능의 영, 지식과 주님을 경외하게 하는 영이 그에게 내려오시니."(사 11:2) 그 영에 의해 가르쳐야 할 모든 것을 경건함을 따라 가르치게 하는 것이 하나님의 뜻이라는 것, 그리고 그 모든 것—모든 장해물에도 불구하고 육신적이거나 정신적인, 인지와 정서를 망라하여 그가 충분하고 넘치도록 배운 것들—을 담대하게 가르칠 수 있다는 사실이 전달되었다.

그러나 알아야 할 것을 가르치는 일은 성경에서 환상과 소리에 의해 전달되는 것으로 기술되는데, 그것은 그리스도께서 아버지의 품 안에, 그리고 하늘에 계신다고 말하는 구절이 암시하듯이 그가 아버지의 비밀을 익히 잘 알고 계시기 때문에 가능한 것이다.

그의 서임은 세례 요한이 그에게 세례를 베푸는 상황에서 이루어졌는데, 그때 하늘에서 아버지의 음성이 들리고, 성령이 "비둘기 같은 형체로 예수 위에 내려오셨다."(눅 3:22) 이런 구절은 가르치는 권능이 아버지의 대사(大使)로서 그에게 부여되었음을 단언하고 인준하는 증명서와도 같다.

이뿐만 아니라 마치 비둘기가 날아드는 것 같은 형체로 그에게 내려와 그의 위에 머물렀던 성령이 그 영과 더불어 자기의 직임을 열의를 다해 수행할 수 있도록 항상 그를 도우실 것을 약속하셨음을 첨가해야 한다.

두 번째로 그리스도의 이 선지자 직분 수행과 관련하여 교의의 선포, 확증, 결과에 대해 각각 고찰해야 한다.

교의 선포는 그 내용 자체와 관련된 사람들 모두에게 적합한 방식으로 이루어졌다. 즉 그리스도 자신의 인격에, 또한 은혜와 권위로써 그가 가르쳤던 사람들에게 적합하도록, 즉 신분이나 조건에 상관없이 지극히 평범한 사람들을 택하셨던 것이다.

그리스도의 신분에 대한 확증은 이 교의에 정확히 부합하는 경건성에 의해, 표적[22]에 의해 미래의 일에 대한 예고에 의해, 사람들의 생각이나 다른 비밀을 드러내는 것에 의해, 그의 가장 참혹하고 모독적인 죽음에 의해 성취되었다.

그 결과는 두 가지로 나누어 생각할 수 있다. 하나는 이 교훈의 성격 자체와 일치한다. 즉 소수의 사람들이 그에게로 회심했지만, 그들은 이 교훈

∴

22) 이에 대해 영역본 편집자인 제임스 니콜스가 사용한 낱말은 'miracles'이다. 이 낱말은 '기적'으로 번역해도 무방하겠지만, 그리스도의 직분에 관해 다루고 있는 현재 문맥에 더 적합한 낱말은 'signs', 즉 '표적'일 것이다. '기적'보다 '표적'으로 이해해야 하는 이유는 다음과 같다. 성경에서 표적으로 번역된 낱말은 인간의 능력을 초월하는 초인간적인 놀라운 행적이나 초자연적 사건을 야기하는 능력과 관련된, 이적 또는 기사(wonder), 기적(miracle) 등과 비슷하지만, 이 낱말들의 신학적 유의미성은 서로 다르다. 특히 신약성경에서 표적이 사용될 때, 그것은 메시아로서 그리스도를 입증하는 증거로서의 의미를 갖는다. 한국어 번역본에 사용된 표적은 히브리어 '오트(אות)', 그리스어 '세메이온(σημειόν)'을 번역한 것이며, 그 반면에 '테라스(τέρας)'는 이적, 기적, 기사로 번역되기도 한다.

이 요구하는바 그리스도에 대한 정확한 인식을 갖지 못한 채였다. 왜냐하면 그들의 사고는 가시적인 왕국을 재건해야 한다는 관념으로 가득 차 있었기 때문이다. 다른 하나는 청중의 피폐한 수준의 불의에서 야기된 것으로, 하나님 나라의 교의와 그것을 가르치신 그리스도를 거부하고 그를 십자가에 못 박아 죽이기까지 한 것이다. 그렇기 때문에 이사야서 49장 4절에서 그는 스스로 이렇게 탄식하신다. "나의 생각에는 내가 한 것이 모두 헛수고 같았고, 쓸모없고 허무한 일에 내 힘을 허비한 것 같았다."

하나님은 그런 일이 있을 것을 미리 아셨으므로 그리스도가 제사장 직분과 왕의 직분를 맡고 책임을 수행할 수 있도록 고난을 통해 그를 성별(聖別)하기 위해 바로 이 선지자 직분을 맡기신 것이 확실하다. 따라서 그리스도의 선지자 직분은 그것이 그의 사도들과 다른 사람들을 통해 그에 의해 경영되는 한 그의 교회가 믿음을 얻고 구원받을 수 있게 하는 중요한 도구인 것이다.

이로써 다음과 같은 결론에 필연적으로 이른다. 우리는 다음의 질의를 토론 주제로 제시하고자 한다. 그리스도의 정신은 연합에 대한 지식이라고 불리는 성령의 간섭 없이 자신에게 작용하는 로고스로부터 어떤 지식이든지 직접 전수받을 수 있었는가?

그리스도의 왕의 직분에 관하여

그리스도께서 고난을 통해 성화되셨을 때, 비로소 그는 자기에게 순종하는 모든 사람들을 구원할 수 있는 주체가 되었다. 그 목적을 성취하기 위해서는 축복을 간구하고 획득하는 과정뿐만 아니라(그의 제사장 직분은 바로 그것을 하기 위함이었다), 그것을 나누어 주는 일도 요구된다. 그렇기 때문에 그는 왕으로서의 위엄을 갖추어야 하고, 만유에게 구원을 베풀 수 있는 전권을 가진 만유의 주로 등극해야 하며, 구원이라는 목적에 필요한 것은 무엇이든지 확보할 필요가 있었다.

그리스도의 왕으로서의 직분은 그를 하늘과 땅에 있는 만물의 주재로 세우고, 특별히 교회의 임금이자 머리가 되게 하고, 만유와 교회로 하여금 구원을 얻고 하나님께 영광을 돌리기 위해 성부 하나님께서 그리스도를 그들의 통치자로 세우신다는 것을 지시한다. 우리는 특히 그 측면에 관심이 크기 때문에 교회와의 유대 관계라는 관점에서 왕으로서의 직위에 대해 살펴볼 것이다.

이 직위에 부과된 기능에는 다음과 같은 것이 있다. 그리스도의 왕국에 참여하도록 부르심, 율법 제정, 현세에서 구원에 필요한 복을 수여함, 그것에 반대되는 악한 것으로부터 막아 주심, 마지막 심판과 그것과 연관된 상황 요소.

부르심은 그리스도가 왕으로서의 직위를 가지고 수행하는 첫째 기능으로서, 죄인들이 회개하고 복음을 믿도록 그들을 부르는 것이다. 여기에는 그의 왕국에 참예할 경우 예고된 보상과, 여호와의 임재로부터 영원히 분리되는 멸망에 대한 경고가 첨부된다.

율법 제정은 그리스도의 왕의 직위에 부여된 둘째 임무로서, 이에 따라 그는 신자들에게 그들의 의무를 규정한다. 즉 그리스도의 백성으로서 그들은 자기들의 머리와 왕으로서 그리스도를 합당한 방식으로 공경해야 하며, 여기에도 이 영적인 나라의 차원에 특유하게 일치하는 보상과 형벌을 통한 법적 강제력이 덧붙는다.

그리스도의 왕으로서의 직위에 부여되는 셋째 기능에 의해 분유되는 은사 가운데 우리가 손꼽을 수 있는 것은 죄에 대한 용서와 우리가 하나님의 자녀임을 우리 마음에 내적으로 증언하는 은혜의 영이고, 그뿐 아니라 그 직위를 수행하는 데 필요한 여타의 모든 복이 있다. 즉 선한 생각과 욕망, 시험을 이길 수 있는 힘을 고취하는 내적 조명이 그것인데, 간단히 말해 이것은 하나님의 법을 우리의 마음에 각인시키는 것이다. 이외에도 그리스도께서 그를 믿는 사람들의 구원에 도움이 될 것으로 판단하시는, 현세의 자연적인 삶을 위한 많은 은사가 있다. 그러나 이 은사의 보호막을 공격하는 악은 그 은사에 대적한다.

심판은 그리스도가 왕으로서의 직위에서 수행하는 마지막 행위다. 이에 의해 그는 정의롭게, 아무런 차별 없이 그의 법정에 호출되어 심판대 앞에 나온 모든 사람들의 생각과 말, 행동과 불이행 사항에 관해 선고를 내린다. 그에 따라 공정하고 은혜로운 보상을 통해, 정당한 심판으로 보복하심을 통해 그는 불가항력적으로 심판을 집행하시는데, 여기에는 영생을 수여하시는 것과 영원한 사망에 처하는 것이 포함된다.

이 같은 왕의 직무에 상응하는 결과 또는 결실은 다음과 같다. 1) 교회를 연합하거나 한데 모으는 것, 또는 여호와의 성전을 건축하는 것. 이 한데 모으는 일은 하나님의 부르심에 응답하는 믿음을 통해 이방인들을 부르심, 유대인들의 귀환 또는 회복으로 이루어진다. 2) 여호와를 믿는 사람들, 믿음을 통해 천국의 시민이 된 사람들이 그리스도의 명령을 따라 순종하는 것. 3) 현세의 삶에서 (신자들을) 훼방하는 악으로부터 구원을 얻는 것뿐만 아니라, 죄에 대한 용서, 성령, 구원으로 이끄는 그 밖의 다른 은사를 수여받는 것. 4) 끝으로 죽은 자들로부터의 부활과 영생에 참여하는 것.

그리스도께서 그의 나라를 경영하는 수단이며, 또한 우리가 교회와 관련된 일을 관찰할 때 중심에 오는 것은 말씀과 성령으로, 이 둘은 서로 결코 분리되는 일이 없다. 왜냐하면 이 성령은 외적으로 선포할 때, 대개의 경우 말씀 또는 말씀의 의미를 사용하고, 성령의 조명과 감동 없이 말씀만으로는 불충분하기 때문이다. 그러나 말씀을 거부하고 성령에 대항하는 사람들의 잘못으로 인한 경우를 제외하고 그리스도는 이 둘을 따로 떼어 사용하신 적이 없다.

이 결실에 반대되는 결말은 (그리스도의) 멍에를 내던져 버리는 것, 죄책의 전가, 성령을 부인하거나 거절하는 것이다. 또한 유기된 사람들의 마음 상태, 다른 일시적인 불의함에 의해 완악해진 마음을 사탄의 세력 아래 내버려두는 것이며, 끝으로 영원한 사망이다.

이 같은 고찰을 통해 말씀에 의해 교회가 부름 받도록 하는 선지자 직분은 왕으로서의 직위를 얻기 위한 예비 조건 또는 부속물 같다고 볼 수 있다. 그러므로 그가 다스리는 세상 속으로 파송하시고, 항상 도우심을 필요로 하는 그들의 입에 말씀을 담아 주심으로써 그 본성에 일치하는 열매를 거둘 수 있게 하시는 주님에 의해 교회의 청지기들이 "그리스도의 사도와 종"으로 불리는 것은 지극히 당연한 일이다.

이 왕으로서의 직분은 성부 하나님 아래 계시는 그리스도에게 고유한 직분으로, 하나님은 아무에게도, 심지어 보조적 위치에도 마치 수석 장관을 부리는 것 같은 방식으로라도 결코 그 왕권에 참여하게 허용하신 적이 없다. 이렇게 볼 때, 우리는 자기 자신을 가리켜 교회의 머리와 그리스도의 신부라고 부르는 로마교황은 그리스도 아래 있으나 여전히 적그리스도임이 분명하다.

토론 38

그리스도의 수치와 영광에 관하여

그리스도에게 부과된 직분의 서임과 직무 수행에 관해 통상적으로 그가 겪으신 두 가지 상황이 고찰의 대상이 되는데, 그 둘은 모두 다음의 목적을 위해 요구되었다. 즉 그리스도는 하나님의 뜻에 따라 구세주의 이름으로 불리고, 실제로 그 이름의 의미에 부합하는 일을 수행할 수 있어야 한다. 지목된 두 상황 중 하나는 그가 당하신 수치이며, 그것은 육체와 관련한 자연적인 상태다. 또 다른 상태는 영광으로서, 성령을 따르는 영적 상태다.

수치를 당하는 상태는 우리의 신앙고백에서 다음 항목에 속한다. "본디오 빌라도에게 고난을 받아 십자가에 못 박혀 죽으시고 장사(되셨다)." 그가 높이 들려 왕의 지위에 오르시는 영광의 상태는 다음 항목에 기술되어 있다. "사흘 만에 죽은 자 가운데서 다시 살아나셨으며, 하늘에 오르시어 전능하신 아버지 하나님 우편에 앉아 계시다가 거기로부터 살아 있는 자와 죽은 자를 심판하러 오십니다."

　그리스도의 고난은 영적으로나 육적으로 모두 온갖 수욕과 고문을 포함하며, 부분적으로는 그의 적들의 격분으로 인해, 부분적으로는 성부 하나님의 직접적인 징벌에 의해 가해진 것이었다. 우리는 이 후자의 고난이 자연적 삶의 선에 대립하는 것이 아니라, 오히려 영적 삶의 선에 대립한다고 말한다. 그러나 우리는 이 같은 고난이 그리스도께서 구금 상태에 들어가신 때부터 시작되었다고 추정할 수 있다. 왜냐하면 당하게 될 일에 대해 미리 알고 있는 상태에서, 그리고 참으로 모종의 실험적 지식을 가지고 자발적인 순종에 의해 닥쳐올 다른 고통을 맞이할 준비를 갖추셨다고 하더라도 먼저 그에게 닥친 일이 그의 고난의 전조가 아니었을까 생각되기 때문이다.

　처형 도구인 십자가에 의해 그리스도는 우리 대신 저주를 받았고, 그의 십자가를 통해 우리가 구원을 얻은 것으로 말해진다. 그렇기 때문에 하나님께서 그를 나무나 십자가에 달려 죽어야 마땅하다고 선고하셨다는 사실은 그리스도께서 인간적인 수단에 의해서가 아니라, 오히려 신적 예정에 의해 십자가에 못 박히심으로써 우리를 대신해 저주거리가 되도록 하나님께서 친히 결정하신 것으로 이해해야 한다.

　그리스도의 죽음은 그 결과와 공간적 위상을 확인함으로써 그의 혼이 몸으로부터 실제로 분리된 것을 뜻한다. 그것은 실제로 십자가 처형에 의해 개시되고, 특히 그의 다리를 꺾음으로써 확정될 수도 있었다. 그 점에서 유대인들이 그의 죽음에 책임이 있다고 말하는 것이 옳다. 그러나 죽음은 그리스도 자신에 의해 예고되거나 예견되었기 때문에 그가 자기의 혼과 목숨을 내려놓을 수 있는 힘을 하나님 아버지로부터 얻음으로써 기꺼이 죽음에 임했을 것이라고 생각해 볼 수도 있다. 이런 고려 사항 중 첫째는 선지자로서 그가 예고하셨던 진실을 확증한 것과 관련되고, 둘째는 그의 제사장 직분 수행과 관련된다.

그리스도가 매장된 것은 그의 죽음의 확실성과 관련된다. 그리스도가 무덤에 머물렀다는 것은 부활하는 시각까지 그가 죽음의 권세 아래 예속되어 있었음을 지시한다. 그런 상태는 그리스도가 사자(死者)들 가운데 있었다는 기술에 의해 지칭되었다. 그 상태는 그가 지옥(또는 하데스)에 내려갔을 때부터 시작되었고, 매장된 후 그는 무덤 안에 머물러 있는 동안 지속되었다. 이 해석은 사도행전 2장에 의해, 그리고 "그는 지옥에 내려가셨다" 또는 "그는 장사되셨다"라는 단 두 문장 중 어느 한 가지를 말함으로써 자기의 믿음을 증명하고자 했던 초기 교회에 의해서도 확증된다. 그렇지만 누군가 이 항목—"그가 지옥에 내려가셨다"—의 의미를 우리가 제시한 것과 다르게 받아들인다면 우리는 그 생각이 성경에, 그리고 신앙의 유비(類比)에 부합하는 한 그의 견해를 논박하지 않을 것이다.

이 상태(수치)가 필요했던 것은 그리스도가 그의 아버지께 순종할 수 있기 위해서이고, 죄를 짓지 않았음에도 모든 일에 시험을 받으심으로써 그가 늘 시험당하는 사람들에 대해 공감할 수 있기 위해서, 끝으로 고난에 의해 그가 제사장과 왕으로서 성별되고 그리하여 그 자신의 영광 속으로 진입할 수 있기 위해서였다.

그러나 이 영광과 높이 올려지는 상태는 세 단계, 즉 부활, 승천, 아버지의 오른편에 좌정하심으로 나뉜다.

그리스도가 영광 속에 들어가신 것은 그가 무덤의 속박으로부터 해방되어 죽은 자들로부터 다시 살아나신 때부터 시작한다. 그에 따라 죽어 있고 세마포에 싸여 있던 그의 몸은 죽음의 효력이 철저히 파괴된 후 다시 그의 영혼과 연합했고, 그리하여 다시 살아 있는 상태로, 자연적 생명이 아니라 영적 생명을 회복하게 되었다. 그 반면에 "죽은 자들로부터 다시 살아나신 후" 그는 자연적 생명의 흘러넘치는 활력에 의해 현세의 삶에서 그의 제자들과 지상에 머물러 있는 동안 그의 부활의 신빙성을 담보할 수 있기 위해 필요한 만큼 신체적 기능을 충분히 수행하실 수 있었다. 우리는 이 같은 그리스도의 부활을 성령을 통해 일하시는 아버지뿐만 아니라, 다시 살아날 수 있는 능력을 가지신 그리스도 자신에게도 귀속할 수 있다.

그리스도께서 하늘로 올라가신 것은 그의 지위가 상양되는 과정의 일부다. 왜냐하면 그는 지상에 머무는 동안 위임을 받은 임무를 완수했고 새로운 몸—자연적이고, 세상적인, 부패할 수 있는, 육신적이고 수치스러운 몸이 아니라, 신령한, 하늘에 속한, 썩지 않을, 영광스러운 몸—을 얻으셨으며, 인간의 구원에 필요한 다른 임무도 하늘에서, 그 나라에서 수행해야 할 것이므로 그가 다시 살아나시어 하늘로 올라가시는 것과 그가 심판하러 오실 때까지 거기 머무시는 것은 합당하고 적절한 일이기 때문이다. 이 같은 전제로부터 성변화(聖變化)[23]에 관한 교황주의자의 도그마와 성체공존설[24]에 관한 유비귀테리언[25]의 교리는 필연적으로 논박된다.

••

23) 성변화(transubstantiation)는 화체설(化體設)이라고 부르기도 하며, 로마가톨릭 신학에서 성찬에서 밀빵과 포도주가 각기 예수의 몸과 피로 바뀌는 것, 또는 그러한 믿음을 가리킨다. 실체변화, 변화지례라고도 한다. 그리스도가 빵과 포도주에 실재로 임재한다는 해석은 실재적 임재(real presence)로, 성만찬에서 빵과 포도주는 그리스도의 몸과 피를 상징한다는 해석은 상징설로 불린다. 전자의 해석은 주로 로마가톨릭교회 측에서 옹호되며, 후자의 해석은 주로 개신교 측에서 옹호된다.

24) 성체공존설(consubstantiation)은 성만찬의 빵과 포도주 안에 그리스도의 몸과 피가 실제로 존재한다고 믿는 견해를 가리킨다. 화체설은 성축을 통해 빵과 포도주가 본래의 자연적 성질을 잃고 그리스도의 몸과 피로 변화한다고 믿는 반면, 공존설은 빵과 포도주의 자연적 성질이 변하는 것이 아니라 그리스도가 임재하심으로써 성만찬에 참여하는 사람들은 그리스도의 임재를 경험한다고 믿는다.

25) 유비귀테리언(ubiguitarians)은 그리스도의 신성뿐만 아니라 그의 몸도 우주 전체에 편재한

그리스도가 아버지의 오른편 자리로 높이 올라간 것은 그의 지위 상양 과정의 절정이다. 왜냐하면 그것은 아버지께서 그리스도에게 직접 수여하시는, 비할 데 없는 영광과 권능을 포괄하기 때문이다. 즉 아버지와 함께 존엄한 보좌에 앉는 영광이, 지상에 있는 모든 피조물에 대해 전권을 행사할 수 있는 왕권이 그에게 수여되었고, 또한 원천적으로 하늘에서 제정된 훨씬 더 고상한 대제사장에 의해 하늘에서 수행되어야 할 직무 수행에서 제사장 직분(의 의무)을 담당할 수 있는 위엄이 그에게 부여되었기 때문이다.

제사장직과 관련하여 치욕의 상태를 겪을 필요가 있었던 것은 그리스도께서 자신의 피로 뿌림을 받은 상태로 하늘에서 하나님 아버지의 면전에 나타나서 믿는 자들을 위해 탄원하는 것이 그리스도의 임무 중 일부이기 때문이다. 왕으로서의 그의 직위와의 관계에서도 그러한 상태가 필요했던 것은(여기서 선지자적 직능의 행사가 그의 왕권 행사에 복속된다는 사실을 주목해야 한다!) 하늘에서 말씀과 성령을 내려보내고 그의 위엄 있는 보좌에서 아버지의 이름으로 모든 일을 통치하는 것, 특히 그에게 순종하는 사람들을 위해 그의 말씀을 통해 약속되었고 성령에 의해 봉인된 모든 복을 수여하시는 것, 그리고 하나님의 공의가 살아 있는 한 그의 오래 참으심을 남용하는 불순종에 대해 준엄한 형벌을 내리시는 것이 바로 그가 이행해야 할 사명이기 때문이다. 이러한 통치 직무 가운데 마지막 항목은 "오소서, 주 예수여!"라고 하면서 지금 우리가 기다리고 있는 우주적 대심판이다.

:.

다고 보는 입장으로, 대부분의 루터회 교도들이 이 입장을 택한다.

토론 39

하나님 아버지와 그리스도의 뜻과 명령에 관하여, 죄인들이 믿음으로 행할 것을 원하시고 내리시는 명령에 관하여

그리스도 안에서 하나님께서 행하신 일과 아버지의 명령에 따라 그리스도께서 행하신 일 외에도 죄로 인해 상실된 상태에 빠진 인류를 구원하기 위해 그 죄인들이 두 분께 드려야 할 신앙의 경배를 제정하셨다. 그리고 아버지께서 그리스도를 구세주와 교회의 머리로 세우시고, 제사장과 왕의 직분을 수행하게 함으로써 인류를 구원하고, 예배하는 자들에게 상을 내릴 수 있는 전권과 권능을 부여하심으로써 헛되이 그를 경배하는 일이 없게 하셨다. 그러므로 종교적 의식(儀式)이 한낱 '헛것에게 드리는 예배'나 미신이 되지 않도록 하나님 아버지와 그리스도께서 참된 경건으로 예배할 것을 원하고 명령해야 할 후속 조치가 필요했다.

이 명령이 언약의 양태를 통해, 즉 계약 당사자들 간의 상호 협정과 약속을 통해 선언되는 것이 하나님의 뜻이었다. 참으로 이 언약은 결코 철회되거나 말소될 수 없는 것이고, 그렇기 때문에 '새 언약'이라고 불리며, 중보자이신 예수 그리스도의 피에 의해 유효하게 인준되었다.

그렇기 때문에, 그리고 아버지께서 구원에 필요한 모든 복을 그리스도에게 풍성하게 주심으로써 그를 우리의 왕과 주님으로 세우셨으므로 그 새 언약은 또한 '계약(Testament)' 또는 '유언(Will)'이라고 불린다. 그러므로 유언하는 당사자인 그리스도가 죽고, 그리하여 우리가 죄를 용서받음으로써 영원한 유산을 받을 것에 관해 이전에 작성한 유언의 약속을 실제로 죽으심으로써 확증하셨다.

하나님과 그리스도 측에서 규정한 협약은 만일 하나님의 이름으로, 그의 명령에 따라 신자가 그리스도를 자기의 주님과 구세주로서 시인한다면, 즉 그가 그리스도를 통해 하나님을 믿고 또 그리스도를 믿으며, 명령을 따라 그 두 분에게 모두 사랑과 경배, 공경, 경외, 완전한 순종을 보인다면 하나님은 (그 신자에게) 그리스도 안에서 그의 하나님과 아버지가 되신다는 것이다.

하나님 아버지와 그리스도 편에서 주신 약속은, 하나님 아버지와 그리스도 안에서 믿음을 갖고 그 믿음을 통해 두 분에게 순종하는 사람들에게 (그리스도의 제사장 직분과 왕의 직분을 통해) 하나님은 그들의 하나님과 아버지가 되시고, 그리스도는 그들의 구세주가 되실 것이라는 사실이다. 즉 하나님 아버지와 그리스도는 신자들이 믿음으로 제 의무를 이행하는 것을 감사의 표현으로 여기고, 그 행위를 면류관으로 보상하신다는 것이다.

그 반면에 죄인 측의 약속은 그가 하나님과 그리스도를 믿을 것이며, 믿음을 통해 명령을 따르고 순종한다는 것이다. 그러나 그 협약의 유의미성은 하나님께서 그의 일관적인 거룩한 선언을 기꺼이 늘 기억하실 것이라는 사실에 있다.

그리스도는 양측 사이를 중재하시고, 하나님 편에 그 협약을 제안하시며, 자기의 피에 의해 약속을 확증하셨다. 마찬가지로 그는 신자들의 마음에서 설득을 시도하시고, 그 논증을 보증하는 자기의 인(印)을 첨부하여 약속을 인준하셨다. 그러나 죄인 측에 대해 그는 성령의 유효성에 의거하여 그가 하나님께 먼저 약속했던 대로 그들이 이행할 수 있게 할 것이라고 (아버지께) 약속하신다. 그 반면에 그는 아버지께서 약속하신 것을 부디 잊지 마시고, 협약 사항을 이행하는 사람들이나 믿는 자들에게 모든 죄를 용서하고 영원한 생명을 주실 것을 요청하신다. 또한 그는 인간이 실천한 섬김의 행위를 하나님께 보여 드림으로써, 그리고 그것을 자기의 향기로 하나님께서 감사의 뜻으로 여기고 용납하실 만한 것으로 만듦으로써 중보자의 역할을 수행하신다.

고대의 라틴 교부들이 '성체(sacraments)'라고 불렀던 가시적 인장이나 기호가 사용되기도 하는데, 하나님 편에서 그것은 그가 직접 약속하신 것을 인증하는 것에 해당하지만, 인간 편에서는 쌍방이 자발적으로 체결한 계약과 맹약의 본질과 관계에 어떤 영향도 미칠 수 없게, 어디서도 취약성이 발견되지 않도록 당사자들 스스로가 떠맡은 의무를 기록한 '손으로 쓴 문서'나 채권에 지나지 않는다.

이 모든 것을 통해 그리스도교의 충만한 수준의 완전성이, 그리고 다른 모든 종교를 참된 것으로 상정한다고 해도 그리스도교의 탁월성에는 결코 비교될 수 없음이 분명해진다. 그리스도교의 충분성은 다음과 같은 사실에서 발견된다. 즉 그것은 죄인들이 이행해야 하는, 완전히 절대적인 것으로 어떤 경우에도 면제될 수 없는, 따라서 세속적인 보증이 있을 수 없는 의무의 필연성을 증명하기 때문이다. 또한 그것은 회개에 이르는 죄인들뿐만 아니라, 의무를 이행하는 사람들까지 장차 얻을 복에 대한 소망을 통해 그들이 발을 들여놓은 믿음과 선행의 경로를 따라 끝까지 견인하면서 좌절하지 않게 강력하게 후원하기 때문이다. 이 두 가지(좌절과 세속적 안정성)는 신앙의 전 영역에서 반드시 피해야 할 가장 강력한 악이다.

그리스도교가 다른 어떤 종교보다 탁월한 점은 바로 이것이다. 즉 이 모든 것이 우리의 중보자요 제사장이며, 왕이신 그리스도의 중보 사역에 의해 집행됨으로써 신앙의 의무 수행의 필연성을 확증하기 위해, 그리고 다른 어떤 종교에서도 발견할 수 없는 소망을 확증하고 절망을 일소하기 위해 수많은 논증을 우리에게 제시한다는 점이다. 그러므로 그 때문에 믿는 자들의 구원을 위해 기록된 복음서에 명백히 나타나 있듯이 우리가 그리스도를 가리켜 하나님의 지혜이며 하나님의 능력이라고 부르는 것은 결코 놀라운 일이 못 된다.

이로써 다음과 같은 결론에 필연적으로 이른다. 그리스도에게 준거하지 않는 한 죄인이 드리는 어떤 기도나 의무도 하나님께 감사의 표시로서 받아들여질 수 없다. 그러나 왕이신 메시아를 기꺼이 송축하고 그의 나라를 오게 하여 주실 것을 바라면서 사람들이 하나님께 간구하는 것은 적절한 행동 방식이다.

토론 40

믿는 자들의 예정에 관하여

이제까지 우리는 그리스도교 신앙의 대상, 즉 그리스도와 하나님에 관해, 그리고 왜 그 두 분에게 종교적 신앙 행위가 유용하고 올바른 방식으로 수행되어야 하는 형식적 이유를 살펴보았다. 그중 마지막 것은 언약의 조건에 의해 종교적 신앙의 본질을 규정하는 하나님의 뜻과 그의 명령에 근거한다. 거기서 한 걸음 더 나아가 우리는 그 언약에 참여하도록 하나님께서 사람들을 부르신 일에 대해 논의할 필요가 있다. 그러므로 우리가 여기에 예정에 대한 강론을 끼워 넣는다 해도 크게 무리가 되지는 않을 것인데, 하나님께서 그 규정에 따라 사람들을 다루시기로 작정하셨고, 또한 그 결정을 따라 그들을 부르시고 그 수단까지 관리하실 것을 선언하셨기 때문이다. 우선 이 중 앞부분에 대해 고찰할 것이다.

그러한 맥락에서 예정(predestination)이란 그리스도 안에서 하나님의 선하고 기쁘신 뜻에 따라 작정된 것으로서, 그것에 의해 하나님께서는 영원 전부터 "그의 은혜의 영광을 찬양하게 하려고", 심지어 그의 공의를 선언하기 위해, 믿는 자들을 의롭다고 선언하고, 자녀로 삼으며, 그들에게 영원한 생명을 수여하기로 선택하는 것을 가리킨다.

이 예정은 복음적인 것이고, 따라서 확정적이며 철회될 수 없다. 복음은 전적으로 은혜로 주어지므로 그리스도 안에서 하나님의 자비로운 경향성에 따라 이 예정 역시 은혜로 주어진다. 그러나 이 은혜는, 인간에게서 출발하여 그에 따라 하나님께서 자기가 작정한 것을 확정 짓게 되는 식으로 상정할 수 있는 일체의 가능성을 배제한다.

그러나 우리는 예정의 기초가 그리스도에게 있고, 그 작정에 의해 믿는 자의 명단에 오르는 축복의 공로적 원인이 오직 그에게 있음을 시인한다. 왜냐하면 하나님께서 구원을 위해 인간들에게 보여 주시는 조건 없는 사랑과 그에 따라 그들에게 영생을 주시고자 하는 절대적인 뜻을 품으시는데, 그러한 사랑은 그의 사랑하는 아들인 예수 그리스도 안에만 존재하기 때문이다. 그는 유효한 교통과 가장 값진 공로에 의해 구원의 원인이 되시며, 또한 회복된 구원의 분배자일 뿐만 아니라, 잃어버렸던 그 구원의 청원자, 취득자, 회복자다. 그러므로 그리스도를 이미 규정된 작정의 집행자일 뿐이라고 간주하는 것과, 그 작정의 기초로서(주체로서) 그리스도를 인식하지 못하는 것은 그에 대한 충분한 이해에 미치지 못하는 것이다.

우리는 이 예정에 관해 두 가지를, 즉 신적인 일과 그것을 전달하도록 예정된 인물들을 제시하겠다. 그 신적인 일은 흔히 은혜와 영광이라는 이름으로 불리는 영적인 복을 가리킨다. 그 인물들은 신실한 사람들 또는 신자들이다. 즉 그들은 불경건한 사람들을 의로운 자로 선언하시는 하나님을 믿고, 죽은 자로부터 다시 사신 그리스도를 믿는 사람들이다. 그러나 여기에 전제되는 것은 믿음, 즉 하나님과 인간 사이의 중보자이신 그리스도 안에 있는 믿음이고, 이것 역시 죄에 대한 인식이나 시인을 전제하는 개념이다.

우리는 이 예정의 형상이 하나님의 내적 행위 자체에 있다고 본다. 즉 신자들로 하여금 그들의 머리이신 그리스도와 연합하게 하고, 그가 베푸시는 은혜에 참여할 수 있도록 앞서 예정하시는 하나님의 내적 행위를 가리킨다. 그러나 우리는 그 행위의 목적이 '하나님 은혜의 영광을 찬양하게' 하려는 것으로 확신한다. 이 은혜가 그 작정의 원인이므로, 물론 하나님께서 그 은혜를 통해 그것을 찬란하고 영광스럽게 만드시지만, 우리가 그것에 영광을 돌리며 경축하는 것이 적절한 일이 될 것이다. 여기서 정의에 대해 언급하지 않을 수 없는데, 정의가 개입함으로써 그리스도가 비로소 중보자에 위임되었고, 그리하여 그를 믿는 믿음이 요구되었다. 왜냐하면 이 중보자가 없다면 하나님께서 자비를 베푸시려는 뜻을 세우지 않으실 것이고, 그 중보자에 대한 믿음 없이는 인간들을 구원하려는 뜻을 품지 않았을 것이기 때문이다.

그러나 이 예정에 대한 작정은 필연적으로 유기(遺棄)[26]를 함축하는 선택이 수반되므로 우리는 그 점에 유의해야 한다. 그러므로 선택에 반대되는 개념인 유기는 하나님의 진노 또는 그의 엄중한 의지의 선언으로 정의

∴

26) 유기(reprobation)는 독립적인 개념이라기보다 선택(selection)의 부속 개념의 위치에 있다. 개혁주의 예정론은 인간의 전적인 부패와 구원에 관한 전적인 은혜를 그 배경으로 한다. 사람이 범죄로 타락한 상태에서 구원을 얻지 못하는 것은 회개하기를 거부하기 때문이다. 이러한 인간의 거부와 불순종을 바꾸어 놓을 수 있는 것은 그의 양심이나 노력이 아닌 하나님의 은혜밖에 없다. 이 은혜는 하나님의 적극적인 행위다. 반대로 같은 상황에서 하나님이 소극적 행위로 일관하시는 경우가 있다. 즉 죄인이 회개하기를 거부할 때 전혀 개입하지 않고 그대로 두는 것인데, 유기 행위가 이에 해당한다. 개혁주의 예정론의 맥락에서 누구를 방치하실 것인가를 정하셨다는 의미에서 선택과 유기 두 가지를 작정하는 이중예정론이 성립한다.

될 수 있고, 그것에 의해 하나님은 영원 전부터 자기의 권능과 진노를 선포하기 위해 모든 불신자와 회개하지 않는 사람들에게 영원한 사망을 선고하기로 결정하셨다. 그리하여 불신자에게 이 같은 심판을 내리는 것은 비단 그들의 불신앙 때문만이 아니라, 그들이 그리스도 안에서 믿음을 통해 구원을 얻을 수도 있었던 다른 여죄 때문이기도 하다.

선택과 유기의 선언, 그것이 각각 집행되는 방식은 다양하다. 그 집행 행위는 선언 자체를 통해 하나님이 제정하신 순서에 따라 진행된다. 선포의 대상과 집행의 대상은 완벽하게 동일하고 균등할 수도 있고, 또는 하나님의 마음 안에서 그의 지성을 통해 인식될 때, 동일한 형식적 이유를 근거로 선포 자체가 고찰되는 반면, 그것이 집행될 때는 실존성의 차원에서 실제 상태 자체로 파악되기도 한다. 이 예정 개념은 그리스도교, 구원, 구원에 대한 확신의 토대가 된다. 사도 바울은 로마서 8장 28~30절에서, 같은 서신의 9장과 이어지는 여러 장에서, 그리고 에베소서 1장에서 이 주제에 대해 기술했다.

토론 41

목적을 위한 수단의 예정에 관하여

앞에서 하나님께서 그 자신과 그리스도에 대한 믿음의 필연성을 확정 짓는 근거가 되는 예정 개념에 대해 논의했다. 그다음으로 하나님께서 믿음의 수단을 관리할 때 결정을 내리는 기준으로서 예정 개념을 다루어야 할 것이다.

왜냐하면 믿음의 행위는 죄인의 자연적, 육적, 감각적 능력에 속하지 않고, 하나님의 은혜가 없이는 아무도 믿음의 행위를 수행할 수 없으며, 오직 하나님의 의지에 따라—의지는 내적 행위이므로 영원 전부터 그만이 아신다—그의 모든 은혜가 분배될 수 있고, 하나님께서 그 은혜를 분배하거나 그 수단을 택하는 근거로서 하나님의 마음과 의지에 의해 어떤 확실한 예정이 먼저 인식될 필요가 있기 때문이다.

그러나 우리는 이 예정에 대해 하나님의 이름에 영광을 돌리고 믿는 자들을 구원하기 위해, 하나님의 자비하심뿐만 아니라 그의 엄격함과 양립하게 만들기 위해, 그가 아시는 방식을 따라 죄인으로부터(즉 죄인의 마음에) 믿음을 산출하기 위해 필요 충분한 수단에 대해 하나님의 마음 안에서 그의 지혜와 정의에 의해 결정되는 영원한 작정의 선포라고 정의할 수 있다.

이 예정의 대상은 믿음을 산출하기 위한 수단에 대해, 그리고 앞의 논의에서 언급했듯이 하나님의 마음에서 생성되는 예지에 속하는 예정이 고려하는 믿음 자체에 대해 그 믿음을 수여할 것인가 말 것인가를 하나님께서 결정하는 대상, 즉 죄인들이다.

이 작정의 선언을 당위적으로 만드는 선행 원인 또는 유일한 운동 원인은 하나님의 자비하심뿐만 아니라, 그의 엄정성이다. 그러나 그의 지혜는 그의 정의가 경영되는 양태를 규정한다. 즉 자비에 합당한 것만을 그 양태에 전가하는 반면, 때때로 하나님께서 세상에 말씀의 기근을 내릴 것이라고 경고하기도 하는 그의 엄정함에 합당한 양태를 동시에 전가한다.

이 작정의 질료는 예정을 위한 수단의 섭리에 대한 동의 또는 부정이다. 그 형상은 제정된 섭리 자체로서, 그에 따라 어떤 사람들에게는 수단의 섭리가 인정되고 다른 사람들에게는 거부될 수 있고, 또는 다른 조건이 아닌 바로 이 조건에 따라 섭리가 인정되거나 거부될 수 있다.

예정의 목적 자체와 관리 수단과 연관된 목적은 하나님의 자비와 그의 엄정성, 그의 지혜와 공의를 선언하는 것이다. 그 선언이 의도하고 그러한 경영으로부터 귀결되는 목적은 믿는 자들을 구원하는 것이다. 그 결과 불신자가 정죄되고 어떤 사람들에게 한층 무거운 정죄가 내려진다.

그러나 예정된 적절하고 고유한 수단은 곧 말씀과 성령이다. 그에 더해 이 세상의 자연적인 삶에 속한 선한 것과 악한 것이 결합될 수 있다. 하나님은 그것을 동일한 목적을 위해 사용하시는데, 그 본성과 효력에 관해서는 부르심에 대해 논의할 때 그 용도에 대해 설명할 것이다.

이 수단에 대해 우리는 두 가지 이름으로, 즉 '필연성'과 '충분성'(논제 3)으로 부를 것인데, 그 범주는 하나님의 의지와 본성에 따르고, 우리는 그 둘을 결합한다. 필연성(necessity)은 수단 자체에 내재하는데, 왜냐하면 그 수단이 없이는 죄인이 믿음을 얻을 수 없기 때문이다. 충분성 역시 수단에 내재한다. 왜냐하면 만일 그 수단만으로 충분하지 않다면 그것은 헛되이 사용될 뿐이기 때문이다. 그러나 우리는 수단을 사용하기 시작하는 순간이 아니라, 진행 과정 전체와 결말 지점에 이 충분성 개념을 위치시킬 필요는 없다고 생각한다.

하나님은 이 수단을 어떤 사람의 행위 공로를 기초로, 또는 그것을 따라 예정하는 것이 아니라, 오직 하나님 자신의 은혜를 따라 결정하신다. 하나님께서는 과거에 범한 위반 행위에 대해 정당하게 판결하는 경우를 제외하고 아무에게도 은혜의 수단을 거부하지 않으신다.

토론 42

죄인을 그리스도에게로, 그 안에서
구원에 참여하도록 부르시는 것에 관하여

그리스도와의 연합과 그 혜택을 얻도록 부르시는 것 또는 신명(神命, vocation)은 하나님의 은혜로운 행위로서, 그것에 의해 말씀과 그의 영을 통해 저주받을 수밖에 없고 죄의 지배 아래 있는 죄인들을 자연적인 삶의 상태로부터, 그리고 이 세상의 오염과 부패로부터 부르신다. 그 부르심의 목적은 그들로 하여금 회개와 믿음을 통해 그리스도 안에 있는 초자연적 생명을 얻을 수 있게 하고, 그가 그들의 머리로 예정하시고 서임하신 그리스도 안에 연합함으로써 그가 주시는 혜택에 참여하는 복을 누리고, 그 결과 하나님께 영광을 돌리고 자기의 구원을 얻을 수 있게 하려는 것이다.

이 부르심의 유효적 원인은 아들 안에 계신 하나님 아버지다. 성부 하나님에 의해 중보자와 왕으로 서임되신 아들 자신도 성령에 의해 사람들을 부르신다. 이 성령은 중보자에게 주신 하나님의 영이자 우리의 왕이자 교회의 머리이신 그리스도의 영으로서, 그를 통해 아버지와 아들은 함께 "이제까지 일하신다."(요 5:17) 그러나 이 부르심은 성령에 의해 관리되므로 엄밀히 말해 우리는 그 성령을 부르심의 주체로 불러야 한다. 왜냐하면 그가 교회에 감독들을 임명하고, 교사들을 보내며, 그들에게 은사를 수여하고, 신적인 권능을 전달하며, 성경 말씀에 힘과 권위를 부여하기 때문이다.

부르심의 선행 원인 또는 유일한 운동 원인은 하나님의 은혜, 자비하심, 인간에 대한 사랑(philanthropy)으로서, 그것을 통해 하나님은 죄인들을 비참에서 구원하고, 그들에게 복을 주시는 것을 기뻐하신다. 그러나 이것을 집행하는 원인은 하나님의 지혜와 공의로서, 그것에 의해 비로소 하나님은 이 부르심을 적절하게 실행하는 방법을 인식하시고, 또한 적절하고 합당하게 부르심을 분배하신다. 이로부터 부르심의 집행과 그 방법에 관한 하나님의 뜻을 작정하신다.

부르심의 도구적 원인은 인간의 보조 활동, 즉 통상적으로 사용되는 수단인 설교나 저술 같은 활동에 의해 전달되는 하나님의 말씀이다. 때로는 인간적인 협력이나 노력의 개입 없이 특별히 예외적인 양태로서, 내면적으로 인간의 마음과 의지에 하나님께서 직접 주입하시는 신령한 말씀이다. 이 두 가지 경우에 모두 사용되는 말씀은 율법과 복음의 말씀으로, 양자는 각기 상이한 역할을 하면서 서로에게 복속한다.

부르심의 질료[27]는 세상적이고, 자연적이며, 정욕적이고, 죄의 경향성을 따라 관능적인 삶을 영위하는 인간들이다.

인간이 부르심을 듣게 되는 경계 지점은 그들이 처한 감각적이고 자연적인 삶을 영위하는 상태, 그리고 범죄로 인해 죄와 비참에 빠진 상태, 즉 정죄와 죄책, 그로 인해 죄의 예속과 지배에 놓인 상태다.

••

27) 부르심에서 실제로 대상으로 삼는 타깃이나 대상 주체를 가리킨다.

인간들을 부르시는 경계의 반대편에 있는 것은 은혜 또는 초자연적 선, 그리스도 안에 있는 풍성한 온갖 종류의 신령한 복, 그리고 그것을 전달하기를 바라시는 그의 성향뿐만 아니라 그의 권능과 힘이다.

부르심의 근인적(近因的) 목적은 사람들이 하나님과 그리스도를 사랑하고, 경외하며, 공경하고 경배하게 되는 것, 즉 하나님의 말씀을 따라 의와 거룩함을 지키고, 그들을 부르신 하나님께 순종하는 것, 그것을 통해 그들을 부르시고 선택한 것을 공고하게 만드는 것이다.

부르심의 원인적(遠因的) 목적은 부름 받은 자들을 구원하고 하나님과 그리스도에게 영광을 돌리는 것으로서, 이 두 목적은 모두 하나님과 인간의 연합을 통해 실현된다. 하나님께서 자신을 인간과 연합시키실 때, 그리고 그 연합을 위한 준비가 되어 있다고 선언하실 때, 그는 자기의 영광을 찬란하게 나타내시며, 인간이 하나님과 연합하게 될 때 비로소 구원이 완성된다.

이 부르심은 외적인 차원과 내적인 차원을 갖는다. 외적 부르심은 말씀을 전하는 사람들의 사역에 의한 것이다. 내적 부르심은 선포된 말씀에 주목하게 하고, 말씀을 믿게 하기 위해 심령을 조명하고 영향을 미치는 성령의 작용에 의한 것이다. 이 두 가지가 동시에 실행될 때 부르심의 효력이 발생한다.

그러나 그러한 분배는 유(genus)로부터 종(species)에게 전달되는 방식이 아니라, 전체를 통해 부분에게 전달되는 방식이다. 즉 부르심 전체가 상호작용적으로 부분적인 행위에 분유되어 하나의 결과를, 즉 부르심에 복종하는 결과를 산출한다. 그리하여 부르심을 받고 그 부름에 응답하는 사람들의 집단은 '교회'라는 이름을 얻는다.

부르심에 딸린 부수적인 문제로는 은혜의 가르침을 거부하는 것, 신적인 권면을 멸시하는 것, 성령을 대적하여 반항하는 것이 있는데, 그 근본적인 유일한 원인은 인간의 마음에 있는 불의와 완악함이다. 이에 덧붙여 드물지 않게 그의 말씀을 멸시하는 자들을 응징하시는 하나님의 정의로운 심판이 집행되는데, 그로 인해 마음이 어두워지고 심령이 완고해져서 타락한 정신과 사탄의 권세에 넘겨지게 된다.

토론 43

신적인 부르심에 인간이 응답하는 회개에 관하여

　구원의 문제에 관해 언약의 방법에 의해, 즉 계약이나 요구와 약속에 의해 인간과 협약하는 것이 하나님의 기뻐하시는 뜻이었고, 부르심조차도 그 언약에 참여하는 것을 중시하기 때문에 인간이 하나님으로부터 약속(의 이행)을 보장받기 위해서는 하나님의 일방적인 요청이나 명령을 따라야 하는 것이 계약 당사자 양측 모두에게 규정되었다. 그러나 이 입법 조항은 양측의 상호 관계를 전제로 한다. 즉 이 약속은 하나님이 사용하는 설득 논증에 필적하는 것으로서, 하나님은 그가 요구하시는 것을 인간으로부터 얻고, 반면에 그 요구에 복종해야 하는 조건을 충족하지 않을 경우 인간은 하나님께서 약속하신 것을 얻을 수 없으며, 조건이 충족될 때 약속대로 모든 것을 확실하게 얻을 것이라고 선포되었다.

　따라서 이 부르심을 받아들이게 만드는 것은 다른 무엇보다도 믿음이고, 이에 의해 인간은 만일 그가 요청받은 대로 순종한다면 약속된 것을 향유하게 되지만 순종하지 않을 경우 약속된 것을 받지 못할 뿐만 아니라, 처벌 없는 약속은 없으므로 신적인 계약의 본성을 따라 정반대되는 극악한 처벌을 받으리라고 믿는 것을 함축한다. 이 믿음은 하나님께 보여야 할 순종의 토대이며, 따라서 참된 신앙의 바탕이다.

그러나 신학자들은 일반적으로 이 순종을 세 부분으로 나눈다. 첫째는 회개로서, 이를 위해 죄인들을 의로 부르신다. 둘째는 그리스도 안에서 의, 그리고 그리스도를 통해 하나님 안에서의 믿음이다. 부르심은 복음을 통해 이루어지고, 복음은 믿어야 할 말씀이기 때문이다. 셋째는 하나님의 명령을 지키는 것으로, 이것은 곧 신자들의 삶의 거룩함으로 이어지는데, 이것을 위해 그들이 부름을 받았고, 그것 없이는 아무도 하나님을 볼 수 없다.

회개는 깨닫고 자백한 죄와 그 죄로 인해 짊어진 죽음의 채무 때문에, 그리고 죄의 예속으로부터 해방되기를 갈망하기 때문에 느끼게 되는 비탄이나 슬픔이다. 그러므로 참회에 이 세 가지 요소가 공존하는 것이 분명하다. 즉 첫째 부분은 전건(前件), 둘째 부분은 후속 결과, 셋째 부분은 정확히 그리고 충분하게 회개의 본성에 부합한다.

전건은 죄를 인지하거나 시인하는 것이다. 이것은 두 종류의 지식으로 이루어진다. 즉 보편적으로 그리고 율법의 규정에 따라 죄가 무엇인가 하는 일반 지식과, 악한 행동을 저지르고 선한 일을 불이행한 것에 대한 기억이 그것이다. 그뿐만 아니라 범죄 행위를 율법에 비추어 검토할 때, 자기가 죄를 지었다는 사실을 인정하는 특수한 지식이 발생한다. 또한 죄를 시인할 때 이중 죄책에 대한 자의식이 동반되는데, 즉 정죄 또는 죽음에 대해, 죄의 예속에 대해 깨닫는 것이다. "죄의 삯은 죽음이요."(롬 6:23) "죄를 짓는 사람은 다 죄의 종이다."(요 8:34) 죄를 시인하는 행위는 마음속에서 수행되는 내적 행위 또는 '고백(confession)'이라고 불리는 외적 행위로 나뉜다.

회개의 본성과 밀접하게 결합된 것은 저지른 죄와 그 죄책으로 인한 슬픔인데, 이 슬픔이 너무도 심오한 탓에 죄에 대한 인식은 더욱 선명해지고 커진다. 그 상태는 죄를 시인할 때 심판에 대해 두 가지 두려움을 갖기 때문이기도 하다. 하나는 육체에 가해지는 일시적인 형벌뿐만 아니라, 영적이고 영원한 형벌에 대한 두려움이다. 다른 하나는 죄를 지음으로써 자신이 모독한, 참으로 선하고 정의로우신 분이 내리실 심판과 그 누구라도 두려워하지 않을 수 없는 하나님에 대한 두려움이다. 이 두려움은 정확히 말해 '서두'일 뿐이고, 그것이 희망으로 연결될 것을 우리는 믿는다.

회개의 후속 결과는 죄로부터 구원되기를 바라는 것, 즉 죄로 인한 저주와 죄의 지배로부터의 해방을 갈망하는 것이다. 죄로 인한 비참과 슬픔을 더 크게 인정할수록 그 갈망은 한층 더 강렬해진다.

회개의 원인은 하나님이며, 그는 말씀과 그리스도의 영을 통해 역사하신다. 회개는 절망이 아닌 구원으로 이끌기 위한 것이기 때문이다. 그러나 그 구원은 죄의 저주와 지배로부터 구원할 수 있는 유일한 분이신 그리스도를 고려하지 않고서는 있을 수 없다. 그러나 그가 처음에 사용하시는 말씀은 율법의 말씀이지만 그것은 율법에 특별히 딸려 있는 형식적 조건 아래 있는 것이 아니라, 회개하는 자에게 구원을 선언하는 최초의 말씀, 즉 복음 전파 아래에 포섭된다.

하나님의 영을 우리의 중보자이신 '그리스도의 영'이라고 부르는 것은 부적절한 일이 아니다. 그 영은 처음에는 율법의 말씀에 의해 인간을 촉구하고, 이어서 복음의 은혜를 제시한다. 참으로 정교하게 구성된, 율법의 말씀과 복음의 말씀의 연관성은 신앙과 영혼의 두 가지 역병에 해당하는,

자아의 온갖 보호 장치를 제거하고 절망을 막는 것에 있다.

우리는 교황주의자들이 회개의 셋째 단계라고 부르는 '만족'[28] 개념을 인정하지 않지만, 진정으로 참회하는 사람이 자기 죄를 이웃에게 고백하고 범죄로 해를 끼친 사실을 교회에 고백하는 등 속죄하기 위해 여러 가지로 노력할 수 있다는 점을 부정하지는 않는다. 그러나 속죄는 회개나 슬픔, 통회(痛悔), 구제하는 행위에 의해, 또는 내려진 처벌을 자발적으로 수용[29] 하거나 스스로 자해하는 방식으로 인간 편에서 하나님에게 결코 갚을 수 없다. 만일 하나님께서 그러한 선택이 가능하도록 규정하셨다면 죄인들이 은혜의 약속으로 얻을 수 있는 것 못지않게 끝없이 지속되는 지옥의 위협으로부터 인간의 양심은 계속 시달릴 수밖에 없을 것이다. 그러나 하나님은 우리가 기술한 이 회개를 그것이 진실하기만 하다면 은혜에 의해 죄와 비참으로부터 구원을 얻기에 합당한 것으로 간주하신다. 그 결과 회개는 우리가 다음 토론에서 다루게 될 믿음으로 인도한다.

이로써 다음과 같은 결론에 필연적으로 이른다. 회개는 그 자체에 있어

..

28) 속죄는 그리스도 구원 사역의 핵심으로, 십자가 사건을 중심으로 이루어진다. 이 속죄의 효력을 설명하는 이론이 제시되었는데, '만족(satisfaction)'은 그중 하나다. 만족설은 11세기 영국의 캔터베리 대주교 안셀름이 주창한 것으로 상당한 영향을 끼친 학설이다. 아담이 죄를 지음으로써 인류에게 죽음을 가져오고 하나님께 결정적인 불명예를 끼쳤고, 그 결과 하나님의 진노를 불러일으켰다. 하나님의 명예를 회복하고 노여움을 풀어 드리기 위해서 하나님의 아들 그리스도께서 사람이 되셨고, 그가 인류를 대신해서 십자가에서 벌을 받으심으로써 하나님의 명예가 회복되고 그에 따라 노여움을 푸시고 만족하게 되었다는 것이다. 그리하여 죄 자체는 합당한 벌을 받고, 그 결과 인류는 구원을 받게 되었다.

29) 이 낱말의 라틴어 어원은 'susceptio'로서, 영어 표현은 오늘날 완전히 사라졌다고 말할 수 있다. 의미와 용례를 찾아볼 수 있는 참고서로는 *Webster's Revised Unabridged Dictionary*(G. & C. Merriam, 1913) 정도다. 이 낱말의 문자적 의미는 어떤 처분이나 행위를 자발적으로 받아들이거나 수용하는 것이다.

서, 또는 외적인 표식으로서 결코 성사[30]가 될 수 없다.

••

30) 아르미니우스가 회개를 성사의 하나로 다루지 않는 이유는 그것이 우상숭배의 위험을 가지고 있다고 보았기 때문이다. 성사(聖事) 또는 성례(聖禮)에 대해서는 두 가지의 이해 방식이 있다. 실재론적 이해에 따르면 성사는 하나님 은혜의 객관적 실재다. 안티오키아의 이냐시오는 성사를 '우리가 죽지 않고 예수 그리스도 안에서 영원히 살기 위해서 먹어야 하는 약(antidote), 즉 불멸의 약'이라고 말했다. 아우구스티누스는 죄를 지은 사제가 집례하는 성사는 효력이 없다고 주장하는 도나투스 추종자들에 반대하여 성사의 유효성이 집례하는 사제의 순수성이나 자격에 좌우되지 않는다고 주장했다. 주관주의적 이해에 따르면 성사는 하나님의 은혜에 대한 일종의 '상징적 표지'이므로 그 자체로서는 효력이 없고 오직 신앙에 의해 받아들여질 때만 효력을 발휘한다. 따라서 이 입장에 따르면 유아세례는 효력을 가질 수 없다.

토론 44

하나님과 그리스도를 믿는 믿음에 관하여

앞의 토론에서 우리는 하나님의 부르심에 응답하는 순종의 전반부를 다루었다. 이제 '믿음의 순종'이라는 제목의 후반부가 이어진다.

믿음은 일반적으로 진리에 대한 동의를 뜻한다. 거룩한 믿음은 신적으로 계시된 진리에 대한 동의를 가리킨다. 거룩한 믿음이 서 있는 토대는 두 가지다. 하나는 외적인 것으로, 마음에서 나왔거나 마음 밖에 있는 것이고, 다른 하나는 내적인 것으로, 마음속에 있는 것이다. 믿음의 외적 토대는 하나님 선언의 진실성(veracity) 자체로서, 그가 거짓된 것을 선언하는 일은 없다. 믿음의 내적 토대를 구성하는 두 가지 요소는 첫째, 우리가 하나님이 진실하다는 사실을 알 수 있게 하는 일반 관념이고, 둘째, 그것이 하나님의 말씀이라는 것을 알 수 있게 하는 지식이다. 믿음 역시 두 가지 유형으로 나뉘는데, 계시의 양태에 따라 율법적인 믿음과 복음적인 믿음으로 나뉜다. 후자가 바로 우리가 다루려는 주제, 곧 하나님과 그리스도에 관한 것이다.

복음적 믿음은 율법을 통해 자기의 죄를 깨닫고 시인하며, 그 죄를 회개하는 죄인이 복음을 통해 성령에 감화됨으로써 복음을 받아들이는 마음의 동의를 뜻한다. 이때 성령은 구원의 주체이신 하나님께서 그에게 복종하는 사람들을 위해 세우신 분이 예수 그리스도이며, 그들이 진실로 그리스도를 믿는다면 그를 자신들의 참된 구원자로 받아들이도록 죄인들을 설득할 뿐만 아니라, 그들이 참으로 그리스도를 믿고 그를 통해 자비의 아버지 하나님을 믿는다면 그 믿음이 신자들을 구원으로 인도할 것이며, 또한 그리스도와 하나님께 영광을 돌릴 수 있다고 설득하신다.

믿음의 대상은 우리 주 예수 그리스도의 아버지이신 하나님과, 하나님이 자기에게 순종하는 사람들의 구원자로 세우신 그리스도다.

믿음의 형상은 그렇게 인식된 대상에 대한 동의(assent)다. 이 동의는 자연법적인 원리로부터 추론에 의해 도달하는 것이 아니라, 날마다 행하는 기도의 훈련과 육체의 죽임[31]에 의해, 그리고 선한 행위의 실천에 의해 확증되고 증대되는, 자연의 질서를 넘어 영적으로 주입된 것이다. 그러한 지식은 믿음의 선행 조건이다. 죄인이 그리스도를 믿을 수 있으려면 먼저 하나님의 아들을 시각적으로 경험해야 한다. 그러나 지식은 신뢰 또는 확신을 낳는다. 믿음을 통해 그리스도를 신뢰하고, 그를 통해 하나님에 대해

:.

31) 육체의 죽임(mortification of the flesh)은 성화 과정의 일부로서, 개인이나 집단이 자기의 죄성(罪性)을 죽이거나 죽이려고 하는 행위다. 죄를 회개하고 예수님의 수난에 동참하기 위해 신자들이 자기 몸에 가하는 육신의 고행을 의미하기도 한다. 오늘날까지 기독교 교회에서 허용되는 고행의 일반적인 형태는 금식, 금욕, 경건한 무릎 꿇기 등이 있다. "그러나 지금은 하나님께서 그리스도의 죽으심을 통하여 그분의 육신의 몸으로 여러분과 화해하셔서 여러분을 거룩하고 흠이 없고 책망할 것이 없는 사람으로 자기 앞에 내세우셨습니다."(골 1:22)

확신할 수 있기 때문이다.

믿음의 조성자(author)는 아들이 아버지께로부터 받아서 자기의 대변자이자 대리인으로서 신자에게 보내신 성령이며, 그는 세상 속에서 그리고 이 세상에 대항하여 아들의 뜻을 받든다. 믿음을 얻는 수단은 성령이 지성에 제시하고 마음에서 설득하는 과정에서 사용하는 것으로, 하나님과 그리스도에 관한 의미를 담지하고 있는 복음 또는 믿음의 말씀이다.

믿음이 거하는 곳은 마음이고, 그것은 믿음의 대상이 참되다는 것을 인정할 뿐만 아니라, 복음의 말씀이 선언하는 것이 선하다는 것을 시인한다. 그러므로 믿음은 이론적 이해에 속할 뿐만 아니라, 실천적 본성을 지닌 정서적 이해에도 속한다.

믿음이 표적으로 삼는 대상 또는 그것의 대상 주체는 자기의 죄를 인정하고 회개하는 죄인들이다. 이 믿음은 믿는 자를 구원하는 데 필수적이지만, 죄인이 아닌 사람에게는 필요 없다. 따라서 죄인을 제외하고 아무도 그리스도를 자기의 구원자로 알 수도 시인할 수도 없는데, 왜냐하면 그는 오직 죄인들의 구원자이기 때문이다. 우리 자신의 유익을 위해 우리가 목표로 삼아야 할 표적은 본질적으로 우리의 구원이다. 그러나 가장 으뜸가는 목적은 예수 그리스도를 통해 하나님의 영광을 높이는 것이다.

이로써 다음과 같은 결론에 필연적으로 이른다. "우리가 새 언약 아래 있듯이 옛 족장들의 믿음은 근본적으로 동일한 약속의 언약 아래 있었는가?" 이 물음에 대해 우리는 긍정적으로 답한다.

토론 45

믿는 자들과 그리스도의 연합에 관하여

그리스도는 믿는 사람들의 구원자로 아버지께 서임되고 아버지의 오른편에 좌정하신 후, 그가 아버지께 순종과 탄원을 통해 얻으신 모든 복을 믿는 자들에게 전달하고자 하신다. 그러나 복을 주시고자 하는 분과 그 복을 받을 사람들이 먼저 올바르고 적절한 연합을 이루지 않는 한 그들은 복을 얻는 데 참여할 수 없다. 그러므로 우리는 그리스도를 유일한 구원자로 믿는 믿음이 산출하는 일차적이고 즉각적인 효과로서 신자들과 그리스도 사이의 연합의 면모를 정확하게 파악할 필요가 있다.

이 주제의 진리성과 이 연합의 필연성은 신자들과의 특별한 관계를 뚜렷이 특징짓는 그리스도의 호칭들에서 암시된다. 머리, 남편, 반석, 포도나무, 그 밖의 유사한 이름들이 그러하다. 그 반면에 믿는 사람들 전체는 교회라고 불리고, 그들은 각각 그리스도의 몸의 지체, 그 위에 세워진 살아있는 돌(lively stones), 새싹, 가지라고 불린다. 이 호칭들은 그리스도와 신자들 사이의 가장 긴밀한 연합을 함의한다.

우리는 이 연합의 본성을 영적인 것으로, 그리고 가장 엄밀하고 신비한 의미의 본질적인 결합으로 정의할 수 있다. 즉 그 결합에 의해 신자들은 그리스도와 하나님의 영을 통해 하나님 아버지와 예수 그리스도의 도우심으로 그리스도 자신과 직접 연결되고, 그리스도를 통해 하나님과 연결된다. 그리하여 그리스도와 함께 아버지와 일체를 이루고, 하나님이 주시는 모든 복에 참여할 수 있을 때, 비로소 그들은 구원을 얻고 그리스도와 하나님께 영광을 돌릴 수 있다.

이 연합의 창시자는 자기 아들을 교회의 머리로 서임하고, 그에게 자기의 영을 한없이 부으시며, 신자들을 자기 아들과 연합하게 하시는 하나님 아버지이시며, 그와 동시에 아버지께 얻은 신자들에게 그의 영을 부어 주시는 그리스도이시다. 그 결과 우리는 믿음에 의해 그리스도에게 접붙음으로써 단일한 영이 된다. 이 일을 관리하기 위해 선지자, 사도, 그 외의 다른 분배자들이 세워진다. 그들은 그리스도를 기초로 세우시고 그에게 그의 신부를 인도하시는 하나님의 신비한 은사를 전달한다.

이 연합의 참여자는 다음과 같다. 하나는 그리스도로서, 하나님 아버지께서는 그를 교회의 머리, 남편, 기초, 포도나무로 세우고, 그에게 거룩한 복을 수여하는 전권과 통치권, 그리고 모든 완전함을 주셨다. 다른 하나는 죄를 짓고 하나님의 영광에서 소외되었으나 그리스도를 믿고 자기의 구원자로 시인하는 신자들이다.

연합의 유대에 관해서는 신자들 편에서와 하나님과 그리스도 편에서 모두 고찰해야 한다. 신자들 편에서, 그리스도가 우리 마음 안에 내주할 수 있게 하는 것은 그리스도와 하나님을 믿는 믿음이다. 하나님과 그리스도 편에서, 신자들을 지체로서 그와 연합할 수 있게 하는 것은 머리 되신 그리스도에게서 발출하여 신자들에게 주입되는 두 분의 영이다.

연합의 형상은 질서 정연하고 조화로운 결속과 접합으로서, 그리스도가 주시는 은사의 척도를 따라 모든 부분들의 마디는 서로 완벽한 일치를 이룬다. 우리가 이미 제시한 유사성에 따라 이 결합은 다양한 이름으로 불린다. 기초와 그 위에 지은 건축물에서 볼 수 있듯이 이 연합은 (영적인 의미의) 건축물과 같다. 남편과 아내의 연합처럼 그것은 살과 뼈의 상호 참여 또는 그리스도의 살 중의 살, 그리고 그의 뼈들 중의 뼈와도 같다. 포도나무와 그 가지 또는 종려나무와 그 가지의 관계처럼 이 연합은 접붙임과 이식의 관계와도 같다.

이 연합의 근접 원인과 직접 원인은 서로 간에 결속된 부분들의 결합이다. 이것 또한 그 연합으로 인한 후속 결과이지만, 그리스도에게서 발출되는 행위로 이해할 수 있고, 그것이 신자들에게 주입될 때 그들이 수용하는 것으로 적극적인 의미로 해석할 수 있다. 이 연합의 원인에 관해 불일치성이 발견되는데, 연합의 기초는 모든 것을 소유하고 아무것도 필요하지 않은 그리스도인 반면, 그 상대역 또는 반대되는 경계에 있는 것은 모든 것이 결핍된 상태에 있는 신자이기 때문이다. 이 연합의 원격 원인은 신자들의 구원과, 하나님과 그리스도의 영광이다.

그러나 그리스도는 자기와 연합한 신자들에게 그의 은사를 수여하실 뿐만 아니라, 가장 친밀하고 밀접한 이 연합을 통해 신자들이 누리는 선한 것과 그들을 엄습하는 악한 일을 마치 자기에게 주어지는 일처럼 공감하신다. 그렇기 때문에 자기 자녀들을 향해 연민과 구원을 베푸시고, 그들을 괴롭히는 자들에게는 진노를 발하시며, 회개할 때까지 버려두시는 반면, 그리스도의 이름으로 믿는 자 하나에게 냉수 한 잔을 주는 사람에게는 자비를 베푸신다.

토론 46

신자와 그리스도의 교제,
특히 그의 죽으심에 참여하는 것에 관하여

신자들과 그리스도의 연합은 서로 간의 교제로 이어지는데, 그 자체가 연합의 목적이자 결실로서 연합 자체로부터 즉각적으로 유출된다.

그리스도와 교제하는 것은 신자들이 그와 연합할 때, 그에게 속한 모든 것을 서로 나누는 것을 의미한다. 그러나 머리와 지체, 수여자와 참여자, 성화의 주체와 성화되는 자 사이에 엄격한 차이가 존재한다.

성경에 따르면 이 교제는 두 가지 측면에서, 즉 그리스도의 죽음에 참여하는 것과 그의 부활에 참여하는 것이라는 두 측면에서 각각 고찰해야 한다. 따라서 그리스도가 십자가에 못 박히고, 죽임을 당하시고, 장사되었던 육신의 몸을 가졌던 사실과, 다시 살아나시어 새로운 생명을 얻고 영광의 지위에 오르신 사실에 대해 각각 고찰할 필요가 있다.

그의 죽으심에 참여하는 것은 그 죽으심의 모형에 이식됨으로써 우리가 그의 권능에, 그리고 그로부터 흘러넘치는 모든 은혜에 참여하는 것을 의미한다.

이러한 종류의 총체적 이식은 그리스도의 육체 안에서, 그와 함께 '우리의 옛사람' 또는 '죄의 육신'을 십자가에 못 박고 죽어서 장사되는 것을 뜻한다. 각 항목은 그리스도의 육체 안에서 종식되는 각 단계를 지시한다. 그의 몸은 또한 그 자체의 척도에 따라 '죄의 육신'이라고 불리기도 하는데, 하나님께서 그리스도로 하여금 우리를 대신해 죄 자체가 되게 하시고, 그로 하여금 친히 자신의 몸을 나무 위에 달리게 하시고, 우리의 죄를 담당하게 하셨기 때문이다.

그리스도의 죽으심의 권능과 효능은 죄와 사망, 그리고 "우리에게 불리한 조문들이 들어 있는 빚 문서"(골 2:14)인 율법을 철폐한 것과, 우리를 죽게 하는 죄의 권능이나 권세를 멸절한 것에 있다.

신자들이 연합을 통해 누릴 수 있는, 그리스도의 죽으심으로 인한 유효한 혜택은 주로 다음과 같은 것이다. 첫째, 죄를 통해 우리가 마땅히 짊어져야 했던 저주가 제거된 것이다. 이것에 포함되거나 이와 연결되는 것은 우리가 하나님과 화목한 관계를 회복하는 것, 영원한 구속을 얻는 것, 죄를 용서 받는 것, 의로운 자로 선언되는 것이다. 둘째, 죄의 지배와 예속으로부터 해방된 것이다. 죄에 속했던 우리의 육체가 십자가에 못 박히고, 죽어서 장사되었으므로 죄는 더 이상 우리의 몸에 어떤 권세도 휘두를 수 없고, 옛사람을 따라 육체의 욕망에 굴복시키기 위해 마음대로 우리를 호령할 수 없다. 셋째, 율법으로부터 해방된 것이다. 율법은 "우리에게 불리한 조문들"이 들어 있는 의식법으로 우리 스스로 채무 관계에 들어갔던 것으로서, 본디 우리는 영적 존재임에도 죄로 인해 불의와 완고함에 빠져 율법으로 하여금 우리를 미혹하고 죽이게 했던, 실상은 우리의 육체와 죄의 몸에 전혀 무익하고 효력도 없는 엄격한 강제 조항에 불과하다.

토론 47

그리스도의 생명과 관련하여 신자와 그리스도의 교제

그리스도의 생명과 교통하는 것은, 그의 삶에 일치함으로써 그에게 접붙어질 때 우리가 그의 생명의 모든 권능과 그로부터 유출되는 모든 은혜에 참여하는 것을 의미한다.

우리가 그리스도의 삶을 본받아 그를 닮아 가는 것은 지상의 삶에서도 미래의 삶에서도 모두 가능하다. 현재의 삶에서 그리스도의 생명에 일치하는 것은 우리가 새로운 삶의 차원에 올라가 영적 의미에서 우리의 머리이신 그리스도 안에서 '하늘 보좌에' 앉는 것을 뜻한다. 장차 올 삶에서 그 일치는 우리가 육신적인 부활을 통해 새 생명을 얻고, 전인적으로 하늘의 거처로 상양되는 것을 뜻한다.

따라서 우리는 두 가지 유형의 동일한 관계에서 그리스도를 닮을 수 있다. 지상의 삶에서 우리가 영적인 삶의 새로움[32]의 차원으로 부활하고, 영적으로 하늘과 교류하는 것을 뜻한다. 내세의 삶에서 그것은 우리의 몸이 그리스도의 영광스러운 몸을 입어 부활하고, 하늘의 지복을 향유하는 것을 뜻한다.

그리스도의 생명으로부터 흘러넘치는 복은 부분적으로 지상의 삶의 한계 내에 속하고, 또 부분적으로 장차 올 삶에 연결되어 지속에 들어간다.

현세의 삶의 한계 내에 속하는 복은 우리가 하나님의 자녀로 입양되고 성령과 교제하는 것이다. 이 교제는 다음의 세 가지 특수한 혜택을 포함한다. 첫째, 마음이 조명되고 심령이 새로워지는 중생이다. 둘째, 독려와 협력을 통해 성령의 끊임없는 도우심을 받는 것이다. 셋째, 우리가 하나님의 자녀라는 것을 동일한 영이 우리 마음에 증언하는 것으로, 바로 그 때문에 성령은 '자녀로 삼으시는 영'[33]이라고 불린다.

장차 올 삶에서 무한히 지속되는 복에는 미래의 진노로부터 우리가 보호받는 것과 영원한 생명을 부여받는 것이 포함된다. 진노로부터 보호받는 것은 지속적인 것으로 보이는데, 즉 그것은 지상의 삶에서 시작되고 진행되지만, 최후의 심판 때에 이르러 마침내 완결된다. 진노로부터 보호받는 것에 포함되는 것으로 생각할 수 있는 것은, 자신의 피로 우리 죄를 대속하고 하나님 앞에서 우리를 변호하시는 그리스도의 중보를 통해 우리가 죄로부터 지속적으로 의롭다고 선언되는 일이다.

∴

32) 새로움의 두 가지 유형을 참조할 필요가 있다. 그리스어 네오스(neos)는 시간적으로 새로운 것을 뜻하는 반면, 카이노스(keinos)는 시간적 변화와 무관한 질적 차이 또는 본성적 차이를 함의한다. 현재 문맥에서 그리스도를 닮아 가는 지상의 삶 속에서도 중생한 사람은 '새로운 피조물'이라고 불린다. 이때의 새로움은 존재론적 범주의 변화, 즉 육적 차원에서 영적 차원에로의 소속 변화를 의미한다.

33) 로마서 8장 15절 등에서 선언되었듯이 자녀로 입양되는 것은 그리스도와의 연합에 의해 하나님 가정의 일원이 되는 것이다. 선결 조건은 하나님에 의해 죄인이 의로운 자로 선언되는 법정 선언, 즉 칭의(justification)다. 그다음으로 하나님의 자녀가 될 때 비로소 예비된 하늘의 복을 향유할 수 있다.

토론 48

칭의에 관하여

그리스도의 죽으심과 부활에 참여함으로써 그리스도와 연합할 때, 신자들이 지상에서 누릴 수 있는 영적 은혜로 지칭할 수 있는 것은 칭의(justification)와 성화(sanctification)의 은혜다. 이 두 가지는 새 언약의 전부라고 말할 만한 것으로, 즉 우리의 죄를 용서하시고, 그와 언약 관계에 들어간 신자들의 마음에 그의 법을 각인할 것을 하나님이 약속하시기 때문이다.

칭의란 죄를 지은 죄인이 믿음을 갖게 될 때 그리스도의 권능과 그의 순종과 의로움을 통해 은혜와 자비의 보좌에 앉으신 재판장이신 하나님께서 우리의 죄를 사면하고 의로운 자로 선언함으로써 의인이 얻는 구원을 얻게 하고, 그의 의와 은혜의 영광 속으로 이끄시는 하나님의 정의롭고 은혜로운 행위다.

우리가 칭의를 '재판장이신 하나님의 행위'라고 지칭한 것은 최고 입법

자로서 하나님은 자기의 명령에 관해 규정할 수 있고 실제로 규정하셨지만 무한한 권능의 절대적 전권을 통해 그 방향으로 일을 관철하는 대신 다음의 두 가지 방법에 의해 정의의 한계를 그음으로써 스스로를 제어하셨기 때문이다. 첫째, 그리스도께서 자기의 피를 통해 수행하신 화해와 구속의 행위가 선행되지 않는 한 하나님은 칭의를 허락할 수 없기 때문이다. 둘째, 하나님께서는 자기의 죄를 시인하고 그리스도를 믿는 사람들을 제외하고 어느 누구도 의롭다고 선언하려는 의향을 품지 않기 때문이다.

우리가 칭의를 '은혜롭고 자비로운 행위'라고 기술한 것은, 엄격하고 견고한 정의와 구별되는 은혜에 의해 마치 의(righteousness)를 이루기 위해 아버지께서 그리스도의 순종을 용인한 것인 양 그 효력이 그리스도가 아니라 우리에게 적용되는 사실을 지시하기 위해서다. 왜냐하면 하나님께서는 우리를 향한 은혜로운 자비하심을 통해 우리를 대신하여 그리스도를 죄가 되게 하시고 우리에게는 의가 되게 하심으로써 우리가 그 안에서 하나님의 의가 될 수 있게 하셨고, 또한 복음을 신뢰하는 믿음에 의해 우리가 그리스도와 교제할 수 있게 하고, 우리의 믿음을 보시고 그리스도를 화목제로 삼으셨기 때문이다.

칭의의 공로적 원인은 순종과 의로움을 보여 주신 그리스도다. 따라서 그는 칭의의 주 원인 또는 외적인 운동 원인이라고 불러 마땅하다. 하나님께서 의를 이루기 위해 우리에게 그리스도를 주시고, 그의 의로움과 순종을 우리에게 전가하는 한 그리스도는 자기의 순종과 의로움에 의해 칭의의 질료 원인도 되신다.

칭의의 대상은 자기가 죄인이라는 사실을 슬퍼하며 시인하는 죄인인 인간, 그리고 불경건한 자를 의롭다고 선언하시는 하나님을 믿고 그리스도 안에서 불의함으로부터 구원받고 의롭다는 선언을 얻기 위해 다시 일어난 믿는 자다. 죄를 지은 인간은 은혜를 통해 칭의 선언을 받아야 하며, 그가 믿는 신자가 될 때 비로소 은혜를 통해 칭의를 얻는다.

"사람은 마음으로 믿어서 의에 이르고, 입으로 고백해서 구원에 이르게 된다", "그를 믿는 사람은 누구나 부끄러움을 당하지 않을 것이다"(롬 10:10~11, 막 16:16)라고 선언하는 복음의 명령과 약속에 따라 대속과 의를 위해 하나님께서 우리에게 주신 그리스도를 올바로 인식할 수 있게 하는 도구적 원인은 바로 믿음이다.

믿음의 형상은 하나님의 은혜로운 정산 방식에 있는데, 그것에 의해 하나님은 우리에게 그리스도의 의를 전가하고, 우리의 믿음을 우리의 의로 간주하신다. 즉 믿음에 의해 그리스도를 알게 될 때, 하나님은 믿는 자가 된 우리의 죄를 용서하고, 그리스도 안에서 우리를 의로운 자로 간주하시는 것이다. 이 같은 판단 또는 정산과 함께 우리를 자녀로 삼으시는 일과, 영생을 유업으로 받을 수 있는 권리를 부여하는 일이 실행된다.

칭의의 목적은 의로운 자로 선언된 사람을 구원하는 것이며, 그 선언 행위는 의롭다고 선언된 당사자의 유익을 위한 것이다. 의롭다고 선언하시는 하나님 편에 아무 이익도 없지만, 칭의 선언이 지향하는 원격 목적은 하나님의 정의와 은혜를 영광스럽게 증명하는 것이다.

이 칭의로부터 산출되는 가장 탁월한 결실은 하나님과의 평화, 양심의 평정, 하나님의 영광과 하나님 자신을 소망함으로써 핍박 아래서도 누리는 기쁨, 영생에 대한 확신 있는 기대다.

칭의의 외적인 보증은 세례이며, 내적 보증은 우리가 하나님의 자녀임을 우리의 영과 함께 증언하고, 우리 마음에서 '아빠 아버지'라고 외치는 성령이시다.

그러나 아직 우리는 칭의에서 과거의 모든 죄가 용서받게 되는 회개가 시작되는 시점에 관해, 그리고 하나님께서 믿는 자의 죄를 용서하심으로써 그와 언약 관계에 들어가는 사람들이 회개와 참된 믿음에 의해 그들의 중 보자이며 속죄양이신 그리스도에게 피하는 평생에 관해 고찰하는 일이 남 아 있다. 그러나 칭의의 종결과 완성은 그리스도 안에서 믿음의 삶을 사는 사람들이 인생을 마무리하는 지점에서 하나님에 의해 수여된다. 그때 비로 소 그들은 전 생애에 걸쳐 지은 모든 죄를 완전히 용서하시는 그의 자비를 경험할 것이다. 칭의의 최종 선언과 실현은 장차 있을 최후의 보편 심판 때에 있게 된다. 칭의에 반대되는 것은 정죄이며, 서로 대립하는 불일치 때 문에 양자는 어떤 것에 의해서도 중재될 수 없다.

이로써 다음과 같은 결론에 필연적으로 이른다. 믿음과 행위는 동시에 칭의를 얻을 수 없다. 정확히 말해 믿음은 칭의의 형상 원인이 아니다. 우 리 신학자들 중에서 믿음을 그렇게 부르는 사람이 있는데, 그것은 부적절 한 일이다. 그리스도가 그의 공로에 의해 성취하신 것은 우리가 믿음의 가 치와 공로에 의롭다고 선언받을 수 있게 하는 것이 아니며, 더욱이 우리는 행위의 공로에 의해 칭의를 얻을 수 없다. 오히려 그리스도의 공로는 행위 에 의한 칭의에 반대되고, 성경에서 믿음과 행위는 서로 대립하는 위치에 있다.

토론 49

인간의 성화에 관하여

'성화(sanctification)'는 어떤 사물이든지 통상적인 용도로부터 분리해서 오직 신성한 목적을 위해 사용될 수 있게 성별(聖別)하는 행위를 가리킨다.

지금 우리가 다루려 하는, (신성한 목적을 위해) 구별하는 성화와 관련하여 통상적인 용도란 인간이 자연적인 삶을 영위하기 위해 사물의 본성 자체를 따르는 것 또는 인간이 죄 짓는 삶을 살면서 죄가 요구하는 정욕이나 욕망에 복종하는 것이다. 신적인 용도란 인간이 그가 창조된 목적인 바 거룩함과 의로움에 부합하게 경건을 따라 사는 것을 가리킨다.

그러므로 성화 개념은 그 과정이 시작되는 지점에서 자연적인 용도나 죄를 위한 용도와 관련된다. 성화가 지향하는 경계표는 초자연적이고 신성한 용도에 있다.

그러나 우리가 죄인인 인간에 초점을 둘 때, 성화는 다음과 같이 정의된다. 즉 죄인이지만 또한 신자이기도 한 인간을 무지의 암흑과 내주(內住)하는 죄로부터, 그리고 죄의 정욕과 갈망으로부터 깨끗함을 얻게 하고, 세상의 삶에서 구별되어 하나님께 순복함으로써 인간으로 하여금 하나님의 의와 영광스러운 은혜를 찬양하고, 자기의 구원을 얻기 위해 경건한 삶을 살 수 있도록 참 지식과 의와 거룩한 영을 풍성히 부어 주시는 하나님의 은혜로운 행위다.

그러므로 이러한 의미의 성화는 두 가지 요소—"허망한 욕정을 따라 부패해진"[34] 옛사람의 죽음과, 하나님을 따라 "의와 진리의 경건함으로 창조된 새사람"[35]의 약동 또는 생동력—를 필요로 한다.

성화의 주체는 경건의 영을 통해 지성소(至聖所)가 되신 아들 안에 계신 거룩하신 성부 하나님이다. 성화의 외적 수단은 하나님의 말씀이며, 내적 수단은 전파된 말씀에 복종하는 믿음이다. 사람들의 마음을 깨끗하게 하는 믿음이 투여되지 않는 한 단지 전파된 채로는 말씀이 성화 과정을 개시할 수 없기 때문이다. 성화의 대상 주체는 죄인인 동시에 신자인 인간이다. 그가 죄인인 것은 죄를 통해 오염되고 죄의 삶에 중독된 상태이므로 살아 계신 하나님을 섬기기에 적합하지 않기 때문이며, 그가 신자인 것은 그리스도를 믿음으로써 그에게 연합하고, 그리하여 새 생명을 얻고 새로운 삶으로 고양되었기 때문이다.

성화되어야 할 대상은 정확히 말해 인간의 영혼이다. 처음으로 성령의

∵

34) 이 맥락에서 옛사람의 행태를 기술한 에베소서 본문은 다음과 같다. "여러분은 지난날의 생활 방식대로 허망한 욕정을 따라 살다가 썩어 없어질 그 옛사람을 벗어 버리고."(엡 4:22)

35) 여기서의 번역은 아르미니우스의 원문에 바탕을 둔 것이다. "하나님의 형상을 따라 참의로움과 참거룩함으로 지으심을 받은 새사람을 입으십시오"(엡 4:24)라고 옮긴 새 번역의 '새사람'은 KJV 번역을 그대로 옮긴 것인 반면, ESV(English Standard Version)에서는 'new self', 즉 '새로운 자아'로 옮겼다.

빛이 마음을 조명할 때 무지의 검은 구름이 쫓겨난다. 그다음으로 자연적 성향이나 의지가 주인 노릇을 하는 죄의 지배로부터 해방되고, 그리하여 경건의 영이 내주하기 시작한다. 그러나 우리의 육체 자체는 본질에서나 내적 성질에서나 조금도 달라지지 않는다. 몸 역시 하나님께서 성별하시는 인간의 일부이고, 그 안에 거주하는 성화된 영에 의해 죄의 욕망이 제거된 영혼과 연합을 이루는 일부분이므로 "우리 주 예수 그리스도께서 오실 때까지 (우리의) 영과 혼과 몸을 흠이 없이 완전하게 지켜 주실"[36] 하나님을 섬기는 일에 몸이 포함되고 사용되어야 한다.

성화의 형상은 죄로부터 깨끗해진 정결 상태와, 영으로 그리스도의 육체 안에 계신 하나님께 보여 드리는 순종에 있다.

성화의 목적은 하나님에 의해 성별된 제사장과 왕이 되어 그의 이름에 영광을 돌리고, 또한 자기의 구원을 위해 새로운 삶으로 하나님을 섬기는 것이다.

옛 언약 아래에서 제사장들이 하나님께 희생 제물을 바치기 위해 피를 뿌리는 제도가 있듯이, 살아 계신 하나님께 예배하기 위해 새 언약의 피인 예수 그리스도의 피가 우리에게 뿌려질 때 동일한 목적이 성취된다. 이런 측면에서 그리스도의 피 뿌림은 근본적으로 죄를 대속하기 위한 것이고, 또한 칭의의 원인으로 기능하므로 성화의 필수적인 요소다. 왜냐하면 칭의에서 피 뿌림은 이전의 죄를 씻어 내는 역할을 하는 반면, 성화에서 그것은 죄를 용서받은 사람들을 거룩하게 만들고, 더 나아가 그리스도를 통해

---

36) "평화의 하나님께서 친히 여러분을 완전히 거룩하게 해 주시고, 우리 주 예수 그리스도께서 오실 때에 여러분의 영과 혼과 몸을 흠이 없이 완전하게 지켜 주시기를 빕니다."(살전 5:23)

하나님께 경배하고 희생 제물을 바칠 수 있게 하기 때문이다.

성화는 단 한순간에 완성되는 것이 아니다. 그리스도의 십자가와 죽으심을 통해 우리가 죄의 지배로부터 해방될 때부터 시작되어 날마다 죄의 기세가 약화하고, 속사람이 날마다 점점 더 새로워지는 동시에, 우리가 몸으로 그리스도의 죽으심에 참여함으로써 우리의 겉사람이 사망에 이를 때 완성에 접근하는 것이다.

이로써 다음과 같은 결론에 필연적으로 이른다. 우리는 다음과 같은 물음을 토론 주제로 제안한다. 몸의 죽음은 성화의 완성과 종결을 가져올 수 있는가? 그리고 어떻게 그러한 효과를 얻을 수 있는가?

하나님과 그리스도의 교회
또는 타락 이후의 일반적인 교회에 관하여

하나님과 그리스도에 대한 우리의 의무 중 으뜸가는 항목이라 할 수 있는 믿음을 통해 우리는 그리스도와의 연합과 교제에 의해 칭의와 성화의 은총을 얻고, 그럼으로써 진노의 자녀와 죄의 포로였던 상태에서 하나님의 자녀와 의의 일꾼으로 신분이 바뀐다(그 때문에 우리는 우리의 아버지와 주님께 순종하고 경배해야 한다). 그뿐만 아니라 우리는 그렇게 복종하고 경배할 수 있는 힘과 담대함을 얻는 혜택을 누릴 수 있으므로 이제 우리의 의무에 속하는 다른 항목인 순종과 경배에 대해 논의할 차례다.

그러나 그와 같은 은총을 통해 하나님의 자녀와 일꾼이 되었을 뿐만 아니라, 교회라는 이름으로 불리고, 성경에서 빈번히 언급되듯이 한 몸에 속한 지체로서 동일한 믿음과 그리스도의 영에 의해 서로 연합을 이루는 사람들이 무수히 많으므로 우리는 무엇보다도 '교회'라는 주제에 대해 고찰하는 것이 매우 적절할 것이다. 왜냐하면 교회는 동일한 믿음에서 출발한 것이므로 하나님과 그리스도를 경배할 것을 명령받은 모든 사람들이 교회에 속하기 때문이다.

한편으로 믿는 자들과 그리스도, 그들 서로 간의 연합, 그로 인한 혜택에 참여하는 것과, 다른 한편으로 하나님과 그리스도에게 감사의 예배를 드리는 것을 인준하거나 보증하는 어떤 표식을 제정하는 것이 하나님의 기뻐하시는 뜻이므로 그다음 순서로 우리는 하나님과 그리스도에게 마땅히 드려야 할 경배를 다루기 전에 먼저 그러한 표식이나 징표에 대해 고찰하는 것이 적절하다고 생각된다.

이 낱말의 일반적인 용례는 부름 받은 사람들의 집단이나 회중, 그리고 그들을 부르신 분의 행위와 명령뿐만 아니라, 그 부르심에 응답하는 사람들의 자발적인 복종까지 포괄적으로 지칭한다. 그러므로 예배하는 행위의 결과나 효과도 '교회'에 포함된다.

따라서 교회는 다음과 같이 정의할 수 있다. 즉 교회는 하나님과 그리스도에 의해 그들의 영을 통해 자연적인 삶과 죄악 상태에서 부르시고, 하나님과 그리스도에 대한 지식 안에서 두 분을 경배하며 사는 초자연적인 삶으로 인도된 사람들을 가리킨다. 그들은 두 분 모두에게 참여함으로써 그리스도를 통해서는 하나님께 영광을, 하나님 안에서는 그리스도께 영광을 돌릴 수 있는 은총을 얻는다.

이 같은 소환이나 부르심의 유효적 원인(efficient cause)은 아들이신 예수 그리스도 안에 계신 하나님 아버지와, 아버지와 아들의 영을 통해 중보자와 교회의 머리로서 교회를 성화하고 새 삶을 얻게 하시는 그리스도 자신이다. 부르심의 충동 원인(impulsive cause)은 그리스도 안에 계신 하나님 아버지의 은혜로운 선하신 의지와, 자기의 피로 구원한 사람들에 대한 그리스도의 사랑이다.

그런 측면에서 그리스도 안에서 운동하시는 하나님의 은혜롭고 선한 의지의 집행 원인(executive cause)은 분유하는 방식을 따라 관리 원인(administrative cause)이라고 부를 만한, 말씀에 의해 일하시는 하나님과 그리스도의 영이다. 그 영은 외적으로 하나님과 그리스도를 따라 살 것을 요구하는 동시에, 보상을 약속하고 심판을 경고한다. 그리고 내적으로 마음을 조명하여 그러한 삶에 필요한 것을 깨닫게 하고, 그 지식을 향한 사랑과 갈망의 정서를 분유하며, 실제로 그렇게 살아가는 전인적인 힘과 능력을 부여한다.

이 부르심의 질료 또는 대상(즉 부르심의 실제 수용자)은 자연 상태의 죄인으로, 그 상태에서도 말씀을 통해 성령으로부터 교훈을 얻을 수 있음에도 그는 자연적인 삶과 죄의 상태에 따라 마음이 어두워지고 하나님의 생명으로부터 소외되어 있다. 이 상태에서 그는 먼저 죄를 꾸짖고 깨닫게 하는 율법의 교훈을 배우고, 점차 은혜로운 복음의 교훈을 얻기 위해 전진할 필요가 있다.

교회의 형상 원인은 부르심의 주체인 하나님과 그리스도, 그리고 그 부름에 순종하는 교회 지체들 사이의 상호 관계이며, 그것을 따라 그리스도와 그 안에 계신 하나님, 두 분의 영은 교회에 초자연적 생명, 정서 또는 감각, 운동력을 주입하신다. 그에 따라 교회는 감각을 되찾고 새로운 정서와 운동력의 영향 아래 경건을 따르면서 약속된 혜택을 기대하는 가운데 살고 행동하기 시작한다.

이 부르심의 목적 원인은 교회의 최고선으로, 그리스도 안에서 하나님과 연합을 통해 완전함과 완성을 향해 나아가는 지복의 상태에 있다. 이것을 통해 교회를 자기와 연합시키고 교회에 온갖 복을 주시는 하나님의 영광이 나타난다. 이 영광은 바로 연합과 시복(施福) 행위에 의해 선언되고,

또한 승리의 노래로 교회가 하나님을 끝없이 찬양하고 숭앙하며 그에게 영광을 돌릴 때, 변함없는 복의 근원이신 하나님의 영광이 선포된다.

그러므로 이 부르시는 행위로부터, 그리고 부르심을 통해 나타나는 교회의 형상으로부터 자연적 인간과 부르심을 듣고 순종하는 사람들 또는 회중을 분명히 구별해야 할 필요가 있다. 이 구별을 토대로 '교회'라는 이름으로 불리는 집단이 순종의 길에서 벗어날 때는 언제든지 교회라는 이름을 상실할 수 있고, 그리하여 하나님께서 "네 촛대를 그 자리에서 옮기겠다"(계 2:5)라고 선언하시는 것과 함께 불순종과 간음을 일삼는 아내에게 최종적으로 이혼장을 보내실 수 있음을 유념해야 한다. 이 점에서 로마교회는 오류를 범하거나 무너질 수 없다고 주장하는 교황주의자들의 자화자찬은 허황된 것으로 밝혀진다.

토론 51

구약시대의 교회 또는 옛 언약에 속한 교회에 관하여

예수 그리스도는 어제나 오늘이나 언제까지나 동일하시므로—그는 선지자들과 사도들이 건축한 교회의 상부구조가 놓이는 초석 또는 심층부의 모퉁잇돌이자 구원에 참여하는 모든 사람들의 머리이시므로—그리스도 승천 이후 함께 모이기 시작했던 초기 교회들도 같은 이름 아래 포괄하는 의미에서 교회 전체를 '그리스도인'으로 불러도 좋을 것이다.

그러나 기초와 그 실체 자체에 관해 교회가 단일한 통일체인 것은 변함없지만, 다양한 방법으로 교회를 다스리는 것이 하나님의 기뻐하시는 뜻이므로 그 점에 준거하여 교회는 그리스도 이전의 구약시대에 존재했던 교회와 그리스도께서 지상에 내려오셨던 신약시대와 그 이후에 번성했던 교회로 구분하는 것이 매우 적절하다.

그리스도의 초림(初臨) 이전 구약의 경륜 아래 있던 교회는 죄와 비참의 상태로부터 나와서 믿음과 구원의 의에 참여하도록, 또한 (여자의 후손과 아브라함의 씨에 관해, 그리고 뒤에 오실 메시아에 관한 약속의 말씀에 의해) 그 약속에 뿌리를 두는 믿음을 갖도록 부름 받았고, 그 복된 씨와 약속된 메시아로부터 자비를 얻을 것을 확신하면서 유아기 교회에 적합한 방식으로 하나님께 경배하도록 율법의 말씀에 의해 부름 받았다.

약속의 말씀은 처음에는 일반적인 방식으로 매우 모호하게 선포되었지만 이후의 시대에는 좀 더 구체적이고 훨씬 명료해졌으며, 육신을 입은 메시아의 강림 시기가 가까워질수록 그 메시지가 한층 뚜렷해졌다.

이 부르심에 근거가 되는 율법은 도덕법과 의식법을 모두 포함한다. (여기서 아직 법정 판결은 고려되지 않으므로) 그 두 종류의 법은 구두로 전달되고, 모세에 의해 기록되고 정리되었다. 특히 후자의 형태로 계승된 율법은 구약성경과 신약성경에서 모두 주요 주제로 다루어진다.

도덕법은 교회의 직능을 두 가지 방식으로 돕는다. 첫째, 율법을 어긴 죄와 율법의 명령을 이행하지 못하는 (인간적) 연약함을 (그들 자신에게) 확신시킴으로써 은혜의 약속이 필요하다는 것을 입증한다. 이 목적을 위해 율법은 엄격하고 견고하게 제정되었다. 성경은 그 취지를 잘 보여 준다. "어떤 사람이든 이것을 지키기만 하면 그것으로 그 사람이 살 수 있다."[37] "기록된바 '율법책에 기록된 모든 것을 계속하여 행하지 않는 사람은 다 저주 아래에 있다' 하였습니다."[38] 둘째, 약속의 언약 아래 있는 당사자들

··

37) 여기 인용한 레위기 18장 5절의 전문은 다음과 같다. "그러므로 너희는 내가 세운 규례와 내가 명한 법도를 지켜라. 어떤 사람이든 이것을 지키기만 하면 그것으로 그 사람이 살 수 있다. 나는 주다." 갈라디아서 3장 12절도 같은 논지를 제시한다. "그러나 율법은 믿음에서 생긴 것이 아닙니다. 오히려 '율법의 일을 행하는 사람은 그 일로 살 것이다' 하였습니다."
38) 인용한 갈라디아서 3장 10절 전문은 다음과 같다. "율법의 행위에 근거하여 살려고 하는 사람은 누구나 다 저주 아래에 있습니다. 기록된 바 '율법책에 기록된 모든 것을 계속하여 행하지 않는 사람은 다 저주 아래에 있다' 하였습니다." 신명기 27장 20절은 율법의 행위

에게 율법의 준수를 에피에이콘,[39] 즉 적당히 삼가거나 관대하게 의무 이행을 요구하는 것이다.

의식법을 준수하는 것 그 자체로, 그리고 그것에 의해 하나님을 기쁘시게 할 수는 없지만 그것을 이행할 것을 요구하는 것은 두 가지 목적을 위해서다. 하나는 죄와 그로 인한 저주를 깨닫게 하고, 은혜의 약속의 필요성을 선언하는 것이고, 다른 하나는 그 약속을 신자들이 견실하게 소망할 수 있도록 장래의 일에 관해 전형적인 예표에 의해 확증하는 것이다. 이 두 목적 중 전자의 의식법은 죄에 대해 보증하는 인(印)인 반면, 후자는 은혜와 용서를 보증한다.

그러므로 구약시대의 교회는 그것의 실체를 따라, 또는 그 시대에 적합한 섭리와 경륜을 따라 상속자로 부름 받았지만 아직 어린아이였던 것으로 생각해야 한다. 이러한 측면 중 전자에 따르면 교회는 약속 또는 약속의 언약 아래 있었고, 후자에 따르면 율법과 옛 약속 아래 있었는데, 따라서 사람들은 노예나 포로 상태에 있고 "종과 다름이 없는"[40] 어린 상속자로 간주될 뿐이다. 하지만 후자의 약속에 따르면 같은 사람들이라도 이번에는 자유로운 여인에게서 태어난 자유인으로서, 본디 약속이 주어진 '약속의 씨', 이삭의 정통 계보에 속한 자로 확인된다.

그 약속에 따르면 교회는 자원하는 사람들인 반면, 옛 언약에 따르면 그들은 육체에 속한 사람들이었다. 전자의 관계에 따라 교회는 영적인 하늘

∴

중심성과 엄격함을 특별히 강조한다. "이 율법 가운데 하나라도 실행하지 않는 자는 저주를 받는다' 하면 모든 백성은 '아멘' 하십시오."

39) 에피에이콘(επιεικων, epieikon)은 원칙을 지키되 재량껏 관대하게 처리하는 것을 뜻하며, 영어로 'moderately or with clemency'라고 표현한다.

40) 인용한 구절의 전문은 다음과 같다. "유업을 이을 사람은 모든 것의 주인이지만, 어릴 때에는 종과 다름이 없고."(갈 4:1)

의 복을 상속한 자이고, 후자의 관계에 따라 영적인 지상의 복, 특히 가나안 땅과 그 소산의 상속자였다. 전자의 관계에 따라 교회는 자녀의 영을 받게 되고, 후자의 관계에 따라 그 약속이 지속되는 한 교회는 자녀이면서도 여전히 예속의 영이 공존하는 신분을 가진다.

이 관계를 편견 없이 검토하고, 약속의 언약과 구약의 율법을 서로 비교하고 대조해 본다면 전혀 설명될 수 없거나 적어도 설명하기 어려운 많은 성경 구절을 (정확히) 해석하는 데 크게 도움이 될 것이다.

이로써 다음과 같은 결론에 필연적으로 이른다. 1) 옛 언약은 폐지되어야만 하는 것이고, 따라서 유언자나 중보자의 피가 아닌 짐승의 피에 의해 확증되었다. 2) 구약은 성경에서 은혜의 약속을 위해 사용된 적이 단 한 번도 없다. 3) 약속과 구약을 혼동하는 것은 그리스도교 신학을 상당히 모호하게 만들 수 있고, 하나의 단일 오류를 넘어서 다른 많은 오류의 원인이 될 수 있다.

신약시대의 교회 또는 복음 아래 있는 교회에 관하여

새 언약의 중보자이신 그리스도의 피에 의해 그 약속이 확증된 때부터, 또는 그리스도의 승천 이후 신약시대의 교회는 복음의 말씀에 의해, 그리고 성인기에 이른 상속자에게 적합한 영에 의해 분명하게 드러난 죄의 상태로부터 나와서 복음에 뿌리내린 믿음을 통해 믿음과 구원의 의에 참여하도록, 그리고 동일한 영과 일체를 이루시는 하나님과 그리스도를 경배하도록 부르심을 받기 시작했다. 이 신약 교회는 세상 끝나는 날까지 하나님과 그리스도의 은혜로운 영광을 찬양하게 하기 위해 같은 방식으로 계속해서 부르심을 받을 것이다.

이 교회의 유효적 원인은 우리 주 예수 그리스도의 아버지 하나님으로서, 그는 자신이 여호와이고 우리 주 예수 그리스도의 아버지이심을 가장 확실하게 나타내 보이셨다. 이와 동시에 그리스도 역시 유효적 원인으로, 그는 아버지의 오른편으로 올라가 하늘과 땅을 다스리는 전권을 얻으시고, 복음의 말씀과 성령을 측량할 수 없을 만큼 무한히 소유하고 계신다. 신약 교회의 선행 원인 또는 유일한 운동 원인은 하나님 아버지와 그리스도의 은혜와 자비이며, 아버지의 기뻐하시는 뜻을 통해 정의까지 예수 그리스도 안에서 만족되었고, 그 사실을 복음서는 뚜렷이 증거한다.

그리스도의 영은 교회를 통치하는 원인이다. 신적인 경륜을 따라 그는 그리스도를 대리하여 교회를 불러내어 그리스도께 영광을 돌리게 하려고 그리스도의 것을 받아서 모든 일을 주의 기뻐하시는 뜻에 따라 관리하는 전권을 부여받았다. 성령이 사용하는 수단은 자기의 사명을 즉시 실행에 옮길 수 있도록 그의 종들의 혀에 담아 주신 복음의 말씀과, 문자로 기록되었든지 마음에 각인되었든지 모든 율법의 말씀이다. 이 사명을 위해 마련된 거점이자 선행 조건이 곧 복음이며, 그것이 믿음으로 수용되는 결실을 산출해야 한다.

이 부르심의 대상은 유대인뿐만 아니라 이방인도 포함한다. 따라서 이전에 유대인과 이방인을 나누었던 장벽은 그리스도의 살과 피에 의해 제거되었다. 즉 부르심의 대상은 어떤 차별도 없이 일반적인 모든 사람이다. '모든 사람'이란 실제로 모든 죄인을 가리키는데, 그들 스스로 복음의 교훈을 늘 접하기 때문에 친숙하다고 인정하든지, 혹은 아직 자기의 죄를 인정하지 못하는 수준에 있든지 상관없이 모두 해당한다.

이 신약 교회는 장성하여 성인기에 이르렀고, 따라서 더 이상 가정교사나 후견인이 필요하지 않기 때문에 율법의 경륜적 구속으로부터 해방되어, 예속의 영과 공존할 수 없는 완전한 자유의 영의 통치를 받게 되었다. 따라서 율법이 죄에 대해 증언하고 "우리에게 불리한 조문들이 들어 있는 빚문서"(골 2:14)에 불과하므로 신약 교회는 더 이상 의식법에 매여 있지 않다.

또한 수건으로 얼굴을 가리지 않은 맨얼굴로 거울을 들여다보듯이 이 교회는 그렇게 하나님의 영광을 보고, 하늘에 속한 것의 생생한 이미지와 보이지 않는 하나님의 가시화된 이미지, 즉 아버지의 인격을 생생하게 보여 주는 그리스도와, 그에게 속한 장차 올 것의 질료적 대상 자체를 보여 준다. 그러므로 이 신약 교회는 장차 올 좋은 것의 그림자일 뿐인 율법을 필요로 하지 않고, 따라서 그리스도와 장차 올 좋은 것의 전형적인 예표라고 할 수 있는 과거의 동일한 의식법으로부터 자유롭다.

신약시대의 교회는 말씀 자체나 성령에 관해 변개된 것이 전혀 없고, 현재와 같이 세상 끝나는 날까지 모든 과정을 거치는 동안 내내 조금도 변함이 없을 것이다. 왜냐하면 이 말세에 하나님은 그의 아들 안에서 우리에게, 그리고 그에게 직접 말씀을 들은 사람들을 통해 말씀하시기 때문이다.

교회가 세상 곳곳에 흩어져 있고, 모든 나라와 민족과 인종과 방언을 자기의 경계 안에 포용하는 한 이 옛 언약 아래 있었던 교회와 달리 이 신약 교회야말로 특유하고 변별적인 의미에서 '보편' 교회[41]라고 불린다. 이 보편성은 유대인들 대다수가 거부했음에도 장해물이 되지 않는데, 그들도 언젠가 큰 무리를 이루고 행진하는 군대처럼 이 교회에 가담하게 될 것이기 때문이다.

세례 요한 때부터 그리스도께서 하늘로 올라가신 때까지 존재했던 교회

..

41) 보편 교회는 공교회주의(公敎會主義) 또는 보편교회주의를 따르는 교회 개념으로, 사도들의 전통인 신구약 성경과 초대교회 지침인 니케아 신경, 니케아 콘스탄티노플 신경을 따르는 교회 전체를, 즉 그리스도를 따르는 하나의 교회를 지칭한다. '에클레시아 카톨리케 (ἐκκλησια καθολικη)'는 '공통적', '보편적', '일반적'을 뜻하는 '카톨리케'와 '교회'를 뜻하는 '에클레시아'라는 단어가 합성된 낱말이다. 이는 하나의 교회, 즉 교회의 동방 전통을 따르는 정교회와 서방 전통을 따르는 가톨릭교회와 개신교를 아우르는 모든 교회의 하나 됨을 지칭하는 의미로, 서방과 동방 교회의 분열이 있었던 11세기 이전 교회의 신학적, 역사적 전통을 중요하게 여긴다. 로마가톨릭교회에서 주장하는 '로마가톨릭주의' 또는 '가톨릭주의'는 토미즘이 등장한 13세기 이후에 주장되는 것으로 이와는 별개의 개념이다.

에 대해 우리가 약속과 복음 사이, 또는 구약과 신약 사이에 있는 '일시적인 또는 과도기의 교회'라고 부른다고 해도 과히 부적절하거나 잘못된 것은 아닐 것이다.

그렇기 때문에 우리는 선지자들의 사역과 사도들의 사역 사이에 세례 요한의 사역을 위치시키는데, 현저하게 모든 측면에서 그것은 양측 어디에도 일치하지 않기 때문이다. 따라서 세례 요한은 '더 위대한 선지자'로 불리고, 또한 "하늘나라에서 아주 작은 사람"[42]이라고 불리기도 한다.

이로써 다음과 같은 결론에 필연적으로 이른다. 요한의 세례가 나중에 더 낮게 수정해야 할 필요가 없는 한 그것은 그리스도의 세례와 동일한 가치를 갖는다.

∴

42) 발췌 인용한 마태복음 5장 19절 전문은 다음과 같다. "그러므로 누구든지 이 계명 가운데 아주 작은 것 하나라도 어기고 사람들을 그렇게 가르치는 사람은 하늘나라에서 아주 작은 사람으로 일컬어질 것이요, 또 누구든지 계명을 행하며 가르치는 사람은 하늘나라에서 큰 사람이라고 일컬어질 것이다."

교회의 머리와 표지들에 관하여

머리와 몸이 하나의 공통 본성에 속하고, 본성에 따라 양자 모두 마땅히 하나의 실체를 이루지만, 본성에 따라 교회의 머리가 되시는 분은 교회와 공통된 본성을 가질 수 없다. 왜냐하면 교회는 그의 피조물이기 때문이다.

그러나 본성을 따라 교회의 머리가 되고 또 교회를 창시하신 하나님의 기뻐하시는 뜻은, 자기의 교회에 그의 아들 예수 그리스도를 보내시어 인간들의 교회의 머리로 세우심으로써 그가 교회를 소유하게 하는 것, 즉 교회와 머리의 연합을 한층 더 결속력 있게 하고, 한층 더 자유롭고 신뢰가 돈독한 교제를 서로 나누게 하며, 그 결과 교회를 새로운 피조물로 태어나게 하는 것이다.

그러나 교회와 머리 사이에는 삼중 관계가 존재한다. 첫째, 머리는 자기 자신 안에 가장 완전한 방식으로 구원을 위해 필요하고 충분한 모든 것을 함유한다. 둘째, 영과 믿음의 "마디와 힘줄"[43]에 의해 머리는 그의 몸인 교회와 완벽한 연합을 이룬다. 셋째, 머리는 자기의 완전함을 교회에 주입할 수 있고, 둘 사이의 차이에 따라 선행하는 제정과 후속적인 종속의 순서로 그것에 완벽하게 상응하도록 교회는 머리로부터 그 완전성을 얻을 수 있다. 그러므로 오직 그리스도만이 교회의 머리이므로 교회는 자기의 내재적인 참된 본질을 따라 즉시 머리와 일치를 이룬다.

그러나 이 관계에 따르면 사도 베드로이건 로마교황이건 그 누구도 그리스도를 대리하거나 대체할 수 없다. 따라서 그리스도는 교회의 외적인 관리 체제에 따라 인간들 가운데서 자기의 대리인을 고를 수 없다. 그뿐만 아니라 그는 대리자보다 의미가 약한 보편적 대리인(universal minister)도 둘 수 없다.

그러나 우리는 머리가 그의 일꾼으로 선택한 사람들로 구성된 목회자들이 머리의 기능을 수행할 수 있음을 부인하지 않는다. 왜냐하면 그의 교회를 자기에게로 불러 모으고, 인간적인 수단을 사용하여 그들을 다스리는 것이 하나님의 뜻이기 때문이다.

그러나 교회의 내적 본질에 따라 이 교회는 머리 외에 아무도 식별할 수가 없다. 또한 교회는 자기의 참된 내적 본질 자체로부터 기원하는 증거와 표지에 의해 만일 그것들이 참되고 결코 가짜라든지 외관상 그럴듯한 것이 아니라면 타자들도 그것을 알아볼 수 있다.

이 증거에 해당하는 것은 참된 믿음의 고백과, 성령의 인도와 감동에 따

..

43) "그는 머리에 붙어 있지 않습니다. 온몸은 머리이신 그리스도로부터 각 마디와 힘줄을 통하여 영양을 공급받고, 서로 연결되어서 하나님께서 자라게 하시는 대로 자라나는 것입니다."(골 2:19)

라 사는 삶이나 행동이다. 그것은 결국 외적 행위와 관련되므로 사람들은 오직 그 표면에 대해서만 판단할 수 있을 뿐이다.

우리는 그런 것에 대해 합당한 방식으로 교회가 외적 행위를 통해 자기 정체성을 나타내는 증거가 된다고 말했다. 그러나 말씀을 대중적으로 전파하고 듣게 함으로써, 성만찬을 관리하고 베풂으로써, 그리고 기도하고 감사하는 행위를 통해 교회가 믿음을 고백할 수 있지만 삶 전체는 실제로 그 고백과 거리가 있을 수 있다. 끝으로 교회는 말로 고백하는 그리스도를 행동으로는 부인할 수 있는데, 그럴 경우 교회의 불건전한 상태를 관용으로 참으시고 즉시 이혼장을 보내지 않는 것이 하나님과 그리스도의 뜻인 한 즉각적으로 교회가 신분을 상실하지는 않는다.

그러나 거짓과 진실을 뒤섞기 시작하고, 여호와와 바알을 동시에 섬기는 일이 있을 수 있다. 그럴 경우 교회는 매우 심각한 상태에 있고 '멸망하기 직전'에 있으므로 최소한 그 혐오스러운 상태에 참여하지 않고 우상숭배의 독소로부터 감염되지 않기 위해 그 교회에 속한 모든 사람들은 그 자리를 떠날 것을 명령하신다. 실제로 그런 교회는 음녀의 어머니이자 남편과의 혼인 서약을 깨뜨린 것으로 판단할 것을 명하신다.

그처럼 타락한 상태에서 교회를 떠나는 사람들은 불화의 원인이 아니고, 오히려 떠나는 것이 합당한 일로 판단된다. 왜냐하면 모든 신자들이 총체적으로, 그리고 각각 특별한 방식으로 불가분한 연결에 의해 서로 결속 관계를 이루는 하나님과 그리스도를 문제의 교회가 스스로 저버렸기 때문이다.

로마교황은 교회의 머리가 아님에도 자기가 교회의 머리라고 자랑하는데, 바로 그 점 때문에 그는 마땅히 '적그리스도'라는 이름으로 불려야 한다.

교황주의자들이 자랑하는 교회의 표지들인 오랜 역사, 보편성, 지속성,

규모, 중단 없는 교부들의 계보, 교리의 일치성 등은 우리가 이제까지 논의한 것의 범위를 넘어 인간의 손에 의해 가공된 것으로, 로마교회의 현상태에 잘 들어맞게 조정한 것이다.

토론 54

보편 교회와 그 부분들과 관계에 관하여

　보편 교회란 은혜의 언약에 담긴 말씀을 통해 부패한 상태로부터 불러내어 하나님 자녀의 존엄한 신분을 갖게 하고, 하나님 은혜의 영광을 찬양하게 하려는 하나님의 구원의 부르심을 듣고 참된 믿음을 통해 교회의 머리에 속하게 된 살아 있는 지체들을 가리킨다. 그들은 그리스도에게 접붙은 자, 현재 접붙임을 받는 중인 자, 장차 접붙임을 받을 자로서, 모든 언어, 종족, 민족, 국적, 직업을 불문하고 믿는 자들의 무리 전체다. 이 정의로부터 분명해지는 것은 보편 교회가 교회의 질료적 실체에 속하는 것이 아니라, 다만 그 주위 반경 안에 들어 있는 개별적인 지역 교회와 근본적으로 다르지 않다는 점이다.

　그러나 지금까지, 현재, 그리고 장차 이 부르심에 응답함으로써 하나님의 자녀로 인정된 모든 사람을 아우르는 질료에 준거하여 '보편 교회'라고 부를 수 있듯이, 믿음에 의해 그리스도를 자기의 머리와 남편으로 포용하는 교회와, 또한 그의 영에 의해 교회를 자기의 몸과 신부로 삼는 친밀한 연합 관계에 들어감으로써 교회에 그리스도 자신의 생명을 충만히 공급하고, 그 자신은 물론 그의 모든 혜택을 분유하시는 그리스도 사이의 상호 관계로 이루어지는 형상에 준거하여 '고유한 거룩한 교회'라는 이름을 붙일 수 있다.

보편 교회는 '하나'다. 왜냐하면 전 인류 위에 계시고, 만물을 관통하시며, 모든 사람들 안에 계신 유일하신 분이신 하나님 아버지 아래서 그 교회는 한 영을 통해, 동일한 말씀을 믿는 한 믿음을 통해, 동일한 유업을 바라는 같은 소망을 통해, 서로 나누는 사랑을 통해 주 그리스도라는 하나의 머리에 속한 몸의 지체로 연합되었으므로 그들은 서로 연결되고 자라서 성전이 되고, 성령을 통해 하나님이 거하실 거룩한 처소가 될 것이기[44] 때문이다. 그러므로 서로 연합을 이루는 것은 부분적으로 몸에 속하고, 또 부분적으로 영에 속하지만, 이 통일체 전체는 영적 본성에 속한다.

보편 교회는 '거룩하다'. 왜냐하면 지성소이신 예수의 성축에 의해 그 교회는 더러운 세상으로부터 구별되고, 그의 피에 의해 죄 씻음을 받고, 하나님의 임재와 은혜로운 내주하심에 의해 아름다워지고, 성령의 정결하게 하심에 의해 참된 경건으로 장식되었기 때문이다.

그러나 이 보편 교회는 유일무이하지만 그와 관련되는 하나님의 행위 전체 또는 일부를 수용할 경우, 어떤 행위를 받아들였는가에 따라 상대적으로 다르게 구별될 수 있다. 교회 창조와 보존 행위만을 수용한 교회는

44) "그리스도 안에서 건물 전체가 서로 연결되어서, 주님 안에서 자라서 성전이 됩니다. 그리스도 안에서 여러분도 함께 세워져서 하나님이 성령으로 거하실 처소가 됩니다."(엡 2:21~22)

죄와 육신, 세상, 사탄과 계속 싸워야만 하므로 그 교회는 아직 성장하고 있는 '전투적인 교회(the church militant)'라고 불린다. 그뿐만 아니라 완성도의 정점에 참여하기도 하는 교회는 드디어 본향에 이른 '승리를 거둔 교회(the church triumphant)'라고 불린다. 모든 적들을 제압한 후 모든 노역에서 벗어났고, 그리스도와 함께 하늘에서 통치하는 일이 남아 있을 뿐이기 때문이다. 전투 중에 있는 모든 특수한 교회들을 자기의 경계 안에 포용하기만 한다면 지상에서 여전히 전투 중에 있는 교회도 '보편적'이라는 이름으로 불릴 수 있다.

그러나 보편 교회는 자기의 부분들을 여러 특수 교회에 분유하므로 실제로는 공간적으로 서로 멀리 떨어져 있고, 매우 다른 개성을 가진 회중으로 구성된다. 그러나 이 특수 교회도 저마다 각기 '하나의 교회'라는 이름을 가지므로 그 교회 역시 전체의 이름과 정의(定義)에 참여하는 유사한 한 부분으로서, 교회라는 이름과 총체적 정의에 의해 지칭될 수 있다. 그리하여 보편 교회는 그 보편성에서만 개별 특수 교회와 구별되고, 교회의 본질에 속하는 어떤 것에서도 전혀 차이가 없다. 그러므로 단일체로서 특수 교회가 어떤 방식으로든 오류를 범하더라도 보편 교회가 영향을 받지 않는다는 것을 쉽게 간파할 수 있다. 그런 의미에서 신앙의 근본 토대에 관해 오류를 범하는 신자가 하나도 없는 그런 미래는 결코 오지 않을 것이다. 그렇지만 이 해석에 따르면 전술한 의미에서 오류로부터 자유롭다고 주장하는 가톨릭교회의 상황으로부터 신자들의 수가 아무리 크더라도 오류를 범할 수 없을 만큼 온전히 진리를 따르는 단 한 명의 신자를 갖고 있지 않는 한 어떤 교회 회중도 오류로부터 면제될 수 없다고 결론 내려야 한다.

그러므로 교회의 부르심은 성령에 의해 내적으로 주도되고, 외적으로는 전달될 말씀에 의해 집행되는 까닭에, 그리고 부름 받은 자들은 내적으로 믿음에 의해 응답하고, 외적으로 믿음의 고백에 의해 응답해야 하므로 부름 받은 사람들이 내부와 외부의 측면을 갖듯이 부름 받은 사람들과 관련하여 교회 역시 가시적인 교회와 비가시적인 교회로 구별된다. 즉 증보(增補)를 일삼는 외적인 우유성으로부터 "마음으로 믿어서 의에 이르는" 비가시적인 교회와, "입으로 고백해서 구원에 이르는"[45] 가시적인 교회로 구별된다. 그리고 이 같은 가시성이나 비가시성은 특수한 개별 교회에는 물론이고 전체로서의 보편 교회에도 전혀 속하지 않는다.

그러므로 교회는 "악마의 세력 아래 놓여 있는"[46] 이 세상에서 불러 모은 사람들의 집단이고, 그런 교회는 속고 넘어지기 쉬운 사람들, 아니 더 정확히 말해 이미 속고 타락한 사람들로 구성되어 있으므로 믿음의 교리에 관해 교회는 정통 교회와 이단 교회로, 신적인 경배에 관해서는 우상숭배적인 교회와 하나님과 그리스도를 올바로 경배하는 교회로, 그리고 새로 받은 율법 목록에 규정된 도덕 격률에 관해서는 더 순수한 교회와 더 불순한 교회로 구별할 수 있다. 이 같은 구별에서 한 교회를 다른 교회보다 더 이단적으로, 더 우상숭배적으로, 더 불순하다는 식으로 정도의 차이를 인정할 필요가 있다. 이 모든 일에 관해 정확한 판단을 내리기 위해서는 반드시 성경을 따라야 한다. 그러므로 '보편적(catholic)'이라는 이름은 파괴적으로 이단적이거나 우상숭배적인 교회에는 결코 사용될 수 없다.

∴

45) "사람은 마음으로 믿어서 의에 이르고, 입으로 고백해서 구원에 이르게 됩니다."(롬 10:10)
46) "우리가 하나님에게서 났다는 것을 우리는 압니다. 그런데 온 세상은 악마의 세력 아래 놓여 있습니다."(요일 5:19)

토론 55
교의를 가르치는 교회의 권능에 관하여

교회의 권능에 대해서는 다양한 대상에 따라 여러 방식으로 고찰할 수 있다. 예컨대 교의를 가르치고, 규정을 만들고, 집회를 소집하고, 목회자를 임명하거나, 끝으로 치리(治理) 등 많은 업무가 산재하기 때문이다.

교의를 도입하거나 그것을 처음으로 전달할 때, 일반적으로든지 부분적 측면에 초점을 두든지 교회의 권능은 거의 부재하다고 보아야 한다. 왜냐하면 교회는 그리스도의 신부이므로 남편의 지시에 따라야 할 입장이기 때문이다. 따라서 교회는 뜻을 품고, 믿고, 행하고, 바라는 행위에서 스스로 기준을 정할 수 없다.

그러나 교의와 관련해 교회의 권능은 전적으로 하나님과 그리스도에게서 전달받은 것을 분배하고 관리하는 일에 집중된다. 필연적으로 그에 선행하는 것은 신적인 교의를 겸손과 경건함으로 수용하는 것이고, 그 결과 수여받은 이름을 교회가 정당하게 보존할 수 있다.

교리들을 수용하고 보존하는 일이 성경 말씀에 따라, 또는 올바른 이치에 따라 고려될 수 있듯이 수용하고 보존한 교리를 전달하는 일도 말씀에 비추어, 또는 올바른 의미에 비추어 구별해야 한다.

말씀에 비추어 교리의 전통을 전달하는 것은 (하나님으로부터 그것을 전달받은 것을 구두나 문서에 의해) 교회가 거룩한 문서를 감추어 두고 있는 저장고로부터, 또는 구두로 전해들은 것을 정성을 다해 신실하게 보존하고 있는 자기의 기억으로부터 꺼내어 첨가나 축소, 개작이나 치환 같은 것을 전혀 하지 않고 전달받은 그대로 선포하거나 문서화하는 것이다. 그와 동시에 교회는 자기가 위로부터 받은 것이 (교회를 통해 전승될 때) 원본 그대로이며 전혀 손을 대지 않았다는 것을 엄숙하게 증언해야 하고, 원어로 기록한 복수의 사본이 있을 경우 번역자가 다른 언어로 옮기는 것을(그런 사실에 대한 증언이 있어야 한다) 허용할 수 있다(그럴 경우 교회는 자기의 증언을 확증하기 위해 심지어 죽음까지도 불사해야 한다). 그러나 그 번역본이 원본에 어떤 변형을 가했다고 의심할 근거가 되지는 않는다.

의미에 준거해 전통을 전달하는 일은 거룩한 말씀에 관한 제시나 이해에서 교리가 풍부하게 설명되고 적용된다는 사실에서 현저히 나타난다. 그 설명에서 교회는 전달에 사용한 낱말의 범위를 지켜야 하고, 교리나 성경 본문에 대해 특정한 해석을 더하지 않아야 한다. 전달하는 낱말들의 표현을 가능한 한 고수하기 위해 교회는 전력을 다해 그런 유혹을 자제해야 하고, 할 수만 있다면 최선을 다해 새로운 낱말이나 어휘를 사용하지 않아야 한다.

이 같은 자제적인 태도는 그 교리의 발원지가 되는 영의 본성에 관해 교리를 검토하고 판단을 내릴 수 있는 권한과 연결된다. 이때도 교회는 신적인 것으로 확증되는 증거를 확보하고, 그렇게 수용된 확립된 용어법을 사용해야 한다. 만일 교회가 적법한 조사를 수행하고 정확한 판단을 내리는 것이 바람직한 경우, 반드시 그들은 이 용어법을 준수해야 할 것이다. 그러나 만일 교회가 어떤 형태로든 사람이 쓴 저술들을 규칙이나 지침으로 채택하기로 한다면 아침 햇살은 떠오르지 않을 것이고, 따라서 교회는 어둠 속에서 더듬게 될 것이다.

그러나 교회가 스스로 방비해야 할 것은 세 가지다. 첫째, 하나님으로부터 교회에 전달된 말씀을 어느 누구에게도 숨기지 않고, 또 그 말씀을 읽거나 그것에 대해 묵상하지 못하게 방해하지 않을 것. 둘째, 어떤 이유로 교회가 신적인 교훈을 자기 자신의 언어로 선언해야 할 경우, 그 표현이 신적인 말씀 안에서 파악된 의미와 합치하는 한 누구든지 그 표현을 수용하거나 인정하는 것을 막지 않을 것. 셋째, 교회가 전하는 말씀에서 제시한 교훈을 적법한 방식으로 검토하기 원하는 사람을 막지 않을 것. 이러한 요건을 어느 것이든지 스스로 유의한다면 교회가 스스로 권력을 장악하고 법과 권리, 공정성 너머에 군림하면서 그 권한을 남용하는 형사법적 범죄를 저지르는 일은 결코 없을 것이다.

이로써 다음과 같은 결론에 필연적으로 이른다. 오류를 범할 수 없는 방식으로 교회 스스로 참된 성경에 대해 판단을 내릴 수 있고, 신적인 의도에 대해서도 정확히 해석할 수 있다는 주장은 교황주의자들의 터무니없는 선언 중 하나다.

토론 56

교회의 법 집행 권한에 관하여

교회를 대상으로 규정할 수 있거나, 규정된 것으로 여겨지는 준칙에는 서로 현저하게 상이한 두 종류가 있다. 잘 알려진 교리에 의해 내용이 규정된 것, 즉 행위에 관한 것과 왜 규정되어야 하는가 하는 목적에 따라 구별되는 것, 끝으로 책무의 강도와 필연성에 따라 구별되는 것이 있다.

어떤 준칙은 경건성과 그리스도교, 믿음과 소망, 그리고 사랑 같은 필수적인 행위를 실천하는 삶을 영위하는 근본적인 문제와 관련된다. 따라서 그런 준칙은 필수적이고 일차적이거나 핵심적인 법으로 불리고, 하나님 나라 자체의 근간을 이루는 것이 된다. 그러나 그 외의 다른 준칙은 이차적인 대리 행위와 주요 행위를 둘러싼 정황에 관한 것으로, 그 행위는 모두 그 일차적인 행위를 보다 편리하고 쉽게 준수할 수 있게 도와준다. 따라서 그런 준칙은 적극적인 보조적 준칙으로 보아야 한다.

교회에는 필수적인 법과, 본질적으로 믿음 자체, 소망, 그리고 사랑의 행위에 관한 법을 제정할 수 없는 권한도 없고, 그래야 할 어떤 강제성도 없다. 왜냐하면 그 권한은 하나님과 그리스도에게 속하는 것으로 보는 것이 가장 적절하기 때문이다. 그것은 그리스도에 의해 충분히 행사되었으므로 가장 풍성한 방식으로 그에 의해 규정되지 않은 믿음, 소망, 사랑의 행위와 관련된 법 같은 것은 근본적으로 존재하지 않는다. 그러므로 교회의 모든 권한은 이차적 수준의 준칙을 수행하는 데에 국한되며, 따라서 우리는 그런 준칙을 제정하고 준수하는 일에 관해 고찰해야 할 사항이 있다.

이러한 종류의 준칙을 제정할 때, 교회는 관점을 바꾸어 다음의 특수 사항에 주목해야 한다. 첫째, 교회가 명령을 내리거나 금지하는 행위는 중도적이거나 중립적인 종류의 행위여야 하고, 본성상 선하지도 악하지도 않은 것이어야 한다. 그럼에도 관련된 사람들이나 시공간적 상황에 따라 (하나님에 의해) 규정된 행위를 사람들이 언제든지 용이하게 실천에 옮길 수 있을 만큼 유용한 것이어야 한다.

둘째, 그 기술에 해당하는 준칙은 앞에서 언급한 상황적 여건에 따라 하나님의 말씀에 일반적으로 규정되어 있는 것으로부터 추론된 것이든지, 또는 하나님의 말씀에 규정되어 있는 것을 집행하기에 적합한 수단으로 간주될 수 있든지 하나님의 말씀에 어긋나지 않아야 하고, 오히려 그 말씀에 일치해야 한다는 것이다.

셋째, 이런 준칙은 주로 교회의 외적인 행정 조직의 바른 질서와 절도 있는 관리와 관련되는 것이어야 한다. 왜냐하면 하나님은 무질서의 창조자가 아니라, 질서를 창조하고 사랑하시는 분이기 때문이다.[47] 어떤 영역에서나 절도를 지켜야 하겠지만 '하나님의 집'인 교회에서 특히 그러하며,

---

47) "하나님은 무질서의 하나님이 아니라, 평화의 하나님이십니다."(고전 14:33)

교회에서는 절도에서 벗어나거나 무질서한 물건을 들여놓는다든지, 그 비슷한 행동을 하지 않도록 촉각을 세워야 한다.

넷째, 교회는 자기가 규정한 법에 의해 특정한 행위를 요구하는 식으로 신자들의 양심을 구속하는 권한을 스스로에게 부여하지 않아야 한다. 그런 식으로 필수적인 일을 규정할 경우, 교회는 그리스도의 권한을 침해하고, 무질서의 올무에서 해방되어야 할 그리스도인의 자유를 억압하기 때문이다.

다섯째, 교회 자신의 어떤 행동에 의해서든지 구두로나 손으로 쓴 약정서에 의해 단순히 약속하거나 서약함으로써 교회는 이차적인 법을 폐기하거나, 확장하거나, 축소하거나, 변개할 수 있는 권한을 스스로 포기해서는 안 된다. 만일 교회가 그런 실정법의 말미에 그러한 자기의 권한의 항구적인 존속에 반대하는 조항을 추가하거나, 세속 행정관이 정치적인 실정법을 사용할 때 흔히 쓰는 방식으로 부속 조항을 붙이고자 하는 것은 무익한 수고가 될 뿐이다.

그러나 이미 집행하고 있는 실정법을 준수하는 문제에 관해 교회에 속한 회중 전체와 개개인은 그 법에 구속되므로 멸시하는 태도로 그 법을 위반하거나, 다른 사람들을 비방하는 것은 부당한 일이다. 교회 자신은 신자들이 그 법을 준수하는 일의 가치를 저평가하게 만듦으로써 가볍게 생각하고 위반한다거나 다른 사람들을 비방하는 일이 없도록 해야 한다. 오히려 교회는 그러한 규칙 위반자들에 대해 그들이 무질서를 조장하고 절도에 어긋나게 행동했음을 지적하고, 훈계하며, 질책하고 꾸짖어야 하고, 그들의 사고방식을 계도하는 데 진력해야 한다.

이로써 다음과 같은 결론에 필연적으로 이른다. 교회법을 지키는 것이 영속적인 일이 되고 변경되는 일이 없을 경우, 그 법을 준수하는 것 자체를 (절대적) 필연적으로 생각하는 일을 막기 위해 교회가 권한과 재량권을 갖는다는 사실을 입증하기 위한 목적으로 간헐적으로 교회법을 변경하는 것도 유익한 일이 될 것이다.

토론 57

정의를 집행하는 교회의 권한
또는 교회의 권징에 관하여

높은 수준의 법체계를 완벽하게 갖춘 사회라 하더라도 사법권이나 권징
(勸懲)[48]의 구체적인 방법에 의해 그 사회에 속한 사람들로 하여금 자신들의
의무를 이행하도록 규제하지 않는 한, 또는 그들의 의무를 이행하도록 강제

∵

48) 아르미니우스의 텍스트에는 'ecclesiastical discipline'으로 표현되어 있으나, 한국 교계에서
는 '교회 치리(Church discipline)'라는 용어가 자주 쓰인다. 이것은 후기 개혁파 신앙고백
서에서 언급된 교회의 세 가지 표지 중 하나로, 교회 지도자들이 신자들의 행실을 규제하
는 행위를 가리킨다. 종교개혁자 울리히 츠빙글리는 일반 사회의 위정자들이 사회 영역과
교회 영역 모두에서 권징의 책임을 이행한다고 주장한 반면, 장 칼뱅 같은 종교개혁자들
은 교회 내에서 권징을 시행할 임무를 장로들에게 부여했다. 교회 권징은 반드시 부정적인
뜻을 지닌 용어는 아니며, 본질적으로 그리스도교의 제자도와 동일한 의미를 지닌다. 이는
제자도 속에는 불순종을 바로잡는 측면이 포함되기 때문이다(마 18:15~20 참조). 죄를 범
한 자가 신실한 권면을 거부할 경우 교회 권징은 성찬 참여 정지를 거쳐 마지막에는 회개
를 고집스레 거부하는 자들에 대한 출교로 이어진다. 캘리 M. 캐픽, 웨슬리 밴더 럭트, 『개
혁신학 용어 사전』, 송동민 옮김, p. 26.

하지 않는 한 그 사회가 조화롭게 유지될 수 없듯이 하나님의 집이자 도성이며 나라인 교회에서도 적절한 권징 체계가 정비되고 실행되어야 한다.

그러나 이 권징 제도는 영적 삶에 초점을 맞추어야 하고, 자연적인 삶에 관여하지 않는 것이 근본적이다. 그것은 교회를 교회답게 함양하고, 견고하게 만들고, 확장하고, 아름답게 만들기 위해, 그리고 어떤 식으로도 지체의 부분이나 본질에, 자연적인 삶의 조건에 손상을 가하지 않도록 강제적이지 않은 방식으로 양심을 계도해야 한다. 세속 국가의 통치자는 하나님으로부터 부여받은 권능을 토대로 다른 방법에 의해 법률 위반자를 회개하도록 강제하려는 의향을 품지 않을 것이기 때문이다. 그러나 그 집행 과정에 대해 우리는 예단할 수 없다.

반면 교회의 권징은 하나님과 그리스도께서 제정하고 교회에 위임한 권한을 따라 행사하는 사법적 행위로서, 위임받은 직무에 대한 올바른 인식을 가지고 행사하기 위해 교회는 교회에 속한 사람들 전체와 그들 각각에 대해 그들이 공공연한 죄에 빠질 경우 죄에 대해 질책하고 그들이 회개에 이르도록 훈계해야 한다. 만일 그들이 집요하게 죄를 놓지 않는다면 교회는 교회 전체의 공의와 죄인 자신의 구원을 위해, 그리고 죄 짓지 않은 사람들에게 유익이 되고 하나님 자신과 그리스도의 영광을 위해 그들을 출교시켜야 한다.

이 같은 권징의 대상은 세례를 받음으로써 교회에 접붙임을 받은 후, 스스로 교정하기 위해 이 권징의 양육을 받아들일 수 있는 사람들이 모두 포함된다. 그들에게 권징 체제가 행사되어야 하는 원인이나 형상적 조건은 신앙의 교의에 관한 것이거나, 유해하고 파괴적인 이단과 연루된다든지 혹은 그리스도인의 도덕성과 그 밖의 다른 행위와 관련된 것이든지 간에 그들이 저지른 위반 사항 자체다.

하지만 그 죄는 외적이고 이후 명시적으로 밝혀질 수 있는 것, 다시 말해 권징을 행사해야 할 대상자들 자신이 알고 있고 또 사실대로 알고 있는 것이어야 한다. 또한 그리스도가 교회에 내린 명령에 따라 죄가 되는 것이어야 하고, 실제로 그런 범죄 사실이 입증되어야 할 것이 요구된다. 왜냐하면 오직 하나님만이 내면의 죄를 판단하실 수 있기 때문이다.

교회법의 관리 형식은 전적인 친절과 신중함과 열의를 다하는 것이고, 때때로 상황에 따라 특별히 요구될 경우 엄정성을 유지하고 어느 정도 엄격하게 적용해야 한다. 그러나 이 모든 것이 지향하는 목표는 죄를 범한 사람의 구원, 교회 전체의 구원, 하나님과 그리스도의 영광이다.

이러한 종류의 권징 집행은 권면과 함께 징계나 처벌을 내리는 것이거나, 질책이나 권면과 소통을 통해 오직 말로써 전달하는 책망이거나, 성도들의 성만찬이나 그리스도의 몸에 속한 모든 신자들을 구원으로 이끄는 교훈을 주고 덕을 세우는 것 같은 혜택으로부터 유보하는 것이다.

훈계에 고려해야 할 항목은 다음과 같다. 첫째, 죄를 지은 당사자에 대해 나이, 성, 생활 여건 등의 차이를 신중하고 조심스럽게 살피는 것이다. 둘째, 어떤 죄는 다른 것보다 더 심각한 것일 수 있으므로 죄목에 따라 그들을 적절하게 다루는 것이다. 셋째, 죄를 범한 양태를 고려해야 하며, 그 양태 자체에 특별히 주목할 필요가 있다.

오직 하나님을 대적하여 행해진 것인가, 아니면 그런 죄와 더불어 이웃에게 위해를 가한 일이 있는가에 따라 어떤 죄는 은밀한 반면, 다른 죄는 공개적으로 범해질 수 있기 때문이다. 전자의 측면에서 볼 때, 지은 죄를 꾸짖는 양태를 규정한 마태복음 18장 7~18절[49]에 나오는 그리스도의 말

49) 언급한 성경 본문에서 예수는 죄의 유혹, 인간의 약함이나 욕심으로 인해 걸려 넘어지는

씀에 암시되어 있듯이 그것은 '사적인 죄(private sin)', 즉 사적인 개인이 다른 개인에 대해 범한 범죄로 불린다.

은밀한 죄란 아무도 모르게 저지른 것으로서, 범행에 대해 극소수의 사람들에게만 알려져 있는 것을 가리킨다. 그러나 교회의 주요 목회자들 중 한 사람은 죄에 대해 치리하는 권한을 행사할 수 있을 것이다. 하지만 그는 그 사실을 동료 목회자들에게 알릴 수 없고, 은밀하게 질책을 내려야 할 의무를 가지고 있다.

공적인 죄(public sin)는 그것을 범했을 때 여러 사람들이 그 사실을 알 수 있는 상황에서 행한 것을 가리킨다. 애초에 은밀하게 실행했지만 죄를 지은 당사자의 잘못을 통해, 또는 불필요하게 그 사실을 누설한 사람의 참견으로 인해 공적인 명칭으로 불려야 하는지는 토론의 주제로 허용되어야 한다고 우리는 생각한다. 그러나 공적인 죄 역시 차이가 있을 수 있는데, 그런 죄가 교회 회중의 일부에게 알려지거나 전체 또는 거의 전체에게 알려질 수 있기 때문이다. 그런 차이에 따라 권면도 조정해야 한다. 만일 범죄가 회중의 일부에게만 알려져 있다면 장로들의 법정[50] 앞에 세운다거나 사실을 알고 있는 많은 사람들을 대면하게 하기에 앞서 죄인을 권면하고 질책하는 것이 우선이다. 만일 범죄 사실이 전 교회에 알려져 있다면 죄인은 전 교인 앞에서 질책을 받아야 한다. 이 관행은 죄를 지은 사람에게 수

::

것, 그러한 죄의 소산이라 할 수 있는 처벌과 심판을 주제로 다룬다. "또 네 눈이 너를 걸려 넘어지게 하거든 빼어 버려라"(9절)라고 할 정도로 죄에 대한 엄중한 태도를 나타냄에도 불구하고 용서라는 주제를 말미에 덧붙인 것에 주목할 때, 대립과 화합의 양면성을 뚜렷이 볼 수 있다.

50) 장로들의 법정(consistory or consistory court)은 개별 교회 또는 교파에 따라 상이한 이름으로 불리지만 맡은 직능은 동일하다. 예를 들어 가톨릭교회, 영국국교회, 장로교회는 권징 심의을 담당하는 기관을 각각 추기경 회의, 감독 법원, 장로 법원으로 부른다.

치심을 안겨 주고, 또한 그를 본보기로 삼아 다른 신자들로 하여금 같은 죄를 범하지 않도록 예방하기 위해 필요하기 때문이다. 반면에 범죄자에게 수치심을 가하는 것과 처벌 등급 조정에 관한 고찰이 필요하다. 즉 만일 죄인이 악한 행동 패턴에 깊이 물든 것이 아니라, 우발적으로 저질렀다거나 '과실에 의해 일으킨' 사건일 경우가 그러하다.

이 같은 질책은 죄인으로 하여금 죄를 짓지 않게 계도하는 경향이 있으므로 최초의 권면으로 소기의 목적이 성취되지 않을 경우, 죄인이 습관을 고치거나 자기의 불순종을 공개적으로 고백할 때까지 권면을 수차례에 걸쳐 반복할 필요가 있다. 하지만 이 점에 대해 목회자들 사이에 견해 차이가 있다. '개선되리라는 희망을 품고 권면을 시도했으나 교회의 판단과 희망에 따라 죄인이 그러한 기대를 만족시키려고 하지 않을 경우, 그런 죄인에게 처벌을 내리는 것이 무슨 소용이 있는가?' 그러나 이 문제는 해당 교회가 속한 노회의 재량에 맡기는 식으로 기존의 관행적인 규칙에 의해 결정하기 어려울 것으로 보인다.

그러나 교회가 죄인에게 필요한 만큼의 인내심을 보인 후에도 만일 죄인이 모든 권면을 멸시하고 고집스럽게 죄에서 떠나지 않는다면 교회는 처벌 단계로 넘어가야 한다. 처벌 단계는 출교, 즉 성만찬에서, 심지어 교회 자체로부터 제외하는 것을 뜻한다. 이 공식적 격리와 함께 출교당한 사람과의 모든 교제와 친밀함을 피해야 하는 것이 동반된다. 그리고 일반적인 부르심에 따라 전체 신자들이 그 사람에 대해 가지고 있는 책무라든지, 특수한 책무에 의해 신자들 일부만이 그에게 가질 수 있는, 필수적인 상대적 의무가 존속할 경우 전 교인이 주목해야 하는 사항(을 준수하는 것)으로부터 그 사람을 제외하는 것까지 포함된다. (왜냐하면 국왕이 출교된다고 해서 백성이 그에 대한 책무로부터 벗어나는 것은 아니기 때문이다. 그 상황에서 아내는 남편에게 행해야 하는 의무로부터 벗어나지 못하고, 또 자녀들도 자기 부모로부터 자유롭게 되지 않듯이 그와 유사한 다른 경우에서도 마찬가지다.)

어떤 사람들은 이 같은 출교가 오직 주의 만찬을 기념하는 특권에서 제외하는 것에 한정되어야 한다고 주장한다. 또 다른 사람들은 그보다 더 작은 것과 더 큰 것을 주장한다. 작은 일은 교회의 신성한 업무 중 어떤 것에 참여하는 것을 부분적으로 제외하는 것이고, 더 큰 일이란 그 업무 전체로부터, 그리고 신자들과의 교제로부터 완전히 제외하는 것을 가리킨다. 또 어떤 사람들은 큰 것을 인정하지 않는 것은 물론이고 작은 것도 거부한다. 왜냐하면 죄의 길을 고집하는 죄인에게 앞의 것은 허용하고 오직 성만찬으로부터 제외해야 할 아무런 이유가 없다고 생각하기 때문이다. 그 죄인은 교회와 성도들의 집회에서 어떤 자리도 차지할 수 없도록 스스로를 몰아낸 것이다. 우리는 여기서 우리 자신의 견해를 첨가하지 않을 것이고, 이 문제를 높은 견식을 가지고 경건한 사람들이 판단하도록 토론거리로 남겨 놓기로 한다. 그들은 이 주제에 가장 부합하고 교회의 덕을 세우는 데 가장 적절한 것으로 판단되는 성경 본문으로부터 공통된 합의를 거쳐 결론을 이끌어 낼 것이다.

이로써 다음과 같은 결론에 필연적으로 이른다. 파벌의 조짐이 명백하게 존재할 경우, 출교 선언은 피해야 한다. '출교로 인해 발생할 가능성이 큰 핍박에 대한 두려움이 감지될 때, 출교 조치는 피하는 것이 옳을까?' 우리는 그런 경우 출교는 역시 피해야 한다고 생각한다.

토론 58

공의회에 관하여

교회 공의회[51]란 하나님의 이름으로 함께 모인 남자들[52]의 집회로서, 신 앙과 교회의 공동선과 연관되는 것에 관해 하나님의 영광과 교회의 구원 을 위해 하나님의 말씀을 따라 탐구하고 정의를 내리거나 결론을 이끌어 내는 일을 한다.

이런 종류의 집회를 서임할 수 있는 권한은 교회 자체에 있다. 만일 교

⋮

51) 공의회(council)는 교회 전체에 영향을 미칠 수 있는 특정 주제가 부각될 때 열리는 국제적 인 교회 대회의를 가리킨다. 역사적으로 유명한 공의회는 최초의 예루살렘 교회 회의를 비 롯해 콘스탄티노플 회의가 있다. 종교개혁 이후 16세기에 가톨릭교회의 반종교개혁적인 성격의 트리엔트 공의회가 열렸다. 1545년부터 1563년까지 트리엔트에서 열린 이 회의는 25회기에 걸쳐 성경과 전통의 관계를 재정립하면서 로마가톨릭 신앙의 일치를 재정의했다.

52) 아르미니우스는 바울이 고린도 교인들에게 보내는 서신에서 여자들이 교회 안에서 공적으 로 말하는 것을 금하고 있음을 적시했다. 그리고 동일한 관점을 '공회'를 정의하는 자리에 그대로 적용했다. 영어 표현 'an assembly of men'은 중의적인 까닭에 사람들의 집회 또는 남자들의 집회로 모두 번역할 수 있다.

회가 공적으로 자기의 신앙을 고백한 적이 있거나 그리스도교를 공적으로 인정하는 그리스도인 행정관의 관할 아래 있을 경우, 우리는 교회의 권한을 그에게 이양해야 한다. 그러므로 그의 소집 명령 없이 열린 트렌트 공회가 무효라고 주장하면서 교회에 대항했던 사람들은 그 공회가 적법한 것이 아니라고 주장한 셈이다. 그러나 만일 행정 수반이 신자도 아니고, 공적으로 그리스도교 신앙을 허용하지도 않고, 오히려 신앙의 원수이며 핍박자라면 그럴 경우 교회의 지도자들은 직접 직무를 맡아야 한다.

교회에 속하건 교회 밖에 있건 교회에 분란을 일으키는 어떤 악한 사람에 의해, 또는 교회가 이 세상에 존속하는 한, 심지어 교회의 항구적인 조직 자체에 의해 이런 종류의 집회가 열리는 기회를 갖게 될 수 있다. 교회는 오류나 부패에, 그리고 교리의 진리성, 거룩한 예배의 순전함, 도덕적 성실성, 그리스도인의 화합에서 일탈하여 이단이나 우상숭배, 행실의 타락, 파벌주의에 빠질 위험이 있으므로 이 같은 성격의 집회를 제도화하는 것이 필요할 수 있다. 그러나 그것이 제정될 필요가 있는 것은 교회의 일탈이 분명하게 나타날 경우, 어떤 부패 상태이든지 교정하기 위해서이거나 실제로 그런 종류의 일탈이 발생했는지 여부를 조사하기 위해서다. 왜냐하면 주님의 밭에 대한 안전한 보호 관리를 맡은 사람들이 자는 동안 원수가 가라지 씨를 뿌릴 수 있기 때문이다.[53]

우리는 공회를 '남자들의 집회'로 명명했는데, 특별한 신적 계시가 없는 한 "여자들은 교회에서는 잠자코 있어야"[54] 하기 때문이다. 우리는 지목된

∵

53) '가라지 비유'라고도 불리는, 천국에 관한 비유 중 하나다. "예수께서 또 다른 비유를 들어서 그들에게 말씀하셨다. "하늘나라는 자기 밭에다가 좋은 씨를 뿌리는 사람과 같다. 사람들이 잠자는 동안에 원수가 와서 밀 가운데에 가라지를 뿌리고 갔다."(마 13:24~25)

54) 이것은 사도 바울의 서신에서 언급된 것이다. "여자들은 교회에서는 잠자코 있어야 합니

남자들이 다음과 같은 덕목을 표지로 가져야 한다고 말하겠다. 첫째, 그들은 성경 지식을 풍부하게 가져야 하고, 그것에 대해 자신의 분별력을 발휘해야 한다. 둘째, 그들은 경건하고, 신중하고, 사려 깊으며, 겸손하고, 신적 진리와 교회의 화평을 사랑하는 사람이어야 한다. 셋째, 그들은 무엇에도 구속되지 않아서 특정한 사람이나 교회, 사람들이 쓴 고백문에 얽매이지 않고 오직 하나님과 그리스도, 그의 말씀에만 구속된다.

그들이 교회에 속해 있건 세속 정치권에 속해 있건 그들은 남자들이다. 일차적으로 최고의 행정 수반 자신이고, 교회나 공화국의 어떤 공적 직위에나 임명권을 행사할 수 있다. 그뿐만 아니라 방금 내가 기술한 자질(논제 4)을 갖추고 있다는 것을 전제로 그들은 현재 주도적인 견해와 다른 (교리적) 입장을 주장할지라도 배제되지 않는 사사로운 개인들이기도 하다. 우리 생각에 그와 같은 사람들은 신중할 뿐만 아니라, 결의에 찬 판결을 내릴 것이다.

공회가 관여해야 할 대상은 신앙에 속하고 교회 자체에 유익이 될 수 있는 것이다. 그것에는 두 가지 주요 범주가 있고, 일차 범주는 믿음과 소망, 사랑의 교리 자체를 이해하는 것이고, 이차 범주는 교회의 질서와 조직이다. 숙고해야 하고 판결을 내려야 할 기준으로 단일하고 유일한 것은 하나님의 말씀으로, 이것은 교회에서 절대적 지배력을 갖는다. 그러나 바른 질서에 속하고 교회의 훈련을 활성화[55]하기 위해 교회를 구성하는 지체들이

⋮

다. 여자에게는 말하는 것이 허락되어 있지 않습니다."(고전 14:34)

55) 아르미니우스의 텍스트에 사용된 낱말은 에우탁시스(ευτάξις)로, 이것은 근육 운동을 뜻하는 'τάξις'에 긍정접두사 'εν'가 덧붙은 합성어다. 결과적으로 에우탁시스는 '근육을 강화하는 운동'을 지시하는데, 실제로 이 낱말이 사용된 용례를 찾아보기는 어렵다. 오히려 부정접두사 'α'가 첨가되어 만들어진 아탁시스(ατάξις: 운동 실조), 더 나아가 아탁시아(ατάξια: 운동 실조증)가 더 빈번히 쓰인다.

공화국과 교회의 현 상태를 주의 깊게 고찰하고, 하나님의 말씀에 배치되는 것을 결정 내리는 일이 없어야 한다는 점을 유념하면서 시간과 공간과 관련 인물들의 정황적 요소에 따라 숙고하고 결정을 내릴 수 있다.

그러나 이런 종류의 집회에서 모든 일은 질서정연하게 이루어져야 하므로 어떤 한 사람이 전체 공회를 이끌어 나가야만 한다. 만일 행정 수반이 참석해야 한다면 이 직임은 그에게 속하는 것이지만, 그는 교회 성직자이든지 평신도에게든지 다른 누군가에게 그 직책을 위임할 수 있다. 만일 그가 공회의 구성원 전체와 각각에 대해 의무의 한계선을 제한함으로써 혼란스러운 방식으로 각자 판단을 내리는 일이 없도록 만반의 준비를 갖춘다면 그는 아예 모든 책임을 공회 자체에 넘길 수도 있다. 그렇지만 기원과 감사기도 같은 직무, 사업 계획 제안, 의견을 수렴하고 선거를 관리하는 일을 감독에게 나누어 맡기는 것이 도움이 될 것이다. 결국 그는 성직자로서 그러한 임무를 수행할 수 있는 가장 훌륭한 적임자라고 할 수 있다.

회의 장소는 행정장관 자신에게 가장 편리하도록 임의로 선택하지 않아야 하므로 이런 종류의 집회를 위해 신중하게 마련해야 한다. 그것은 매복이나 적대적인 기습 공격으로부터 보호되는 안전한 곳이어야 한다. 그리고 크기가 아무리 크더라도 공회의 권위가 조금이라도 추월할 수 없는, 하나님의 법 자체에 의해 허용되는 범위 내에서 참가자 모두가 개인적인 손실 없이 자유롭게 도착하고 떠날 수 있도록 행동의 자유를 보장하는 것이 필수적이다.

공회의 권위는 절대적이 아니며 하나님의 권위에 종속된다. 바로 그렇기 때문에 구성원으로서 그 자리에 참석한 사람들이 오류를 범할 수 없는 존재라든지, 혹은 그 사실에 대해 성령의 의심할 수 없는 징표와 증언을 확보하고 있는 것이 아니라면 공회에서 공포된 것에 어떤 사람도 무조건적으로 동의해야만 하는 것이 아니다. 오히려 모든 사람은 각각 공회에서 결론 내린 것에 대해 하나님의 말씀에 의해 검토해야 하고, 만일 그 결론이 거룩한 말씀에 일치하는 것을 확인할 수 있을 경우 그때는 그것을 인정하는 것이 마땅하다. 하지만 만일 일치하지 않는다면 그는 자기의 반대 입장을 표명해야 할 것이다. 그러나 매우 경건하고 박식한 많은 사람들이 만장일치로 합의에 이른 것을 성급하게 거부하지 않도록 주의해야 한다. 오히려 성경이 충분히 확실하게 그 결론을 뒷받침하고 있지 않은지를 꼼꼼하게 검토해야 한다. 그리하여 성경이 그 결론을 뒷받침하는 것이 밝혀질 경우 각 사람은 공회가 만장일치로 내린 결론에 대해 주님 앞에서 동의해야 할 것이다.

공회가 절대적으로 불요불급한 것일 수 없는 까닭은 공회 없이도 교회는 필요한 것에 대해 얼마든지 지시를 받을 길이 있기 때문이다. 그러나 만일 주의 이름으로 제정한 공회가 말씀에 따라 모든 일을 조사하고, 공동 합의에 의해 그 규칙을 따라 구성원들이 그들의 결정 사항으로 공포하는 것이 적합하다고 생각한다면 효율성의 정도가 훨씬 클 것이다. 왜냐하면 한두 사람이 아니라 여러 사람들의 눈이 목격하고, 또 주님도 지상에서 여러 사람들이 모여 일치된 마음으로 드리는 기도를 들으시므로 진리는 같은 일을 혼자서 단독으로 경영하는 단일한 개인의 노력에 의해서보다 견식 있는 많은 사람들로 구성된 공회에 의해 성경을 기반으로 확인되고 확증될 개연성이 더 높기 때문이다. 이 같은 전제로부터 우리는 또한 어떤 공회의 권위든지 그 공회에 참석한 개개인의 권위보다, 심지어 로마교황의 권위보다 높다고 말해야 할 것이며, 그가 참된 감독으로서의 의무를 성실하게 수행했던 시대에도 우리가 어떤 감독에게나 부여하는 것 이상으로 그에게 귀속하지 않았던 것처럼 우리는 어떤 공회에게든지 부여하는 것 이상의 권한을 그에게 귀속하지 않아야 한다고 주장하는 바다.

어떤 공회도 다음 세대 승계자들에게 선임 공회에서 논의하고 결정한 사항에 대해 다시 숙고하지 말도록 규정할 수 없다. 왜냐하면 신앙의 문제는 선행적으로 판단된 것의 명의(名義) 아래 포섭되는 것이 아니기 때문이다. 어떤 공회도 하나님의 말씀 외에 다른 어떤 언명을 준수하겠다는 서약에 의해 스스로를 구속할 수 없고, 더욱이 서약에 의해 공회 자체나 어떤 개인이든지 구속할 수 있는 실정법을 결코 만들 수 없다.

또한 후대의 초교파적이고 일반적인 공의회가 선행하는 일반 공회에 의해 공포된 것을 의문에 부치는 일이 허용될 수 있는데, 일반 공회도 얼마든지 오류를 범할 수 있기 때문이다. 그러나 이 같은 전제로부터 가톨릭교회가 오류를 범한다는 것, 즉 신실한 모든 교회들이 보편적으로 오류를 범한다는 결론에 귀착되는 것은 아니다.

토론 59

신약시대의 교회 직책과 그 소명에 관하여

'봉사(ministry)'라는 낱말에 의해 우리는 어떤 상급자에게 종속된, 즉 하나님과 그리스도가 교회의 주님과 머리이므로 그분들에게 종속된 공적인 부속 직책을 지시한다. 그 낱말은 지시 대상인 교회로부터 '교회와 연관된 (ecclesiastical)'이라는 명칭을 얻게 되었다. 따라서 우리는 교회와 연관된 봉사 활동을 공동체의 대민 업무에 관여하는 정치적 봉사 활동과 구별하기로 한다.

그러나 그것은 교회를 불러 모으고, 모인 그룹을 섬기며, 그들을 머리되신 그리스도에게로, 그리고 그를 통해 하나님께로 인도하여 (그 지체들을) 행복한 삶으로 인도하고, 하나님과 그리스도에게 영광을 돌리게 하기 위해 하나님께서 특정한 사람들에게 맡기신 공적인 임무다.

그럼에도 교회는 자연적인 삶을 영위하는 사람들로 구성되고, 그들은 육체 안에서 사는 동안 그보다 더 우월하고 그런 삶의 목적이 되어야 할 영적 삶을 살도록 부름을 받았기 때문에 자연적 삶과 영적 삶 모두의 긴급한 상태에 따라 교회에서 실행해야 할 이중의 직무가 존재한다. 첫째 직무는 영적 삶에 직접적으로 관여하는, 교회의 고유한 직무로서, 영적 삶의 시작부터 발전, 확증까지 포괄한다. 둘째 직무는 자연적인 삶의 지속과 연관되는 것으로, 그것은 우연성에 의해 간접적으로만 교회에 속한다. 첫째 직무는 항상 변함없이 그 자체로 필수적이다. 둘째 직무는 이론적인 가상을 제외하고 (교회에서) 필수적인 것이 아니다. 왜냐하면 다른 사람들로부터 원조를 필요로 하는 사람들이 있기 마련이고, 그들이 공동체가 가진 제도를 통해 그런 도움을 얻지 못할 경우 부득이 교회가 나서야 하겠지만 그런 일을 담당할 제도가 설비되어 있을 경우 이 직무는 필요 없기 때문이다. 따라서 첫째 직무에 대해 우리는 계속해서 논의할 것이지만, 둘째 직무에 대해서는 더 이상 언급할 것이 없다.

영적 삶을 위해 조성한 직책은 다음의 세 가지 행위를 담당한다. 첫째는 경건함을 따라 진리를 가르치는 일이고, 둘째는 하나님 앞에 나아가 중보 기도를 하는 것이며, 셋째는 이 제도나 가르침에 적합하도록 기획한 훈련 또는 관리 체계다. 제도나 가르침은 진리에 관한 제안, 설명, 확증으로 구성되고, 여기에는 거짓을 반박할 때, 권면과 질책과 위로나 위협을 제시할 때, 신자들이 믿고, 소망하며, 실천해야 할 것이 포함된다. 이 모든 일은 율법과 복음의 말씀에 의해 비로소 성취될 수 있다. 이 같은 기능 외에 우리는 동일한 목적에 기여하는 성례(聖禮) 관리를 덧붙인다.

중보는 우리의 유일한 변호자이며 중보자이신 그리스도를 통해 교회와 속한 지체들 각각을 위해 하나님께 드리는 기도와 감사로 이루어진다.

교회의 통치 기구는 다음의 목적을 위해 설치해야 한다. 즉 교회 전체에서 모든 일은 품위 있고 질서정연하게, 그리고 교육적 함양을 위해 실행되어야 하고, 지체들 각자가 자기의 의무를 준수하고, 빈둥거리는 사람을 독려하며, 약한 사람에게 확신을 주고, 길을 잃고 방황하는 사람들을 돌아오게 하며, 고집을 버리지 않는 사람을 처벌하고, 회개한 사람들을 다시 받아들여야 한다.

이 직무들은 항상 동일한 양태로 설치하거나, 똑같은 방식으로 운용할 필요가 없다. 왜냐하면 그리스도교 교회가 생겨나던 초창기에, 그 직무들은 하나님과 그리스도에 의해 직접 부과되었고, 그것들을 특정 교회에 국한하지 않은 채 직책을 맡은 사람들에 의해 수행되는 것이 당연시되었기 때문이다. 따라서 사도들은 온 세상 사람들에게 그리스도의 대사(大使)처럼 일하는 '종(ministers)'으로 불렸다. 그 후 동일한 직무들은 목회자, 교사, 감독, 사제로 불리는, 특정 교회에 서임된 사람들에게 직접 부과되었다. 그 종들 중 전자(사도와 복음 전도자)는 한시적으로 선택되었고, 계승자도 임명되지 않았다. 물론 누구든지 처음으로 교회를 개척하려 할 때, 가르치면서 세계를 한 바퀴 돌아야 할지도 모르겠지만 후자(목회자 등)은 세상 끝나는 날까지 항구적으로 승계될 것이다.

이 직무들은 한 사람이 모든 직책을 한꺼번에 실행할 수 있는 구조를 가지고 있지만, 교회의 효율성과 은사의 다양성이 요구될 경우 그 직무들은 여러 사람들에게 다양하게 분배될 수 있다.

그러한 교회 직책을 위한 부르심은 직접적이거나 간접적일 수 있다. 우리는 직접적인 부르심에 대해 논의하지 않을 것이다. 그러나 간접적인 부름은 교회를 통해 하나님과 그리스도께서 경영하시는 신적 행위로서, 그가 한 사람을 자연적인 삶의 업무로부터, 공통된 일상적인 것으로부터 떼어내어 친히 성별하시고, 사람들의 구원과 그 자신의 영광을 위해 그에게 목양의 의무를 맡기시는 것이다. 이 부르심에서 우리는 부르심 자체, 그것의 효력 있는 작용인, 그리고 목적에 대해 고찰해야 한다.

부르심의 행위는 사전 조사, 선출, 확증으로 이루어진다. 사전 조사는 직책을 맡게 될 사람이 직무를 수행하는 데 적합한지 여부를 면밀하게 조사하고 시험하는 것이다. 문제의 적합성과 연관된 요소는 삶의 성실성에서 참되고 필수적인 것에 대한 지식과 인정, 자신이 체득한 것을 타자들과 능숙하게 소통하는 능력(여기서 능숙함이란 담화를 나눌 때의 언어 구사력과 여유로움을 포함한다), 신중함, 마음의 절제력, 힘든 일이나 취약한 점과 상해 등을 참아내는 인내심 등을 포함한다.

선출 또는 선정이란 맡은 직무를 잘 수행할 것인지 적법한 절차를 거쳐 조사하고, 훌륭한 적임자로 판단되는 사람을 서임하는 것이다. 이뿐 아니라 기도와 안수, 사전 금식과 함께 공적인 임직식을 거행하는 것은 드문 일이 아니다. 이는 마치 그 직책의 경영 업무 자체에 진입하는 것과 흡사한데, 이것을 가리켜 흔히 '안수례(按手禮)'라고 부른다.

이 부르심의 일차 유효적 원인은 하나님과 그리스도, 그리고 교회 안에서 그리스도를 위해 지휘하는 성령이며, 부르심의 권위 전체가 그것에 달려 있다. 관리자는 교회 자체로서, 여기에 우리는 그리스도인 행정관, 교사, 그 밖의 장로들, 신도들 자신을 꼽는다. 그렇지만 이 문제에 기꺼이 관여하려는 뜻을 가진 행정관이 전혀 없는 지역에서는 감독이나 장로들이 신도들과 함께 이 직무를 담당할 수 있고 또 그래야 한다. 이 부르심의 대상은 청빙하려는 사람으로서, 교회를 위해 그에게 요구되는 것은 우리가 이미 언급한 적성이나 적합성뿐만 아니라, 교회의 판단을 겸허하게 인정하고, 하나님에 대해 신실한 경외심으로, 그리고 오직 교회를 함양하고자 하는 강렬한 소망을 가지고 이 직책에 임하는 선한 양심이다.

부르심의 근본적인 형식으로 말하면 모든 일을 하나님의 말씀에 규정된 규칙을 따라 실행해야 하는 것이다. 부수적인 것으로, 관련 인물, 지역, 시간, 그 밖의 상황 요소에 따라 모든 일을 품위 있고 적당하게 처리하는 것이다.

이 모든 조건이 충족될 때는 언제든지 부르심은 적법한 것이 되고, 모든 부분들이 승인될 수 있다. 그러나 만일 어떤 점이 미비할 경우 청빙 행위는 불완전한 것이 된다. 그러나 청빙 자체는 인준되고 확정적인 것으로 간주되는 반면, 하나님의 부르심은 다른 어떤 외적 증거와 연합되어야 한다. 왜냐하면 그것은 매우 다양하므로 우리가 규정할 수 없기 때문이다.

이로써 다음과 같은 결론에 필연적으로 이른다. 교황이 지배하는 교회에서 부르심 또는 청빙은 오염되고 불완전함에도 효력이 없는 것은 아니었고, 그리하여 초기 개혁자들은 일상적이고 간접적인 청빙 방식을 택했다.

토론 60

성례 일반에 관하여

이제까지 우리는 교회, 교회의 권한, 말씀 사역에 관해 다루었다. 따라서 이제 우리가 반드시 다루어야 할 주제는 하나님께서 그의 말씀에 덧붙인 표증이나 표식으로서, 그것에 의해 그는 자기의 언약 백성의 마음 안에 산출하신 믿음을 인치고 확증하는 증거로 삼았다. 이 표식은 흔히 '성례(sacraments)'라고 불리는데, 이 낱말이 성경에서 사용된 적은 없지만 교회에서 그것에 대해 동의한 바 있으므로 단순히 거부되어서는 안 된다.

그럼에도 성례라는 이 용어는 신성한 물건들을 지칭하기 위해 사용한 군사 용어에서 파생했다. 병사들이 자신들의 장군에게 충성을 다할 것을 엄숙하게 증명하기 위해 맹세하듯이 언약 아래 있는 사람들도 공적인 서약에 의해 외형적인 표식을 수용함으로써 그리스도에게 종속된다. 그러나 동일한 낱말은 상대적인 통념에 의해 이해되거나(이것은 고유한 어떤 상징일 수도 있고, 지칭된 사물을 의미하는 환유에 의해 인지될 수 있다) 어떤 절대적 개념으로 이해될 수 있으므로(두 경우 모두 제유가 사용될 수 있다) 우리는 성례의 고유한 의미 작용에 관해 고찰할 것이다.

결국 성례는 하나님에 의해 규정된 신성한 가시적 기호나 표, 보증하는 인(印)을 가리킨다. 그것에 의해 하나님께서는 자기의 언약 백성에게 언어로 제시하신 은혜로운 약속을 실체화하는 한편, 백성으로서의 수행해야 할 의무를 그들에게 부과하셨다. 그러므로 말씀에 나타나 있는 것 외에 다른 어떤 약속도 그 상징에 의해 더해진 것은 없다.

우리는 창세기 17장 11절[56]과 로마서 4장 11절[57]에 쓰인 성경의 용례를 따라, 그리고 사물 자체의 본성에 기초하여 성례를 '기호나 표, 인'으로 불렀는데, 그 기호들은 우리의 감각에 나타나는 외적인 모습 외에도 우리의 사고에 다른 어떤 것을 고취하기 때문이다. 그것들은 단순히 눈에 보이는 명백한 의미를 담은 표식에 그치지 않고, 지성뿐만 아니라 감성 자체도 자극하는 인이자 담보물이다.

우리는 두 가지 측면에서 성례를 '신성한' 것으로 부른다. 하나는 그것을 하나님께서 수여하셨기 때문이고, 다른 하나는 신성한 용도를 위해 쓰도록 주어졌기 때문이다. 우리가 그것을 '가시적인' 것으로 부른 것은 그것이 감각에 의해 수용될 수 있는 기호로서의 본성에 속하기 때문인데, 만일 그렇지 않다면 그것은 기호로 불릴 수 없을 것이다.

그러한 표식의 저자는 하나님으로, 오직 그분만이 교회의 주인이자 입법자이시다. 그의 활동 범위는 법을 제정하고, 약속을 제시하며, 그가 흡

---

56) "너희는 포피를 베어서 할례를 받게 하여라. 이것이 나와 너희 사이에 세우는 언약의 표이다."
57) "아브라함이 할례라는 표를 받았는데, 그것은 그가 할례를 받지 않은 상태에서 이미 얻은 믿음의 의를 확증하는 것이었습니다."

족하게 여기시는 기호들을 가지고 그 약속을 인쳐서 보증하는 것이다. 그러나 그 기호들은 특정한 유비에 의해 의미를 담아 봉인될 수 있도록 은혜로 조정되었다. 그러므로 그것들은 주어진 본성에 따라 의미를 함유하는 모든 것을 지시하는 자연 기호(natural signs)가 아니라, 그 기호들의 의미 작용 전체가 그것들을 규정한 저자 자신의 의지 또는 선택에 의존한다는 의미에서 임의적 기호(voluntary signs)이다.

성례의 질료는 하나님께서 창조하신 외적인 물질적 요소 자체이고, 따라서 그의 능력에 종속되며, 그의 지혜를 따라 그가 그 기호에 의해 보증하고자 뜻하시는 바에 적합하도록 조정되었다.

성례의 내적 형상은 사물들의 관계성의 본질에서 기원하듯이[58] 그것은 관계 안에 존재하며, 따라서 기호와 그것에 의해 지시되는 것 모두를 표상으로, 동시에 봉인 또는 증언으로 간주하고, 그것을 규정한 원저자의 권위와 의지를 통해 기호의 가시성을 고찰하는 것은 기호와 그 둘 사이의 관계에 대한 적절한 유비이자 유사성이다. 기호와 그것에 의해 지시된 것에 대한 이처럼 가장 밀접한 유비로부터 성경과 성례에 사용된 다양한 수사적 표현이 있다. 지시된 사물의 이름을 기호에 전가한 예로는 "나의 언약이 너희 몸에 영원한 언약으로 새겨질 것이다"(창 17:13)[59]이다. 이와 대조적으

..

58) 문자적으로 '사물들의 내재적 본질로부터(εκ των πρων τι)'를 뜻하는데, 이 문맥에서는 성례를 위해 사용되는 사물들이 성례의 맥락에서 본래적 관계성에 기초한 본질로서 파악되는 것을 가리킨다. 아우구스티누스가 성례를 '불가시적 은혜의 가시적 형식(the visible form of an invisible grace)'으로 정의한 것에서 볼 수 있듯이 성례에 쓰이는 사물들은 단순히 관습적으로 사용되는 것이 아니라, 영적 차원의 필연적 관계성에 기초한 내적 형상에 의거하고 있음을 암시한다. 이러한 관점은 후대에 루터파에 계승된 것으로 보인다.

59) 인용한 구절의 전문은 다음과 같다. "집에서 태어난 종과 외국인에게 돈을 주고서 사 온 종도 할례를 받아야 한다. 그렇게 하여야만 나의 언약이 너희 몸에 영원한 언약으로 새겨질 것이다."

로 고린도전서 5장 7절에는 "우리의 유월절 양이신 그리스도께서 희생되셨습니다"라고 쓰여 있다. 한편 사물의 속성이 기호에 전가된 예로는 "내가 주는 물을 마시는 사람은 영원히 목마르지 아니할 것이다"(요 4:14)라는 구절을 들 수 있고, 그와 대조되는 것으로는 "받아서 먹어라. 이것은 내 몸이다"(마 26:26)라는 구절을 들 수 있다.

성례의 목적은 직접적인 것과 간접적인 것 두 가지다. 근접 목적은 언약에 제시된 약속을 인준하는 것이다. 성례의 미래적 용도는 첫째, 언약 안에 있는 사람들의 믿음을 확증하고 그 결과로 언약에 속한 지체들로 구성된 교회를 구원하는 것이고, 둘째, 하나님께 영광을 돌리는 것이다. 하나님께서 성례를 제정하실 때 대상으로 삼고, 또 성례에 참여하는 주체들은 하나님께서 언약 안으로 들어오게 하신 사람들 전부, 오직 그들뿐이다. 언약 안에 들어 있는 수만큼 하나님께서 그들을 기억하시는 한 그들에게 성례 사용이 인정되어야 한다. 그러나 죄로 인해 그들이 언약 밖으로 쫓겨나고 소외된 것은 마땅한 일이었다.

그러나 이 성례는 인간의 달라진 조건에 따라 고찰될 필요가 있다. 왜냐하면 그것은 인간의 타락 이전에 제정한 행위의 언약일 수도 있고, 또는 타락 이후에 제정한 은혜의 언약일 수도 있기 때문이다. 행위의 언약에 속하는 성례는 단 하나뿐으로, 그것은 생명나무다. 은혜의 언약에 속한 성례는 교회가 아직 유년기에 있고 할례와 유월절 율법의 가르침을 받는(율법은 그들의 교사이므로) 상태에 있는 한 약속된 언약에 관련된 것이거나 확증된 언약과 관련되고, 세례와 주님의 만찬을 성례로 지키는, 성년이 된 그리스도교 교회에 속할 수 있다. 이 같은 성례의 유형 사이의 일치점과 차이점은 각각에 대해 논의하는 가운데 보다 쉽게 파악될 것이다.

이로써 다음과 같은 결론에 필연적으로 이른다. 어떤 사물들의 경우, 희

생 제물과 성례가 서로 일치하지만, 그렇다고 해도 양자는 결코 혼동되어
서는 안 된다. 많은 점에서 후자는 전자와 다르기 때문이다.

구약의 성례, 즉 생명나무, 할례, 유월절 양에 관하여

생명나무를 하나님께서 창조하시고 규정하신 것은 다음의 목적을 위해서였다. 즉 인간이 하나님의 법에 순종하기만 한다면 노년기에 일어날 수 있는, 혹은 다른 어떤 원인에 의한 온갖 종류의 취약성에도 불구하고 자연적인 생명을 보존하고 지속할 수 있도록 그 열매를 먹게 하고, 보다 나은 삶과 지복의 삶에 대한 약속을 지명하거나 제시하는 것이다. 하나님에 의해 창조된 한 요소로서 첫째 목적은 성취되었고, 둘째 목적은 하나님께서 규정하신 성례로서 성취되었다. 첫째 목적은 그 생명나무에 분유된 자연적인 힘과 역량에 의해 성취할 수 있도록 조정되었다. 둘째 목적은 자연 생명과 영적인 생명 사이에 존속하는 유사성과 유비에 의해 조정되었다.

할례는 아브라함에게서 태어나게 될 복 받은 씨에 관해, 그를 통해 복 받게 될 수많은 나라들에 대해 그를 많은 민족들의 조상으로, 그리고 믿음의 의를 통해 세상을 얻게 될 상속자로 세우실 것에 대한 약속과, 하나님께서 기꺼이 그와 그의 후손의 하나님이 될 것이라는 약속을 봉인하거나 증언하기 위해 하나님께서 아브라함과 체결하신 언약의 표식이다. 이 표식은 기호와 그것에 의해 지시되는 것 사이의 적절한 유비에 의해 남자로 이어지는 세대를 지켜 나갈 도구로 지명된 한 구성원에 의해 관리되었다.

그 표식에 의해 아브라함의 모든 남자 후손들은 하나님의 명시적인 명령에 따라 태어난 지 8일째 되는 날에 표를 받아야 했다. 그날에 할례를 받지 않은 사람은 그의 백성의 대열에서 끊어지는 일이 닥칠 것이라는 경고가 첨부되었다.

그러나 여자 후손들은 신체에 할례를 받지 않았지만 그들도 여전히 동일한 언약과 책무 아래 있었다. 왜냐하면 여자들도 남자들과 함께 계수되었고, 하나님은 그들도 동등하게 할례를 받은 자로 간주하셨기 때문이다. 그러므로 대담무쌍하게도 교황주의자들이 성경적 근거가 없고 오히려 어긋나게 주장하듯이 선천적인 죄의 오염 상태로부터 여성들을 정화하기 위해 하나님께서 별도의 다른 방비책을 마련해야 할 필요가 없었다. 바로 이것이 그 약속에 속한 할례의 첫째 관계성이다. 또 다른 관계성은 할례를 받은 사람들이 하나님께서 부과하신 모든 법을, 특히 의식법을 준수해야 하는 것이다. 그 까닭은 하나님과 언약 관계에 있는 사람들에게 그가 좋으실 대로 법을 제정하시고, 이전에 제정되고 사용되었던 언약의 표식에 의해 그 법을 준수해야 할 책무를 인준하시는 것은 전적으로 하나님의 권한에 속하기 때문이다. 그런 측면에서 할례는 옛 언약에 속한다.

유월절 양은 이집트에서 구출하신 것을 지시하고, 매년 정해진 때에 그 사실을 상기하기 위해 하나님께서 규정하신 성례다. 이 용도 외에도 유월절 양은 참된 어린 양, 곧 몸소 세상 죄를 지고 멀리 내다 버리는 그리스도를 예시하기 위해 전형적으로 사용되었다. 그렇기 때문에 유월절 양을 표식으로 사용하는 것은 그 권한과 관련하여 그리스도의 고난과 십자가 희생에 의해 폐기되었다. 그러나 실제로는 나중에 예루살렘성과 성전이 파괴되면서 완전히 폐기되었다.

성례로서 생명나무는 피 흘림이 없는 것인 반면, 후자의 두 경우는 피 흘림이 있다. 따라서 하나님과 언약 관계에 있는 사람들 상태의 다양성에 적절히 조화될 수 있는 것이었다. 왜냐하면 전자는 죄가 세상에 들어오기 전에 제정된 것이지만, 후자의 두 성례는 죄가 들어온 이후에 제정되었고, 하나님의 법령에 따라 피에 의하지 않고서는 폐기될 수 없기 때문이다. 죄의 값은 죽음이고, 성경에 따르면 자연적인 생명의 원천은 피에 있기 때문이다.

구름 아래로 바닷물을 통과한 것, 만나, 그리고 바위로부터 솟구치는 물 등은 모두 성례적 징표다. 그러나 그것들은 예외적인 것으로서, 그 의미를 밝히고 사실성을 입증하기에 지극히 불투명함에도 새로운 언약의 성례에 대한 일종의 전주곡이라고 할 수 있는데, 그것들에 의해 지칭되고 증언되는 것은 뚜렷이 언어로 선언되지 않았기 때문이다.

이로써 다음과 같은 결론에 필연적으로 이른다. 최초의 약속과 타락 이후 회복될 때부터 아브라함의 시대에 이르기까지 성경에 명시적으로 언급된 적은 없지만 교회는 자신의 성례를 소유하고 있었던 것으로 보인다. 그 성례가 어떤 것이었는지를 밝히고자 하는 것은 지나치게 대담한 일이 될 것이다. 하지만 만일 그런 성례 중 첫째는 산모가 임신 상태로부터 깨끗하게 된 바로 그날, 태어난 지 얼마 안 된 아기를 주님 앞에 드리는 예식이고, 그다음은 제물로 드린 것을 먹는 것이며, 희생제물의 피를 뿌리는 것이라고 누군가가 말한다면 그 주장이 전혀 개연성 없는 것으로 치부할 수는 없을 것이다.

토론 62

신약의 성례 일반에 관하여

신약의 성례는 언약 또는 그 중보자이며 유언자의 죽음과 피에 의해 확증된 새로운 언약에 대해 증언하기 위해 제정된 성례를 가리킨다. 그러므로 그 성례는 이미 주어진 확증에 유의미성과 증언을 더하기 위해 조정된 것으로 이해할 필요가 있다. 즉 그것은 피를 흘렸다는 것과, 중보자의 죽음이 중재를 완수했다는 것을 선언하고 증언한다.

따라서 신약의 성례에는 더 이상의 피 흘림이 있을 수 없다. 성례는, 피 흘림 안에서 생명에 참여하는 자가 되고 또 그렇게 될 수 있었던 것 같은 어떤 일도 구성할 수 없다. 중보자의 피와 죽음을 통해 이미 죄가 사면되고 구속이 이루어졌으므로 더 이상 피 흘림은 필요하지 않기 때문이다.

그러나 중보자의 피와 유언자 자신의 죽음에 의해 새 언약이 확증되기 전에 그 성례는 제정되어야 했다. 왜냐하면 유언의 규정과 봉인은 유언자가 죽기 전에 먼저 선행되어야 하고, 또한 성례를 중보자 자신 안에 성별시키고 우리와 그 사이에 체결된 언약을 더 확실하게 인준하기 위해 중보자 자신이 직접 그 성례에 참여해야 하기 때문이다.

그러나 죄를 위해 봉헌된 희생물의 죽음과 연합하는 것은 피 뿌림과 희생 제물 자체를 먹고 그 피를 마시는 것(혹여 피를 마시는 것이 허용될 수 있다면)보다 더 적절하게 지칭하고 증언할 수 있는 것은 없다. 그러므로 물과 떡, 포도주보다 더 적절한 표식은 없을 것이다. 왜냐하면 실제로 중보자의 피를 마시거나 그의 살을 먹을 수는 없고, 더욱이 그의 피를 마시는 것은 허용될 수 없기 때문이다.

신약의 성례가 함유하는 미덕과 효용성은 지칭하고 증명하는 행위의 범위를 넘어서서는 안 된다. 그것을 통해 지시되는 것을 직접 제시하는 일은 실제로든지 상상적으로든지 불가능하고, 다만 오직 그와 같은 간접적인 행위 자체에 의해서만 완수될 수 있다.

그러므로 신약의 성례는 구약시대에 쓰인 것과 근본적으로 다를 것이 없는데, 전자는 은혜를 제시하는 반면, 후자는 그것을 전형화하거나 예표하기 때문이다.

신약의 성례는 제정된 용도의 범위를 넘을 정도로 높은 비율을 가지고 있지 않을 뿐만 아니라, 신앙과 회개 없이 습관적으로 성례를 사용하는 사람들에게 아무 유익도 주지 못한다. 영아들에 관해서는 판단하는 바가 다른데, 믿는 부모의 자녀라는 사실만으로 충분하고, 그 아이들도 언약 안에 포함되는 것으로 본다.

신약의 성례는 마지막 때까지 지속되어야 하는 것으로 제정되었고, 그리하여 그것은 세상이 끝날 때까지 존속할 것이다. 이로써 다음과 같은 결론에 필연적으로 이른다. 어떤 교파의 지도자들이 과도한 열의에 의해 신자들이 참여해야 할 성례를 금하는 것이 정당한 일이고 죄도 되지 않는다는 적법하고 충분한 근거를 제시할 수도 있겠지만, 그리스도교 교파의 다양성 자체가 성례의 불이행을 정당화하지는 않는다.

토론 63

세례⁽⁶⁰⁾와 유아세례⁽⁶¹⁾에 관하여

세례는 신약시대에 처음 시작된 성례로서, 교회의 목회자가 성부와 성자, 성령의 이름으로 하나님의 언약 백성의 몸에 물을 뿌리는 의식이다. 그 목적은 그리스도의 피와 영에 의해 성취된 영적 세정(洗淨)을 지칭하고 증언하기 위한 것이다. 이 성례에 의해 하나님 아버지께 물로 깨끗함을 얻고, 성령에 의해 그의 아들에게 특유한 보물로서 성별된 사람들은 그 두 분들과 연합을 이루고 전 생애에 걸쳐 하나님을 섬길 수 있게 된다.

∴

60) 그리스어 동사 'βαπτώ(bapto: 담그다)'라는 낱말의 사역형인 'βαπτίζω(baptizp: 담그게 만들다)'에서 파생한 명사형 'βάπτισμα(baptisma: 담겨진 상태)'에 기원을 둔다. 현대 유럽 언어별로 음역되고 분화되어서 'βάπτισμα'는 영어로 'baptism', 이탈리어로 'battesimo', 에스파냐어로 'bautismo', 프랑스어로 'baptême'가 되었다.

61) 'paedo-baptism' 또는 'pedo-baptism'. 흔히 유아세례를 가리키는데, '어린아이'를 뜻하는 그리스어 'pais'에서 파생했다. 최종호, 「칼뱅의 바르트의 유아세례 논쟁에 관한 고찰」, 『기독교교육정보』 31권, pp. 57~81 참조.

이 제도의 제정자는 새 언약의 중보자이신 아들 안에 계신 하나님 아버지이시며, 두 분의 영원한 영에 의해 이루어진다. 세례를 최초로 거행한 이는 요한이지만, 그리스도는 요한에게 세례를 받으심으로써, 그리고 그 이후로 제자들을 통해 시행하게 함으로써 세례를 성례로서 확증하셨다.

그러나 세례는 기표와 기의에서 이중적이므로 하나는 물세례이고 다른 하나는 피와 성령의 세례다. 전자는 외적인 반면 후자는 내적이고, 따라서 세례의 형상과 질료 또한 이중적이다. 즉 외적인 세상에 속한 외적 세례와 하늘에 속한 내적 세례로 나뉜다.

외적인 세례의 질료는 물질적 요소인 물로서, 본성상 더러운 것을 깨끗하게 만들기에 적합하다. 따라서 물은 하나님께 드리는 예배에서 그리스도의 피와 영을 상징하고 증언하기에 적합하다. 바로 이 그리스도의 피와 영은 외적 세례가 지시하는 기의이고 내적 세례의 질료가 된다. 그러나 그리스도의 피와 영, 두 가지 모두를 몸에 뿌리고 그로부터 얻는 효과는 바로 이 물로 씻는 것과 그 씻음의 효과로 상징된다.

외적 세례의 형상은 하나님께서 제정하신 대로 다음의 두 가지를 요건으로 한다. 하나는 물로 씻음을 받아야 할 세례 수혜자이고, 다른 하나는 이 물로 씻음을 아버지의 이름, 아들의 이름, 성령의 이름으로 시행하는 것이다. 이와 유사하게도 그리스도의 피와 영에 의한 내적 세정과 연합은 오직 그리스도에 의해 완수되며, 그것을 가리켜 '내적 세례의 내적 형상'이라고 부른다.

세례의 일차적 목적은 그리스도로 말미암아 하나님께서 우리와 체결하신 새 언약에 따라 그리스도 안에서 은혜의 전달을 확증하고 인준하는 것이다. 이차적 목적은 그것을 통해 우리가 가시적인 교회에 들어온 것을 상징하고, 하나님 아버지와 우리 주 그리스도에게 우리가 이행해야 할 책무를 명시적으로 표현하는 것이다.

이 같은 세례의 대상은 물리적인 것이 아니라 오직 개인적인 것이다. 어른이건 어린아이이건 하나님의 언약 아래 있는 모든 백성은 어린아이가 언약에 속한 부모에게서 태어났거나, 적어도 부모 중 어느 한편이 하나님의 언약 백성인 한에서 그리스도의 피로 깨끗하게 될 것이 약속되었고, 그와 동시에 그리스도의 영에 의해 그들이 그리스도의 몸에 접붙게 될 것이기 때문이다.

이 세례는 입회 성례이므로 정기적으로 거행되어야 할 것이다. 왜냐하면 그것은 새 언약의 성례이기에 다시 변개되는 일이 없고, 세상 끝나는 날까지 지속될 것이기 때문이다. 또한 그것은 새 언약을 확증하고 그것을 봉인하는 표식이기 때문에 그것을 통해 은혜가 수여된다고 주장하는 것은 온당하지 않다. 즉 상징하고 봉인함으로써 완결되는 행위 이상의 무엇인가를 수여하는 행위라고 보는 것은 불합리하다. 은혜란 물에 의해 직접적으로 수여될 수 없기 때문이다.

토론 64

주님의 만찬에 관하여

앞에서 우리는 세례를 입회의 성례로 다루었으므로 이제 자격을 수여하는 성례인 주님의 만찬[62]에 대해 논의해야 할 것이다. 우리는 다음과 같이 정의 내린다. 주님의 만찬은 세상 끝나는 날까지 교회가 시행해야 하는, 그리스도에 의해 직접 제정된 새 언약의 성례다. 그것은 빵과 포도주를 받아서 먹을 수 있도록 적법하게 가시적으로 분배함으로써 주님의 죽음을 선언하고, 이어서 그리스도의 몸과 피를 마음으로 영접하고 음미하는 경험을 상징하는 성례전이다. 비로소 우리가 우리의 머리이신 그리스도와 하나가 되는 그러한 가장 내밀하고 근접한 연합 내지 교제를 통해 그리스도께서

62) 주님의 만찬은 여러 이름으로 불리지만 아르미니우스의 원문을 따라 'Lord's Supper'라고 옮겼다. 삼위일체(Trinity) 같은 용어처럼 성만찬(Holy communion)도 후대의 교회에서 창안한 용어다.

세운 제도와, 기표와 기의라는 유비 관계가 인준되고 확증된다. 또한 이것에 의해 신자들은 하나님께 감사하고 실천해야 할 책무, 서로 나누는 교제, 다른 모든 사람들로부터 구별된 삶을 고백한다.

우리는 그리스도를 이 성례의 제정자로 인식한다. 왜냐하면 오직 그리스도만이 하나님에 의해 성례전을 제정할 수 있고, 또 다른 성례에 의해 지시되고 봉인된 바로 이 성례를 효력 있게 거행할 수 있는 권한을 가진, 교회의 주와 머리로 서임되었기 때문이다. 이 성례의 질료는 본질에서 전혀 변화하지 않고 이전 상태 그대로 남아 있는 빵과 포도주다. 공간적 측면에서도 그것은 몸이나 피와 전혀 결합되지 않았기 때문에 몸이 빵 속에도, 그아래에도, 함께 있지도 않다. 주의 만찬에서 빵과 포도주는 따로 사용될 수없기 때문에 빵을 평신도들에게 분배할 때는 반드시 잔도 나누어야 한다.

우리는 이 성례의 형상을 상호 관계 안에서, 가장 완전한 연합으로 동일시한다. 그것은 기표와 그것에 의해 지시된 기의 사이에 존재하며, 그 둘은 모두 서로 교통하는 신자들을 지시하고, 그러한 유비와 유사에 의해 신자들은 연합체가 된다. 이 같은 결합 관계로부터 주의 만찬이라는 성례에서 상징들은 이중적 용도를 획득한다. 첫째는 이 기호들이 표상으로 쓰이는 것이고, 두 번째는 표상하는 가운데 그 기호들은 그의 은사에 의해 그리스도를 우리와 하나로 봉합하는 것이다.

이 성례의 목적은 두 가지다. 첫째, 하나님께서 주신 은혜의 약속에 대해, 그리고 우리가 그리스도에게 접붙임을 받았다는 진리와 확실성에 관해 우리의 믿음이 더욱 견고하게 되는 것이다. 둘째, 그리스도의 죽음을 기억함으로써 신자들이 하나님께 감사하는 마음과 책임감을 증명하는 것이고, 신자들 사이에 사랑을 증진시키는 것이며, 이 표징에 의해 신자들을 불신자들로부터 구별하는 것이다.

토론 65
교황주의 교회의 제사[63]에 관하여

'제사'라는 용어가 암시할 수 있는 다양한 함의를 차치해 두고 이 시점에서 우리는 우선 살아 있는 자와 죽은 자를 위해 사제들이 성부 하나님께 그리스도를 봉헌하는 의식으로서 교황주의자들이 외형적인 제사, 그리고 특별히 '속죄 제사'라고 선언한 바 있고, 그리스도께서 자신의 마지막 만찬을 경축하고 제정하셨을 때 그가 친히 그 성제(聖祭)를 축성하고 규정하셨

••

63) 제사를 의미하는 '미사'는 라틴어 'missa'에서 유래했고, 이후 가장 널리 쓰이는 것은 영어의 'mass'이다. 초기 원시 교회에서 미사는 빵 나눔, 2~3세기에는 감사 기도, 감사, 4세기에는 '제사, 봉헌, 성무, 집회' 등의 의미로 쓰였다. 또한 'missa'라는 라틴어는 '보내다', '떠나보내다', '파견하다'의 뜻을 가진 동사 'mittere'에서 파생했다. 본래 'missa'라는 용어는 교회 안에서 처음 사용된 것이 아니라, 로마 시대 일반 사회에서 통용되던 것이다. 즉 'Ite, missa est'라는 관용구는 법정에서 '재판이 끝났다'는 것을 선포한다든지 혹은 황제나 제후, 고관대작을 알현한 뒤 '알현이 끝났다'는 것을 알려 주는 말이었다. 이것을 교회가 받아들여 거룩한 집회인 미사성제가 끝났음을 선포하는 말이 되었다.

다는 그들의 주장에 대해 고찰하고자 한다.

첫째, 우리는 이 미사 제사가 주의 만찬이라는 성례 제도에 잘못 귀속되었다고 단언한다. 왜냐하면 그리스도께서 제정하신 것은 제사가 아니라 성례이고, 그 점은 그 성례 자체에서 뚜렷이 알 수 있다. 이 성례에서 우리는 하나님께 어떤 것도 바치지 않고, 적어도 외형적인 무엇인가를 바치라고 명령을 받은 바 없기 때문이다. 그럼에도 우리는 주의 만찬 성례에서 모든 행위에서 그러하듯이 신자들은 하나님께 기도와 찬양과 감사 등 내적인 제사를 드리도록 명령받았거나 내면적으로 그런 것이 존재해야 한다는 것을 인정한다. 그러한 견지에서 주의 만찬은 '유카리스트'로 불린다.

둘째, 이 미사성제는 그리스도의 희생의 본성, 진리성, 탁월성에 반대된다. 그리스도의 희생은 단 한 번의 속죄를 위한 완전하고 무한한 가치를 가진 것이며, 그리스도께서 자신을 드릴 때 "그는 거룩하게 되는 사람들을 단 한 번의 희생 제사로 영원히 완전하게 하셨습니다"(히 10:14)라고 성경이 증언하듯이 또 다른 제사의 여지를 남기거나, 이 같은 그리스도의 희생의 반복 가능성을 암시한 바가 전혀 없었다.

셋째, 그뿐만 아니라 그리스도께서 사람들에 의해 또는 그 자신 외 다른 어떤 사람에 의해 봉헌될 수 있다거나 그래야 한다고 상정하는 것은 완전히 틀린 것이다. 참으로 "거룩하시고, 순진하시고, 순결하시고, 죄인들과 구별되는"[64] 유일한 분인 그리스도 자신만이 희생 제물인 동시에 제사장이 되기 때문이다.

이 같은 특수한 측면을 통해 살아 있는 자나 죽은 자를 위해 인간이 여

⁝

64) 인용 구절의 전문은 다음과 같다. "그는 거룩하시고, 순진하시고, 순결하시고, 죄인들과 구별되시고, 하늘보다 높이 되신 분입니다."(히 7:26)

전히 어떤 속죄 제사를 드리는 일은 더 이상 불필요할 뿐만 아니라, 심지어 불경건한 일이기도 하다는 것이 명백해진다. 더욱이 죽은 자가 어떤 세정(洗淨)을 필요로 한다든지, 혹은 죽기 전에 용서받지 못했던 죄를 사면받을 수 있다고 생각하는 것은 어리석기 짝이 없는 무지의 소치다.

미사성제에서 희생 제물에 대해, 제사장에 대해, 희생을 통해 특혜를 얻을 것으로 상정되는 사람들에 관해 범할 수 있는 이 같은 매우 중대한 세 가지 오류 외에 넷째 오류가 하나 더 있다. 그것은 무엇보다도 가장 간악한 것 중 하나이며, 우상숭배와 연루되어 있다. 즉 이 희생 제물 자체가 그것을 바치는 사람들과 그 제사의 수혜자들에 의해 숭배되고, 제사는 장관을 이루는 허식으로 넘치는 것이다.

이로써 다음과 같은 결론에 필연적으로 이른다. "미사성제는 속죄를 위한, 재현적이고 기념비적인 제사다"라는 말에는 대당(對當) 관계뿐만 아니라 명백한 모순이 들어 있다.

토론 66

성례로 오인되는 다섯 가지 제사

성례의 본질을 구성하는 세 가지 요소, 즉 신적 제정, 외형적이고 가시적인 표식, 영원한 구원에 속하는 비가시적인 은혜의 약속은 필연적 요건이므로 이 중 하나라도 결여되면 결코 성례의 범주에 속할 수 없다.

그러므로 교황주의자가 단언하듯이 그리스도인의 이마에 하는 십자가 서명, 성유 바르기 같은 외형적인 표식을 사용하는 것은 충분히 성례로 인정될 수 없다. 왜냐하면 그런 표식은 그리스도에 의해 제정된 것이 아니기 때문이다. 그런 것은 구원하는 은혜에 속한 어떤 것을 상징하거나 봉인하기 위해 성별되지도 않았고, 또한 그 표식을 사용하거나 받음으로써 약속된 은혜와 연결될 수 있는 것도 아니다.

회개는 죄에 빠진 사람들 모두에게 주님께서 실제로 부과하신 행위이며, 그것에 대해 죄를 용서하는 약속이 주어졌다. 그러나 그 행위에는 신적 명령과 외형적인 표식을 통해 은혜가 주입되고 봉인될 수 있게 하는 어떤 것도 존재할 수 없다. 바로 그런 이유로 그런 제사 행위는 '성례'라는 명칭을 얻을 수 없다. 참회하는 사람을 용서하는 사제의 행위는 복음의 선언에 속하기 때문이다. 교황주의자에 의해 만족스러운 것으로 부정확하게 명명된 금식, 기도, 연보, 영혼에 고통을 가하는 것 같은 행위를 권면하는 절차도 마찬가지다.

생의 마지막 시간을 맞은 사람들을 제외하고 아무에게도 베풀지 않는 도유(塗油)를 교황주의자는 종부성사(終傅盛事)라고 부른다. 그런데 그것은 최소한의 능력이나 미덕도 없을 뿐만 아니라, 영적 은혜의 전제 조건을 지시하기 위해 그리스도께서 그 행위를 규정한 적이 없다. 그러므로 그것에는 성례라는 이름을 붙여서는 안 된다.

어떤 사람에게 교회의 어떤 직무에 서임하기 위한 순서나 법령, 추인 또는 임직식 같은 것도 성례로 분류해서는 안 된다. 왜냐하면 그것은 교회의 구성원들이 특별히 공적인 일에 부름을 받는 소명에 속한 일이지, 전체의 일반적 부르심에 속하지 않기 때문이다. 또한 그리스도께서 제정하신 것임에도 그 과정에서 어떤 외형적인 표식을 사용하든지 그것은 당사자를 (하나님께) 적합하게 만들거나 구원에 이르게 하는 은혜의 인치심에 속하지 못하고, 다만 이른바 구별하기 위한 방책으로 자유롭게 채택할 뿐이다.

남편과 아내 간의 혼인 관계는 그리스도와 교회 사이에 존속하는 영적 혼인과 어느 정도 유사성을 갖지만, 그럼에도 그 관계는 주님께서 그것을 지칭하기 위해 규정하신 것이 아니고, 또한 그것은 영적 은혜에 대한 어떤 약속과도 연결되지 않는다.

토론 67

하나님께 드리는 일반적 경배에 관하여

    하나님과 그리스도에 대한 우리의 의무 가운데 첫째 부분은 하나님과 그리스도에 대한 진실한 마음 또는 참된 믿음이다. 둘째 부분은 두 분에게 올바로 경배하는 것이다.

    이 부분을 가리키는 여러 가지 명칭들이 있다. 히브리인들 사이에 그것은 '아바드'(또한 '샤하아'), 즉 하나님께 드리는 공경 또는 경배와, 여호와를 경외하는 것으로 불린다. 그리스인들 사이에 그것은 경건을 뜻하는 유세베이아(εὐσέβεια)나, 거룩 또는 하나님에 대한 경배를 뜻하는 프로스퀴네오(προσκυνέω)'를 의미했다. 그리고 신앙을 뜻하는 데르에스케이아(θρησκεία), 하나님께 드리는 진정한 예배를 뜻하는 라트레이아(λατρεία), 신앙적 경외(오마주) 수준의 둘레이아(δουλεία), 신에게 바치는 예배를 뜻하는 데라페이아(θεραπεια), 명예와 관련한 티메(τιμή), 경외를 뜻하는 포본(φοβων), 신에 대한 사랑을 뜻하는 아가페 토우 데오(Ἀγάπη του Θεου) 등으로 이해되었다. 반면에 로마인들은 신적 경배에 관해 헌신적 믿음을 뜻하는 피에타스(pietas), 신에게 바치는 참배의 의미로 쿨투스(cultus) 또는 쿨투라 데이(cultura dei), 경외를 뜻하는 베네라치오(veneratio), 존경을 뜻하는 호노스(honos), 의무를 뜻하는 옵세르반치아(observantia) 등의 개념을 통해 접근했다.

신적인 경배는 우리에게 계시되고 선포된 하나님의 뜻에 따라 아버지와 아들의 영광을 위해, 예배하는 자들의 구원을 위해, 그리고 다른 사람들을 함양시킬 수 있도록 참된 믿음과 선한 양심과 가식 없는 사랑을 가지고서 하나님과 그리스도에게 반드시 이행해야 할 의무로 일반적으로 정의할 수 있다.

우리가 '의무'라는 낱말을 유개념(genus)으로서 경배로 지칭한 것은 그 낱말이 하나님과 그의 뜻에 대해 우리 마음과 의지가 갖는 명시적인 의도를 담아내기 때문이다. 그 의도는 부분적으로 하나님께 대한 우리 의무의 분량을 다하도록 삶을 고취한다.

경배의 대상은 그리스도교 전체와, 그것의 첫째가는 부분의 목적과 동일하며, 그것은 곧 신앙이다. 그 대상은 바로 우리가 종교적 신앙에 대해 총론적으로 접근하면서 설명했던 것과 동일한 형상적 근거에서 고찰의 주제로 삼는 하나님과 그리스도다.

우리가 그리스도인이라고 선언하게 하는 능동인 또는 경배자에 대해 우리는 하나님과 그리스도에 대한 참된 믿음, 그리스도의 피와 영에 의해 믿음을 통해 성별되고 깨끗해진 선한 양심, 그리고 진실한 사랑을 요구한다. 왜냐하면 그것 없이는 하나님께 드린 어떤 예배도 그에게 감사의 표현이 되거나 그가 용납하실 만한 것이 될 수 없기 때문이다.

경배의 질료적 원인은 하나님께 드리는 경배를 구성하는 특정 행위이지만, 하나님의 뜻 자체와 명령이 그것에 고유한 형상을 부여한다. 왜냐하면 피조물이 원하는 방식대로 경배하는 것은 하나님의 뜻에 용납되지 않고, 오직 하나님의 기뻐하시는 뜻과 명령에 따르는 것이어야 하기 때문이다.

경배의 으뜸가는 목적은 하나님과 그리스도의 영광이다. 그다음에 오는 목적은 경배하는 자들의 구원과 그 밖의 사람들의 함양을 위한 것이며, 그 두 가지를 통해 사람들이 그리스도에게 인도될 수 있고, 그리스도 앞에 나오게 될 때 그들은 더욱 헌신적이고 성숙한 신자가 될 것이다.

경배의 형상은 준수해야 하는 의무 그 자체로서, 경배를 받아야 할 대상의 존엄, 탁월성, 가치, 이 세 가지 모두에 적합하게 일치하는 구조를 가진다. 즉 주어진 법령에 따르는 경배자의 성향으로부터, 그리고 이 목적을 정초한 의도로부터 틀이 세워진다. 만일 이런 요건 중 어느 하나라도 결핍된다면 경배의 의무는 위반되고, 따라서 하나님을 불쾌하게 만들게 된다.

그러나 경배의 의무를 명령받은 사람이 그런 마음 상태로는 목적에 적합한 경배를 드릴 수 없겠지만, 하나님께서 규정하신 예배가 그런 이유로 해서 생략되어서는 안 된다.

토론 68

하나님께 드리는 일반적 경배의 법령에 관하여

하나님께 드리는 경배를 주제로 다루고자 하는 사람들에게 가장 손쉽게 택할 수 있는 길과 방법은 다음과 같은 것이다. 즉 경배에 대해 규정하고 있는 하나님 명령의 순서를 따라가면서 그 전체와 각각에 대해 고찰하는 것이다. 그 명령은 경배자에게 교훈과 지식을 주고, 또한 경배의 질료와 형상, 목적에 대해 규정할 것이기 때문이다.

하나님께 드리는 경배에 대해 규정하는 법령에서 일반적으로 세 가지 항목이 고찰의 대상이 된다. 첫째, 명령을 내리는 입법자의 권한과 권위, 그리고 그의 명령의 공정성을 떠받치는 토대. 둘째, 명령 자체. 셋째, 약속과 경고를 통한 법적 강제력. 이 중 첫째 항목은 '법령의 서문'이라고 부를 수 있고, 셋째 항목은 명령에 덧붙은 부가 사항인 반면에 둘째 항목은 법령의 핵심적인 본질 자체라고 볼 수 있다.

명령을 내리는 분의 권위와, 그것을 통해 그 명령의 공정성을 담보하는 토대나 서문은 모든 종교적 신앙의 공통된 기초다. 바로 그런 이유로 그것은 신앙의 토대가 된다. 예를 들면 "나는 주 너희의 하나님이다."[65] "나는 너의 방패다. 네가 받을 보상이 매우 크다."[66] "나는 너의 주 하나님, 너의 자손들의 하나님이다."[67] 이러한 표현을 통해 다음과 같은 결론을 이끌어 낼 수 있다. "그러므로 당신들은 주 당신들의 하나님을 사랑하며"[68] "나에게 순종하며, 흠 없이 살아라."[69] 또한 "그러므로 너는 나를 믿으라"[70]라는 명령을 듣게 될 것이다. 그러나 우리는 앞의 논의에서 이미 이 주제에 대해 논의한 바 있으므로 여기서는 이 문제를 다루지 않을 것이다.

나는 나머지 두 항목 각각을 가리켜 명령과, 그 명령의 법적 강제력 또는 부가 사항이라고 불렀다. 그 까닭은 일반적으로 법령에는 두 부분이 있고, 그중 첫째는 어떤 행위의 이행 또는 금지를 요구하고, 둘째는 처벌을

∵

65) 인용한 구절은 출애굽 이후 호렙산에서 모세에게 십계명을 수여하실 때, 먼저 하나님 자신의 신원을 밝히는 대목이며, 그 전문은 다음과 같다. "나는 너희를 이집트 땅 종살이하던 집에서 이끌어 낸 주 너희의 하나님이다."(출 20:2)

66) 인용한 구절은 아브라함이라는 새 이름을 받기 이전 시점에서 하나님이 '아브람'에게 자기가 누구인지를 밝히는 맥락에서 하신 말씀이다. "아브람아, 두려워하지 말아라. 나는 너의 방패다. 네가 받을 보상이 매우 크다."(창 15:1)

67) "나는 주, 너의 할아버지 아브라함을 보살펴 준 하나님이요, 너의 아버지 이삭을 보살펴 준 하나님이다. 네가 지금 누워 있는 이 땅을 내가 너와 너의 자손에게 주겠다."(출 28:13)

68) "그러므로 당신들은 주 당신들의 하나님을 사랑하며, 그의 직임과 법도와 규례와 명령을 항상 지키십시오."(신 11:1)

69) "나는 전능한 하나님이다. 나에게 순종하며, 흠 없이 살아라."(창 17:1)

70) 믿음이 합법적 명령임을 보여 주는 사례 중 예수께서 마르다에게 주신 말씀은 권면이라기보다 명령임을 볼 수 있다. 따라서 자연스럽게 마르다의 신앙고백이 이어진다. "예수께서 마르다에게 말씀하셨다. '나는 부활이요 생명이니, 나를 믿는 사람은 죽어도 살고, 살아서 나를 믿는 사람은 영원히 죽지 아니할 것이다. 네가 이것을 믿느냐?' 마르다가 예수께 말하였다. '예, 주님! 주님은 세상에 오실 그리스도이시며, 하나님의 아들이심을 내가 믿습니다.'"(요 11:25~27)

제시하는 조항이기 때문이다. 그러나 우리는 '부록'이라고 불리는 후반부가 다음의 목적을 위한 것, 즉 전반부에서 하나님께서 그가 바라시는 것을 얻을 경우 복을 내리시며 그 결과를 만끽하지만, 그렇지 않을 경우 처벌을 내리신다는 것을 규정하고 있음을 유념해야 한다.

그 법령에 관하여 그것들 각각에 대해 다루기에 앞서 우리는 먼저 모든 법령에서 고찰되어야 할 것을 일반적으로 관찰해야 한다. 첫째, 모든 법령의 대상은 두 가지 유형으로 구분된다. 즉 하나는 형상적 대상이고, 다른 하나는 질료적 대상이다. 또는 첫째는 형상적으로 요구되는 것이고, 둘째는 질료적으로 요구되는 것이라고 말할 수 있다. 이 중에서 전자는 모든 상황과 모든 법령에서 균일한 반면, 후자는 서로 상이하거나 구별된다.

형상적 대상 또는 형상적으로 요구되는 것은 이행되어야 하는 순종의 수단이 되는 특정한 사물, 또는 순종이 지향하는 행위를 전혀 고려하지 않는 순전한 순종 자체다. 우리는 그런 종류의 순종을 '맹목적' 순종이라고 부를 수 있다. 다만 문제의 이 행위가 하나님께서 명령하신 것이라는 지식이 반드시 선행되어야 하는 것은 예외다.

질료적 대상 또는 질료적으로 요구되는 것은 순종하기 위해 수행해야 하거나 금해야 하는, 특별하거나 특수한 행위 자체다.

형상적 대상으로부터 적극적인 수행에 의해 순종하는 것을 하나님께서 원하신다고 생각되는 행위는 그 본성상 실행하고 싶지 않은 혐오적인 측면을 가질 것이며, 하나님의 명령에 의해 금지된 것은 그 본성상 인간의 마음이 이끌리는 행위일 것이라고 추론할 수 있다. 그렇지 않다면 전자의 행위를 수행하는 것이나 후자의 행위를 금하는 것을 '순종'이라고 부를 필요가 없을 것이다.

이 같은 전제로부터 문제의 행위를 실행하거나 보류하는 것은 인간의 본성, 즉 금지된 행위에 마음이 이끌리고 규정된 것에 대해 혐오감을 느끼는 근본 성향을 극복하고 제한하려는 원인에서 기인하는 것으로 귀결된다.

토론 69

순종, 곧 모든 신적인 명령의 형상적 대상에 관하여

모든 신적인 명령의 형상적 대상이며, 모든 명령이 규정하는 순종[71]은 자유의 양태를 따라 스스로를 인도하는 의지에 대해 규정된 것이라고 보는 것이 마땅하고 적절하다. 즉 근본적으로 자유롭기 때문에 본성의 양태에 따라 자기 자신을 인도하는 의지를 규제하는 것이다. 다시 말해 명령은 선천적 성향을 규제하여 명령을 순종하도록 인도하기 위한 것이다.

자유는 모순(contradiction)[72] 또는 행사(exercise)의 자유, 때로는 반대

..

71) '순종'은 히브리어로 '듣다'를 뜻하는 '샤마'에서 기원한다. 영어 'obedience'는 라틴어 'oboedire'에서 비롯되었다. 'oboedire'는 '~앞에'를 지시하는 'ob'과 '듣다'를 뜻하는 'audire'가 합쳐진 단어다. 따라서 히브리어나 라틴어의 '순종'이라는 낱말의 근본적인 뜻은 '귀를 주다, 주의를 기울이다'이다.

72) 모순(contradiction)과 반대(contrariness)는 혼동하기 쉽다. 혼란을 피할 수 있는 간명한 방법 중 하나는 양립 가능성(compatibility) 여부를 조사하는 것이다. 예를 들어 A와 non-A는 양립할 수 없지만, 남자와 여자는 반대 또는 대립 관계에 있음에도 서로 양립할

(contrariety) 또는 특정화(specification)의 자유를 뜻할 수 있다. 행사의 자유에 따르면 어떤 행위를 절제하기보다 수행하는 편을 선호하는 의지나 그 반대로 기울어지는 성향을 규제한다. 특정화의 자유에 따르면 의지는 어떤 행위에 의해 이 대상보다 저 대상을 지향하는 성향을 규제한다.

모든 명령의 이 같은 형상적 대상과 이제까지 고찰한 관계로부터 모든 명령의 적극적 이행을 지시하는 것과 특정 행위를 금하는 것으로, 즉 (특정 행위에 대한) 명령이나 금지로서 분류되는 최초의 분배[73] 또는 형식적 주연(周延)이 발생한다.

금지 명령은 강한 구속력을 갖기 때문에 어떤 사람도 금지된 것을 행동에 옮겨서는 안 된다. 개인적으로 유익을 얻을 수 있을 경우에도 불의한 일을 하지 말아야 하기 때문이다. 그러나 이것은 우리가 때때로 금지된 일을 해도 될 수 있는 유일한 이유에 불과하다.

적극적 명령을 내리는 계명은 명령한 것을 매 순간마다 수행해야 하는 식으로 엄격한 구속력을 갖는 것은 아니다. 인간이 명령받은 대로 행하거나 행할 수 없는 기회를 항상 선택할 수 있는 것은 아니지만, 명령대로 그렇게 엄격하게 이행하는 것은 불가능하기 때문이다. 상황과 위급한 정도에 따라 적절한 행위가 뒤따라야 한다. 따라서 다니엘이 사흘 동안 하나님

∴

수 없는 것은 아니다.

73) 분배 또는 주연(周延)으로 번역되는 논리학 용어인 분배(distribution; Verteilung)는 S에 대해 확충적으로 P일 것을 요구한다. 그 경우 S는 주연되어 있다고 말한다. '어떤 S도 P가 아니다'에서는 S도 P도 주연되어 있다. 왜냐하면 여기 P의 외연 전체가 S가 아니라고 주장되기 때문이다. '어떤 S는 P다'에서 S, P 모두 부주연(不周延)이다. '어떤 S는 P가 아니다'는 S는 부주연이고 P는 주연인데, 이것은 적어도 약간의 S가 P의 전체 외연의 외부에 있는 것으로 판단되기 때문이다. 전제에서 주연되어 있지 않은 개념을 결론에서 주연해서는 안 되는 것은 추론의 중요한 규칙이다.

께 기도하지 못하게 막은 것은 불법적이었다.

금지 명령과 수행 명령은 서로 정반대된다. 수행 명령의 예로는 "하나님을 사랑하고, 그를 미워하지 말라" "세상을 미워하고, 세상을 사랑하지 말라"가 있다. 대상에 관한 명령일 경우 "하나님을 사랑하고, 세상을 사랑하지 말라" "세상을 미워하라, 그러나 하나님을 미워하지 말라"가 있다. 금지 법령을 위반하는 것이 수행 명령보다 더 심각한 것은 그것이 순종보다 한층 중대한 위반이기 때문이고, 금지된 악한 행위를 실행하는 것은 적극적으로 실현해야 하는 선을 결여하기 때문이다.

토론 70

일반적인 하나님의 명령에 대한 순종에 관하여

순종을 실천하는 것은 낮은 자의 의무이므로 순종이 실제로 이행되기 위해서는 겸손이 요구된다. 일반적으로 겸손은 기꺼이 타자에게 복종하고, 그의 명령을 수용하고 그것을 실행에 옮길 수 있게 하는 것으로, 현재 문맥에서 그것은 하나님께 자신을 굴복하게 만드는 인간적 특질이다.

순종은 부분적으로 내적 행위와, 부분적으로 외적 행위와 연관된 측면을 갖는다. 양 측면에서 순종할 수 있기 위해서는 전폭적이고 참되고 성실한 겸손이 요구된다. 하나님은 영이시고, 속사람과 겉사람이 일치하는 전인적 순종, 즉 자발적인 욕구에서 일어나고 몸의 지체들에 의해 실현되는 순종을 요구하고 마음을 감찰하시는 분이기 때문이다. 내적 행위가 없는 외적 행위는 위선이며, 행위자 자신의 직접적인 잘못이 없는데도 외적 행위를 수행하지 못하게 방해를 받지 않는 한 외적인 행동이 뒤따르지 않는 내적 행위는 불완전할 뿐이다.

이것과 함께 스콜라주의 신학자들이 표현했던 것이 서로 겹친다. 그것은 "오직 행위의 본질만을 따라 명령을 이행하거나, 요구된 특질과 양태에 따라 이행하거나 둘 중의 하나"라는 것인데, 그런 의미에서 루터가 "부사(副詞) 없이 말하기"라고 말한 것과 일맥상통한 것처럼 보인다.

속사람, 마음의 의욕, 적법한 양태에 속하는 순종, 즉 전폭적이고, 참되며, 성실한 순종을 수행하기 위해서는 하나님의 은혜와 특별한 도우심이 필요하다. 그러나 우리는 '일반 은총'이라 부르는 특별한 종류의 도우심과 반대되고 확연히 구별되는 하나님의 계시와 도우심만으로 신체의 외적 행위와 그 행위의 본질을 실현하기에 충분한가 하는 문제에 대해 논의하고자 한다.

순종할 수 있게 영적 감동과 함께 자극하고, 강력하게 촉구하는 특별한 은혜는 인간의 지성과 감성적 성향을 신체적 운동으로 발전시킨다. 그 때문에 우리가 그러한 자극에 따르는 것은 당연하지만 도덕적 숙고가 없는 한, 즉 설득의 양태와 인간 자유의지의 중재를 거치지 않는 한 자유의지는 강제성을 배제할 뿐만 아니라, 선행하는 모든 필연성과 결정에도 따르지 않으므로 단순한 자극만으로는 인간으로부터 동의를 얻거나 이끌어낼 수 없다.

그러나 '협동적이고 동반적인 은혜'라고 불릴 수 있는 은혜의 특별한 협력이나 도우심은 그 본성이나 효력에서 방해하거나 작동시키기 위해 자극하고 역동적인 은혜와 다를 것이 없는, 실제로 동일한 은혜가 지속되는 것뿐이다. 그러나 그것이 '협동적'이거나 '동반적'인 것은 방해하거나 작동시키는 은혜가 실제로는 인간의 자발성을 이끌어내는 인간적 의지와 병행하기 때문이다. 당사자가 감동의 은혜에 저항하지 않는 한 그러한 동반적 작용은 감동의 은혜가 주어지는 사람에게 거부되지 않는다.

이 같은 전제로부터 우리는 중생한 사람이 자연적 능력에 의해 할 수 있는 것보다 더 많은 선을 행할 수 있고, 그가 실제로 제어하는 것보다 더 많은 악을 자제할 수 있다는 결론을 이끌어 낼 수 있다. 그러므로 아우구스티누스가 이해했던 의미에서나 우리 신학자들 중 어떤 이들이 이해하는 방식에서도 순종을 실천하기 위해 유효한 원인이 필요하지 않다. 이것은 아우구스티누스의 교의에 매우 잘 부합한다.

이로써 다음과 같은 결론에 필연적으로 이른다. 상호작용은 단지 행위자의 자유를 방해할 뿐 그것을 파괴하거나 제거하지는 않는다. 자연적인 성향의 중재나 간섭을 통하지 않는 한 실제로 그러한 한계 설정은 이루어지지 않는다. 따라서 자연적 성향은 상호작용보다 자유에 대해 더 대립적이다.

토론 71

율법의 일반적 명령의 질료적 대상에 관하여

추상적 관점에서 형식적 순종은 하나님의 법이 부과하는 모든 명령의 형상적 대상이므로 반드시 이행되어야 할 순종을 실행에 옮기는 행위 자체가 그러한 명령의 질료적 대상이 된다.

그렇기 때문에 순종이 외형적으로 나타난 것일 때, 즉 순종에서 비롯된 행위일 경우, 또는 순종하려는 의도와 욕구를 통해 나타난 것이라면 그 행위는 긴 안목에서 율법에 부합하고, 또 율법에 맞추어 수행된 것으로 말할 수 있다. 그처럼 순종하고자 하는 욕구는 필연적으로 그 행위가 하나님께서 명하신 것임을 아는 특정 지식을 선행 조건으로 갖는다. 사도 바울의 표현한 바에 따르면 "믿음에 근거하지 않는 것은 다 죄입니다."[74]

⋮

[74] 사도 바울이 이 말을 한 것은 고기를 먹거나 술을 마시는 것 자체가 율법에 부합하는가 하는 문제에 대해 논의하는 맥락에서였다. 중요한 것은 어떤 행위를 하든지, 심지어 외형적으

따라서 하나님의 명령과 그 명령에 대한 지식이 선행하지 않는 한 선한 의도 자체는 어떤 행위를 정당화하기에 충분하지 않다. 물론 선한 의도가 없이는 어떤 행위도, 심지어 하나님께서 명하신 것이라 해도 그것 자체로 하나님을 기쁘게 할 수 없다. 그러나 우리는 '행위(action)'이라는 용어 아래 부작위(不作爲)도 함께 이해해 보려 한다.

그러므로 선한 행위는 보편적으로 다음과 같은 조건을 요구한다. 첫째, 하나님께서 명하신 행위일 것. 둘째, 그것이 하나님께서 명령하신 행위라는 것을 인간 행위자가 알고 있을 것. 셋째, 하나님에 대한 믿음이 없이는 불가능한 것으로서, 인간 행위자는 하나님께 순종하고자 하는 의도와 욕구를 가지고 그 행위를 수행할 것. 여기에 첨가해야 할 것으로 그리스도와 그의 복음에 속하는 특별한 조건이 있다. 즉 그리스도에 대한 믿음을 통해 행할 것인데, 그리스도 안에서, 그리고 그를 믿는 믿음을 통하지 않는 한 은혜의 상태에서 죄를 범한 후에는 어떤 행위도 하나님께 용납될 수 없기 때문이다.

그러나 율법에 규정되어 있는 행위는 왜 그것이 하나님의 마음을 흡족하게 하거나 그렇지 못하는지, 왜 그것을 하나님께서 명하시거나 금지하시는지에 대해, 그 자체로 그리고 본성상 그런 문제와 무관한 것일 수도 있고, 아니면 그 행위가 함유하는 다른 어떤 것 때문일 수도 있다. 그 행위 중 전자의 범주를 규정하는 율법은 '실정법', '상징법', '의식법'이라고 불린다. 후자의 범주를 규정하는 율법은 '도덕법'과 '십계명'이라고 불린다. 그

∴

로 율법을 따르는 일을 하더라도 그 행위가 정직한 믿음에서, 그리고 그 명령이 하나님께서 내린 것임을 아는 지식에서 나왔느냐 하는 것이다. 인용한 구절의 전문은 다음과 같다. "의심을 하면서 먹는 사람은 이미 단죄를 받은 것입니다. 그것은 믿음에 근거해서 한 것이 아니기 때문입니다. 믿음에 근거하지 않는 것은 다 죄입니다."(롬 14:23)

것은 또한 '자연법'으로 부르기도 한다. 후자의 법에 대해 우리는 뒤에서 길게 논의해 볼 것이다.

도덕법에 의해 순종을 행동으로 이행하도록 규정하는 중요한 행위는 일반적인 것이고, 율법 전체와 명령을 전부 그리고 각각 준수하는 것을 전제로 하는 것이거나, 아니면 십계명의 각 명령에 특별하고 특유하게 규정된 것이다. 일반적인 행위는 하나님을 사랑하고, 공경하며, 경외하는 것과 그를 의지하는 것이다. 특별한 행위는 법령 각각의 특수성에 대한 설명에서 다룰 것이다.

토론 72
하나님에 대한 인간의 의무인 사랑, 경외, 신뢰, 공경에 관하여

이들 일반적인 행위는 첫째 행위 범주와 둘째 행위 범주 안에서 각각 고찰할 수 있다. 첫째 범주에는 정서(affections)의 하위 유형이 속한다. 둘째 범주에는 행위 각각에 적합한 이름이 부여된다. 그러나 하나의 정서와 그와 연관된 다음 행위 사이에 긴밀한 연합과 본성의 일치가 이루어지는 경우 사랑이나 경외, 의지, 공경의 경우 '하나의 정서'와 '하나의 행위'가 동일한 명칭을 갖게 된다.

하나님에 대한 사랑은 인간이 마땅히 해야 할 행위로서, 그 정서를 통해 그는 다른 어떤 것보다 먼저 하나님과의 연합과 거룩한 율법을 준수하는 것을 분리와 불순종을 낳는 미움의 감정보다 의식적으로, 그리고 기꺼이 선호하게 된다.

하나님을 경외하는 것 역시 인간의 의무에 속하는 행위다. 경외심은 그로 하여금 자신이 하나님으로부터 분리되는 일이 없도록 하나님을 불쾌하게 만드는 것(그의 명령을 위반하는 것을 포함하여), 그의 진노와 질책, 하나님에 대해 어떤 식으로든지 (악의적이고) 불길한 방향으로 추측하는 것을 무엇보다도 경계하고, 의식적으로 그리고 기꺼이 피할 수 있게 한다.

하나님을 신뢰하는 것 역시 인간의 의무에 해당하는 행위로서, 그것에 의해 인간은 의식적으로 그리고 기꺼이 오직 하나님께만 의존하면서 자기에게 유익하거나 구원으로 이끄는 모든 것을—악을 제거하는 일도 포함하여—하나님께서 공급하실 것을 바라며 기대한다.

하나님을 높이는 공경은 인간의 의무에 속하는 행위로서, 하나님의 탁월하신 미덕과 행위에 대해 의식적으로 그리고 기꺼이 보답하려 한다.

율법에 의해 규정되고 인간이 마땅히 이행해야 할 의무로서 이 모든 행위의 대상은 바로 하나님 자신이다. 이런 행위가 다른 어떤 목적을 위해 수행되든지 그것은 반드시 하나님 때문에, 그가 내리신 명령이기 때문에 이행되어야 한다. 그렇지 않을 경우 아무도 그 행위를 진실로 '선한' 것으로 부를 수 없기 때문이다.

그 대상의 형상적 원인, 즉 왜 이 행위를 하나님께 드릴 수 있고 또 그래야만 하는가 하는 것은, 곧 하나님의 지혜, 선하심, 정의, 권능, 그리고 그것들을 따라 하나님을 통해, 하나님에 의해 이루어지는 행위에 의해 규명된다. 그러나 우리의 경건한 논의의 주제로 삼고자 하는 것은 다음의 물음이다. 단순한 행위를 요구하는 이러한 의무 중에서 어느 것이 선행되어야 하고 어느 것이 뒤에 수반되어야 하는가?

이 같은 행위의 직접 원인은 지성과 내적 성향, 의지의 자유를 따라 움직이는 인간으로서, 그것은 자연적 인간이 아니라, 하나님의 생명을 닮도록 창조된 영적 인간이다.

주 원인은 성령으로서, 그는 중생의 사역에 의해 인간에게 사랑과 경외,

의지와 공경심 같은 정서를 주입하시고, 은혜를 활성화함으로써 인간을 독려하고, 이차 행위 차원으로 진입하게 하시며, 은혜와의 협동을 통해 인간이 스스로 그러한 이차 행위를 실행에 옮길 수 있게 한다.

이 같은 행위의 형상은 그것이 믿음을 통해 하나님의 명령을 따라 실행되어야 하는 것에 있다. 이 행위의 목적은 그 행위자들 자신의 구원, 하나님의 영광, 다른 사람들에게 제공하는 유익과 확증이다.

토론 73

특수한 순종 행위 또는 각 법령에 규정되거나 십계명 일반과 관련한 행위에 관하여

특별한 순종의 행위는 십계명과 계명들 각각에 규정되어 있다. 그러므로 우리는 십계명 그 자체의 순서를 따라 고찰해야 한다.

십계명을 구획 짓는 손쉬운 방법은 서문과 각 명령으로 나누는 것이다. 서문에는 다음과 같은 선언이 들어 있다. "나는 너희를 이집트 땅 종살이 하던 집에서 이끌어 낸 주 너희의 하나님이다." 이것을 서문으로 다루는 까닭은 우리가 이것이 첫째 계명만이 아니라 십계명 전체를 포괄한다고 생각하기 때문이다. 그렇다고 해서 그것이 사소하고 덜 중요한 내용을 다루고 있다고 말하는 것은 현명하지 못한 일일 것이다.

이 서문은 권면에 대한 총론적 단언, 즉 이스라엘 백성이 왜 여호와에게 순종해야 하는지와 그 두 가지 이유—첫째는 연맹 또는 계약의 권리 조항에서 연유한 것이고, 둘째는 그들에게 수여된 지 오래되지 않은 어떤 특수하고 놀라운 은총에 바탕을 둔 것이다—를 담고 있다. 이 중 전자에는 "주 너희의 하나님"이, 후자에는 "너희를 이집트 땅에서 이끌어 낸"이라는 표현이 들어 있는데, 그 은총이 크게 찬양할 만한 것이라는 것을 알 수 있게 하는 수식어구가 덧붙어 있다. 즉 이집트는 이스라엘 백성이 "종살이하던 집"이었기 때문이다. 그들이 겪은 노예 생활의 참상을 강조함으로써 그들이 자신들에게 어떤 일이 일어났던 것인지를 상기할 수 있게 하려는 뜻인 듯하다.

"너희의 하나님"이라는 선언은 창조를 지시하기도 하고, 그로 인한 혜택을 포함하기도 하지만, 그보다 더 큰 개연성은 그것이 이 백성과 체결한 계약의 결말을 특별히 지시한다는 점에 있다.

이 서문으로부터 우리는 바로 앞의 논의에서 다루었던 것, 즉 하나님에 대한 사랑, 경외, 의지, 공경 같은 일반적인 행위를 쉽게 추론할 수 있을 것이다. 여호와는 그들을 이집트로부터 구원한 그들의 하나님이시므로 그들이 그를 사랑하고 경외하며, 높이 받들고, 온전히 의지하는 것이 지극히 마땅한 일이고, 또 유익한 일이기도 하기 때문이다.

그러나 명령을 총체적으로 올바로 수행하기 위해서 일반적으로 유념해야 할 몇 가지 사항이 있다. 그것은 다음과 같다.

하나님의 율법은 입술과 마음, 행위를 망라하는 온전한 순종, 즉 내면적으로나 외형적으로 모두 포괄하는 순종을 요구한다. 하나님은 우리의 영과 육신이 통합된 전인적 존재의 하나님이시고, 그가 중점적으로 보시는 것은 우리의 마음이기 때문이다.

십계명의 명령에 대한 설명은 모세와 다른 선지자들로부터, 그리스도와 사도들로부터 들어야 한다. 그런 설명은 충분할 정도로 풍부하므로 구약성경과 신약성경에서 나온 것이 아닌다른 어떤 것도 필요하지 않다.

각 명령의 의미는 그것이 제시된 목적에 비추어 파악되어야 하고, 명령을 실천에 옮길 수 있기 위해 요구되는 모든 것이 그 안에 들어 있는 것으로 생각해야 한다. 그러므로 하나의 동일한 행위가 상이한 목적에 기여할 경우, 그 행위는 상이한 명령에 준거하는 것이다.

긍정문은 그것과 반대되는 부정문을 함유하고, 부정문은 그것에 반대되는 긍정문을 함유하는 것으로 보인다. 하나님께서 왜 어떤 것은 부정 형태로, 또 다른 어떤 것은 긍정 형태로 선언하시는지에 대해 설명할 수 있겠지만, 하나님은 우리가 악을 멀리할 것뿐만 아니라 선을 적극적으로 실행할 것도 요구하시기 때문인 듯하다.

동일한 명령에서 동질적이고 동종 계열에 속한 행위가 명령되기도 하고 금지되기도 한다. 하나의 유(genus)는 하위 종들을 포섭하는데, 동일한 명령에서 달리 결정되어야 하는 정당한 법이 존재하지 않는 한 하나의 종은 그 명령과 제휴 관계에 있는 다른 종들을 포괄한다.

원인 안에 들어 있는 결과, 또는 결과 속에 들어 있는 원인(그 역이 필연적이고 본성을 따를 경우)은 우유성(偶有性)을 통해 명령되거나 금지되거나 하지 않는다.

서로 상관관계에 있는 것 가운데 어느 하나가 명령되거나 금지될 경우, 다른 것도 명령되거나 금지되는데, 그것은 상호적으로 자신들을 규정하고 또 배제하기 때문이다.

두 계명을 준수하는 일이 동시에 양쪽 모두에게 관철될 수 없을 경우, 중요도가 더 큰 것을 고려해야 하는데, 그것을 행하는 편이 더 크고 정당한 원인이 존재하기 때문이다.

토론 74

십계명의 첫째 명령에 관하여

십계명의 법령은 첫째 법령의 묶음과 그 다음 법령의 묶음으로 간단히 나눌 수 있다. 첫째 묶음에는 하나님 자신에 대한 우리의 의무를 직접적으로 규정한 법령이 들어 있고, 그 유형은 네 가지다. 둘째 묶음에는 동료 인간들에 대한 우리의 의무에 관한 법령이 들어 있고, 여기에는 여섯 개 법령이 해당한다.

각 묶음의 법령 사이에 존속하는 관계는 다음과 같다. 하나님에 대한 사랑과 그것에 준거해 우리는 이웃에 대해 사랑을 보여 주고 사랑의 의무를 다할 수 있다. 우리가 어쩔 수 없이 하나님에 대한 의무나 우리 이웃에 대한 의무 중 하나를 포기해야 할 경우, 우리는 이웃보다 하나님을 더 중시해야 한다. 그러나 이러한 관계는 전례 제사에 속하지 않은 법령의 경우에만 해당하는 것으로 이해해야 한다. 그 밖의 경우에는 (전례에 관한 것일 때) 다음 선언이 유효하게 적용된다. "나는 자비를 원하고, 제사를 원하지 않는다."[75]

첫째 계명은 "너희는 내 앞에서 (또는 나의 등 뒤에서) 다른 신들을 섬기지 못한다"(출 20:3)이다. 이 부정 형식의 법령에는 부가적인 긍정 형식의 법령이 선행적이고 선결되어야 할 조건으로서 내포되어 있거나 전제되어 있음이 확실하다. "너희는 나를 주 너희의 하나님으로 섬겨야 한다." 이것은 "나는 주 너희의 하나님이다"라는 서언으로부터 직접 귀결되는 말이다. 따라서 "나는 주 너희의 하나님이 될 것이다" 또는 "너희는 나를 주 너희의 하나님으로 섬겨야 한다"라는 명령도 똑같이 함축된다.

그러나 "주 여호와를 우리의 하나님으로 섬길 것이다"는 우리의 지성과 자연적 성향이나 의지에 속하는 문제이며, 끝으로 그것은 양자로부터 또는 그 각각으로부터 산출되는 결과의 일부다.

'다른 신'이란 인간의 마음이 만들어 낸 어떤 것이든지 오직 참된 하나님에게만 적절하고 합당한 신성을 귀속한 것을 지시하고, 그러한 신성은 본질과 생명, 또는 속성이나 행위, 영광 등 어떤 것이든지 포괄한다.

혹은 인간이 신성을 귀속한 것은 현존하는 대상이거나 인공물일 수도 있고, 아니면 실존하지 않거나 단지 상상적인 것에 불과할 수도 있다. 상상으로 만들어 낸 허구일 경우 그것 역시 절대적으로, 근본적으로, 실질적으로 인간의 귀속 행위의 산물일 뿐이고, 결코 신성을 귀속할 수 없음에도 다른 신들이 공유하는 종류의 신성을 부여받은 '또 하나의 신'이 된다. 따라서 성경에서 찾을 수 있는 그 말—'다른 신'—의 기원은 "너희의 마음 내

..
75) 마태복음 12장 7절. 이 선언은 안식일에 율법을 지키는 것과 병자를 고치는 것 중에서 어느 것이 안식일 정신에 더 부합하는지를 지적하기 위해 그리스도께서 다윗의 고사를 인용하신 것이다. 호세아 6장 6절도 같은 정신을 나타낸다. "내가 바라는 것은 변함없는 사랑이지 제사가 아니다. 불살라 바치는 제사보다는 너희가 나 하나님을 알기를 더 바란다."

키는 대로 따라가 스스로 색욕에 빠지는 것"[76]이다.

그러나 이 다른 신은 성경에 따르면 세 가지 다른 유형으로 이해할 수 있다. 다른 신을 섬기는 사람들은 그들 자신이 처음으로 그것을 만든 사람들이거나, 부모로부터 그를 물려받았거나, 그들 자신이나 그들의 조상도 모르는 다른 민족들에게서 전달받았을 것이다. 그리고 이 마지막 경우는 타인의 설득을 통해, 또는 자유롭고 자연스러운 의지의 선택에 의해 이루어진다.

그렇기 때문에 다른 신은 진실로 '우상'으로 불릴 만한 것이다. 마음에서 의도한 것이든지, 추측, 인정, 믿음에 의해서든지, 혹은 열정이나 사랑, 경외, 의지, 소망에 의해서든지, 외적인 어떤 영예나 경배, 숭배, 기원에 의해서든지 그런 것을 다른 신으로 받아들이고 추앙하는 행위는 우상숭배가 된다.

이 죄의 극악함은 다음과 같이 기술된 사실에서 확연히 드러난다. "자기들의 통치 영역에 머물지 않고 그 거처를 떠나는 것",[77] "생수의 근원을 떠나간 것",[78] "물이 새는 웅덩이를 파서 그것을 샘으로 삼은 것",[79] "거룩한

∙∙

76) 민수기 15장 40절에서 하나님은 그가 이스라엘의 하나님이시고 마땅히 그들의 섬김을 받아야 할 분임을 천명하신다. "나는 주 너희의 하나님이다. 너희의 하나님이 되려고 너희를 이집트 땅에서 이끌어 내었다. 내가 주 너희의 하나님이다." 이 결론 바로 앞부분은 거짓된 '다른 신들'의 기원이 우리의 더러운 욕심과 정욕임을 밝혔다. "너희는 대대손손 옷자락 끝에 술을 만들어야 하고, 그 옷자락 술에는 청색 끈을 달아야 한다. 그래야만 너희는 마음 내키는 대로 따라가거나 너희 눈에 좋은 대로 따라가지 아니할 것이고, 스스로 색욕에 빠지는 일이 없을 것이다. 그리고 너희가 나의 모든 명령을 기억하고 실천할 것이며, 너희의 하나님 앞에 거룩하게 될 것이다."(민 15:38~40)

77) "또 그는 자기들의 통치 영역에 머물지 않고 그 거처를 떠난 천사들을 그 큰 날의 심판에 붙이시려고 영원한 사슬로 매어서 어둠에 가두어 두셨습니다."(유다서 1:6)

78) "주님을 버리는 사람마다 수치를 당하고, 주님에게서 떠나간 사람마다 생수의 근원이신 주님을 버 리고 떠나간 것이므로 그들은 땅바닥에 쓴 이름처럼 지워지고 맙니다."(렘 17:13)

79) "참으로 나의 백성이 두 가지 악을 저질렀다. 하나는 생수의 근원인 나를 버린 것이고, 또

결혼 관계를 불성실하게 저버리는 것",[80] "혼인 서약을 위반하는 것". 물론 이방인들은 하나님에 대한 무지로 인해, 그리고 하나님의 삶으로부터 소외되어 있는 까닭에 자기들이 하나님께 드리는 것으로 가정하는 것이면 무엇에게든지 제물을 바치는 것으로 말해진다.

사람들이 마귀에게 경배하게 되는 것은, 물론 그들은 그렇게 생각하지 않지만, 그 원인은 바로 이것이다. 사탄은 모든 우상숭배의 근원이자 뿌리이며, 다른 신에게 바치는 모든 경배의 창시자, 설득자, 추진자, 승인하고 옹호하는 당사자이기 때문이다. 그러므로 누구든지 자기 자신을 사탄으로 내세우며 자기가 하나님인 양 자랑하면서 사탄을 신으로 간주하거나 사탄으로서 그에게 신성을 귀속할 경우, 그것은 최고 수준의 우상숭배가 된다.

그러나 이방인들은 천사나 마귀를 경배하지만 최고의 주재이신 하나님으로서가 아니라, 작은 신이나 그 부하로서 여기는 것인데, 그들의 중재에 의해 그들이 최고의 주재이신 하나님과 소통하게 될 가능성도 있다. 그렇지만 그들이 바치는 경배는 여전히 우상숭배에 해당하는데, 그러한 경배는 참되신 하나님 외에는 아무도 받을 자격이 없기 때문이다. 그러나 누구든지 다른 신을 하나님으로 여기고, 참되신 하나님에게만 합당한 종류의 경배를 드려야 하는 것이 우상숭배의 정의에 포함되는 것은 아니다. 그 사람이 마음으로는 우상을 최고 주재 하나님으로 생각하지는 않지만, 신적인 경배를 그에게 바침으로써 그를 하나님처럼 대우한다면 그것으로 충분하

. .
하나는 전혀 물이 고이지 않는, 물이 새는 웅덩이를 파서 그것을 샘으로 삼은 것이다."(렘 2:13)
80) "예수께서 대답하셨다. 모세는 너희의 마음이 완악하기 때문에 아내를 버리는 것을 허락하여 준 것이지 본래부터 그랬던 것은 아니다. 내가 너희에게 말한다. 음행한 까닭이 아닌데도 아내를 버리고 다른 여자에게 장가드는 사람은 누구나 간음하는 것이다."(마 19:8~9)

기 때문이다. 만일 하나님이 아니라는 것을 알고 있는 어떤 대상에게 알면서도 그것에게 신적인 경배를 드릴 경우, 그 범죄에 대해서는 변명의 여지가 없고 죄가 가중될 뿐이다.

그리스도는 그의 아버지에 의해 왕과 주님으로 세워지고, 모든 재판권을 받았다. 그러므로 그는 아버지와 똑같이 높임을 받아야 하고, 모든 무릎을 그의 앞에 꿇어야 하며, 그는 또한 중보자와 교회의 머리로 부름을 받았기 때문에 교회는 어떤 우상숭배의 죄에도 빠질 염려 없이 다른 어떤 이에게도 아니고 오직 그만을 높이 받들고 공경할 수 있다. 그러므로 마리아, 천사, 성자가 은사의 수여자와 관리자인 양 그들에게 기도하거나, 그들 자신의 공적을 통해 중보자 역할을 할 수 있는 것처럼 그들을 숭앙하는 교황주의자들은 명백히 우상숭배의 죄를 짓는 것이다. 그뿐만 아니라 주의 만찬의 빵을 숭배하거나, 교황을 자기가 자랑으로 여기는 인물인 양 숭앙하는 사람들도 역시 우상숭배의 죄를 짓는 것이다.

십계명의 둘째 명령에 관하여

둘째 계명은 범죄자를 신속하고 강력하게 심판하시고, 순종하는 자에게 복을 내리시기를 크게 기뻐하시는 하나님에 대한 묘사로부터 연유하는 명령과 그것에 대한 승인으로 구성된다. 따라서 그 계명에는 심판에 대한 경고와 보상에 대한 약속이 포함되어 있다. 이 명령은 부정문 형태로 되어 있다. 하나님을 불쾌하게 만드는 행위는 다음과 같은 말로 금지되어 있다. "너희는 너희가 섬기려고 위로 하늘에 있는 것이나, 아래로 땅에 있는 것이나, 땅 아래 물속에 있는 어떤 것이든지 그 모양을 본떠서 우상을 만들지 못한다. 너희는 그것들에게 절하거나, 그것들을 섬기지 못한다."(출 20:4~5)

이 명령을 요약하면 깎은 것이거나 주조한 것, 또는 그린 우상이나 어떤 식으로든지 손으로 만든 것에 대해 그것이 세상에 존재하는 것이든지 허구적인 것이든지, 하나님이나 피조물을 원형으로 삼아 만든 것이든지 실제로 원형과 일치하든지, 오직 관행상으로나 통념적으로 그렇게 간주할 뿐이든지 신의 자리를 차지하는 것에 대해, 그것이 참이든지 거짓이든지 상관없이 어떤 우상에게 신에게 하듯이 절을 한다거나, 그 원형과 닮은 사실상 동일한 대상을 진실로 믿거나 숭앙하지 않더라도 누구든지 우상을 높이거나 그것에게 신적 경배를 해서는 안 된다.

하나님께서 특별히 어떤 상(像)을 만들라고 명령하는 성경의 다른 구절과 이 둘째 계명을 비교해 볼 때, 그것이 우상숭배의 대상으로 만드는 것이 아닌 한 어떤 종류의 상이든지 그것을 만드는 것 자체를 금지한 것으로 보이지 않는다. 따라서 이 계명과 유사하거나 종속적인 다른 법령과 비교해 볼 때, 어떤 상도 하나님을 표상하기 위해 만들어서는 안 되는 것이 분명하다. 그런 행위 자체가 부패할 수 없는 하나님의 영광을 부패 가능한 사물의 상이나 표상으로 변모하는 것이나 다르지 않기 때문이다. 형태나 구조를 부여한 어떤 것이든지 가시적이고, 따라서 필연적으로 부패할 수밖에 없기 때문이다. 성경을 따라 성경에 근거하여 우리는 그리스도의 몸이 부패할 수 없다는 것을 알지만, 성경의 인준 아래 이 같은 일반적 단언을 하는 것을 주저할 필요가 없다.

교황주의자들이 내리는 이중적 구별은 원형으로부터 그것의 우상을 구별하는 것과, 물질적 재료로 만든 우상 자체로부터 그것이 표상하는 이미지, 즉 원형을 표상할 수 있도록 계산하고 조율한 것을 구별하는 것이다. 이 구별로부터 그들은 경배의 의도에 대해 또 다른 구별을 추론해 낸다. 즉 경배자가 우상에 대해서가 아니라 원형 자체에 주목하는가, 또는 그들이 우상을 바라본다 해도 그것을 물질로 만든 것으로서 바라보는 것이 아니라, 즉 본질상 인공물로서 바라보는 것이 아니라, 그 원형에 준거하여 바라볼 뿐인가 하는가를 구별하는 것이다. 우리는 인간의 마음이 이러한 종류의 구획 기준을 구성할 수 있다는 것을 부인할 생각이 없다.

그러나 우상 앞에 엎드리는 사람들이 그런 구별에 의해 이 계명을 위반하지 않을 수 있는 구실을 얻을 때, 그들은 하나님 자신을 거짓말쟁이로 만들고 그의 명령을 조롱하는 것이다. 그들은 하나님이 거짓말을 하고 있다고 비난하는데, 왜냐하면 우상 앞에 절하는 사람은 나무와 돌에게 "나의 아버지이시여!"라고 말하는 것이라고 하나님께서 선언하실 때, 그들은 상 앞에서 몸을 굽히는 사람은 나무나 돌이 아니라, 그 원형에게, 즉 하나님에게 그렇게 말하는 것이라고 주장하기 때문이다. 그들이 하나님과 그의 명령을 조롱한다고 말할 수 있는 것은 이 같은 구별에 의해 어떤 사람이든지, 어느 때이건, 어떤 종류의 상이든지, 그 앞에 경배하는 사람은 그의 생각에 참으로 그 나무가 하나님이라고 믿지 않는 한 이 계명을 위반하는 죄에 저촉되지 않을 수 있고, 따라서 그는 참으로 그리고 사실상 이성을 사용하는 주체의 개념에 속할 수 없는 하나의 신을 스스로 만들어 낸 것이기 때문이다.

그 반면에 그들이 원형에게 하듯이 우상에게도 똑같은 높임과 경배(그것이 라트리아, 둘리아, 하이퍼둘리아 그 무엇이든지)를 바쳐야 한다고 말할 때, 그들은 부분적으로 이 구별을 따라 자신들의 구실을 무효화하는 것이다. 그들이 어떤 우상에 의해 하나님을 표상할 경우에도 그런 구별에 의해 자신들의 구실에 영속성을 부여할 수 없는데, 단적으로 그것은 해서는 안 되는 금지된 행위이기 때문이다.

그러므로 하나님의 판단과 성경의 명시적인 본문에 근거하여 회색 수염이 무성하고 보좌에 앉아 있는 노인의 이미지로 하나님을 표상할 때, 우리는 교황주의자들이 하나님의 본질을 초상화로 그린다는 비난을 받아 마땅하다고 확신한다. 비록 그들이 하나님께서 몸을 갖지 않으신다는 것을 당연히 알고 있다고 말하지만, 그리고 그들이 그러한 형식으로 표현하는 것은 하나님의 본질을 표상하기 위해서가 아니라 그가 가끔 선지자들에게 나타나시어 자기의 현전을 입증하기 위해 취하시는 외적인 형상을 유사하게 모방하는 관습을 만든 것이라고 해명하지만 그러한 반박은 사실과 반대되는 것이다. 사실을 말하면 본성상 우리가 그것을 진짜인 것처럼 여기는 것이 아니라, 입법자 하나님께서 그것의 정체를 선포하시는 것이다. 그러나 그들이 말하는 사실이란 그 자신의 (가정된) 형상을 모방하여 비슷하게 만들고, 금이나 은을 조각한 우상으로 만든 것에 불과하다.

이제까지 우리가 언급한 모든 이미지는—표상하기 위해 만든 하나님의 이미지, 경배하기 위해 가시화한 (실존하는 것이든지 허구적인 것이든지) 다른 것의 이미지 모두—'우상'이라는 낱말의 어원에 따르면, 또한 성경에서 그것이 사용되는 용례에 따라서도 '우상'이라 부르는 것이 옳다. 교황주의자들이 우상과 유사물 또는 이미지 사이에 내리는 구별은 무서운 우상숭배의 어두운 동굴로부터 산출된 것이라고 단언하는 바다.

신적 경배를 위해 어떤 우상도 깎거나 만들지 말라고 금하는 법령에서 만일 그것이 이전에 만들어졌고 경배하기 위해 사용되었다면 그런 것도 제거할 것을 명하면서 두 가지 경고 사항을 준수할 것을 지시한다. 하나는 먼저 적절하고 충분한 가르침을 제공한 뒤 명령을 시행할 것. 다른 하나는 공동체와 교회에서 최고 권한을 가진 사람이 시행할 것.

그러한 우상에게 또는 그 우상을 통해 신에게 바치는 영예는 참된 하나님 자신에게 책망할 만한 것임에도 자기가 보기에 옳게 만들어졌다고 여기는 우상을 오만 무례할 정도로 받들면서 그것에 경배하는 것을 합법적인 것으로 제안하는 사람은 그가 경배하고자 하는 신 자신에게 아첨을 떨고, 스스로 무신론자임을 선언하는 것이다.

하나님은 영이시므로 모든 상상력이 사상된 순전한 마음의 인식과 함께 우리가 그에게 경배해야 한다는 긍정 명제는 현재의 부정적인 계명 전체와 엄밀하게 직접적으로 반대되는 것처럼 보인다.

경고를 포함하여 이 명령의 제재 내역은 다음과 같다. "나, 주 너희의 하나님은 질투하는 하나님이다. 나를 미워하는 사람에게는 그 죗값으로, 본인뿐만 아니라 삼사 대 자손에게까지 벌을 내린다."(출 20:5). 즉 너희가 나의 이 명령을 따르지 않는다면 내가 내 명예에 관해 질투한다는 것, 그리고 그것이 다른 이에게 돌려지거나, 나의 영광이 조각된 우상에게로 넘어가는 것을 그냥 참고 아무 일도 없는 것처럼 묵과하지 않는다는 것을 너희는 생생하게 느끼게 될 것이다.

금지 명령의 뒷부분에는 다음과 같은 약속의 말씀이 들어 있다. "그러나 나를 사랑하고 나의 계명을 지키는 사람에게는 수천 대 자손에 이르기까지 한결같은 사랑을 베푼다."(출 20:6) (즉 너희가 나의 이 명령에 복종한다면 내가 너희에게, 그리고 너희 자손들 역시 나를 사랑한다면 그들에게도 수천 대까지 자비를 베푸는 것을 생생하게 경험할 것이다.)

여기서 후속 세대에 대해 언급한 것은 그런 방식을 통해 더 잘 순종하도록 사람들을 고무하려는 뜻이다. 왜냐하면 장차 그들이 명령을 따르는 것이 그들 자신은 물론이고 자손들에게도 유익이 될 것이지만, 장차 그들이 명령을 어길 경우, 그들과 그들 후손에게도 해악이 미칠 것이기 때문이다.

바로 앞의 계명과 이것을 비교해 보면 두 종류의 우상숭배가 있다는 것을 알 수 있다. 하나는 거짓된 허구적인 신에게 경배하는 것이고, 다른 하나는 참되거나 거짓된 신을, 이미지로서, 이미지에 의해, 이미지 앞에 경배하는 것이다. 그러나 '이미지'는 때때로 '거짓된 다른 신'이라고 불리는데, 여호와 하나님께서도 자기의 질투를 근거로 삼은 논증에 의해 사람들로 하여금 이 법령을 위반하지 않도록 막으려 애쓸 때, 그 맥락에서 그 점을 암시하신 것처럼 보인다.

이로써 다음과 같은 결론에 필연적으로 이른다. 전혀 과장 없이 말해서 교황주의자들의 우상숭배는 유대인과 이방인의 그것과 대등한 수위에 있다. 그들이 자녀들을 불 위로 지나가게 한 적도 없고, 살아 있는 사람을 제물로 바친 적도 없다는 것을 예외로 받아 두어야 한다고 주장한다면 우리는 이렇게 대답할 것이다. 교황주의자들이 그들 사이에 번성하는 우상숭배를 확증하려는 목적으로 수천 명의 순교자들을 죽음으로 내몰았던 무서운 포학은—겉으로 보이는 행동은 그것지 않다고 해도 적어도 그 범죄의 극악한 본성에 따라—그들의 자녀를 불 가운데로 지나가게 하고, 살아 있는 사람을 제물로 봉헌하는 것과 형평성의 정도에서는 동일한 것이다.

토론 76

십계명의 셋째 명령에 관하여

이 계명은 앞의 것과 마찬가지로 하나의 명령과 처벌에 대한 경고를 통해 한 가지 금지 조항을 제시한다. 이 법령은 부정문 형태를 취하고, 하나님을 불쾌하게 만드는 어떤 행동을 다음과 같이 금한다. "너희는 주 너희 하나님의 이름을 함부로 부르지 못한다."(출 20:7)

이 명령을 내린 이유와 목적은 다음과 같다. 하나님은 온전히 거룩하고 그의 이름은 위엄으로 충만하기 때문에 우리는 그의 이름을 거룩하고 경건하게 사용해야 하고, 결코 그것을 평범한 것처럼 다루거나 더럽혀서는 안 된다.

'하나님의 이름'은 여기서 가장 일반적인 개념으로 수용되는데, 하나님의 뜻에 따라 그것은 하나님과 신적인 것을 지칭하기 위해 사용되는 모든 낱말을 포괄하기 때문이다.

'하나님의 이름을 사칭'하거나 '그의 이름을 함부로 부르는 것'은 정확히 말해 그 이름을 우리 입에 담아 혀를 움직여 소리 내어 발음하는 것을 말한다. 만일 이 표현대로 하나님과 신적인 일이 종교적인 느낌이 덜 느껴지도록 제유(提喩)[81]에 의해 행동을 이해하기 원하는 사람이 있다면 우리는 그가 충분히 그렇게 할 수 있게 허용할 수 있다. 우리는 그가 이 계명의 함의의 범위를 벗어나지 않으리라고 생각한다. 그러나 우리는 용납하기에 적합한 것에 대해 더 상세히 설명하고자 한다.

'함부로'라는 부사는 다양하게 해석된다. 성급하고 정당한 이유 없이 행동하는 것, 즉 허위로 날조하거나 시치미를 떼는 것, 거짓으로 무심코 뱉거나 저지르는 행위 같은 것이다. 따라서 이 금지 명령은 어느 방향으로든지 광범위하게 확장될 수 있다.

그러나 어느 정도 중용을 지킨다면 '하나님의 이름을 함부로 말하는 것'의 모든 사례는 주로 두 가지 유형 또는 종류로 나뉜다. 첫째 그룹은 실제로 언급하지 않더라도 심중에 하나님의 이름을 발설한 것으로 간주되는 경우다. 즉 말이나 행동이 불법적이기 때문에, 또는 하찮은 계기에 불과하기 때문에 그런 경우 하나님의 이름이 언급되는 일이 없어야 하는 것이 하나님의 뜻이다.

그러나 둘째 그룹은 하나님의 이름을 올바르지 않은 용도로 사용한 경우를 포괄한다. 즉 하나님의 이름을 적법한 방식으로 사용하거나, 신적인 인도하심을 따라 그 이름을 충성스럽게 사용해야 하는 우리의 의무 중 어느 것이라도 이행하지 않는 경우다.

∴

81) 제유(synecdoche)란 부분에 의해 전체를, 특수에 의해 일반 또는 보편을 나타내는 수사법으로, 역방향으로 사용되기도 한다. 예를 들면 돛이나 용골(龍骨)로 배 전체를 지시하는 경우다.

이 그룹에 속하는 의무는 하나님을 찬양하고 간구하는 것, 하나님의 말씀이나 신적인 것에 대해 구술하거나 가르치는 것, 서원하는 것 등이 있다. 이런 일을 수행할 때 하나님의 이름을 함부로 부르는 경우에 해당되는 양태는 세 가지다. 1) 위선적으로, 즉 전심으로 성실을 다하지 않을 때. 2) 양심에 거리낌을 가진 채, 즉 특정 의무를 수행하면서 동반하는 행동이 정당한 것인지에 대해 확실한 믿음이 없을 때. 3) 위증을 할 때 필히 동반되는, 양심을 거슬려 말할 때.

이런 일과 관련한 경고는 다음과 같은 말로 제시되어 있다. "주는 자기의 이름을 함부로 부르는 자를 죄 없다고 하지 않는다." 이 말은 아무도 감히 그의 이름을 입 밖에 내지 말아야 한다고 주께서 사람들을 설득하고 계신다는 것을 뜻한다. 이 같은 모독 행위의 가증함이 인간들 사이에 충분히 인식되어 있지 않기 때문에 이 설득에는 한층 엄중한 필연성이 내재해 있다.

토론 77

십계명의 넷째 명령에 관하여

이 법령은 하나의 명령과 그 이유, 두 부분으로 이루어진다. 그런데 이 명령은 처음에는 몇 마디로 제시되고, 이후에 다시 훨씬 상세하게 설명된다. 제시된 명제는 다음과 같이 간결하게 표현되어 있다. "안식일을 기억하여 그날을 거룩하게 지켜라."(출 20:8) 이어서 부가적 조건이 제시되어 있다. "너희는 엿새 동안 모든 일을 힘써 하여라." 그 이유에 대해 다음과 같이 포괄적인 설명이 덧붙여 있다. "내가 엿새 동안 하늘과 땅과 바다와 그 안에 있는 모든 것을 만들고 이렛날에는 쉬었기 때문이다."

이 계명이 제시하는 명제에서 세 가지 점이 주목할 만하다. 1) 명령된 행위가 성화 과정에 속한다는 것. 2) 이 행위를 불이행하지 않기를 바라는 염려와 간절함이 '기억하라', '힘써 하여라' 같은 낱말로 표현되었다는 것. 3) '안식일' 또는 '제7일'이라고 불리는 대상은 천지창조가 시작되고 완결된 날로, 순서상 일곱째가 된다는 것. 또한 그날은 하나님께서 그때에 일을 멈추었던 정황 때문에 안식일이라고 불리고, 그리하여 인간도 쉬도록 요구되었다.

이어지는 설명에서 두 가지 사항을 보게 된다. 하나는 인간이 자연적 생명과 지속을 위해 필요한 노동에 엿새를 소비할 수 있게 하는 허가 또는 양도 제안이다. 이 허가는 그 명령의 공정성을 암묵적으로 인정한다. 다른 하나는 일곱째 날에 그러한 노동을 멈추고 휴식해야 한다는 명령과 더불어 쉬어야 할 의무를 지는 사람들에 대한 상술이다. "너희나, 너희의 아들이나 딸이나, 너희의 남종이나 여종만이 아니라, 너희 집짐승이나, 너희의 집에 머무르는 나그네라도 일을 해서는 안 된다." 즉 너희는 네 권한 아래 있는 사람이라면 누구나 일을 쉬게 해야 한다.

그래야 하는 이유는 핵심적으로 두 가지 논증으로 구성된다. 첫째는 일곱째 날에 하나님께서 일하시던 것을 멈추었다는, 하나님 자신의 본보기다. 둘째는 하나님께서 그날에 복을 내리시고 거룩하게 하신 것으로, 그것은 일곱째 날을 나머지 다른 날과 구별하고, 오직 그에게 예배하는 데 바치는 것이 그의 기뻐하시는 뜻이기 때문이다.

'제7일을 거룩하게 하신다'는 것은 그날을 일상적인 용도로부터, 자연적인 삶에 속한 일로부터 분리하고 성별하여 하나님께, 그리고 하나님께 속한 행위과 신적인 것과 영적인 삶을 위해 바치는 것을 뜻한다. 이 같은 성화는 여러 다양한 행위로 이루어진다.

우리는 자연적인 삶에 속하는 노동을 얼마나 폭넓게 제한할 수 있을 것인가 하는 문제가 가장 유용한 고려 사항이 될 것이라고 생각한다. 우리는 어떤 절대적 기준을 규정할 수 없지만, 그러한 노동을 계속해야 하는 자유가 가능한 한 많이 제한되기를, 그리고 지극히 필요한 몇 가지 것에 한정되기를 바라는 바다. 왜냐하면 우리는 다른 평일에 하는 것이 적법한 많은 일을 손에서 놓지 않음으로써 그리스도인들 사이에서 다양한 방식으로 안식일이 위반되고 있음을 전혀 의심할 수 없기 때문이다.

우리는 안식일을 거룩하게 지키는 일에 속하는 행위를 두 그룹으로 나눌 수 있다고 생각한다. 1) 어떤 행위는 그 자체로 그리고 일차적으로 하나님께 드리는 예배의 내용을 이루고, 그리하여 그 행위는 하나님께 감사하는 것이 되고 용납할 만한 것이 된다. 2) 그 밖의 다른 행위는 수행해야 할 주요 행위에 종속되는 것으로서, 가능한 한 최선의 방식으로 인간들이 그 행위를 하나님 앞에 수행하고자 하는 목적에 기여하기 위한 것이다. 신자들에게 그들의 의무에 대해 가르치는 일이 그런 행위에 속한다.

그러나 이런 유형의 성화는 개인과 가정 영역에만 국한되는 것이 아니라, 공적 영역과 교회 차원에서도 필요한 행위다. 하나님은 개인 각자뿐만 아니라, 모두 함께 모인 큰 교회 회중에 의해서도 인정하고, 경배하며, 간구하고, 찬양해야 할 분이시기 때문이다. 이 말이 뜻하는 것은 그가 각 개인에 의해서만 아니라, 우주적인 가족 전체에 의해서도 인정받아야 한다는 것이다.

그러나 하나님과 신적인 것에 대해 가볍게 여기는 태도는 지상에서 영위하는 자연적인 삶에 골몰하는 인간의 마음에 쉽게 파고들기 때문에 '기억하라' 같은 말로 상기하는 일이 필요했던 것이다.

그리하여 이제 제7일을 거룩하게 지키라는 명령을 중시하게 된다. 그 명령에는 도덕적이면서도 항구적인 측면이 있다. 제7일, 즉 일곱 날 중의 하루는 신적 경배를 위해 바쳐야 한다는 것, 그리고 누구든지, 어느 때든지, 엿새 동안 자연적인 삶을 위해 노동한 후 일곱째 날에도 똑같은 일을 또는 똑같은 방식으로 계속하는 것은 불법적인 일이 되기 때문이다.

그러나 하나님이 엿새 동안 창조 사역을 마치신 다음 날, 즉 일곱 날 중

하루를 택해 거룩하게 하시는 것은 항구적인 제도나 필연적인 일이 아니다. 오히려 그것은 다른 날로 바뀔 수 있고, 자기만의 고유한 하루를 택해 제7일로, 즉 '주님의 날(the Lord's day)'로 바꾸는 것은 적법한 일이다. 죽은 자 가운데서 부활하심으로써 우리의 머리가 되신 그리스도 안에서 새 창조가 완성되었기 때문이다. 따라서 새로워진 사람들은 새로운 방식으로 안식일을 지켜야 하는 것은 온당한 일이다.

일곱째 날에(즉 천지창조를 완결했을 때) 일을 쉬기로 하셨던 하나님의 본을 우리가 따라야 하는 이유는 새 창조 시점까지만 유효하다. 그러므로 그날의 유효성이 그쳤을 때, 또는 적어도 새 창조로부터 추론되는 둘째 이유를 첨가할 때, 사도들이 안식일을 그 다음 날로, 즉 그리스도께서 부활하신 날로 바꾸었던 것은 전혀 놀라운 일이 되지 못한다. 그리스도께서 더 이상 육신으로 세상에 계시지 않고, 육신적으로 접촉할 수 없게 되었을 때, 모든 것이 새롭게 달라졌기 때문이다.

그러나 하나님의 복 주심과 거룩하게 하심은 안식일에서 주일(主日)로 전이된 것으로 이해해야 하는데, 새로운 땅과 연관되는 모든 성화는 참으로 지성소에 계시고, 만물을 영원히 거룩하게 하시는 예수 그리스도 안에서 완성되기 때문이다.

그 후에도 하나님께서 자기 백성들에게 안식일을 지키도록 설득하시는 이유는 성화 사역에 참여시키고자 하는 그의 백성들과 그분 사이에 하나의 표적이 되기 때문이다. 그러므로 이 법령은 신약시대의 사람들에게도 적용되어 (새로운) 안식일을 지키도록 사람들을 설득할 수 있을 것이다.

만일 주님의 날이 (한 주간의) 다른 날들과 아무 차이가 없다고 생각하는 사람이 있다거나, 복음적 자유를 선언하는 취지에서 그 사람이 주일을 다른 날로, 즉 월요일이나 화요일로 바꾸었다면 우리는 그가 적어도 하나님의 교회에서 교회 분리론자[82]로 간주하는 것이 마땅하다고 생각한다.

∵

82) 분리주의자(schismatic)는 교회 분리주의(schism) 또는 분파주의를 옹호하는 사람을 가리
킨다. 교회사 초기에 나타났던 이 현상은 팍스로마나 시대가 저물어 갈 즈음 기독교 세력
에 위협을 느끼기 시작한 로마제국의 강압에 기인한다. 핍박의 수위가 높아지자 상당수
의 기독교인들이 로마의 신에게 경배하는 등 배교 행위를 일삼게 되었다. 가공스러운 기
독교 핍박자인 데시우스(Desius, 249~251) 황제가 급작스럽게 전사한 후, 다시 교회로 돌
아온 배교자들에 대한 엇갈린 반응은 교회 내에 분파주의를 낳았다. 교회사 초기에 유명
했던 분파로 3세기 카르타고에서 발원한 노바티아누스파(Novatians)와 4세기 도나투스파
(Donatists)가 있다. 이단으로 몰리고 출교를 당하는 일도 있었지만, 이들이 이단이 아니라
는 점을 주지할 필요가 있다. 그들은 교회의 순수성 또는 오염된 교회 상황에서 성례의 효
력 여부에 대해 문제 제기를 했는데, 무엇보다도 정통주의 원칙과 교회의 성별됨을 최상의
가치로 여겼기 때문이다.

토론 78

십계명의 다섯째 명령에 관하여

이것은 십계명 석판의 둘째 면에 있는 첫째 법령이다. 여기에는 법령 자체와 그것에 부가된 약속이 들어 있다. 이 법령의 목적은 사람들 사이에 특정한 질서가 존재해야 하고, 그것에 따라 어떤 사람들은 상관이 되고 다른 사람들은 아랫사람이 되는데, 사회를 안전하게 보호하기 위해 필요한 명령과 하달의 의무를 상호 이행하게 만들고자 한 것이다.

이 계명은 먼저 한 가지 행위를 규정하고, 그 행위가 수행되어야 할 대상을 덧붙인다. 그 행위는 '공경'이라는 낱말에 함의되어 있다. 공경의 대상은 다음 어구에서, 즉 "너희 부모를"에서 찾을 수 있다. 이 어구로부터 그 관계의 본성에 따라 이 법령이 자기 아버지와 어머니와 상대적인 관계에 있는 모든 사람들에게(아들이나 딸을 비롯하여) 부과된 것으로 보인다.

공경이라는 낱말은 높은 명망을 지시하기 위해 사용하기에는 적합하지 않다. 공경은 탁월성에 따라붙는 보상이고, 그것을 실행하는 것은 그 탁월성을 인정하는 표지다. 그리고 이 낱말은 그것이 의미하는 폭넓은 범위에 포함되는, 하급자에서 상급자를 망라하여 부과되는 모든 의무를 지시하거나 그러한 공경을 이행하는 데 필요한 모든 것을 목적으로서 포괄한다.

이 낱말이 함의하는 것은 주로 세 가지다. 1) 우리의 부모가 되는 사람들에게 보여 주어야 할 경외심. 2) 그들의 명령에 따르는 순종 행위. 3) 인간으로서 그들의 존엄과 직능과 관련하여 현세에서 생명 보존에 필요한 모든 것을 그들에게 제공함으로써 감사하는 마음을 증명할 것.

경외심이란 우리보다 부모가 탁월하다는 사실과 그들에게 복종한다는 것을 (우리 편에서) 고백하는 행위를 실천하는 것이자, 그들의 잘못이나 무례함을 참아 내는 것, 그들의 죄에 대해 묵인하고 그것을 겸허하게 숨겨주며, 친절하게 용서하는 것을 포함한다.

순종이란 부모가 명하는 것을 신속하고 대가 없이 이행하고 그들이 금하는 것을 하지 않는 것이다. 이 같은 순종은 '진노'의 대상이 되거나 형벌을 받을까 두렵기 때문이기도 하지만 '양심의 떳떳함'을 위해서도 반드시 실천해야 한다. 그 이유는 그들이 단지 우리의 부모가 아니라 하나님의 대리인도 되기 때문이다.

그들이 존엄을 지키기 위해 살아가는 데 필요한 것을 제공하는 것으로 표현되는 보은의 표시는 이 의무를 수행하는 기간에 국한하지 않고, 그들의 전 생애에 걸쳐—노화 또는 다른 어떤 이유로 그들이 부모의 직임을 다할 수 없게 되는 경우에도—연장되어야 한다.

윗사람의 의무는 아랫사람들의 그것과 매우 유사한데, 즉 그 의무는 사적 영역뿐만 아니라 공적 영역에서도 생애 전반에 걸쳐 중용과 진지함과 예절을 지키며 이행되어야 하고, 명령을 내릴 때 부모는 정의와 공정성을 지켜야 하며, 보은을 요구할 때도 적당한 경계를 넘지 않아야 한다. 그러나 이런 점은 세속 통치권에 대한 토론에서 더 상세하게 논의할 것이다. 이 법령을 수행해야 할 대상은 '아버지'와 '어머니'라는 낱말로 명시되어 있지만, 그 대상은 인간 사회에서 우리보다 위에 있는 모든 사람들을 포괄한다. 정치, 교회, 학문, 가정 등 어떤 종류의 사회이든지, 평화로운 시기이든 전시이든, 그들이 통상적인 임무를 맡기든지 특별한 임무를 맡기든지, 그들의 권한이 항구적으로 또는 오직 한시적으로 유지되든지 아무리 짧은 기간이어도 마찬가지다.

그러나 이 계명에서 권위 있는 위치에 있는 사람들이 모두 '부모'라는 이름으로 불리는 것은 적절한 일이고, 또 그럴 만한 이유가 없는 것이 아니다. 그것은 윗사람이 아랫사람에 대해 느낄 수 있는 온정을 지시하기에 가장 소중하고도 유쾌한 이름이며, 또한 윗사람에 대한 자기의 의무를 수행하는 것의 공정성에 대해 아랫사람을 가장 효과적으로 설득하는 성과를 거둘 수 있게 하는 이름이기도 하다. 첨언할 것이 있다면 사람들 사이에 결성된 최초의 조직은 가족 사회라는 것이고, 이로부터 비로소 인류의 번성이 이룩되었다는 사실이다.

윗사람들은 어떤 죄에 의해서도, 또는 그들 자신이 아무리 부패했다고 해도 이 존엄한 지위를 잃지 않는다. 그러므로 공경, 경외, 순종, 보은의 의무는, 심지어 그들이 악하고 자기의 권한을 남용할지라도 반드시 이행되어야 한다. 단 유념해야 할 점은 하나님의 이익이 우리에게 한층 강력한 이유가 된다는 것이다. 카이사르의 것은 카이사르에게 주는 것이지만, 하나님께 속한 것은 우리가 직접 그에게서 받든가 받지 못하든가 하는 것이라고 생각하지 않아야 한다는 것이다.

여기에 추가해야 할 또 다른 세 가지 유의 사항이 있다. 첫째, 이것 또는 저것이 하나님께 속하고 카이사르에게 속하는 것이 아니라고 자기 자신을 설득하는 사람은 오류를 범하지 않아야 한다는 것. 둘째, 그는 자기가 행해야 한다고 또는 참아야 한다고 명령받은 것과, 행해야 한다면 그것이 자기의 능력이 미치는 사물이나 대상에 관한 것인지 혹은 그렇지 않은지를 정확히 구별해야 한다는 것. 셋째, 자유의 이름 아래서 자신이 이것 또는 저것을 순종할 수 없다고 하면서 상관의 권한에 맞서 자기를 내세우거나, 자기 상관의 목숨을 뺏기 위해 또는 단지 그의 규칙과 지배에서 벗어나기 위해 누구든지 상관에게 반항하는 데 힘을 휘두르지 않아야 한다는 것.

이 법령에 뒤따르는 약속은 다음과 같은 말에서 발견된다. "그래야 너희는 주 너희 하나님이 너희에게 준 땅에서 오래도록 살 것이다." 여기 들어 있는 약속은 첫째, 이 법령을 준수하는 유대인 신자들에게 가나안 땅에서 장수하리라는 것이고, 둘째, 이 법령을 지키는 이방인 신자들에게 지상에서의 삶이 장구하리라는 것이다. 셋째, 전형적으로 그 사람들에게 가나안 땅은 단지 모형일 뿐이고, 궁극적으로 영생 또는 천국에서의 삶이 약속된다.

토론 79

십계명의 여섯째 명령에 관하여

명령하고 복종하는 윗사람과 아랫사람 간의 상호적 의무를 통해 제5계명에 의해 인간 사회의 질서를 정립한 다음 이제 하나님께서는 이 사회 안에서 삶을 영위하기 위해, 개개인의 생명 유지를 위해, 종의 증식을 위해 필요한 모든 것에 대해, 그리고 특정한 것에 대한 탐욕을 금하시는 제10계명의 말미에 나타나 있듯이 인생에 필요한 복과 명성에 대해 깊은 관심을 나타내신다. "살인하지 못한다"(출 20:13)라고 말하는 여섯째 법령은 자연 생명의 보존을 위해 제시했고, 침해받지 않고 보호되어야 할 인간 신체의 안전을 보장하기 위한 것이다. 이 법령의 핵심은 실제로 다른 사람의 목숨을 해치거나, 사기나 폭력에 의해 그 사람의 안전을, 심지어 우리 자신의 안전을 위태롭게 하지 말아야 한다는 것에 있는 것이 아니라, 우리가 그 사람에게 위해를 가하려는 의도를 갖지 말아야 하는 데 있다. 이에 덧붙일 것은 우리가 어떤 외형적인 표식에 의해서든지 그런 종류의 바람을 마음에 품지 말아야 하는 것이다.

성경에 기술되어 있듯이 어떤 사람이 장작을 구하려고 이웃과 함께 숲 속에 들어갔다가 부지중에 그의 도끼날이 손잡이에서 빠져나가 이웃을 치게 되면 그가 죽을 수도 있는데, 이것으로 미루어 단순한 사고를 '살인(homicide)'으로 불러서는 안 되는 것으로 귀결된다. 또한 만일 그가 자기의 목숨을 방어하기 위해 위태한 순간에 다른 사람이 자기에게 가한 힘을 부득이하게 되받아쳐야 할 때도 마찬가지다. 그러나 이 법령이 우리에게 요구하는 것은 우리 자신의 목숨뿐만 아니라 이웃의 생명을 구하기 위해, 그리고 모든 위해로부터 방어하기 위해 적법한 모든 수단과 방법을 강구해야 한다는 것이다.

그러나 보편적이고 항상 어느 곳에서나 타당한 이 계명의 이유는 다음과 같다. 인간은 하나님의 형상을 따라 창조되었기 때문이고, 요점은 영생을 지칭하는 데 있다. 이것에 자연의 유사성을 덧붙일 수 있는데, 우리 모두가 하나의 피로부터 우리의 기원을 끌어낼 수 있기 때문이다. 그러나 인간의 영적 상태와 일치하는 몇 가지 특정한 원인이 암시되어 있는 것으로 보이는데, 예컨대 우리 이웃은 그리스도께서 값을 치르시고 구속하셨고, 그들의 몸은 성령이 거하시는 전이며, 그뿐만 아니라 그들 모두가 하나의 머리에 속한 신비한 한 몸을 이루는 지체들이기 때문이다. 그러나 그 과정에서 하나님은 그의 기뻐하시는 뜻대로 모든 사람의 생명에 대해 결정하는 권한을 오직 자신만이 보유하기로 하신다. 따라서 범죄자를 죽이는 일에 관한 사법적 권한이 발포되었고, 심지어는 자기 아들을 죽이도록 아브라함에게 명령을 내리시기도 했다.

이로써 다음과 같은 결론에 필연적으로 이른다. 살인 행위는 특별한 회개를 통해 그 죄에 대한 용서를 받지 않는 한 선한 양심과 양립할 수 없다.

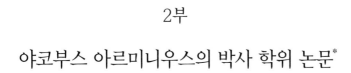

2부

야코부스 아르미니우스의 박사 학위 논문[*]

* 　이것은 야코부스 아르미니우스가 사도 바울이 쓴 로마서 7장의 참되고 고유한 의미를 논한 것으로, 제네바 아카데미에 제출했던 것이다. 이후 아르미니우스가 레이던대학 신학부 교수로 부임하던 해인 1603년에 레이던대학에서 재추인되었다.

헌사[1]

지극히 영예롭고 존귀하신 윌리엄 발데시우스, 바르멘호이젠의 대위(大尉), 우리의 후견인이며, 많은 이유로 우리의 존경을 받아 마땅한, 영예롭고 고매하신 전하께 바칩니다.

∵

1) 이 논문은 아르미니우스가 암스테르담에서 목회 사역을 할 때 주일 설교를 위해 준비한 원고를 바탕으로 한다. 이후 언젠가 그는 로마서 7장을 주제로 한 긴 논문을 라틴어로 썼는데, 강해 설교라기보다 오히려 논리적 분석에 가까운 글이었다. 논문 자체는 아르미니우스가 레이던대학에 교수로 부임하던 1603년에 공식적으로 인준받았지만, 그의 사후 4년째 되는 1613년에 호더프리듀스 바손에 의해 『로마서 7장의 참되고 진정한 의미에 관한 박사논문』이라는 제목으로 라틴어로 출간되었다. 이 논문에는 아르미니우스가 낳은 아홉 명의 유자녀의 서명과 함께 장문의 헌사가 첨부되었고, 실제로 네덜란드 국가에 헌정되었다. 이 사실을 통해 아르미니우스가 질병으로 마지막 시간을 보내는 동안에도 출간을 위해 원고를 교정했다는 것을 알 수 있고, 그의 유자녀들이 국가와 친지에 대해 깊이 감사하는 마음을 가지고 있었음을 엿볼 수 있다. 1613년 초판본에는 책 전체의 논증을 라미즘(ramism) 스타일의 도표로 만든 커다란 별지가 접힌 채로 첨부되었다.

진리를 권면하는 이유

　복음의 교의를 "경건함에 딸린 진리"(딛 1:1)라고 정의한 사도 바울의 표현은 매우 빼어난 것이고, 또 오래도록 고찰해 볼 만합니다. 모든 선한 사람들에게 남긴 이러한 생각으로부터 우리는 여기서 말하는 '진리'가 순수한 이론이나 공허한 사변에 있지 않다는 것을, 또한 순전히 추상적인 지식에 속하는 까닭에 사람의 머릿속에만 머무르고 사람들의 의지와 감정을 혁신할 만큼 외연을 넓히는 적이 없는 것에도 있지 않다고 추정할 수 있습니다. 오히려 진리는 우리의 마음을 하나님에 대한 정직한 경외심과 견실한 경건에 대한 참된 사랑으로 가득 채우는 것과, 사람들을 '선한 일에 뜨겁게' 만드는 것에서 발견됩니다.

　같은 서신에서 사도가 서술한, 그 못지않게 유명하고 훌륭한 또 다른 구절은 주제에 관한 그러한 시각을 강하게 확증하고 예시한다고 말할 수 있습니다. 그 구절은 다음과 같이 표현되어 있습니다. "모든 사람에게 하나님의 구원의 은혜가 나타났습니다. 그 은혜는 우리를 교육하여 경건하지 않음과 속된 정욕을 버리고 지금 이 세상에서 신중하고 의롭고 경건하게 살게 합니다."(딛 2:11, 12)

　그러므로 이 거룩한 진리의 전령관으로 스스로 자처하는 사람이라면 누구든지 호기심을 끄는 현학적인 질문과 인간적 허영에서 발원하는 공허하고 치밀한 이론을 모두 버리고 듣는 이들에게 바로 이 유일한 '경건'을 권면하고, 믿음과 소망과 사랑으로써 전심전력을 다해 부지런히 가르쳐야 할 것입니다. 그에 대한 보답으로 이 '진리'로 무장한 청중은 이 같은 행동 규범에 스스로를 맞추어 나가기 위해―즉 그들이 인생에서 마주칠 수 있는 다른 모든 것을 가볍게 흘려보내고 한결같이 오직 이 '경건'을 목표로 삼아 그것에서 눈을 떼지 않도록—힘써야 합니다. 목회자나 평신도 모두 자신들이 지멸있게 열심히 추구하는 경건과 거룩함으로 나아가는 길을 밝히는 횃불의 역할을 하는 것이 신학의 임무임을 체득할 만큼 신학적 훈련이 되어 있지 않는 한, 목회자나 평신도 할 것 없이 참된 신학에 대해 무지하고 완전한 이방인이라는 사실을 원칙적으로 받아들여야 할 것입니다.

이 권면이 참으로 요긴한 것일 수 있다면 의심할 바 없이 그것은 현 시점에서 한층 더 필요한 것입니다. 왜냐하면 우리는 바다가 회오리바람에 의해 솟구치며 요동하는 것처럼 불경건이 사방으로 넘쳐흐르는 것을 목도하고 있기 때문입니다. 그러나 그처럼 거센 폭풍이 몰아치는 가운데서도 인간의 우매함과 무감각은 어찌나 뿌리 깊은지 여전히 과거와 똑같은 사람으로 살면서 자기의 부정한 생활 방식을 손톱만큼도 바꾸려 하지 않습니다. 그러면서도 자신들이 최상의 그리스도인 계층에 속한다는 환상을 품으며, 나아가 자신들은 지고하신 하나님의 호의를 얻고, 천국과 영생을 소유할 것이며, 그리스도와 은총 입은 천사들과 연합을 이룰 것이라고 추호의 의심도 없이 굳건히 확신하며, 그토록 확고부동한 마음으로 자기 자신에게 약속합니다. 그렇기 때문에 자기 확신에 빠져 기만당하고 있는 사실을 자각하면서 어떻게 해서든지 그들이 스스로를 의심하게 되기를 바라는 사람들에 의해 그들 자신이 잔학할 정도로 상처받고 있다고 생각합니다.

그처럼 개탄스러운 상태에서 너무도 유해한 악의 원인에 대한 근면한 탐구를 시작하고, 구원하는 치료약을 처방함으로써 오류에 빠진 영혼을 그 마귀적인 기면(嗜眠) 상태에서 깨어나게 하여, 복음과 그리스도의 영의 비할 바 없는 행복한 보호 아래 그들의 삶이 변화하도록 이끌고, 품행을 철저히 고치는 일에 그들의 힘을 쏟게 하는 것, 그럼으로써 종국에는 지금까지 기술한 대로 그들이 응답할 때, 거룩한 말씀으로부터 하나님의 은혜와 영원한 영광이 그들에게 약속하는 바를 듣게 되는 것보다 더 상찬할 만한 일은 없을 것입니다.

그러한 악의 원인은 다양한데, 대부분의 경우 자기 마음에 각인되는 인상을 기반으로 어떤 사람은 스스로 만들어 내기도 하고, 다른 사람은 외부 진영으로부터 영입된 것을 가공하여 자기 것으로 만든, 오류투성이에다 거짓된 개념입니다. 그러나 일반적이든지 특수하든지, 직접적이든지 간접적이든지 그러한 오류 개념은 경건에 대한 참되고 진지한 탐구와 미덕이 추구하는 과정에 걸림돌과 장해물을 심어 놓습니다.

우리는 이 자리에서 영생이 있다는 것을 믿지도 않고, 만일 그런 것이 있을 경우 성경에 기술되어 있듯이 그것이 얼마나 위대하고 숭고한지에 대해 관심도 없는 사람들, 즉 회개하는 죄인에게 베푸시는 하나님의 자비하심을 전혀 기대하지 않거나, 우리의 구원의 주님께서 명령하신 대로 경건과 새로운 순종의 삶의 길에 들어서는 것이 있을 수 없는 일이라고 생각하는 사람들이 가지고 있는 불경건한 관념에 대해 굳이 언급하지 않을 것입니다. 우리가 그 사람들에 대해 아무 말도 하지 않는 것은 그들이 그리스도교 신앙의 참된 기초인 하나님의 언명과 약속을 대수롭지 않게 생각할 뿐만 아니라, 그것을 완전히 뒤바꾸어서 사람들의 마음으로부터 모든 경건과 경건에 대한 갈망과 사랑을 뿌리 채 뽑아 버리려고 애쓰기 때문입니다. 이제 우리는 은밀하게 또는 공공연한 맹세에 의해 경건에 해를 끼치는, 그리고 공적으로 옹호되거나 그렇지 않든지 간에 그리스도인들 사이에서도 발견되는 유해한 가설을 훑어보고자 합니다.

경건을 방해하는 교리

그 가설 중에서 첫째로 꼽을 수 있는 것은 그것을 필연적으로 연결되는 것으로 믿는 사람들이 신봉하는 무조건적 예정(unconditional predestination)의 교리입니다. 그리고 높이 상찬되는 다른 교리로 성도의 견인(perseverance of the saints)에 관한 것이 있습니다. 이런 것에 대해 확신 있게 피력하는 어떤 사람들의 이름을 우리가 입에 담고 싶지 않은 까닭은 그것이 그리스도인이 귀 기울여 들을 만한 가치가 없기 때문입니다. 이러한 교리가 경건의 길에 심어 놓는 것은 결코 작은 장해물이 아닙니다.

성경을 면밀하게 여러 번이나 반복해서 검토하고 오랫동안 묵상하고 금식하면서 하나님께 간절히 기도한 후 기억의 축복을 받았던 선친께서는[2] 이 교리들의 유해한 성향을 뚜렷이 깨닫고 그것을 가슴에 새겼습니다. 그리하여 다른 성직자들이 그것을 아무리 강력히 추천하거나, 일반적으로 학문적 훈련이라는 명목으로 학생들의 머릿속에 주입한다 해도 그 교리를 적법하게 먼저 검토했던 고대 교회는 물론 오늘날의 교회 역시 그것이 좀 더 엄격한 평가를 거쳐야 할 문제로 받아들이거나 후속 과제로 남겨 두었습니다.

그가 그 교리들을 접하게 되었을 때, 그는 점차 그것이 난해하다고 평하면서 반론을 제기하기도 했는데, 그 교리들이 일반적으로 상정하는 것처럼 성경에 확고하게 기초한 것이 아니라는 것을 보여 주기 위해서였습니다.

∴

2) 이 헌사에서 언급하는 '선친'은 야코부스 아르미니우스를 가리킨다. 헌사를 바친 이의 구체적인 이름이 나타나 있지 않은 것은 아르미니우스가 낳은 아홉 명의 자녀들 전체에 의해 헌정되었기 때문이다.

그 과정에서 진리를 아는 지식에 관해 더욱 확실한 확증을 갖게 되었습니다. 특히 프란시스쿠스 유니우스[3] 박사와 함께 참가했던 학술 대회를 마친 후 그의 답변의 취약성을 발견하게 되었고, 그리하여 그 교리들을 한층 과감하게 비판하기 시작했습니다. 그의 명성은 자자해졌지만 그는 단 한 번도 겸손함을 잊은 적이 없었습니다.

그러나 그 교리들을 비판할 때 제시한 논증 가운데 지금 우리가 참조하고 있는 이 논문(로마 교회에 보낸 사도 바울의 서한 중 7장에 관한 것)은 결코 최종편이 아니었습니다. 즉 본질적으로 그 교의들은 경건에 대한 연구를 와해하고, 따라서 결국 종식하려고 의도된 것이었습니다. 그러한 진통을 겪으면서 우리 선친은 또한 간헐적으로 정밀한 분석을 하기도 했지만, 그것은 일반 대중이 쉽게 파악할 수 없는 것이었습니다. 그럼에도 그것은 선친이 판단하기에 매우 유해한 교리들을 전복하는 데 필요한 정교한 구별이었습니다.

그리고 의심할 것도 없이 사랑이 오직 또 다른 사랑에 의해서만 정복될 수 있듯이, 거짓의 발명가이자 창시자인 정교함은 역시 진리를 선포하고 거짓을 기소하는 정교함 없이는 정복할 수도 없고 붕괴시킬 수도 없습니다. 그러므로 선친께서 그때(유니우스 박사와 토론을 나누던 때) 활용한 정교한 논증은 유용하고 필요불가결한 것이었습니다. 그것은 무의미하거나 사

:·

3) Franciscus Junius(1545~1602). 아르미니우스가 레이던대학 신학부에 부임한 것은 전임자였던 유니우스 교수가 서거했기 때문이다. 그는 1592년에 레이던대학에 부임한 후 종종 아르미니우스를 만나며 1597년까지 스물일곱 번에 걸쳐 서신 왕래를 했다. 아르미니우스는 구원론의 뼈대에 반개혁주의적 형태를 부가하려고 애쓴 반면, 유니우스는 개혁주의를 고수했다. 유니우스는 테오도르 드 베자로부터 완전한 타락 전 선택설을 가져왔는데, 아르미니우스가 볼 때 그 견해는 하나님을 죄의 조성자로 만들게 되는 것이었다. 따라서 아르미니우스는 칼뱅과 베자의 예정설을 받아들일 수 없었다.

소한 것이 아니었고, 유희나 과시나 자랑을 하기 위해 만든 것이 아니었습니다. 그렇지만 그 밖의 것에 관해서는 선친께서 온갖 종류의 정교함이나 고상한 언어 구사를 얼마나 강경하게 배격했는지는—정밀성을 집중적으로 추구하는 것이 굳어진 관례였던 당시에 학문 연구에 전념했던 그의 생애 마지막 시기에는 특히 그러했습니다—그와 가까이 지냈던 사람들 모두에게 잘 알려진 사실이었습니다. 심지어 어떤 주제에 대해 의견을 달리하는 그의 제자들 중에도 만일 그들이 진실을 양심적으로 밝혀야 한다면 그리스도인의 삶을 실천해 나가는 데 필요한 모든 지침을 선친께서 제시하셨다는 점을, 그리고 거룩하신 주재에 대한 경건과 경외가 그의 강의와 토론(공개 토론이나 비공개 토론에서 모두)에서, 설교와 강연과 저술에서 역력히 드러났다는 점을 증언할 수 있을 것입니다.

그러나 무조건적 예정과 그것의 부속 교리의 본질적인 부분이 경건과 충돌하는 점이 있음을 증명하기 위해 그가 사용한 방법을 이 자리에서 열거하는 것은 불필요한 일이 될 것입니다. 왜냐하면 이 주제를 다룬 그의 저술들은 부분적으로 이미 나와 있고, 나머지는 주님의 가호 아래 곧 출판될 것이기 때문입니다. 사려 깊은 독자들께서는 그에 관하여 말더듬이에 불과한 우리의 이야기를 듣기보다 그분 자신의 말로 직접 듣는 것이 훨씬 나을 것입니다. 샘에서 멀리 떨어진 곳에서 물을 마실 때보다 샘 곁에서 마실 때 물맛이 더 달콤할 것입니다. 경건의 방해거리로 작동하는 다른 가설이 여럿 있고, 그것 전부에 대해 지금 언급할 수는 없습니다. 그렇지만 우리의 장황한 말로 지존하신 전하를 지루하게 만들지 않기 위해 눈에 띄는 몇몇 유대교적 가설에 대해 간략하게 말씀드리려 합니다.

행위 없는 믿음에 대하여

우선적으로 손꼽을 만하고 거의 인류 전체의 골수와 핵심 조직에 밀착해 있는 주요 오류 중 하나는 하나님 안에 무한히 광대한 자비심이 존재한다고 그들이 말없이 마음으로 상상한다는 것입니다. 이것으로부터 그들은 자신들이 악한 것을 추구하는 삶을 얼마간 탐닉한다고 해도 결코 거부당하지 않을 것이고, 오히려 여전히 하나님께 소중한 대상으로 사랑을 받을 것이라고 추정합니다.

이 오류는 실제로 악명 높은 의심증과 결합한 것이고, 따라서 그리스도의 보혈 위에 세워진 그리스도교 신앙을 엄청난 규모로 파괴합니다. 그런 식으로 경건한 삶에 필요한 모든 필수 요소가 제거될 수 있고, "거룩해지지 않고서는 아무도 주님을 뵙지 못할 것입니다"(히 12:14)라고 사도가 선언한 것과 정면으로 모순되는 것을 내놓게 됩니다. 안타깝게도 인간의 광기는 하나님께 저주를 받는 순간에 자신이 스스로를 축복하는 담대함을 보입니다!

이것에 이어 등장하는 또 다른 그릇된 가설을 내놓는 사람들은 필멸적 존재들의 기획, 도덕감, 삶에 대한 생각으로 자신들의 마음을 가득 채우고, 온갖 계층에서 발견되는 오류에 빠져 헤매는 군상에 대해 숙고하면서 지극히 자비로우신 하나님께서는 그렇게 많은, 무수히 많은 합리적 존재들을, 신의 형상을 따라 창조된 거대한 집단을 영원히 멸망시키지 못할 것이라고 결론을 내립니다. 그 결과 그들은 그리스도교의 대의를 따라 불경건의 격류에 맞서 싸우면서 자기의 의무를 다하는 대신, 반대로 그릇된 견해의 충동적 자극에 스스로 함몰되어 오류로 일탈해 버린 군중에 합류합니다. 많은 사람들이 넓은 길을 걷고, 하나님의 진리의 말씀에 따르면 그들의 종말은 "주님 앞에서 영원히 멸망한다"[4]인데 이러한 사실을 그들은 잊어버린 듯합니다. 아무리 거대한 군중이라도 파멸로부터 한 사람도 보호할 수 없습니다. 불행하고도 비참하기 짝이 없는 위안거리가 있다면 영원한 형벌을 함께 당하는 동지들이 많다는 것입니다! 악이 미덕의 이름으로 위엄을 갖추는 반면, 미덕은 오히려 악의 더러운 오명을 쓰게 되는, 기만의 세력을 생각해 보십시오.

이러한 사태의 결과 체질적으로 악한 일에 이끌리는 사람들은 미덕의 가면 아래 숨을 수 있기만 하다면 더욱 탐욕스럽게 악을 추구할 것이지만, 가장 끔찍한 악의 흉물스러운 복장을 입고 고난을 통해서야 이르는 미덕 앞에서 두려움에 떨게 될 것입니다. 따라서 인간 사회에서 술 취하는 것은 유쾌함의 이름을 얻고, 외설스러운 농담은 기분을 돋우는 자유의 이름으로 불립니다. 반면 음식이나 음주와 관련하여 맑은 정신을 유지하는 것과 복장의 단순함은 모욕적인 스타일의 위선으로 치부됩니다. 이것이야말로 '선을 악으로, 악을 선으로' 부르는 것이며, 양심의 거리낌도 느끼지 못할 뿐만 아니라, 마비된 양심이 충동하고 부추기는 대로 미덕의 실천을 그만두고 악한 일에 골몰할 수 있는 기회를 엿보는 것입니다.

이 같은 예시에 반드시 포함해야 할 것은 행위 없이 믿음으로 의롭다는 선언을 얻는다는 성경 구절로부터 어리석은 사람들이 이끌어 내는 것, 즉 행위 없이도 의롭게 될 수 있고, 그리하여 구원을 얻을 수 있다는 부끄럽고 그릇된 추론입니다. 그 사람들은 참된 믿음, 즉 우리가 의롭다는 선언을 얻게 하는 믿음은 사랑을 통해서만 효력 있고, 행위 없는 믿음은 죽은

---

4) "그들은 주님 앞과 주님의 권능의 영광에서 떨어져 나가서 영원히 멸망하는 형벌을 받을 것입니다."(살후 1:9)

것이고 생명 없는 주검과도 같다고 한 말씀이 기록되어 있다는 사실은 유의하지 않습니다.

이러한 헛된 관념은 또한 자신들의 근본 성향에 어울리는 악한 일에서 자신을 돋보이고 싶어 하는 사람들에게 가볍게 넘길 수 없는 정도로 위안을 줍니다. 다시 말해 그들은 모든 악에 굴복하지 않고 사악함이 충일한 모든 곳에 뛰어드는 것이 아니라, 자신들에게 특유한 특정한 악에 중독되었기 때문에 다른 모든 악을 혐오합니다. 사람들은 자기를 변호하기 위해 구실을 궁리해 내는 데 거의 천재적입니다. 그런 까닭에 이 같은 그릇된 견해를 옹호하기 위해 그들이 일반적으로 흔히 인용하는 말은 이런 것입니다. "죄를 짓지 않고 사는 사람은 아무도 없다." "모든 사람은 자기가 좋아하는 것의 노예가 되는 법이다." 그렇기에 그 사람들은 자신들을 진정한 그리스도인으로 여기며, 그렇기 때문에 대부분의 악으로부터 자신을 단단히 보호하고 있고, 나머지에 대해 말하면 오직 한 가지 어떤 것을, 오직 헤로디아[5]만을 애지중지할 뿐이라고 어리석게도 그들이 스스로를 설득할 때, 영원히 아무것도 걱정할 것이 없을 것처럼 보입니다.

이 얼마나 가당치 않은 망상입니까! 아무도 동시에 모든 악에 중독된 것이 아니고, 또한 모두가 그런 식으로 중독될 수 없습니다. 왜냐하면 그들 중에는 다른 사람들과 정반대이고, 서로를 밀어내는 이들이 있기 때문입니

:.

5) 헤로디아(Herodias, 기원전 15년경~기원후 39년경)는 유대 헤롯 대왕의 아들 아리스토블로스의 딸이며, 헤롯 아그립바 1세의 누이로, 숙부인 헤롯 빌립과 결혼했다. 그러나 이후 남편의 이복형인 갈릴리 분봉왕 헤롯 안티파스와 재혼했는데, 이 일로 유대인들의 불신을 사고 세례 요한으로부터 모세 율법을 범했다는 맹렬한 비판을 받았다. 마태복음 14장 1~12절과 마가복음 6장 14~29절에 따르면 분한 마음에 복수할 기회를 노리던 중 그녀는 헤롯 안티파스의 생일잔치에서 의붓딸 살로메를 춤추게 하여 왕의 환심을 얻는 데 성공했다. 정치적 이유로 결국 헤롯 안티파스는 세례 요한의 목을 살로메에게 선물로 내주었다.

다. 이런 종류의 우쭐함을 허용해야 한다면 어떤 필멸적 존재도 불경건하지도 않고, 또 그럴 수도 없을 것입니다.

그런 사람들의 기억을 상기하기 위해 사도 야고보의 서신에 들어 있는 구절을 들려주어야만 할 것입니다. "누구든지 율법 전체를 지키다가도 한 조목에서 실수하면 전체를 범한 셈이 되기 때문입니다."(약 2:10) 사도는 또한 우리가 하나님께 더욱 충성스럽게 헌신할 수 있도록 특정한 것만이 아니라, "모든 악의와 모든 기만과 위선과 시기와 온갖 비방하는 말을 버리십시오"(벧전 2:1)라고 명령했습니다. 어떤 사람들은 만일 하나님과 선함을 향한 열정을 어느 정도 부분적이라도 불러낼 수 있다면 정념의 다른 영역에서 이 세상과 죄의 임금을 위해 봉사하면서도 자신들의 경건 의무를 적절히 이행할 수 있을 것이라고 생각합니다. 이 사람들이 확실히 잊고 있는 것은 우리 마음의 모든 열정을 바쳐 하나님을 높이고 사랑해야 한다는 것입니다. 하늘의 주 하나님과 이 세상의 임금은 서로 적대적인 주인들이므로 우리 구세주께서 가장 분명하게 선언하셨듯이[6] 그 두 임금을 동시에 섬기는 것은 불가능합니다.

어떤 사람들이 자기의 시간을 몇 조각으로 나누어 하나님과 그리스도를 위해 한 조각을 표시하고, 육신과 우리의 성정을 위해 다른 조각에 표시하는 식의 방책을 활용할 경우, 그들은 가장 탁월한 방식으로 자기의 의무를 이행할 수 있을 것이라고 생각하는 것도 이와 별로 다르지 않습니다. 그러나 이런 사람들은 그들이 누구이든지 간에 우리의 전 생애와 그것을 구성

<hr />

6) 예수는 영적 이중 국적을 갖는 것은 있을 수 없다는 것을 분명히 밝혔다. "아무도 두 주인을 섬기지 못한다. 한쪽을 미워하고 다른 쪽을 사랑하거나, 한쪽을 중히 여기고 다른 쪽을 업신여길 것이다. 너희는 하나님과 재물을 아울러 섬길 수 없다."(마 6:24~25)

하는 모든 시간을 하나님께 성별해 드려야 한다는 것을, 그리고 우리는 경건과 순종의 모습으로 삶이 끝날 때까지 인내로 견뎌 내야 한다는 생각을 전혀 하지 않습니다. 의문의 여지 없이 만일 언제든지 사람이 타락에 빠진다면 진심 어린 회개를 통해 그 타락에 대해 탄식할 뿐만 아니라, 인생의 남은 시간을 하나님께 헌신하리라는 결단과 함께 마음을 다해 하나님께로 다시 돌이키기 전까지 그는 하나님의 호의를 다시 얻을 수 없습니다.

그 이단적 견해, 즉 하나님에 대한 모독에 가담하지 않고, 우리의 이웃에게 가한 위해나 폭력과 연루되지 않는 것과 그 밖의 것에서 사랑과 관용의 모습을 닮은 모든 것은 허다한 죄의 목록에 오르지 않을 것이라고 생각하는 그 사람들은 결코 망각되지 않습니다. 그들의 교의에 따르면 그들이 분노나 미움, 복수를 향한 욕망, 침통함이나 악의, 힘과 상해를 위한 화약 같은 다른 정념을 스스로 제어할 수만 있다면 그들은 세상적인 일에 대한 자연적 욕구에 탐닉하고, 자기의 배를 만족시키며, 자신을 끔찍할 정도로 아끼고, 관능에 탐닉하고 술을 좋아하는 자신의 성향을 만족시키며, 에피쿠로스가 권장하는 짧고 즐거운 삶을 살고, 쾌락을 좇는 마음이 명령하는 것이라면 무엇이든지 복종할 수 있는 자유가 있다고 합니다.

만일 우리가 이 스승들을 따른다면 오직 천국으로 가는 길을 가리키는 일을 할 뿐인, 위대한 하나님의 경건한 대사가 우리에게 가르쳐 준 것보다 훨씬 쉽고 신속하게 천국으로 가는 길을 찾는 것이 확실해야만 할 것입니다. 또한 어떤 신학적 주제를 다루는 방식에 의해, 그리고 성경에 충분히 부합하지 않거나 올바르게 이해되지 못한 몇몇 교회 용어에 의해 경건의 극단에 관해 공정하지 못한 관념이 공급되는 계기가 놓일 수 있습니다.

이에 대한 예시를 위해 간략하게, 순서에 그다지 개의치 않고 몇 가지를 지적해 보겠습니다. 하나님께 감사하며 드리는 보은이 우리의 선한 행위와 연관되는 것을 알게 될 때, 그 사실로부터 사람들은 선한 행위를 실제로 실천하기도 전에 자신들이 이제 영생의 상속자와 소유자가 되었고, 은혜와 영원한 구원의 상태에 있다고 결론을 내립니다. 이러한 자기기만은 선한 행위를 실천하는 것이 절대적으로 필요한 것은 아니라는 가설을 따르는 것이 매우 편리하다고 생각하게 만듭니다.

이러한 상황에서 의롭다는 선언을 얻으려면 먼저 참된 회개와 선한 행위를 실천하는 것이 선결 조건이라고 말하는 사도 요한의 말씀을 성경에서 찾아 보여 주어야 합니다. "그러나 하나님께서 빛 가운데 계신 것과 같이 우리가 빛 가운데 살아가면 우리는 서로 사귐을 가지게 되고, 하나님의 아들 예수의 피가 우리를 모든 죄에서 깨끗하게 해 주십니다."(요일 1:7) 이 말씀은 이사야서에 들어 있는 유명한 구절과 일맥상통합니다. 거기서 주님은 유대인들이 주님께로 돌아와 그들의 행실을 고치고 나면 그들의 모든 죄를 깨끗하게 씻기시고 도말해 주실 것을, 가장 극악한 종류의 죄악까지도 용서하실 것을 유대인들에게 약속하십니다(사 1:15~20).

성례를 오직 하나님의 약속과 은혜에 대해 우리를 인봉하시는 견지에서만 고찰하고, 그것이 우리가 이행해야 할 의무와 성례에 관해 주시는 교훈에 우리를 묶어 놓는 측면을 고려하지 않는다면 성례에 대한 논의는 불완전할 뿐만 아니라, 그러한 결함으로 인해 개인적인 경건 행위를 훼손할 수 있을 것입니다. "믿는 자들과 중생한 사람들은 여전히 모든 악에 취약하여 이끌린다." "가장 경건한 사람들조차 순종이 요구되는 시초에는 미약했을 뿐이다."[7] 이런 어구는 새 창조의 효력이 처음에 얼마나 더디고 미약한지

··

7) 회개에서 칭의에 이르는 과정에서 중생한 사람들의 내적 지식과 외형적인 실천의 균형 잡힌 성장에 관해 기술하는 본문을 구약과 신약에서 모두 찾아볼 수 있다. 예를 들면 "시작이

를 말해 주며, 따라서 그들이 실제로 매우 위험한 상태에 있음을 명백하게 지적합니다. 이 어구 중 전자는 중생한 사람들과 신자들의 구별을 완전히 제거하고 있는 것처럼 보이는 반면, 후자는 중생한 사람들에게서 미미한 정도나마 순종의 증거를 보여 주는 듯한데, 순종을 실천하는 것에 관해 스치는 것 같은 생각이나 움직임을 감지할 때 자기 자신을 경축하고, 곧바로 자기가 참된 중생의 참여자가 된 것으로 결론 내리도록 이끌 것이기 때문입니다. 중생한 사람들이 계속 불완전한 상태에 있고, 지상에 머무는 동안 율법을 준수할 수 없을 것이라고, 불순한 의도를 가지고 부당하게 그것에 대해 경건한 사람들이 믿음과 그리스도의 영을 통해 대처할 수 있는 일에 대한 일언반구도 없이 촉구할 때, 그런 생각은 그 자체만으로도 청중 가운데 가장 경건한 사람들조차 아마도 그들이 유익한 일을 아무것도 할 수 없다고 생각하게 만듭니다.

오류투성이인 이 견해로 인해 중생한 사람들은 때때로 중생하지 못한 사람들보다 실행력이 훨씬 낮은 수준이라고 평가 받기도 합니다. 고대 교회는 훌륭한 사람들 가운데 율법을 이행하지 못할 수 있는 가능성에 대해 문제시한 적이 없습니다. 그 점은 아우구스티누스에게서 뚜렷이 발견되는데, 그는 펠라기우스라도 그리스도의 은혜에 의해 실천할 수 있다고 시인했을 것이라고 피력하면서 그때 결국 평화가 찾아올 것이라고 선언합니다. 그리스도의 사도들은 은혜의 영향력에서 벗어나 있을 때, 그들조차도 순종을 실천에 옮기기 어렵다는 것을 사람들에게 설득시키는 데 진력했습

⁝

미약하다고 비웃는 자가 누구냐? 스룹바벨이 돌로 된 측량추를 손에 잡으면 사람들은 그것을 보고 기뻐할 것이다. 이 일곱 눈은 온 세상을 살피는 나 주의 눈이다."(슥 4:10), "처음에는 보잘것없겠지만 나중에는 크게 될 것이다."(욥 8:7) 신약성경에서는 로마서 6~8장이 대표적이다.

니다. 그러나 중생한 사람들의 불완전과 무기력에 관해서 사도들이 뚜렷이 표현한 사례는 좀체 찾아볼 수 없습니다. 오히려 그 반대로 사도들은 육신과 정욕을 십자가에 못 박고, 육체의 행위를 죽이며, 새 생명으로 부활하고, 성령을 따라 걷는 일을 신자들이 해낼 수 있다고 확언합니다. 그리고 믿음에 의해 그들이 세상을 정복할 수 있음을 공개적으로 선포하는 것을 전혀 두려워하지 않았습니다. 자신들의 불완전성을 인정하는 것은 작은 문제일 뿐이었는데, 그것은 그리스도교 신앙을 갖기 이전의 일이기 때문입니다. 그러나 그리스도인의 영광은 바로 여기에, 즉 그들이 그리스도의 부활의 권능에 대해 알고 있다는 것, 하나님의 영에게 인도받으며 그들이 복음의 가장 순수한 빛을 따라 살고 있다는 사실에 있습니다.

신학을 하나님의 영역과 하나님의 행위에 관한 영역으로 구획 짓는 것은 우리를 사변적인 종교로 이끌고, 이는 사람들이 자신들의 의무를 이행하도록 촉구할 만큼 충분히 숙고되지 않은 것입니다. 이것으로 그치지 않고 성경이 인준하지 않는 발명품으로, 우리가 수행하는 행위의 관계에 관한 지극히 정치한 연구를 더해야만 합니다. 경건을 함양하기에 적합하지 못한 것으로 말하자면 우리 그리스도교 신앙에 속하는 연역이나 섭리도 포함해야 할 것입니다. 그것에 의해 우리 의무의 핵심 부분이 되는 특별한 자비에 대한 확신을 향해, 그리고 그것에 반대되는 절망에 맞서 그 확신으로부터 나오는 위안을 향해 모든 것을 내몰게 되지만, 사실 모든 것이 보장(保障)과 대립하는 방향으로 나가면서 순종을 실천해야만 하는 것은 아닙니다. 그것은 이것에 반대되는 것이 진리일 때, 보장에 관해서보다 절망에 관해 더 큰 두려움을 상상해야 한다는 생각으로부터 나온 것입니다.

수천 년에 걸쳐 있는 구약과 신약의 전체 역사를 통틀어 절망에 빠진 사람은 단 하나뿐입니다. 그는 바로 자신의 구세주를 불신했던 배반자인 유다 이스카리옷[8]이었고, 카인의 경우는 완전히 다른 문제입니다. 그 반면에 과거의 세계는 지금도 그렇듯이 안정된 상태에서 신이 자신에게 부과한 의무를 경시하는 사람들로 넘쳐났습니다. 하지만 이 사람들은 그러는 동안 자신들의 영혼이 달콤하게 복을 빌었고, 하나님으로부터 충만한 수준의 은혜와 평강을 얻을 것이라고 스스로에게 약속했습니다.

그들은 거기서 멈추지 않았습니다. 이런 것과 또 그와 유사한 성격의 다른 모든 미망의 반대편에서 우리는 진실로 경건하고 하나님과 그리스도에 대한 믿음이 확고부동한 사람을 세워 놓고 간곡하게 경고해야 합니다. 즉 경건에 대해 진지하고 충직하게 연구하는 일에서 등을 돌리지 말도록, 그리고 이제까지 예시한 것과 그 밖의 다른 것이 보여 주듯이 교만의 기만적인 힘을 통해, 또는 지각 없는 언어 구사와 특정 주제를 불순한 의도로 왜곡함으로써 우리가 스스로를 죄에 복종시키거나 죄 짓는 것에 탐닉하게 되지 않도록 경고해야 합니다. 그런 것에 맞서 우리는 모든 불경건을 거부하면서 부지런하고 꾸준히 미덕의 길을 걸어야 합니다.

그리고 에베소 교인들에게 사도 바울이 한 매우 근엄한 훈계를 항상 유념해야 합니다. 그는 부정함과 다른 죄악에 빠지지 않도록 경계할 것을 권면하면서 이렇게 말합니다. "여러분은 아무에게도 헛된 말(또는 헛된 이유)로 속아 넘어가지 마십시오." 왜냐하면 "이런 일 때문에 하나님의 진노가 순종하지 않는 사람들에게 내리는 것입니다."(엡 5:6) 사람들이 악한 일을

••

8) 유다 이스카리옷 또는 가리옷 사람 유다로 불리는 가룟 유다(Judas Iscariot)는 예수 그리스도의 열두 사도 가운데 한 사람이었으나, 나중에 예수를 배반하여 기독교에서는 최대의 죄인이자 악마의 하수인, 배신자의 대명사로 불린다. '이스가리옷'이라는 말에는 남부 유대의 지명인 '가리옷 사람' 외에 '암살자', '가짜', '위선자', '거짓말쟁이', '단검' 등의 의미를 가지고 있다.

하면서 자기를 위해 복을 빌 때, 그들이 의존하는 가설과 논증이 '헛된 말 (vain speeches)'이라고 불리기에 얼마나 기막히게 어울리는지 주목할 만합니다. 그것은 속속들이 '헛된' 것이기 때문입니다. 즉 사람들이 자기 정욕의 포로가 되었으면서도 자기야말로 은혜와 구원의 상태에 있다고 스스로를 설득하지만, 실제로는 그와 정반대로 진노와 영원한 멸망의 상태에 있습니다. 그러면서도 그런 사람들이 스스로 속아 넘어가는 이유는 참으로 황당무계하고 기만적인데, 그보다 더 중대한 사기나 속임수는 있을 수 없습니다.

그러나 우리가 앞에서 언급한 것 외에도 경건의 진보를 막는 장해물이 되는 또 다른 한 가지는 우리가 지금 다루려 하는 주제와 특별히 관련 있습니다. 즉 특정한 성경 본문을 부패하고 타락된 방식으로 해석함으로써 일반적으로 선한 행위에 대한 모든 관심을 잠식해 버리거나, 특히 그중의 어떤 부분을 약화하는 것입니다. 이런 종류의 훼방은 가장 심각한 것에 속한다고 평가해야 한다는 것은 의심의 여지가 없습니다. 왜냐하면 그런 식으로 악 자체가 신적 권위에 의해 확립된 것처럼 보인다든지, 또는 무기력하게 선을 추구하기 때문인데, 둘 중에서 예외 없이 후자가 더 큰 악입니다. 그러므로 경건에 해로운 온갖 종류의 가설을 타파하기 위해 힘쓰는 사람들이 칭송을 받을 자격이 있듯이, 직접적으로나 간접적으로 삶의 혼란스러운 국면을 묵인하고 넘어가는 식으로 주해하는 흔한 오독을 통해 일반적으로 설명되는 성경 본문을 정확히 해석하고, '건전한 말씀의 형상'에 일치시키려 애쓰고, 그리하여 성경을 부패한 해석으로부터 해방시키고, 그리스도교 신자들과 무엇보다도 교회의 목회자들에게 유익하고 필요한 것을 비추는 횃불 같은 역할을 하는 모든 사람들은 최고의 추천을 받을 만한 자격이 있습니다.

경건을 방해하는 성경 오독의 예

경건을 훼손하는 것처럼 흔히 왜곡되는 본문이 많이 있는데, 그중에서 우리는 지금 단 세 가지 사례만을 골라 보겠습니다.

1) 솔로몬의 잠언에 "의인은 일곱 번을 넘어지더라도 다시 일어난다"[9]라는 구절이 있습니다. 이 문장을 입에 올리는 사람들마다 더 근사하게 만들려고 '하루에'라는 어구를 덧붙이는데, 라틴어 불가타 성경[10]에 바로 그 어구가 삽입되어 있습니다. 이 성경 본문은 사람이 어쩌다 넘어지는 사고를 당하는 불운에 대해 말하는 것으로 이해되어야 하지만, 완전히 뒤집어서 죄에 빠지는 것을 가리킨다고 해석되었고, 그리하여 다른 악을 위한 자양분이 되었습니다.

2) 이사야의 예언서를 보면 각종 우상숭배, 하나님을 떠난 탈선, 다른 무수히 많은 죄악에 의해 오염된 후 그러한 더러운 범죄 때문에 유대교 교회가 호되게 심판받았을 때, 탄식조로 형벌의 엄중함에 대해 불평하는 동시에 자기가 지은 죄를 겸허하게 고백했는데, 그러는 중에 그들은 다른 무엇보다도 "우리의 모든 의는 더러운 옷과 같습니다"(사 64:6)라는 구절을

⋮

9) 편파적인 해석을 막기 위해 화자가 언급하는 잠언의 해당 본문 전체를 인용한다. "의인은 일곱 번을 넘어지더라도 다시 일어나지만, 악인은 재앙을 만나면 망한다. 원수가 넘어질 때에 즐거워하지 말고, 그가 걸려서 쓰러질 때에 마음에 기뻐하지 말아라. 주님께서 이것을 보시고 좋지 않게 여기셔서 그 노여움을 너의 원수로부터 너에게로 돌이키실까 두렵다."(잠 24:16~18)

10) 불가타 성경 또는 새 라틴어 성경(Nova Vulgata)은 5세기 초에 라틴어로 번역한 성경이다. 불가타의 시초는 382년 교황 다마소 1세가 기존의 옛 라틴어 성경을 개정하기 위해 히에로니무스에게 성경 번역을 지시한 데서 시작한다. 이후 교황 요한 바오로 2세는 불가타를 개정한 새 대중 라틴어 성경(Bibliorum Sacrorum nova vulgata editio)을 발행했는데, 이것이 현재 로마가톨릭교회의 라틴 전례에서 사용하는 공식 성경이다.

인용하면서 자신들이 공공연하게 부패를 일삼는 중에도 개별적으로 수행했던 선한 일 가운데 가장 좋은 것을 지목하는 대목이 있습니다. 이 본문은 파괴적인 곡해에 의해 빈번히 오독되고는 한합니다.

본문 자체로부터 추론해야 할 의미로 말하면 가장 저명한 그리스도인들의 탁월한 각각의 행위, 따라서 그리스도의 이름으로 올려진 가장 열렬한 기도, 진실한 내면에서 자비심과 함께 우러나서 수행된 사랑의 행위, 그리고 그리스도를 위해 죽기까지 흘린 순교자들의 피, 이 모든 것이 마치 생리하는 여인의 면포처럼 더럽고 역겨우며 보기 싫은 물건인 양, 따라서 하나님 보시기에 오욕거리에 불과한 것처럼 해석되었습니다. 그리고 이 명칭('더러운 옷'-옮긴이)은 성경에서 혐오스러운 범죄와 가장 극악한 종류의 위반에만 부여되는 것이기 때문에 (이 같은 추론 방식에 따르면) 최상이자 가장 탁월한 행위는 어떤 측면에서도 가장 혐오스러운 불의와 다를 것이 없다는 결론으로 귀결됩니다.

어떤 사람이 한번 이러한 유형의 과대망상에 사로잡힐 때, 그는 경건에 대한 모든 주의와 관심을 내려놓지 않을까요? 과연 그는 악한 삶을 살든지 선한 삶을 살든지 아무런 차이가 없다는 식으로 생각하게 되지 않을까요? 그러는 동안 그는 이 모든 것에도 불구하고 그리스도의 참된 제자가 될 수 있다고 스스로 설득하는 일에 골몰하지 않을까요? 의심의 여지 없이 그 이유는 명백한데, 왜냐하면 그 가설에 따르면 최선의 행위도 하나님이 보시기에 최악의 범죄처럼 더럽기는 마찬가지이기 때문입니다.

3) 오용되고 있는 성경 본문은 사도 바울이 로마인들에게 보낸 서한의 7장 14절부터 마지막 절까지에도 들어 있는데, 14장에서 사도가 중생한 사람에 대해 말하고 있는 것처럼 이해되고 있습니다. 그렇기 때문에 중생한 사람은 여전히 '육정에 매인 존재로서 죄 아래에 팔린 몸', 즉 죄의 포로

이며, "내가 해야겠다고 생각하는 선은 행하지 않고, 도리어 해서는 안 된다고 생각하는 악을 행하고" 있고, 정복되어 "죄의 법에 매이게", 즉 죄의 권세와 효력 아래 놓여 있다는 것입니다. 이 관점으로부터 더 추론할 수 있는 것은 만일 누군가 중생한 사람이 되려 한다면 그가 불완전한 의지를 품고, 의지에 이어 행위가 뒤따르지는 않지만 "선한 일을 행하고자 하는 의지를 갖는 것", 그리고 실제로 악을 행하는 일이 계속됨에도 불구하고 "악한 일을 의지하지 않는 것"으로 충분하다는 것입니다.

만일 14장에 대한 이 견해가 옳다면 경건, 완전히 새로운 차원의 순종, 따라서 완전한 새 창조에 대한 모든 주의를 모으는 것은 결과에 대해서가 아니라 오직 의욕이나 감정에 대해 협소한 경계를 긋는 것으로 환원될 것입니다. 척 보기만 해도 누구나 악을 멀리하는 동시에 선한 일을 실천에 옮기는 데 있어서 그러한 믿음이 얼마나 늘쩍지근하고 냉담하고 무기력한지를 간파할 수 있습니다.

이 견해를 옹호하는 사람들은 구실과 참작할 만한 변명을 늘어놓지만, 그것은 일반적으로 그 토대가 되어야 할 본문과 모순되는 논평일 경우가 허다합니다. 경건을 연습하는 것과 관련하여 사람들이 '이 장(章)은 중생한 사람들에 관한 것으로 이해되어야 한다'는 식의 자만심을 선행적으로 마음에 각인시키는 것은 위험한 일입니다. 그런 선입견을 기초로 삼은 사람은 다른 주제에서도 자기의 느낌이 이끄는 대로 돌아다니고, 스승들이 제시한 주석을 전혀 경청하지 않습니다.

그리스도인으로서 살기 시작한 생애 초기에 아우구스티누스는 이런 결과를 관찰했고, 비판하기를 주저하면서 이 본문이 율법 아래 있는 사람에게 적용될 수 있는 것이라고 해석했지만, 생애 후반에는 그 구절을 은혜 아래 있는 사람에게 적용했습니다. 그렇지만 그의 견해는 현재의 형태보다 훨씬 온건한 것이고, 경건을 거의 조금도 훼손하지 않는 수준이었습니다. "뜻이 있음에도 행하지 못하는" 것으로 사도가 말하는 "선"에 대해 아우구스티누스는 "현세적 욕망을 제어하는 것"으로, 그리고 "뜻이 없음에도 실제로 행하는" 것으로 사도가 선언한 "악"은 "현세적 욕망에 탐닉하는" 것으로 해석하는데, 이 참신한 해석은 율법의 적극적인 명령과 소극적인 금지 요소를 훌륭하게 혼합한 것입니다. 현대 해석자들(특히 칼뱅주의자들)은 그 본문이 실제적 선과 악에 연관된 것으로 이해하는데, 대단히 주목할 만한 구별이라 할 수 있습니다!

그러나 존경하는 선친께서는 경건의 다른 장해물을 제거하는 데 꾸준히 진력했고, 그리하여 주로 그와 같은 성경 본문의 참된 의미를 탐색하는 일에 힘쓰면서 지칠 줄 모르고 연구했는데, 특히 경건에 열심인 사람들의 길에 그 해석자들이 장해물을 놓는 것은 아닌지를 조사했습니다. 그러한 노고를 통해 그가 위업을 거둔 것이 있다면 의심할 것도 없이 그것은 바로 로마인들에게 보낸 서한의 7장에 대해 그가 연구한 것이었다고 고백해야 할 것입니다. 왜냐하면 그는 그 본문에 관해 긴 주해를 썼는데, 최대한 정확성을 기하기 위해 철저한 준비를 거쳐 탈고했고, 이제 그것을 우리가 출판하게 되었기 때문입니다.

로마서 7장을 고찰하다

선친이 제네바에서 고국으로 돌아왔을 때, 그는 로마서 7장을 당시 널리 알려진 대로 파악하고 있었습니다. 학생들 사이에서 엄청난 권위를 누렸던 그의 스승들로부터 그러한 관점을 전수한 터라 그들이 표명하는 어떤 것에 대해서도 학생들 중에서 감히 질문을 던지는 사람은 단 한 명도 없었습니다. 그러나 암스테르담 교회에서 목회 활동을 하는 중에 로마서를 연속 강해 설교의 주제로 택하고 7장을 해석하는 지점에 이르렀을 때, 그때까지 그가 가지고 있었던 기존 해석에 대해 마음에 의구심이 생기기 시작했습니다. 기존의 해석은 중생의 은혜를 가치 절하하고, 경건을 향한 모든 열심과 주의를 감소시키는 것으로 보였기 때문입니다.

선친은 선한 양심에 따라 7장을 처음부터 끝까지 근면하게 고찰했는데, 그것은 그가 마땅히 해야 할 일이기도 하고, 그의 공적 역할의 본성이 요구하는 바이기도 했습니다. 그는 그 장을 앞에 나오는 것과 뒤에 이어지는 본문과 대조했고, 몇 가지 특수한 사항을 중심으로 마치 하나님 면전에서 하듯이 그 본문을 전부 검토했습니다. 그리고 고대인의 것이든 중세 교부나 현대 신학자의 것이든 그가 구할 수 있는 다양한 주석서를 모두 읽었습니다. 그리하여 전능하신 하나님의 이름과 도우심을 빈번히 간구하고, 도움의 주요 원천인 부처[11]와 무스쿨루스[12]가 성경의 그 부분에 관해 단 주

..

11) 마르틴 부처(Martin Bucer, 1491~1551)는 16세기 독일의 슈트라스부르크의 종교개혁가다. 1508년에 도미니칸 수도사가 되었다. 거기서 부처는 그가 기대했던 많은 고대 그리스와 로마 문학 작품 대신에 중세 스콜라 신학의 거장인 토마스 아퀴나스와 피터 롬바르두스의 작품을 접했다. 1518년 마르틴 루터가 자신의 입장을 변호하기 위해 하이델베르크에 있는 아우구스티노 수도원에서 수도회 종단 토론회에 참석했을 때, 처음 그를 만나게 되었다. 이 만남은 부처의 생애에 획기적인 사건이었다. 하이델베르크에서 강변한 루터의 '십자가 신학'은 장차 위대한 종교개혁가가 될 브렌츠와 부처의 마음을 사로잡았다. 그리하여 슈트라스부르크의 도미니칸 수도사 마르틴은 비텐베르크의 루터를 따라 수도사에서 종교개혁가로 전향하게 되었다.

12) 볼프강 무스쿨루스(Wolfgang Musculus, 1497~1563)는 뮈슬린 출신의 개혁 신학자다. 그는 볼프강 카피토와 마르틴 부처 아래 수학한 뒤 베른대학의 신학 교수가 되었다. 주석과 조직신학에 관련된 저술을 썼고, 주요 저서로 *Loci communes sacrae theologiae*(1560)가 있다. 이 책에서 다룬 주제 중 특히 논란거리가 되었던 것은 십계명의 유효성과 유아 친교에 대한 그의 급진적 주장이다. 무스쿨루스는 음악에도 조예가 깊었는데, 요한 제바스티안 바흐는 무스쿨루스의 1530년 찬송가(시편 23편 편곡)를 사용하여 1731년 라이프치히

석을 참조했습니다. 그 후 기존의 해석이 진리를 면밀하게 음미할 수 없을 뿐만 아니라, 오히려 그 본문은 율법이 자기의 권한을 행사하고 있는 상태에서 율법 아래 살고 있고, 따라서 죄로 인해 자기의 영혼을 진실로 통회하면서 율법이 자기를 구원할 능력이 없다는 것을 확신하게 되었기 때문에 구원자를 찾고 있으나 아직 실제로는 중생에 이르지 못했지만 중생의 경계에 가장 근접해 있는 사람을 준거로 삼아 완전히 새롭게 이해되어야 한다는 것을 깨달았습니다.

로마서 7장에 대한 이 같은 설명을 그는 강단에서 공공연히 전달하기 시작했습니다. 그것은 주님의 교회에서 항상 중요한 입지가 확보되어야 하는, 예언(預言)[13]하는 자유가 용인하는 행동 방식이라고 생각했기 때문입니다. 그가 성경을 해설하는 일에 충성을 다한 것과 그 과정에서 보여준 성실성은 단연코 찬양과 칭찬을 받아 마땅한 일이었습니다. 하지만 교회 고위직에 있는 모든 인물들로부터, 특히 어쩌면 그러한 반응을 좀체 기대하기 어려운 몇몇 열광자에게서라도 기대할 만했지만 상을 받는 대신, 저자가 비행과 광기에 빠진 사람이라는 비난을 받기에도 부족한, 공식 서열이 높지 않은 인물에 불과하다는 식의 반응을 얻었을 뿐입니다. 고작 그것이 성경 연구에 지멸있게 공을 들이고 예언하는 자유를 함양한 결과입니다. 그것은 그리스도의 종들을 우리 자신보다 살 날이 길지 않은 특정 인

∷

에서 처음으로 연주한 합창 칸타타 〈여호와는 나의 목자시니(Der Herr ist mein getreuer Hirt)〉(BWV 112)의 텍스트로 사용했다.

13) 일반적으로 예언의 사전적 정의는 1) 앞에 올 일을 미리 말함, 2) 신탁을 받은 사람이 신의 말을 듣고 신의 의지를 사람들에게 전달하는 것, 3) 전하는 말 자체를 가리킨다. 그러나 성경에서 말하는 대부분의 예언은 인간의 미래를 앞서 말하는 것이 아니라, 하나님의 말씀이 미리 맡겨졌다는 것을 뜻한다. 즉 여기서 'prophesy'란 하나님의 계시나 뜻을 사람들에게 전달하는 의미로서의 예언, 신탁을 뜻한다.

물들을 섬겨야 할 종으로 만들거나, 성경에 대한 그들의 해석을 우리가 따라야 할 유일한 규칙과 지침으로 정전화하는 것보다 훨씬 나은 기여였다고 평가할 수 있습니다.

우리 선친이 이런 점을 감지하셨을 때, 그가 착수한 일은 바로 이 주해서를 집필하는 것이었고, 마침내 그것을 완성하게 되었습니다. 만일 하나님께서 그에게 더 많은 날을 허락하셨다면 그가 이미 작업에 들어갔던 교정 작업을 통해 이 원고를 훨씬 정밀한 것으로 만들 수 있었을 것입니다. 그러나 그가 갑작스럽게 별세하심으로 인해 그 작업은 중단되었고, 그리하여 최종 교정 단계를 거칠 수 없게 되었습니다. 그럼에도 많은 훌륭한 인사들이 그것은 기필코 세상에 모습을 드러내야 할 가치가 있는 저술이라고 판단했기에 저희 형제들은 감히 그 원고를 출판하기로 했습니다.

이 논문의 얼개는 다음과 같습니다. 첫째, 저자는 먼저 자기의 개인적 견해를 밝히는데, 7장 전체로부터, 그리고 그 앞에 나오는 장들과 그 뒤에 이어지는 장들 사이에서 그 장이 이루는 연결성으로부터 연역하여 그 견해의 타당성을 입증합니다. 둘째, 저자는 자기의 해석이 한 번도 정죄된 적이 없었고, 오히려 늘 충분할 정도로 많은 옹호자들이 있어 왔다는 것을 보여줍니다. 셋째, 그는 자기의 해석을 펠라기우스주의로 부르는 흑색 비난에 대항하여 변호하면서 그러한 오류에 정면으로 반대된다는 것을 증명해 보입니다. 넷째, 그는 근래에 일반적으로 받아들여지고 있는 해석은 선례 없는 새로운 것으로서, 고대 교부들은 그런 것을 수용한 일이 없을 뿐만 아니라, 실제로 많은 이들이 거부했다는 사실을, 끝으로 그 해석이 은혜를 훼손하고 훌륭한 윤리 의식에 유해하다는 점을 지적합니다. 그다음으로 그는 성 아우구스티누스의 견해와 근래에 널리 수용된 해석을 자신의 해석과 비교하는 단계를 거치고, 이어서 동료 목회자들에게 주는 친절한 인삿말로 책을 마무리합니다.

선친의 논문을 전하에게 헌정하며

지극히 존경하는 바르데시우스 전하. 우리는 이 책을 전하께 헌정하고 감사의 말씀을 드리고자 합니다. 우리가 이 같은 소망을 갖게 된 데는 몇 가지 이유가 있습니다. 존경하는 저희 선친께서 목회 현장에 처음 발을 들여놓았을 때, 총독께서는 영예로운 교분을 나누었습니다. 그 친교는 존경하는 저희 부모님께서 별세하실 때까지 여러 해 동안 숱한 영광과 함께 지속되었습니다. 총독께서는 작고하신 선친의 법적 상속인으로서 그 친교에서도 선친의 자리를 계승하셨습니다. 총독께서 소관 사항과 관련한 조사를 속행하신 후, 외국 국가들을 방문하기 위해 떠났다가 귀국하시는 즉시, 오늘 이 같은 헌정식을 마련한 것은 바로 총독과 저희 부친 사이에 형성되었던 매우 긴밀한 친교를 기리기 위해서입니다.

총독께서는 줄곧 저희 부친의 자질을 높이 평가하셨고, 신학 주제와 관련하여 빈번히 부친의 조언을 구하셨으며, 그의 조언을 따랐던 일은 비일비재했습니다. 물론 저희 부친도 전하의 조언을 따르고는 했습니다. 그러나 저희 선친은 자신이 사람의 종이 아니라, 예수 그리스도의 종으로 살아야 한다는 것과, 오직 주님의 말씀을 따르기로(그것을 준수하기로) 서약한 상태에 있다는 사실에 대해 깊은 반성을 하신 후, 그 사실에 입각하여 사람들의 견해와 그것의 진리성과 필연성에 대해 공개적으로 문제를 제기하기 시작했습니다. 그는 사람들의 견해와 성경을 대조한 후 지극히 겸손한 자세로 그 견해에 대해 갖게 된 의구심을 표명하고 문제점을 대담하게 비난했습니다. 바로 그런 이유로 그때부터 저희 부친의 지인이었고 절친한 친구였던 분들은 마치 그가 오래된 이정표들을 뽑아 버리는 사람인 양 그를 멀리하기 시작했습니다.

그분들 중 일부는 공개적으로나 개인적으로 부친에 관해 모함하는 보고서를 돌리는 기회를 엿보거나 실제로 실행에 옮기기 시작했고, 그 반면에 다른 사람들은 충분할 정도로 명백하게 부친과의 모든 교분을 공공연히 부인했습니다. 그리하여 교회 사회의 열렬주의자들이 전부 나서서 서로를 부추기며 부친을 타도해야 한다고 나섰을 때, 그 와중에서도 총독께서는 어떤 속단도 삼가면서 정의로운 저울로 몸소 그 문제의 무게를 달아 보신 후 지속적으로 선친에 대한 변함없는 애정을 보여 주셨습니다.

부친께서 느리면서도 고질적인 병환으로 기력을 잃게 되었을 때, 날씨가 온화해지고 부친의 장애 상태가 간헐적으로 호전되자마자 전하께서는 지극한 우정의 마음으로 부친을 관저로 초대하셨고, 그가 당도하자 그를 마치 주님의 천사인 양 영접하셨습니다. 부친께서 이 세상을 떠나 그분의 주님이시며 스승이신 그리스도께로 올라가실 때까지 그렇게도 순전하고 섬세한 우정으로 전하께서는 그를 돌아보셨습니다. 그뿐만 아니라 그가 별세하신 후에도 어려움에 처한 우리 가정을 선대하심으로써 세상 떠난 친구의 유족들에게 겉으로만 친구인 체하지 않는 진정한 우애의 면모를 보여 주셨습니다. 우리의 부족한 필설로 이루 다 나타낼 수 없도록 말로나 행동에서 모두 슬픔을 당한 미망인과 곤핍한 유자녀들에게 친절과 자비심을 풍성하게 보여 주셨습니다. 그러므로 우리 유자녀들이 세상에서 가장 배은망덕한 사람이 되기를 바라지 않고, 널리 그렇게 불리기를 원하지 않는 이상, 존경하는 저희 부친의 유고가 이따금씩 인쇄될 때마다 전하의 영예롭고 지극히 친밀한 이름을 새겨 넣고, 그런 식으로 공식적인 문헌을 통해 전하에 대한 우리의 은덕과 말로 다할 수 없는 책무를 모든 사람들 앞에서 증명하는 것이 마땅히 온당한 일일 것입니다.

이 같은 생각에 더하여 저희가 첨언하기 원하는 것은, 만일 하나님께서 저희 부친에게 생명과 여가 시간을 더 허락하셨다면 그가 그리스도교의 전체 구조를 이집트의 고인 물로 차 있는 호수가 아니라, 이스라엘의 순전한 샘물로써 기술하고, 그 기록에 전하의 영광스러운 이름을 새겨 넣는 것을 마음속으로 간절히 소망했다는 사실입니다. 비록 부분적으로는 당시에 맡은 업무의 다양함 때문에, 부분적으로는 질서정연하지 못한 그의 끈질긴 천성으로 인해 그 목적을 이루지 못했고, 다른 세상에 계신 지금에 와서야 여기 현재의 이 주석서를 전하 앞에 내놓게 되었습니다. 이 방법 외에는 저희 부친의 바람을 완수할 수 있는 길이 없기 때문입니다.

우리는 이 주해서에서 다룬 주제 자체가 전하의 심기를 불편하게 하지 않으리라고 믿는 바인데, 그것은 전하의 비범한 성향과 놀라울 만큼 조화를 이룰 것이 확실하기 때문입니다. 그것은 전하를 잘 아는 모든 분들에게 잘 알려져 있는 일이고, 전하께서도 굳이 비밀로 숨기기를 원하지 않는 엄연한 사실입니다. 전하께서는 그리스도인의 삶의 실천에 전혀 기여하는 바가 없는 난해한 논쟁과 토론을 전혀 좋아하지 않고, 오히려 참되고 견실한 경건을 추구하는 것을 신앙의 주된 부분으로 여기신다는 것을 기회 있을 때마다 자유롭게 표출하셨습니다.

저희 부친께서도 이 작품에서 그 측면에서 전하의 뜻에 부합하는 소망과 목표를 제시하셨습니다. 우리는 박학하실 뿐만 아니라 종교적 신앙에도 깊은 이해를 가지신 분에게 경건의 진보를 위해 고도의 견인차가 되어 줄 작품을 헌정하는 것보다 더 적절한 일은 없을 것이라고 믿습니다. 그러므로 전하와 야코부스 아르미니우스 사이에 지속되었던 그 신성한 우정과, 우리 자신이 전하에 대해 가지고 있는 은혜로운 우정의 영구한 기념

비로서 저희와 사랑하는 모친이 한마음으로 드리는, 후세까지 기억되기를 간절히 바라며 드리는 이 작은 선물을 유쾌한 마음과 평온한 얼굴로 받아 주시기를 바라는 바입니다.

슬픔을 당한 가정에 대한 연민의 정을 보여 주신 전하께 주 하나님께서 자비로써 갚아 주시기를, 전하와 전하의 매우 영예로운 가정에 온갖 종류의 하늘의 복을 풍성하게 내려 주실 것을 기원합니다. 그의 이름의 영광과 우리 모두의 구원을 위해 아멘. 전하에게 속한 절친한 분들에게도 동일한 복이 임하기를 기원합니다.

1612년 8월 13일
네덜란드 레이던의 아우더봐터에서
야코부스 아르미니우스의 아홉 명의 유자녀 드림

로마서 7장의 참되고 순전한 의미에 관한 연구

서론

로마서 7장, 특히 장의 후반부에 속하는 14절 또는 15절의 시작 부분부터 장이 끝나는 절까지 이르는 부분의 의미에 관한 탐구의 주제는 다음과 같다. '사도는 그 부분에서 당시의 상태 그대로 자기 자신에 대해 다루고 있는가?' 또는 거의 똑같은 질문이지만 '자기의 인간적 상태를 유지한 채 사도는 그리스도의 은혜를 소유한 상태에서 사는 사람에 대해 다루고 있는가, 아니면 거기서 그는 율법 아래 있는 누군가의 역할을 맡고 있는 것인가?'

이 물음은 다른 방식으로 제기되기도 한다. '사도는 거기서 아직 중생에 이르지 못한 사람에 관해 다루는가, 또는 이미 그리스도의 영을 통해 중생한 사람에 관해 다루는가?' 후자의 물음은 그 의미하는 바에서 전자와 상이하다. '중생에 이르지 못한(unregenerate)'이라는 낱말은 율법 아래 있는 사람들을 포함하여 매우 포괄적인 함의를 가지고 있다. 그 사람의 상태에 대해 사도 바울도 같은 장의 9절에서 간략하게 언급한 바 있기 때문이다. 그리고 어떤 사람들에게 똑같은 그 낱말은 단순히 중생[사건으로서—옮긴이] 의 결여 자체뿐만 아니라, 필연적으로 중생 이전 상태에 속하는 모든 것을 지시하는 것으로 이해되기 때문이다. 그 이전 상태에 속하는 것은 '율법 아래'라는 낱말에 의해 배제되는 것과 매우 거리가 멀기 때문에 오히려 그들 중 상당 부분은 필연적으로 이 낱말이 기술하는 상태의 넓은 범위에 분포되어 있다.

이 점을 간과하는 것은 엄중한 비난을 피하기 어려울 것이다. 과거에 많은 사람들이 '중생에 이르지 못한'이라는 낱말에 관해 형성했던 그러한 관념은 관련된 용어와 그것이 지시하는 대상에 대한 주의 깊은 고찰 없이 왜 그들이 이 성경 본문이 중생하지 못한 사람, 즉 중생 경험을 갖지 못했을 뿐만 아니라, 대개의 경우 중생에 선행하는 것으로 말해지는 모든 요소를 결여하는 사람을 지칭한 것이라고 주장하는 견해는 거부되어야 하고, 오히려 이와 반대되는 견해를 승인해야 한다고 생각하게 되었는가 하는, 결코 사소하지 않은 원인을 조장하기 때문이다.

그러나 이 물음은 지금 토론의 주제가 되었고, 가톨릭 교의를 다루는 저자들이 상이한 견해를 견지하는 것을 허용하는 것 같은 주제 중 하나로서가 아니라, 신앙의 진리성에 대해 막대한 수위의 중요성과 무게를 갖는 것이어서 그 본문에서 사도 바울이 은혜 아래 살고 있고 중생한 사람에 대해 다루고 있다는 것을 긍정하는 유일한 길을 제외하고 그것에 관해 어떤 결정도 내릴 수 없으며, 진리를 심각하게 훼손하는 일과 명백한 이단에 빠지는 것을 막을 길이 없는 핵심 주제로 떠오른 것이다.

제기된 문제에 대한 이 같은 판단은 내게 매우 새롭게 보이고, 오늘날 우리가 사는 이 시대가 도래하기까지 교회 안에서 한 번도 들어본 적이 없는 이야기다. 좋았던 지난 시절에는 신앙 조항이나 교리와 충돌하는 견해에 대해 충분히 설명할 기회를 갖지 못하는 한 이 같은 문제의 이 부분이나 저 부분에 대해 나름대로 소견을 가질 수 있는 자유가 교회 성직자에게 부여되었다. 그렇기 때문에 우리가 당면한 이 문제에서도 그런 자유는 허용될 수 있을 것 같다. 그러한 견해의 자유를 부여한 사람들에게 주제에 대해 설득하는 일을 상상해 볼 수 있는 것은 믿음의 교의와 조항에 부합하는 설명이 인가될 수 없는 어떤 견해도 교회 안에서 허용될 수 있다고 생각하는 사람은 아무도 없었기 때문이다.

이 본문을 율법 아래 사는 사람을 준거로 삼아 설명하는 사람들은 펠라기우스의 이중적 이단과 어느 정도 유사성을 갖는다는 비난을 받을 것이고, 그리스도의 은혜 없이도 참되고 구원하는 선을 그 사람에게 귀속하고, 중생한 사람 안에서 진행되는 육과 영 사이의 갈등을 일소하면서 지상의 삶에서 의의 완전성을 견지할 것으로 말해진다.

그러나 나는 솔직하게 고백하건대 지금 여기서 추론된 결론을 마음 깊은 곳에서 혐오한다. 반면 나는 그들이 그런 견해로부터 어떻게 앞으로 나아갈 수 있을지 가늠할 수 없다. 만일 황송하게도 누군가 어떻게 그렇게 할 수 있는지 입증해 보여 준다면 좋은 결과에 의해 거짓이 결론으로 추론되는 것치고 참된 것이 있을 수 없다는 것을 알기에 나는 이단에 귀착할 것이라는 나의 견해를 즉시 철회할 것이다. 그러나 만일 그것이 증명될 수 없다면, 그리고 이 이단 중 어느 것도 다른 어떤 이단이든지 올바른 방식으로 설명하기만 한다면, 이 견해로부터 추론되는 일은 없다는 것을 내가 입증할 수 있다면 아마도 나는 이 견해를 빌미로 나에게 또는 다른 누구에게든지 어떤 간섭도 받지 않을 것을 당당히 요구할 수 있을 것이다. 만일 내가 이 입장을 개연적일 뿐만 아니라 반박할 수 없는, 또는 적어도 반대 견해를 옹호하는 논증보다 훨씬 큰 개연성을 가진 논증을 통해 확증한다면 그럴 경우 나는 적어도 동등한 권리에 의해 이 견해가 교회 안에서 다른 것과 같은 위치를 획득할 수 있게 해 줄 것을 요청할 것이다.

끝으로 만일 오늘날 대부분의 목회자들에 의해 설명되고 있는 대조적인 그 견해는 불가능에 가까운 장해물을 극복하지 않고서는 성경의 가장 평이한 많은 구절과 조화를 이룰 수 없다는 것, 그것은 내주하는 성령의 은혜를 적지 않게 훼손할 것이라는 것, 선한 윤리 규범에 유해한 영향을 미칠 것이라는 것, 교회의 고대 교부들 중 어느 누구도 그것을 승인한 적이 없고 오히려 일부 교부들은 그것을 거부했다는 것, 심지어 성 아우구스티누스도 그것을 거부했다는 것을 증명한다면 그럴 경우 나는 정당한 권리에 의해 그 다른 견해를 옹호하는 사람들에게 나의 더 나은 견해를 부당하게 정죄함으로써 과연 그들이 자신에 대한 하나님의 진노를 격동시키기를 바라는 것이 아닐지에 대해 빈번하고 진지하게 성찰하라고 권고할 수 있도록 허락해 주기 바란다.

이 같은 전제를 기반으로 이제 본 주제 자체로 들어갈 것인데, 그것은 다음과 같은 부분으로 나누어 다룰 것이다.

1) 나는 이 본문에서 사도가 자기 자신에 대해 말하고 있지도 않고, 은혜 아래 사는 어떤 사람에 대해서도 말하고 있지 않으며, 율법 아래 있는 사람의 위치로 그 자신을 전이하고 있음을 보여 줄 것이다.

2) 나는 이 견해가 교회 안에서 이단적인 것으로 정죄된 적이 없고, 오히려 늘 교회 목회자들 사이에 옹호자들이 있었다는 것을 명확히 밝힐 것이다.

3) 나는 펠라기우스의 것이든 그 누구의 것이든지 어떤 이단적 견해도 내가 제시하는 견해로부터 도출되지 않고, 오히려 그것은 펠라기우스주의와 명백하게 대립한다는 것과, 가장 현저한 방식으로 그리고 계획적으로 펠라기우스의 장려(壯麗)한 허위성을 반박한다는 것을 보여 줄 것이다.

필요한 방어선 안에 나 자신을 머물게 하면서 이 세 논제를 설명한 뒤 똑같은 논증에 의해 반대 견해를 반박하는 것이 오늘날 그 견해가 설명되는 방식을 볼 때 특히 바람직하고 유익한 것으로 보는 사람이 있지 않다면 나는 이 논고를 마무리할 것이다. 이 작업을 나는 선행하는 세 개의 장 뒤에 이어지는 다른 두 개의 장에서 시도할 것인데, 그렇게 되면 앞의 장도 뒤에 나오는 두 장과 유사하고 또 평행을 이루게 될 것이다.

4) 그러므로 나는 이 본문과 관련하여 오늘날 우리 목회자들 중 일부가 사도에게 귀속하는 의미는 교회의 고대 교부들 중 그 누구에 의해서도 승인되지 않았고, 성 아우구스티누스 자신에 의해서도 인정되지 않았으며, 오히려 그를 비롯한 다른 교부들에 의해 비판되고 반박되었다는 것을 증명할 것이다.

5) 끝으로 오늘날 많은 사람들에 의해 설명되고 있는 방식대로의 이 견해는 은혜에 유해할 뿐만 아니라, 선한 윤리의식을 저해하기도 한다는 것을 보여 줄 것이다. 부디 하나님께서 나로 하여금 그의 신성한 진리에 일치하는 것 외에 다른 것은 생각하지도 쓰지도 말게 해 주시기를 바랄 뿐이다. 그러나 만일 이 반대되는 유형에 속한 어느 것이든지 내가 놓치는 것이 있다면 그런 일은 '오직 부분적으로 알고, 부분적으로 예언하는' 사람에게 일어나기 쉬운 오류의 하나인데, 나는 어느 것도 말하지도 쓰지도 않기를 (그렇게 간주되기를) 바라는 바다. 나는 이전에 그러한 일에 반대 결의를 표하는 주장을 한 적이 있다. 그리고 누가 그런 것을 내게 가르쳐 주었든

지 간에 지금 실제로 나는 더 큰 진리성과 확실성을 가진 것을 선언할 것이다.

1장

증명해야 할 논제

1) 논제에 포함된 용어에 대한 기술.
2) 사도 바울의 기록이 여기 수록되지 않은 이유.
3) '율법 아래 있는'의 의미.
4) '은혜 아래 있는'의 의미.
5) '중생에 이른 사람'의 의미.
6) '중생에 이르지 않은 사람'의 의미.

이 본문에서 사도는 당시 자기가 처해 있는 상태에서 실제의 자기 자신에 대해 말하고 있거나, 은혜 아래 있는 어떤 사람에 대해 다루는 것이 아니라, 율법 아래 있는 어떤 사람의 인격을 자기 자신에게 빙의하고 있다. 혹은 다른 사람들이 표현하는 대로 이 본문에서 사도는 그리스도의 영을 통해 이미 중생에 이른 사람을 다루는 것이 아니라, 아직 중생에 이르지 않은 사람의 인격을 가정한다.

논제의 증명을 위해 논제에 들어 있는 제재(題材)에 대한 정의나 기술을 전제로 달거나 첫머리에 제시해야 한다. 그 제재는 다음과 같다. 사도 바울 자신, 은혜 아래 있는 사람, 율법 아래 있는 사람, 그리스도의 영에 의해 중생한 사람, 아직 중생하지 못한 사람. 나는 중생한 사람과 은혜 아래 있는 사람을 사도 자신과 떼어 놓을 것이다. 이는 내가 누구보다도 눈에 띄는 위치를 차지하는 그를 중생한 사람들의 수에서 제하기 위해서가 아니라, 사도적 완전성을 기술하는 명제로부터 이 본문에서 사도 바울은 당시 자기 자신이 어떠한지에 대해 말할 수 없었음을 증명할 수 있다는 주장을 타당하게 추론할 수 있다고 생각하는 사람들이 있기 때문이다. 사도가 여기서 자기 자신에게 귀속하는 것은 다른 본문에서 그가 자신에 대해 말하는 것과 상충하는 점이 있기 때문에, 그리고 그것은 은혜의 위대한 거인 같은 그의 위치에 대해, 신앙과 삶의 새로운 변화에서 그가 이룬 진보에 대해 모독이 되기 때문이다.

그러나 이 장에서 사도 바울이 어떤 조건이나 계층에 속해 있든지 다른 모든 사람들과 현격하게 구별되는 사람으로서 자기 자신을 개인적으로 다루는 것이 아니라, 율법 아래 있고 아직 중생에 이르지 못했든지 혹은 중생을 경험하여 은혜 아래 있든지 간에 사도 자신에 대한 기술을 생략한 채 그 자신의 인격 아래서 그가 특정한 유형과 수준에 속한 사람에 대해 기술하고 있음이 분명하다. 그러므로 우리는 먼저 은혜 아래 있는 것과 율법 아래 있는 것이 무엇을 의미하는지, 그리고 중생에 이른 사람 또는 중생에 이르지 못했거나 중생하지 못한 사람이라는 말이 무엇을 의미하는지를 살펴보고자 한다. 그러한 인물에 관해 우리가 목표하는 것은 다음과 같다. 후속적으로 우리 자신의 견해를 세우려 할 때, 우리는 사도 바울이 제시한 기술로부터 논증을 이끌어 낼 수 있을 것이다.

그러므로 '율법 아래 있는'이라는 표현은 단순히 그 사람이 율법을 수행할 수 있다거나, 율법의 명령에 복종해야만 한다는 것을 의미하는 것이 아니다. 그런 의미일 경우 일반적으로 모든 사람, 즉 7장 9절에서 '율법이 없는' 것으로 말하는 사람들은 창조 권한에 의해 율법 아래 있는 것으로 간주되는 사람들과 은혜 아래 있는 사람들은 구속과 성화의 고차적 투쟁을 거치며, 율법 아래 있는 사람은 모두 율법의 혹독함에 시달리는 것 같지는 않은데, 왜냐하면 그들은 율법의 혹독함으로부터 사람들을 해방시키는 그리스도의 법 아래 있기 때문이다.

그렇지만 죄인들과 관련하여 율법의 소임은 두 가지다. 하나는 죄인의 범죄에 대해 율법이 내리는 판결에 의해 유죄 선고로 종결짓는 것이고, 다른 하나는 먼저 죄인들을 교육하고 율법의 공평함과 정의로움과 거룩함에 대해 확신을 갖게 한 다음 그들의 죄를 꾸짖고, 순종을 촉구하며, 그들 자신의 연약함을 일깨우고, 심판의 참혹함에 관해 경고하며, 그들로 하여금 구원을 길을 찾도록 촉구하고, 일반적으로 율법의 효력에 따라 죄인들을 인도하고, 지배하며, 격려하는 것이다.

그러므로 율법의 첫째 직능과 관련하여 모든 죄인들은 보편적으로 그 아래 있는 것으로 말할 수 있는데, 심지어 율법 없이 태어나 율법 없이 죄를 지은 사람들도 마찬가지다. "율법을 모르고 범죄를 저지른 사람은 율법과 상관없이 망할 것"(롬 2:12)이지만, 그들이 율법의 정의로운 심판을 피하여 정죄되지 않을 것이기 때문이다.

율법의 둘째 직능과 관련하여 그 사람들은 율법의 효능과 인도를 따라 훈육되고 동기부여를 얻을 수 있도록 율법의 지배와 통치, 주권과 교육(후견)을 받는다고 말할 수 있다. 이 둘째 관점에서 율법 아래 있는 사람들이 일부 또는 전부가 다소간 상이한 정도와 수위에서 그럴 수 있고, 또 실제로 그러하든지 상관없이 그런 식으로 율법은 그들에게 힘을 발휘하고 소기의 과업을 관철한다. 그러나 이 본문에서 우리는 율법 아래 있는 사람을 '율법의 전적인 효력과 모든 경영 아래 있는' 사람으로 정의한다. 이런 규정을 요청하는 사도 바울의 목적에 대해서는 뒤에서 관찰할 것이다.

'은혜 아래 있는'이라는 어구는 '율법 아래 있는' 상대방에게 반대되는 답변을 내놓는데, 이 은혜의 효력은 이중적이기 때문이다. 첫째 효력은 죄책과 저주로부터 죄인을 사면하는 것이고, 둘째 효력은 용서받은 사람에게 양자(養子)와 중생의 영을 부여하고, 그 영에 의해 그 사람으로 하여금 활력 넘치게 하거나 약동하게 하고, 그를 인도하고 고무시키며, 통치하는 것이다. 따라서 그들은 죄책과 저주로부터 해방된 '은혜 아래 있는' 자로 불릴 뿐만 아니라, 은혜와 성령의 인도하심에 의해 지배와 명령을 받는 것이다.

그러나 지금 우리가 여기서 다루는 것은 정확히 죄에 대한 정죄가 아니라, 수하에 들어온 사람들로부터 완전한 복종을 얻어내려고 자기가 가진 힘으로 강제함으로써 율법의 효력과 권세에 헛되이 저항하는 사람들에게 죄가 광포하게 휘두르는 전횡과 통제에 대한 것이다. 지금 우리가 말하는 주제는 죄의 용서가 아니라, 이 폭군과 지배자의 힘을 막거나 억제하고, 사람들로 하여금 그에게 마땅한 종류의 복종을 하도록 이끄는 은혜에 대한 것이다. 그러므로 우리는 '율법 아래 있는'과 '은혜 아래 있는'이라는 표현을 후자의 의미로 제한해야만 한다. 즉 율법의 인도를 따라 통치받고 행동하는 사람은 '율법 아래 있는' 것이고, 은혜의 인도를 따라 통치받고 행동하는 사람은 '은혜 아래 있는' 것이다. 이 점은 로마서 6장 14절을 같은 장의 선행 구절과 후속 구절과 일대일로 비교해 볼 때, 그리고 이 주제에 직접적으로 적용되는 갈라디아서 15장 17절과 18절로부터 분명하게 밝혀진다.

그러나 만일 이 구절을 앞의 두 표현이 각기 갖는 이중적 의미로 확대 적용하고자 하는 사람이 있다면 나로서는 그가 자유롭게 그렇게 확장할 수 있게 허락하고자 한다. 왜냐하면 그것이 현재 우리의 논의 주제가 되는 문제의 진리성을 탐구하고 발견하는 일에 별로 방해되지 않을 것이기 때문이다.

　이제 중생한 사람과 중생하지 못한 사람에 대해 살펴보기로 하자. 그들 각각을 엄밀하게 정의하기 위해 서로 대립되고 구별되는 점을 밝히는 것이 마땅한 일이다. 그러므로 우리는 중생한 사람이란 성령의 최초 행위나 활동을 개시하는 시점부터 그렇게 불리는 사람이 아니라, 물론 이것도 중생이기는 하지만 그것의 본질적인 부분에서 완전한 수준에 이를 때 양이나 정도에 대해서는 아니지만 성령의 동일한 행위와 활동에 근거하여 그렇게 불리는 사람이라고 정의하겠다. 그는 "한번 빛을 받아서 하늘의 은사를 맛보고, 성령을 나누어 받고, 또 하나님의 선한 말씀과 장차 올 세상의 권능을 맛본 사람"(히 6:4, 5)이 아닌데, 문제의 본문에 관해 우리 목회자들 대다수가 제공하는 설명은 중생에 이르지 못한 사람에게만 적용되기 때문이다.

　또한 그는 "(우리의) 주님이시며 구주이신 예수 그리스도를 앎으로써 세상의 더러운 것들에서 벗어나고 의의 길을 알게 된"(벧후 2:20, 21) 사람도 아니다. 이 본문은 오직 중생하지 못한 사람들에게 적용될 뿐이라고 그들은 말한다. 그뿐만 아니라 "율법을 듣고, 율법이 요구하는 일이 자기의 마음에 적혀 있음을 드러내 보이며, 그들의 양심도 이 사실을 증언하고, 그들의 생각이 서로 고발하기도 하고, 변호하고, 유대 사람이라고 자처하고, 그래서 율법을 의지하며, 하나님을 자랑하며, 율법의 가르침을 받아서 하나님의 뜻을 알고 가장 선한 일을 분간할 줄 아는"(롬 2:13~18) 사람을 말하는 것도 아니다. "주님의 이름으로 예언을 하고, 주님의 이름으로 귀신을 쫓아내고, 또 주님의 이름으로 많은 기적을 행하고"(마 7:22), "산을 옮길 만한 모든 믿음을 가지고 있는"(고전 13:2) 사람을 가리키는 것도 아니다. 더욱이 자기 자신이 죄인임을 시인하고, 죄 때문에 슬퍼하고, 거룩한 슬픔에 깊이 빠지고, "피곤할 정도로 수고하고" 자기 죄로 인해 "무거운 짐을 진"(마 11:28) 사람도 해당하지 않는다. 왜냐하면 바로 이런 사람들을 부르려고 그리스도께서 오셨고, 이 부르심은 칭의와 성화 이전에, 즉 중생 단계에 앞서 있는 일이기 때문이다(롬 8:30).

자기가 "비참하고 불쌍하고 가난하고 눈이 멀고 벌거벗은 것을 알지 못하는" 사람도 해당되지 않는다. 왜냐하면 그런 사람에게 그리스도께서는 그가 필요로 하는 것을 "내게서 사라"고 권면하시기 때문이다(계 3:17, 18). 이 해석은 라오디게아 교회가 자기 자신이 어떤 상태에 있는지를 모른다고 지적했던 사실에 의해 무효로 되는 것이 아니다. 자신들이 앞에서 묘사된 것 같은 상태에 있다는 것을 그들이 깨달을 수 있었다면 그들은 그리스도에게 속한 것을 사라는 '훈계' 또는 충고는 결코 듣지 않았을 것이기 때문이다.

사람이 율법을 행하는 행위로 의롭게 될 수 없다는 것을 알고, 그리하여 그 안에서 그리스도를 믿는 믿음으로 의롭다고 하심을 받고자 그런 상태로부터 그리스도에게로 도망해야 하는(갈 2:16) 사람도 해당하지 않는다. 또한 자기가 감히 눈을 들어 하늘을 바라볼 자격도 없다는 것을 인정하고, 자기 가슴을 치면서 죄인인 자기에게 하나님께서 자비를 베풀어 주실 것을 간청하는 사람도 해당될 수 없다.

틸레만 헤수시우스[14]의 비방에 대한 반박문에서 베자[15]는 이런 점을 정

⁞

14) Tilemann Heshusius(1527~1515). 독일 출신의 정통 루터교 신학자이자 개신교 개혁자다. 필리프 멜란히톤의 제자로, 둘은 매우 두터운 친분을 쌓았다. 칼뱅과 츠빙글리의 성만찬 개념에 대해 매우 비판적인 생각을 가지고 있었다.

15) 테오도르 드 베자(Théodore de Bèze, 1519~1605)는 프랑스 부르고뉴 지역 베즐레 출신의 종교개혁가, 시인, 인문주의자로, 칼뱅을 계승했다. 그는 수많은 문서를 묶어서 1570년에 세 권으로 구성한 『신학 논고(*Tractationes Theologicae*)』를 출판했다. 이 총서에는 「벨리움 씨에 대해 사법 행정관에게 이단죄로 고소한 사건」을 포함하여 주요 저술이 들어 있

확히 파악했는데, 거기서 그는 '중생에 선행하는 것'과 '중생 자체'를 탁월하게 구별하면서 다음과 같이 개인적인 소신을 밝혔다.

"하나님께서 어떤 방법에 의해 회개나 새로운 삶을 예비하시는가를 묻는 것과, 회개 자체에 대해 다루는 것은 별개의 일이다. 그러므로 죄를 시인하고 거룩한 슬픔을 느끼는 것을 회개의 출발점이라고 부르기로 하자. 그러나 하나님께서 그런 방식으로 우리를 위한 새로운 삶을 예비하기 시작하는 경우, 그 측면에서 볼 때 이때 느끼는 두려움을 칼뱅은 타당하게도 초기 단계로 불렀다. 그뿐만 아니라 하나님의 말씀이 우리 자신을 하나님께 제물로 바칠 수 있도록 어떤 의미에서 우리를 쳐서 죽이는 검에 비유될 수 있다는 사실을 알기는 하지만, 참회에 대해 기술할 때 어떤 사람들이 그 처참한 양심의 가책을 육신의 죽임 또는 옛사람의 죽임으로 부르는 것은 우리에게 조금 생소한 일이다.

사도 바울은 어디에선가 고난을 가리켜 우리가 몸으로 직접 져야 할 그리스도의 죽음이라고 불렀다. 육신이나 옛사람 또는 우리의 지체들을 죽이는 것 또는 그것들의 죽음이라는 말로 사도 바울은 차원이 다른 어떤 것을 의미했기 때문이다. 그가 의도했던 것은 그리스도 영의 효능이 우리를 두렵게 만들 수 있다는 것이 아니라, 죽음의 결실을 맺는 우리 내부의 부패한 본성을 파괴함으로써 그것이 우리를 정결하게 만들 수 있다는 점이다. 그뿐만 아니라 우리는 그 점에 관해, 회개 자체에 관해서가 아니라 그것에 대해 가르치는 방법이나 형태에 있어서 어떤 사람들과 다른데, 그들

••

다. 1658년에 이르러 총서 중 1부는 따로 떼어 『논문집』이라는 새로운 제목으로 출간되었다. 아르미니우스가 인용한 베자의 텍스트는 17세기에 나온 이 논문집에 들어 있는 것이다. 필립 샤프는 가장 훌륭한 베자 총서 판본으로 1883~1889년에 출간된 것을 꼽는다. Philip Schaff, *History of Christian Church*, Vol. 8, pp. 167~176 참조.

은 믿음을 회개의 후반부로 간주하려 하지만, 우리는 성경의 용례를 따라 믿음이란 새 생명을 얻는 것 또는 삶의 혁신을 결과로서 얻게 하는 원인이 된다는 식으로 메타노이아[16](더 나은 것을 지향하여 마음을 바꾸는 것)를 이해 한다."(『오푸스쿨라』, 1권, p. 328).

이상이 베자가 밝힌 개인적인 견해다. 그러나 이 견해가 방금 내가 예시 한 것과 어떻게 조화될 수 있는지는 양자를 서로 비교해 보면 누구든지 쉽 게 선명하게 인지할 수 있을 것이다.

칼뱅이 최초의 공포(initial terror)라는 용어에 의해 실제로 지적한 것은 다음과 같다. "그 사람들은 다음과 같은 방식으로 기만당해 왔을 수 있다. 즉 어떤 사람들은 은혜의 지식을 접하기 전에, 더 낮게는 그 맛을 알 수 있 게 되려면 먼저 양심의 가책이나 공포에 의해 길들임을 받아야 한다는 이 유로 순종하게 되었을 수 있다." 어떤 사람들이 신자의 미덕 중 하나로 꼽 는 것이 바로 이 공포인데, 그들은 그 상태가 참되고 정의로운 순종에 거 의 근접한다고 생각하기 때문이다. 그러나 현재의 맥락은 그리스도께서 우 리를 그에게로 이끄시기 위해, 또는 우리로 하여금 경건을 추구하도록 준 비시키기 위해 사용하시는 다양한 방식에 대해 말하는 것이 아니다. 그럼 에도 중생한 사람은 아래에서 내가 열거하는 모든 특수한 점을 자기 내면 에 확보하고, "옛사람을 그 행실과 함께 벗어 버리고, 새사람을 입고, 그리 하여 자기를 창조하신 분의 형상을 따라 끊임없이 새로워져서 참된 지식에

16) metanoia. 어원적으로 '~너머' 또는 '이후'를 뜻하는 메타(μετά)와 '인식' 또는 '이해'를 뜻하 는 노이아(νόος)가 결합한 낱말로, 문자 그대로 '사후에 깨달음'을 가리킨다. 라틴어 성서에 는 '파이니텐티아(paenitentia)'로 번역되어 있다. 초대 교회의 교부들은 인간의 죄를 용서 받기 위해서는 먼저 죄를 고백하고 신의 은총을 바라는 수밖에 없다며 이 단어를 사용했던 것으로 추측된다. 따라서 파이니텐티아는 '참회'를 의미하게 되었다.

이르게 되며"(골 3:9, 10)[17] 이 새사람은 하나님에게서 "지혜와 계시의 영"을 받아 "하나님에 대한 지식과 마음의 눈의 밝아짐"(엡 1:17~18)[18] 또는 열림을 얻게 된다.

중생한 사람은 "지난날의 생활 방식대로 허망한 욕정을 따라 살다가 썩어 없어질 그 옛사람을 벗어 버리고, 마음의 영을 새롭게 하여 하나님의 형상을 따라 참 의로움과 참 거룩함으로 지으심을 받은 새사람을 입은"(엡 4:22~24) 자다. 그는 "너울을 벗어 버리고 주님의 영광을 바라본다. 이렇게 해서 우리는 주님과 같은 모습으로 변화하여 점점 더 큰 영광에 이르게 된다. 이것은 영이신 주님께서 하시는 일이다."(고후 3:18) 그 사람은 "죄에는 죽은 사람인데, 어떻게 죄 가운데서 그대로 살 수 있겠습니까? 우리의 옛사람이 그리스도와 함께 십자가에 달려 죽은 것은, 죄의 몸을 멸하여서 우리가 다시는 죄의 노예가 되지 않게 하려는 것임을 우리는 압니다. 죽은 사람은 이미 죄의 세력에서 해방되었습니다. 이와 같이 여러분도 죄에 대해서는 죽은 사람이요, 하나님을 위해서는 그리스도 예수 안에서 살고 있는 사람이라는 것을 알아야 합니다."(롬 6:2, 6, 7, 11)

중생한 사람은 "그리스도와 함께 십자가에 못 박혔습니다. 이제 살고 있는 것은 내가 아닙니다. 그리스도께서 내 안에서 살고 계십니다. 내가 지금 육신 안에서 살고 있는 삶은, 나를 사랑하셔서 나를 위하여 자기 몸을 내

• •

17) "서로 거짓말을 하지 마십시오. 여러분은 옛사람을 그 행실과 함께 벗어 버리고, 새사람을 입으십시오. 이 새사람은 자기를 창조하신 분의 형상을 따라 끊임없이 새로워져서 참 지식에 이르게 됩니다."(골 3:9, 10)
18) "우리 주 예수 그리스도의 하나님이신 영광의 아버지께서 지혜와 계시의 영을 여러분에게 주셔서 하나님을 알게 하시고, (여러분의) 마음의 눈을 밝혀 주셔서 하나님의 부르심에 속한 소망이 무엇이며, 성도들에게 베푸시는 하나님의 영광스러운 상속이 얼마나 풍성한지를 여러분이 알게 되기를 바랍니다."(엡 1:17~18)

어 주신 하나님의 아들을 믿는 믿음 안에서 살아가는 것입니다."(갈 2:20) "그리스도의 제자들 중 하나가 된 사람은 "정욕과 욕망과 함께 자기의 육체를 십자가에 못 박았습니다. (그는) 성령으로 삶을 얻었으니, 성령이 인도해 주심을 따라 살아갑니다."(갈 5:24, 25) "그리스도로 말미암아 내 쪽에서 보면 세상이 죽었고, 세상 쪽에서 보면 내가 죽었습니다."(갈 6:14) "그분 안에서 여러분도 손으로 행하지 않은 할례, 곧 육신의 몸을 벗어 버리는 그리스도의 할례를 받았습니다."(골 2:11) "하나님은 여러분 안에서 활동하셔서 여러분으로 하여금 하나님을 기쁘게 해 드릴 것을 염원하게 하시고 실천하게 하시는 분입니다."(빌 2:13) "그것은 육신을 따라 살지 않고 성령을 따라 사는 우리가 율법이 요구하는 바를 이루게 하시려는 것입니다. 그러나 하나님의 영이 여러분 안에 살아 계시면 여러분은 육신 안에 있지 않고, 성령 안에 있습니다. 누구든지 그리스도의 영이 없으면 그리스도의 사람이 아닙니다. 여러분이 육신을 따라 살면 죽을 것입니다. 그러나 여러분이 성령으로 몸의 행실을 죽이면 살 것입니다. 하나님의 영으로 인도함을 받는 사람은 누구나 다 하나님의 자녀입니다."(롬 8:4, 9, 13, 14)

이처럼 간명한 방식으로 연합을 이루면서 중생의 모든 부분과 열매는 다음과 같이 요약된다. 즉 중생한 사람이란 세상의 어둠과 허영으로부터 해방된, 그리스도에 대한 참되고 구원하는 지식과 믿음으로 조명된 마음을 가지고 있고, 죄의 지배와 예속을 죽이고 그로부터 해방된, 신적 본성과 일치하고 새로운 삶을 위해 준비되고 적합한 새로운 종류의 욕망으로 불타오르는 정념을 가지고 있으며, 자기의 의지를 하나님의 명령에 맞게 절제하고 그의 뜻에 일치시키며, 성령의 도우심을 통해 유능한 힘과 인식 능력을 갖추고서 죄와 세상과 사탄에 맞서 싸워 그들을 제압하여 승리를 거두고, 회개하기에 적합한 온유함 같은 열매를 하나님께 드리는 사람이다. 또한 그는 실제로 죄와 싸우고, 죄에 대해 승리를 거두기 때문에 더이상 육신과 불의한 욕망을 즐겁게 하는 일을 하지 않고, 하나님께 보은을 나타내는 일을 행한다. 즉 그는 실제로 악한 일을 중단하고 선을 행하는 사람이다. 완전하다고 말할 수는 없지만 믿음의 척도와 그리스도의 은사를 따라서 현재 이 지상에서의 삶에서 시작하여 점진적으로 향상되거나 증진해 나가므로 마침내 이 세상의 짧은 생이 끝난 후 완전함에 도달할 때까지 그 과정을 계속 이어 간다. 핵심적인 부분에서만이 아니라, 우리가 이미 선언했듯이 양적 차원에서도 완전한 수준에 이를 것이다. 중단 없이 항상 전진하는 것은 아니지만(때로는 걸려 넘어지고, 쓰러지며, 방황하고, 죄를 짓고, 성령을 탄식하게 만들기도 하므로), 그러나 일반적으로 거의 언제나 선을 실천하며, 점진적으로 중생을 완수해 나가는 사람이다.

그러나 중생에 이르지 못한 사람은 하나님의 뜻을 알 수 없는 완전한 맹목 상태에 있는 무지한 자다. 그는 어떤 양심의 가책도 없이, 하나님의 진노에 대한 아무런 감각도 없이 양심의 회한으로 두려움을 느끼지도 않고, 죄 짐에 눌려 수고하지도 않고, 구원을 향한 갈망으로 불타오르는 일도 없이, 의도적으로 기꺼이 죄로 자기 자신을 오염시킨다. 그뿐만 아니라 하나님의 뜻을 알기는 하되 그대로 행하지 않고, 의의 길을 걷고는 했지만 이제 그 길에서 떠났으며, 하나님의 법을 자기 가슴에 새겼으나 그의 생각은 서로 비난하고 변명하며, 복음의 말씀을 기쁨으로 받아들이고 잠시 동안 그 빛 아래 즐거움을 누리며 세례를 받기에 이르렀지만 말씀 자체를 선한 마음으로 받아들이지도 않고, 최소한의 열매도 맺지 못하며, 죄의 고통스러운 감각에 시달리고, 죄 짐에 억눌리며, 경건의 상실을 애도하며, 율법에 의해 의로움을 획득할 수 없다는 것을 알고 그리스도에게로 도피하지 않을 수 없다는 것을 잘 알고 있는 사람이다.

이 같은 특수성 모두가 어디에서 연유한 것이든지 중생, 참회, 회개의 본질이나 근본적인 부분, 즉 죄 죽임과 생동감, 생명의 약동에 속하는 것이 아니라, 다만 선행하는 측면일 뿐이고, 초기 단계의 어디쯤인가 위치하며, 누구든지 원한다면『기독교 강요』에서 칼뱅이 그것들에 관해 해박하고 다소 날카로운 어조로 설명했듯이(3권 3장) 그것들을 참회와 중생의 원인에 포함할 수 있을 것이다. 그뿐만 아니라 엄밀하게 말해서 그리스도를 믿는 참된 산 믿음조차 중생에 선행하는 전제 조건일 뿐이고, 그렇기 때문에 중생은 옛사람의 죽임 또는 죽음과 새사람의 탄생으로 이루어진다고 성경과 일관된 논리로 칼뱅은 그의『기독교 강요』에서 선언했던 것이다. 왜냐하면 믿음에 의해 우리가 그리스도와 연합될 수 있고, 그때 비로소 우리는 그리스도에게 접붙임이 되어 그의 몸, 그의 살, 그의 뼈의 지체가 되며, 그렇게 그의 몸에 이식되어야만 우리가 서로 유착(癒着) 또는 연합을 이루게 되어 그리스도에게서 성령의 생동하게 하는 힘을 얻고, 그 힘에 의해 옛사람을 죽이고 새 생명을 얻을 수 있기 때문이다.

이 모든 요소들은 일정한 패턴으로 서로 조화를 이루므로 만일 누군가 그것들을 혼잡스러운 방식으로가 아니라 명석한 방식으로 알기 원하고, 그것들을 다른 사람들에게 설명하기 원한다면 그렇게 질서를 따라 고찰해야만 한다. 그러나 지금 이 시점에서 우리는 중생에 이르지 못한 모든 사람들에 대해서가 아니라, 오직 율법이 발휘하는 모든 효력의 대상이 되는, 따라서 율법 아래 있는 것으로 바꾸어 말해도 좋은 사람들에 대해서만 다룬다.

로마서 7장과 6장의 연관성

1) 6장에서 사도 바울의 기획.

2) 논증의 개략적 구도.

3) 논증에 관한 네 가지 언명.

4) 이 배열은 (7장에서) 순서대로 다룬다.

5) 전반부의 두 언명은 연언(連言) 안에 결합된다.

6) 그러므로 그 언명에 의해 증명되는 것.

7) 셋째 언명과 넷째 언명은 5절과 6절에 제시된다.

8) 셋째 언명에 논쟁의 주요 부분이 들어 있다. 그 연역은 언술된 명제와 다루어지는 방법으로 구성된다.

9) 언술된 명제.

10) 그 명제에 대한 탐구, 이것은 포괄적인 설명과 원인 규명으로 이루어진다.

11) 7장 7절부터 14절까지에 대한 포괄적인 설명.

12) 7장 14절부터 마지막 절까지 원인에 대한 규명.

13) 14절에는 이중 구조로 된 이유가 들어 있다.

14) 이것을 보여 주는 증거가 15절에 들어 있다.

15) 그리고 그 증거에 대한 풍부한 설명.

16) 그 증거로부터 연역되는 두 가지 후건, 첫째는 16절에, 둘째는 17절에 나타난다.

17) 이 결과로부터 18절로 돌아가 사도 바울은 원인을 밝히고 그것에 대한 증거를 제시한다.

18) 증거에 대한 풍부한 설명이 19절에 이어지고, 그것으로부터 귀결되

는 두 번째 후건이 20절에 제시된다.

19) 의도된 것에 대한 결론이 21절에, 그것에 대한 증거가 22절과 23절에 제시된다.

20) 율법 아래 있는 사람이 구원을 갈망하며 외치는 탄식이 24절에서 표출된다.

21) 그 탄식에 대한 답변 내지 감사의 표현이 25절 전반부에 들어 있고, 이제까지의 탐구 전체의 결론에 해당하는, 율법 아래 있는 인간 조건에 대한 간략한 정의가 25절의 후반에 제시된다.

22) 2장에 대한 개괄적인 요점 정리.

논의의 지시 대상과 필연적인 순서에 의해 이와 같이 전제 집합을 제시했으므로 이제 계속해서 제기된 물음과 주장하려는 논제 자체를 다루기로 한다. 그러나 7장 전체의 개요, 그 구조와 배열을 잠시 훑어보는 것이 유익할 것이다. 즉 사도 바울이 구상한 기획과, 그 기획을 잉태한 요소에 대해 고찰해 본다면 그의 목적과 관점, 의도에 기여한 요소로서 사도가 밝히고자 했던 것이 무엇이었는지 좀 더 분명하게 우리에게 다가올 것이다.

이 목표를 보다 더 적절하게 성취하게 위해 문제를 조금만 뒤로 추적해야 한다. 로마서 6장의 선행하는 본문은 물론이고 7장의 12절과 13절에서도 사도는 로마의 모든 신자들에게 죄에 맞서 맹렬하게 싸우고, 결코 죄가 그들을 장악하거나 지배한다든지, 그들의 필멸적인 몸에 대해 권위를 행사하지 못하게 하고, 오히려 그들 자신을 하나님께 드리고, 그들 육신의 지체를 하나님을 위한 의의 도구로 사용할 것을 권면한다.

그리고 사도는 자기의 권면이 가진 정당성을 많은 논증에 의해, 특히 신자들이 그리스도의 연합으로부터 연역되는 논증에 의해 증명하고 확증한다. 그러나 이 같은 영적 전투, 즉 논증의 정당성에 대한 증명에 의해서뿐만 아니라, 행복하고 성공적인 결말을 약속함으로써 설득을 시도하는 것에 좀 더 강력한 활기를 불어넣기 위해 6장의 14절에서 사도는 "죄가 여러분을 다스릴 수 없을 것입니다"라고 선언하면서 신자들에게 승리에 대한 확실한 소망을 고취한다. 그러한 말로 사도가 약속하는 승리를 확실히 거둘 것이라는 확신만큼 이 전투에서 사람들에게 용기와 활력을 불어넣을 수 있는 것은 없을 것이다.

그러나 사도 바울은 6장 14절에서 그 구절에서 연유하는 이유를 들어, 사람들로 하여금 죄에 맞서 싸우도록 이끄는 인도하심과 보호하심 아래, 또는 신자들이 그때 처해 있는 상태로부터, 그리고 그리스도를 통해 (은혜의) 권능과 능력의 터 위에서 앞의 약속의 근거를 뚜렷이 밝힌다. 그가 "여러분은 율법 아래 있지 않고 은혜 아래 있으므로 죄가 여러분을 다스릴 수 없을 것입니다"라고 말할 때, 율법의 상반되는 연약함을 희생시키면서 은혜의 능력을 격찬하는데, 이제까지 사도는 실제로 다음과 같이 말한 셈이다.

"나는 여러분을 죄에 맞서 격렬하게 싸우도록 계속해서 권면해 왔습니다. 내가 그렇게 한 것은 여러분이 그리스도와 연합을 이룬 것을 고려해 볼 때 그 전투에 참가하는 것이 가장 정당한 일이라고 생각할 뿐만 아니라, 또한 여러분의 현재 상태를 볼 때 여러분의 싸움을 후원하는 분 아래서 끝내 죄를 이길 것이라는 확신 있는 소망에 내가 이르렀기 때문입니다. 그리고 이전에 그랬듯이 죄가 여러분을 장악하는 일은 결코 없을 것입니다. 왜냐하면 여러분은 은혜 아래, 그리스도의 영의 통치와 인도하심 아래 있고 더는 율법 아래 있지 않기 때문입니다. 만일 여러분이 그리스도를 믿기 전에 처해 있었던 상태에 여전히 머물러 있다면, 즉 죄의 지배 아래 있는 것이라면 그런 여러분에게 승리를 선언하는 것은 개탄스러운 일이 될 것입니다. 여러분의 내면에서 다투고 있는 죄의 힘을 누르고 승리하는 것은 율법 아래서 전투에 이기기 위해 여러분이 얼마나 진력을 다하든지 간에 명령할 줄만 알았지 명령받은 것을 어떻게 행할 것인지에 대해 아무런 도움을 주지 않는 율법의 힘이나 능력에 의해서는 결코 쟁취할 수 없는 일입니다."

그러나 무엇보다도 우선적으로 이 추론은 복음에 맞서는 율법의 목적을 지지하고, 은혜의 언약과 믿음의 법에 반대되는 옛 언약, 즉 행위의 법을 주장하는 후견인과 달리, 오직 그리스도 안에서 제공되고 또 얻을 있는 은혜의 필연성을 입증할 수 있는 타당성을 갖는다. 이 추론은 또한 이 서신의 주요부에서 그 자신이 제시하는 기획에 지대하게 기여한다. 그의 기획은 율법이 아니라, "복음이 믿는 모든 사람에게 구원을 베푸는 하나님의 능력"이라는 것, 그 반면에 율법과 율법의 행위에 의해서는 아무도 자기가 지은 죄를 용서받을 수 없고, 또한 동일한 그 법의 힘과 후원에 의해서는 아무도 스스로 죄의 힘을 격파하고 그 멍에를 벗어 버리고, 죄의 짐으로부터 자유롭게 되어 하나님을 섬길 수 없는데, 왜냐하면 그 사람은 싸움에서 반드시 패배할 것이기 때문이라는 것을 가르치는 것이다.

그러나 복음을 통해 우리에게 주어진, 그리고 믿음에 의해 인식할 수 있게 되는 그리스도 예수 안에서 우리는 다음과 같은 복을 얻을 수 있다. 즉 그의 피를 믿음으로써 죄를 용서받는 것과, 죄의 지배로부터 구원을 얻음으로써 우리가 성령을 통해 죄에 맞서 싸우고 죄에게 승리를 거두며, '새로워진 삶으로' 하나님을 섬길 수 있게 하는 그리스도 영의 권능 아래 있게 된다. 6장에 제시된 이러한 주제는 다음과 같은 순서로 배열될 때 한눈에 즉시 포착될 수 있을 것이다.

사도 바울의 간언 명제. "그러므로 여러분은 여러분의 지체를 죄에 내맡겨서 불의의 연장이 되게 하지 마십시오." "오히려 여러분은 죽은 사람들 가운데서 살아난 사람답게 여러분을 하나님께 바치고, 여러분의 지체를 의의 연장으로 하나님께 바치십시오."(롬 6:13) 왜냐하면 "죄가 여러분을 다스릴 수 없을 것"이기 때문이다. 그러므로 이것은 생략 삼단논증[19]으로서, 전제는 "죄가 여러분을 다스릴 수 없을 것이다." 그리고 결론은 "그러므로 여러분의 지체를 죄에 내맡겨서 불의의 연장이 되게 하지 말고 오히려 여러분을 하나님께 바치고, 여러분의 지체를 의의 연장으로 하나님께 바치십시오."

전제 또는 이유의 증명: "여러분은 (율법 아래 있지 않고) 은혜 아래 있으므로, 죄가 여러분을 다스릴 수 없을 것입니다."

반대 명제로부터 증거 예시: "여러분은 율법 아래 있지 않습니다."

증거와 그 예시에 대한 간략한 설명: "만일 여러분이 과거와같이 율법 아래 있다면 죄가 여러분의 죽을 몸을 지배할 것이고, 몸의 정욕에 굴복할 것이고, 그리하여 여러분은 여러분의 지체를 죄에 내맡겨서 불의의 연장이 되게 하지 않을 수가 없을 것입니다." 그러나 이제 "여러분은 율법 아래 있지 않고, 은혜 아래 있으므로, 죄가 어떤 식으로도 여러분을 다스릴 수 없

⁚

19) 법정이나 아고라 등에서 수사적 효과를 극대화하기 위해 웅변가들이 사용하는 논증 형식으로, 수사 논증 또는 축약 삼단논증이라고 부른다. 가장 흔한 형태는 전제가 생략된 것으로, 참된 지식으로 알려진 명제가 생략되는 경우가 일반적이다. 이때 청중은 생략된 명제를 적극적으로 추론을 통해 찾아내어 삼단논증을 완성하게 되므로 일반 삼단논증에 비해 인지적 효과가 매우 크다고 말할 수 있다. 그러므로 아리스토텔레스는 엔디밈을 가리켜 "증명 형태", "가장 강력한 수사적 증명", "일종의 삼단논증"이라고 부른다.(Rhetoric I. 1.3.11). 또한 그는 그것이 두 종류의 증명 가운데 하나이며, 다른 하나는 '패턴'을 뜻하는 파라데이그마(paradeigma)라고 기술한다.(Rhetoric II.XX.1)

을 것입니다. 은혜의 권능에 의해 여러분은 쉽게 죄에 저항하고, 여러분의
지체를 의의 연장으로 하나님께 드리십시오."

사도 바울은 14절부터 6장의 후반부를 통틀어 동일한 논증을 견지하는
데, 논증 사이에 막간을 두어 이 논증으로부터 연역될 수 있는 반론을 먼
저 반박한다. 7장 전체와 8장 전반부에서 다시 논증을 계속하는데 이번에
는 좀 더 광범위하게 다룬다. 우리가 이미 살펴보았듯이 이 논증을 구성하
는 것은 바울의 기획에 실질적으로 매우 중요한 기여를 하기 때문이다.

그러나 사도는 이성 자체에 의해, 논의의 필연성에 의해 요구되는 순서
와 방법을 따라 주제를 다룬다. 그가 "여러분은 율법 아래 있지 않고, 은혜
아래 있으므로 죄가 여러분을 다스릴 수 없을 것입니다"라고 말한 것은 바
로 그 때문이다.

이 논증은 다음의 네 가지 언명을 함축한다. 첫째, 그리스도인은 율법
아래 있지 않다. 둘째, 그리스도인은 은혜 아래 있다. 셋째, 죄는 율법 아
래 있는 사람들을 지배한다. 넷째, 죄는 은혜 아래 있는 사람들을 지배할
수 없다. 이 네 가지 언명 중 둘째와 넷째는 사도의 권면에 우호적으로 설
득하는 데 필요충분조건이 된다. 그러나 첫째와 셋째 언명은 예시를 위해
첨가되었고, 나아가 로마서 전체의 주요 기획에 의해 요구되는 것이다. (언
명의 결합 쌍 중) 앞의 쌍은 분리된 공리의 본성과 그 부분들 사이에 존재하
는 상호관계를 이해하는 모든 사람들에게 잘 알려져 있지만, 뒤의 쌍은 로
마서 자체의 연역에 의해, 그리고 그 서신의 구조에 대한 면밀한 조사를 거
칠 때 비로소 뚜렷이 드러난다.

그러므로 사도는 네 개의 공리를 순서대로 직접 다루어야 하고, 그가 전
제들로부터 추론하고자 하는, 권면의 정점을 구성하는 결론을 항상 언급
해야 한다고 생각했다.

그러나 사도 바울은 그 두 개의 전반부 명제를 한데 결합하여 다루는데, 그러한 경로는 그 언명의 본성의 요구에 따른 것이다. 왜냐하면 그가 하나의 명제를 더하고 그 결합으로부터 다른 명제를 추출하는데, 이 방법은 매우 적절하기 때문이다. 왜 전자를 전가하고 나서 후자를 추출해야 하는가, 왜 그들은 은혜 아래 있고 율법 아래 있지 않은 것인가 하는 데는 하나의 동일한 원인이 있을 뿐이기 때문이다. 이 원인은 7장 4절에 다음과 같은 말로 표현되어 있다. "여러분도 그리스도의 몸으로 말미암아 율법에 대해서는 죽임을 당했습니다. 그래서 여러분은 다른 분, 곧 죽은 사람들 가운데서 살아나신 그분에게 속하게 되었습니다."

그러나 서두의 네 절에서 사도는 그리스도인 또는 신자들이 율법 아래 있지 않고 은혜 아래 있다는 것을 증명하며, 그것은 다음 삼단논증을 통해 제시한다. 즉 율법에 대해 죽은 사람들은 그리스도의 몸 안에서 이제 비로소 서로, 나아가 그리스도와 혼인할 수 있고, 그리하여 더 이상 율법 아래 있지 않고 은혜 아래 있게 된다.〔전제 1-옮긴이〕그러나 율법에 대해 죽은 그리스도인은 서로, 나아가 그리스도와 혼인해야 한다.〔전제 2〕그러므로 그리스도인은 더 이상 율법 아래 있지 않고 은혜 아래 있다.〔결론〕

명제의 전반부—"율법에 대해 죽은 자들은 더 이상 율법 아래 있지 않다"—는 7장 1절에 다른 식으로 표현되어 있다. "율법은 사람이 살아 있는 동안에만 그 사람을 지배합니다." 명제의 후반부—"그리스도에게 속한 사람은 은혜 아래 있다"—는 4절에 들어 있고, 그로부터 전건은 연역될 수 있다. 그러나 명제의 전반부에 대한 확증은 1절에서 율법에 관해 전문적인 지식을 가지고 있는 사람들의 양심선언으로부터 첨가된 것이다. 그리고 그 명제의 같은 부분은 2절과 3절에서 아내가 "남편이 살아 있는 동안에만" 남편의 법에 매어 있을 뿐이고, 남편이 죽으면 그 아내는 남편의 법으로부터 자유를 얻고, 따라서 그녀가 다른 남자와 결혼하더라도 간음죄를 범하지 않게 되는 혼인 관계의 직유에 의해 예시된다. 이 비교가 적용 효력을 가질 수 있는 것은 분명하고, 다만 차이점은 사도 바울이 담화 양태를 바꾸어 그리스도인이 율법에 대해 죽은 것이지 율법이 그들에 대해 죽은 것이 아니라고 선언하고 있음을 주지해야 한다는 데 있다.

이 같은 담화 양태의 변화에 대해 어떤 사람들은 유대인들이 불쾌하게 느낄 수 있는 어휘를 사용하지 않기로 한 사도 바울의 분별 있는 선택이라고 본다. 그러나 다른 사람들은 6절에서 죄가 죽음에 이르렀다고 선언하고 있으므로 율법이 아니라 죄가 남편의 역할이나 의견을 지탱하고 있다고 말하면서 사태를 사물의 본성 탓으로 전가하지만, 그 주장은 우리의 당면한 목적과 전혀 무관하다. 그러한 가정은 4절에 다음과 같이 나타나 있다. 우리는 "율법에 대해서는 죽임을 당했습니다. 그래서 다른 분, 곧 죽은 사람들 가운데서 살아나신 그분에게 속하게 되었습니다."

이 가정의 예시를 보면 첫째로 죄 죽임 또는 사망의 작용적 원인, 즉 그리스도 몸의 십자가 죽음과 부활, 그리고 그의 몸의 십자가 죽음과 다시 사심을 통해 신자들이 그리스도와 연합을 이루는 것이다. 둘째로 그것은 구원의 목적인에 의해 예시되는데, 즉 "그것은 우리가 하나님을 위하여 열매를 맺게 하기 위함입니다"라고 말하는 사도의 권면의 범위 또는 기획을 함축한다.

그러나 사도는 이어지는 6절과 7절에서 6장 19절에서 했던 것처럼 유사성의 비교를 통해 그 가정을 다룸으로써 동일한 목적을 달성한다. 이것과 병행적인 것은 우리가 하나님을 섬기는 것, 그리고 우리는 이제 문자의 옛 것에 속하지 않고 영의 새것에 속하며, 우리가 예속되어 있던 죽은 율법으로부터 해방되었으므로 하나님을 위한 결실을 맺는 것이 마땅한 일이다.

우리가 육신으로 있을 때 율법을 통해 존재하는 죄의 활동은 우리 몸의 지체에 작용하여 죽음이라는 열매를 거두었기 때문이다. 이 결론은 명시적으로 추론되지 않지만 이것은 빈번히 나타나는 담화 양태이므로 충분히 인식될 수 있는데, 검토해야 할 명제나 물음은 내용에서가 아니라, 단지 제시 양태에서만 다르기 때문이다.

그러나 5절과 6절, 이 두 구절은 이미 설명한 것처럼 선행하는 것과 긴밀하게 연관되지만, 그럼에도 그것은 또한 이어지는 후속적인 것을 준거로 삼는다. 왜냐하면 셋째와 넷째 언명이 다음 두 구절에서—5절에서는 3절이, 6절에서는 4절이—각각 제시되기 때문이다. 즉 "이전에 우리가 육신을 따라 살때는 율법으로 말미암아 일어나는 죄의 욕정이 우리 몸의 지체 안에서 작용해서"(5절)라고 표현된 것은 "죄는 율법 아래 있는 사람들에게 지배력을 행사한다"라는 말과 똑같은 것을 의미한다. 마찬가지로 "그러나 지금은, 우리를 옭아맸던 것에 대하여 죽어서 율법에서 풀려났습니다. 그래서 우리는 문자에 얽매인 낡은 정신으로 하나님을 섬기지 않고, 성령이 주시는 새 정신으로 하나님을 섬깁니다"(6절)라는 언명은 "죄는 은혜 아래 있는 사람들을 지배할 수 없다"라는 언명과 매우 훌륭한 조화를 이룬다. 만일 누구든지 전치사 '호스테'[20]를 옛 번역자들처럼 접속사 '~하므로'라고 번역한다면 그 점이 뚜렷이 부각될 것이고, 따라서 그것을 목적이나 의도가 아니라 그 접속사가 요구하는 거의 항구적인 용법으로서 쟁점이나 사건과 연관된 것으로 이해할 수 있을 것이다. 결국 전달하려는 메시지는 다음과 같다. "우리가 문자의 낡은 것과 율법 아래 있을 때, 우리는 죄에 예속된 상태였다. 그리고 이제 우리가 그 율법으로부터 해방되어 영의 새 정

20) ὥστε(hóste). 영어로 'so', 'so then', 'such an extent', 'therefore' 등으로 번역할 수 있다.

신에 속하게 될 때" 새로워진 우리의 삶의 상태에 어울리게끔 "우리는 의로움과 참된 경건으로 하나님을 섬길 수 있다."

그러나 논쟁의 주요부가 그 안에 함유되어 있으므로 이 셋째 언명을 어떻게 다루고 있는지를 좀 더 자세히 조사해 보도록 하자. 문제 전체의 발제는 언명 제시와 그것에 대한 탐구로 구성되는데, 그중 후자는 부분적으로 설명이고, 동시에 부분적으로 목적의 적용이기도 하다. 이 두 요소가 명제에 간략하게 결합되어 7장의 5절에 배열되어 있다. 그러므로 그것들은 6장 14절로부터 제시하는 것보다 내용이 더 풍부하고 더 생산적인 탐구에 적합하도록 다듬어졌다.

그렇게 말할 수 있는 것은 그 명제가 말하는 것은 '죄' 또는 좀 더 생생하게 표현하면 '죄의 육정(the motions of sins)'이 율법 아래 있는 사람들을 지배한다는 것이기 때문이다. 죄의 그 속성은 율법 자체에 의해 죄의 육정이 존재하게 되었음을 부각하는 담화 방식에 의해 좀 더 날카롭게 표현되었다. 그러므로 이 같은 죄의 지배의 두 가지 효력이 설명을 위해 명제에 첨가되었다. 한 가지는 죄의 기운과 그것이 몸의 지체 안에서 운동하는 것이고, 다른 하나는 죄의 기운이 죽음에 이르는 열매를 생산하는 것이다. 율법 아래 있는 사람들 안에서 어떻게 "죄의 육정이 우리 몸의 지체 안에서 작용해서 죽음에 이르는 열매를 맺는가?" 하는 이유는 "우리가 육신을 따라 살 때"라는 말로 표현되었다. 선행하는 과거를 언급한 것은 육정에 매인 상태를 지시하기 위해서이고, 그 상태는 과거에 "죄의 육정이 어떻게 우리 몸의 지체 안에서 작용했는가?"를 설명해 주는 원인으로 밝혀진다.

마치 사도 바울은 이렇게 말하는 듯하다. "죄의 육정이 우리를 지배했다는 것과, 우리 몸의 지체 안에서 활동하여 죽음에 이르는 열매를 맺은 것은 전혀 아름다운 일이 아니다. 왜냐하면 우리가 육신을 따라 살고 있을 때, 율법 자체는 이 지배를 막을 수 있는, 그리고 죄의 힘찬 성장을 억제할 수 있는 능력이 없으므로 죄의 육정은 율법에 의해 한층 뜨겁고 맹렬해지는데, 그것은 율법의 결함 때문이 아니라 권력을 장악하고 남용하는 죄의 불의함과 고집스러움 때문이다.

그러므로 이 명제는 7절부터 14절까지 좀 더 폭넓게 설명되고 있고, 그 원인에 대해서는 14절부터 7장 끝 절까지 깊이 있게 다루고 있다. 설명 부분은 문제의 이중 효과, 즉 죄의 육정과, 그것으로 하여금 죽음에 이르는 열매를 맺게 하는 것에 집중한다. 죄의 원인에 대한 투시도를 제시하려는 것이 5절부터 계속되는—"우리가 육신 안에 있을 때"—화자의 의도다.

그러나 우리는 앞의 두 요점과 연관하여 율법을 주범(主犯)으로 의심하지 않도록, 마치 율법이 그 자체로 우리 내면의 부패한 욕망의 근원이며 죽음이라는 결실의 원인인 것처럼 그릇되게 전가하지 않도록 주의해야 한다. 율법은 단지 죄가 우리를 격렬하게 포획하고, 율법 아래 사는 사람들에게 전술한 것과 같은 효과를 낳기 위해 이용하는 호기(好氣)가 될 수 있을 뿐이다. 이 설명에서 문제의 두 효과는 율법으로부터 제거되고 대신 그 올바른 원인으로서 죄에게 전가된다. 그러나 그와 동시에 이 전가는 죄가 율법을 남용하여 그러한 효과를 산출했다는 사실을 첨언하는 식으로 진행된다.

그 두 효과 중 첫째는 7절에서 서술되었듯이 그 두 가지를 율법으로부터 제거한다. "그러면 우리가 무엇이라고 말을 하겠습니까? 율법이 죄입니까? 그럴 수 없습니다." 즉 사도 바울은 마치 이렇게 말하려고 하는 것 같다. "그렇다면 5절에서 죄의 육정이 율법에 의해 비롯된 것으로 부르고 있기 때문에 율법이 곧 죄인 양 또는 우리 안의 부패한 욕망의 원인인 양 죄를 율법에 전가할 수 있겠습니까?" 율법에 관해 그런 생각을 하는 것 자체가 매우 그릇된 일이라고 사도는 대답한다.

그는 율법의 부작용 항목으로부터 첫째 효과를 제거해야 하는 증거를 덧붙인다. 율법은 죄의 지표 또는 죄가 준거로 삼는 것이고, 따라서 율법은 죄도 아니고 죄의 원인도 아니기 때문이다. 그 다음으로 사도는 이 증거를 특별한 사례를 들어 예시한다. "그러나 율법에 비추어 보지 않았다면 나는 죄가 무엇인지 알지 못하였을 것입니다. 율법에 '탐내지 말라' 하지 않았다면 나는 탐심이 무엇인지를 알지 못하였을 것입니다."(롬 7:7) 그러나 그런 효과는 8절에서 죄에게 전가되고, "죄는 내 속에서 온갖 탐욕을 일으켰습니다"라고 서술된다. 이것은 곧 이어지는 말에서 암시되어 있다. "죄는 이 계명을 통하여 틈을 타서" 율법을 기회로 삼아 그런 효과를 산출한 것이다.

(죄의 육정의) 둘째 효과는 그 다음 구절에 다음과 같은 말로 서술된다. "율법이 없으면 죄는 죽은 것입니다. 계명이 들어오니까 죄는 살아나고"(8~9절), 이것은 반대 결성어(缺性語)에 의해 예시된다. "전에는 율법이 없어서 내가 살아 있었는데, 계명이 들어오니까 죄는 살아나고, 나는 죽었습니다." 이 상황은 율법으로 인한 것이지만 죄가 그런 효과를 자아내기 위해 율법을 남용했음이 분명하다.

그러나 사도 바울은 여기서 둘째 효과를 첫째에 더하고, (본성상 양자는 정합적이고, 전자는 후자의 원인이므로) 10절과 11절에서 율법을 남용한 죄에 죽음을 전가하며, "나를 생명으로 인도해야 할 그 계명"이라고 표현되었듯이 죽음이라는 결과를 초래한 죄목을 율법으로부터 제거한다. "죄가 그 계명을 통하여 틈을 타서"라고 표현되었듯이 이처럼 죽음의 원인은 죄로 전가된다. 그러나 율법으로부터 주범의 혐의를 벗기는 작업은 12절에서 율법의 본성에 대해 "율법은 거룩하며, 계명도 거룩하고 의롭고 선한 것입니다"라고 기술함으로써 보완되고, 그리하여 결코 죽음의 원인이 아님을 확증하는데, 이것은 율법에 대한 사도의 적대심을 암시하는 "죄가 그 선한 것을 방편으로 하여 나에게 죽음을 일으켰습니다"라고 밝히는 13절의 상반절에서 분개하며 비난했던 것과 대조된다.

그러나 같은 구절의 후반부에서 사도 바울은 이중 목적을 덧붙이면서—두 가지 모두 죄 자체에 대한 비방에 가깝다—전술했던 것과 똑같은 효과를 죄에게 전가하며 이렇게 말한다. "죄를 죄로 드러나게 하려고 죄가 그 선한 것을 방편으로 하여 나에게 죽음을 일으켰습니다. 그것은 계명을 방편으로 하여 죄를 극도로 죄답게 되게 하려는 것이었습니다." 사실상 사도 바울은 이렇게 말하고 있는 셈이다. "율법을 남용함으로써 우리를 미혹하고 죽이려 하지만, 죄는 오히려 율법에 의해 자기의 부패함과 패역함을 명백하게 드러내는 결과를 초래했다. 이 패역한 불의함은 본디 선한 율법에 의해 죄가 죽음을 조장하고, 정의롭고 거룩한 계명에 의해 죄책을 극대화하는 데에 있으며, 그럼으로써 죄인은 자기의 불의함의 정도를 훨씬 넘어갈 뿐만 아니라, 그러한 결과가 나오도록 후안무치하게도 남용하는 율법 자체의 판결에 의거해 그러한 선고를 받게 된다."

그러나 이 설명 전체로부터 명백해지는 것은 사도 바울이 개인적인 스타일을 조정하여 죄의 효력으로부터, 율법의 취약성으로부터 그리스도의 은혜의 필연성을 결론으로 이끌어내고자 한다는 것이다. 우리가 사도 바울의 설명을 다음과 같은 형태로 압축할 경우, 그 점은 더욱 뚜렷이 부각될 것이다. "죄는 율법 아래 있는 사람들에게서 율법 자체를 이용해 온갖 종류의 수단 방법을 가리지 않고 활동함으로써, 그리고 율법을 통해 그들을 죽임으로써 그들을 지배하지만, 율법 자체는 거룩하고 선하며, 죄의 지표로서 생명을 위해 주어졌던 것이므로 율법은 두 경우 모두에 있어서 모든 비난으로부터 자유롭다. 그러나 죄는 여전히 율법 아래 있는 사람들에게 엄청난 위력을 행사하기 때문에 부당하게 율법을 오용하여 율법에 예속된 사람들에게 그러한 부정적인 결과를 낳는다. 그 반면에 율법의 오용에 의해 죄는 율법으로부터 보상을 탈취하고, 자기 자신의 부패하고 패역한 성향과 경향성을 율법의 판단에 의해 표면에 드러나게 만들기도 한다. 이 같은 정황을 볼 때 율법 아래 있는 사람은 은혜를 향해 도망해야 하고, 그래야만 그 은혜의 혜택을 누릴 수 있으며, 악하고 유해한 죄라는 주인의 전횡으로부터 구원될 수 있다."

원인에 대한 설명은 14절부터 같은 장의 마지막까지 이어진다. 거기서 우리는 이미 율법에 대해 어떤 불명예를 안긴다거나 책임을 묻지 않도록 매우 신중해야 한다는 것을 주지한 바 있다. 그러나 그 원인은 14절에서 다음과 같이 짤막하게 기술되어 있다. "우리는 율법이 신령한 것인 줄 압니다. 그러나 나는 육정에 매인 존재로서 죄 아래에 팔린 몸입니다." 그러나 원인에 대한 이 같은 서술을 정확하게 이해하기 위해 우리는 여기서 사도가 원인을 밝힌 명제 자체를 다시 고찰해 볼 필요가 있는데, 그것은 다음과 같다. "죄는 율법 아래 있는 사람들을 지배한다." 또는 "죄의 육정은 율법에 의해 율법 아래 있는 사람들에게 작용한다."

이렇듯 원인이 충분하고 완전하게 설명되기 위해서는 왜 율법이 율법 아래 있는 사람들에게서 죄가 행하는 힘과 전횡을 약화시키지 못하는지, 그리고 왜 죄가 율법 아래 있는 사람들을 마치 본연의 권한에 의한 것처럼 율법 자체에 얽매이고 혐오스러운 존재로 만드는지를 밝혀내야 한다. 그러므로 원인에 대한 이 같은 설명은 두 부분으로 이루어진다.

첫째 원인은 다음 구절에 표현되어 있다. "우리는 율법이 신령한 것인 줄 알지만 나는 육정에 매인 존재다." 이 구절에 '참으로(indeed)' 또는 '진실로(truly)' 같은 부사가 첨가되어야 한다는 것은 주어 자체에 의해서뿐만 아니라 그것의 관계사[21] '그러나(but)'에 의해서도 입증된다.

둘째 원인은 다음 구절에 들어 있다. "(나는) 죄 아래에 팔린 몸입니다." 즉 나는 판매권에 의해 사들인 노예처럼 혹은 죗값에 팔려 포로가 된 사람처럼 죄의 지배 아래 놓이게 되었다. 사도 바울은 이렇게 말하고 있는 셈이다. "율법이 죄 아래 있는 사람들에게서 죄의 힘과 작용을 막을 수 있는 힘이 없다는 사실로부터 율법 아래 있는 사람들이 육정에 매여 있다는 것이 귀결되고, 그러므로 율법은 본디 신령한 것임에도 악하고 또 율법에 거슬리는 것에 기울어지는 육체의 강한 경향성을 제어할 수 있을 만큼 강력하지 못한 것이다." 그리고 죄는 특정한 고유 권한에 의해 율법 아래 있는 사람들에게 지배권을 행사하기 때문에 결과적으로 그 사람들은 죄에게 팔린 노예가 되고 "돈에 팔린 머슴처럼" 속박과 굴레 아래 있게 된다.

곧이어 사도 바울은 14절에서 증거를 덧붙이는데, 그 증거는 율법 아래 있는 사람이 육정에 매여 있다는 사실보다는 그가 죄의 포로라는 사실에 대한 것이다. 그런데 그 증거는 돈 주고 산 노예라는 특이한 부산물 또는 부작용으로부터 획득되는 것으로, "내가 해서는 안 되겠다고 생각하는 일을 하고 있다"라는 식으로 표현된다. 노예란 자기에게 유익하게 생각되는 일보다 주인이 제 좋은 대로 그에게 시키는 일을 해야 하기 때문이다. 따라서 이 구절에 쓰인 "I allow"[22]는 사실상 "I approve"[23]를 뜻한다. 그러나 만일 여기서 표현된 의미대로 이해되어야 한다고 생각하는 사람이 있

••

21) 본문에 쓰인 낱말은 그리스어 'δέ'(de)이고, 이것은 영어의 'but', 'and', 'now' 등과 같은 관계사 역할을 한다. 문맥적 의미를 고려하여 여기서는 'but'으로 옮겼다. 관계사는 인도유럽어족의 문법 요소 중 하나로, 이것이 없으면 효율적인 대화가 불가능해진다. 두 문장을 한 문장으로 연결하는 역할을 하며, 관계대명사, 유사관계대명사, 관계부사가 이 범주에 속한다.

22) 내가 나 자신에게 허용할 만한 것, 즉 "내가 해야 한다고 생각하는 일."

23) 내가 나 자신에게 승인할 만한 것.

다면 그럼에도 논증은 여전히 동일하고 그 타당성 역시 변함없다. 그리스도께서 말씀하셨듯이 "종은 그의 주인이 무엇을 하는지를 알지 못하고"(요 15:15), 주인의 뜻을 아는 것이 종이 자기의 일을 수행하는 데 필요한 경우를 제외하고 주인이 종에게 자기의 뜻을 알리는 관례도 없기 때문이다.

그러나 그 어구, 즉 "I allow"의 첫째 의미가 이 문맥에 더 잘 들어맞고, 뒤에 이어지는 문장도 그것을 요청하는 것처럼 보인다. 이 논증에 대한 더 풍부한 설명은 다음 구절에 "내가 해야겠다고 생각하는 일은 하지 않고, 도리어 해서는 안 되겠다고 생각하는 일을 하고 있습니다"라고 서술되어 있는데, 이것은 화자의 의지가 어떤 다른 타자의 의지에, 즉 죄의 의지에 지배되고 종속되어 있음을 보여 주는 명백한 표지다. 그러므로 그는 죄의 종이요 노예인 것이다.

이제 사도는 그 결론으로부터 두 가지 논리적 함축을 연역해 낸다. 첫째 함축에 의해 그는 율법을 사면시키고, 둘째 함축에 의해 같은 장의 앞부분에서 그가 했던 것과 똑같이 이 문제와 관련하여 모든 책임을 죄에게 돌린다. 첫째 함축은 "내가 그런 일을 하면서도 그것을 해서는 안 되겠다고 생각하는 것은 곧 율법이 선하다는 사실에 동의하는 것입니다."(16절) 다시 말해 "만일 죄가 지금 내게 명하는 것을 내가 억지로 하고 있다면 그것은 내가 율법이 선하다는 것에 동의하면서도 그것을 거슬러 죄를 짓고 있는 것이다. 비록 내가 죄의 지배 아래 있는 탓에 율법이 명령하는 것을 따를 수 없지만, 나는 그렇게 명령하는 율법에 동의하는 것이다." 둘째 함축은 "그렇다면 그와 같은 일을 하는 것은 내가 아니라, 내 속에 자리를 잡고 있는 죄입니다."(17절) 즉 "그러므로 내가 지금 하는 일이 나 자신의 뜻이 아니라, 다른 이, 곧 나의 주인인 죄의 뜻에 따라 마지못해 하는 것이므로 그 일을 하는 것은 내가 아니라, 내 안에 살면서 나를 지배하고, 나로 하여금 억지로 그 일을 강요하는 죄라는 결론이 따라 나온다."

방금 진술한 방식으로 주제에 대해 논의하고 나서 사도 바울은 다시금 원인에 대한 분석과 증명으로 돌아간다. 18절에서 원인에 대한 설명은 다음과 같다. "나는 내 속에 곧 내 육신 속에 선한 것이 깃들여 있지 않다는 것을 압니다." 그러므로 율법은 신령한 것임에도 율법 아래 있는 사람 안에서 죄의 힘을 격파할 수 없다는 것은 전혀 놀라운 일이 아니다. 왜냐하면 율법 아래 있는 육신적인 사람 안에는 선한 것이 살지 않기 때문이다. 즉 선한 것이 지배하지 않기 때문이다. 그것을 보여 주는 증거는 같은 구절에 첨가되어 있다. "나는 선을 행하려는 의지는 있으나 그것을 실행하지는 않으니 말입니다." 바꾸어 말해 "나는 선한 일을 어떻게 행할 수 있는지 알지 못합니다."

좀 더 풍부한 설명은 19절에서 볼 수 있다. "나는 내가 원하는 선한 일은 하지 않고, 도리어 원하지 않는 악한 일을 합니다." 이것은 내 육체 안에 어떤 선한 것도 살고 있지 않다는 확실한 증거가 된다. 만약 내 육체 안에 어떤 선한 것이 산다면 나의 마음과 의지가 원하는 대로 실제로 실천에 옮길 수 있어야 하기 때문이다.

그 다음으로 사도 바울은 20절에서 둘째 논리적 귀결을 다시 한 번 더 추론해 낸다. "내가 해서는 안 되는 것을 하면 그것을 하는 것은 내가 아니라, 내 속에 자리를 잡고 있는 죄입니다."

그러나 이 모든 논증으로부터 사도 바울은 21절에서 그가 의도한 결론을 도출한다. "여기에서 나는 법칙 하나를 발견하였습니다. 곧 나는 선을 행하려고 하는데, 그러한 나에게 악이 붙어 있다는 것입니다." 즉 실제로 내 안에 의지가 현전하지만, 선한 것을 실행에 옮길 수 없다는 정황으로부터 나는 악 또는 죄가 내 안에 현전한다는 것과, 그것이 내 안에 있을 뿐만 아니라 그것이 주도하고 있다는 사실을 발견하게 되었다. 이 결론은 14절에서 "나는 육정에 매인 존재로서, 죄 아래에 팔린 몸입니다"라고 표현한 원인 분석으로부터 의미에 있어서 아무런 차이가 없다. 그러나 이어지는 두 구절인 22절과 23절에서 사도는 바로 앞에 나왔던 결론을 증명해 보인다. 증명하는 과정에서 그는 율법 아래 있는 사람이 왜 죄를 이길 수 없고, 원하건 원하지 않건 간에 그 사람이 죄의 소욕을 이행하지 않을 수 없는 이유가 무엇이고, 또 어떻게 그런 일이 일어나는지를 좀 더 분명하게 설명한다. 그는 이렇게 말한다. "나는 속사람으로는 하나님의 법을 즐거워하나, 내 지체에는 다른 법이 있어서 내 마음의 법과 맞서서 싸우며, 내 지체에 있는 죄의 법에 나를 포로로 만드는 것을 봅니다." 마무리 부분에서 율법 아래 있는 사람들의 비참한 상태에 대한 고찰로부터 죄의 전횡과 예속에서 구원되기를 바라는 탄식 소리가 다음의 말을 통해 터져 나온다. "아, 나는 비참한 사람입니다. 누가 이 죽음의 몸에서 나를 건져 주겠습니까?" 즉 이 필멸적인 육신으로부터가 아니라, 죄의 지배로부터 구원되기를 바라는 것인데, 그가 다른 구절에서도 죄를 죽음의 몸이라고 불렀듯이 여기서 사도가 말하는 죽음의 몸은 죄를 가리킨다.

이 탄식에 대해 사도는 스스로 이렇게 답한다. "우리 주 예수 그리스도를 통하여 나를 건져 주신 하나님께 감사를 드립니다." 다시 말해 이 감사는 그가 구원되기를 간구하고 기대해야 할 근원을 자기 자신의 인격 안에서 공표하는 것에 해당한다.

끝으로 앞에서 길고 자세하게 기술한, 율법 아래 있는 사람의 총체적 상태를 간략하게 정의한 25절의 하반절에서 탐구 과정 전체와 연결되는 하나의 결론이 제시된다. "그러니 나 자신은 마음으로는 하나님의 법을 섬기고, 육신으로는 죄의 법을 섬기고 있습니다." 그리하여 7장은 이렇게 끝을 맺는다. 그러나 이 논증을 하나의 작은 범위로 환원한 후 그 요체를 한눈에 인지할 수 있기 위해서 이 하반절을 다음과 같이 다시 정리 요약해 보기로 하자.

"우리는 율법 아래 있는 사람들을 죄가 지배한다고 이미 선언했다. 그러나 그 원인으로 말하면 율법 자체는 신령하고, 그 아래 있는 사람들이 모두 율법이 선하다는 것에 동의하며, 또한 그들이 선한 것을 원하고 내적 인간을 따라 하나님의 율법을 즐거워함에도 불구하고 율법 아래 있는 바로 그 똑같은 사람들은 육정에 매인 존재로서 죄 아래에 팔린 몸이며, 그들의 몸에는 선한 것이 전혀 살고 있지 않고 오직 죄가 살고 있으며, 악이 그들과 함께 있을 뿐이다. 그들은 자기 마음의 법과 싸울 뿐만 아니라, 그들의 지체 안에 있는 죄의 법에 자신들을 포로로 내어준 상태에 있다. 이 문제에 관해 확실하고 분명한 증거는 그 사람들이 원하는 선을 그들이 행하지 못하고, 그들이 미워하는 악을 행한다는 것, 그리고 그들이 선한 일을 하고자 할 때 그것을 행할 능력이 없다는 사실이다. 따라서 의심의 여지 없이 분명한 사실은 그들이 자신의 행위의 주인이 아니라, 그들 안에 살고 있는 죄이며, 그렇기 때문에 어쩔 수 없이 죄를 저지르게 되는 그 사람들이 행하는 악에 대한 책임은 일차적으로 죄에 전가되어야 한다는 것이다. 그러나 이러한 이유로 율법의 허울로부터 비참의 나락으로 떨어진 그 사람들은 예수 그리스도의 은혜를 큰 소리로 외치며 간구하지 않을 수 없다는 것이다."

로마서 7장 14절에 대하여

증명해야 할 논제는 다음과 같다.
1) 제기된 물음을 더 깊이 있게 검토하고, 텍스트 자체를 토대로 사도

바울이 여기서 은혜 아래 있는 사람이 아니라, 율법 아래 살고 있는 사람들에 대해 다루고 있다는 것을 증명한다.

2) 육적 인간과 영적 인간이 성경에서 어떻게 서로 대조되는 지를 관찰한다.

3) 고린도전서 3장 1, 2절에서 제기된 반론과 그것에 대한 답변.

4) "죄 아래 팔린 몸"이란 무엇을 의미하는가? 이 구절에 대한 칼뱅과 베자의 견해.

앞에서 7장 전체의 경향과 유기적인 구조를 고찰했으므로 이제는 다음과 같이 우리가 제기한 물음인 '7장 14절부터 마지막 절까지 기록된 것은 율법 아래 있는 사람에 관한 것으로, 혹은 은혜 아래 있는 사람에 관한 것으로 이해해야 할 것인가?'를 좀 더 엄밀하게 검토해 볼 차례다.

무엇보다도 우선 14절과 그 앞에 나온 구절 사이의 연계성을 살펴볼 필요가 있는데, 이유를 지시하는 불변화사 'for'에 해당하는 '가르'[24]는 주절이 앞에 나오는 종속절과 연결될 경우에 쓰인다. 연결사는 현재의 구절에서 설명되는 동일한 주어가 그 이전 구절에도 쓰였다는 것을 보여 준다. 따라서 일인칭 대명사 '에고'[25]는 같은 대명사가 들어 있는 이전 구절과 마찬가지로 동일 인물에 관한 것으로 이해되어야 한다. 그러나 7장의 전반부를 조사해 보면 율법 아래 있는 사람에 대해 말하고 있고, 따라서 대명사 '에고'는 율법 아래 있는 사람을 지칭하는 것을 알 수 있다.

따라서 앞에서 설명한 것에 관한 원인이 제시되어 있는 이 14절에서도

---

24) 그리스어에서 '~때문에'를 뜻하는 종속접속사 'γαρ'는 영어로 'for' 또는 'since'로 번역된다.

25) 'ἐγώ'(ego). 그리스어의 일인칭 대명사.

율법 아래 있는 사람이 여전히 주어 자리에 있다. 상황이 그와 같지 않다면 14절 전체는 논리적 타당성이 취약한 것으로 볼 수밖에 없고, 지금 이 경우 그러한 연결의 결과 비로소 선행하는 것과 정합적인 관계를 이룰 수 있고, 7장의 전반부 13절에서는 율법 아래 있는 사람에 대해 말하고 있으며, 이어지는 후반부에서는 은혜 아래 있는 사람에 대해 논의하고 있다고 가정하는 사람들이 타당하게 추론할 수 있게 해 주는 어떤 개연적 연계성도 찾을 수 없게 된다. 만일 이 사실을 부인하는 사람이 있다면 그는 부디 (방금 지적한 7장의 두 부분 사이에) 달리 어떻게 연결할 수 있을지를 보여 주기 바란다. 그런 견해를 가진 사람들 중에는 내가 요청한 과제를 수행하기 어렵다는 것을 깨닫고, 14절뿐만 아니라 그 앞에 나오는 구절도 율법 아래 있는 사람에 관한 것으로, 그러나 15절과 그 이후의 구절은 은혜 아래 있는 사람들에 관한 것이라고 해석한다. 이 점 또한 우리는 뒤에서 점검할 것이다.

둘째로 14절에서 사도 바울이 자기의 페르소나 아래서 다루고 있는 사람은 육적인 사람인 반면, 중생을 경험하고 은혜 아래 있는 사람은 육적이지 않고 신령한 영적 인간이다. 그러므로 이 절에서 사도가 다루는 주체는 은혜 아래 있는 사람이 아니라는 것은 지극히 분명한 사실이다. 그러나 율법 아래 있는 사람은 육적이고, 따라서 이 구절에서 담론의 주체는 율법 아래 있는 사람인 것이 확실하다. 나는 은혜 아래 있는 중생한 사람은 육적이지 않고, 성경에도 그렇게 지칭되고 있지 않다는 것을 증명했다. 로마서 8장 9절은 "그러나 하나님의 영이 여러분 안에 살아 계시면 여러분은 육신 안에 있지 않고 성령 안에 있습니다"라고 말한다. 그리고 그 바로 앞의 절은 "육신에 매인 사람은 하나님을 기쁘게 해 드릴 수 없습니다"라고 밝히고 있다. 그 반면에 은혜 아래 있는 중생한 사람은 하나님을 기쁘게 해 드릴 수 있다.

로마서 8장 5절에 "육신을 따라 사는 사람은 육신에 속한 것을 생각하나"라고 말하는데, (같은 절에 표현되었듯이) 은혜 아래 있는 사람은 "성령에 속한 것을 생각합니다"라고 대비한다. 갈라디아서 5장 24절 "그리스도 예수께 속한 사람은 정욕과 욕망과 함께 자기의 육체를 십자가에 못 박았습니다"라고 말하는데, "자기의 육체를 십자가에 못 박은"사람들은 육적이지 않다. 로마서 8장 14절도 "하나님의 영으로 인도함을 받는 사람은 누구나 다 하나님의 자녀입니다"라고 확증한다. 따라서 그들은 "하나님의 영에 의해 인도함을 받으며" 신령한 자들이다.

그러나 다음과 같은 반론이 제기될 수 있다. "동일한 사람도 상이한 측면을 가질 수 있기 때문에 육적이면서도 신령한 사람으로 불릴 수 있다. 즉 그가 성령을 통해 중생한 정도로 '신령한 사람'이라고, 그리고 중생하지 못한 정도로 '육적인 사람'이라고 부를 수 있다. 왜냐하면 인간이 필멸적인 이 몸 안에 사는 한 그는 완전한 중생에 이를 수 없기 때문이다. 이로부터 '육적인(carnal)'이라는 낱말의 이중적 의미가 발생한다. 하나는 죄가 지배하고 있는, 전적으로 육적인 사람을 지시하고, 다른 하나는 부분적으로 육적이고 부분적으로 신령한 사람을 지시한다."

이 반론에 대한 답변은 아래와 같다. 나는 성경을 따라 인간이 현세적 삶을 살고 있는 동안 충분하고 완전하게 중생에 이를 수 없다는 점을 시인한다. 그러나 이 시인은 올바르게 인식되어야 한다. 즉 언급된 그 완전성은 중생 자체의 본질이자 근본적인 부분과 연관되는 것이 아니라, 양(量)의 정도와 척도와 연관되는 것으로 이해되어야 한다. 중생이라는 과정은 어떤 사람이 자기의 능력 중 어떤 것과 관련해 거듭나거나 새로 태어나는 식으로 진행되는 것이 아니라, 부패한 본성의 옛것에서 온전히 다른 것을 그

대로 유지하는 가운데 이루어지는 것이기 때문이다.

그러나 이 두 번째 탄생은 우리가 인간으로 태어나는 첫 번째 출생과 똑같은 방식으로 조직된다. 즉 다 큰 어른의 완전성이 아닌 인간 본성에 전적으로 참여하는 것이다. 따라서 중생의 힘은 인간의 모든 능력에 침투하고, 어느 것 하나도 제외되지 않지만 그것은 최초의 순간에 그 능력 전체에서 완벽하게 충만해지는 것은 아니다. 그 과정은 점진적으로 진행되고, 매일 조금씩 전진하면서 그리스도 안에서 충만하고 성숙한 나이가 찰 때까지 확장되거나 증폭되는 것이기 때문이다. 그러므로 모든 인간적 능력, 마음, 감성, 의지를 따라 전인적 인간이 중생을 경험하는 것이다. 그 때문에 그 사람은 그의 이 중생한 능력과 더불어 신령한 영적 인간이 되는 것이다.

그러나 성경에서 영적 인간과 육적 인간이 그들의 전체 규정에서 서로 대립하는 것처럼(그들 중 전자는 영을 따라 행하는 사람이고, 후자는 육체를 따라 행하는 사람이므로 전자는 후자와 반대되는 것으로 언급된다) 이런 면에서 참으로 동일한 사람이 신령한 동시에 육적이라고 말할 수 없다. 그러므로 성경을 따라서 나는 육적인 사람들 중 어떤 이들의 경우 그들의 괄목할 만한 부분을 죄가 지배하고 있기 때문에 육적이라고 부르고, 다른 이들은 역시 육적 인간이라고 불리기는 하지만 그다지 유력하지 않은 부분에서 육체가 영과 서로 다투는 상태에 있을 수 있다는 식의 구별을 거부한다. 이 구별을 거부하는 이유로 나는 성경에서 육적인 인간들의 수에서 그 두 집합 중 후자를 육적인 인간의 수에 포함시키는 곳을 발견할 수 없다는 점을 든다.

우리 주님의 부활에 대해 교황 레오는 매우 유의미한 방식으로 그 점을 적시하면서 다음과 같이 말했다. "우리는 희망 가운데 구원받고, 그러면서도 여전히 부패와 필멸적 육신에 머물러 있지만, 그럼에도 만일 육체적 정념이 우리를 지배하지 않는다면 우리가 육적 인간이라고 불리지 않는 것이 옳으며, 그러므로 더 이상 우리가 그의 뜻을 따르지 않는 것의 이름을 차치하고 마땅히 내버릴 수 있다."

그러나 이 측면이나 의미 중 첫째 의미가 아닌 둘째 의미에서, 즉 죄가 그 사람을 지배하고 있지 않기 때문이 아니라, 성경 텍스트로부터 추론될 수 없는 어떤 이유로 육체가 영과 서로 다투기 때문에 이 사람이 육적 인간으로 불려야 한다는것이 입증되지 않는 한 비판자들이 시도하는 그 구별은 여전히 증명되지 않은 채로 남는다. 왜냐하면 사도 바울이 여기서 육적 인간이라고 부르는 사람을 죄가 제압하고 있고, 그 사람 안에서 육체의 군단의 힘이 영 측에 비해 더 강한 것이 분명하기 때문이다. "죄가 그 사람 안에 살기" 때문에 "그는 자기가 원하지 않는 악을 행하고, 자기가 원하는 선은 행하지 못하며, 선한 일을 행하려 해도 찾지 못하고, 그 안에 살고 있는 죄가 악한 일을 방조하며, 그는 죄의 법에 매이게 되거나 죄의 법 아래 있는 포로가 된다."

이 모든 것은 주도권을 쥐고 있는 죄의 확실하고 명백한 징표다. 그 사람이 원하지도 않고 주저하면서도 어쩔 수 없이 죄에게 복종할 뿐이라는 반론은 전혀 타당하지 않다. 죄의 지배 양태는 두 종류, 즉 죄 짓는 사람 자신의 양심을 거슬리면서 동의를 얻거나, 그의 양심의 협조를 얻는 상태가 있을 뿐이기 때문이다. 종이 기꺼이 자기 주인에게 복종하든지 마지못해 복종하든지 그는 여전히 자기가 복종하는 사람의 종인 것이다. 한 가지 길을 제외하고—예속 상태를 미워하고, 구원을 얻고자 하는 욕망을 갖는 길—아무도 죄의 예속으로부터 자유를 얻을 수 없다는 것은 명백한 진리다.

그러나 "고린도전서 3장 1, 2절을 보면 은혜 아래 있는 사람도 육에 속한 사람이라고 불린다"라고 반론을 제기하는 사람이 있을 수 있다. 나의 답변은 이것이다. 그 문제는 그 낱말 자체에 관한 것이 아니라, 그 낱말의 참된 의미와 그것에 의해 지시되는 대상과 연관된다. 그러므로 우리는 이 구절에서 쓰인 낱말이 로마서 7장에서 사용된 것과 동일한 의미를 갖는지를 검토해야 한다. 그러나 (고린도에 살던) 사람들이 육적이라고 불린 것은 그들의 지식에 관해, 그리고 감성이나 성향과 관련해 그랬던 것이다. 그런 의미에서 경건의 교의와 복음의 지식에 대해 미성숙하고 연륜이 짧았기에 그들은 신령하고, "모든 것을 판단"(고전 2:15)할 수 있고, "성숙한"(고전 2:6) 사람들과 반대로, "그리스도 안에서 어린아이" 같고, 젖을 먹여야 하는 수준이라는 의미로 육적이라고 부른 것이다. 그 반면에 감정과 성향의 측면에서 그 사람들이 육적이라고 불리는 것은 인간적이고 육적인 정념이 그들을 지배하고 주도하며, 다른 본문에서 육체에 속하고 육체를 따라 행하는 사람으로 부르는 상태에 있고, 신령한 사람, 즉 "성령을 통해 육체의 행실을 죽이고 그 감성과 정욕과 함께 육체를 못 박은" 사람들과 반대편에 있기 때문이다.

그러나 사도 바울이 여기서 고린도인들 또는 그중 일부에게 붙인 그 명칭은 두 가지 지시 대상을 가지고 있는 것처럼 보인다. 우선 그는 지식과 관련하여 그들이 "그리스도 안에서 어린아이", 다시 말해 경건의 가르침에서 미숙하고 연륜이 짧고, "젖을 먹였을 뿐 단단한 음식을" 먹일 수 없는 수준이라고 지적한다. 그러나 정념에 있어서 그들이 "육적이고 세상 사람들과 같이 행하는" 사람들이라고 부른 것은 그들에게서 현저히 볼 수 있는 주장과 분파로 인해 그로부터 그들에게서 육체가 영보다 분명 우세했기 때문이다. 그러나 이 본문에서 그 낱말이 어떤 의미로 또는 어떤 방식으로 사용되었든지 로마서 7장에서 사도 바울이 자기 자신을 육적인 인간으로 불렀다고 선언하는 사람들이 의도한 바에는 아무런 이득이 되지 않는다. 왜냐하면 만일 동일한 낱말이 로마서 7장 14절에서 쓰인 용례와 유사한 의미로 고린도전서 3장 1절에서 쓰인 것이 아니라면 이 물음을 설명하는 방식이 서툴고 무익하다고 말할 수밖에 없기 때문이다.

다의성(equivacation)은 방만한 오류의 원천이다. 만일 그 낱말이 두 본문 모두에서 같은 의미로 이해되어야 한다면 나는 사도 바울이 여전히 육에 속한 상태에 있는 고린도인들에게 "영에 속한 사람에게 하듯이 말할 수 없고", 그들을 혹독하게 꾸짖으면서 불렀던 것과 같은 이름으로 로마서 7장의 사도 바울을 부를 수 없다는 나 자신의 견해를 옹호하면서 자유롭게 그렇게 결론을 내리겠다. 만일 그가 똑같은 의미로 이해되어야 할 그 명칭으로 자기 자신을 불렀다면 그것은 정당한 이유가 결여된 일이 될 것이다.

셋째로 사도 바울이 여기서 다루는 동일 인물은 여기 14절에서 죄 아래 팔린, 또는 (같은 의미이기는 하지만) 죄의 종, 돈을 주고 사들인 노예로 불리는데, 그런 명칭은 어떤 의미로도 은혜 아래 있는 사람에게 적용될 수 없다. 그렇지 않을 경우 성경이 여러 곳에서 명시적으로 항의하는, 별명의 남용이 된다. "그러므로 아들이 너희를 자유롭게 하면 너희는 참으로 자유롭게 될 것이다."(요 8:36) "죽은 사람"이 의롭다 불리는 것은 그가 "이미 죄의 세력에서 해방"(롬 6:7)되었기 때문이다. "그러나 하나님께 감사하는 것은 여러분이 전에는죄의 종이었으나 이제 여러분은 전해 받은 교훈의 본에 마음으로부터 순종함으로써 죄에서 해방을 받아서 의의 종이 된 것입니다."(롬 6:17, 18)

그러나 여기서 세분화된 두 가지(죄의 종과 의의 종)는 서로 정반대되기 때문에 단 한 번도 동일 인물에게서 서로 병존할 수 없고, 그 점은 같은 장의 20절에 분명히 나타나 있다. "여러분이 죄의 종일 때는 의에 얽매이지 않았습니다." 그러나 바로 그 똑같은 언급이 율법 아래 있는 사람에게도 적용된다는 점은 고린도후서 3장 17절 "주님의 영이 계신 곳에는 자유가 있습니다"와 갈라디아서 5장 18절 "여러분이 성령의 인도하심을 따라 살아가면 율법 아래에 있는 것이 아닙니다" 두 구절을 서로 비교해 보면 뚜렷이 드러난다.

그러므로 성령에 속한 사람은 자유롭다. 그들은 더 이상 율법 아래 있지 않다. 따라서 율법 아래 있는 사람들은 자유롭지 못하고, 죄의 종이다. 그들이 마지못해 억지로 죄의 위력에 의해 죄에게 복종하건, 기꺼이 복종하건, 즉 누구든지 최초의 조상의 행실에 의해 죄의 종이 되었든지 혹은 이뿐만 아니라 아합에 관해 기술한 열왕기상 21장 20절인 "임금님께서는 목숨을 팔아 가면서까지 주님께서 보시기에 악한 일만 하십니다"에서 보듯이 죄의 종임에는 아무런 차이가 없다. 이러한 각각의 사례에서 그 사람은 참으로 마땅히 죄의 종이다. "그들은 사람들에게 자유를 약속하지만 자기들은 타락한 종이 되어 있습니다."(벧후 2:19) 그리고 "죄를 짓는 사람은 다 죄의 종이다."(요 8:34) "여러분이 아무에게나 자기를 종으로 내맡겨서 복종하게 하면 여러분은 여러분이 복종하는 그 사람의 종이 되는 것임을 알지 못합니까? 여러분은 죄의 종이 되어 죽음에 이르거나, 아니면 순종의 종이 되어 의에 이르거나 하는 것입니다."(롬 6:16) 종의 양태가 다르다고 해서 (예속된 상태로부터) 종의 신분이 면제되거나 해방되는 것이 아니라, 그가 그 아래 있다는 것이 확정될 뿐이다. 만일 로마서 7장 14절에서 언급한 사람에 관해 "그를 단순히 죄의 종으로 불러서는 안 되고, 제한을 가하여 그렇게 불러야 한다. 즉 그는 육체적 측면에서 죄의 종이지만, 마음의 측면에서는 그렇지 않다. 그 점은 이 구절을 설명하는 이 장의 마지막 절에서 뚜렷이 볼 수 있다"라는 식의 답변을 내놓는 사람이 있다면 나는 언급된 이 사람이 확실히 죄의 종이지만, 죄에 대해 억지로 마지못해 양심을 거슬러 죄 짓는 사람으로 기술될 수 있다고 답하겠다.

그러나 7장의 마지막 절을 어떻게 이해해야 하는가에 관해 우리가 그 절을 다루게 될 때 확실하게 말할 수 있을 것이다. 그러나 우리 신학자들 중 대다수가 이 14절이 중생하지 못한 사람, 즉 은혜 아래 있지 않은 사람에 관한 것으로 이해해야 한다고 인정한다. 그러므로 칼뱅도 이 구절에 대해 "사도 바울은 여기서 율법과 인간의 본성을 서로 점점 더 적대적인 관계에 근접시키기 시작한다"라고 논평했다. 그리고 이어지는 구절에 대해서는 "이제 사도는 이미 중생한 사람의 더욱 구체적인 사례로 내려오고 있다"라고 말한다. 또한 베자도 카스텔로의 반대편에서 열세 번째와 열네 번째 비방에 대한 최초의 논증에 대해 비판하면서 다음과 같이 말한다. "사도 바울은 그가 선한 것을 충분히 사고하지 못하며, 다른 구절에서 자기 자신이 은혜의 경계 안에 들어와 있다고 생각하지 않고, 따라서 '나는 육정에 매인 존재로서, 죄 아래에 팔린 몸입니다'라고 외친 것이다."[26]

로마서 7장 15절에 관하여

증명해야 할 논제는 다음과 같다.

1) 사도는 그가 하는 일을 인정할 수 없고, 그가 하고자 하는 것을 행하지 않고 오히려 그가 미워하는 일을 한다.

..

26) 『기독교 강요』는 1536년에 6장으로 구성된 라틴어 초판을 시작으로, 1539년에 17장으로 늘어난 라틴어 증보판으로 세상에 나왔다. 1541년에는 칼뱅의 모국어인 프랑스어로 출판되었다. 영어판은 1561년, 독일어판은 1572년에 나왔다. 인용한 부분은 2권이다.

2) 인간의 내면에서 진행되는 다툼의 본성.

3) 중생하지 않은 사람 안에서 일어나는 갈등에 관한 아우구스티누스와 순교자 피터[27]의 견해.

15절에는 앞 절에서의 긍정, 즉 사도가 다루고 있는 사람이 "죄 아래 팔렸거나" 돈을 주고 산 죄의 종이라는 사실에 대한 증명이 들어 있다. 그 논증은 돈으로 사들인, 그리고 자기 자신에 대해 법적 자기 결정권을 전혀 행사할 수 없고 오직 다른 사람의 위력에 종속되어 있을 뿐인 종의 임무와 특유한 효력으로부터 구성한 것이다. 종의 본분은 자기 자신의 뜻이 아닌 주인의 뜻을 따라 실행하는 것이며, 그가 기꺼이 온전히 동의함으로써 행하든지, 그의 마음은 그 뜻에 반대하고 그의 의지는 그것에 저항함에도 불구하고 복종하든지 아무 차이가 없다.

이 점은 아우구스티누스가 그의 『철회』[28](1권 1장)에서 전혀 조야하지 않

..

27) 순교자 피터 베르미글리(Peter Martyr Vermigli, 1499~1562)는 이탈리아 출신의 개혁신학 자이다. 가톨릭 중심적인 이탈리아에서 종교개혁가로 출발했던 그는 다른 가톨릭 신자들과 함께 북부의 프로테스탄트 유럽 국가로 도주한 뒤 개종했다. 영국에서 그는 에드워드 왕조의 종교개혁에 영향을 미쳤고, 『1552년 공동 기도서』를 예배에 사용하게 된 것은 그 점을 반영한다. 대표 저서인 『신학 총론(Loci Communes)』은 조직신학 주제를 중심으로 구성한 주해서의 발췌본을 모은 것으로, 개혁주의 신학 교과서 중 하나가 되었다.

28) 성 아우구스티누스가 말년에 집필한 책으로, 원제는 Retractationum libri duo. 영역본 번역자 이네즈 보건 수녀는 이 책의 제목을 'Explanations'으로 바꾸는 것이 더 나을 것이라는 견해를 피력하기도 했다. 이 책에서 아우구스티누스는 명령을 취소한 것이 별로 없고, 오히려 그가 이전에 말했던 것을 다시 풀어 쓰거나 더 나은 표현으로 바꾸기도 했기 때문이다. 『철회』는 구원에 관한 프로테스탄트 관점을 명시적으로 부정한다. 즉 의의 전가, 의의 분유에 의한 완전함을 통해 하나님 앞에 나아갈 수 있다고 보는 형식적 칭의와 내재적 성화를 부인한다. 그의 관점에 따르면 칭의는 곧 의화(義化, being made righteous)이며, 중생은 세례에 의해 이루어지고, 천국에 들어가기 위해 선한 행위는 필수적이다. 따라서 그의 칭의관은 형식주의적인 동시에 변용적인 성격을 모두 띤다.

은 방식으로 표현했다. "영을 거스르는 정욕을 품는 육체에 의해 자기가 원하지 않는 일을 행하는 사람은 참으로 억지로 그러한 정욕을 품게 되는 것이다. 그리고 그 상황에서 그는 자기가 원하는 대로 하고 있지 않다. 만일 그가 (영을 거스르는 정욕을 품는 육체에 의해) 제압되어 있다면 그는 기꺼이 그 정욕에 동의할 것이다. 이때 그는 오직 자기가 원하는 일을 하고 있을 뿐이다. 즉 의로움은 결여되고 죄의 종으로서 그렇게 한 것이다." 이것은 잔키우스[29]의 『구원론』(1권 3장)에 의해서도 확증된다. "베드로가 그리스도를 부인했을 때, 의심의 여지 없이 그가 자신의 완전한 의지에 의해 그렇게 한 것은 아니고, 억지로 마지못해 한 것이기는 하지만, 그는 자기의 의지로 그리스도를 부인한 것이다."

그러나 (사도 바울이 15절에서 예시한) 그 증명은 사도가 다루는 사람의 조건에 맞추어 조정해야 한다. 즉 율법 아래 있고, 온전히 자발적으로 동의할 수 없고, 양심의 가책으로 신음하면서 마지못해 복종하는 죄의 종의 조건을 고려해야 한다. 사도 바울도 "나는 내가 원하는 선한 일은 하지 않고, 도리어 원하지 않는 악한 일을 합니다"라고 했는데, 즉 자신은 그것을 인정하지 않는다고 말한다. 이 입장에 대해 사도는 바로 그 다음 절에 좀 더 포괄적으로 설명하고 증명한다. "내가 해서는 안 되는 것을 하면 그것을 하는 것은 내가 아니라, 내 속에 자리를 잡고 있는 죄입니다"(롬 7:20)라는 언명으로부터 우리는 삼단논증을 구성해 볼 수 있다. 자기가 행하는 것

<hr />

29) 제롬 잔키우스(Jerome Zanchius, 1516~1590)는 이탈리아 출신의 개신교 종교개혁가로서 칼뱅 서거 후에 개혁신학에 큰 영향을 미쳤다. 대표 저서로 『기독교 신앙고백과 신의 속성 관찰』, 『신학 전집』이 있다. 그는 십자가의 권위를 십계명과 동일하게 보는 자연법 사상을 펼쳤다. 십계명은 소위 자연법으로 동일시되고, 그리스도가 바로 모세의 율법 전체를 성취하셨으며, 따라서 그리스도인도 그 길을 따라야 한다고 보았기 때문이다.

을 인정하지 않거나, 자기의 뜻에 따라 행동할 수 없는 사람은 다른 어떤 타자의 종, 즉 죄의 종이다. 그렇지만 지금 사도가 말하는 사람은 자기가 하고 있는 일을 인정할 수 없고, 자기가 원하는 일을 인정하지도 못하지만 오히려 자기가 미워하는 일을 행한다. 그러므로 이 경우 논의의 대상이 되는 사람은 타자, 즉 죄의 종이다. 따라서 그 당사자는 중생하지 않은 사람이고, 은혜 아래 있지 않다.

그러나 어쩌면 여러분은 이렇게 말할지도 모른다. "이 본문에는 사도가 다루는 사람의 내면에서 일어나는 다툼에 대해 기술되어 있고, 그 다툼은 중생하지 않은 사람에게서는 일어날 수 없는 것이다." 이에 대한 나의 답변은 다음과 같다.

이 본문은 문제의 인물과 죄 사이에 있는 다툼이 아닌 죄의 지배를 기술하고 있고, 따라서 죄 아래 있는 그 사람 자체의 예속 상태는 돈 주고 산노예에게 미치는 고유한 효력의 관점에서 증명되고 있으며, 그 효력은 실제로 행동으로 옮기기 전에 선행하는 것이 마땅한, 양심의 많은 주저함이나 엄청난 마음의 갈등 없이는 이 사람에게서 발생할 수가 없다. 그러나그의 행동은 죄의 위력에 의해 정복되고 제압된 마음에 의해서만 실행될수 있다. 따라서 나는 중생하지 않은 사람에 대해 어떤 식으로든 기술할수 있겠지만, 그에게서 마음이나 양심, 육체와 죄의 성향 사이의 어떤 갈등도 발견할 수 없다는 전술된 긍정을 거부한다. 그뿐만 아니라 나는 율법아래 있는 사람의 경우 필연적으로 한편으로 정의롭고 정직한 일을 명령하는 마음과 양심, 다른 한편으로 불법적이고 금지된 것을 행하도록 그 사람을 내모는 죄의 성향이나 욕동 사이에 갈등이 있을 수밖에 없다고 주장하고 그 편을 긍정한다. 왜냐하면 성경은 죄와 맞서는 두 종류의 다툼을, 즉육체와 마음 또는 양심 사이의 다툼과, 육체 또는 죄와 영 사이의 다툼을 기술하기 때문이다. 이들 중 전자의 다툼은 의와 불의에 대해, 정의와 부정의에 대해 지식을 가지고 있는 모든 사람들에게서 나타나고, 로마서 2장 15절에 기록되었듯이 그런 사람은 "율법이 요구하는 일이 자기의 마음에 적혀 있음을 드러내 보입니다. 그들의 양심도 이 사실을 증언합니다. 그들의 생각들이 서로 고발하기도 하고, 변호하기도 하며" 주인의 뜻을 알고도 그 뜻대로 행하지 않는 종(눅 12:47)과도 같다.

주제에 대한 이 견해는 아우구스티누스가 「로마서의 몇 가지 명제에 대한 해설」[30](3장)에서 우리에게 확증한 바 있다. "율법 앞에서, 즉 율법 앞에 있는 상태나 일정 정도에서 우리는 싸우지 않는다. 우리는 정욕을 품고 죄를 지을 뿐만 아니라, 또한 죄가 우리의 인정을 얻기 때문이다. 율법 아래서 우리는 싸움을 벌이지만 제압당한다. 우리는 우리가 하는 일이 악하다는 것을 고백하고, 그러한 고백을 함으로써 그런 일을 하고 싶어 한 것이 아니라는 것을 넌지시 암시한다. 그러나 우리는 아직 어떤 은혜도 얻지 못했기 때문에 죄에게 제압당한다. 이 같은 상태에서 우리에게 밝혀지는 것은 우리가 어떤 상황에 있어야 하는가다. 그리고 우리가 일어서기를 바라지만 다시 넘어지는 일을 반복하는 동안 우리는 더욱 비통하게 고통을 당한다."

이 요점은 로마서 5장 8절을 주목했던 순교자 피터에 의해서도 확인되었다. "우리는 중생하지 못한 사람에게서 때때로 이 같은 종류의 다툼이 일어난다는 것을 부인하는 것이 아니다. 그들의 마음이 육신적이지 않다거나 그들의 성향이 악한 것을 추구하지 않기 때문이 아니라, 그들 내부에

---

30) 미완성 상태로 남은 로마서 주석으로, 정확히 알 수 없으나 대략 394년쯤에 집필한 것으로 보인다. 아우구스티누스는 로마서 13장 13~14절을 읽고 회심하게 되었다고 전해진다.

여전히 자연의 법칙이 각인되어 있고, 동시에 하나님의 영의 빛이 어느 정도 그들의 내면을 비추는 데도 불구하고 그것이 그들을 의롭다고 선언할 정도는 못 되고, 또 구원하는 변화를 가져올 수는 없기 때문이다."

후자의 다툼, 즉 육신과 영 사이의 갈등은 오직 중생한 사람에게만 일어난다. 하나님의 영이 존재하거나 거주하지 않는 마음 안에서는 어떤 다툼도 있을 수 없다. 물론 어떤 사람은 "성령에 대항하고" 또는 "성령을 거슬려 죄를 짓는" 것으로 말해지는데, 이 표현은 의미가 매우 다르다. 이 두 다툼 사이의 차이는 쟁점의 다양함이나 각 사례의 결과에 따라 명약관화하다. 왜냐하면 전자의 경우 육체가 압도적이지만, 후자의 경우 대체로 영이 승리를 거두고 정복자가 되기 때문이다. 그 점은 이 본문을 갈라디아서 5장 16, 17절과 비교해 봄으로써 알 수 있고, 이 비교는 우리가 추후에 시도할 것이다. 그러나 율법 자체의 고유한 효력으로부터 죄에 항거하는 싸움이 율법 아래 있는 사람에게서 발생할 때, 그 싸움은 그 사람의 모든 능력을 동원하여 그 사람과 맞서게 하고, 그리하여 그의 모든 힘을 소진한다는 것을 매우 확실하게 입증될 수 있다. 이미 하나님의 의에 대해 지은 죄로 기소된 사람을 참소하고, 그로 하여금 복종하도록 부추기며, 그에게 자신의 약점을 확신시키고, 구원받고자 하는 욕망으로 불타오르게 하며, 그리하여 구원의 길을 찾아 나서지 않을 수 없게 만드는 것이 율법의 고유한 효력이기 때문이다. 그러나 내주하는 죄에 맞서는 싸움 없이는 그 효력이 결코 성취될 수 없다. 이미 우리는 바로 그와 같은 사람, 즉 율법 아래에 그런 상태로 있는 사람에 대해 사도 바울이 이 본문에서 다루고 있다고 말한 바 있다.

만일 어떤 사람이 중생하지 않은 모든 사람이 일반적으로 죄와 육체가 설득하는 행동 명령에 전적으로 동의하고 어떤 주저함도 없이 고집스럽게 죄를 범한다고 주장한다면 그의 주장에 대해 내가 증거를 요구할 경우 그것에 대해 불평하지 않기를 바란다. 왜냐하면 그것은 성경의 뚜렷한 증언에 어긋나는 주장이고, 그것에 반대되는 증거를 얼마든지 제시할 수 있기 때문이다. 자기 양심의 소리에도 불구하고 모압의 왕을 따랐던 발람, 자기 양심의 가책을 무시하고 다윗을 핍박했던 사울의 예로부터 추측해 볼 수 있다. 집요한 적대감을 품고 성령에 대항한 바리새인들의 예도 그러하다. 그러나 만일 중생하지 않은 사람들이 모두 온전한 동의 아래 어떤 갈등이나 망설임도 없이 죄를 짓는다고 한다면 죄를 무지와 구별하고 불의를 적대감과 구별하는 바로 그 통상적인 구분조차 이 방법에 의해 파괴되고 만다. 이 기회에 내가 반대 진영에게 상기시키고 싶은 사실은 하나님께서, 그의 자녀들이 불의한 삶을 버리고 그에게로 돌아오게 만드는 단계와 정도가 상이하다는 점, 그리고 만일 그들이 근면하고 편견 없이 사유하기만 한다면 율법에 의해 고취되는 바, 마음의 생각과 육체 사이의 다툼이 필연적으로 중생의 개시점과 전조 현상 안에서 발생할 수밖에 없다는 점이다.

로마서 7장 16절에 관하여

증명해야 할 논제는 다음과 같다.
1) 사도 바울은 율법이 선하다는 것에 동의한다. 그로부터 귀결되는 것.
2) 제기된 반론에 대한 답변.
3) 둘째 반론.

앞에서 논의한 것으로부터 율법의 사면권을 제공하는 논리적 귀결 또는 결과가 다음과 같이 연역된다. "내가 그런 일을 하면서도 그것을 해서는 안 되겠다고 생각하는 것은 곧 율법이 선하다는 사실에 동의하는 것입니다." 이 구절에는 가능한 최선의 방법으로 어떤 논란도 없이 율법 아래 있는 사람에게 동의할 수 없게 만드는 말은 전혀 없다. 율법 아래 있는 사람이 그것이 선하다는 것에 동의하지 않는 한 그는 전혀 율법 아래 있는 것이 아니기 때문이다. 바로 이것이—율법의 공정성과 정의로움에 대해 확신시키는 것—율법이 자기 아래 예속시키는 사람들에게 행사하는 최초의 효력이기 때문이다. 그리고 이것이 관철될 때 필연적으로 그러한 동의가 뒤따른다. 또한 "율법을 향한 하나님의 열심"이 유대인들에게 전가되는 로마서 1장과 2장, 10장으로부터 그러한 동의는 중생한 사람들에게 특유한 것도 아니고, 중생의 고유한 효력도 아니라는 것을 분명하게 볼 수 있다. 만일 "이 본문의 주어는 사람이 하나님의 율법 전체에 대해 하는 동의로서 그것은 율법 전체를 이해하지 못하는 사람들에게는 있을 수 없는 것인데, 중생하지 못한 사람들은 하나님의 율법을 완전히 이해하지 못하기 때문이다"라고 말하는 사람이 있다면 나는 이렇게 답하겠다.

첫째, "중생하지 않은 사람들 중에는 아무도 율법 전체를 이해하지 못한다"라는 것은 사실로 확증할 수 없는 주장인 반면, 다음 성경 구절은 그러한 주장에 반대되는 선언이다. "주인의 뜻을 알고도 준비하지도 않고, 그 뜻대로 행하지도 않은 종은 많이 맞을 것이다."(눅 12:47) "내가 예언하는 능력을 가지고 있을지라도, 또 모든 비밀과 모든 지식을 가지고 있을지라도, 또 산을 옮길 만한 모든 믿음을 가지고 있을지라도 사랑이 없으면 아무것도 아닙니다."(고전 13:2) "지식은 사람을 교만하게 하지만 사랑은 덕을 세웁니다."(고전 8:1) "의의 길을 알고서도 자기들이 받은 거룩한 계명을 저버린다면 차라리 그 길을 알지 못했던 편이 더 좋았을 것입니다."(벧후 2:21)

둘째, "율법 전체를 이해하지 않는 한 어떤 사람도 율법 전체에 동의할수 없다"라는 주장은 모든 경우에서 사실로서 확증될 수 없다. 율법에서 명령하는 것과 금하는 것을 모두 속속들이 이해하지 못할 수 있지만 그것이 하나님으로부터 시달되었고 그것이 선하다는 것을 아는 사람은 율법 전체에 동의한 것이기 때문이다. 그리고 중생한 사람들 중에도 율법 전체에 대해 전부 잘 알고 있다고 감히 자처하는 사람을 어디서 찾을 수 있겠는가?

셋째, 이 목적에 매우 적확하게 유익을 주는 것은 이 구절이, 그 사람이 율법의 모든 명령에 대해 특별히 잘 이해하고 있는 것으로 동의하고 있는 데 대한 어떤 준거도 찾을 수 없다고 부인하는 점이다. 쓰인 낱말도 그런 것을 지시하지 않고, 연관성의 유비도 그것을 허용하지 않는다. 그것은 그 사람이 원하지 않는 것을 행하고 있는 상황으로부터 그가 "율법이 선하다는 데에 동의"한다는 결론으로 추론한 것이기 때문에 만일 그가 그렇게 말했다면 그런 표현이 곧 그가 율법의 모든 명령을 특별히 잘 알고 충분히 이해하고 있다는 사실에 근거한 동의를 지시한다는 것을 그의 그 표현 행위로부터 추론할 수 없다. 여기서 문제의 인물이 그렇게 말했다는 것은 하나의 특정한 행동이다. 따라서 그것은 율법의 특별 명령에 의해 금지된 것이며, 그 행동을 하는 사람이 왜 주저하면서 마지못해 행동하는가 하는 원인은 바로 해당 사실에 대해 그가 알고 있고 또 그렇게 인정하기 때문이다. 따라서 하나의 귀결로서 얻게 되는 것은 그런 방식으로 행동하는 사람은 율법이 선하다는 것에 동의한 것이기 때문에 (마음으로는 그 행동을 거부하고 저항함에도 불구하고 죄를 지을 수밖에 없었던) 그의 행동이 그런 식으로 수행되었다는 사실이다.

그러나 아마도 다시금 이렇게 응수하는 사람이 있을지도 모른다. "이 본문은 중생하지 않은 많은 사람들이 가질 수 있는, 그리고 실제로 갖고 있기도 한 일반적인 판단에 대한 동의와 아무 관계가 없다. 오히려 그것은 특별한 재가, 즉 중생하게 하는 영의 특유한 행위에 대한 동의와 관련된다." 그런 반론을 제기하는 사람이 반드시 알아야 할 것은 증거로 뒷받침하려는 어떤 시도도 없이 자신 있게 언술된 말은 동등한 자유에 의해 극히 미미한 이유조차 밝히지 않은 채 거부될 수 있다는 사실이다. 그러나 문제 자체는 반대되는 것을 입증한다. 율법이 선하다는 것에 동의하는 것은 율법이 명령하는 어떤 특정한 행동을 인정하지 않는 것이기 때문이다. 특별한 재가에 대한 동의는 특별히 부정되고 있는 행동을 자행한 것으로 간주될 수 없다. 그러나 그러한 행위에 대한 명령의 경우는 여기서 사도가 다루고 있는 것에 대한 동의와 얼마든지 조화를 이룰 수 있다.

로마서 7장 17절에 관하여

증명해야 할 논제는 다음과 같다.

1) 사도는 더 이상 문제의 악을 행하지 않지만 그의 내면에 살고 있는 죄가 악한 일을 한다. 추론되는 둘째 논리적 귀결.

2) 17절로부터 상반되는 견해를 옹호하는 두 가지 논증이 구성되고, 그 두 견해는 반박된다. 첫째 논증과 그것에 대한 답변.

3) 둘째 논증과 답변.

4) 참된 견해를 옹호하기 위해 이 구절로부터 구성한 논증. 본래의 의미와 성경에서의 용례를 따라 집(dwelling) 또는 거주(inhabiting)라는 낱말에 관한 고찰과 잔키우스, 부처, 순교자 피터, 무스쿨루스로부터의 인용.

선행하는 구절로부터 연역에 의해 또 다른 명제가 귀결되고, 그것에 의해 이 본문의 화자는 이 문제와 관련한 모든 책임을 죄에 전가한다. 그러나 율법이 그의 마음에 심어져 각인되어 "그의 생각이 서로를 비난하기도 하고 변명하기" 때문에 그가 말하려는 요점은 죄가 자신과 무관하다는 식으로 책임을 면하려는 것이 아니라, 자기가 죄의 지배 아래 비참한 예속 상태에 있다는 것을 밝히기 위해서다. 그러므로 이 논리적 귀결에서 율법 아래 있는 사람의 상태와 일치하지 않는 것은 조금이라도 있을 수 없을 것이다. 상황이 그와 다르다면 그 명제는 전제에 들어 있는 것 이상의 것을 포함할 것이고, 그 상황이 율법 아래 있는 사람에게 완벽하게 잘 들어맞는다는 것은 입증된 바 있다.

그러나 이 구절에 표현된 것을 검토해 보기로 하자. "그렇다면 그와 같은 일을 하는 것은 내가 아니라, 내 속에 자리를 잡고 있는 죄입니다." 이렇게 표현된 것으로부터 반론을 제기하는 측은 사도 바울이 여기서 중생한 사람과 은혜 아래 있는 사람에 대해 말하고 있다는 견해를 지지하는 두 가지 논증을 이끌어 낼 것이다.

그 논증 중 첫째는 이렇게 전개된다. "중생하지 못한 사람에 대해 그들이 죄를 지을 때 그가 스스로 죄 지은 것이 아니라, 그들 안에 살고 있는 죄가 행한 것이라고 말할 수 없다. 그러나 중생한 사람들에 대해 이보다 더 적절한 말은 없다. 그러므로 사도 바울이 여기서 말하는 사람은 중생하지 않은 사람이 아니라 중생한 사람이다."

이에 대해 답변하겠다. 전건에 대해 검토할 필요가 있는데, 그것이 인정되거나 거부될 때 후건 역시 인정되거나 거부될 것이기 때문이다. 어떤 상태에 있는 사람이든지 어떤 사람에 대해 그가 범한 죄가 그 스스로 지은 것이라고 단순히 긍정할 수 없는 것이 분명하다. 왜냐하면 그것은 부속 명제에서 모순을 발생시키기 때문이다. 따라서 사도는 이 사람이 "악을 행한다"라고 선언한 것이다. 그러므로 만일 이것을 참되다고 말할 수 있다면 그런 표현은 상대적인 의미로 어떤 특정한 측면에서 그렇게 말한 것으로 이해해야 한다.

그러나 이 관계나 측면은 위반 행위를 저지른 사람 자신에게서 또는 범법 행위 자체에서 발견되어야 할 것이다. 만일 그 측면이 그 사람 자신에게서 발견된다면 그것은 일반적으로 그렇게 설명되고 언표되어야 한다. 즉 "이 사람이 지은 죄는 그가 그럴만한 사람으로서 지은 것이지, 그럴만한 사람이 아닌데도 지은 것이 아니다." 만일 그 측면이 범법 행위와 죄의 효력에서 발견되어야 한다면 그것은 동종의 원인과 그 결과 간의 다양한 관계로부터 확보되어야 한다.

그러나 이 구절에서 사도는 죄의 작용적 원인에 대해 다루고 있고, 그 원인은 적어도 두 가지—그 사람 자신과 그 안에 살고 있는 죄—가 있지만, 이 경우에는 내주하는 죄에 의해 야기된 것이지 그 사람 자신에 의한 것이 아니다. 그러므로 이 결과는 그러한 작용적 원인의 분배로부터 초래된 것으로, 그에 의해 일차적인 주 결과와 이차적인 부수적 결과로 분배된 것이다.

이 두 측면이 중생을 경험하고 은혜 아래 있는 사람에게만 적용될 수 있고, 율법 아래 있는 사람이게 전혀 해당하지 않는다거나 조금도 그에게 일치되지 않는다고 말하는 것은 진실로 진리를 사랑하는 사람이 발설한 생각이라고 보기 어렵다. 왜냐하면 문제의 측면이나 관계는 중생한 사람에게서 두 가지—지상의 삶에서 중생의 불완전성과, 옛사람에게서 남아 있는 잔재—로 나타나는데, 그 측면에 따라서 중생한 사람의 면모로서 "그가 중생한 사람이기 때문에 그런 일을 한 것이다" 또는 "그가 아직 중생하지 않는 탓에 그런 일을 하지 못하거나 완벽하게 하지 못한 것이다"라고 말할 수 있다.

마찬가지로 율법 아래 있는 사람에 대해서도 그 측면은 율법의 관련성에 따라 두 가지로 나뉜다. 즉 그 사람은 '육적'이고 '죄의 종'이며 율법 아래 있다고 말할 경우, 즉 그것은 "그가 율법이 선하다는 것에 동의한 것"이며, 그 동의는 육에 속한 것도 아니고 육체를 따른 것도 아닌데, 즉 부패한 본성에 기인한 것이 아니다. 그러므로 율법 아래 있는 사람에 관해 그가 죄를 지을 때 그가 율법 아래 있기 때문이거나 그가 율법이 선하다는 것에 동의하기 때문이 아니라, 그가 육적이고 죄의 종이기 때문이다.

둘째 측면(그에 따라 동시적인 두 원인으로부터 산출되는 결과는 그중 하나로부터 탈취하여 다른 것에 귀속한다)은 이 구절에서 중심적인 위치를 차지하는 것으로 보이는데, 그것은 사도 바울이 다음과 같이 말한 데서 발견된다. "나는 사도들 가운데 어느 누구보다도 더 열심히 일하였습니다. 그러나 이렇게 한 것은 내가 아니라 나와 함께하신 하나님의 은혜입니다."(고전 15:10)

동시 발생적인 두 원인 중 일차적인 주인(主因)에 결과를 귀속하고, 그와 동시에 동일한 그 결과를 이차 원인으로부터 탈취하는 것은 잘 알려진 일반적인 관행이다. 특히 본성을 초월하거나 의지를 거스르는 어떤 수단에 의해, 그리고 우월한 원인의 힘에 의해 이차 원인이 그 효능을 상실하게 될 경우에 그러하다. 따라서 국왕의 원인을 관리하는 대사(大使)는 그 자신이 행위의 주체가 되지 않고 그의 국왕이 주권을 행사하며, 그는 다만 자기의 임무를 수행할 따름이다. 따라서 만일 전횡을 일삼는 주인에게 억압당하는 종이 주인의 명령에 따라 강압을 통해 자기 의지에 반하는 일을 행했다면 그는 자발적으로 그 일을 한 것이 아니라, 그를 지배하는 주인이

행한 일이라고 기술하는 것이 한층 적절한 일이다. 그리고 사도 바울이 말한 것을 편견 없는 눈으로 살펴보는 사람이라면 그 표현이 정확히 그 의미를 전달한다는 것을 명약관화하게 알 수 있을 것이다. 그 점은 악행의 주범인 죄에 귀속된 명칭과, 그것이 죄의 지배를 지칭하고 있는 것으로부터 뚜렷이 나타난다. "그것을 하는 것은 내가 아니라, 내 속에 자리를 잡고 있는 죄입니다."

그 사람이 행한 것이 아니라 죄가 한 것이라는 것은 전혀 놀라운 일이 아닌데, "계명이 들어오니까 죄는 살아나고, 나는 죽었습니다."(롬 7:9) 그러므로 행위의 원인은 살아 있는 주체이지 죽은 주체가 될 수 없다. 그렇다면 이 논증에서 전건의 전반부는 거짓이고, 바로 그 점 때문에 후반부는 상호 교환적이지 않다는 것이 명백해진다. 그러므로 선한 양심을 따를 경우 결론은 이 전제로부터 연역될 수 없고, 그에 따라 (사도가 여기서 다루고 있는 것은) 중생한 사람이고, 중생하지 않은 사람은 배제된다고 말해야 할 것이다.

이 구절에서 사용한 'now'와 'no more' 같은 시제를 지시하는 부사로부터 둘째 논증을 구성할 수 있고, 그것으로부터 동일한 견해를 옹호하는 하나의 결론을 추론할 수 있다. 즉 이 부사들은 시제 가정의 측면을 가리키지만 여기서 시제 가정은 그 사람이 중생하지 않았을 때를 지시한다. 마치 그는 "이전에 내가 중생하지 않았을 때 나는 죄를 지었습니다. 그러나 이제 나는 중생했기 때문에 더 이상 죄를 짓지 않습니다"라고 말하고 있는 듯하다. 그러므로 'now'라는 부사에 의해 지시되는 현재 시제가 중생에 이른 상태에 관한 것으로 이해되어야 한다. "이전에 그는 죄를 지었지만 더 이상 그는 죄를 짓지 않는다"라는 표현이 중생하지 않은 사람에 관한 것이라고 말할 수 없기 때문이다.

나의 답변은 이러하다. 나는 그 부사들이 시제 가정에 관해 지시하고, 실제로 그 본문은 그렇게 용이하게 설명된다는 것을 인정한다. 즉 "이전에 나는 악을 자행했지만 이제 더 이상 그런 일을 하지 않는다." 그러나 나는 이 시제 가정이 중생 이전의 상태 전체를 포괄하는 것을 거부한다. 왜냐하면 중생하지 않은 상태 또는 중생하기 이전의 상태는 우리의 저자인 사도 바울 자신에 의해 또 다른 두 가지 상태—율법 이전의 또는 율법이 없는 상태와, 율법 아래 있는 상태—로 나뉘고, 그것은 같은 장의 9절에 명시되어 있기 때문이다.

그리고 'now'와 'no more' 같은 표현에 의해 지시되는 시제 가정은 율법이 없는 상태를 포함하지만 (그 두 부사들에 의해 기술된) 현재 시점은 율법 아래 있는 상태를 포함한다. "이전에 내가 율법을 알지 못했을 때 나는 죄를 지었습니다. 그러나 이제 율법 아래 있는 상태에서 더 이상 내가 죄를 짓는 것이 아니라, 내 안에 살고 있는 죄가 짓는 것입니다"라고 그가 말하고 있는 셈이라고 볼 수 있다. 이것은 "전에는 율법이 없어서 내가 살아 있었지만" 이제 "계명이 들어오니까 죄는 살아나고 나는 죽었습니다"라고 말하는 9절과 정확히 일치한다. "율법이 없어서 그가 살아 있는" 동안 그는 마음이나 의지의 어떤 거리낌도 없이 악을 행했기 때문이다. 그러므로 지난 시절에 그는 악한 일을 저질렀지만 지금 율법 아래 들어오게 되자 그가 여전히 죄를 짓는 것은 의심의 여지가 없지만, 현재 시점에서 그는 그의 양심을 거스르며, 그리고 그의 의지 편에서의 저항에도 불구하고 죄를 짓는 것이다. 그러므로 죄의 원인과 책임은 당사자 자신보다는 격렬한 죄의 충동에 더 많이 귀속되어야 한다.

이제까지 우리는 이 구절이 반대 견해를 지지할 수 있는 어떤 것도 함유하고 있지 않다는 것을 관찰했다. 그 다음으로 17절이 중생하지 않은 사람과 율법 아래 있는 사람에 관한 것으로 이해해야 한다고 주장하는 다른 견해의 진리성을 확립할 수 있게 하는 논증이 그로부터 추론되는지를 살펴보도록 하자. 사도는 "죄가 이 사람 안에 살고 있다"라고 말한다. 그러나 중생한 사람 안에는 죄가 살지 않는다. 그러므로 사도는 이 구절에서 중생한 사람이나 은혜 아래 있는 사람에 대해 다루고 있는 것이 아니라, 중생하지 않은, 율법 아래 있는 사람들에 대해 말하고 있다.

이 삼단논증의 전제 중 하나는 본문 안에 들어 있지만 다른 하나는 독자 스스로 증명해야 한다. 나는 죄의 구분—한 부류는 지배 또는 통치이고, 다른 부류는 우리 내부에 존재하거나 내주하거나 터 잡고 있는 죄라는 이름으로 불린다—에 친숙하고, 이런 명칭 중 전자는 중생하지 않은 사람들에게, 후자는 중생한 사람들에게 특유하게 적용된다고 가정하는 이들에게 이 사실이 놀라운 일로 받아들여질지 잘 알고 있다. 그렇지만 만일 누군가 그러한 구별의 근거를 밝힐 것을 요구한다면 증명을 내놓아야 할 사람들은 어느 정도 불편한 기색을 드러낼 것이다. 그러나 지배하거나 통치하는 부류의 죄와, 내면에 존재하지만 통치하지는 않는 다른 부류의 죄는 별개의 문제이며, 전자는 중생하지 않은 사람들에게, 후자는 중생한 사람들에게 특유한 것이 아닌가? 우리가 이 필멸적인 지상의 삶을 사는 한 우리 내면에는 죄와 옛사람의 잔재가 남아 있다고 성경이 선언하고 있다는 것을 누가 부정할 수 있을 것인가? 그럼에도 성경에 해박한 어떤 사람이 과연 통치를 내주하거나 터 잡고 있는 죄와 구별할 수 있으며, 내주하는 죄가 내면에 존재하는 죄와 동일하다는 것을 설명할 수 있을 것인가? 사실로 말하면 내주하는 죄는 통치하고 있는 죄이고, 통치하는 것은 곧 내주하는 것이며, 따라서 죄가 중생한 사람 안에 살 수 없는 것은 그것이 그들을 지배하거나 통치하지 않기 때문이다. 나는 '살다(inhabit)' 또는 '거주하다(dwell)'라는 낱말의 의미 자체로부터, 그리고 성경의 잘 알려진 용례로부터 이 논증의 전반부를 증명하겠다.

그 낱말의 의미에 관해 잔키우스는 『신의 속성에 관하여』라는 저술에서 다음과 같이 밝힌다. "하나님은 악한 자들 안에 거주하신다고 말할 수 없고, 경건한 사람들 안에 거주하신다. 어떤 곳이든 거기 거주한다는 것은 무엇인가? 사람들이 여행 중에 여관이나 오락장 같은 데 머문다고 말할 때처럼 그것은 단순히 거기 있다는 것이 아니다. 그것은 마치 자기 자신의 거주지처럼 그곳을 자기 마음대로 통치하고 지배한다는 뜻이다."(2권 6장 3문)

에베소서 3장 17절에 관해 다시금 잔키우스는 이렇게 말한다. "이 명제에 따르면 그리스도는 믿음에 의해 당신의 마음 안에 거주한다. '거주하다(to dwell)'라는 낱말은 여기서 은유적으로 사용되었음은 의심의 여지가 없다. 그 은유는 임차인이나 기숙인, 이방인이나 여행자처럼 얼마 동안만 자기에게 배당된 집이나 여관에 머무는 사람들에게 기초하여 생성된 것이 아니다. 그것은 자기 자신의 고정된 주거지에서 자유롭게 살고, 일하고, 가족들을 다루고, 지배력을 행사하는 세대주에게 기원을 둔다."

부처는 우리의 묵상 주제가 된 바로 이 본문에 대해 다음과 같이 피력한다. "사도는 이 파괴적인 힘 또는 능력이 그의 내부에 살고 있다고, 즉 그것이 그를 완전히 압도하고 지배하고 있다고 말한다. 마치 자기 집에서, 자기 소유의 거주지와 가옥에서 사는 사람들이 하는 것처럼. 사도 바울과 성경 전체는 거주나 거취라는 이 은유를 빈번히 사용하는데, 그 은유에 의해 그 저자들은 거주한다고 말해지는 것의 거의 항구적인 지배와 모종의 현전을 지시하고는 한다." 그리고 이어지는 언술 가운데 다음과 같은 것이 들어 있다. "그런 방식으로 죄가 우리 내면에 거주할 때, 그것은 완전히, 더욱 강력하게 우리를 포위하고 지배력을 행사한다."

순교자 피터는 로마서 8장 9절에 대해 이렇게 말한다. "거취나 거주라는 은유는 어떤 집에 사는 사람이 그 집을 장악할 뿐만 아니라, 그곳을 다스리고 자기 마음대로 (집안의 모든 일을) 명령하는 상황을 토대로 만들어진 것이다." 이어지는 언급은 무스쿨루스가 이 구절에 대해 말한 것이다. "사도 바울이 죄의 이 같은 전횡과 폭력에 대해 밝히고 있음을 뚜렷이 알 수 있는데, 그는 '죄가 내 안에 존재한다'라고 말한 것이 아니라, '죄가 내 안에 살고 있다'고 말하기 때문이다. 거주하다 또는 살고 있다는 낱말을 통해 그는 죄의 지배가 그에게서 완벽하고, 죄가 그의 내면에서 자기 자리를 확보하거나 자기의 거주지를 확립했다는 것을 보여 준다. 악은 자기 자리를 확보한 곳보다 더 큰 힘을 발휘할 수 있는 곳은 어디에도 없다. 그것은 우리가 폭군들에게서 여실히 보는 바다. 따라서 하나님께서 이스라엘 자손들 가운데 사시는 방식은 그것과 다르다. 어떤 백성들 가운데서도 하나님이 자기의 선하심을 이스라엘에게 보여 주신 것처럼 강력한 증거와 함께 선언하신 일은 없기 때문이다. 시편 기자의 표현에 따르면 그는 다른 어떤 민족을 대하신 적이 없는 방식으로 그들을 대하셨다(시 147:20).[31] 그런 의미로 성경에는 '살다' 또는 '거주하다'라는 낱말이 매우 자주 사용된다. 그러므로 사도 바울이 그의 안에서 죄의 힘과 전횡에 대해 선언하고자 했을 때, 그는 마치 자기 집에 사는 것처럼 죄가 그의 내면에 살고 있고, 그렇게 완전히 지배하고 있다고 말한 것이다."

칼뱅은 그의 『기독교 강요』에서 우리가 그리스도 안에서 할례를 받았고,

---

31) "주님은 말씀을 야곱에게 전하시고, 주님의 규례와 법도를 이스라엘에게 알려 주신다. 어느 민족에게도 그와 같이 하신 일이 없으시니 그들은 아무도 그 법도를 알지 못한다."(시 147:19~20)

그것은 손에 의해 우리 몸에 하는 것이 아니라, 우리 육체 안에 살고 있는 죄의 몸에 행한 것이라고 말하고(4권 6장 11절) 그것을 그는 그리스도의 할례라고 부른다. 부처를 따라 내가 성경의 용례에 관해 말한 것은 다음 구절에서 분명하게 확증된다. "누구든지 나를 사랑하는 사람은 내 말을 지킬 것이다. 그리하면 내 아버지께서 그 사람을 사랑하실 것이요, 내 아버지와 나는 그 사람에게로 가서 그 사람과 함께 살 것이다."(요 14:23) "예수를 죽은 사람들 가운데서 살리신 분의 영이 여러분 안에 살아 계시면 그리스도를 죽은 사람들 가운데서 살리신 분께서 여러분 안에 계신 자기의 영으로 여러분의 죽을 몸도 살리실 것입니다."(롬 8:11) "우리는 살아 계신 하나님의 성전입니다. 그것은 하나님께서 말씀하신 바와 같습니다. 내가 그들 가운데서 살며, 그들 가운데로 다닐 것이다. 나는 그들의 하나님이 되고 그들은 내 백성이 될 것이다."(고후 6:16) "믿음으로 말미암아 그리스도를 여러분의 마음속에 머물러 계시게 하여 주시기를 빕니다."(엡 3:17) "나는 그대 속에 있는 거짓 없는 믿음을 기억합니다. 그 믿음은 먼저 그대의 외할머니 로이스와 어머니 유니게 속에 깃들어 있었는데, 그것이 그대 속에도 깃들어 있음을 나는 확신합니다."(딤후 1:5) "우리 안에 살고 계시는 성령으로 말미암아 그 맡은 바 선한 것을 지키십시오."(딤후1:14) "'하나님께서는 우리 안에 살게 하신 그 영을 질투하실 정도로 그리워하신다'라는 성경 말씀을 여러분은 헛된 것으로 생각합니까?"(약 4:5) "그러나 우리는 주님의 약속을 따라 정의가 깃들여 있는 새 하늘과 새 땅을 기다리고 있습니다."(벧후 3:13) "그렇지만 너는 내 이름을 굳게 붙잡고, 또 내 신실한 증인인 안디바가 너희 곁, 곧 사탄이 살고 있는 그곳에서 죽임을 당할 때도 나를 믿는 믿음을 저버리지 않았다."(계 2:13)

이 같은 용례를 따라 성도들은 "하나님이 성령으로 거하실 처소"(엡

2:22)리고 부를 수 있다. 그러므로 그 낱말의 의미와 성경에서 가장 빈도가 높은 용례를 토대로 내주하는 죄는 통치하는 죄와 정확히 똑같은 것임이 명백하다.

그리하여 이제는 삼단논증의 둘째 전제—"죄는 중생한 사람들 안에 거주하지 않는다"—를 쉽게 증명할 수 있게 되었다. 왜냐하면 (바로 앞 단락에서 인용한 성경 구절에 따라) 성령이 중생한 사람들 안에 거주하시기 때문이다. 그리스도 역시 믿음에 의해 그들 안에 거하신다. 그리고 그들은 "성령을 통해 하나님이 거하시는 처소"로 불린다. 그러므로 죄는 그들 안에 살지 않는다. 어떤 사람에게서도 하나님과 죄가 동시에 거주할 수 없기 때문이다. 그리스도께서 "강한 자를 무장해제"하실 때 그는 그의 손과 발을 묶고 그를 밖에 내던지시며, 그런 후에 그의 집을 압수하고 그 안에 머무신다. "죄에 대해 죽고" "그리스도께서 살고 계신" 사람들 안에서 죄는 살 수 없다. 그러나 중생한 사람은 "죄 안에 살지 않고" "죄에 대해 죽었고"(롬 6:2) 그들 안에는 그리스도께서 터 잡고 사신다(갈 2:20). 그러므로 죄는 중생한 사람들 안에 살지 않는다.

다음의 이어지는 두 성경 구절을 서로 비교해 보도록 하자. "그렇다면 그와 같은 일을 하는 것은 내가 아니라, 내 속에 자리를 잡고 있는 죄입니다."(롬 7:17) "나는 그리스도와 함께 못 박혔습니다. 이제 살고 있는 것은 내가 아닙니다."(갈 2:20) 우리는 이 비교를 통해 이 구절에서 사도가 자기 자신에 대해 말하는 것이 아니라, 죄에 예속된 삶을 사는, 그의 안에서 죄가 살고 거주하고 작전 지휘를 하고 있는 사람의 캐릭터를 자신으로 체현하고 있다는 것을 충분히 명료하게 입증할 수 있다. 그러나 이로써 중생한 사람 안에서 죄가 전혀 발견되지 않는다는 것이 함축되는 것은 아니다. 이미 밝혔듯이 어떤 곳에 존재하는 것과 거기 거주하면서 지배하고 통치하는 것은 두 개의 전혀 다른 문제다.

로마서 7장 18~19절에 관하여

증명해야 할 논제는 다음과 같다.

1) "나는 내 속에(곧 내 육신 속에) 선한 것이 깃들어 있지 않다는 것을 압니다."

2) 반대 견해를 위한 논증이 18절부터 제시되고, 그것에 대한 답변이 이어진다.

3) 하나의 답변과 이에 대한 제2의 답변.

4) 또 다른 답변과 이에 대한 제2의 답변.

5) 참된 견해를 옹호하는, 동일한 낱말들로 구성된 논증.

6) 18절의 하반절인 "나는 선을 행하려는 의지는 있으나, 그것을 실행하지는 않으니 말입니다."

7) 이 절의 하반절에 반대되는 견해를 위한 논증에 대한 답변. 아우구스티누스, 잔키우스, 부처로부터 발췌한 글에서 정리한 의지(willing)와 비의지(nilling) 범주 간의 구별에 의한 답변.

8) 18~19절로부터 참된 견해를 위한 논증. 유일하게 의문시될 수 있는 대전제에 대한 증명.

9) 하나의 반론과 그것에 대한 답변.

10) 또 하나의 답변과 그것에 대한 제2의 답변. 그 밖의 다른 것뿐만 아니라, 구원에 이르게 하는 것에 선행하는 것도 중생하지 못한 사람들 일부에게서 발견된다. 아우구스티누스의 확증이 발견되는 발췌록과 칼뱅, 베자, 잔키우스의 문헌 참조.

11) 율법을 통해 제약을 받는 사람과, 복음의 은혜에 의해 변화되거나 중생을 경험하는 사람을 구별하기 위해 성경에서 사용되는 상이한 명칭.

이번에는 사도 바울이 어김없이 한 원인을 밝히고 그것을 증명하는 후속 작업을 하고 있는 18절을 고찰하기로 하자. 원인에 대한 그의 설명은 다음과 같다. "나는 내 속에(곧 내 육신 속에) 선한 것이 깃들어 있지 않다는 것을 압니다." 그 표현에 바로 이어 "나는 육적인 사람이다"라고 똑같은 의미로 말하는 셈이다. 그는 육적 인간이므로 그의 안에는 선한 것이 없기 때문이다. 증거는 다음 언명에 들어 있다. "나는 선을 행하려는 의지는 있으나, 그것을 실행하지는 않으니 말입니다."

원인에 대한 이 같은 규명으로부터 어떤 사람들은 자신들의 견해를 옹호하는 논증을 다음과 같은 명제로 구성한다. "사도 바울이 다루는 이 사람 속에는 육적인 것과, 그것과 구별되거나 차이가 나는 다른 어떤 것이 들어 있다. 그렇지 않다면 사도는 '내 속에, 곧 내 육신 속에'라고 다시 고쳐 말하지 않았을 것이다. 그러나 중생하지 않은 사람들 속에는 오직 육신 외에 다른 것은 없다. 그러므로 사도가 여기서 말하는 사람은 중생한 사람이다."

나의 답변은 다음과 같다. 나는 "이 사람 속에 육신과 다르거나 구별되는 어떤 것이 들어 있다"는 것을 받아들인다. 그 점은 사도가 말을 고쳐서 반복한 것에서 알 수 있다. 그러나 나는 "중생하지 않은 사람에게"—율법 아래 있고, 우리가 이처럼 논쟁을 벌이고 있는 주인공인 그 중생하지 못한 사람들에게—"오직 육신 외에 다른 것은 없다"는 것을 거부한다. 나의 거부가 왜 공정한 것인가 하는 이유를 제시하겠다.

율법 아래 있는 사람들 속에는 하나님에 관한 일말의 진리와, "하나님을 알 만한 일"(롬 1:18, 19)을 인식하는 마음이 들어 있다. 그것은 정의로운 것과 부정의한 것에 대한 지식을 가지고 있으며, "그들의 생각들이 서로 고발하기도 하고, 변호하기도 하고"(롬 2:1~15), 육적인 정욕에 탐닉하는 것이 죄라는 것을 알며(롬 7:7), "도둑질을 하지 말라. 간음을 하지 말라"(롬 2:21, 22)라고 말하는 마음이기 때문이다. 심지어 중생하지 않은 어떤 사람들은 "한번 빛을 받아서 하늘의 은사를 맛보고, 성령을 나누어 받는"(히 6:4), "그들이 의의 길을 알고"(벧후 2:20, 21) "주인의 뜻을 알기도 하고(눅 12:47), 예언의 은사를 받기도 하는(고전 13장) 것으로 알려져 있다.

그럼에도 불구하고 '육적인 것'으로 불리는 것으로 온몸을 두를 정도로 담대한 사람은 하나님과 그의 영에게 막대한 손실을 초래한다. 참으로 '육신'이라는 이름 아래 죄를 고발하고, 사람들에게 죄를 확신시키며, 그들로 하여금 구원의 길을 찾도록 내모는 일이 있다는 것을 어떻게 이해해야 할 것인가? 그렇다면 율법 아래 있는 사람들 속에 "육신과 육신 외의 다른 어떤 것", 즉 율법에 관한 지식이 깃들어 있고 그것이 선하다는 것에 동의하는 마음이 들어 있는 것이다. 그리고 어떤 중생하지 않은 사람의 경우 육신 외에도 복음에 대한 지식으로 조명된 마음을 갖기도 한다. 그러나 "육신과 구별되는 다른 것"에 사도 바울은 이 7장에서 영(the Spirit)이라는 호칭이 아닌 마음(the mind)이라는 호칭을 붙인다.

이 본문에 대한 무스쿨루스의 논평은 다음과 같다. "사도 바울이 얼마나 주의를 기울여 낱말을 배치하는지를 보라. 그는 "나는 내 속에 선한 것이 전혀 없다는 것을 안다"라고 말하지 않는다. 그 자신 속에 선한 것이 전혀 들어 있지 않다면 달리 어떻게 그가 선한 것들 인정하고 악한 것을 혐오하며, 하나님의 율법이 거룩하고 정의로우며 선하다는 사실에 동의할 수 있겠는가? 그 대신 사도는 "나는 내 속에 곧 내 육신 속에 선한 것이 깃들어³²⁾ 있지 않다는 것을 압니다"라고 말한다. 즉 선한 것이 내 안에서 통치하지 않고, 나를 지배하고 있지도 않은 것인데, 왜냐하면 내 마음은 스스로 죄에게 정복당했고, 나의 의지는 선한 것을 간절히 바라지만 자유롭지 못하고, 한 폭군의 권세에 눌려 무력하고 예속되어 있기 때문이다.

그러나 여기서 다음과 같이 응답하는 사람이 있을 수 있다. "이 사람에게는 육신이 아닌 어떤 것이 귀속될 뿐만 아니라, 선한 것의 정착이나 거주 역시 육신과는 다른 것에 포함되는 것으로 보아야 한다. 그렇지 않을 경우 사도 바울이 고쳐 말하고 있는 구절의 그 부분은 불필요하게 될 것이지만, 중생하지 못했거나 율법 아래 있는 사람에게는 선한 것이 머물 데가 없기 때문이다. 그러므로 여기서 화자는 중생한 사람이다."

이에 대한 제2의 답변은 다음과 같다. 나는 여기 나오는 전제 중 첫째 것을 받아들이는 반면, "중생하지 못했거나 율법 아래 있는 사람에게는 선한 것이 거주하거나 머물 수 있는 곳이 전혀 없다"라고 말하는 둘째 것은 거부한다. 그런 사람들의 마음에 어떤 선한 것, 즉 율법에 관한 부분적인 진리와 지식이 깃들어 있기 때문이다. 정착이나 거주의 징표가 되는 것은 마음에 들어 있는 그러한 지식과 진리가 발현되거나 그것을 드러내는 행위다. 예를 들면 당사자에게 죄를 참소할 뿐만 아니라, 죄를 자인하게 만드는 양심, 그 사람 자신에게 내리는 정죄 선고, 선한 율법의 집행, 공적 치리(治理)에 대한 주의 깊은 숙고, 범죄에 대한 처벌, 선한 사람들에 대한 변호, 율법과 형식적 행위에 의해 의로움을 얻을 전망에 대한 좌절, 구원을

••

32) 대부분의 영어 성경(NIV, ESV, KJV. RSV, NRSV)에서는 이 구절에서 동사 'to dwell'을 사용했고, 프랑스어 성경(Louis Segond Bible, Darby Bible, Martin Bible)에서는 'habiter' 동사를 사용했다. 새번역성경(RNKSV)에서는 이것을 '깃들어 있다'로 옮겼다.

갈망하고 그 길을 찾아나서야 할 긴박한 필요성 등이다. 그러한 행위는 앞에서 기술한, 사람의 마음속에 거주하고 통치하는 율법을 가장 확실하게 보여 주는 징표다.

이 관점에 대해 이제껏 들어본 적이 없다거나 충분히 고려할 만한 것이 못 되는 이단처럼 판단하는 사람이 없기를 나는 간곡히 청하는 바다. 왜냐하면 나는 율법 아래 있는 사람 속에 혹은 중생하지 않는 그 누구에게나 선한 것이 거주하고 통치한다고 주장한 것이 아니기 때문이다. 마음속에서 다스리는 것과, 단순히 그 사람 안에서 다스리는 것은 똑같은 것이 아니다. 만일 그러한 지식이 그 사람 속에 거주하고 다스린다면 바로 그 동일 인물은 자기의 지식에 합치하는 방식으로 살고자 할 것이고, 그것이 그 사람 안에서 으뜸가는 중심부를 차지함으로써 육신의 저항도 격퇴될 것이기 때문이다. 만일 누구든지 원인에 대한 이 설명을 깊이 고찰하고, 그것을 사도 바울의 기획과 조화시킬 수 있다면 그는 사도 바울이 다시 고쳐 말한 것이 필요한 일이기도 하고 그의 목적을 위해 유익한 것이었다는 점을 이해하게 될 것이다. 즉 율법 아래 있는 사람의 마음속에 선한 것이 거주하는데도, 왜 그와 같은 사람에게서 "죄의 육정"이 번성하고 온갖 정욕이 난무하는지에 대해 적확하고 납득이 가는 원인을 찾아낼 수 있을 것이다.

그 원인은 다음과 같다. 이 사람의 육신 속에 어떤 선한 것도 살고 있지 않기 때문이다. 만일 그의 육신 속에 조금이라도 선한 것이 깃들어 있다면 그는 무엇이 선한지를 알고 그것에 대한 의욕을 가질 뿐만 아니라, 실천을 통해 완수하려 하고, 자기의 정념이나 욕구를 다스리고 절제하며, 하나님의 계명에 복속시키고자 할 것이다.

이 주제를 위해 참조할 만한 것으로 시의적절하게도 토마스 아퀴나스가 바로 이 구절에 대해 논평한 것이 있다. "이 구절에 의해 분명해지는 것은 은혜의 선한 것(또는 복된 것)은 육신 속에 살지 않는다는 사실이다. 만일 육신 속에 선한 것이 산다면 내 마음속에 사는 은혜를 통해 내가 선한 것을 추구하는 의욕 능력을 갖고 있듯이 그럴 경우 나는 내 마음속에 살고 있을 그 은혜를 통해 선한 것을 완수하거나 성취하려는 의지를 관철할 수 있을 것이다."

그러나 다음과 같은 반론을 제기하는 사람이 있을 수 있다. "성경에서 중생하지 않은 사람은 전적으로 육적인 것으로 그려져 있다. 실제로 그가 육체이기 때문이다."(창 6:3). "육에서 난 것은 육이다."(요 3:6)

이 반론에 대한 답변은 이러하다. 첫째, 이 같은 담화 양태는 환유에 속하고, 육적인 '육체'라는 낱말은 '육(carnal)' 대신에 쓰였으며, 이것은 히브리인들의 특이한 용법으로서 그들은 구체적인 것을 지시하기 위해 추상적인 것을 사용한다. 이 점과 관련해 방금 인용한 구절(요 3:6)에 대해 베자는 다음과 같이 말하면서 분명하게 지적했다. "여기서 육체(flesh)는 육적인 것을 의미하고, 그런 식으로 히브리인들은 보통명사를 형용사처럼 사용한다. 이런 용례는 카타르마[33] 같은 낱말에서 보듯이 그리스인과 로마인들에게서도 관행적이었다.

둘째, '육'이라는 낱말은 추상명사로 쓰이고, 한 사람을 통칭하여 육체로 부르기도 하지만, 그렇다고 그 사람 전체를 의미하는 것은 아니다. 죄를 비난하고 율법을 의롭다고 말하는 마음은 육체가 아니기 때문이다. 그러나 바로 이 동일한 마음은 어느 정도 육적이라고 부를 수도 있는데, 그 마음은 육적인 사람 속에 있기 때문이고, 마음에 맞서 대항하는 육체는 한

· ·
· ·

---

33) κάθαρμα(kátharma). 카타르마는 문자적으로 무가치한 것, 쓰레기, 또는 배덕자(背德者)를 뜻한다.

사람 전체를 죄의 법에 예속시킬 수 있고, 그런 방법에 의해 그 사람을 지배할 수 있기 때문이다."

그러나 이 같은 서술로부터 참된 견해를 확증하는 논증은 다음과 같이 전개된다. "중생한 사람의 육체에는 선한 것이 깃들어 있다. 그러므로 사도 바울이 논의하고 있는 사람은 중생하지 않은 사람이다." 나는 이 결론을 내주하는 영(indwelling Spirit)의 고유한 효력으로부터 증명하겠다. 성령은 육체를 그 정념과 욕정과 함께 십자가에 못 박고, 육체와 그 행실을 죽이고, 육체를 자기 자신에게 복종하게 만들며, 육체라는 죄의 거처를 연약하게 만들기 때문이다. 그리고 성령은 내주하심에 의해 그러한 모든 사역을 수행하신다. 그러므로 선은 중생한 사람의 육체 안에 거주한다. 이 가정은 본문 안에 들어 있다. 그러므로 그것으로부터 그 결론은 타당하게 추론된다.

그러면 이제 그 단언적 주장, 즉 "이 사람의 육체 안에 어떤 선한 것도 살지 않는다"의 증거를 검토하기로 하자. 이 단언은 부가적으로 덧붙인 설명 안에 들어 있다. "나는 선을 행하려는 의지는 있으나, 그것을 실행하지는 않으니 말입니다." 증명하려는 문제와 그것을 증명하기 위해 구성된 논증을 비교함으로써 그 논증은 바로 다음의 선언 안에 포함되어 있음이 명백하다. "나는 선을 행하려는 의지는 있으나, 그것을 실행하지는 않으니 말입니다." 즉 나는 선한 것을 실천하려고 애쓰지 않는다. 이 증명은 원인적 효력으로부터 나온다. 육체 안에 깃들어 있는 선한 것으로부터 선한 행동이 나올 것이므로 "육체 속에 어떤 선한 것도 살지 않는다"로부터 선한 것을 실행하는 것은 불가능하다. 내게 "선을 행하려는 의지는 있으나"라는 말은 다른 것과의 비교를 통해 표현되었기 때문인데, 그것은 사도가 말하고 있는 사람에게 적용될 수 있기 위해 이 위치에 반드시 있어야 한다. 그리고 증명이 수행되는 방식은 다음과 같다. 율법 아래 있는 사람에게 선을 행하려는 "의지를 가지고 있다", 그러나 그 사람은 "선한 것을 실제로 행하려 하지 않는다", 왜냐하면 그는 육적이기 때문이다. 이로부터 "그는 육적인 사람이다", "그의 육체 속에는 어떤 선한 것도 깃들어 있지 않다"는 것이 명백해진다. 만일 그의 육체에 조금이라도 선한 것이 살고 있다면 그 선은 육체의 강한 기운과 정욕을 제어할 것이고, 그가 의욕을 품는 선한 행동을 방해하지 않을 수 있어야 할 것이다.

그럼에도 이 증명 전체를 다음 삼단논증으로 펼쳐보도록 하자. 선한 것에 대해 의욕을 품을 만한 힘은 있으나 "그것을 실행하려고 노력하지 않는" 사람의 육체 안에는 어떤 선한 것도 살지 않는다. 그러나 여기서 사도가 다루고 있는 사람은 의지 능력을 가지고 있는 것이 분명하지만, "선한 일을 실제로 해 보려 하지 않는다." 따라서 그와 같은 사람의 육체에는 "어떤 선한 것도 살지 않는다."

최소한이나마 논리학을 접한 적이 있는 사람이라면, 그리고 18절을 정확히 파악한 사람이라면 사도 바울이 구성한 삼단논증이 바로 그와 같다는 것을 부정할 수 없을 것이다. 그렇지만 이 명제로부터 나는 이미 내 견해를 확증하기 위해 제시한 삼단논증의 결론, 즉 "중생한 사람의 육체에는 어떤 선한 것이 깃들어 있다"를 "중생한 사람은 선한 것을 실행에 옮기기 때문이다"라는 단언에 의해 도출할 수 있다. 그것의 역은 그와 반대되는 것으로부터 귀결되기 때문이다.

이 점을 좀 더 명료하게 나타내기 위해 이 명제를 역환(逆換, inversion)에 의해 연역되는 다른 명제와 비교해 보자. 부정 전칭 명제(a)인 "선한 것을 실행에 옮길 수 없는 사람은 자기 육체 속에 어떤 선한 것도 깃들어 있지 않다"를 역환하면 부정 전칭 명제(b)인 "자기 육체 안에 선한 것이 깃들어 있지 않은 어떤 사람도 선한 것을 실행에 옮길 수 없다"가 된다. 이 논증은 다음 논증과 동치(同値)다. "자기 육체 속에 선한 것이 깃들어 있는 모든 사람은 선한 것을 실행에 옮길 수 있다. 실제로 그가 그렇게 할 수 있는 것은 그의 속에 선한 것이 깃들어 있기 때문이다." 그러므로 필요하고 교차 가능한 요소를 단순히 역환함으로써 "선한 것을 실행에 옮길 수 있는 모든 사람은 자기 육체 속에 선한 것이 깃들어 있는 사람이다"라는 전칭 명제를 얻는다. 이것은 대전제인 "중생한 사람은 선한 것을 실행에 옮길 수 있다" 이며, "그러므로 중생한 사람은 자기 육체에 선한 것이 깃들여 있다"는 바로 내가 앞에서 예시한 삼단논증의 대전제다.

그러나 반대 견해를 옹호하는 사람들은 이 증명으로부터 그들 자신의 견해를 확증하기 위한 목적으로 다음과 같이 전개되는 논증을 구성할 수 있다고 생각하는 것 같다. "그는 중생한 사람이고, 그에게는 선한 것을 행하려는 의지가 있다. 그러나 선한 것에 대한 의지가 이 사람에게 들어 있는 것이 확실하다. 그러므로 이 사람은 중생한 사람이다."

이에 대한 답변은 다음과 같다. 이 삼단논증의 각 부분에 대해 답하기 전에 나는 먼저 "선한 것에 대한 의지를 품는 것(to will that which is good)" 이라는 것의 애매성 또는 '의지하다(to will)'라는 낱말의 중의성을 해소하고 자 한다. 이런 방식으로 의욕을 품는 것이나 의지 능력에는 두 종류가 있음이 분명하다. 여기서 동일한 한 사람에 관해 그가 하나의 동일한 대상, 즉 선한 것에 대한 의지를 품은 동시에 그것을 실행하려는 의지를 품지 않은 것으로 주장되어 있기 때문이다.

다시 말해 (단순히) 뜻을 가지고 있다는 의미에서 의욕을 품고 있지만, 그는 그것을 실행에 옮기려는 의지 능력을 행사하지 않는다. 그가 그것을 실행에 옮기지 않는 이유는 그가 실제로 선한 것을 행하려는 뜻이 없기 때문인데, (그가 뜻을 품고 실행할 때) 죄의 종으로서 선한 것을 실행하려는 의욕을 품을 수 없도록 강제되는 의지를 가질 뿐이다. 다시 말해 그는 하나의 동일한 대상에 관해 악한 것에 대한 의욕을 품지 않는 동시에 그런 의욕을 품은 상태에 있다. 그가 악한 일에 대한 의지가 없다고 말할 수 있는 까닭은 그런 것에 대한 의욕이 없고, 실제로 악을 미워하기 때문이고, 그가 악한 일에 대한 의욕을 품고 있다고 말할 수 있는 것은 실제로 바로 그 동일한 것(악한 일)을 실행하기 때문이다. 그의 속에 살고 있는 죄에 의해 의욕을 품도록 강제된 의지에 의한 것이기는 하지만(그가 그렇게 행하는 이유), 그 의지를 품지 않는 한 그는 그런 일을 행하지 않을 것이다.

아우구스티누스는 그의 저서 『철회』(1권 13장)에서 내가 지금 그의 언명을 전유하고 있는바, 우리가 앞에서 기술한 견해를 뒷받침하는 증언을 제공한다. 또한 이 구절에 대한 부처의 설명은 다음과 같다. "따라서 나는 다윗이 그가 의도한 것뿐만 아니라, 그가 의도하지 않았던 것도 행했다는 결론에 이르렀다. 그는 자기가 원하지 않은 일을 한 것인데, 즉 그가 죄를 범했을 때 그것은 의도적으로 실행한 행위가 아니라, 그가 신적 계명을 숙지했던 상태가 다시금 의식 수준으로 회복된 때였다. 그가 그런 일을 저지른 것은 그의 눈앞에 보이는 여인과 관련하여 실제로 생각을 정리하고 결의를 마친 때였다. 그것은 베드로의 경우도 마찬가지다."

잔키우스 또한 그의 저서 『구속의 사역에 관하여』에서 진술했다. "왜 베드로가 그리스도를 부인했는가 하는 이유는 의심의 여지 없이 바로 이것이다. 그는 온전한 의지를 다하여 그랬거나, 기꺼이 그랬던 것은 아니지만 그가 주님을 부인한 것은 분명한 의도를 가지고 행한 일이다."(1권 3장) 따라서 어떤 사람이 선한 것에 대한 의욕을 가지고 있음에도 바로 그 선을 행하려는 의지를 가질 수 없게 하거나, 악에 대한 의욕을 품고 있지 않만 바로 그 동일한 악을 의지할 수 있게 허용하는 의욕(volition)과 비의욕(nolition)[34]의 단일한 유(genus) 또는 의지(willing)와 비의지(not willing)의 양태가 존재하는 것은 불가능하므로 "선한 것을 의도하는 것"과 "악한 것을 의도하지 않는 것"은 별개의 두 가지 것을 지시한다.

이제 우리는 그 문제를 깊이 파헤쳐 볼 것이다. 모든 의욕과 비의욕은 자기 앞에 대상으로서 놓인 사물에 대한 주체의 판단에 뒤따라 발생하기 때문에 그 각각의 상태는 판단의 다양성에 따라 상이하다. 그러나 판단 자체는 그 원인과 관련하여 두 종류로 나뉜다. 판단의 발원지는 율법이 선하다는 것을 인정하고, 율법이 명령하는 선을 높이 평가하며, 율법이 금하는 악을 미워하는 마음과 이성이거나, 감각과 감정으로부터, (그것의 표현인) 경험적 지식으로부터, 감각에서 파생되는 것으로부터, 비록 그것을 율법이 금지하고 있음에도 불구하고 유용하거나 즐겁고 쾌적한 것으로 감각이 인정하는 것으로부터, 그 반면에 율법이 명령하는 것임에도 고통스럽거나 쓸모없고 또 즐거운 일이 못되는 것으로 거부하는 것으로부터 비롯되기 때문이다.

이 중 전자는 "일반적인 측정의 판단"이라고 불리고, 후자는 "특수한 재가 또는 작용의 판단"이라고 불린다. 따라서 전자의 의욕은 일반적인 측정에 기초한 판단으로부터 나오고, 후자의 의욕은 특수한 재가에 기초한 판단으로부터 나오므로 비의욕(nolition)이라고 불린다. 이 같은 설명에 따라

..

34) 여기서 '비의욕'으로 번역한 'nolition'은 오늘날 거의 쓰지 않는 낱말이다. 라틴어 'velle'은 'to will', 'to be willing'을 뜻하는 반면, 'nolle'은 그와 반대되는 'not to will', 'to be unwilling'을 뜻한다. 즉 의욕(volition)의 반대어가 된다. 간혹 'nolition'이 정욕(lust)과 정반대되는 것으로 사용되는 용례가 발견되기도 한다. 현재의 문맥에서 의욕 대 비의욕의 문제는 단순히 언어적 문제가 아니라, 심리학의 영역으로 확대된다. 예를 들면 '비의욕' 상태를 의지하는 것이 무엇인지 설명할 필요가 발생할 수 있기 때문이다.

일반적 측정의 판단으로부터 발생하는 의지(the will)는 율법이 명령하는 것을 의욕하고, 율법이 금하는 것을 의욕하지 않는다. 그러나 바로 그 동일한 의지는 그것이 특수한 재가에 의거한 판단을 따를 경우, 율법이 금하는 즐겁거나 유용한 악을 욕구하고, 율법이 명령하는 번거롭고 고통스러운 선을 욕구하지 않게 된다.

하나의 동일한 대상을 다양한 관점에서 고찰해 볼 경우, 이 구별은 더 세분할 수 있다. 의지 앞에 제시된 대상은 일반적인 형상이나 특수한 형상 아래 고찰할 수 있기 때문이다. 따라서 간음은 일반적으로 또는 특수하게 고려할 수 있다. 일반적으로 고찰할 경우 이성에 의해 간음은 악한 것으로, 그리고 율법이 금지하는 것으로서 판단된다. 그 반면에 특수한 관점에서 고려할 경우 간음은 감각이 제공하는 지식에 의해 선하고 즐거운 것으로 인정된다.

부처는 이 주제를 다루면서 바로 같은 구절에 대해 다음과 같이 진술한다. "그렇지만 사람에게는 두 가지 의지가 있다. 하나는 계명에 동의하게 하는 의지이고, 다른 하나는 자기가 싫어하는 것을 행하게 만드는 의지다. 전자는 선한 것으로 인식하는 율법에 대한 지식으로부터 나오고, 후자는 감각이 제공하는 것과 현전하는 사물에 관한 지식으로부터 나온다." 의욕과 비의욕은 다른 방식으로도 구별할 수 있다. 한 가지는 대상에 관해 마지막으로 형성되었던 판단으로부터 발생하는 하나의 의욕이나 비의욕이며, 다른 한 가지는 마지막으로 형성된 것이 아니라, 그보다 선행하는 판단으로부터 발생하는 의욕이나 비의욕이다. 이 중 첫째의 경우 의욕은 선한 것에 관여하고, 둘째 것으로 말하면 의욕에 반대되는 악에 서로 엇갈리게 연관된다. 비의욕의 경우도 그와 같다. 전자의 경우 의욕이라고 부를 수 있지만, 후자의 경우는 동일한 대상이지만 엇갈리는 방식으로 연관되는 비의욕이 된다. 그러나 마지막으로 형성된 판단 아닌 다른 것에서 발원하는 의욕과 비의욕은 단순히 정언적으로 '벨리시티'와 '놀리시티[35]'를 뜻하는, '의욕' 또는 '비의욕'으로 부를 수 없다. 그러나 마지막 판단으로부터 나오는 의욕의 양태는 수반적 결과가 뒤따르는 까닭에 단순히 정언적으로 효력 있는 의욕과 비의욕으로 불린다.

토마스 아퀴나스는 로마서 7장의 바로 이 같은 구절에 대해 전자는 온전한 의지가 되지 못하고, 후자가 완전한 의지라고 말했다. 하지만 바로 이 동일한 구별을 하나님과 연관 지어 생각해 보자. 하나님은 선 자체로 인정되는 어떤 것을 의도하는 반면, 나머지 다른 것은 다만 그의 영광에 기여하는 것으로서 효능적으로만 의도하신다고 말해지기 때문이다. 그렇다면 이제 사도 바울이 여기서 다루는 종류의 의욕과 비의욕에 대해 고찰해 보자.

그는 특수한 재가가 아닌 일반적 측정의 의욕과 비의욕을, 특별히 고려되는 어떤 대상에 초점을 맞춘 것이 아닌 일반적으로 고찰된 의욕과 비의욕을, 마지막으로 내려진 판단을 따르는 의욕과 비의욕이 아닌 그보다 선행하는 판단을 따르는 의욕과 비의욕을, 즉 단순하고, 절대적이며, 완전한 의욕이 아니라, 불완전한 것, 따라서 차라리 '좋아함(velicity)'이라고 부르는 편이 나을 어떤 것을 다룬다. 그 사람은 "원하는 선을 행하지 않고 그가 원하지 않는 악을 행하기" 때문이다. 만일 마지막으로 내렸던 판단을 따라 특수한 재가에 의거한 의지를 가지고 계명이 명령하는 선을 그가 의지한다

··
35) 'velicity'와 그 반대어 'nolicity'는 '원하다', '바라다', '좋아하다'를 뜻하는 라틴어 동사인 'velle'에서 파생한 것이다. 관용구로 'nolens volens'(싫든 좋든)가 있다. 벨리시티나 놀리시티는 영어 명사형으로 전유된 것이다.

면 그는 자기가 그렇게 의지한 대로 선을 실행에 옮길 것이다. 똑같은 방식으로 만일 그가 계명이 금지하는 악을 의지하지 않는다면 그는 악을 멀리할 수 있을 것이다.

이 구절에 대해 부처는 해박하고 복잡하게 설명한다. 내가 보기에 두 가지 이유로 대전제가 의심스럽게 생각되는 삼단논증의 각 부분에 특별히 초점을 맞추려 한다. 여기서 사도 바울의 논증 주제인 '선에 대해 의지를 갖는 것'은 특유한 사람에게만 특유한 것이 아니기 때문이다. 그런 의지는 중생하지 않은 사람, 예를 들면 율법 아래 있는 사람이나 일반적으로 계명에 의해 하나님께서 발생시키는 모든 것을 자신 안에 가지고 있는 사람들도 소유할 수 있다. 다른 의미로 쓰일 때조차 (중생한 사람에게 적용되는) 그 용어는 중생한 사람의 완전한 정의를 담고 있지 못하기 때문이다.

중생한 사람은 선에 대한 의지를 품을 뿐만 아니라, 선한 일을 실천한다. "하나님은 여러분 안에서 활동하셔서" 중생한 사람으로 하여금 "하나님을 기쁘게 해 드릴 것을 염원하게 하시고 실천하게 하시는 분입니다."(빌 2:13) 그리고 "우리는 하나님의 작품입니다. 선한 일을 하게 하시려고 하나님께서 그리스도 예수 안에서 우리를 만드셨습니다. 하나님께서 이렇게 미리 준비하신 것은 우리가 선한 일을 하며 살아가게 하시려는 것입니다."(엡 2:10) 중생한 사람은 "새로운 피조물"(고후 5:17)이고, "믿음이 사랑을 통하여 일하는 것"(갈 5:6)을 갖추고 있으며, 그들에게는 계명이 살아 있어서 "하나님의 계명을 지키는 것"에 충실하고, "진심으로 하나님의 뜻을 실천"(엡 6:6)하며, "전해 받은 교훈의 본에 마음으로부터 순종"(롬 6:17)하는 사람이다.

이 같은 관찰을 통해 대전제 역할을 하는 명제에 '오직(only)'이라는 부사를 첨가해야 하는 것이 분명해진다. 그것이 덧붙을 때 그 명제가 거짓이고 불충분한 것을 다음과 같이 한눈에 볼 수 있게 된다. "그는 중생한 사람이고, 따라서 오직 선한 것만을 바라는 현전하는 의지를 갖는다."

그 가정에 대한 나의 답변은 그 명제가 불완전한 형태로 제시되었다는 것이다. 왜냐하면 "내가 현전하는 의욕을 가지고 있다"라고 말하는 것은 사도가 언술한 완전한 문장이 아니라, 그것 없이는 정합적인 주장을 산출할 수 없는 다른 어떤 것으로부터 분리된 일부분일 뿐이기 때문이다. 사실 그 가정― "나는 현전하는 의지를 가지고 있지만 선한 것을 어떻게 실행에 옮길 수 있는지를 알지 못한다"―은 단일한 독자적인 공리다. 그런데 성경 본문을 무엇인가 결여된 형태로 제시한 것으로부터 어떤 결론도 견고하게 이끌어 낼 수 없다. 사도가 진술한 문장의 그 후반부가 빠질 경우 독자는 여기서 논구하는 주제가 어떤 종류의 의욕과 비의욕인지 알지 못하는 혼란에 빠지게 된다. 그렇지만 빠진 부분을 사도의 진술로부터 채워 넣고 나면 여기서 논의의 주제가 불활성화된 의지와 일반적 추정의 의지라는 것을 확연히 알 수 있다.

이런 종류의 의지는 중생한 사람에게서만 볼 수 있는 특유한 것이 아니다. 그렇지만 그런 가정은 사도의 진술 문맥으로부터 구성된 것이 아니므로 간단히 부정될 수도 있다. 자신이 다루고 있는 인물에 대해 사도 바울은 그 사람이 선한 것을 의욕하고 악한 것을 의욕하지 않지만, 실제로 그는 악한 일을 행하고 선한 것을 행하지 않는다고 말하는 것이 아니라,― "내가 해서는 안 될 일"과 "내가 해야 할 것 같은 일"―같은 취지의 내용을 가진 어떤 진술을 그 사람에게 귀속하고 있다고 보아야 한다. 이 문장은 사도가 논구하고 있는 사람의 심경에 맞도록 조정하여 첨가된 것으로, 그 것은 증명을 위한 탐구 방법에서 요구된다. 왜냐하면 사도는 그가 다루고 있는 인물이 왜 "선한 것을 실천하려는 의지를 갖지 않는가"에 대한 적확하고도 상호적인 원인을 밝히기로 작정했기 때문이다. 그리하여 선한 것에 대한 비의욕과 악에 대한 의욕, 그뿐 아니라 선한 것이 무엇이고 악한 것이 무엇인지를 모르는 무지를 포함한 다른 모든 원인을 제거한다. 그리하여 "선한 것에 대한 의욕이 있음에도 나는 그것을 어떻게 실행에 옮길 수 있는지를 모른다"라는 선언적(disjunctive) 공리에서 사도가 언급하고 있는 인물에게 귀속되는 핵심 요소 또는 그 사람에 대해 서술할 수 있는 것은 "그가 선한 것을 어떻게 실행에 옮길 수 있는지를 모른다"는 것이다. "내가 선한 것에 대해 의욕하지만"이라는 상반된 속성을 지시하는 문장이 바로 그 점을 예시한다. 이 진술은 난해하기 그지없는 이 성경 본문을 가장 정확하게 이해할 수 있는 길을 탐색하는 일에 골몰하는 모든 사람들에 의해 면밀하게 관찰되어야 할 것이다.

그러나 선행하는 관찰은 이 두 구절로부터 다음과 같이 반대되는 결론이 나올 수 있음을 뚜렷이 보여 준다. 즉 그 사람은 의욕은 있으나 실천하지 않는, 그리고 자기가 원하는 선을 실행하지 않고 자기 원하지 않는 악을 범하므로(이것은 중생과 그에 속하는 요소로부터 추론된 것) 중생한 사람이 아니다. 그러나 이 사람은 뚜렷이 현전하는 의욕을 가지고 있지만 실행에 옮기지는 않고, 바로 그 동일 인물은 그가 원하는 선을 행하지 않고 그가 원하지 않는 악을 행한다. 그러므로 사도가 말하는 그는 중생하지 않은 사람이다.

이 가정은 사도의 텍스트에 들어 있는 그대로다. 그러므로 증명해야 할 것은 도출된 결론 명제뿐이다. 중생은 마음을 밝게 비추고 의지를 순응시킬 뿐 아니라, 정념을 제어하고 통제하며, 신체 내부와 외부의 지체를 거룩한 계명에 순종하도록 인도한다. 천국에 들어가는 것은 의욕을 품는 사람이 아니라, 아버지의 뜻을 실행하는 사람이다(마 7:21). 그리고 같은 장의 끝부분에 그저 의욕을 품기만 하는 사람이 아니라, "그리스도의 말씀을 듣고 그대로 행하는" 사람을 가리켜 슬기롭고 현명하다고 부른다. 반대 견해를 확증하기 위해 구성한 삼단 논증에서 결론 명제를 부정할 때 언급한 것을 참조하기 바란다. 그리고 정욕으로 육체의 뜻을 이루는 사람들은 중생하지 못한 이들임이 분명하다. 그런데 문제의 이 사람은 육체의 뜻을 이루고 있다. 그러므로 그는 중생하지 못한 사람이다. 이것(그러한 속성들)은 율법 아래 있는 사람에게 가장 잘 어울린다. 즉 그 사람은 "율법이 선하다는 것에 동의하는" 사람과 마찬가지로 선한 것을 의욕하고 악한 것을 의욕하지 않는 반면, "육적이고 죄의 종인" 사람과 마찬가지로 선한 일을 행하기를 싫어하고 악한 것을 실천하기를 의욕한다.

그러나 아마도 여기서 이렇게 응답하는 사람이 있을 것이다. "이 사람에게서 결여된 것은 단순히 선한 일을 실천하는 측면이 아니라, 그것을 완수하는 것, 즉 선의 완전한 실행이다. 실제로 이 관점은 그 용어를 설명했던 아우구스티누스에 의해 인준된 바 있다."

나의 답변은 다음과 같다. 아우구스티누스에게 동의하는 사람들의 견해가 어떤 방식으로 일치하는지에 대해 언급하는 일은 잠시 건너뛸 것이고, 뒤에 적절한 시점에서 검토할 것이다. 그리스어 동사 '카테르가조마이'[36]는 어떤 것을 완전하게 행하는 것을 뜻하지 않고, '행하다'를 뜻하는 동사 '포이오'[37]에서 뚜렷이 볼 수 있듯이 이 동사는 실제로 행하는 것, 수행하는 것, 신속히 처리하는 것을 지시한다. 따라서 15절에서 사용한 이 낱말 자체로부터 분명히 알 수 있는 것은, 반대 견해를 옹호하는 사람들에 따르면

36) κατεργάζωμαι(katergazomai). 어떤 일을 끝까지 완수하는 것을 뜻하는 동사.
37) ποιων(poion). '독을 퍼뜨리다'를 뜻하는 동사.

이 동사는 근본적으로 완성이나 완전한 실행을 의미하는 것이 아니고, 중생한 사람의 경우 15절에 들어 있는 이 종속절이 악한 일의 완전한 수행을 뜻하지 않는 것으로 그들은 파악한다. 그러므로 그 낱말이 발견되는 성경 본문을 탐색해 보기로 하자. 그러면 그것의 참된 의미를 성경의 용례로부터 쉽게 이해할 수 있을 것이다.

내가 한 가지를 첨언한다면 이런 의미의 '완수', 즉 선한 일의 '완전한 수행'은 중생한 사람으로부터 선한 것에 대한 '의욕'을 제거할 수 없는 것처럼 그에게서 제거할 수 없는 사항이 아니다. 왜냐하면 중생한 사람은 필멸적인 상태로 계속 살아가는 동안 선한 일을 결코 '완전하게 의욕하는' 일이 없을 것이기 때문이다.

그러나 나아가 이런 주장을 펼치는 사람이 있을 수 있다. "'선한 것을 의욕하는 것'과 '악한 것을 의욕하지 않는 것'은 어떤 양태와 의미로 그 표현을 사용하든지 간에 모두 '상대적 선'이다. 그리고 오만무례하게도 계속해서 은혜와 성령을 거부하는 중생하지 않은 사람에게는 선한 것으로 불릴수 있는 어떤 것도 전가될 수 없다."

이 논증에 대한 나의 답변은 다음과 같다. 우리는 이미 문제의 이 '선한 것'의 정성적 측면과 정량적 측면에 대해 파악했다. 하지만 나는 선한 것 중 어떤 것도 어떤 식으로 기술하든지 중생하지 못한 사람에게 전가될 수 없다는 증거를 내가 확보할 수 있다면 어떨까 싶다. 내가 구성해 본 판단에 따르면 성경 어느 곳에서도 직접적으로 이것을 긍정하는 것을 찾을 수 없다. 나 또한 성경 본문으로부터 타당하게 도출되는 용례에 근거하여 그렇게 주장할 수 있다고 생각하지 않는다.

그러나 반대되는 주장이 가장 확실하게 입증되는 곳은 이것이다. 로마서 1장 18절에서 언급한 '진리'는 '불의'에 반대되는 선이기는 하지만 이 '진리'는 일부 중생하지 않은 사람들에게서도 발견된다. 로마서 2장 15절에 언급한 "율법이 요구하는 일"은 선한 것이다. 그러나 그것은 이방인들의 마음에도 새겨져 있고, 하나님이 그렇게 하신 것이다. "한번 빛을 받아서 하늘의 은사를 맛보고, 성령을 나누어 받고, 또 하나님의 선한 말씀과 장차 올 세상의 권능을 맛보는 것"(히 6:4, 5)은 선한 일이지만, 그것은 중생하지 않은 사람에게도 일어난다. "사람들이 (우리의) 주님이시며 구주이신 예수 그리스도를 앎으로 세상의 더러운 것에서 벗어나", "그들이 의의 길을 알게" 되는 것(벧후 2:20, 21)은 선한 일이지만, 그런 사람들 중에는 중생하지 않은 사람들도 있다. "말씀을 듣고 곧 기쁘게 받아들이는"(마 13:20) 것은 선한 일이지만 이것 역시 중생하지 않은 사람들에게서도 볼 수 있다. 일반적으로 교회의 도야를 위해, 그리고 배교자들 일부에게도 내려지는 성령의 은사는 모두 선한 것이다. 자기 자신이 죄인임을 고백하고 개인적으로 지은 죄 때문에 슬퍼하고 탄식하는 것과 죄로부터 구원되기를 구하는 것은 모두 선한 일이며, 일부 중생하지 않은 사람들도 그런 일을 한다.

물론 그와 같은 일을 이미 내면에서 경험한 적이 없는 한 어떤 사람도 중생에 참여할 수 없을 것이다. 이러한 성경 본문을 통해 중생하지 않은 사람들이 어떤 부류이든지 그들에게 어떤 일도 전가될 수 없다고 당연시하면서 주장할 수 없음이 분명하다. 만일 "그렇지만 그런 선한 일은 그 본성상 구원으로 이어지는 것이 아니고, 그런 것이 필연적으로 그래야만 하는 것도 아니다"라고 주장하는 사람이 있다면 나는 그 논평의 정당성을 인정할 것이다. 그러나 그런 것 중에 필연적으로 구원하는 본성에 속하는 것에 선행하는 요소가 있다면 그것은 그 자체로 일정 정도 구원으로 이끄는 것이라고 말할 수 있다. 그것이 목표하는 지점에 아직 이르지 못했다는 것 그 자체로 '선한 것'이라는 이름을 박탈하는 것은 아니다.

심판에 대한 두려움과 노예로 전락할 것에 대한 공포는 하나님의 자녀들에게 요구되는 종류의 두려움이나 공포는 아니다. 하지만 그런 것은 회심에 앞서 잠시 발생하는 선한 일 가운데 속한다고 아우구스티누스는 인정한다. "종살이의 영"을 받을 것을 두려워할 필요가 없다고 하는 사도 바울의 말씀에 대한 그의 열세 번째 설교에서 그는 이렇게 말한다. "이 말은 또 무슨 뜻입니까? 가장 무시무시한 교장 선생님이 겁을 주는 방식과 똑같은데, 도대체 이것은 무슨 말인가요? 그것은 여러분이 시내산에서 예속의 영을 받았다고 말하는 것입니다. 예속의 영과 자유의 영은 서로 다른 별개의 것이라고 말하는 사람이 있을 것입니다. 만일 그 둘이 같은 것이라면 사도 바울은 그 낱말을 다시 사용할 필요가 없었을 것이라고 말입니다. 그러므로 (두 경우에 있어서) 영은 동일하지만, 전자의 경우 그것은 두려워하는 가운데 돌판에 새겨진 것이고, 후자의 경우 그것은 사랑으로 지체의 마음판에 새겨진 것입니다." 이어지는 단락에서 아우구스티누스는 다음과 같이 말한다. "그러므로 여러분은 이제 두려움 가운데 있지 않고 사랑 안에 있으며, 종이 아니라 자녀입니다. 여전히 이성이 잘 활동하고 있는 그 사람은 벌 받을 것을 두려워하고, 하나님을 사랑하지 않으며, 하나님의 자녀들 가운데 있지 않기 때문입니다. 그러나 나는 그가 계속해서 심판을 두려워하기를 바라는 바입니다. 두려움은 돈을 주고 산 종이지만, 사랑은 자유인입니다. 그리고 만일 우리가 그렇게 우리 자신의 뜻을 표명해도 된다면 두려움은 사랑의 종입니다. 그러므로 마귀가 마음을 장악하지 못하도록 이 종으로 하여금 마음 안에서 주도권을 잡고 곧 당도하실 자기의 주인이신 주님을 위해 두려움에 자리를 마련해 주게 합시다. 만일 여러분이 아직 의에 대한 사랑에서 발원하는 선을 행하지 못한다면 심판에 대한 두려움을 통해서라도 선의 뜻을 품고 그것을 실행에 옮기도록 합시다. 주인은 올 것이고 좋은 떠날 것입니다. 사랑이 완전해질 때 그것은 두려움을 내쫓을 것이기 때문입니다.”

칼뱅 역시 초기 단계의 두려움을 선한 것 가운데 넣었고, 베자는 칼뱅과 자기 자신이 해석한 의미를 토대로 우리가 이미 주지한 바와 같이 두려움을 중생의 예비 요소로 간주했다. 그러나 이런 것과 다른 것도 (과연 그런 것이 있다면) 중생하지 않은 사람들에게 전가될 수 있고, 그에 따라 은혜와 성령에 어떤 손해도 야기하지 않는데, 그것은 은혜와 성령의 활동을 통해 그 사람들에게도 발생하는 것으로 믿어지기 때문이다. 회심에 선행하는 어떤 행위가 있고, 그것은 의지를 예비하시는 성령으로부터 발출하기 때문이다. 페젤리우스의 반론과 답변에서 1권과 2권에 대해 잔키우스가 내리는 판단에서 말하는 것도 같은 논조인데, 그것은 2권 다음에 덧붙인 것이다. 앞에서 우리가 인용한 틸먼 헤슈시우스에 대한 베자의 비판도 다시금 참조하기 바란다.

신학적 주제에 대해 어느 정도 친숙한 사람이면서 성령이 다음의 순서로 말씀을 가르치는 것을 모른다고 말하는 이가 있다면 과연 그는 어떤 사람일까? 성령은 우선 우리 마음에 공정성과 의로움을 확신시켜 주는 율법에 의해 우리의 죄를 고발하고, 즉 우리가 정죄를 받아야 할 만큼 혐오스러운 존재라는 것을 참소하고, 우리 자신의 무력함과 연약함을 우리 눈앞에 적나라하게 보이며, 즉 율법을 통해 우리가 무죄 선언을 받을 길이 없다는 것(롬 3:18~21)을 우리에게 선포하고, “우리의 손을 잡고 이끄는 개인 교사”처럼 율법을 사용하고, “우리로 하여금 믿음으로 의롭다고 하심을 받게 하시려고”(갈 2:16~21, 3:1~29) 오신 그리스도께로 우리가 피해야 한다는 것을 일깨워 준다. 이러한 이유로 중생하지 않은 사람은 성경에서 특정한 이름이나 명칭을 얻게 된다. 그들은 스스로 의롭다고 자랑하는 의인들과는 정반대되는 '죄인'으로 불린다. 바로 그런 죄인을 부르려고, 수고하고 무거운 짐 진 자들에게 원기 회복과 쉼을 주시려고, 스스로 '건강하다'고 여기고 의사의 도움이 필요하지 않다고 생각하는 사람들과 완연히 구별되는, 병들고 연약하며 의사의 도움이 시급히 필요한 사람들을 고쳐 주시려고, 가난하고 고생하는 사람들에게 복음을 전하려고 그리스도께서 오셨고, 자기의 비참한 상황을 인정하는 포로들과 돈 때문에 옥에 갇힌 사람들을 해방시키려고 그리스도께서 오셨으며, 자복하는 심령과 죄로 인해 슬픈 마음을 가진 사람을 싸매 주시기 위해 그리스도께서 오셨다는 것을 배우게 된다.

둘째로 율법의 이 같은 효력이 완결될 때, 동일한 그 성령은 비로소 복음의 가르침을 사용하여 그리스도를 드러내고 보여 주며, 믿음을 주입시키고, 신자들을 그리스도와 한 몸이 되게 연합시키며, 그리스도의 은사에 참여할 수 있게 그들을 인도하심으로써 그리스도의 이름을 통해 죄의 용서가 청원되어 사면을 얻고, 마침내 그들은 그리스도 안에서 들어오고 나오며 살기 시작할 것이다. 이 같은 설명에 따르면 앞에서 언급한 동일한 그 사람들은 이번에도 성경에서 특정한 다른 이름으로 구별되어 불리게 된다. 그들은 이제 믿는 자, 즉 의로운 자로 선언되고, 구속함을 얻고, 성별되고, 중생함을 얻고, 해방된 사람들로서, 그리스도에게 접붙임을 받아 그와 하나로 연합되어 그의 뼈 중의 뼈요, 살 중의 살이 된다.

이 순서를 따라 성령의 사역은 아직 중생하지 않았으나 곧 거듭나게 될 사람들을 위해 집행되고, 그중 어떤 사역은 아직 중생에 이르지 않았으나 궁극적으로 다시 태어남을 경험할 사람들의 마음에서 실행되는 것으로 보인다. 그러나 나는 그런 사역이 성령을 중생에 이르게 하는 주체로서 활동하는 것으로 확정 지을 의도는 없다. 나는 로마서 8장 15~17절에서 사도 바울이 자녀로 삼으시는 영과 종살이의 영을 구별했음을 알고 있다. 그가 갈라디아에 있는 신자들에게 성령은 율법의 행위에 의해서가 아니라, 그리스도의 복음을 믿는 믿음에 의해 얻게 되는 것을 분명히 말했다는 것도 알고 있다. 그리고 나는 우리가 자기 자신을 위한 성전을 예비하는 분으로서의 성령과, 마침내 거룩하게 성별된 성전에 거주하시는 분으로서의 동일한 성령을 구별해야 한다고 생각한다.

그러나 나는 다음과 같은 요점에 대해 특별히 열렬하게 주장할 생각은 없다. 즉 성령의 그러한 행위와 활동이 모두 성령에게 귀속될 수 있든지 간에 그는 중생하게 하는 주체가 아니라, 사람들의 마음을 준비시킴으로써 중생과 혁신의 효력을 인정하게 만드는 역할에 머문다고 한다. 따라서 나는 그 견해가 성령에 대해 오만불손하지도 않고, 성경에서 그에게 귀속하는 어떤 것도 훼손하지 않으며, 다만 그것은 성령이 자신의 행위를 배치하고 분배하는 순서를 가리킬 뿐이라는 것은 일반적으로 명백한 것으로 받아들여지고 있다고 생각한다. 그 반면에 아무런 효과도 거둘 수 없는 것에 그치지 않고 그 시도 자체가 실패로 끝나거나 아무 효능도 없기 때문에 내면에 살고 있는 죄의 전횡에 의해 정복되는 상태에서, 앞에서 서술한 것 같은 어떤 의욕을 성령이 중생한 사람 안에서 불러일으킬 것이라고 말한다면 나는 그것이 오히려 중생한 사람들의 마음 안에 내주하시는 '자녀로 삼으시는 영'에 대해 언어도단적인 모독이 되는 것은 아닐지 우려된다.

그와 반대되는 것이 요한일서 4장 4절에 선포되어 있다. "여러분 안에 계신 분이 세상에 있는 자보다 크시기 때문입니다." 또한 나는 이 논증의 결과로 로마서 7장 18~19절에서 논구한 주제가 은혜 아래 살게 될 것을 앞둔 사람이라고 말할 수 있다고 생각하지 않는다. 왜냐하면 은혜의 예비 과정을 거치는 듯한 어떤 효력을 느끼거나 지각하는 것과, 은혜 아래 살거나 은혜의 지배를 받고 인도함을 받으며 영향을 받는 상태에 있는 것은 전혀 별개의 일이기 때문이다.

로마서 7장 20절에 관하여

만일 그 사람이 자기가 하고 싶지 않은 일은 한다면 그 일을 한 것은 그가 아니라 그의 마음속에 살고 있는 죄다. 우리는 이미 20절에 대해 고찰한 바 있다. 하지만 내가 여기서 독자에게 간략하게 상기하려 하는 것은 이 구절에서도 역시 이제까지 제시한 우리의 설명이 참이라는 것이 명백하게 밝혀졌다는 사실이다. 이 구절에서 그 사람이 말하는 것은 그가 원하지 않는 것을 행하지만 그것은 자발적으로 행한 것이 아니라, 자기 속에 살고 있는 죄가 행한 것이라는 것이다. 따라서 그는 그 일을 행하지만 사실 그가 행한 것이 아니다. 왜냐하면 그는 자기 주인의 강압에 의해 종으로서 행한 것이며, 주인의 의지와 대등한 위치에 있는 그 자신의 의지에 따라 실행한 것이 아니기 때문이다. 물론 그 행위는 실제로 그의 의지에 따라 실행된 것인데, 그렇지 않다면 그것은 아예 실행되지 않았을 것이다. 그는 그 일을 행하기 전에 자기 주인의 뜻에 동의했고, 그는 강요나 위력을 받지 않은 상태에서 그렇게 한 것이다. 왜냐하면 의지는 강제될 수 없기 때문이다.

로마서 7장 21절에 관하여

그 사람은 그가 선을 행하고자 할 때, 그의 속에 악이 현전하는 것을 발견한다. 21절에는 사도가 여기서 진행하고 있는 탐구의 목적에 맞추어 조정한, 선행하는 본문으로부터 이끌어 낸 한 가지 결론이 들어 있다. "의욕은 자기에게 현전하지만" 실행하려는 의지를 가지고 있지 않다는 것을 자각하는 이 사람의 상황으로부터 사도는 "그가 선을 행하고자 할 때, 그의 속에 악이 현전한다"라는 결론을 내린다. 그러나 주지해야 할 점은 18절에서 사도 바울이 의욕에 관해 말할 때, 그가 악과 관련해 말할 때 사용한 것과 똑같은 어구를 사용한다는 사실이다. 따라서 그는 선에 대한 의지와 악에 대한 의지가 모두 그에게 현전하거나, 적어도 근접 거리에 있다고 말한다. 율법에 대한 호의적 성향을 통해, 그리고 율법을 "정의롭고 선한" 것으로 인정하는 이성을 통해 선한 것을 지향하는 의지가 그에게 현전하듯이, 모종의 죄의 법을 통해, 즉 스스로 마치 권세를 가진 체하고 이 사람에 대한 권한이나 사법권을 휘두를 수 있는 체하는 죄의 위력과 전횡에 의해 "악을 지향하는 의지"도 그에게 현전하는 것이다. 따라서 우리는 이제 그런 의지 각각(그런 낱말을 사용해도 좋다면)의 본질과 인접성이 동등한 힘을 가지고 있는 것인지, 또는 어느 한 편이 다른 편보다 우세한 것은 아닌지, 그리고 어느 편이 더 주도권을 잡고 있는지에 대해 고찰해 볼 필요가 있다.

그 둘은 대등한 힘을 가지고 있지 않고, 어느 한 편이 다른 편보다 더 우세하고, 사실 한층 더 강력하고 격렬한 방식으로 "악이 현전하는 것"이 명백하다. 실행해야 할 것과 멈추어야 할 것을 정확히 명령하고, 부추기고, 충동을 불어넣음으로써 악이 사람 속에서 주도하고 지배하기 때문이다. 그러나 나는 이와 같은 주장이 은혜 아래 있는 중생한 사람에게 어떻게 참되게 적용될 수 있는지에 대해 성경에서 설명하는 것을 확인하기를 원한다. 모든 본문을 볼 때 성경 기록은 그 반대라고 생각되기 때문이다.

로마서 7장 22~23절에 관하여

증명해야 할 논제는 다음과 같다.

1) 그는 하나님의 법을 즐거워하지만 그의 내면의 자아를 따라 경험하는 이 즐거움은 일종의 속임수일 수도 있다. 그러나 그의 지체에는 다른 법이 있고, 그것은 마음의 법에 대항한다.

2) 22절로부터 이끌어 낸 반대 견해를 위한 논증.

3) 이 논증이 제시하는 명제에 대한 답변.

4) 외적 인간이 신체를 가리키는 것처럼 마음속에 있는 사람이란 인지적인 마음(the Mind)을 지시한다. 이 점은 그 낱말의 어원으로부터, 특히 고린도전서 4장 16절과 에베소서 3장 16~17절에서 보듯이 성경의 용례로부터 볼 수 있다. 이에 대한 증거는 고대 교부들이 매우 상세하게 제시했다. 유사한 증거는 현대 신학자들도 제안했다. "내 속사람을 따라 나는 하나님의 법을 즐거워한다"라는 진술의 의미.

5) 불완전한 형태로 제시한 것으로 보이는 그 가정에 대한 답변. 빠진 부분은 23절에서 언급된다.

6) 23절부터 이끌어 낸 반대 견해를 위한 논증. 그 안에 들어 있는 명제에 대한 답변과, 그 가정에 대한 답변.

7) 이 두 구절로부터 연역되는 거의 반박할 수 없는 논증. 반대 견해가 제기하는 반론에 대해. 처음에는 매우 포괄적인 방식으로, 이어서 축약된 형태로 제시하는 참된 견해의 정립에 대해. 그 명제는 모든 반론을 격퇴하는 세 가지 이유에 의해 입증된다. 죄와 부딪치는 갈등에서 대개의 경우 중생한 사람이 승리를 거둔다.

8) 갈라디아서 5장 16~18절을 심층적으로 고찰하고, 그 본문을 현재

우리가 다루는 주제와 대조.

  9) 하나의 반론과 그것에 대한 답변.

  10) 셋째 이유에 대한 반론과 그것에 대한 답변.

  11) 이사야서 64장 10절에 관한 고찰.

  22절과 23절은 21절의 추론에서 도출된 결론에 대해 좀 더 명쾌하게 설명하고 그 타당성을 증명한다. 그것은 사도가 이 부분에서 탐구하기로 작정했던 주제와 정확히 일치하지만, 엄밀히 말해 그 증거는 21절에 들어 있다고 보아야 한다. 왜냐하면 그 구절은 "내가 선을 행하려 할 때, 내 속에 악이 현전하는 것을 본다"라고 말하는 것과 맞먹는데, 증명하려는 것을 앞질러 긍정하기 때문이다. 그 증거는 그 사람 속에 현전하는 악의 효력으로부터 얻을 수 있는데, 그의 마음의 법과 맞서 싸우기, 그를 제압하고 거두는 승리, 그 승리에 이어 인간이 죄의 법 아래 예속되는 것으로 끝난다. 22절은 "내가 선을 행하려 할 때"라는 말을 준거로 삼는다. 그리고 그렇게 참된 원인의 관점에서 표출된 의욕에 대해 한층 풍부하게 설명하고, 그 다음 구절을 다변적이고 이접적인(disjunctive) 사물들을 들어 예시한다.

  그러나 이 두 구절에는 다변적이고 이접적인 것으로 부르기에 적절한 한 가지 공리가 들어 있다. 23절에는 빠져 있지만 사람들과 연관하여 쓰인 관계사인 '그러나(but)' 같은 접속사가 23절에 쓰인 것에서 그 점을 뚜렷이 볼 수 있다. 그것 역시 대립 형태 자체로부터 분명히 나타난다. 이 공리의 전건인 부속절은 22절에, 후건인 주절은 23절에 들어 있다. 그러한 구조는 모든 공리들에서 명징하게 볼 수 있는 것으로, 전건은 후건을 예시하기 위한 것이기 때문이다. 따라서 비슷한 많은 사례에서 그 점을 볼 수 있다.

  "나는 너희를 회개시키려고 물로 세례를 준다. 내 뒤에 오시는 분은 나보다 더 능력이 있는 분이시다. 나는 그의 신을 들고 다닐 자격조차 없다. 그는 너희에게 성령과 불로 세례를 주실 것이다."(마 3:11) "우리의 겉사람은 낡아 가나 우리의 속사람은 날로 새로워집니다."(고후 4:16)

'~하지만(though)', '~이래(since)', '~할 때(when)' 같은 부사는 공리의 전건과 부속절을 지시하는 반면, '그러나(but)', '하지만(yet)', '따라서(then)' 같은 부사는 후건과 주절을 지시하기 때문이다. "속사람을 따라", "하나님의 법을 즐거워하다", "그 법을 선하게 여기다" 등은 의욕이 그 사람에게 현전하게 된 원인을 지시한다. "그 사람 안에 현전하는 악"이란 곧 "그의 지체에 있는 죄의 법"이다.

이 악의 현전성이 야기한 결과는 다음과 같이 표현되어 있다. "내 지체에는 다른 법이 있어서 내 마음의 법과 맞서서 싸우며, 내 지체에 있는 죄의 법에 나를 포로로 만드는 것을 봅니다."(23절) 따라서 전건을 후건과 별개로 다룬다든지, 부속절을 주절로 오해하는 사람이 없도록 나는 이산적(離散的)이거나 이접적인 공리에 관해 올바른 이해를 정립하는 데 도움이 될 만한 사항을 언급하는 것이 적절하다고 생각했다. 그럼 이제 이들 중 어느 견해를 증명하게 되든지, 이 두 구절로부터 어떤 결론을 추론할 수 있을지를 살펴보도록 하자.

나의 기본 인식과 상이한 견해를 가진 사람들이라면 현재의 주제에 관한 자신들의 관점을 확립하기 위해 22절로부터 다음과 같은 결론을 이끌어 낼 것이다. 즉 속사람을 따라 하나님의 법을 즐거워하는 사람은 중생한 사람이며 은혜 아래 있다. 그런데 사도 바울이 다루고 있는 이 사람은 속사람을 따라 하나님의 법을 즐거워한다. 그러므로 이 사람은 중생한 사람이고 은혜 아래 있다.

반대 견해를 가진 사람들은 이 명제에서 자신의 견해를 뒷받침하는 두 가지 근거를 발견한다고 생각한다. 하나는 이 사람에게 '속사람'이 전가되었다는 점이고, 다른 하나는 바로 그 같은 인물이 속사람을 따라 하나님의 법을 즐거워하는 것으로 기술되었다는 것이다. 왜냐하면 이 두 수식어구는 오직 중생한 사람에게만 속하기 때문이라고 그들은 말한다. 첫째 근거가 오직 그런 사람들에게만 적용되는 것은 성경에서 '속사람'의 의미는 "새사람과 중생한 사람"의 의미와 똑같기 때문이다. 둘째 근거는 경건한 사람에 관해 성경에 "그들은 오로지 주님의 율법을 즐거워하며, 밤낮으로 율법을 묵상하는 사람"이라고 선언하기 때문이다.

이 주장에 대한 나의 답변은 첫째, 그 낱말의 어원을 볼 때 또는 성경의 용례에 비추어 볼 때, 속사람(the inward man)은 새사람(new man)이나 중생한 사람과 같은 뜻을 가지고 있지 않다. 그리고 속사람은 비단 중생한 사람에게만 사용할 수 있는 용어가 아니라, 중생하지 않은 사람에게도 사용할 수 있다. 둘째, 하나님의 법을 즐거워하는 것 또는 더 정확하게는 속사람을 따라 하나님의 법에서 모종의 즐거움을 찾을 수 있는 것은 중생한 사람이나 은혜 아래 있는 사람에게만 특유하게 속하는 속성이 아니라, 율법 아래 있는 사람에게도 적용된다.

첫째 답변과 관련하여 표현된 어구의 어원에 따르면 외적 인간에 상대적이고 반대되는 의미에서 그 사람은 속사람으로 불린다. 사실 동일 인물 안에 두 사람이 있는 셈인데, 한 사람은 다른 사람의 내부에 존재하고, 그 사람은 먼저 자기 자신 안에 다른 사람을 가지고 있는 것이다. 이들 중 전자는 마음속에 감추어진 사람(벧전 3:4)이고, 후자는 몸에 속한 겉사람이다. 전자는 후자를 거처로 삼아 그 안에 살거나 거주한다. 전자는 비가시적이고 비물질적인 은사를 얻고 그것에 적응하며, 후자는 물질적이고 가시적인 자원에 적응한다. 전자는 사멸 불가능한 반면, 후자는 필멸적이고 언젠가는 죽게 되어 있다. 이 두 낱말에서 중생을 조금이라도 함의하거나, 중생으로부터 발원하는 새로움의 속성이 발견되는 음절은 단 하나도 찾아볼 수 없다. 그러나 이 세 명칭, 즉 속사람, 중생한 사람, 새사람은 그것을 맨 먼저 발견하게 되는 순서대로 되어 있다. 속사람은 주관적 주체를 지시하고, 중생한 사람이란 중생을 가능하게 하는 성령의 행위를 지시하며, 새사람은 중생의 행위를 통해 속사람 안에 존재하는 특질을 지시한다.

성경에서 사용된 의미와 용례는 이러한 의미화에 적대적이지 않고, 오히려 그것에 매우 잘 상응한다. 그 사실은 '속사람'이 언급되는 본문을 꼼꼼하게 검토하면 확인할 수 있다. 그런 사례 중 하나는 현재 논의 중인 것이고, 다른 하나는 고린도후서 4장 16절과 에베소서 3장 16~17절이다. 지금이 자리에서는 후자의 두 본문을 검토해 보자.

두 본문 중 고린도후서 4장 16절은 다음과 같이 서술되어 있다. "그러므로 우리는 낙심하지 않습니다. 우리의 겉사람은 낡아 가나, 우리의 속사람은 날로 새로워집니다." 이 구절 자체로부터 나는 속사람과 겉사람이 새사람과 옛사람에 상응하는 방식으로 쓰이지 않았고, 속사람은 비신체적으로 거주하는 주체로서 이해해야 하며, 따라서 그 낱말은 사람의 내면, 즉 그의 마음과 영혼의 영역을 가리키는 명칭이다. 그리고 겉사람은 여기서 신체적으로 거주하는 것을 가리키고, 따라서 몸의 영역, 즉 사람의 외적인 부분을 지시하는 명칭이다.

이것을 내가 밝히는 이유는 첫째, 만일 겉사람과 속사람이 각각 옛사람과 새사람을 가리키는 것으로 간주할 경우, 이 이접적(disjunctive) 담화 방식은 이 구절에서 의의를 상실하고 말 것이기 때문이다. 그렇게 되면 이 두 명칭은 다음과 같은 방식으로 서로 구별할 수 없게 될 것이다. "우리의 겉사람은 낡아 가나, 우리의 속사람은 날로 새로워집니다." (여기 진술된 것처림) 양자는 필연적으로 정합성을 유지하고, 상호적으로 서로에게 영향을 미친다. 옛사람으로부터 무엇이 사라지든지 그것은 사라지는 만큼 새사람에게 더해지기 때문이다. 따라서 양자 간 구별의 부조리성이 한층 더 명백하게 드러낼 수 있도록 동일한 것을 이렇게 표현해 보자. 즉 "우리의 옛사람은 십자가에 못 박혔고 죽었고 장사되었지만, 새사람은 다시 살아나 맥박이 뛰고 생기를 얻으며, 그리하여 더욱더 새로워진다." 또한 "우리는 이전의 옛사람을 벗어나서 새 생명 안에서 더욱더 크게 성장한다." 누구든지 스스로를 우스꽝스럽게 만들고 싶다면 다음 문장을 소리 내어 말해 보기 바란다. "이 젊은이는 배우는 것이 없고 자기의 무지함을 그대로 유지하지만, 그는 매일같이 필수적인 것에 대한 지식에서 일취월장하고 있다."

둘째, 경건한 사람들이 이 세상에 머무는 동안 겪을 수밖에 없는 박해와 고난과 대조적으로 사도 바울은 다음과 같이 위로의 말을 들려준다. 그것은 "겉사람은 후패하나 속사람은 날마다 새로워진다"라는 것이다. 이 위로의 말은 사도가 채택한 담화 방식에 나타나는데, 박해와 고난으로 인해 사람의 겉모습이 낡아지는 것 그 자체가 결코 위안이 될 수 없는 사실은 그가 전개하는 언술에 포괄적으로 함의되어 있다. 고난당하는 사람은 "하지만 우리는 죽어 가고 있습니다"라고 말한다. 그에게 사도는 이렇게 말한다. "그런 일로 해서 슬퍼하지 마십시오. 우리의 속사람은 날마다 새로워지고 있고, 그 새로움에 우리의 구원이 있습니다. 겉사람이 살아가는 데 도움을 주는 외적이고 가시적인 자원에 마음을 쓰지 말아야 합니다. 왜냐하면 그런 것은 필연적으로 사라지게 되어 있는 것이기 때문입니다. 그 반대로 우리는 속사람의 삶이 속하는 내면적이고 비가시적인 것을 높이 평가하고 중요하게 여겨야 합니다. 그것은 영원하고 결코 사멸하지 않기 때문입니다."

그러나 만일 '겉사람'이라는 낱말을 '옛사람'과 동의어로 이해해야 하는 것이라면 사도는 위로의 말 대신 다음과 같이 말했어야 한다. "여러분이 많은 고난과 박해를 당할 수밖에 없다는 사실에 탄식하지 마십시오. 그런 것은 여러분의 옛사람을 죽게 만들고, 속사람을 더욱 새롭게 만드는 것이기 때문입니다." 그렇지만 겉사람의 사멸과 옛사람의 그것이 똑같은 것이 아니라는 사실은 다음의 정황으로부터, 즉 전자는 인간의 본성과 자연적인 삶의 선에 적대적인 반면, 후자는 타락한 본성에 적대적이고 인간의 죄의 본성에 대립되는 것이라는 정황으로부터 분명해진다.

셋째, '새로워짐'이라는 낱말로부터 '속사람'은 개선되거나 회복되어야 할 대상이자 성령 사역의 대상이라는 것이 뚜렷이 드러난다. 솔직히 나는 사도가 "새사람은 날마다 점점 더 새로워집니다"라고 말했어야 한다고 생각한다. 왜냐하면 중생 과정을 이끄는 성령의 행위에 의해 인간 내부에서 산출되는 이 혁신성은 날마다 중대되고 증강되어야 하고, 또한 옛사람의 잔재는 점차 감소하고 약화되어야 하기 때문이다. 그러나 그럴 경우조차 여전히 혁신의 대상은 속사람이고, 중생에 이르게 하는 성령에 의해 그에게서 효력을 발생시키기 시작하는 새로움으로 인해 그 사람을 새사람이라고 부르는 것이다. 왜냐하면 점진적으로 진보하는 혁신의 대상과 혁신을 실행하는 주체는 동일하기 때문이다. 그럼에도 혁신 초기나 출발 단계의 혁신의 주체는 새사람이 아니라(왜냐하면 그는 혁신 행위 이전이나 그 행위에 의해 주입된 특질이 산출되기 전에는 아직 새로운 주체라고 부를 수 없기 때문이다), 아직 속사람이 그 대상이 된다. 그러므로 새사람이 새로워지는 것이라고 말할 수 있어야겠지만(나는 성경에서 그런 어휘가 사용되었는지 확신할 수 없다) 그 대상은 속사람이고, 주입된 특질에 의해서만 새사람이라는 명칭으로 불릴 수 있다. 어떤 백인이 날마다 더 희어진다고 말할 경우, 백색

성(白色性)이라는 성질은 그가 백인이기 때문에 그에게 전가되는 것이 아니라, 그에게 여전히 어두운 부분이 남아 있고 그가 바람직한 정도로 희어지지 않았음에도 불구하고 우리는 그를 백인이라고 부를 수 있다.

그런 관점과 일관되는 것으로 보이는 성경 본문의 진술을 발견할 수 있다. "마음의 영을 새롭게 하여 하나님의 형상을 따라 참의로움과 참거룩함으로 지으심을 받은 새사람을 입으십시오."(엡 4:23, 24) 이 구절에서 혁신의 주체는 우리의 '마음의 영', 즉 속사람 또는 마음이다. 같은 구절에서 '새사람'은 주체가 아니라, 그 주체가 유발해야 하는 어떤 특질을 지시한다. 이 특질은 이 본문에서 '참의로움'과 '참거룩함'으로 불린다.

나는 이 같은 어휘가 사용되는 곳을 성경 어디에서도 찾을 수 없다고 말한 바 있다. 나는 골로새서 3장 10절 "새사람을 입으십시오. 이 새사람은 자기를 창조하신 분의 형상을 따라 끊임없이 새로워져서 참지식에 이르게 됩니다"에 대해서도 똑같은 의구심을 느낀다. 그러나 이 구절을 꼼꼼하게 검토해 본 사람이라면 누구나 '새로워져서' 또는 '톤 아카이노메논'[38] 같은 어구가 선행하는 어구인 '새사람을 입다', 즉 '새로워짐' 또는 지식에서 '진보한' 등과 반드시 결합되어야 하고, 그때야 비로소 그것이 새사람의 어떤 새로운 속성이 아닌 새사람 자체에 대한 기술로 간주될 수 있다는 점을 뚜렷이 알 수 있을 것이다.

그러나 이 같은 비판에 대해 나는 중요도가 높은 것으로 크게 개의치 않는다. 내가 말한 바 있듯이 나는 새사람이 날마다 점점 더 새로워지는 것

..

38) τῶν ανακαι νουυμένον(ton anakainoumenon). 'νοέω'는 수동형으로 '알려지는 것(thing that is known)'을 뜻하며, 인간의 감각이나 지각으로부터 독립적으로 존재하는 대상을 지시한다. 따라서 '새사람'의 핵심은 질적 차이를 지닌 혁신적인 특질과 관련된다.

을 거부할 필요가 없다고 본다. 동일한 기조를 고린도후서 4장 16절의 나머지 부분에서도 뚜렷이 볼 수 있다. '겉사람'(16절), '질그릇'(7절), '우리 몸'(10절), '우리의 죽을 육신'(11절)은 모두 유의어적 표현으로서, 그 점은 '죄어듦(troubled)', '움츠러듦(perplexed)', '박해당함(persecuted)', '주 예수의 죽임 당하심을 우리 몸에 짊어지고(bearing about in the body the dying of the Lord Jesus)', '몸을 죽음에 내어 맡김(delivered unto death)', '망함(perishing)' 같은 어구가 모두 유사한 의미를 갖는 것과 마찬가지다.

에베소서 3장 16~17절에서 선행하는 구절과 후속 구절을 16절과 대조하면서 근면하게 진리를 탐구하는 사람은 그 점을 확연히 볼 수 있을 것이다. 이 중 후자는 다음과 같이 진술되어 있다. "믿음으로 말미암아 그리스도를 여러분의 마음속에 머물러 계시게 하여 주시기를 빕니다. 여러분이 사랑 속에 뿌리를 박고 터를 잡(도록)." 이 두 본문에서 속사람이란 성령이 그의 행위와 사역에서 중점을 두는 대상을 지시하는 것이 분명하다. 그리고 그 사역은 여기서 '협력'(주의 성령을 통하여), '강건하게' 등으로 표현된다. 이 측면은 또한 다음 구절—"믿음으로 말미암아 그리스도를 여러분의 마음속에 머물러 계시게 하여 주시기를 빕니다"—에서도 유의어로서 뚜렷이 나타난다. '마음'과 '속사람'은 동일한 것으로 다루어지기 때문이다.

우리의 주제에 대해 내가 취하는 이 관점은 매우 높은 견식을 가진 잔키우스가 이 구절에 대해 피력한 다음의 서술에 의해서도 옹호된다고 생각한다. "앞서 주장했듯이 우리는 고린도후서 4장 16절로부터 속사람이라는 낱말이 인간의 심층부, 즉 마음(mind)을 의미한다는 것을 입증했다. 마음은 지성과 의지로 이루어지고, 일반적으로 느낌이나 정념의 산실인 심정(heart)이라는 낱말로 지칭되기도 하는 마음을 포괄적으로 지시한다. 그 반면에 겉사람이라는 낱말은 성장하고, 감각 작용을 하며, 운동할 수 있는 인간의 신체 부분 외에 다른 것을 가리키는 것으로 이해할 수 없다." 그리고 이어지는 본문에서 사도 바울은 이렇게 가르치고 있는 것으로 보인다. "그러므로 바로 이 기관에 의해, 즉 속사람에 의해 능력이나 강건함의 은사를 비롯한 다른 많은 성령의 은사는 인간의 식물적인 측면이나 동물적인 측면이 아닌 마음, 심정, 영에 터 잡아야 한다."

어떤 사람들은 '속사람'이 새사람이나 중생한 사람과 동일하다고 확신 있게 주장하면서 그 확신을 바탕으로 "중생한 사람만이 속사람을 소유한다"라는 대담한 주장을 펼칠 뿐만 아니라, 이것을 신앙 조항의 하나로까지 추진하고 있는 것을 볼 때, 여기서 우리는 대다수의 그리스도교 신학자들이 속사람이라는 용어를 어떻게 이해하고 있는지를 조사해야 할 필요가 있다.

고대 교부들과 우리 시대 신학자들의 견해

테르툴리아누스

사도 바울은 인간을 단일 인격체와 그의 마음이라는 두 가지 이름으로 부른다.(테르툴리아누스, *Strom. Lib.*, 3권, fol. 194). 사도는 말하기를 "그러나 우리의 겉사람은 낡아 가지만", 즉 육신은 핍박으로 인해 압박을 받지만 "속사람은 날마다 새로워집니다", 즉 우리의 마음은 약속에 대한 소망에 의해 새로워진다.(『영지주의자들에 대한 비판』, 15장). 그러므로 사도가 두 사람의 이름—속사람인 마음과, 겉사람인 육체—을 호명했다는 것을 근거로 실제로 이교도들은 구원을 마음, 즉 속사람에게, 멸망을 육체, 즉 겉사람에게 귀속했는데, 고린도후서 4장 16절에 "우리의 겉사람은 낡아 가나"라고 기록되어 있기 때문이다(『몸의 부활에 관하여』, 40장). 외적으로 신체를 압도하는 싸움이 벌어지고, 내적으로는 마음을 괴롭히는 두려움에 휩싸인다. 따라서 "겉사람은 낡아 가나"에서 이 낡음은 우리의 부활을 놓치는 것으로 이해해서는 안 되고, 단지 불안감을 조성할 뿐이다. 그리고 이 부활에서는 속사람이 배제되지 않는다. 따라서 그 둘은 함께 고난당하는 동지가 될 뿐 아니라, 영광도 함께 받게 될 것이다(앞의 글).

사도 바울은 육체를 '질그릇'으로 부르면서 우리가 그것을 영예롭게 취급할 것을 명령했지만, 바로 그 사도가 육체를 가리켜 '겉사람', 즉 컵이나 검이나 작은 그릇 같은 것이 아니라, 처음부터 사람의 이름이 각인되고 새겨지는 진흙으로 부른 것이다. 또한 '그릇'은 마음을 지지하고 수용하는 능력을 지시한다. 그러나 이 육체는 자연 공동체에 속하는 '인간'을 지시하고, 작업에 쓰이는 도구로서가 아니라, 종이나 조수의 역할을 맡는다.(앞의 글, 16장)

암브로시우스

"나는 속사람으로는 하나님의 법을 즐거워하나", 즉 사도는 자기의 마음이 율법의 가르침을 좋아하며, 그 마음은 곧 그의 속사람이라고 밝힌다.(『로마서 7장 22절에 관하여』)

"우리의 겉사람은 낡아 가나 우리의 속사람은 날로 새로워집니다." 우리의 육체는 고생, 매질, 굶주림, 목마름, 추위와 벌거벗음으로 인해 노후해지거나 스러져 간다. 그러나 마음은 장차 얻을 보상에 대한 희망에 의해 새로워지는데, 지칠 줄 모르는 환난을 통해 우리 마음이 정화되기 때문이다. 고난을 통해 오히려 마음은 유익을 얻고, 결코 낡아지지 않기 때문에 새로운 시험이 닥칠 때, 마음은 가치 있는 일에서 날마다 진보한다. 마음의 탁월함을 통해 영생에 이르게 되는 까닭에 이 '낡아짐'은 육체에도 유익하다고 볼 수 있다.(『고린도후서 4장 16절에 관하여』)

"나는 속사람으로는 하나님의 법을 즐거워하나." 우리의 속사람은 하나님의 형상과 상사(相似)를 따라 지음 받았고, 겉사람은 흙을 재료로 써서 빚은 것이다. 따라서 두 종류의 사람이 있고, 두 종류의 행동 경로가 있다. 하나는 속사람의 행위이고, 다른 하나는 겉사람의 행위다. 실제로 속사람의 행위의 대부분은 겉사람의 영역으로 뻗어 나간다. 내적 인간의 순정(純正)이 신체의 순정으로 전이되는 것과 같은 이치다. 그 때문에 마음의 간음에 대해 무지한 사람은 육체의 간음에대해서도 잘 알지 못한다. 그러므로 속사람의 할례가 있는데, 할례를 받은 사람이 자기의 육체를 미혹하는 것을 마치 포피(包皮)를 벗기듯이 잘라 내는 것이라면, 육체가 아니라 영적으로 할례를 받은 사람은 자기의 영에 의해 몸의 행위를 죽이는 것을 가리킨다. 우리의 속사람이 육체 안에 머무를 때, 그런 사람은 포피 안에 여전히 싸여 있는 것이다.(『콘스탄티누스에게 보내는 77번째 서한』)

바실리우스

"우리가 우리의 형상을 따라서 우리의 모양대로 사람을 만들자."(창 1:26) 화자가 "사람을 만들자"라고 말할 때 그것은 속사람을 가리킨다. 사도 바울이 말하는 것에 귀를 기울여 보자. "우리의 겉사람은 낡아 가나 우리의 속사람은 날로 새로워집니다." 나는 그 두 사람에 대해 어떻게 알 수 있는가? 그들 중 하나는 현상적으로 드러나 있고, 다른 것은 보이는 사람 안에 감추어져 있는, 비가시적인 속사람이다. 따라서 우리는 우리 안에 또 한 사람을 가지고 있고, 결국 우리는 두 종류의 사람으로 존재한다. 그리고 진실을 말하면 우리는 곧 속사람이다.(『열 번째 강해 설교』, "엿새 동안의 창조에 관하여")

"주님께서 손으로 몸소 나를 창조하시고."(시 119:73) 하나님은 속사람을 지으시고, 겉사람을 손으로 만드셨다. '손으로 만듦(fashioning)'은 흙과 관련된 것인 반면, '지음(making)'은 하나님 자신의 형상을 따라 창조된 것과 관련된다. 그러므로 손으로 만들어진 것은 육체이지만, 창조된 것은 마음이다.(『열한 번째 강해 설교』)

사도 바울이 선포하듯이 참으로 두 가지 유형의 사람—하나는 겉사람, 다른 하나는 속사람—이 존재하는 것이므로 우리도 그와 같이 우리가 바라보는 사람을 따라, 그리고 우리가 은밀하게 이해하는 사람을 따라 각각 연륜을 쌓아 가야 한다.(『솔로몬의 잠언 서두에 관한 강론』)

알렉산드리아의 키릴루스

"그러므로 우리는 낙심하지 않습니다. 우리의 겉사람은 낡아 가나 우리의 속사람은 날로 새로워집니다." 그러므로 우리의 속사람이 겉사람 안에 살고 있다고 말하는 사람이 있다면 그는 중요한 진리 한 가지를 말한 것이다. 그러나 그렇게 말한다고 해서 그가 사람의 통일성을 나누는 것 같지는 않다.(『독생자의 성육신에 관하여』, 12장)

마카리우스

진정한 죽음은 마음에서 일어나고, 따라서 우리의 속사람이 죽을 때 그것은 눈에 보이지 않는다. 그러므로 어떤 사람이 죽음을 건너뛰고 감추어진 생명으로 들어간다면 그는 사실상 영원히 사는 것이고 결코 죽음을 겪지 않는 것이다. 죄는 속사람과 마음에 은밀히 작용하고, 사고를 혼란스럽게 만들기 시작한다.(『강해 설교』 15)

정신의 지체는 여럿 있는데, 행위를 참소하거나 옹호하는 마음, 양심,

의지, 사고 같은 것이다. 그러나 그 모든 것이 서로 통합되어 하나의 이성으로 수렴한다. 그럼에도 그것은 여전히 정신의 지체다. 정신은 단일체, 즉 속사람이다.(「강해 설교」 7) 한편 마카리우스는 스물일곱 번째 강해 설교에서 속사람과 겉사람을 동일한 것처럼 다루었다.

크리소스토무스

"우리의 겉사람은 낡아 가나." 겉사람은 어떻게 낡아 가는가? 채찍으로 맞을 때 육신은 무너져 내리고, 셀 수 없이 많은 악을 겪는다. "우리의 속사람은 날로 새로워집니다." 속사람은 어떻게 새로워지는가? 악에 저항할 수 있는 용기를 심어 주는 믿음과 소망과 기민함에 의해서다. 몸이 고난을 많이 겪을수록 속사람은 더욱 큰 소망을 품고, 불에 의한 정련 과정을 거쳐 승인받은 정금처럼 우리 속마음은 더욱 빛나고 찬란한 광채를 발할 것이기 때문이다.(「고린도후서 4장 16절에 관하여」) 그러므로 많은 사람들보다 높이 우뚝 선 한 사람이 말한 것에 귀를 기울이도록 하자.

아우구스티누스

하지만 완전히 제정신을 잃은 사람을 제외하고 육체 안에 살고 있는 우리가 하나님을 닮거나 닮을 수 있다고 말할 수 있는 사람이 과연 있겠는가? 따라서 그 닮음이란 "그것을 지으신 분의 형상을 따라 하나님에 대한 지식에 의해 새로워진" 속사람 안에 존재하는 것이다.(*Tomum II*, 「서한집」 6).

은혜에 의해 죄가 파괴했던 속사람이 새로워질 때, 의로움이 속사람에게 각인된다.(*On the Spirit and the Letter*, 27장) 이 세상으로 들어오는 사람을 가리켜 사도가 속사람이라고 부른 것은 이 세상과 마찬가지로 겉사람이 육신적이기 때문이다.(*On the Demerit and Remission of Sin*, 1권 25장, Tom. 7)

몸에 속한 눈이 빛으로부터 어떤 도움도 얻지 못할 때, 눈꺼풀을 닫고 다른 방향으로 돌려서 빛을 피할 수 있겠지만 무엇을 보기 위해서 눈은 빛의 도움을 받아야 하는 것처럼(빛이 스스로 도움의 손길을 내밀지 않는 한 그런 일은 결코 일어날 수 없다) 속사람의 빛이신 하나님은 우리 마음의 무기력 상태를 일깨워 우리의 의로움을 따라서가 아니라, 하나님 자신의 의로움을 따라 우리로 하여금 선한 일을 할 수 있게 하신다. 만일 '속사람'인 마음이 스스로 세례를 통해 완전한 새로움을 형성할 수 있었다면 사도는 "우리의 겉사람은 낡아 가나 우리의 속사람은 날로 새로워집니다"라고 말하지 않았을 것이다.(앞의 책, 7장).

생명나무가 가시적인 낙원에 심어져 있었다면 이 지혜는 영적 낙원에 속하며, 전자가 겉사람의 신체 감각에 생동하는 기운을 불어넣는 반면, 더 나쁜 것을 위한 기회를 주지 않은 채 후자는 속사람의 감각에 생명에 필요한 활력을 주입한다.(앞의 책, 21장) 그러므로 우리가 모르는 것이 얼마나 많은지를 생각해 보라. 우리의 본성에 관해, 과거의 일뿐만 아니라 현재의 일에 대해, 몸에 관한 것뿐만 아니라 속사람에 관해서도 마찬가지다. 그렇지만 우리는 짐승과 비교할 수 없다.(Tom. 7, 『영혼과 그 기원에 관하여』, 4권 8장)

중요한 것은 발 자체나 몸, 또는 발을 절뚝이며 비틀거리며 걷는 사람 같은 것이 아니라, 그가 고침을 받지 않는다면 그가 그 저는 다리를 잃어버릴 수 있다는 점이다. 이런 정황은 속사람의 경우에도 마찬가지이지만 속사람은 예수 그리스도를 통해 하나님의 은혜로 고침을 받을 수 있다.(『완전성에 관해 칼레스티우스에 대한 반론』, fol. 1, 「서한집」) 그러므로 마음은 속사람에게 속한 것이고, 도둑질은 하나의 행위이며, 탐욕은 악이다. 즉 마음이 탐욕이나 도둑질을 위해 어떤 도움을 줄 수 있는 것이 전혀 없

을 때조차 그것은 마음을 악하게 만들 수 있는 특질을 갖는다.(앞의 책)

속사람과 겉사람 외에 나는 사도 바울이 속사람의 또 다른 속사람, 즉 전인적 존재의 심층부를 제시하고 있다고 생각하지 않는다.(『마음과 그 기원에 관하여』, 4권 4장) 그는 같은 구절에서 마음이 육체에 대해 속사람이라고 인정하지만, 영이 마음에 대해 속사람이라는 것을 부인하기 때문이다. 어떤 사람들은 성경에서 "주 하나님이 땅의 흙으로 사람을 지으시고"(창 2:7)라고 기록되어 있는 것을 들어 속사람이 먼저 만들어지고, 인간의 육체는 나중에 만들어졌다고 상정한다.(Tom 3., 『창세기의 문자적 의미』, 1. 3, c. 22)

사도 바울은 '속사람'을 마음의 영으로, 겉사람을 지상의 필멸적 삶을 사는 육체로 이해해야 한다고 생각한 것 같다. 그러나 그의 서신을 보면 그가 이 둘을 '두 사람'으로 부르지 않고 하나님께서 지으신 전인적 존재, 즉 속사람과 겉사람을 모두 아우르는 개체로 불렀다. 그러나 비물질적일 뿐만 아니라, 이성적이며 육체 안에 살고 있지 않은 속사람과 관련되는 경우를 제외하고 하나님이 그의 형상을 따라 인간을 지으신 것이 아니다.(Tom. 6. 『마니교도 파우스투스에 대한 비판』, 24권 1장)

동일한 사도가 하나님을 겉사람을 만드신 분으로 선언하는 것을 보라. "그런데 실은 하나님께서는 원하시는 대로 우리 몸에다가 각각 다른 여러 지체를 두셨습니다."(앞의 책) 사도가 말하려는 것은 '옛사람'은 죄 안에 사는, 그리고 첫 번째 아담을 따라 인간이 영위하는 옛 (방식의) 삶에 지나지 않다는 것이다. 그 아담에 대해 사도는 말한다. "그러므로 한 사람으로 말미암아 죄가 세상에 들어왔고, 또 그 죄로 말미암아 죽음이 들어온 것과 같이 모든 사람이 죄를 지었기 때문에 죽음이 모든 사람에게 이르게 되었습니다."(롬 5:12) 그러므로 겉사람과 속사람을 모두 가진, 그와 같은 사람의 전인성(全人性)은 죄로 인해 낡아지고, 결국 필멸성의 심판을 선고받기

에 이르는 것이다.(앞의 책)

따라서 십자가에 의해 죄의 몸이 정결해질 때, 우리는 우리의 "지체를 죄에 내맡겨서 불의의 연장이 되게 하지 않게"(롬 6:13) 할 수 있다. 이 속사람 또한 참으로 날마다 새로워져야 하는 것이라면 새로워지기 전에 얼마든지 낡아 버릴 수 있기 때문이다. 그 때문에 사도는 내면의 행위에 대해 이렇게 말한다. "여러분은 지난날의 생활 방식대로 허망한 욕정을 따라 살다가 썩어 없어질 그 옛사람을 벗어 버리고 마음의 영을 새롭게 하여 하나님의 형상을 따라 참의로움과 참거룩함으로 지으심을 받은 새사람을 입으십시오."(엡 4:22~24)(Tom. 3. 『삼위일체론』 168, 4권 3장) 그러나 우리 주님의 몸의 죽으심은 우리 겉사람의 죽음의 본보기가 되었다. 그리고 우리 주님의 몸의 부활은 우리 겉사람의 부활의 본보기에 속하는 것으로 드러났다.(앞의 책).

그러면 이제 겉사람과 속사람을 모두 포괄하는 인간의 한계와 어떤 유사성을 갖는 것이 어디에 있는지 살펴보도록 하자. 우리가 짐승들과 공유하는 것으로 생각하는 모든 것은 겉사람에게 속한다고 말할 수 있다. 우리의 몸은 '겉사람'으로 간주될 뿐만 아니라, 몸의 관절과 모든 감각에 생기를 불어넣고 성장하게 하고, 바깥세상으로 나아갈 수 있는 수단을 제공하는, 겉사람의 삶과 연결된 세부적인 것들도 마찬가지다. 기억을 통해 삽입된 그 지각 이미지가 회상에 의해 다시 환기될 때도 상황은 여전히 겉사람의 교류 영역에 머문다. 그리고 이 모든 것에서 우리는 다른 동물들과 별로 먼 거리에 있지 않고, 다만 몸의 형태에서 우리는 기어다니지 않고 직립 자세를 취하는 것이 다르다.(『삼위일체론』, 12권 1장) 그러므로 마음의 기능을 통해 상당한 정도의 고찰에 의해 내적으로 고양되는 반면, 다른 동물들과 공유하지 않는 다른 어떤 것이 바로 이 영역으로부터 우리에게 발생한

다. 그렇게 이성의 활동이 시작되고, 속사람은 외부에 알려지지 않을 수도 있다.(앞의 책, 8장)

신자와 불신자 모두 인간의 본성, 그 외적인 부분인 몸에 대해 잘 알고 있고, 몸이 비추는 빛을 알게 된다. 또한 그들은 내적인 부분, 즉 자신들의 내면에 있는 마음에 대해서도 배운다. (앞의 책, 13권 1장). 그뿐만 아니라 성경이 그 점에 대해 확증하듯이 그 두 부분이 서로 결합하여 인간으로서 살기 시작할 때, 그리고 그들 각각을 별개의 사람인 양 한편으로 마음을 '속사람'으로, 다른 한편으로 몸을 '겉사람'으로 부르지만, 사실 그 둘은 합동하여 오직 한 사람일 뿐이다.(Tom. 5, 『하나님의 나라에 관하여』, 13권 24장. 11권 27, 3장 참조).

이 외적인 가시적 세계가 번성하고 우리의 겉사람을 담고 있듯이 비가시적인 세계에 속사람이 속한다.(Tom. 8, 『시편 1편에 관하여』). 하나님을 믿는 사람이 보이지 않는 양식을 먹고 영양분을 섭취하는 것은 그가 보이지 않는 존재로 다시 태어났기 때문이다. 그 어린아이는 안에 있고, 새사람은 내면에 거주한다. 거기에 어리고 부드러운 포도나무들이 심어지고, 거기서 그들은 배불리 먹고 만족을 경험한다.(『요한에 대하여』, 논문 26)

테오필락트[39]

그뿐 아니라 '겉사람', 즉 우리의 몸은 '사멸의 길을 간다.' 어떻게 그런 일이 일어나는가? 채찍으로 맞을 때, 쫓김을 당할 때가 그렇다. 하지만 '속사람', 즉 영과 마음은 '새로워진다.' 이것이 무슨 뜻인가? 하나님으로 인해

:.

39) Theophylact of Ohrid(1050~1107). 그리스의 할키스 출신으로, 오흐리드의 비잔틴 대주교이자 성서 주석가였다.

고생하면서도 기뻐하는 것처럼 우리가 소망을 품고 자유롭게 행동할 때가 그렇다.(『고린도후서 2:16에 대하여』)

비질리오[40]

사도 바울이 자기가 하나님의 말씀을 육체의 눈과 손이 아닌 속사람의 지체에 의해 목격하고 설명하고 있다는 것을 확증하기 위해 그가 사용하는 신령한 표현을 우리의 영적 눈으로 주목하도록 하자.(「유두고에 대한 비판」, 4권)

가자의 프로코피우스

당신이 인간의 속사람에 대해 숙고하고자 한다면 인간의 실체(substance)는 하나님의 형상이다. 만일 당신이 인간의 겉사람에 대해 알고자 한다면 그의 실체는 흙 또는 땅의 먼지에서 온 것이다. 그러나 그 둘로부터 완성된 조합으로 이루어진 인간은 하나의 동일한 단일체다.(『창조론』, 1장)

클레르보의 베르나르[41]

겉사람이 그의 얼굴에 의해 인식되듯이 속사람은 그의 의지에 의해 구체화된다.(세 번째 설교, 「그리스도 승천일에 관하여」)

⠂⠂

40) Pope Vigilius. 59대 교황(537~555년 재위).
41) Bernard of Clairvaux(1090~1153). 클레르보의 베르나르는 12세기에 활동한 수도자로 시토회를 창립했으며, 2차 십자군 원정 중에 설교했다. 로마가톨릭의 성인으로, 축일은 8월 20일이다. 베르나르는 독일어에서 기원한 이름으로, '곰처럼 힘센', '힘센 곰'을 뜻한다. 회화에서는 주로 시토회의 하얀 수사복에 수도원장의 지팡이를 들고 있으며, 발밑에 주교관과 성체, 사슬로 묶은 악마, 하얀 개, 책, 벌통과 함께 그려진다.

대레오[42]

겉사람이 가벼운 고통을 겪을 때 속사람으로 하여금 원기를 회복할 수 있게 하고, 육체로부터 얻는 물질적 포만감을 절제할 때 마음으로 하여금 영적 즐거움에 의해 강건함을 얻게 하자.(네 번째 설교, 「사순절 첫 번째 일요일[43]에 관하여」)

나지안조스의 그레고리우스[44]

그러나 이 같은 우리의 본성에서 모든 주의력은 가슴속에 있는 속사람에게 모아지고, 모든 욕구는 그것을 지향한다.(『그의 비상(飛上)에 대한 변명』)

니사의 그레고리우스[45]

"우리가 우리의 형상을 따라서, 우리의 모양대로 사람을 만들자."(창

∴

42) Leo the Great. 45대 교황인 레오 1세(440~461년 재위). 서로마 제국의 귀족 출신으로 '대교황'이라는 호칭을 받은 첫 번째 인물이다. 훈족과 반달족의 침공을 받았을 때 용감한 태도로 로마를 구출하여 교황의 위엄과 권위를 크게 드러낸 것으로도 유명하다. 또한 173편의 서간과 100여 편의 강론집을 남겼다. 그가 저술한 문헌은 신학적인 의미에서뿐만 아니라, 라틴 문학사에서도 매우 중요시되고 있다.

43) Quadragesima Sunday. 사순절의 첫 번째 일요일로, 재의 수요일(Ash Wednesday) 이후에 맞는 일요일을 가리킨다. 'Quadragesima'라는 용어는 사순절 첫 번째 일요일부터 성 금요일(Good Friday: 예수가 십자가에 못 박혀 죽음에 이른 금요일)까지 40일이 있기 때문에 '40번째'라는 라틴어 단어에서 파생했다.

44) Gregory Nazianzen(329~390). 카파도키아 지방의 나지안조스의 그리스도교 주교이자 콘스탄티노폴리스 대주교로서, 그리스 교부의 대표적 인물이며 삼위일체설을 확립하는 데 커다란 공헌을 한 것으로 평가받는다. 삼위일체 신학에 관해 "하나를 생각하는 즉시 세 가지 광채로 둘러싸이며, 셋을 분별하자마자 다시 하나로 되돌아간다"라고 했다.

45) Gregory Nyssen(생몰 연도 미상). 카파도키아 출신의 그리스도교 주교이자 교부 신학자로서, 같은 고향 출신인 나지안조스의 그레고리오와 함께 삼위일체설을 세우는 데 크게 이바지한 것으로 평가받는다. 신플라톤주의와 철학적으로 겹치는 점이 많다.

1:26) 이때 하나님은 속사람에 대해 말씀하신 것이다. 이에 여러분은 이렇게 반문할 것이다. "그렇지만 당신은 지금 이성에 대한 주장을 펼치고 있다. 하나님의 형상을 따라 만들어진 인간을 우리에게 보여 주기 바란다. 이성이 곧 그 사람인가?" 사도 바울이 말하는 것을 경청하기 바란다. "우리의 겉사람은 낡아 가나 우리의 속사람은 날로 새로워집니다." 어떻게 새로워지는 것인가? 나는 인간이 두 가지 유형, 곧 눈에 보이는 사람과 그 사람이 지각할 수 없는, 눈에 보이지 않는 사람이 있다고 생각한다. 그러므로 우리는 속사람을 가지고 있고, 어느 정도 이중적인 존재다. 왜냐하면 나는 속에 있는 사람이고, 외부에 있는 사물들과 같지 않지만, 그것은 나의 소유가 되기 때문이다. 즉 나는 손이 아니라, 마음속에 있는 이성이다. 그러나 손은 겉사람의 일부다.(『창세기에 관하여』, i, 26) 따라서 하나님이 우리의 가슴을 가리켜 속사람으로 명명한 것은 부패한 욕망으로 인해 자기의 형상을 가득 채운 오래된 불순물을 깨끗이 비울 때, 그가 다시금 (하나님의) 형상을 원초적이고 주요한 형태대로 회복하고, 비로소 선하게 될 것이기 때문이다.(『지복에 관하여』)

이제는 우리 시대의 종교계를 선도하는 몇몇 신학자들의 견해를 살펴보도록 하자.

칼뱅

육체의 타락 이후 배교자는 하나님의 자녀들과 함께 속사람이 새로워지고 다시금 번성하는 일이 없다.(『기독교 강요』, 2권 7장 9절) 그러나 배교자들이 두려워하는 것은 그들의 속사람이 변화하거나 영향을 받기 때문이 아니라, 그들에게 썬 굴레에 의해 그들이 외적인 행동에 대한 자제력이 줄

어들고, 그들이 밖으로 탈출할 수도 있었던 그들 자신의 부패성을 내적으로 더욱 옭죄기 때문이다.(앞의 책, 10절) 그뿐만 아니라 우리는 이미 인간에게 두 개의 훈련법을 설정한 바 있고, 다른 곳에서 우리는 마음 또는 속사람에게 부과된, 그리고 영생과 관련된 계율에 대해 충분히 서술한 바 있다.(앞의 책, 4권 20장 1절)

하나님의 영광은 겉사람을 통해서도 밝게 빛나지만, 그것의 마땅한 처소가 마음 안에 있다는 것은 의심의 여지가 없다. 어떤 사람들은 부당하게도, 그리고 미숙함으로 인해 겉사람과 옛사람을 혼동한다. 사도 바울이 로마서 4장 6절에서 다룬 옛사람은 매우 상이한 종류의 것이기 때문이다. 배교자의 경우에도 겉사람이 낡아 가는 것은 물론이지만, 그로 인한 어떤 종류의 반대급부도 발생하지 않는다.(『고린도후서 4장 16절에 관하여』)

베자

속사람의 힘에 의해 제어되고 있는 겉사람이 새로운 악의 공격을 받아도 무너지지 않고 새 힘이 솟는 것, 즉 새로워지는 이유에 대해 사도 바울은 12절에서 "그리하여 죽음은 우리에게서 작용"하기 때문이라고 설명한다.

부처

경건한 사람들에게도 마찬가지로 두 사람, 즉 속사람과 겉사람이 존재한다. 사도 바울은 "우리의 겉사람은 낡아 가나 우리의 속사람은 날로 새로워집니다"라고 말한다. 그러므로 사람에게 두 가지 유형이 있듯이 사람의 판단과 의지에도 두 가지 유형이 있다. 그 사실은 우리 주님께서 "그러나 내 뜻대로 하지 마시고 아버지의 뜻대로 해 주십시오"라고 간구하셨을 때 친히 고백하기를 부끄러워하지 않으셨던 것이기도 하다. 그가 "내 뜻대로 하지 마시고 아버지의 뜻대로 해 주십시오"라고 말씀하셨을 때, 의심의 여지 없이 우리 주님은 자신이 아버지의 뜻에 부합하는 의지를 확정하셨음을 보여 주신 것이다. 그러나 그와 동시에 우리 주님께서는 자신 안에 두 종류의 의지가 존재한다는 것, 곧 하나의 의지와, 그것과 상충되는 다른 의지가 존재하는 사실을 인정하신 것이다.(『로마서 5장에 관하여』, p. 261)

프란시스쿠스 유니우스

겉사람은 하나님의 말씀을 외적 수단을 통해 듣는 반면, 속사람은 그것을 내적 경로를 통해 듣는다.(『세 가지 진리에 관하여』, 3권 2장, p. 182) 그러나 교회의 행정 체계를 통해서도 속사람은 하나님에 관한 지식을 전달받을 뿐만 아니라, 성도들의 내적 연합을 위한 자양분을 공급하고 증진시키기 위해 그 연합의 외적 표지가 요구되는 한 겉사람에게 필요한 도움과 서비스도 제공받을 수 있다. 그러한 까닭에 우리는 하나님께서 자신의 권한을 인간 대리인에게 위임하신 것으로 파악된다.(『전도서에 대하여』, 3권 5장).

피스카토르

앞에서 사도가 명명했듯이 겉사람은 육체인 반면, 속사람은 정신 또는 마음을 지시한다.(『고린도후서 4장 16절에 대하여』)

네덜란드 개혁교회

부패한 마음으로부터, 그리고 속사람으로부터 악한 열매가 맺힐 때 필연적으로 귀결하는 것은 자기가 순수하다는 것을 과시하고 싶은 사람이라면 누구든지 그리스도의 명령을 자발적으로 수용하고 기꺼이 그 명령대로 순종함으로써 자기 주장의 진실성을 증명해야 한다는 것이다.(『콜하스의 출

교에 대한 이유를 밝히는 소책자』, p. 93)

요한네스 드리도

속사람이란 결코 사멸하지 않는 능력을 발휘하는 이성적인 마음이다.
그러나 사도 바울이 고린도후서 4장 16절에서 "우리의 겉사람은 낡아 가
나 우리의 속사람은 날로 새로워집니다"라고 말했듯이 감각을 구비한 우
리의 몸은 '겉사람' 또는 '가시적이고 궁극적으로 썩을 수밖에 없는 사람'이
라고 불린다. 또 사도는 로마서 7장 22절에서 "나는 속사람으로는 하나님
의 법을 즐거워하나"라고 말한다.(『은혜와 자유의지에 대해』, p. 262) 실제로
사도 바울이 '겉사람'과 '속사람'이 동일한 것을 지시하는 것으로 이해했다
고 보기 어렵고, 그가 '새사람'과 '속사람'을 똑같은 의미로 사용한 적도 없
다. 그러나 속사람에게서 옛사람과 새사람이 모두 발견된다. 왜냐하면 마
음속에서 새로움은 물론이고 온갖 종류의 낡음도 함께 형성되기 때문이
다. 마음속에서 형상은 하늘에 속할 수도 있고 땅에 속할 수도 있는데, 즉
죄의 끓는 듯한 욕망을 따라 사는 육적인 의지일 수도 있고 또는 영을 따
라 사는 신령한 의지를 지시할 수도 있다.(앞의 책)

나는 같은 분야에 속한 신학자들이 '속사람'을 중생한 사람이나 새사람
으로 동일시하는 것을 적지 않게 보아 왔다. 그러나 그것으로 그치지 않고
그들은 거룩하고 중생으로 인도하는 영에 의해 속사람에게 주입하는 어떤
특정한 성질을 제외하고 그들이 속사람에 대해 고찰할 때, 그 속사람을 중
생한 새사람으로 정확히 인지할 수 있는 지표가 되는 특질에 의거하여 고
찰하려는 생각이 없다. 만일 속사람이라는 명칭 자체가 '중생한 사람'이나
'새사람'이라는 호칭만큼 그 신학자들에게 큰 가치를 갖는다고 강력하게
주장하는 사람이 있다면 나는 그 사람에게 확실하고 견고한 논증에 의해

그 신학자들이 신봉하는 의미가 진리에 부합한다는 것을 부디 증명해 주기를 부탁하는 바다.

주님의 율법을 즐거워한다는 것

이제 다른 초석으로 시선을 돌려 그는 "주님의 율법을 즐거워하며"(시 1:2)라는 구절을 중생한 사람에 대한 것으로 볼 때, 이 같은 귀속이 중생한 사람 외에 다른 어떤 사람에게도 결코 부합하지 않는다는 주장에 대해 고찰해 보기로 하자. 그리고 이 문제를 만족스럽게 해소할 수 있기 위해 그리스어 텍스트에 번역되어 있는 것을 따라, 그리고 고대 사본에 나타나 있는 대로 "여호와의 율법을 즐거워하다" 또는 "마음과 뜻을 다해 여호와의 율법을 즐거워하다(to feel a joint delight with the law of God)"라는 어구가 의미하는 바가 무엇인지 명확하게 밝힐 필요가 있다.

'수네도마이(συνηδομαι, sunhdomai)'라는 동사는 인지 주체와 율법 사이에 존재하는 상호적인 즐거움을 지시한다. 또한 그 때문에 이 사람은 법에 대해 상호적인 즐거움을 느낄 뿐만 아니라, 그 법 또한 그 사람에 대해 유사한 종류의 만족감을 느끼는 것처럼 보인다. "나는 여호와의 율법을 (상호적으로) 즐거워한다", 즉 나는 율법을 즐겁게 느끼는데, 율법에 대해서 느끼는 것과 똑같은 즐거움을 나에 대해서도 느낀다. 이 해석은 신약성경의 다른 본문에서 빈번히 볼 수 있는, 이와 유사한 어구를 비교해 봄으로써 뚜렷이 예시되고 확증될 수 있다.

수나고니스사스타이(συναγωνίσασθαι)[46], "나도 기도합니다만 여러분도

··

46) 문자적으로 함께 고군분투한다는 뜻으로, 비유적으로는 서로 도와가며 함께 협력하기를

나를 위하여 하나님께 열심으로 기도해 주십시오."—수나나파소마이 우민 (συναναπαυομαι ουμίν), "내가 하나님의 뜻을 따라 기쁨을 안고 여러분에게로 가서 여러분과 함께 즐겁게 쉴 수 있게 되도록"(롬 15:30, 32)—수네틀레산 모이(συνήθλησάν μοι), "이 여인들은 복음을 전하는 일에 나와 함께 애쓴 사람들입니다."(빌 4:3)—숨마르투레이 토 프뉴마티 우민(συμμαρτυρεῖ τῷ πνεύμτι ἡμῶν), "그 성령이 우리의 영과 함께, 우리가 하나님의 자녀임을 증언하십니다."(롬 8:16)

이러한 관찰에 바탕을 두고 크리소스토무스가 "나는 율법을 즐거워한다"라는 구절을 "훌륭하게 적용되는 율법에 나는 동의하고, 또한 그 답례로 율법은 사람이 그런 즐거움을 갖는 것은 좋은 일이라고 내게 동의한다"라고 해석한 것은 결코 부적절하다고 말할 수 없다. 그가 그 어구를 이런 식으로 설명한 것은 성경 본문 자체에 근거한 것이다. 그런 식의 해석이 가능할 뿐만 아니라 이 본문의 경우 그렇게 해석해야만 하는데, 성경 전체를 통틀어 그런 어구가 쓰인 곳은 이곳 외에는 없기 때문이다.

시편 1편 2절인 "오로지 주님의 율법을 즐거워하며"에 쓰인 어구에 전술한 것과 똑같은 의미를 부여하기 원하는 사람이 있다면 자기의 주장을 뒷받침하는 증거를 제시할 의무가 있다는 것을 명심하기 바란다. 그에게 요구하는 것은 전혀 불합리한 일이 아니다. 시편 1편에서 언급한 복 있는 사람으로 기술된 사람에게 전가되는 전건과 후건은 우리가 지금 다루고 있는 사람에게 전가되는 것과 굉장히 다를 뿐만 아니라, 사실 서로 매우 상반되기도 하기 때문이다.

하지만 이렇게 말하는 것은 논의를 위해서일 뿐이고 결코 절대적으로

∵ 힘쓰는 것을 의미한다.

인정하는 것이 아니므로 우리는 (로마서 7장 22절에 나오는) 이 사람이 단순히 '하나님의 법을 즐거워하고' 또는 '하나님의 법으로 인해 상호적인 즐거움을 느끼는' 것이 아니라, 제한적이고 상대적으로, 즉 그가 '속사람을 따라' 특정화된 즐거움을 경험하는 것으로 보아야 한다. 이 같은 제약은 이 사람에게서 속사람이 발군의 위력을 발휘하는 것이 아니라, 그 힘이 육체보다 약하다는 것을 암시한다. 후자, 곧 육체는 작용과 실제에서 속사람이 기꺼이 동의하고 즐거움을 얻기도 하는, 하나님의 법에 부합하는 행동을 하지 못하게 막는다. 다음 구절을 이것과 비교해 보면 이 제약의 원인이 우리가 여기서 지목했던 것임을 알 수 있을 것이다.

이어지는 구절(23절)을 보면 "그러나 나는 지체에 또 다른 법이 있음을 보며, 그 때문에 나는 하나님의 법을 즐거워하지 않게 된다"라는 식으로 말하지 않는데, 그러한 반대 세력이 제한을 가할 수밖에 없지만 사도 바울은 다만 그 사람이 느끼는 즐거움이 그의 일부에 속할 뿐이고, 그의 다른 부분이 그 즐거움을 빼앗아 버릴 수 있음을 지적하고자 했을 뿐이다. 그러나 사도는 그 사람의 다른 부분으로부터 이 '즐거움'을 탈취할 뿐만 아니라, 오히려 그것을 속사람과 다투면서 그를 제압하는 세력에 귀속하기 때문에 문제의 제약은 바로 이런 이유로, 즉 지금 논의의 대상인 사람의 경우 '속사람'이 주도권을 갖고 있지 못하고 사실상 열등하다는 것을 보여 주는 것이 명백하다.

이 논평에 반대하고자 하는 사람이 있다면 중생한 사람을 주제로 삼아 고찰하는 어떤 본문에서든지 이와 비슷한 제한이 가해지고 다른 목적이 제시된 사례가 있는지를 부디 제시하기 바란다. 그러므로 이 같은 관찰로부터 제안된 명제를 거부하는 것이 가장 바람직하다. 이제 그 가정에 주목해 보자. 앞에서 18절을 토대로 구성된 논증에서 보듯이 나는 그 가정이 불완전한 형태로 제안되었다고 말한 바 있다. 그 가정에서 출발하여 사도 바울은 자신이 의도한 바를 입증하기 위해 23절이 복합적이고 비연관적인 공리의 주요부가 될 수 있도록 그 구절을 18절과 결합한다. 그러나 그 가정에 영입된 것은 분리에 의해 다른 명제의 예시를 돕는 보조적인 부분이다. 이로부터 귀결되는 것은 그 명제가 진리를 결여하고 있기 때문에 그 전제로부터 결론이 연역될 수 없다는 것, 즉 가정된 것은 불완전하고, 이끌어낸 결론은 사도가 목적한 바를 넘어서고, 또한 그의 기획과 상반된다는 것이다.

반대 견해의 증명을 위해 23절로부터 더 이끌어 낼 수 있는 것이 있을지를 살펴보도록 하자. "마음속에 지체들의 법 외에 그것과 상반되는 마음의 법을 가지고 있는 사람은 중생한 사람이다. 이 본문에서 언급한 것은 바로 그런 사람이다. 그러므로 그는 중생한 사람이다."

반대 견해를 옹호하는 사람들이 이 삼단 논증의 결론을 참된 명제로 믿는 까닭은 '마음의 법'이 '지체들의 법'에 반대되기 때문인데, 그것이 하나님의 법에 동의한다는 사실, 즉 그 특질이 오직 중생한 사람에게 속한다고 그들이 상정하기 때문이다. 그들이 생각하기에 이 점은 골로새서 2장 18절에서 '육신의 생각(fleshly mind)'으로, 또한 로마서 8장 7절에서 '육신에 속한 생각(the carnal mind)'으로 사도 바울이 특정한 유형의 마음을 명시적으로 표현한 맥락에 의해 확증된다. 실제로 결론으로 제시한 그 명제는 앞의 본문에 의해 뒷받침될 수 없다. 그 명제는 거짓일 뿐이고, 그것을 증명하기 위해 구성한 논증은 부당한 것이기 때문이다. 왜냐하면 중생한 사람들 중 일부는(즉 율법 아래 있는 사람, 율법에 대해 얼마간의 지식을 가진 사람, 그들의 생각이 그들 자신을 비난하거나 변호하기도 하는 사람, 색욕이 죄라는 것을 아는 사람들이 속한 그룹이다) '지체들의 법', '육신의 생각', '육신에 속한 생각'과는 다른 어떤 것, 그런 것과 반대되고 모순되기까지 하는 것에 속하기 때문이다. 그리고 이것은 '율법이 요구하는 일이 그들의 마음에 새겨져 있음을' 뜻하는 것으로서, '지체들의 법'이나 '육신의 생각'과 같지도 않고, '육신적'이지도 않으며, 오히려 그런 것과 다툰다. 어떤 사람을 헛되이 선을 향하도록 떠밀고 악을 멀리 하게 만드는, 선과 악에 대한 양심이나 자의식은 악을 향해 떠밀어 대는 '지체들의 법'과 '하나님의 법을 따르지 않으며, 또 '복종할 수도 없는'(롬 8:7) 육신에 속한 생각과 정반대되는 것이다. 왜냐하면 이 양심은 중생하지 못한 사람 안에도 있으면서 그를 비난하고 참소하기 위해 하나님의 법에 동의하고 그 법을 위한 도구로 쓰이기 때문이다. 그러므로 우리는 여기 제시된 명제를 거부하고 그것을 위해 더 강력한 증명을 요구해도 좋을 것이다.

제시된 가정에 대해 우리는 앞의 삼단논증에서 전제로 쓰인 가정에 대해 말한 것과 똑같이 말할 수 있다. 즉 그 명제는 마땅히 구비해야 할 것을 충분히 갖추지 못한 채로 제시되었고, 사도 바울의 텍스트에 포함되어 있는 것이 빠져 있다. 하지만 그렇게 기술된 것을 그 가정에 첨가한다면 그 가정이 거짓임을 쉽게 지적할 수 있을 것이다. 즉 문제의 인물에게서 지체들의 법과 마음의 법 사이에 갈등이 크기 때문에 전자는 후자와 '다툴' 뿐만 아니라, 그 싸움에서 승리를 거둔다는 것, 다시 말해 "내 지체에 있는 죄의 법에 나를 포로로 만드는 것을"(롬 7:23) 보게 된다. 이 같은 관찰과 그 가정으로부터 어떤 긍정적인 결과가 도출될 수 없다는 것이 확실하다.

그렇지만 우리의 견해를 확립하기 위해 그 두 구절로부터 무엇인가를 연역할 수 있을지를 탐색해 보자. 참으로 내게 호소력을 갖는 것은 그 구절로부터 반대 견해를 반박하고 나의 견해를 확증할 수 있는, 철옹성 같은 논증을 구축할 수 있다는 생각이다.

반대 견해를 반박하는 논증은 다음과 같이 진술할 수 있다. 지체들의 법에 저항하는 마음의 법은 지체들의 법에 의해 제압당함으로써 그 사람은 (그 구절에 묘사된 것처럼) "그의 지체들에 속한 법에 포로로 끌려오게" 된다. 그러나 그리스도 예수 안에 있는 생명의 영의 법은 지체들의 법과의 싸움에서 상대방을 무너뜨린다. 그리하여 죄의 법 아래에서 포로 상태에 있던 그 사람을 죄와 죽음의 법으로부터 해방시킨다(롬 8:2). 그러므로 영의 법은 마음의 법이 아니고, 마찬가지로 마음의 법은 영의 법이 아니다. 그 점은 간단한 역환(inversion)에 의해 분명하게 밝혀지는데, 즉 그 삼단논증으로부터 전제를 전치(轉致)하여 가정을 결론 명제 자리에 위치시키고, 나머지도 반대로 전치한다. 그리하여 '마음'이라는 낱말은 이 본문에서 '영'을 지시하는 것으로 쓰일 수 없게 된다. 이 논증은 반박할 수 없다. 그와 반대로 입증하기 원하는 사람은 한번 실험해 보기 바란다. 그러면 내가 말한 결과가 산출되는 것을 보게 될 것이다. 그러나 이 논증의 특유한 힘은 사도가 여기서 다루는 문제의 전모에 대해 한층 상세하게 설명하게 될, 이 탐구의 말미에서 좀 더 정확하게 파악할 수 있을 것이다.

나 자신의 견해를 확증하기 위해 나는 이 구절로부터 아래와 같은 논증을 구성한다. 속사람을 따라 하나님의 법을 참으로 즐거워하지만 그의 마음의 법이 그의 지체들의 법과 싸움을 벌이고 있는 그 사람은 지체들의 법을 이길 수 없고, 오히려 그것에 정복되어 죄의 법 아래 포로로 끌려오는 반면, 그의 마음의 법은 헛되이 죄의 법에 대항할 뿐인 중생하지 못한 사람이며, 은혜 아래가 아니라 율법 아래 살고 있다. 이 사람은 참으로 속사람으로는 하나님의 법을 즐거워하고, 그의 마음의 법은 그의 지체들의 법에 대항하지만, 그는 지체들의 법을 이길 수 없을 뿐만 아니라, 그 자체들의 법에 의해 죄의 법 아래 포로로 끌려오고, 그의 마음의 법은 강경하면서도 헛되이 저항을 계속할 뿐이다. 그러므로 이 본문에서 (묘사된) 사람은 중생에 이르지 못한 사람이며, 은혜 아래가 아니라 율법 아래 사는 사람이다. 또는 생략할 수 있는 부분을 최대로 생략하면서 이 논증을 좀 더 축약된 형태로 바꾸면 다음과 같다. 지체들의 법은 마음의 법과 격렬한 전쟁을 벌이면서 후자를 정복하거나, 적어도 상대방의 저항을 무의미한 상태로 유지할 수 있게 될 때 그 사람 자체를 죄의 법 아래 포로로 끌어온다. 그러므로 이 사람은 중생하지 못한 사람으로서 율법 아래 살고 있다. 이 명제가 참인 것은 다음의 세 가지 이유에 근거한다.

첫째, 중생한 사람은 마음의 법과 더불어 자기 지체들의 법에 맞서 전쟁을 벌일 뿐만 아니라, 주로 영의 법과 함께, 즉 성령의 힘과 권세로부터 도움을 받으며 싸우기 때문이다. 그렇기 때문에 갈라디아서 5장 17절은 "육체의 욕망은 성령을 거스르고, 성령이 바라시는 것은 육체를 거스릅니다"라고 말한다.

둘째, 영의 힘과 권세에 의해, 또는 "영의 법"에 의해 지체들의 법과 육체에 맞서 중생한 사람이 우위를 유지할 수 있는 싸움의 결과는 엄청나게 다르기 때문이다. 사람이 전투에서 영의 힘을 활용하기를 그만두거나, 육체와 사탄과 세상으로부터 밀려오는 유혹에 맞서 자기 자신을 방어하는 일을 멈추는 경우를 제외하고 영의 법은 항상 승리를 거두기 때문이다.

셋째, 죄의 법 아래 포로로 끌려가는 것은 중생한 사람 또는 은혜 아래 사는 사람의 속성이 아니기 때문이다. 그에게 귀속되는 속성은 그 다음 장의 로마서 8장 2절에 나타나 있다. "그것은 그리스도 예수 안에서 생명을 누리게 하는 성령의 법이 당신을 죄와 죽음의 법에서 해방하여 주었기 때문입니다."

이전에 그가 율법 아래 있을 때, 그는 죄의 힘과 권세 아래 포로가 되어

살았다. 이제 나는 이 이유에 실제로 반대하거나 반대할 수 있는 반론을 해소하기 위해 그것을 확증해 보이고자 한다. 첫째 이유에 대해 다음과 같은 반론이 제기될 수 있다. "'마음의 법'과 '영의 법'은 동일하기 때문에 이 논증에서 그 두 가지는 제대로 구분되어 있지 않다. 영의 법에 의해 또는 성령의 힘과 권세에 의해 제압되는 것을 제외하고 둘 중 어느 것도 지체들의 법을 이길 수 없다. 따라서 마음의 법은 곧 영의 법이다."

이 반론에 대해 나는 이렇게 답한다. 마음의 법과 영의 법은 동일한 것이 아니라는 것과, 율법 아래 살고 있는 사람들에게서 지체들의 법에 맞서 양심이 전쟁을 벌이고 있다는 것은 이미 증명되었다.

둘째 이유에 대해 다음의 반론이 가능하다. "우리는(중생한 사람도) 다 실수를 많이 저지릅니다."(약 3:2) 이 세상에서 "죄를 짓지 아니하는 사람은 없습니다."(왕상 8:46) 중생한 사람이라도 진실로 "우리가 죄가 없다"(요일 1:8)라고 말할 수 없다. 그 밖에도 같은 논지를 가진 비슷한 반론이 있을 수 있다.

이런 반론에 대해 나는 진심으로 그 진술을 이해하지만, 그 진술에 의해 둘째 이유가 약화할 수 있다고 생각하지 않는다. 왜냐하면 그 언술들은 서로 모순적이지 않기 때문이다. "중생한 사람도 다 실수를 많이 범한다", "중생한 사람은" 성령이 공급하는 무기를 사용하므로 "일반적으로 죄와의 싸움에서 이기는 경우가 많다."

혹여 "중생한 사람은 이 싸움에서 정복자라기보다 정복당하는 사람일 경우가 더 많다"라고 주장하는 사람이 있다면 나는 그에게 중생한 사람에 관해 "그들이 육체를 따라 행하지 않고 영을 따라 행한다"라고 선언하는 일이 어떻게 가능한지를 설명하도록 요청할 것이다. '정복당하는 사람이 되는 것'은 육체의 소욕을 만족시키는 것이며, 대체로 그렇게 하는 사람은

'육체를 따라 행하는 것'이기 때문이다.

그러나 성경의 많은 본문은 중생한 사람이 성령의 힘과 권능에 의거해 죄와 싸움을 계속하는 이 대결에서 일반적으로 행복하고 성공적인 결말을 맞이한다고 가르친다. "하나님에게서 태어난 사람은 다 세상을 이기기 때문입니다. 세상을 이긴 승리는 이것이니, 곧 우리의 믿음입니다. 세상을 이기는 사람은 누구입니까? 예수가 하나님의 아들이심을 믿는 사람이 아니고 누구겠습니까?"(요일 5:4, 5) "그러므로 하나님께 복종하고, 악마를 물리치십시오. 그리하면 악마는 달아날 것입니다."(약 4:7) "여러분은 그 거짓 예언자들을 이겼습니다. 여러분 안에 계신 분이 세상에 있는 자보다 크시기 때문입니다."(요일 4:4) "악마의 간계에 맞설 수 있도록 하나님이 주시는 온몸을 덮는 갑옷을 입으십시오. 그러므로 하나님이 주시는 무기로 완전히 무장하십시오. 그래야만 여러분이 악한 날에 이 적대자들을 대항할 수 있으며 모든 일을 끝낸 뒤에 설 수 있을 것입니다."(엡 6:11, 13) "나에게 능력을 주시는 분 안에서 나는 모든 것을 할 수 있습니다."(빌 4:13) "(예수께서 그에게 말씀하셨다.) 믿는 사람에게는 모든 일이 가능하다."(막 9:23)

이 진리는 또한 히브리서 11장에서 여러 사례를 통해 입증된다. "우리 가운데서 일하시는 능력을 따라 우리가 구하거나 생각하는 것 이상으로 더욱 넘치게 주실 수 있는 분에게 교회 안에서와 그리스도 예수 안에서 영광이 대대로 영원무궁하도록 있기를 빕니다. 아멘."(엡 3:20, 21) "육신을 따라 사는 사람은 육신에 속한 것을 생각하나, 성령을 따라 사는 사람은 성령에 속한 것을 생각합니다. 여러분이 육신을 따라 살면 죽을 것입니다. 그러나 여러분이 성령으로 몸의 행실을 죽이면 살 것입니다. 그러나 우리는 이 모든 일에서 우리를 사랑하여 주신 그분을 힘입어서 이기고도 남습니다."(롬 8:5, 13, 37) 그 밖의 다른 많은 성경 본문에 의해 이 진리는 충분히 입증된다.

그러나 이제 갈라디아서 5장 16~18절로 방향을 바꾸고, 그것을 우리가 지금 탐구하고 있는 본문인 로마서 7장 22~23절과 비교해 봄으로써 그러한 고찰과 비교를 통해 영과 육 사이의 대결의 결과가 일반적으로 다음과 같다는 것을 분명히 보게 될 것이다. 즉 영은 그 전투에서 육체의 정복자와 결별한다. 특히 로마서 7장에서와 같이 우리는 완전히 상반되는 쟁점이나 결과가 기술되고 개탄의 대상이 되는 것을 본다. 본문에는 이런 식으로 표현되어 있다. "내가 또 말합니다. 여러분은 성령께서 인도하여 주시는 대로 살아가십시오. 그러면 육체의 욕망을 채우려 하지 않을 것입니다." 또는 "여러분은 육체의 욕망을 이루려 하지 마십시오." 왜냐하면 육체는 영을 거스르고 영은 육체를 거스르므로 그 둘은 적대 관계에 있어서 여러분이 원하는 것을 할 수 없게 만들기 때문이다. 그러나 만일 여러분이 성령의 인도하심을 따라 산다면 어떻게 율법 아래 있을 수 있겠는가?

사도의 권면은 16절에 등장한다. 헬라어 낱말이 가진 애매성으로 인해 이 구절은 두 가지 상이한 방식으로, 즉 "(육체의 욕망을) 채우지 말라" 또는 "채우려 하지 않을 것이다"로 읽힐 수 있다. 만일 전자의 독해를 택한다면 사도의 권면은 두 부분으로, 즉 무엇을 실행해야 하는지를 가르치는 것과 무엇을 금해야 하는지를 가르치는 것으로 나뉜다. 즉 우리는 영을 따라 살아야 하고, 그러면 육체의 욕망이 성취되지 않을 것이다. 그러나 만일 그 절을 후자의 방식으로 읽는다면 16절은 "영을 따라 살라"라고 표현된 권면을 담고 있고, 그 권면이 함의하는 논리적 귀결은 다음과 같이 표현할 수 있을 것이다. "그리고 여러분은 육체의 욕망을 이루려 하지 마십시오."

그 본문을 후자의 방식으로 이해하는 것이 사도의 마음에 훨씬 더 만족스럽게 보였던 것 같다. 왜냐하면 그는 앞부분의 13절에서 갈라디아 사람들에게 육체적 방탕과 호색을 위해 그리스도인의 자유를 남용하지 말라고 권면했기 때문이다. 그러나 16절에서 사도는 그들이 육체의 공격과 동력을 제어하고 고삐를 잡을 수 있도록 해 주는, 그리고 그들이 영을 따라 살기로 한다면 육체의 정욕을 성취할 수 없게 만드는 처방을 제시한다. 17절에서 육체와 영 사이에 존속하는 대립 관계나 경쟁 관계로부터, 그리고 이 싸움의 결말 또는 결과로부터 추론되는 한 가지 이유를 첨언한다.

그 대립 관계나 다툼은 다음과 같이 서술되어 있다. "육체의 욕망은 성령을 거스르고, 성령이 바라시는 것은 육체를 거스릅니다."(17절) 이런 정황으로부터 육체적 방탕으로 그리스도인의 자유를 남용하지 말고, 육체의 욕망을 채우려 하지 말라는 두 권면의 필연성이 명백해진다. "여러분은 성령께서 인도하여 주시는 대로 살아가십시오. 그러면 육체의 욕망을 채우려 하지 않을 것입니다"(16절)라는 결론의 발원지는 육체와 영 사이에 존속하는 그러한 적대감과 대립 관계이기 때문이다. 이로부터 또한 이 후자의 독해 방식이 사도 바울이 의도에 더 잘 들어맞는 것임이 확실하다.

이 다툼의 결말 또는 결과는 다음의 말로 서술된다. "이 둘이 서로 적대 관계에 있으므로 여러분은 자기가 원하는 일을 할 수 없게 됩니다."(17절) 내가 그 다툼의 결말 또는 쟁점이 바로 여기에 기술되었다고 말한 것은 어떤 사람들이 그 다툼의 결말이 아닌 쟁점 자체가 이 구절에 기술되었다고 주장하기 때문이다.

그러나 사도 바울이 사용한 '히나(hina)⁴⁷'라는 관계사는 결과나 쟁점이 아닌 목적이나 의도를 지시한다. 그리고 이 해석은 사도가 의도한 바와 전적으로 부합한다. "성령이 바라시는 것이 육체를 거스르는" 것은 우리가

⁞

47) ἵνα. 종속절을 이끄는 관계대명사. 영어의 'in order to', 'that', 'so that'과 비슷한 용도로 쓰인다.

육체를 따라 욕망을 품고 "우리가 원하는" 것을 하지 못하게 하기 위해서이며, 그 결과 만일 우리가 "성령께서 인도하여 주시는 대로 살아간다면 육체의 욕망을 채우려 하지 않을 것"이기 때문이다. 그 반대로 우리가 "성령이 바라시는 것"을 할 수 없게 만들려는 목적으로 "육체의 욕망은 성령을 거스르기" 때문에 만일 우리가 육체 안에 살거나 육체를 따라 행한다면 우리가 성령이 바라시는 것을 이룰 수 없다는 것이 함축된다. 이 해석 역시 "여러분은 자기가(즉 육체가) 원하는 일을 할 수 없게 됩니다"라고 말한 사도의 비전이나 기획과 조화를 이룬다.

반면에 우리가 이 본문에서 결과나 쟁점이 지시된 것이라고 주장할 경우, 그 의미는 두 측면을 갖게 될 것이다. 다음과 같은 의역이 가능하기 때문이다. "육체와 성령은 서로에 대해 적대적이므로 여러분은 성령께서 여러분이 행하기를 바라시는 것을 할 수 없다." 즉 이 경쟁 관계는 다음과 같은 결과를 초래한다. "여러분은 성령이 바라시는 것을 행할 수 없을 것이다" 또는 "여러분은 육체가 원하는 것을 행할 수 없을 것이다."

그러면 이 두 의미 중 어느 것이 더 적합한지 살펴보도록 하자. 참으로 둘 가운데 후자가 더 적합하다. 만일 사도가 여기서 문제 자체나 결과에 대해 말하고 있다면 그 편이 더 적절할 뿐만 아니라 필연적이기도 하다. 만일 그 본문을 반대 의미로 설명한다면 사도의 권면이 가진 부조리성이 한층 뚜렷이 부각될 것이다. 사도는 갈라디아 신도들에게 "성령의 인도하심을 따라 살면서 육체의 욕망을 채우려 하지 말라"라고 권면한다(우리는 잠시 종속절에 대한 이 독해 방식을 유지할 것인데, 그렇게 하는 것이 이 본문을 쟁점이나 결과에 관련된 것으로 설명하는 의도에 더 부합할 것이다). 그것을 따르도록 설득하는 근거는 다음과 같다. "육체의 욕망과 성령은 서로 적대적이므로 그 결과 여러분은 성령이 바라시는 것은 할 수 없게 됩니다."

사실 이것은 권면이라기보다 불행한 결과를 예고함으로써 단념시키거나 만류하는 것이다. 더욱이 (논리적인) 과학적 용례를 따르면 이유 자체는 제안된 것이 결론에서 반드시 도출될 것을 요구한다. 그렇지 않을 경우 연결 부분들이 와해되고 만다. 그러나 여기서 제시된 명제는 선언적이다. 즉 "성령의 인도하심을 따라 살라. 그리하여 육체의 욕망을 채우려 하지 말라" 또는 "성령의 인도하심을 따라 살라. 그리하면 육체의 욕망을 이루지 않을 것이다."

나는 쟁점이나 결과를 의미하는 것으로 이해된, 즉 육체가 갈라디아 신도들로 하여금 성령의 인도하심을 따라 그들이 원하는 것을 행할 수 없도록 방해하는 것으로 독해된 18절로부터 어떻게 이 명제가 도출될 수 있는지를 증명할 수 있기를 바란다. 그러나 그러한 다툼의 목적이나 의도와 관련된 것으로 이해할 때, 또한 성령이 승리를 거둘 때 야기하는 쟁점이나 결과에 관한 것으로 이해할 때, 그 명제가 각각 이 본문으로부터 타당하게 도출되는 것을 보여 주었다. 이것은 성령의 소욕으로부터 여기 언급한 다툼의 목적 또는 의도일 뿐만 아니라, 성령의 힘과 권능의 문제 또는 그 결과라는 것이 명백하다. 즉 육체가 정복될 때 성령이 정복자로서 등장하고, 성령에 의거해 육체에 맞서 싸우고, 성령의 인도하심을 따라 사는 사람은 육체의 욕망을 이루지 않을 것이다. 이로부터 논리적 귀결로서 18절이 추론된다. "여러분이, 성령의 인도하심을 따라 살아가면 율법 아래에 있는 것이 아닙니다." 즉 만일 여러분이 성령 안에 거하고, 성령의 인도하심을 따라 육체의 욕망에 저항하고, 그것이 성취되지 못하게 맞서 싸운다면 그러한 정황을 볼 때 여러분이 율법 아래 살고 있지 않다고 확실하게 결론내릴 수 있다. 이 결론에서 "율법 아래 살다"와 "육체의 욕망을 채우려 하지 않다" 등의 어구는 서로 반대되는 것을 볼 수 있다. 그중 후자는 성령의 인도하심의 참된 효력에 대해 기술하기 때문이다. 그러므로 "율법 아래 살다"와 "육체의 욕망을 채우다"는 서로 합동을 이루고 같은 취지를 지니고 있다. 그러나 이 점은 로마서 6장 14절 "여러분은 율법 아래 있지 않고, 은혜 아래 있으므로 죄가 여러분을 다스릴 수 없을 것입니다"에서 주장된 바로 그것이다. 이로부터 육체의 욕망을 채우려 하는 원인이 되는 죄의 지배가 율법 아래 사는 사람들에게서 현저하게 나타나는 것이 분명하다. 그러나 죄의 지배는 은혜 아래 사는 사람들에게서 발생하지 않는 까닭에(그리고 실제로 그 이유는 바로 그들이 은혜 아래 있기 때문이다) "은혜 아래 살다", "성령의 인도하심을 받다" 같은 어구는 서로 합동을 이룬다. 정확히 말해 그 둘은 완전히 똑같다. 왜냐하면 그 각각의 효력은 완전히 똑같고, 다시 말해 죄가 사람을 지배하지 못하게 막고, 사람으로 하여금 육체의 욕망을 채우지 못하도록 막아 주기 때문인데, 이것에 대해서는 17절에 간략하게 요약된 것, 즉 "육체의 욕망은 성령을 거스르고, 성령이 바라시는 것은 육체를 거스릅니다. 이 둘이 서로 적대 관계에 있으므로 여러분은 자기가 원하는 일을 할 수 없게 됩니다"와 일관성을 유지하면서 로마서 8장에서 상세하게 설명된다. 그렇지만 로마서 7장에서 그러한 다툼의 결과는 사도 바울이 여기서 다루는 것과 상이한 것임이 매우 분명하다. 그 장에서 언급된 사람은 육체를 따라 속사람이 원하는 것을 그 자신도 원한다고 말하면서도 그것을 행하지 않기 때문이다. 하나님의 법, 마음의 법, 속사람은 헛되이 죄의 힘을 제어하려 하고 육체의 욕망을 막아 보려 애쓸 뿐인데, 그런 것은 모두 (그들이 애씀에도 불구하고) 육체를 통해 무력화되기 때문이다.

만일 누군가 다음과 같은 반론을 제기한다면, 즉 "성령을 따라 자기가 원하는 것을 하지 않고 육체의 욕망을 채우려 하는 것은 중생한 사람들 대부분에게도 똑같이 일어나는 일이다"라고 한다면 나는 작은 사항을 첨가하여 "그런 일은 중생한 사람에게 간혹 일어날 수 있다"라는 주장에 전적으로 동의할 수 있다. 그것을 일반적 관례처럼 간주할 경우, 그런 일이 중생한 사람에게 일어날 수는 있지만 그들이 성령 안에서 살고 있다고 할 수 없을 것이기 때문이다.

나는 로마서 7장이 간혹 경건한 사람들에게 일어날 수 있는 일을 기술한 것이 아니라, 사도 바울이 거기서 다루는 사람, 즉 아직 은혜의 인도하심을 받고 성령의 역사에 의한 지배 아래 있지 않고 율법 아래 살고 있는 사람의 상태에 대한 기술을 담고 있다고 말했다. 이 점은 갈라디아서 5장 16~18절에 의해 확증된다.

그것에 이어 내가 제시한 답변은 오랜 기간에 걸쳐 육체의 욕망과 격렬한 싸움을 벌이고 마침내 정복하고, 무력화하거나 약화하여 복종시키기까지 하는 성령의 위세로 보아 그런 일은 일어날 수 없다는 것이었다. 그렇지만 그런 상황이 벌어질 수도 있는데, 그것은 성령과 은혜의 병기(兵機)들이 대적할 수 있는 준비를 갖추기 전에 그 사람이 유혹을 받아 정복당해 버렸거나, 서로 대치하는 중에 그가 전투 초기에 사용했던 무기를 스스로 던져 버렸거나, 아니면 그가 성령 안에서 전투를 시작했음에도 더 이상 그 무기를 사용하지 않고 육체 안으로 들어가 버릴 경우다. 이런 가능성을 제외하고, 육체나 세상, 사탄이 우리를 제압할 수 있는 길은 없다. 여러 본문에서 이미 지적되었듯이 우리 "안에 계신 분이 세상에 있는 자보다 크시기"(요일 4:4) 때문이다. 하나님의 은혜와 그리스도의 영에 대해 드러내놓고 완악함과 모독을 일삼는 것 외에 경건한 사람과 은혜 아래 사는 사람들이 때때로 육체와 세상, 사탄에게 정복당할 수 있는 다른 원인은 없다. 우리 안에 계신 성령이 둘 중에서 강한 쪽이 아니거나, 정욕을 품고 육체와 맞서 싸우는 동안 성령이 승리를 거두거나 할 뿐이다. 강한 힘을 충만히 갖고 계시는 동안 육체를 정복하시고, 그리하여 우리를 그에게 복종시키신 성령께서 우리의 육체를 그리스도의 몸 안에서 십자가에 못 박고 죽일 때, 어떻게 그가 육체에 대해 승리를 거두지 못할 수가 있겠는가?

셋째 이유에 대해 제기된 반론은 "중생한 사람이라도 어느 정도 그리고 상대적으로 죄 아래 포로 상태로 있을 수 있다. 즉 그들이 완전히 중생에 이른 상태가 아니고, 성령을 거스르는 욕망을 품고 육체의 활동 반경에 들어가 있다고 느끼는 한 그럴 수 있다."

이에 대해 나는 전건에는 동의하지만 후건에는 동의하지 않는다. 왜냐하면 성경은 중생한 사람이 중생의 불완전함과 육체의 잔재 때문에 죄 아래 구금되어 있다고 말하는 것이 아니라, 오히려 중생과 관련하여 그들이 죄의 멍에와 예속으로부터, 그리고 마귀의 전횡으로부터 해방되었다고 말하기 때문이다. "중생한 사람에게 죄의 잔재가 남아 있다", "중생한 사람은 죄의 잔재에 의해 포로 상태로 구금되어 있다"라는 것은 모순 관계에 있는 긍정 명제다. 그 둘 가운데 전자는 정복되고 극복된 죄의 증표이고, 후자는 승전과 승리를 죄에게 돌리기 때문이다.

성령이 죄 죽임의 과정을 개시하고 사망을 선고한 후, 죄에 대해 동일한 그 성령은 어떤 일을 시행하실 것인가? 의심의 여지 없이 그것은 죄의 잔재를 박멸하는 일이고, 그는 죄가 남아 있지 않을 때까지 그것을 억누르고 소탕할 것이다. 그리고 아우구스티누스가 그의 작품 중 한 곳에서 이 주제를 다루었을 때 예리하게 간파했듯이 죄가 있는 곳을 수색하자마자 순식간에 처리된다. 그런데도 이 같은 반론이 상정되는 이유는 '죄로부터의 해방'과 '죄의 전횡적 권세', '사탄의 쇠사슬로부터 놓여남', '사탄의 폭정 아래 예속됨' 등이 마치 병존할 수 있는 것처럼 설명되기 때문에 그 어구는 눈에 띄지 않게 방치되다가 마치 검정색과 흰색이 초록색 안에서 만나고, 열기와 냉기가 미지근한 것에서 만나는 것처럼 어느 한 주제 안에서 한꺼번에 등장하는 것이다. 그러나 이 문제는 완전히 상이한 맥락에 속해 있다. 자유는 아무리 미소한 분량의 종살이나 예속이라 할지라도 함께 공존할 수 없기 때문이다.

물론 공격해 오는 적들에게 저항하는 데 큰 어려움을 겪을 수 있고, 때로는 충돌의 결과 크게 패배할 수도 있다. 그러나 이 문제를 이제껏 암시된 직유 관계에서 바라볼 경우에도 결코 '이 사람은 부분적으로 죄로부터 해방되었고, 부분적으로 여전히 종이며 포로이다'라고 말할 수 없다. 그렇다면 필연적으로 이 둘로부터 제3자의 존재가 부상될 수 있는데, 이쪽이나 저쪽에 속하지 않으면서 '극단 사이의 중용'이라는 이름으로 불러도 좋을 것이다. 그러나 나는 사도가 주제로 다루는 사람에게 귀속한 것이나 그것과 동치적인 것, 즉 중생한 사람에 관해, 그리고 은혜 아래 사는 사람에 관해 설명하는 것으로 추정할 수 있는 성경 본문을 찾아보기를 원한다. 그 본문은 이사야서 64장 6절이다.

그러나 이사야서에서 찾아낸 구절은 경건한 사람들과 은혜 아래 있는 사람들이 자신들의 지체에 속한 법에 따라 죄의 법 아래 포로가 되었다는 것을 증명한다. 그 사실 증명이 얼마나 정확한 것인지는 다음 두 구절을 비교해 보면 매우 분명하게 드러날 것이다. 이사야서 64장 6절에는 "우리는 모두 부정한 자와 같고, 우리의 모든 의는 더러운 옷과 같습니다. 우리는 모두 나뭇잎처럼 시들었으니, 우리의 죄악이 바람처럼 우리를 휘몰아 갑니다"라고 기록되어 있다. 그 반면에 지금 탐구 중인 로마서 본문(7장 23절)은 다음과 같다. "내 지체에는 다른 법이 있어서 내 마음의 법과 맞서서 싸우며, 내 지체에 있는 죄의 법에 나를 포로로 만드는 것을 봅니다."

이제 두 구절을 자세히 들여다보며 서로 비교해 보자. 전자의 주제는 이

스라엘 백성이 그들의 죄로 인해 본토에서 추방되어 포로 상태에 있는 것이며, 후자의 주제는 죄 아래서 종살이하는 것이다. 그러므로 이 문제는 모든 합당한 토론에서 준수하는 방법과 반대로 상이한 범주로 넘겨야 한다. 전자의 경우 하나님께 불복종하면서 자신들이 범한 실증적인 죄 때문에 그들이 받고 있는 응분의 형벌을 주제로 삼고 있다. 그러나 후자의 경우 그 주제는 하나님의 율법에 동의하고 자기의 마음의 법을 따라 지체들의 법에 맞서 싸우는 사람이 패배하고 정복당하는 원인이 바로 그가 자기 안에 살고 있는 죄에 의해 선동되고 강제되어 실제로 죄를 범하기 때문이라는 것이다. 그러므로 후자는 실제로 범한 죄의 원인과 실제로 범한 죄에 대한 심판을 다룬다. "우리는 모두 나뭇잎처럼 시들었으니 우리의 죄악이 바람처럼 우리를 휘몰아 갑니다"라는 구절은 열풍이 몰아치듯 육체의 부패한 욕망을 통해 그 사람들이 모종의 죄를 짓지 않을 수 없었다거나, 그들이 마치 죄 속으로 녹아 들어간다는 것을 뜻하는 것이 아니라, '우리의 불의함'이라는 이름으로 구별되는, 실제로 범한 죄로 인해 그들이 바람에 쫓기듯이 스러지고 나뭇잎처럼 흩어지게 되었음을 지시한다.

악한 자들에 관해 유사한 선언을 한 시편 1편과 이 구절을 비교해 보자. 칼뱅, 무스쿨루스, 그발터[48] 등 성경 해석자들의 글을 참조하라. 그러면 그 앞에 나오는 것에 관해서도 이 본문 전체가 많은 사람들에 의해 그들이 확립하고자 하는 것을 입증하기 위해 부적절하게 인용되었다는 것을 뚜렷이 보게 될 것이다.

이 문제를 더 평이하고 분명하게 설명하기 위해 우리는 죄의 전횡 아래

..

48) Rudolf Gwalther(1519~1586). 취리히교회의 개혁교회회장으로, 하인리히 불링거(Hinrich Bullinger)를 계승한 개신교 개혁자였다.

있는 예속에는 두 가지 유형이 있음을 유의해야 한다. 하나는 아담으로부터 온 원초적 기원에 따라 우리 모두가 '진노의 자녀'로 태어나고 죄의 종이 된 것이고, 다른 하나는 우리가 실제로 법을 어기고 우리 자신을 죄에 예속시키며, 그것을 섬기는 우리 자신의 특정 행위에 의한 예속이다. 어떤 사람들은 이 같은 두 종류의 종살이를 이집트 포로와 바빌론 포로에 의해 알레고리적으로 유형화하기도 한다. 이스라엘 자손들의 경우 그들의 부모가 이집트로 이주했고, 오랜 세월이 흐른 후 그들이 핍박을 받고 종처럼 취급을 받게 되었기 때문이다. 바로 똑같은 그 민족은 자신들의 죄로 인해 적군들의 폭력에 의해 강제로 끌려가 바빌론에서 포로 생활을 했다.

그러나 사도 바울이 여기서 논구하는 포로 상태는 이 두 가지 유형 중 첫째 것 이후에 관한 것이다. 우리의 원초적 기원으로부터 가지고 있는 지체들의 법은 마음의 법과 싸움을 벌이는데, 후자가 패배하여 율법 아래 사는 사람을 죄의 법에 종살이하게 만들 때, 그는 바로 죄 가운데 잉태되고 불 가운데 태어났던 사람이다. 전체 이야기를 한마디로 표현하면 죄 가운데 태어나 처음부터 죄의 포로가 된 사람은 실제로 자기가 지은 죄에 의해 죄의 법 아래로 포로로 끌려오는 것이다. 그러므로 이 같은 관찰을 통해 우리가 구성한 삼단논증으로 이끌어 낸 명제가 참이고, 모든 반론을 물리치고 견고하게 서 있음을 확연히 본다. 전제로 삼은 가정은 사도의 텍스트에서 굳건히 확립되었고, 그것으로부터 사도가 이 구절에서 다루는 사람이 중생하지 못한 자로서, 은혜 아래가 아니라 율법 아래 살고 있다는 결론으로 귀결된다.

로마서 7장 24절에 관하여

증명해야 할 논제는 다음과 같다.

1) 탄식하며 부르짖음. "아, 나는 비참한 사람입니다!" 이에 대한 두 가지 독해.

2) 죽음의 몸은 곧 죄의 몸이다.

3) 죽음의 몸이란 우리의 필멸적인 몸을 지시하지 않는다고 보는 네 가지 이유.

4) 이것을 확증하는 아우구스티누스와 에피파니오[49]의 증언.

5) 참된 견해를 옹호하는 논증.

6) 참된 견해를 옹호하는 또 다른 논증.

자기 자신에 대해 냉정하게 고찰했을 때, 이 사람은 자신의 상태를 보면서 신음하면서 탄식한다. "아, 나는 비참한 사람입니다. 누가 이 죽음의 몸에서 나를 건져 주겠습니까?" 이 구절에 관하여 낱말들의 이중적 의미에 따라—'이 죽음의 몸에서(from the body of this death)' 또는 '죽음의 이 몸에서(from this body of death)'—두 가지 방식으로 설명할 수 있다고 보는 사람들은 그것을 "우리에게 주어져 우리가 짊어져야 할 이 필멸적인 몸"으로, 다른 사람들은 "율법 아래 사는 사람을 지배하고, 그를 필연적으로 죽게 만드는 죄의 몸"으로 해석한다. 그러나 후자의 해석이 그 어구 자체로

••

49) Epiphanius of Salamis(310~403). 유대 지역에서 출생한 그는 4세기 말엽 키프로스 살라미스의 주교를 역임했다. 로마가톨릭교회와 동방정교회, 오리엔트정교회 등에서 성인이자 교부로 공경을 받고 있다. 그는 정통 신앙의 강력한 옹호자라는 명성을 얻었다. 대표적인 저서로 당시 이단의 목록을 작성하여 비판한 『파나리온(*Panarion*)』이 있다.

보나 문맥적으로 보나 더 적절하다. 왜냐하면 대명사 '투투'[50]는 '몸', 소마톤[51]을 지시하는 것이 아니라, 가장 가깝게 연결되어 있는 '죽음', 타나투[52]를 지시하기 때문이다. 따라서 그 절은 이렇게 옮겨야 한다. 17절과 20절에 표현되어 있듯이 (내 안에 존재할 뿐만 아니라 내 속에 살면서 지배하는 죄, 곧) "죽음의 몸으로부터 누가 나를 구할 것인가?"

로마서 6장 6절에서 사도는 몸을 죄에 전가한다. "우리의 옛사람이 그리스도와 함께 십자가에 달려 죽은 것은 죄의 몸을 멸하여서." 즉 같은 절 후반부에 표현된 것처럼 그 죄의 몸이 파멸에 이를 때 죄의 종살이로부터 구원을 얻었다. 그 어구는 골로새서 2장 11절에서도 볼 수 있다. "그분 안에서 여러분도 손으로 행하지 않은 할례, 곧 육신의 몸을 벗어 버리는 그리스도의 할례를 받았습니다." 그러므로 이 같은 독해 방식에 따르면 이 탄식이 의미하는 것은 "내 속에서 지배하고 내 육체 안에 거주하면서 나를 사로잡아 자기의 종으로 만들고, 나를 확실한 죽음에 이르게 하는 죄의 횡포로부터 누가 나를 구원할 수 있을 것인가?"이다.

또 다른 사람은 조금 다른 의미를 강력하게 주장하면서 그 하반절을 "누가 이 죽을 수밖에 없는 몸에서 나를 건져 주겠습니까?"라는 의미로 해석한다. 즉 사도 바울이 다른 구절에서 "내가 원하는 것은 세상을 떠나서 그리스도와 함께 있는 것입니다"(빌 1:23)라고 말할 때와 같은 의미다. 그렇지만 이 의미는 지금 이 탄식에는 맞지 않다. 그 이유는 다음과 같다.

첫째, '이것'을 뜻하는 대명사 '투투'가 몸이 아니라 죽음을 가리킬 수밖

---

50) τούτου(toutou). 후토스(houtos)에서 파생한 단수형 남성 또는 중성 속격 대명사. 사물이나 인격을 모두 지시할 수 있다. 즉 '이것'이나 '이 사람'을 지시한다.

51) σωμάτων(sōmatōn). 몸을 뜻하는 중성명사 소마(σῶμα)의 속격.

52) θανατου(thanatou). 남성명사 다나토스(θανατος)의 속격.

에 없는, 문장 구성상의 이유 때문이다.

둘째, 선행하는 구절은 그런 의미(죽을 수밖에 없는 몸)를 상정하는 것을 허용하지 않기 때문이다. 왜냐하면 이 사람 속에 살면서 그로 하여금 자기의 욕망을 채우도록 강요하는 죄의 위력과 전횡이 바로 사도가 여기서 논의하는 주제이기 때문이다. 그러나 24절에서 간절히 소망하는 구원은 그 구절의 주제인 '포로 상태'에 반대된다.

셋째, 그 탄식에 이은 감사 기도 때문인데, (그 어구가 이 죽을 수밖에 없는 몸을 의미할 경우) 그것은 아직 성취되지 않은 소망과 연결될 수 없는 것이다.

넷째, 그리스도의 은혜는 단순히 이 필멸적인 몸에서 구원하는 것이 아니라, 죄의 몸과 그 지배로부터 우리를 해방시키려 하는 것이기 때문이다. 우리가 그리스도를 믿고 소망하는 가운데 기다리고 있는 그 복된 아날루신,[53] 즉 '해체(dissolution)' 또는 '사멸(departure)'을 통해 우리가 수고하는 모든 것과 내면적으로 공격받는 욕망과의 갈등으로부터 해방되어 안식에 이르는 약속이 우리에게 보장되어 있는 것이 사실이다. 그러나 이 구절에서 사도는 우리 내면에 존재하는 욕망의 갈등과 충격에 대해 다루는 것이 아니라, '마음의 법'이 헛되이 저항하는 충격에 의해 그 욕망을 채우려 하는 경향성에 대해 말한다.

나의 견해를 옹호하는 사람 중의 하나인 아우구스티누스는 그의 저술 『자연과 은혜』 53장에서 다음과 같이 말한다. "성도들은 본디 선한 몸의 실체로부터 구원되기를 기도하는 것이 아니라, 육적인 악으로부터 구원받기를 간구한다. 구세주의 은혜가 없이는 어떤 사람도, 죽음에 이르러 우리

---

53) αναλυσίνη(analusin). 문자적으로 분석 또는 해체를 뜻한다.

가 몸을 떠나게 될 때도 그런 악으로부터 해방될 수 없다." 아우구스티누스의 해석에 따르면 "성도들이나 경건한 사람들은 육적인 각종 악으로부터 구원되기를 기도한다"라고 말하는 것인데, 그것은 나의 해석에 아무런 위해가 되지 않는다. 나는 다만 '죽음의 몸'을 그가 어떻게 이해하는지를 지적하려 한다.

『셀레스티우스에 대한 반론, 정의의 완전성에 관하여』에서 아우구스티누스는 또 이렇게 말한다. "그러므로 현세의 삶의 마지막 날에 모든 사람이 이 몸을 떠날 수밖에 없는 것, 그리고 예수 그리스도를 통해 오직 하나님의 은혜가 그의 성도와 신자들에게 베푸시는, 이 죽음의 몸으로부터의 해방은 서로 다른 별개의 일이다."『예순네 번째 이단에 관하여』 2권 1절에서 에피파니오는 메도디오[54]에 대해 이렇게 말한다. "아글라폰[55]이여, 그러므로 그는 이 몸을 죽음으로 부르지 않고 육체의 욕망을 통해 몸 안에 존재하는, 그리고 하나님께서 친히 오시어 그것으로부터 우리를 구원하신 죄라고 불렀던 것이다."

따라서 24절을 올바르게 이해함으로써 나는 나 자신의 견해가 확립되었다고 주장하는 바다. 즉 은혜 아래 있는 사람들은 비참하지 않다. 그러나 이 사람은 비참하다. 그러므로 이 사람은 은혜 아래 있지 않다. 가정된 전제는 텍스트 안에 들어 있고, 따라서 논란의 여지가 없다. 그 명제에 관해 이렇게 말하는 사람이 있을 수 있다. "은혜 아래 있는 사람들은 부분적

..

54) Methodius(815~885). 가톨릭 성인 키릴로스의 형제로, 비잔틴 기독교 신학자이자 선교사다. 이들 형제가 벌인 슬라브 복음화 활동으로 그들은 '슬라브의 사도'로 알려져 있다. 그들은 구교회 슬라브어를 기록하는 데 사용한 최초의 알파벳인 글라골 문자(Glagolitic script)를 고안한 것으로도 알려져 있다.
55) Aglaophon(생몰 연도 미상). 그리스 타소스섬에서 출생한 고대 그리스 화가다.

으로 복을 누리고, 또 부분적으로 비참하다. 복을 누리는 것은 그들이 중생을 경험하고 그리스도의 은혜에 참여하기 때문이고, 비참한 것은 계속 전투를 벌여야 하는 죄의 잔재가 그들에게 여전히 남아 있기 때문이다. 그럼에도 이것은 아직 충만하고 완전히 만개하지 않은 지복의 확실한 증거다." 중생한 사람들이 계속해서 이 필멸적 인생의 거류인으로 살아가는 동안 그들의 모든 부분들이 숙성하고 완성되고 완전한 행복에 이를 수 없다는 것을 나는 인정한다. 그러나 그 사실 때문에 자연인으로서의 삶에서 그들이 "모든 사람 가운데서 가장 불쌍한 사람"(고전 15:19)으로 부를 수 있겠지만, 하나님의 아들을 믿음으로써 영위하는 영적인 삶에서 그들을 가리켜 '비참하다'고 부르는 성경 구절을 나는 단 한 번도 본 적이 없다.

이어서 다음과 같은 반문을 내놓는 사람이 있을 수 있다. "그렇지만 죄의 잔재와 씨름해야 하고, 사탄의 하수인에게 시달리면서 때로는 정복당하고 위중한 상해를 입을 수도 있는 것은 비참한 일이 아닌가?" 의심의 여지가 없이 그런 일이 일어날 필요가 없는 것이 바람직하지만, 어쩌면 그 사람들이 사탄의 사자에게서 해방되는 일이 전혀 일어나지 않을 수도 있다. 그러나 계속 싸워야 하고 시달림을 받는다는 이유로 그 전사들과 고생하는 사람들을 '비참한 사람'이라고 부를 수는 없다. 물론 싸움에 지는 것은 비참한 일이지만, 비록 그들이 간혹 정복당할 때가 있더라도 세상과 죄와 사탄을 무찌르고 승리를 거둘 때가 더 많은 사람들은 결코 '비참하지' 않다.

이 죽음의 몸에서, 즉 죄의 지배와 전횡으로부터 해방되기를 간절히 바라는 사람은 은혜 아래 있는 것이 아니라, 죄 아래 있다. 그러나 이 사람은 죄의 지배와 전횡으로부터 놓여나기를 바라고 있다. 그러므로 이 사람은 은혜 아래 있는 것이 아니라, 죄 아래 있는 것이다. 결론 명제가 참인 것은 중생한 사람과 은혜 아래 있는 사람들이 죄의 예속과 포학으로부터 해방되었기 때문이다. 물론 완벽한 자유를 얻은 것은 아니지만 그들에 대해 언급하고자 하는 사람들이 성경과 일관되게 말할 수 있기를 바란다면 결코 그들이 죄의 지배와 포로 상태에 있다고 말할 수 없을 만큼 자유롭다. 그러나 지금 고찰되고 있는 이 사람이 그의 내면에 살면서 지배하는 죄의 몸으로부터 해방되기를 바란다는 사실은 이미 증명되었다. 그러므로 그 결론은 타당하게 도출된다.

로마서 7장 25절에 관하여

증명해야 할 논제는 다음과 같다.

1) 상반절에 대한 고대 교부들의 다양한 독해.

2) 하반절에서 이 사람은 자기가 "마음으로는 하나님의 법을 섬기고, 육신으로는 죄의 법을 섬기고 있다"라고 말한다.

3) "하나님을 섬기는 것"과 "하나님의 법을 섬기는 것"은 똑같은 것이 아니다.

4) 이 장에 언급된 다양한 종류의 법과 한 가지 도표와 그것에 대한 설명.

5) 이 구절로부터 반대 견해를 확증해 주는 어떤 것도 획득할 수 없다.

크리소스토무스는 이 구절의 전반부인 "우리 주 예수 그리스도를 통하여 나를 건져 주신 하나님께 감사를 드립니다"를 테오필락트의 해석과 동일하게 읽는다. 암브로시우스는 "예수 그리스도를 통한 하나님의 은혜"로 해석한다. 제롬 또한 펠라기우스를 배격하며 똑같은 해석을 채택한다. 아우구스티누스는 같은 부분을 "예수 그리스도를 통한 하나님의 은혜에 의해"라고 옮겨 쓴다(강론 5, 「사도 바울의 말씀에 관하여」 10절). 에피파니오는 이 상반절을 "예수 그리스도를 통한 하나님의 은혜"로 읽는다(『오리겐을 비판하는 메토디오수로부터. 이단 교리 64』 2권 1절). "우리 주 예수 그리스도를 통하여 나를 건져 주신 하나님께 감사를 드립니다. 그러니 나 자신은 마음으로는 하나님의 법을 섬기고, 육신으로는 죄의 법을 섬기고 있습니다."

그러나 이 절에서 사도 바울은 자기 자신이 개인적으로 죄의 몸에서 구원받은 것에 대해 하나님께 감사를 돌리고, 바울이 지금 역할 연기를 하고 있는 그 인물이 빠지기 쉬웠던 죄를 주제로 다룬다. 이 절에 들어 있는 감사 기도는 앞에 나왔던 의문형 탄식에 대한 답변인 것으로 추정된다. 즉 "하나님의 은혜는 이 사람이 율법에 의해 구원받을 수 없었던, 이 죽음의 몸에서 그를 구원하실 것이다." 이것은 그리스어 원본을 옮긴 몇몇 사본에서 직접적이고 명시적으로 설명되었고, 그에 따라 이 구절은 다음과 같이 읽힌다. "우리 주 예수 그리스도를 통한 하나님의 은혜", 즉 "이 은혜는 나를 또는 내가 역할 연기를 하고 있는 그 사람을 이 죽음의 몸에서 구원하실 것이다." 바로 그것이 사도가 이번의 탐구를 통해 증명하려는 으뜸가는 목적이다.

같은 구절의 후반부는 앞에서 언급한 모든 것을 간략하게 요약하는 것과 비슷하다. 즉 사도가 여기서 다루는 사람이 처한 상태에 대해 다음과 같이 간략하게 정의하고 기술한다. "나 자신은 마음으로는 하나님의 법을 섬기고, 육신으로는 죄의 법을 섬기고 있습니다." 여기에 포함된 어구를 정확히 설명하는 것이 문제 전체를 명확히 노정하고 설명할 수 있는 핵심 열쇠다. 그러므로 이 어구에 대해서는 면밀한 검토가 필요하다.

이 본문을 중생한 사람과 은혜 아래 있는 사람과 연관된 것으로 해석하는 사람들은 사도 바울이 중생한 사람일 경우 그가 "하나님을 섬기고", 그 반면에 그가 중생에 이르지 못한 사람이고 여전히 부분적으로 육적일 경우 "죄를 섬기는" 상태에 있음을 이 어구들이 암시하는 것으로 보기 원한다. 또한 그들은 '마음'을 인간의 중생받은 부분이 수용되는 국면으로, 그리고 '육신'을 아직 중생에 이르지 못한 사람의 부분에 할당한다. 그들은 '하나님의 법을 섬기는 것'을 '하나님을 섬기는 것'과 동일한 것으로, '죄의 법을 섬기는 것'을 '죄를 섬기는 것'과 동일한 것으로 다룬다. 그러나 이 같이 상정하는 것은 이 본문에 의해서나 다른 성경 구절에 의해서도 입증되지 않는다.

사도는 중생한 사람에 대해 '마음(mind)'이라는 명칭을 사용하는 일이 드물고, 일반적으로 '영'이라는 명칭을 사용하기 때문이다. 그가 이렇게 하는 데는 매우 정당한 이유가 있다. '마음'은 중생되어야 할 표적인 반면, '성령'은 그의 이름에 참여함으로써 이루는 연합의 집행자이기 때문이다. 그뿐만 아니라, '마음'은 육체에 속하기 때문이기도 하다. "그런 자는 자기가 본 환상에 도취되어 있고, 육신의 생각(mind)으로 터무니없이 교만을 부립니다."(골 2:18) 이방인들은 "허망한 생각(mind)을 갖고 사는"(엡 4:17) 것으로 말해진다. 우상숭배자들은 하나님께서 "타락한 마음(mind) 자리에 내버려두시며"(롬 1:28), 사도는 "마음이 썩은 사람들"(딤전 6:5; 딤후 3:8)에 대해 언급한다.

그러나 '하나님을 섬기는 것'은 '하나님의 법을 섬기는 것'과 같은 것이 아니고, '죄를 섬기는 것'과 '죄의 법을 섬기는 것'이 똑같지 않다는 것은 명백한데, 첫째로 표현하는 낱말들 자체가 상이하기 때문이다. 상이한 어구들이 서로 다른 의미를 가질 개연성이 매우 높다. 만일 누군가 이 사실을 부정한다면 그 사람에게는 반드시 자기의 입장을 입증할 의무가 있다. 둘째로 누구든지 하나님과 맘몬, 하나님과 죄, 두 주인을 섬길 수 있는 가능성을 부인하신 그리스도의 말씀에 근거한다. 만일 "어떤 상이한 측면에서 그런 일이 가능할 수 있는데, 즉 마음으로는 하나님을 섬기고 육체로는 죄를 섬길 수 있다"라고 말하는 사람이 있다면 그런 사람에게 주는 나의 답변은 그러한 어설픈 구별에 의해 그리스도의 일반적인 긍정 언명을 회피하려는 것은 경건과 거룩한 예배를 크게 훼손할 수 있고, 자유사상가와 가짜 니고데모주의자[56]에게는 얼마든지 넓은 문이 열려 있다는 것이다. 하지만 또 누군가 "사도 바울도 그 점을 명시적으로 시인했다"라고 주장한다면 당연히 나는 그런 일이 없다고 부정한다. 그 어구들이 정확히 설명될 때—곧 그렇게 될 것이다—나의 부정은 타당하게 뒷받침될 것이다. 논의 중인 사람은 죄를 섬기는 것이지 하나님을 섬기는 것이 아니기 때문이다. 그러므로 그 어구들이 이 본문에서 사용되었으므로 그러한 상이한 어구들이 동일한 의미를 지시하지 않을 개연성이 높다고 하겠다.

그러나 사도가 여기서 다루고 있는 주제 자체를 우리 눈앞에 객관적으로 펼쳐 놓는다면 그 어구들의 참된 의미가 우리에게 스스로 떠오를 것이다. 따라서 선입견 없는 눈과 오직 진리만을 탐구하고 식별하기를 바라는 눈으로 그것을 검토하는 사람은 그 자신을 만족시켜 줄 것을 얻게 될 것이다. 그러므로 여기서 사도는 네 가지 종류의 법을 언급한다. 하나님의 법, 죄의 법, 마음의 법, 지체의 법이 그것이다.

이것들은 다음과 같은 방식으로 서로 반대되기도 하고 서로 어울리기

••
56) pseudo-nicodemites. 니고데모주의자라는 용어는 은밀히 예수를 찾아왔던 산헤드린 당원 니고데모에게서 유래한 것으로, 칼뱅은 프랑스 내에서 속으로는 복음주의자(evangelicals)이지만 겉으로는 로마가톨릭 신자와 같은 행동을 하는 사람들을 니고데모주의자라고 명명했다. 이들은 로마가톨릭 당국을 두려워하여 복음주의적 제자인 것을 비밀로 했기 때문이다. 키르케고르는 니고데모를 예수 추종자와는 반대되는 예수 흠모자라고 불렀다. 칼뱅처럼 키르케고르도 니고데모를 예수와 부분적인 관련만 맺을 뿐 동족으로부터의 핍박 때문에 공개적이고 완전한 헌신은 하지 못한 인물로 평가한다.

도 한다. 즉 하나님의 법과 죄의 법은 정반대되고, 마음의 법과 지체의 법도 그러하다. 또 하나님의 법과 마음의 법은 서로 조화를 이루고, 죄의 법과 지체의 법도 그러하다. 이로부터 하나님의 법과 지체의 법은 간접적으로 서로 대립하고, 마찬가지로 마음의 법과 지체의 법도 서로 그러하다는 것이 함축된다.

그렇지만 이것을 증보시켜 도형으로 나타낸다면 이 법들 사이의 관계를 더 잘 알아볼 수 있을 것이다. 하나님의 법과 죄의 법은 이 도형에서 가장 권위 있는 위치를 차지한다. 마음의 법과 지체의 법은 자기 상관들에게 봉사의 의무를 해야 하는 시종이나 조수로서 앞의 두 법을 섬기는 위치에 놓인다. "나는 속사람으로는 하나님의 법을 즐거워하나" 그 반면에 "내 지체에 있는 죄의 법에 나를 포로로 만드는 것을 봅니다."(롬 7:22, 23)

이상의 것을 전제로 나는 계속해서 설명하기로 한다. 사도는 여기서 서로 완전히 다르고 정반대되는 두 주인, 즉 하나님과 죄에 대해 규정한다. 이 중 전자는 적법한 주인이고, 후자는 인간 자신의 오류에 의해 폭력적인 수단을 통해 사람들을 압제하는 참주로서, 하나님의 정의로운 심판에 의해 다스려져야 할 사람이다. 하나님께서는 명령하신 일에서 인간이 그에게 복종하도록 법을 제정하셨다. 그리고 죄는 자기 자신의 특정한 법에 의해 제시하는, '내면의 욕망'에 있어서 인간이 그에게 복종해야 하는 법을 부과한다. 전자는 하나님의 법, 후자는 죄의 법으로 불린다. 전자에 의해 하나님께서는 율법 아래 있는 사람들로 하여금 그에게 복종하도록 인도하는 데 진력하셨다. 그 반면에 후자에 의해 죄는 온갖 종류의 폭력을 동원해 사람들을 자기에게 복종하게 만들려고 애쓴다. 하나님은 제정하신 율법에 의해 '거룩하고, 공정하며, 선한' 일을 명령하신다. 죄는 자기의 법에 의해 유용하고, 즐겁고, 육체에 만족을 주는 것을 제안한다.

이 두 주인, 하나님과 죄는 율법 아래 있는 이 사람이 좋아할 만한 이유와 목적을, 그리고 이 법들 각각에게 동의해야 할 어떤 근거를 가지고 있다. 하나님은 마음, 즉 마음의 법을 가지고 있으며, 죄는 육체, 즉 육체의 법이나 '지체의 법'으로 불리는 것을 가지고 있다. 마음은 하나님의 법이 '거룩하고 정의로우며 선하다는 것'에 동의하고, 육체는 죄의 법이 유용하고, 즐겁고, 만족감을 준다는 것에 동의한다. 마음의 법이란 하나님의 법을 아는 지식과 그것에 대한 동의이며, 지체들의 법이란 세속적이고, 땅에 속하며, 눈에 보이는 대상에게 기울어지는 성향과 경향성이다.

7장 23절에서 이 두 법은 마치 전쟁터에서 대열을 갖추고 적의에 차서 싸우는 병사들처럼 '안티스트라튜오메노이',[57] 즉 '서로 싸우고' 있다. 어느 한편이 적군을 제압하고 상대방의 주군과 장군에게 승리 선언을 할 때까지 전투는 계속된다. 마음의 법은 하나님의 법을 위해 싸우고, 지체의 법은 죄의 법의 깃발 아래 행군한다. 전자는 육체와 그 지체들의 법을 정복한 후 하나님의 법에 복종할 것을, 즉 하나님을 섬길 것을 인간에게 요구할 것이다. 반면에 후자는 마음의 법을 제압한 후 인간에게 구금형을 선고하고, 인간으로 하여금 죄를 섬기게 할 목적으로 '그의 지체에 있는 죄의 법에 그를 포로로 만든다.' 이 두 경쟁자들 사이의 갈등은 인간을 두고 벌어진 것으로, 하나님은 그를 자기에게 복종시키게 하기 원하시고, 죄는 그와 똑같은 소원을 성취하기를 열망한다. 이들 중 전자는 자기의 법을 인간에게 제정하고, 후자 역시 법을 제정한다. 그리고 두 진영은 각각 자신의 군사력을 사용하는데, 인간에게 여러 종류의 병기를 풀어서 승리를 거두고자 한다.

●●
57) ἀντι-στρατευόμενον. '서로 싸우고 있는(warring against)' 진행 상태를 뜻하는 동명사형.

이상의 설명을 통해 지금쯤이면 다음 어구가 무엇을 뜻하는지 분명해졌을 것이다. "나는 속사람으로는 하나님의 법을 즐거워하나"라는 것은 마음이 하나님의 법에 동의하여 사람으로 하여금 하나님께 복종하게 만들기 위해 자기의 군사력을 그 법을 위해 사용하기 원하는 것을 뜻한다. "내 지체는 죄의 법에 나를 포로로 만든다"라는 것은 나의 지체가 죄의 욕망에 동의하고, 인간을 그 법에 포로로 만들어 그를 죄에게 복종하게 만들려는 목적으로 자기의 군사력을 죄의 법을 위해 동원하는 것을 뜻한다. 그러므로 이 전투의 목적 또는 동기는 인간이 하나님의 법이든지 아니면 죄의 법이든지 그것에 사람을 종속시키려는 것이다.

이 목적을 성취하기 위한 양태가 곧 전투 행위이며, 그것은 실제로 양 진영 간의 현실적인 전쟁과 적대적인 충돌로 나타난다. 그러나 그것은 또한 인간을 향한 설득 전략을 포함하는데, 그의 동의가 없이는 어느 편도 소기의 목적을 달성할 수 없기 때문이다. 육체에 대항하는 마음은 거룩하고, 정의로우며, 선한 법에 따라 행동하고, 단순히 즐거울 뿐인 것을 거부하도록 인간의 의지를 설득한다. 마음을 혐오하는 육체는 거룩하고, 정의로우며, 선한 것을 물리치고 무시하며, 즐거움과 유용성을 제공할 수 있는 것을 포용하도록 동일한 인간을 설득한다. 마음이 의지에 노력을 투여해 얻는 효과는 선을 향한 의욕과 악에 대한 증오다. 반면 육체가 동일한 의지에 작용하여 산출하는 효과는 악에 대한 의욕과 선에 대한 무의욕이다. 이것은 의지의 변화로서, 처음에는 한 진영에 대해, 그 다음은 반대 진영에 대해 일으킨다.

여기서 쟁점 또는 결말은 문제의 인물에게서 어느 편이 더 강하고 더 강력한 효력을 발휘하는가 하는 것이다. 그러나 이것은 (23절에 기술되어 있듯이) 갈등이 낳는 결과로서 선의 불이행, 악의 비부작위(non-omission)인데, 선을 수행하는 것을 인정하고 악을 범하는 것을 비난하는 주체, 즉 선을 이행할 것을 명령하고 악의 실행을 금지하는 마음이 무기력 상태에 있다는 증표다. 그것은 이 사람의 경우 죄와 육체의 진영이 더 강하다는 것을, 헛되이 저항하는 마음의 법보다 더 막강하다는 것을 명백히 보여 주는 증거로서, 즉 악한 것이 실행되고 선한 것이 유기되며, 죄 아래 있는 사람의 예속 상태에 빠지는 것을 가리킨다. 이런 결과를 초래하는 원인은 육체에 의해 무력화된 율법의 취약성(롬 8:3)과, 육체의 기세와 불굴의 지배력으로서, 그 결과 그 사람은 율법을 따르지 않고 육체를 따라 살며, 마음의 법 대신 지체의 법을 따라 행군한다.

그러나 이 갈등 상황에서 석판에 법조문을 쓰는 것이 아니라, 부드러운 마음판에 하나님에 대한 사랑과 경외심을 각인하는 그리스도의 영의 더 강한 힘이 투입된다면 우리는 다른 결과를 바랄 수 있게 될 뿐만 아니라, 우리가 성공적인 입지를 획득하는 일이 확실시된다. 바로 이 점을 사도 바울은 로마서 8장 2절에서 지적했다. "그것은 그리스도 예수 안에서 생명을 누리게 하는 성령의 법이 당신을 죄와 죽음의 법에서 해방하여 주었기 때문입니다." 왜냐하면 이전까지 "죄의 법에 포로로 끌려왔던" 이 사람이 예속으로부터 해방되어 "더 이상 육체를 따라 살지 않고 영을 따라 살게 되는" 일이 바로 이 영의 권능에 의해 실현되기 때문이다. 즉 이 사람은 삶속에서 성령의 운동과 영향력과 인도하심을 따르기 시작하는데, 이제까지 하나님의 법과 마음이 법이 그를 인도하려고 무던히 애썼음에도 죄의 법과 지체의 법의 방해로 인해 소기의 목적을 이룰 수 없었던 바로 그 동일한 목적을 이 성령의 운동과 영향력과 인도하심이 완수할 수 있게 된 것이다.

마찬가지로 이 반전은 (사도 바울이 빈번히 언급하는 로마서 8장 2절의 표현에서 보듯이) 이 사람이 마음의 법이 아니라 영을 따르고, "성령의 인도하심을 따라 살고, 율법 아래 있지 않게"(갈 5:18) 되는 일을 가능하게 만든 원인이기도 하다. 진실로 이 말은 영의 법을 따라 사는 사람이 하나님의 법을 따르지 않는다는 것이 아니라, 법이 아니라 그리스도의 영이 그 사람으로 하여금 하나님의 법을 따라 자기의 삶을 제어할 수 있게 하는 원동력이라는 것이다. 법은 명령을 내릴 줄은 알지만 어떤 도움도 줄 수 없기 때문인데, 이 점은 아우구스티누스가 자주 강조하는 교의다.

이상의 관찰을 통해 이제 25절만 보더라도 반대 견해를 입증하는 어떤 것도 암시될 수 없다는 것이 명확해졌을 것이다. 오히려 사도의 본문이 율법 아래 있는 사람에 대해 언급하고 있다고 설명하는 견해가 이 구절에 의해서도 확립된다. 왜냐하면 율법 아래 있는 이 사람은 "마음으로는 하나님의 법을" 섬기지만 육적인 사람인 까닭에 "육신으로는 죄의 법을 섬기고" 있고, 그리하여 그의 마음과 양심의 모든 저항이 허사가 되어 자기 자신이 죄의 법에 포로로 끌려가도록 돕는 지경에 이르기 때문이다. 사도 바울이 "나 자신은"이라고 말하는 사실이 반대 견해를 확증하는 데 조금도 기여하지 못한다.

이 장의 앞부분에서 그가 "나"라는 낱말을 사용하는 사례가 많고, 심지어 "죄는 이 계명을 통하여 틈을 타서 내 속에서 온갖 탐욕을 일으켰습니다. 율법이 없으면 죄는 죽은 것입니다"(8절), "전에는 율법이 없어서 내가 살아 있었는데, 계명이 들어오니까 죄는 살아나고 나는 죽었습니다."(9절) "나를 생명으로 인도해야 할 그 계명이 도리어 나를 죽음으로 인도한다는 것이 드러났습니다."(10절) "죄가 그 계명을 통하여 틈을 타서 나를 속이고, 또 그 계명으로 나를 죽였습니다."(11절) 그 외의 다른 구절도 있다.

그러나 '나'라는 일인칭 대명사에서 파생한 '아우토브(autov)'라는 대명사〔영어로 '나 자신(myself)'으로 옮길 수 있다〕는 대명사 '나'가 앞에서 화자인 사도가 다루었던 인물을 지시하는 것임을 가리킨다. 왜냐하면 그 낱말은 가장 근접한 선행사를 가리키는 지시사 또는 지시대명사이기 때문이다. 그 것은 마치 "나는 바로 이미 내가 이야기했던 그 사람이다"라고 사도가 말 하는 셈이기 때문이다. 이 역시 명백한 사실인데, 그는 선행하는 구절로부 터 자신의 역할을 맡았던 그 인물이 (그러한 역할 게임을 요구한 성령의 영향 력 아래서 그 인물의 실천적 지혜를 가늠할 수 있는 대목이다) "마음으로는 하나 님의 법을 섬기고, 육신으로는 죄의 법을 섬기고" 있다고 결론 내리기 때 문이다. 로마서에서 사도 바울이 자신에 관해 말하는 맥락에서 이 모든 점 을 고려하고, 그 점을 여기 제시된 기술의 특수 사항과 비교하도록 하자. 그러면 이 본문에서 사도가 결코 집필 당시의 그 자신에 대해 말하고 있는 것이 아니라는 것이 분명하게 드러날 것이다. 요약하면 다음과 같다.

1) 이 장에서 기술된 인물에게 뚜렷이 속하는 특질은 그가 율법 아래 있 다는 것과 그가 육적이고 죄의 종이라는 것이다.

2) 율법 아래 있는 사람의 모순적인 상태.

3) 하나님이 죄인을 참회로, 그리스도에 대한 믿음으로, 믿음의 순종으 로 인도하는 방식.

4) 아우구스티누스와 무스쿨루스에 의해 확증되는 표상, 즉 중생으로 인도하는 성령이 어디까지 역사하시는가?

5) 이에 대해 제기되는, 인간이 처하는 상태의 세 가지 유형에 대한 반 론. 이 반론에 대한 답변. 온전히 거부할 수 없을지라도 모든 것을 한눈에 검토할 수 있고 올바른 판단이 형성될 수 있도록 모든 사항을 한데 모아 간명한 형태로 눈앞에 제시해 보도록 하자.

사도 바울이 다루는 '율법 아래 있는 사람'에 관하여

그는 자기의 행동을 허용하지도 않고 인정하지도 않는다. 왜냐하면 그는 선을 원하고 악을 미워하며, 하나님의 율법이 선하다는 것에 동의하고, 마음으로 선한 것을 원하며, 스스로 악한 것을 더 이상 원하지 않고, 참으로 자기의 속사람을 따라 하나님의 법을 즐거워하며, 자기 마음의 법을 따라 지체의 법에 맞서 싸우기 때문이다. 그 때문에 그는 탄식한다. 마음으로 하나님의 법을 섬기고 육신으로 죄의 법을 섬기고 있는 나 자신을 누가 이 죽음의 몸에서 건져 줄 것인가? 그는 자기가 허용하지 않고 인정하지도 않는 일을 행한다. 그럼에도 그는 선한 일을 하지 않고 도리어 악한 일을 한다. 그러나 그것은 그가 원하지 않는 것이다. 그는 악이 자기에게 현전하고 있음을 보며, 선한 일을 (어떻게) 실천해야 할지를 모른다. 그러나 그의 속에 살고 있는 죄에 의해 악이 실행되는 것이다.

한편 그는 자기 지체 안에 또 다른 법을 가지고 있다. 그 지체의 법은 그를 죄의 법에게 포로로 끌어가기 위해 그의 마음의 법과 싸움을 벌인다. 이 비참함으로부터, 이 죽음의 몸으로부터 누가 구해 줄 것인가? 그러나 육체로는 그가 죄의 법을 섬기는 까닭에 마땅히 서로 분리되어서는 안 되는 반대되는 것들이 여기서 사도 바울이 고찰하고 있는 사람에게로 모두 귀속된다. 하지만 그것들은 마땅히 서로 연합을 이루어야 하고, 그렇게 합동하여 그 사람에게 전가되어야 하는 것이다. 이 정황은 율법 아래 살고 있고 죄의 지배 아래 있는 주체 자신의 유비가 요구하는 것이다. 그는 율법 아래 있고, 첫 번째 열에 열거된 특수 항목들이 그에게 속하며, 또한 그는 죄의 지배 아래 있고, 두 번째 열에 열거된 항목들이 그에게 속하는 속성이기 때문이다.

그러나 사도 바울이 이 같은 요소들을 서로 결합하고 그것들을 서로 연결된 형태로 문제의 인물에게 귀속하는 양태는 이접적 언명의 방식이다. 그 점은 사람 자체를 지시하는 낱말 바로 뒤에 후치(後置)되는 연결사 '데(δε)'가 자주 사용되는 것에서 나타난다. 후자 없는 전자는 완전한 문장을 만들 수 없지만 불특정 인칭 명사 '사람들'은 '정말로, 참으로' 무엇인가 바로 뒤따라 나온다는 것을 지시하고, 접속사 데(δε)—'그러나, 그럼에도, 그렇다면'—는 무엇인가 앞에 나왔고, 그것에 의해 문장의 전반부나 후반부가 연결되어야 한다는 것을 가리킨다.

방금 언급한 것은 로마서 7장을 고찰할 때 꼼꼼히 관찰할 필요가 있는데, 예를 들면 다음과 같은 것이다. 두 항목들은 동일한 서열이나 위계에 속하는 것이 아니라, 후반부 절(이 경우 '데'는 연결사로 사용된다)이 중심적인 주부(主部)로서 설명, 예시, 확충을 담당하고, 전반부 절(인칭 명사가 여기에 위치한다)은 해석이나 마무리 짓기 역할을 위한 전치사 또는 문장의 처음 부분으로 사용된다. 그러므로 후반부의 특수 항목들(두 번째 열에 포함시켜야 하는 것)은 율법 아래 있는 사람이 죄를 물리치지 못하고 죄가 그에게 지배력을 발휘하게 되는 진정한 원인에 관해 더 풍부한 설명과 증거를 함유한다. 그 반면에 전반부의 특수 항목들(첫 번째 열에 열거되어 있는 것)은 문제의 이 범죄에 대한 비난이 정당하게 율법에 전가되지 않도록 율법을 변호하거나 그렇게 유도하는 역할을 한다. 이 모든 요소들을 통합한 것으로부터 사도가 지금 논구하고 있는 사람이, 지배력을 행사하는 육체와 그의 육체 안에 살고 있는 죄로 인해 수많은 육적인 사람들의 무리에 속하는 것으로 결론 내릴 수 있다.

그러나 그는 율법 아래 있고, 그렇기 때문에 대개의 경우 죄인을 그리스도의 은혜 아래로 옮기고 인도하는 율법의 영향력이 활성화되기만 하면 그는 신속하게(거의 순식간에) 육적인 사람들의 수로부터 빼내어져 은혜를 받는 상태로 옮겨진다. 그러한 고차적 상태에서 그는 더 이상 율법의 후원과 인도 아래 활력 넘치고 약동적인 "죄의 육정"에 맞서 항거해야 할 필요가 없어질 것이다. 오히려 은혜의 능력에 의해, 그리고 성령의 인도하심과 영향력 아래 그는 자기의 자연적 성향을 십자가에 못 박고 죽임으로써 죄의 육정을 거의 빈사 상태로 만들거나 매장하는 완벽한 승리를 거둘 수 있게 된다.

내가 그렇게 불러도 좋다면 그처럼 비정합적인 상태에 대해 성찰하는 사람이라면 사도가 여기에 기록한 것이 바로 그런 상태를 지시하는 것이 틀림없다는 것을 쉽게 파악할 수 있을 것이다. 왜냐하면 끈질기게, 그리고 마치 의도적인 것처럼 그는 그 상태에 대해 기술하는 어느 대목에서도 자기 자신을 '영(Spirit)'이라는 낱말로 지칭하지 않으려고 주의를 기울이는 것을 볼 수 있기 때문이다. 그러나 사도 바울이 사용하지 않으려고 조심하는 그 낱말은 그가 그 다음 장(로마서 8장)에서 거의 매 구절마다 사용하고 있는 데다, 마치 그의 눈과 마음 앞에 늘 매달고 있다시피 할 정도로 그의 서신에서 매우 흔하게 볼 수 있다. 특히 그가 중생한 사람과 그들이 하나님과 자기 이웃에 대해 가지는 의무에 대해 말할 때와, 경건한 사람들이 여전히 육체와 죄의 잔재와 계속 싸워야 할 전투에 대해 이야기할 때 특히 그러하다. 이 단일한 문제에 대해 깊이 고찰해 본다면 성경의 이 부분이 중생한 사람들과 은혜 아래 있는 사람들에게 적용될 수 있는 것으로 해석하는 사람들이 참으로 일의 진상을 알아보려는 정직한 욕구를 가지고 있고 진리 그 자체에 대한 사랑으로 고취되어 있기만 하다면 설혹 자신이 먼저 가지고 있던 견해와 일치하지 않는 것이라 해도 그들의 마음에 의구심을 야기할 수 있고, 또 마땅히 그래야 한다.

나는 또한 하나님께서 그의 아들 안에서 우리를 믿음으로, 믿음의 순종으로 어떻게 인도하시는지, 그리고 죄인을 회개시키기 위해 그가 어떤 수단을 사용하시는지를 모든 사람이 진지하게 고찰하기를 소망한다. 우리는 하나님께서 그러한 결과를 얻기 위해 그의 거룩한 말씀을 사용하신다는 것을 안다. 우리는 그의 말씀이 두 가지 근본적이고 핵심적인 부분으로, 즉 율법과 복음으로 이루어져 있다는 것을 안다. 우리는 또한 율법을 먼저 죄인에게 가르쳐서 그가 그것을 이해하고 인정할 수 있게 하고, 그가 율법을 깨닫고 인정하게 될 때 자기의 삶을 그것에 비추어 보게 하고, 그러한 검사 과정이 완결될 때 그가 자신을 죄인으로 시인하게 되고, 자신의 허물로 인해 정죄를 받아 마땅함을 깨닫고, 죄로 인해 그가 탄식하고 슬퍼하며, 죄를 혐오하게 되어 자기가 시급히 구원자를 필요로 한다는 것을 깨닫고, 스스로를 적극적으로 설득하여 구원자를 찾아 나서게 되어야 하는 것을 알고 있다.

　율법에 의해 그 정도로 준비된 사람에게 비로소 복음의 은혜가 선포될 때, 성령에 의해 복음이 마음에 뚜렷이 조명되고, 같은 성령에 의해 마음이 인 치심을 받음으로써 우리 마음 안에 믿음이 산출되고, 그때 비로소 우리는 그리스도와 연합된다. 그와의 연합을 통해 우리는 그의 이름으로 죄 용서함을 받을 수 있고, 그에게서 성령의 생동하는 힘을 얻을 수 있다. 이 약동하는 힘에 의해 우리의 육체는 그 정념과 정욕과 함께 죽임을 당하고, 그리하여 우리는 새로운 생명으로 다시 태어나며, 이로써 우리는 하나님께 감사의 열매를 바치고자 하는 의욕을 품고 또 그렇게 결단할 뿐만 아니라, 우리 안에서 "여러분으로 하여금 하나님을 기쁘게 해 드릴 것을 염원하게 하시고 실천하게 하시는"(빌 2:13) 성령께서 실제로 실행할 수 있게 하신다.

　이번에는 누구든지 하나님께서 보다 선한 삶으로 전환시키겠다고 선언하신 사람들의 마음에서 율법의 가르침이 흘러넘치게 되는 참된 효과를 성경에서 찾아내어 내게 보여 주기 바란다. 그러면 나는 즉시 그에게 한 사람을, 즉 사도가 자기의 인격을 빌려 이 장(롬 7)에서 기술한 것 같은 한 사람을 제시할 것이다. "하지만 그 효과는 그리스도의 은혜와 성령의 역사 없이도 율법의 가르침을 통해 이 사람 안에서 산출된 효과라는 말인가?" 펠라기우스주의 교의의 선도적인 옹호자들—그들은 율법의 가르침에 의해 그리스도의 은혜를 향해 도망칠 수밖에 없는 사람이(성령은 그 가르침에 복을 내리고 그것과 함께 동역하신다) 일순간에 또는 즉시 은혜 아래나 성령의 영향력과 인도하심과 그 통치 아래 있게 되는 것이 아니라고 주장한다—중 하나가 아닌 한 어떤 사람이 감히 이런 주장을 시인할 수 있겠는가? "그래서 율법은 그리스도께서 오실 때까지 우리에게 개인교사 역할을 하였습니다."(갈 3:24) "그리스도는 율법의 끝마침이 되셔서 모든 믿는 사람에게 의가 되어 주셨습니다."(롬 10:4) "율법으로는 죄를 인식할 뿐입니다."(롬 3:20)

아우구스티누스는 율법의 용도에 대해 고찰하면서 펠라기우스주의자들이 보나파시오 교황에게 보낸 두 서신에 대해 아래와 같이 답변했다. "율법은 개인 교사처럼 율법을 위반할 때 발생하는 결과에 관해 감당할 수 없는 어떤 일이 임할 것이라는 두려움을 갖게 함으로써 사람을 하나님의 은혜를 향해 인도하고 유도한다." 그리고 후속 단락을 보면 "그러므로 우리는 믿음을 통해 율법을 무효로 만들 것이 아니라, 사람들에게 두려움을 심어 줌으로써 율법이 그들을 믿음으로 인도하는 것을 확립해야 한다. 그러므로 두려움을 느끼고 율법의 의를 이루기로 결심하는 사람에게 하나님의 지혜이시며 그에 대해 성령께서 "그 입에 율법과 자비하심을 담으신다"라고 기록하신 예수 그리스도 우리 주님을 통해 은혜는 하나님의 자비하심을 내려 주신다. 그러므로 율법은 그로 하여금 두려움을 갖게 하고, 자비하심은 그가 안식을 얻을 수 있게 하며, 율법은 종을 통해서 내려주시고, 자비하심은 주께서 친히 내려 주신다."(4권 5장)

아울러 부패와 은혜에 대해 다룬 문헌의 1장에서 이 문제를 참으로 적절하게 논의한 것을 참조하도록 하자. "주님 자신은 오직 율법의 문자만이 보여 줄 수 있는, 우리가 어떤 악을 피하고 어떤 선을 이행할 수 있는지를 우리에게 친히 보여 주셨다. 그뿐만 아니라 우리가 악을 피하고 선을 행할 수 있도록 우리를 도와주시는데, 그것은 은혜의 성령 외에 아무도 할 수 없는 일이다. 이런 은혜가 없을 경우 율법이 존재하는 목적은 이것이다. 우리에게 유죄를 선언하고, '문자는 사람을 죽이고 영은 사람을 살립니다'(고후 3:6)라고 사도가 말했듯이 그런 이유로 우리를 죽이기 위해서다. 그러므로 율법을 올바르게 사용하는 사람은 그 안에서 악과 선을 배우고, 그리하여 자기 힘을 믿지 않고, 악을 그치게 하고 선을 행할 수 있게 도와주시는 은혜로 도피한다. 그러나 우리가 걷는 길이 주님께서 기뻐하시기 때문에 우리의 발걸음을 주님께서 지켜 주시는(시 32:23) 경우를 제외하고 어떤 사람이 과연 은혜로 도피할 수 있겠는가? 그리고 이런 식으로 은혜의 도움을 바라는 행위가 곧 은혜의 단초가 된다."

또한 같은 문헌의 5장에 나오는 다음 단락을 참조해 보라. "여러분은 자기의 단점이 지적당하는 것을 좋아하지 않는다. 의사를 찾도록 여러분 자신을 유도할 수 있을지라도 여러분은 그런 식으로 몰매를 맞고 유익한 괴로움을 당하는 것을 원하지 않는다. 여러분 자신의 모습을 제 눈으로 직접 보고 싶어 하지 않지만, 자신의 (내적인) 결함을 깨닫게 될 때 여러분은 자아 혁신을 도모해야 할 절박한 상황에 처한 것이고, 여러분이 이 오염되고 기형적인 상태에 머무는 고통을 겪지 않도록 하나님께 간구해야 할 것이다."

그는 6장에서 이렇게 말한다. "그러므로 가증한 원천을 질책 받음으로써 그러한 질책으로 인한 슬픈 결과를 벗어 버리고 중생을 향한 자발적인 의지가 생겨날 것이다. 그러나 그렇게 징계받은 사람이 약속의 아들이라면 고침을 받는 소리가 밖으로 퍼지고 회초리 소리가 들릴 때, 하나님께서는 그의 마음속에서 역사하시어 그의 은밀한 감동에 의해 의욕을 불러일으키실 것이다."

무스쿨루스는 그의 『비망록(Common Places)』 중 「율법에 관하여」라는 장에서 이렇게 말한다. "율법은 나로 하여금 이해하게 만들 뿐만 아니라, 양심의 고통과 가책을 통해 내 안에 있는 죄를 느끼고 경험할 수 있게 한다. 율법의 고유한 효력은 우리에게 핑계할 수 없는 유죄 선언을 내리고, 우리를 그 저주 아래 예속시키며, 우리를 정죄하는 것이다(갈 3장). 그리하여 우리가 죄와 정죄의 매서움을 예리하게 맛볼 때, 그것은 우리가 하나님의 은혜를 간절하고 뜨겁게 바라도록 이끌 것이다. 로마서 7장에서 탐구의 주제로 삼은, 사도 바울의 주인공의 모습이 떠오르고, 그 장의 말미에서 그는 이렇게 탄식한다. '아, 나는 비참한 사람입니다. 누가 이 죽음의 몸에서 나를 건져 주겠습니까?'"

예수 그리스도를 통한 하나님의 은혜

"그렇다면 바로 이것이 중생케 하시는 영의 역사하심인가?" 나는 목적에 관해서 이 물음에 긍정적으로 답하지만, 그 효력 자체에 대해서는 어떤 것도 단언할 수 없다. 왜냐하면 중생 전체에 걸쳐 핵심적인 부분으로 포함되는 죄 죽임(mortification)과 생기 부여(vivification)는 그리스도의 죽으심과 부활에 우리가 참여함으로써 우리 안에서 비로소 완성되기 때문이다(롬 6).

로마서 8장 15절에서 사도 바울은 "두려움에 빠뜨리는 종살이의 영"과 "자녀로 삼으시는 영"을 구별한다. 많은 사람들이 둘 중 앞의 것을 '율법의 영'으로, 뒤의 것을 '그리스도의 복음의 영'으로 부른다. 그러므로 두 영 모두 하나의 목적을 지향함에도 나는 종살이의 영의 사역은 자녀로 삼으시는 영의 사역을 왕성하게 하기 위한 조수 같은 것이라고 말하겠다.

그렇다면 로마서 7장에 대한 나의 설명이 율법과 그 용도, 그리고 그리스도의 은혜의 필연성에 관한 참된 교의에 상충하지 않는 것은 어째서인가? 하지만 그 본문을 다르게 해석하는 신학 박사들은 이 같은 문제에 대해 성찰하지 않은 채 그 장에 대해 설명하기 시작한다. 사도 바울이 여기서 탐구의 주제로 삼고 있다고 내가 생각하는 것과 똑같은 것을 그들이 성경을 토대로 가르칠 때, 우리는 교리에 관한 견해에서 서로 다르지 않고, 오직 바로 한 가지 정황에서만 다를 뿐이다. 즉 그들은 이 본문에서 다루어지고 있는 것으로 내가 확실히 판단하는 교의의 표제와 이 본문이 연관되는 것으로 생각하지 않는다. 그러나 이 견해를 취하는 사람이 나뿐만이 아니고, 내게 동의하는 사람들이 많이 있으며, 그 점은 뒤에서 우리가 발견하게 될 것이다.

이 시점에서 이렇게 반박하는 사람이 있을 수 있다. "그러한 당신(아르미니우스)의 설명은 인간의 상태를 세 가지로 규정하는 반면, 성경은 두 가지 상태만을 인정한다. 그리하여 세 가지 유형의 인간이 도입되는데, 성경에는 오직 두 가지 유형만이, 즉 중생에 이른 상태와 중생 이전의 상태, 신자와 불신자, 중생한 사람과 중생하지 못한 사람이 구별되어 있을 뿐이다." 이 반론에 대한 나의 답변은 다음과 같다.

나의 설명에는 일관된 세 부류의 인간 상태가 규정되어 있지 않고, 서로 판별적이고 완전히 반대되는 세 부류의 인간을 구별하고 있지도 않다. 오히려 나의 설명은 율법이 인간에게 어느 정도로 영향력을 행사하는지, 그리고 동일 인물이 그리스도의 은혜로 도피하도록 어떻게 율법에 의해 강제되는지를 제시한다.

나는 7장에 기술된 사람의 상태가 일관적인 것이 아니라, 어떤 등급이나 단계로부터 그 다음으로, 즉 불경건과 불신앙 상태에서 중생과 은혜와 상태로, 옛 아담의 상태에서 그리스도 안에 속한 새로운 상태로 이동하는 과정에 있다고 말하는 것이다. 이 등급이나 단계에 따라 어떤 사람들은 그가 재탄생(르네상스─옮긴이)한 것처럼(또는 거듭남이라는 말로) 부르기도 한다. 참으로 이 상태의 한 유형과 다른 유형 사이의 거리는 매우 멀기 때문에 누구든지 모종의 중간 단계를 거치지 않고 옮겨 갈 수 없다.

나는 상이한 시점과 관련하여 인간을 세 가지 상태로, 즉 율법 이전 또는 율법이 없는 상태, 율법 아래 있는 상태, 은혜 아래 있는 상태로 규정하는 것에 어떤 불합리한 점이 있다는 것을 부정한다. 성경의 사도 서신 중 지금 우리가 고찰하는 두 장에서도, 로마서 6장과 7장에서도, 갈라디아서 4장과 5장에서도 그렇게 세 가지 인간 상태가 언급되어 있기 때문이다. 아우구스티누스는 그의 저술 『로마서의 몇 가지 명제에 대한 주해』 3장에서 이렇게 말한다. "그러므로 우리는 인간의 네 가지 상태, 즉 율법 이전 상태, 율법 아래 있는 상태, 은혜 아래 있는 상태, 평화 안에 있는 상태를 구별할 수 있다. 율법 이전 상태에서 우리는 육체의 정욕을 따르고, 율법 아래 있는 상태에서 우리는 여전히 그것에 끌려 다니며, 은혜 아래에서 우리는 그 정욕을 따르지도 않고 그것에 끌려 다니지도 않는다. 평화 안에 있는 상태에서는 육체의 욕망이 존재하지 않는다. 그러므로 우리는 율법 이전 상태에서는 싸우지 않고, 율법 아래에서 싸운다."

또한 이 본문에 대한 부처의 주해서를 참조하기 바란다. 그는 인간을 다음과 같이 세 가지 유형으로 구별했다. 즉 아직 하나님을 믿지 않는 불경스러운 인간, 하나님을 사랑하지만 연약하여 죄를 이기지 못하는 거룩한 인간, 그리스도의 영의 강력한 분량을 수여받은 인간. 마지막 유형의 인간은 육체를 제압하고 정죄할 뿐만 아니라, 실제로 하나님의 경건한 삶을 즐겁게 확고하고 한결같은 근면함으로 영위할 수 있다. 그러므로 이 본문에 대한 부처의 주해서 전체를 숙독한다면 이 문제의 본질과 관련하여 그의 설명과 내가 지금 제시한 것 사이에 차이가 극히 미미하다는 것을 알 수 있을 것이다. 바로 이 주해서의 부분을 인용함으로써 나는 다음 장에서 그 점을 명확하게 입증할 것이다. 그러나 먼저 성경 자체의 많은 구절에서 과연 세 가지 유형의 인간을 제시하고, 또한 인간의 세 가지 상태에 대해 기술하고 있는지를 살펴보도록 하자.

계시록 3장 15~16절에는 뜨겁지도 차갑지도 않고, 미지근할 뿐인 사람들이 있다고 기술되어 있다. 그리스도께서는 그가 '의인들', 즉 자기 자신에 대해 그 정도로 자부심을 가진 사람들을 회개시키려는 것이 아니라, '죄인들', 즉 자신을 죄인으로 시인하거나 그의 가르침을 들을 때 스스로를 그렇게 불리기에 마땅하다고 시인하는 사람들을 회개시키기 위해 오셨다고 말씀하신다(마 9:13).

그리스도께서는 수고하고, 피곤하며, 무거운 짐을 지고, 죄의 짐으로 인해 억압당하는 사람들을 그에게로 부르신다(마 11:28). 그러나 자기의 의로움을 내세우면서 자기를 자랑하고 교만으로 뽐내는 사람들을 물리치신다(눅 18:9). "예수께서 그들에게 말씀하셨다. '너희가 눈이 먼 사람들이라면 도리어 죄가 없을 것이다. 그러나 너희가 지금 본다고 말하니, 너희의 죄가 그대로 남아 있다.'"(요 9:41)

바리새인과 세리에 대한 비유에서 우리는 인간이 세 가지 유형으로, 즉 바리새인 유형과 세리 유형, 의로운 자로 선언되기 이전 상태와 그 이후의 상태로 암묵적으로 기술되어 있음을 인지할 수 있다. 그러나 과연 누가 이와 유사한 모든 사례를 열거할 수 있겠는가? 사실 그러한 열거는 불필요하다. 우리 신학자들의 책은 그런 구별로 가득하지만 이 본문을 묵상할 때조차 그들은 자신들이 바로 이 문제(인간의 상이한 조건 또는 상태)를 다루고 있다는 사실을 깨닫지 못하고 있다는 것은 참으로 놀라운 일이 아닐 수 없다.

로마서 7장과 8장의 연관성

증명해야 할 논제는 다음과 같다.

1) 7장에 대한 해석의 진리성은 이제까지 저자가 추론한 것을 토대로 할 때 8장 도입부의 몇 구절을 그 앞에 선행하는 다른 구절과 비교함으로써 입증된다.

2) 8장 1절.

3) 8장 2절과 거기서 사용한 어휘에 대한 설명.

4) 8장 3절. 8장 도입부를 로마서 7장 5절과 14절과 비교하고, 8장 후반부를 같은 장 6절과 비교.

5) 8장 4절을 로마서 7장 4절과 비교. 8장 도입부의 네 절에서 가르치는 것을 석의(釋義)적으로 재기술하고, 그것이 앞의 장과 갖는 연관성을 살펴본다.

이어지는 8장 본문의 구절을 7장의 구절과 꼼꼼히 비교하는 조건하에 나는 8장의 구절 중 첫째 절에 대한 해석을 토대로 나의 해석을 확증할 수 있을 것이다. 왜냐하면 앞 장의 구절로부터 추론된 하나의 결론이 이 서신 전체를 통틀어 사도 바울이 제시하려는 주요 목적과 일관되고 조화를 이루는 것으로서, 바로 그 첫째 절에 들어 있기 때문이다. 그 구절은 다음과 같다. "그러므로 (육신을 따라 살지 않고 성령을 따라 사는 우리가) 그리스도 예수 안에 있는 사람들은 정죄를 받지 않습니다."

이 구절이 결론을 함유하는 것은 추론을 이끄는 접속사 '그러므로'에서 분명히 나타난다. 그 결론은 7장 마지막 구절의 앞부분으로부터 추론된 것이 아니라, 다음의 두 부분으로 구성되는 탐구 전체로부터 도출된 것이다. 즉 "인간은 자연의 법이나 모세의 율법에 의해 의롭다는 선언을 얻고 죄를 이기고 거룩하게 살 수 있는 것이 아니다. 그것은 오직 예수 그리스도의 복음을 믿는 믿음을 통해서만 가능하며, 그 은사는 율법을 따라 행하는 사람이 아니라 그리스도를 믿는 사람들에게 거저 수여된다."

그러나 그 두 가지, 즉 죄를 용서받는 것으로 이루어지는 칭의와, 신자로 하여금 죄를 이기고 거룩한 삶을 영위할 수 있게 하는 거룩한 영은 그리스도 안에 있는 우리에게 하나님께서 주신 은혜로운 언약에 속하는 부분이다. "나는 내 율법을 그들의 생각에 넣어 주고 그들의 마음에다가 새겨 주겠다. 내가 그들의 불의함을 긍휼히 여기겠고, 더 이상 그들의 죄를 기억하지 않겠다."(히 8:10, 12) 그러므로 이제까지 사도는 이 논제를 증명하기 위해 추론을 전개했고, (처음 다섯 장에서는 의로움과 죄의 용서에 대해, 6장과 7장에서는 죄를 이기고 거룩한 삶을 영위할 수 있는 힘에 대해) 여기서 비로소 그는 다음의 결론을 도출한다. "그러므로 그리스도 예수 안에 있고, 육체를 따라 행하지 않고 영을 따라 사는 사람들에게는 정죄함이 없다."

이 결론에서 강조되는 부분은 "그리스도 예수 안에서 육체를 따라 행하지 않고 영을 따라 사는 사람"이며, 여기서 제외되는 이들은 율법 아래 살고, 장차 정죄받을 것이 확실하며, 그리스도를 떠나 있고 죄의 지배 아래 있다. 마치 사도는 이렇게 말하는 것 같다. "그러므로 이 모든 것을 고려할 때, 율법 아래 사는 모든 사람들에게 정죄함이 임박한 것이 분명하다. 왜 냐하면 그들이 율법을 이행하지도 않고, 그렇게 실천할 능력도 없으며, 그 러한 정죄함이 면제되는 자유는 오직 그리스도 안에서 영을 따라 사는 사 람에게만 주어지기 때문이다."

그러나 "그리스도 예수 안에 있는 사람들"에게 강조점이 놓이고 다른 사 람들은 제외되어 있음이 확실하다. 1) "영을 따라 사는" 사람들이라는 다 른 표현에서도 이 부분이 반복되어 있다는 사실로부터. 2) 다른 사람들을 배제하는 것은 "육체를 따라 사는" 사람들이 반복적으로 명시적으로 언급 되었기 때문이다. 3) 사도 바울이 탐구하는 주제 자체로부터. 즉 "율법이 아니라 복음이, 행위가 아닌 믿음을 가진 사람들에게 구원을 주시는 하나 님의 능력이다." 따라서 앞의 결론이 이 명제와 상응하기 위해서는 여기 제 시된 반대항의 관점에서 읽히고 이해되어야 한다. 4) 유사한 사례에서 추 론되는, 이 서신의 다른 결론으로부터. "사람이 율법의 행위와는 상관없이 믿음으로 의롭다고 인정을 받는다고 우리는 생각합니다."(롬 3:28) 또한 같 은 장의 27절도 마찬가지다. "그렇다면 사람이 자랑할 것이 어디에 있습니 까? 전혀 없습니다. 무슨 법으로 의롭게 됩니까? 행위의 법으로 됩니까? 아닙니다. 믿음의 법으로 됩니다." "하나님께서 의롭다고 여겨 주실 우리", 즉 "우리 주 예수를 죽은 사람들 가운데서 살리신 분을 믿는 우리까지도 위한 것입니다."(롬 4:24)

이 같은 논점은 또 다른 반대항을 완전히 제외하는 식으로 다음과 같이 서술된다. "그러나 경건하지 못한 사람을 의롭다고 하시는 분을 믿는 사람 은 비록 아무 공로가 없어도 그의 믿음이 의롭다고 인정을 받습니다."(롬 4:5) "아브라함이나 그 자손에게 주신 하나님의 약속, 곧 그들이 세상을 물려받을 상속자가 되리라는 것은 율법으로 말미암은 것이 아니라, 믿음의 의로 말미암은 것입니다."(롬 4:13) "그러므로 여러분은 다른 분, 곧 죽은 사람들 가운데서 살아나신 그분에게 속하게 되었습니다."(롬 7:4)

마찬가지로 현재 고찰되고 있는 본문도 그러하다. "그러므로 (육신을 따라 살지 않고 성령을 따라 사는) 그리스도 예수 안에 있는 사람들은 정죄를 받지 않습니다." 이 같은 언급으로부터 "육신을 따라 살지 않고 성령을 따라" 같은 어구는 앞의 결론에서 언급된 주체나 속성을 지시하는 기술구에 속하지 않는 것이 분명한데, 그것은 마치 그리스도 안에 있는 사람들에 대해 서술하는 것처럼 보이지만 실제로 동일한 결론의 전건이거나 후건으로서, 다소 상이한 형태로 예시되었을 뿐이다. 이 점 역시 쓰인 낱말들 자체로부터 분명하게 나타난다. 이 주제를 적절하게 보조하는, '그것들'을 지시하는 대명사 '토인(τοιν)'은 이 절에서 사용되지 않는다.

이와 똑같은 것이 2절에도 제시되어 있다. 두 가지 항목이 결합되어 있는 "그리스도 예수 안에 있는 생명의 법"은 앞 절에 나오는 "그리스도 예수 안에 있는 사람들"과 "영을 따라 행하는 사람들" 두 항목을 지시한다. 그러나 우리는 다음과 같이 말하는 그 구절 자체를 검토하도록 하자. "그것은 그리스도 예수 안에서 생명을 누리게 하는 성령의 법이 당신을 죄와 죽음의 법에서 해방하여 주었기 때문입니다."

이 구절을 선행하는 구절과 비교하기에 앞서 그 안에서 사용된 어휘에 대한 예비 설명이 필요하다. 그러므로 '영의 법'은 성령의 권한, 권세, 힘 또는 탁월성을 가리킨다. 그렇게 볼 수 있는 것은 사도가 죄에게, 마음에게, 육체에게 법을, 즉 명령하고 재촉하는 권세와 힘을 귀속하고 있는 7장에서 이미 채택한 담화 방식을 여기서도 계속 사용하기 때문이다.

여기 8장에서 영은 '생명'의 영, 즉 '살리는 영'으로 불리는데, 이 낱말은

'하나님의 나라(the city of God)', '하나님의 사람(man of God)', '정의의 하나님(God of Justice)'에서 보듯이 형용사 대신 명사의 동명사 형태를 사용하는 히브리어와 비슷한 어휘다. 그러나 그렇게 쓰인 영은—"문자는 사람을 죽이고, 영은 사람을 살립니다"(고후 3:6), "율법이 생명을 줄 수 있는 것이었다면 의롭게 됨은 분명히 율법에서 생겼을 것입니다"(갈 3:21)라는 말씀에 따라서—사람을 살리는 능력보다 취약하고 죽이는 것밖에는 모르는 문자의 법의 반대어 또는 구별되는 것을 지시한다.

그 반면에 '생명의 영의 법'이 '그리스도 예수 안에' 있는 것으로 말하는 것은 그것이 그리스도 예수의 인격 안에만 있는 것이 아니라, 오직 예수 그리스도 안에서만 얻을 수 있는 것이기 때문이다. 따라서 사도는 다음과 같이 선언한다. "여러분은 율법을 행하는 행위로 성령을 받았습니까? 그렇지 않으면 믿음의 소식을 들어서 성령을 받았습니까?"(갈 3:2, 5)

'그리스도 안에서'라는 어구는 이와 똑같은 방식으로 사도 서신에서 빈번히 사용된다. 그렇지만 그 어구가 현재의 본문에서도 똑같은 의미로 사용되고 있는 것이 명백하다.

1) 율법을 통해서가 아니라 그리스도의 은혜를 통해서 믿는 사람들은 의로움과 성령을 얻으며, 성령의 능력에 의해 그들은 죄에 대해 지배력을 행사하고 자기의 지체를 의의 무기로 하나님께 드릴 수 있게 된다고 가르치는 사도의 논의와 범위 또는 목적으로부터. 2) 이 구절을 8장 첫 구절과 비교함으로부터. "그리스도 예수 안에 있는 사람들"에게 정죄로부터 해방이 부여되는 것은 "그리스도 예수 안에서 생명을 누리게 하는 성령의 법이 당신을 죄와 죽음의 법에서 해방하여 주었기" 때문이다. 3) '생명을 누리게 하는 영'은 그가 그리스도 예수 안에 있는 사람들에게 전달되지 않는 한 '죄와 죽음의 법으로부터 그들을 해방하지' 않기 때문이다. 그러나 "그리스

도 예수 안에 있는 사람들을 죄와 죽음의 법에서", 즉 율법에 의해 통치하고 죽이는 죄의 권세와 전횡으로부터 "해방하는" 능력은 오직 이 '생명의 영'에게 귀속된다.

이 같은 해방 또는 구원은 로마서 7장 23절에서 언급된 "죄의 법에 나를 포로 만드는 것"과 24절에서 언급된 "죽음의 몸"과 반대되는 것이다. 이 '죄의 법'으로부터, 그리고 '죽음의 몸'으로부터 율법 아래 사는 사람은 모세의 율법을 통해서나 '하나님의 법에 동의하는' '마음의 법'을 통해 해방될 수 없다. 하지만 이로부터 선행하는 7장의 첫째 구절에서 연역된 결론이 가장 탁월한 방식으로 증명된다. 왜냐하면 '죄와 죽음의 법으로부터 해방'되는 것은 '정죄'와 반대되고, 따라서 전자가 세워질 때 후자는 폐기되기 때문이다. 이 해방은 "그리스도 예수 안에 있는", 그리고 "영을 따라 행하는" 사람들에게 부여되고, 이것으로부터 그들이 정죄로부터 자유를 얻게 되었음이 추론된다.

그러나 이 해방이 특정 주체에게 전가되는 이유는 해방의 목적에서 찾아야 한다. 즉 생명을 살리는 영, 곧 그리스도 안에 존재하고 그에게서 받아야 하는 영은 또한 '그리스도 예수 안에 있는 사람들' 안에 내주하기 때문이다. 이런 까닭에 이 영이 그가 내주하시는 사람들 안에서 고유한 권능과 효력을 행사하는 것은 전혀 놀라운 일이 아니다. 그리고 이 권능 또는 탁월성은 그 영에게 특유한 것이어서 모세의 율법과 아무런 공통점이 없다. 그러므로 이 사실로부터 오직 '그리스도 예수 안에' 있고 그의 영에 참여하는 사람들만이 정죄로부터 해방을 얻을 수 있고, 그 반면에 율법 아래 사는 사람들은 '지체들의 법'에 억압받고, '죄의 법 아래로 포로로 잡혀 오고', '하나님의 법에 동의하는' 마음의 법이 아무리 저항해도 아무 소용없이 여전히 사람들이 정죄받은 상태에 있게 될 것이라고 결론을 내릴 수 있다.

우리는 이 구절을 그 앞의 7장 23절과 비교해 봄으로써 답변하기 어려운 논증이 증명을 통해 연역된다고 말한 바 있다. 즉 지금 구체적으로 지목한 그 두 구절에서 사도는 동일 인물에 대해 말하는 것이 아니라, 7장 23절에서는 율법 아래 있는 사람을, 8장 2절에서는 은혜 아래 사는 사람에 대해 말한 것이다. 이 두 구절 중 전자에서 서술된 사람은 '마음의 법'이 헛되이 저항하는 가운데 '죄와 죽음의 법 아래', 그리고 '그의 지체의 법'에 의해 포로가 되지만, 후자의 2절에 언급된 사람은 그가 그리스도 예수 안에서 얻게 된 생명을 살리는 영의 능력에 의해 '죄와 죽음의 그 동일한 법으로부터 자유를 얻게' 되었기 때문이다.

이번에는 같은 논점이 훨씬 선명하게 부각되는 3절을 고찰해 보기로 하자. 이 절에서 목표로 삼는 것은 율법 아래 사는 사람들이 왜 죄의 지배와 정죄함으로부터 해방될 수 없는지를 설명하는 것이지만, 그들에게 임하는 그 일은 그리스도에게 기인한다는 것을 보여 준다. 3절의 목적은 바로 그것인데, 즉 죄와 죽음의 법으로부터의 해방 또는 정죄로부터의 자유는 죄에 대한 정죄가 없이는 어떤 것에 의해서도 얻을 수 없다는 것, 다시 말해 죄가 소유했던(그렇게 가정된) 권한과 그것이 자기에게 복속된 사람들에게 행사했던 권세가 먼저 박탈되지 않는 한 결코 성취될 수 없다는 것을 확증하는 것이다.

과거에 죄는 지배력을 행사하고 살육을 일삼는 권한과 능력을 가지고 있었다. 그러나 죄는 율법에 의해서는 그 권한이 철폐되고 그 능력이 박탈될 수 없다. 율법은 그토록 집요한 전력을 수행하기 위해 '육체를 통해 연약한' 것이 되었기 때문이다. 하나님께서 사물들의 이 같은 상태를 보시고 불행한 인류가 영구히 죄의 전횡과 정죄 아래 예속 상태에 놓여야 하는 것을 기뻐하지 않으셨으므로 그는 "자기의 아들을 죄된 육신을 지닌 모습으로 보내셔서 죄를 없애시려고"(8장 3절), 즉 죄를 파멸하고자 하셨고, 자기의 몸으로 친히 (나무에 달린 상태로) 죄를 진 자기 아들의 육체를 통해 죄를 정죄하셨으며, 죄가 우리에 대해 가졌던, 그리고 그 능력이 취약해진 권위를 탈취하셨다.

이러한 언급을 통해 이제까지 지극히 난해한 것으로 간주되었던 이 구절은 각 부분들이 바른 위치에 다음과 같이 정렬되기만 한다면 확연하고 또렷한 모습을 띨 것이다. "하나님께서 자기 아들에게 죄가 깃든 육신의 형상을 입히시고, 육신 안에 있는 죄를 정죄하셨다. 그 일은 육신을 통해 연약하게 된 율법이 할 수 없는 일이다." '율법이 할 수 없는 일'이란 '육신에 깃든 죄를 정죄하는 것'인가? 그 사실을 명백히 알 수 있는 것은 이 구절이 율법 아래 사는 사람을 어떻게 죄가 죽기까지 지배할 수 있는지, 그리고 "그리스도 예수 안에 있고" 은혜 아래 사는 사람들에 대해 왜 죄가 권위를 행사할 수 없고 또 통치할 수도 없는가 하는 전체 이유를 간명하게 설명하기 때문이다.

2장

증언에 의해 확증되어야 할 견해에 관하여

사도가 로마서 7장에서 다루는 사람이 은혜 아래 사는 사람이 아니라, 율법 아래 살고 아직 그리스도의 영에 의해 중생하지 못한 사람이라고 설명하는 문제의 이 견해는 그리스도 교회에서 이단적이라고 정죄받은 적이 없고 오히려 늘 교회의 박사들 가운데 몇몇 옹호자들을 확보해 왔다. 이제 우리의 견해를 진술하는 두 번째 기회인데, 그것은 우리 견해를 모든 사람들에게 명확히 밝히기 위해 필요한 일로 생각된다.

　내가 옹호하는 견해는 근래에 생겨난 것이 아니고, 내 머릿속에서 지어 낸 것도 아니며, 어떤 이단으로부터 차용한 것도 아니다. 그것은 매우 오래된 것으로서, 초기 그리스도 교회의 많은 위대한 박사들에 의해 인정받은 것이다. 그 견해는 문제의 본문에 대해 상이한 해석을 제시하는 사람들에 의해서도 이단이라는 검은 표지를 붙여 따로 분류해야 마땅한 것으로 판단하여 거부되었던 적이 없었다.

로마서 7장 해석에 동의한 고대의 교부들

이레네우스

　이레네우스[58]는 3권 20장에서 로마서의 이 장 중 해당 부분을 인용하면서 다음과 같이 말한다. "이 설명에 따르면 동정녀를 통해 나신 임마누엘, 우리와 함께 계시는 하나님, 주님 자신이 곧 우리의 구원의 표적이다. 왜냐하면 죄인들이 구원을 얻을 수 있는 어떤 수단을 소유하지 않았음에도 그들 자신을 통해 그가 그들을 구원하신 주님이시기 때문이다. 그렇기 때문에 사도 바울이 사람의 연약함에 대해서 '나는 내 속에, 곧 내 육신 속에 선한 것이 깃들어 있지 않다는 것을 압니다'라고 말할 때, 구원의 축복이 우리에게서가 아니라 하나님에게서 비롯되는 것을 암시했다. 그리고 다시

----

58) Irenaeus(130?~202?). 로마제국의 영토였던 갈리아 지방 루그두눔(오늘날의 프랑스 리옹)의 기독교 주교이자 초대교회 신학 사상을 구축한 교부. 그리스도교 교부이자 변증가로서 초기 기독교 신학을 발전시키는 데 지대한 공헌을 했다. 또한 사도 요한의 제자였던 폴리카르포의 문하생이기도 했다. 그의 대표적인 저서인 『이단 논박(*Adversus haereses*)』은 영지주의 계통의 이단에 대항하여 정통 교리를 수호하는 내용을 담고 있다.

금 '아, 나는 비참한 사람입니다. 누가 이 죽음의 몸에서 나를 건져 주겠습니까?'라고 하면서 구원자가 예수 그리스도 우리 주님의 은혜라는 것을 추론한다."

이 인용문에서(즉 사도 바울의 선언을 언급할 때) 이레네우스는 '중생한 사람', '신자', 또는 그리스도인이라는 표현을 사용하지 않고 단순히 '사람'이라는 낱말을 사용했을 뿐인데, 그 명칭에 해당하는 사람에 대해 성경이나 교부들도 한결같이 그가 그리스도인지, 신자인지, 중생한 사람인지를 밝히고 있지 않다.

테르툴리아누스

화자(사도 바울)는 자기의 육신 속에 어떤 선한 것도 없다고 부정했지만, 그 표현은 그가 속해 있는 담화 규칙에 따라 말한 것일 뿐이다. 우리와도 연관되는 영의 법에 따라 그는 육신의 연약함으로부터 해방된다. "성령의 법이 당신을 죄와 죽음의 법에서 해방하여 주었기 때문입니다"라고 그는 말한다. 그는 유대교 측에 대해 논쟁을 벌이는 것처럼 보이지만, "하나님께서 자기의 아들을 죄된 육신을 지닌 모습으로 보내셔서 죄를 없애시려고 그 육신에다 죄의 선고를 내리심으로써" 육신을 통해 율법 안에서 진통을 겪고 낳은 고결함과 수많은 교훈을 우리에게 안겨 준다.(『고결함에 관하여』, 17장).

이 문장에서 테르툴리아누스는 그 구절에 "문자의 법 아래 사는 사람"과 관련된 것으로 설명되어야 한다는 것을 명시적으로 인정한 것이다. 만일 이 서신이 사도가 회심하기 이전의 그에 의해 쓰인 것이라고 주장한다면 그것도 그리 대단한 반론이 되지 못한다. 왜냐하면 이 시점에서 사도는 정도에서 벗어나 있지 않기 때문이고, 당시에도 이 장이 그런 식으로 이해되어야 한다는 견해가 있었던 것처럼 보인다.

오리게네스

그러나 교회의 지도자로서 이 경우 그가 "나는 육정에 매인 존재로서, 죄 아래에 팔린 몸입니다"라고 말하는 것과 관련하여 그는 자신을 연약한 사람의 자리에 놓고 있는 것인데, 그런 식의 독해가 필요한 그의 다른 언술이 있다. "믿음이 약한 사람들에게는 약한 사람들을 얻으려고 약한 사람이 되었습니다."(고전 9:22) 그러므로 이 본문에서 사도 바울은 약한 사람들(즉 육신적인 사람들)과 죄 아래 팔린 사람들을 대신해서 "육정에 매인 존재로서 죄 아래에 팔린 몸"이 된 것이고, 그는 그 사람들이 변명이나 책임을 떠넘기는 구실로 습관처럼 하는 말을 옮긴 것이다.

그러므로 그들의 인격을 가장한 상태에서 말하면서 사도가 "나는 육정에 매인 존재로서 죄 아래에 팔린 몸입니다"라고 한 것은 그들이 육신을 따라 살고 있으며, 죄와 정욕과 방탕의 힘에 (종으로) 팔려서 전락한 것과, 그들이 "원하는 선한 일은 하지 않고 도리어 원하지 않는 악한 일을 하는" 것을 지적한 것이다.

이어서 그는 (즉 육정에 매인 사람으로서 바울이) "내가 해서는 안 되는 것을 하면 그것을 하는 것은 내가 아니라, 내 속에 자리를 잡고 있는 죄입니다"라고 말한다. 그러나 다른 본문을 보면 신령한 사람 바울은 이렇게 말한다. "나는 사도들 가운데 어느 누구보다도 더 열심히 일했습니다. 그러나 이렇게 한 것은 내가 아니라, 나와 함께하신 하나님의 은혜입니다."(고전 15:10) 그러므로 그는 자기의 모든 수고를 자기 자신에게가 아니라, 자기 안에서 역사하시는 하나님의 은혜에 전가한다.

마찬가지로 육정에 매인 사람은 자기의 악한 행실을 자기 자신이 아닌 자기 속에 살면서 역사하는 죄에게 전가한다. 그렇기 때문에 그 사람은 "내가 해서는 안 되는 것을 하면 그것을 하는 것은 내가 아니라, 내 속에 자리를 잡고 있는 죄입니다. 왜냐하면 내 속에(곧 내 육신 속에) 선한 것이 깃들어 있지 않기 때문입니다." 그것은 그의 안에도, 또한 성령이 거하시는 집인 그의 몸 안에도 그리스도께서 내주하지 않기 때문이다. 그럼에도 사도 바울이 역할 연기를 하고 있는 이 사람은 모든 측면에서 선한 것을 싫어하는 구석이 없고, 오히려 목적 의식과 의지로는 선한 것을 추구하기 시작한다. 그러나 그는 현실에서나 행동으로도 그런 선한 일을 완수할 수 없다. 회심 초기에 영접하는 사람들에게 이런 종류의 허약함이 있기 때문인데, 그들은 순간적으로 선한 모든 일을 행하려는 뜻을 품지만, 그 의지에 뒤따르는 직접적인 결과가 발생하지 않는 것이다.(『로마서 7장에 관하여』)

키프리아누스[59]

『성직자의 독신 생활에 관하여』라는 소책자에서뿐만 아니라, 『주기도문에 대한 여섯 번째 강론』에서도 육신과 영 사이의 다툼에 관해 다룰 때, 키프리아누스는 로마서 7장을 인용하는 대신 갈라디아서 5장 17절을 인용한다. "육체의 욕망은 성령을 거스르고, 성령이 바라시는 것은 육체를 거스릅니다." 그러나 죄의 내주에 대해서는 물론이고 그것의 지배와 관련하여 그가 로마서 7장을 깊이 이해하고 있었음을 보여 주는 것은 그리스도의 주

---

59) Thascius Caecilius Cyprianus(200?~258). 북아프리카 카르타고에서 주교로 봉직했다. 비기독교 집안에서 태어나 당시 관례에 따라 고등 교육을 받은 후 연설가로 인정받았던 그는 젊은 시절에 수사학 교수로 활동했으며, 북아프리카 카르타고의 카이킬리아누스(체칠리아누스) 사제의 영향으로 246년에 기독교인이 되었다. 그는 자신의 재산을 팔아서 가난한 사람들에게 나누어 주는 등 청빈을 실천했다. 248년경 카르타고 교구의 주교가 되었으나, 발레리아누스 황제가 기독교도들을 박해하던 때인 258년에 순교했다.

요 사역에 관해 쓴 「프롤로그」다. 거기 들어 있는 내용 가운데 다음과 같은 것이 있다. "엄청나게 격렬한 지배력으로 영을 억압하고, 더 선하고 가치 있는 것이 더 나쁜 것에 굴복하게 만드는 그런 법을 내지체들 속에 새겨 넣은 것이 누구인지 그 정체를 내가 모른다면 나는 우주의 전능하신 경영자를 모르는 채로 그 상태를 인내하며 견뎌야 할 것이다."

프롤로그 중 뒤에 나오는 한 단락에서 그는 이렇게 덧붙인다. "이 사람과 그 비슷한 다른 사람들에게서 어떻게 죄의 법이 의의 법을 제압할 수 있는 것인지, 그리고 버텨 낼 수 있을 때도 왜 이성이 약하고 무기력해져서 그렇게도 참담하게 무너지는 것인지는 이해하기 어려운 일이다. 특히 이같은 결함이 정죄 선고 때문이고, 옛적의 범죄로 인해 그런 불가피한 선고를 받게 되었음을 생각할 때 더욱 그렇다."

크리소스토무스

로마서 7장에 대한 주해서에서 성경의 바로 이 부분을 다룰 것을 공언하고 그것에 대해 설명할 때, 크리소스토무스는 선행하는 구절에서 자신이 전개한 것을 확인한 후 다음과 같이 자기의 견해를 피력한다. 그리하여 바울은 "나는 육정에 매인 존재로서 죄 아래에 팔린 몸입니다"라는 단언을 덧붙였다. 율법 아래와 그 앞에서 살고 있는 사람을 그렇게 기술한 것이다. 그러므로 죄 자체는 자연의 법에 적대적이다. 바로 그 때문에 그는 "내 마음의 법과 맞서서 싸우며"라고 말한 것이다. 또한 죄의 세력을 결집하여 전열을 갖추었을 때, 죄는 자연의 법에 전면적인 투쟁과 전투를 선포한다. 죄의 전횡이 얼마나 막강한지 놀라울 정도로 우세하고 압도적이다!

적대적이고 주도권을 잡고 있는 죄와의 충돌을 예고한 후 사도 바울이 다음과 같이 말하면서 암시하고자 한 것은 바로 그 점이다. "내 지체에는 다른 법이 있어서 내 마음의 법과 맞서서 싸우며, 내 지체에 있는 죄의 법에 나를 포로로 만드는 것을 봅니다." 그는 단순히 "나를 정복한다"라고 말하는 것이 아니라, "죄의 법에 나를 포로로 만든다"라고 말하기 때문이다. 그는 "나를 육체나 육정의 매인 본성의 충동의 포로로 만든다"라고 말하지 않고 "죄의 법에", 즉 "죄의 전횡과 권세에 나를 포로로 만든다"라고 말한다. 그렇기 때문에 그는 "아, 나는 비참한 사람입니다. 누가 이 죽음의 몸에서 나를 건져 주겠습니까?"라고 탄식하는 것이다.

여기서 여러분은 얼마나 불의의 횡포가 놀랍도록 우세한지, 그리고 그것이 "하나님의 법을 즐거워하거나 동의하면서 기뻐하는 마음"을 어떻게 제압하고 있는지를 마음으로 그려 볼 수 있는가? 사도는 "내가 하나님의 법을 미워한다고" 또는 내가 그 법에 대적한다고 말할 사람은 아무도 없는데도 나는 죄에게 포로가 되었다고 말하기 때문이다. "나는 율법을 즐거워하고 그것에 동의하며 그것에게로 피합니다." 그러나 그가 율법에게로 피했을 때 그것은 그를 구해 줄 수 없었다. 그가 율법에서 돌이켜 도망하였을 때 그리스도께서 그를 구원해 주셨다. 여기서 여러분은 은혜의 위대한 탁월성을 인정하게 된다.

로마서 8장 9절에 대한 주석에서 크리소스토무스는 다음과 같이 말한다. "죄가 파멸당한 후 우리로 하여금 어렵지 않게 맞설 수 있게 하시는 성령의 은혜에 의해 이 험난한 전투는 마침내 종료된다. 이 은혜는 우선적으로 우리에게 (승리자의) 관을 씌워 주시고, 그 다음에는 셀 수 없이 많은 보조 세력의 후원을 받으며 우리가 명예롭게 전투에서 승리할 수 있도록 인도하신다.

대 바실레이오스

하지만 우리는 이제 사도가 다른 본문에서 동일한 교리를 한층 질책성이 강한 논조로 가르치는 것을 보게 된다. "우리는 율법이 신령한 것인 줄 압니다. 그러나 나는 육정에 매인 존재로서 죄 아래에 팔린 몸입니다. 내가 해야겠다고 생각하는 일은 하지 않고, 도리어 해서는 안 되겠다고 생각하는 일을 하고 있으니 말입니다."

그리고 죄에 포로로 잡혀 있는 그로서는 하나님을 섬길 수 없다는 사실을 좀 더 구체적으로 사변적으로 지적하면서 사도는 "아, 나는 비참한 사람입니다. 누가 이 죽음의 몸에서 나를 건져 주겠습니까? 우리 주 예수 그리스도를 통하여 나를 건져 주신 하나님께 감사를 드립니다"라고 말하는데, 이 말로써 그는 죄의 전횡으로부터 해방시켜 줄 구원자를 우리에게 뚜렷이 가리켜 준다.(『세례에 관하여』, 1권)

그러므로 이미 연관성을 밝힌 것으로부터, 그리고 유사한 종류의 다른 것으로부터 (만일 우리가 하나님의 은사를 헛되이 받은 것이 아니라면) 먼저 우리는 우리가 원하지도 않는 악에게 (악을 실행하게 하려고) 죄에 의해 끌려가 포로가 된 사람을 지배하고 휘두르는 마귀의 권세로부터 해방되고, 그다음으로 주님께서 "나를 따라오려는 사람은 자기를 부인하고, 날마다 자기 십자가를 지고 나를 따라오너라"(눅 9:23)라고 말씀하셨듯이 세상에 속한 모든 것과 우리의 자아까지도 포기하고 현세의 삶을 향한 온갖 종류의 욕망을 버리고 나서 비로소 우리는 주님의 제자가 된다.

자기 의지에 반해 죄에게 붙잡혀 있는 사람이 반드시 알아야 할 것은 그의 속에 오래전부터 존재하는, 그가 기꺼이 섬기는 다른 죄에 의해 그가 지배당하고 있으며, 그가 원하지 않는데도 그 죄에 의해 다른 (악한) 것에 이끌리게 된다는 사실이다. 로마서 7장 14절에서 "우리는 율법이 신령한 것인 줄 압니다. 그러나 나는 육정에 매인 존재로서, 죄 아래에 팔린 몸입니다"라고 하고, 17절에서도 "그와 같은 일을 하는 것은 내가 아니라, 내 속에 자리를 잡고 있는 죄입니다"라고 사도가 말하고자 하는 것이 바로 그것이다.(『도덕의 개요』)

"나는 육정에 매인 존재로서, 죄 아래에 팔린 몸입니다. 내가 해야겠다고 생각하는 일은 하지 않고, 도리어 해서는 안 되겠다고 생각하는 일을 하고 있으니 말입니다"라고 말하는 사도의 사변이 보여 주듯이 정념이나 성향의 지배를 끈기 있게 감내하는 영이나 마음은 자기가 원하는 대로 자유롭게 행하는 것이 허용되지 않는다. "그렇다면 그와 같은 일을 하는 것은 내가 아니라, 내 속에 자리를 잡고 있는 죄입니다"라고 말하는 수준의 상태까지도 하나님께서 우리에게 유익이 되도록 허락하시는 것인데, 그것은 마지못해 겪고 있는 그런 일을 통해 어떻게 해서라도 마음이 자기를 지배하고 있는 것이 무엇인지를 이해하고자 하는 것이다. 만일 자기가 원하지 않으면서도 죄를 섬기고 있다는 것을 스스로 깨우치게 된다면 마음은 마귀의 덫에서 벗어나 합당한 방식으로 회개하는 사람들을 언제라도 받아 주시는 하나님의 자비하심을 구하게 될 것이다.

시어도어

"그러나 나는 육정에 매인 존재입니다." 사도는 (자기가 얻은) 은혜 앞에 마음의 요동과 번뇌에 사로잡힌 한 사람을 세운다. 그는 그 사람을 아직 신령한 은혜를 얻지 못한 육정에 매인 사람으로 명명한다.(『로마서 7장에 관하여』) 내가 원하는 일을 나는 행하지 못하고, 오히려 내가 미워하는 일을 나는 행하기 때문이다. 율법이 훌륭하게 처리하는 일이 하나 있는데, 즉 무엇이 악한 일인지를 가르쳐 주고, 악에 대한 미움을 마음에 심어 주는 것이다. 그러나 '하지 않고'와 '해서는 안 되겠다고' 같은 말은 필연성이 아닌 나약함을 지시한다. 왜냐하면 필연성에 의해서나 어떤 힘에 의해 강제될 때, 우리는 죄를 범하는 것이 아니기 때문이며, 욕망에 의해 동기부여가 될 때 우리는 불의하고 파렴치한 행동이라고 혐오하는 일도 마다하지 않기 때문이다.(같은 글)

나는 속사람을 따라 하나님의 법을 즐거워한다. 여기서 사도는 마음을 속사람이라고 부른다.(같은 글) 그러나 나는 나의 지체들 속에 또 다른 법이 있음을 본다. 사도는 죄에게 '죄의 법'이라는 명칭을 부여한다. 그것은 마음의 육체적 교란 작용이 활발할 때 제 기능을 십분 발휘하지만, 마음이 처음부터 무기력한 상태일 경우 내면의 욕망을 마음대로 제어할 수 없다. 마음은 자기의 자유를 마음껏 행사하기도 하지만, 욕망을 섬기기 위해 충분할 정도로 인내하기 때문이다. 그러나 마음은 그렇게 정념을 섬기지만 예속 상태에 놓이는 것을 싫어하고, 종노릇을 하는 것을 비판하는 사람에게 찬사를 보낸다.

사도 바울은 이런 모든 주제에 대해 강론한 뒤 은혜 받기 이전에 우리가 어떤 종류의 사람이었는지, 은혜 받은 후에는 어떤 상태에 이르는지를 보여 준다. 그리고 은혜 받기 전 죄에게 포위되고 억류되었던 사람들의 역할을 연기한다. 그리하여 그는 원수들의 무리에게 완전히 둘러싸여 포로로 잡혀 강제로 종살이를 하게 되고, 어디에서도 구원의 손길을 볼 수 없는 것처럼 구슬프게 신음하며 탄식한다. 그는 율법으로부터 도움을 얻을 수 없다는 것을 보여 주며 "아 나는 비참한 사람입니다!"라고 외친다.(같은 글) 그러므로 지금 여기에는 어떤 정죄도 찾아볼 수 없다.

마음의 교란 상태는 우리의 의지에 반하여 우리를 제압하지 못하는데, 우리가 신성한 영의 은혜를 받아들였기 때문이다.(『로마서 8장에 관하여』) 이

제 그리스도 예수 안에 있는 생명의 영의 법이 지배한다. 사도는 죄를 '죄의 법'이라고 부르며, 생명을 살리는 영을 가리켜 '영의 법'이라고 부른다. 이 영의 은혜는 예수 그리스도를 믿는 믿음을 통해 여러분에게 두 종류의 자유를 수여하신다고 사도는 말한다. 그 은혜는 죄의 권세를 무너뜨렸을 뿐만 아니라, 죽음의 전횡도 멸절했기 때문이다.(같은 글)

키릴로스[60]

율법이 할 수 없는 것이 있는데, 그것이 육체로 인해 미약해졌기 때문이다. 그러므로 독생자께서 우리를 위해 인간이 되셨을 때, 죄의 법은 육체 안에서 철폐되고 말았다. 우리의 상황은 다시 복귀되어 처음 원초적 상태로 돌아갈 수 있게 되었다. 왜냐하면 죽음, 부패, 쾌락과 다른 정욕이 세력을 잡고 부패를 하인으로 부리면서 약하고 병든 마음에 약탈 행위를 자행하기 때문이다.(『율리아누스에 반대하여』 lib. 3, fol. 184) 따라서 나는 마음속으로 하나님의 법을 섬기지만, 육체로는 죄의 법을 섬긴다.

5절 전체를 그대로 옮기면 이제 그리스도 예수 안에 있는 사람들에게는 어떤 정죄함도 없다. 육체와 영이 서로 늘 다투는 것은 명백한 사실이다. 즉 육정에 매인 은밀한 간계와 생득적인 정욕의 운동이 영을 따르는 생명의 힘에 맞서 전투를 벌이기 때문이다. 하나님의 법은 우리에게 선한 것을 택하도록 촉구하지만, 육체의 욕망은 선천적으로 그 반대를 지향한다. 그

··

---

60) Saint Cyril(827?~869). 테살로니카 출신의 수도사로서, 학식이 깊은 언어학자이자 철학자였다. 비잔틴 제국의 황제 미카엘 3세는 모라비아의 요청을 받아들여 수도사 키릴로스를 그의 형 메토디오스와 함께 모라비아로 파견했다. 그는 슬라브 구어의 문자 체계를 세워 글라골 문자(Glagolitic Alphabet)를 만들었다. 슬라브 복음화 활동으로 두 형제는 '슬라브의 사도'로 알려졌다.

러나 이제 막혀 있던 것이 풀리고 죄의 법이 약화된 반면, 영의 법이 주도권을 잡는다. 그렇게 된 까닭은 "하나님께서는 자기의 아들을 죄된 육신을 지닌 모습으로 보내셔서 죄를 없애시려고 그 육신에다 죄의 선고를 내리셨기"(롬 8:3) 때문이다. 말씀이 육신이 된 것은 어떤 방식으로도 그보다 더 유익할 수는 없는데, 여기서 '심지어 우리의 죄까지 그의 육신 안에서 정죄되었기' 때문이다.

그러나 만일 말씀이 육신이 되지 않았다면 우리의 상황은 조금도 개선의 여지가 없는 채로 남게 되고 우리 속에서 아무도 죄의 법을 철폐시키지 않기 때문에 우리는 여전히 죄의 법을 육체로 섬겨야 했을 것이다.(『참된 믿음에 대하여』 lib. I, fol. 283) 그러므로 아담의 개인적인 율법 위반에 의해 인간의 실체적 본성이 부패하게 되었고, 육체의 쾌락과 우리의 본성에 크나큰 만족을 주는 그 육정으로 인해 지성이 폭군의 지배 아래 억압받게 되었음을 우리는 고백한다. 그렇기 때문에 하나님의 말씀이 인간이 되고, 결국 썩게 될 것이고 쾌락의 유혹을 통해 병들 수밖에 없음에도 불구하고 육체를 그가 자기 것으로 수취해야 했던 것은 지상에 사는 나그네인 우리의 구원을 위해 필요한 일이었다. 그리고 만물의 생명이신 그는 육체의 부패를 파멸시키고 그 선천적 육정, 즉 온갖 악과 쾌락에 우리를 곤두박질치게 만드는 것을 제어해야만 했다. 그렇게 해야만 죄책이 우리의 육체 안에서 죽게 될 수 있기 때문이다.

그러나 우리는 은총을 입은 사도 바울이 우리 속에 뿌리박고 있는 정욕의 활동을 '죄의 법'이라고 명명한 것을 기억한다. 따라서 인간의 육체가 말씀에 속한 속성이 되었으므로 이제 그것은 썩지 않는 것이 되었다. 그리고 그를 하나님 자신과 연합하게 하시고, 내가 이미 말했듯이 (인간적 본성을) 새로운 (말씀의) 속성으로 만드신 하나님이시기에 그는 전혀 죄를 모르시며, 따라서 이제 육체는 더는 악과 쾌락으로 인해 병들지 않게 되었다. 이 모든 일을 하나님의 유일하신 아들이 완수하신 것은 그 자신을 위해서 가 아니라, (그는 항상 존재하시는 말씀이시므로) 우리를 위해서임은 의심의 여지가 없다. 아담이 명령을 어긴 죄로 인해 우리 모두가 포로가 된 것이라 면 그리스도 안에 있는 각종 은사가 우리에게 내려올 것이고, 그리하여 우 리는 썩음을 면하고 죄는 멸망에 이를 것이기 때문이다.(「수케수스에게 보낸 첫 번째 서신」)

이집트의 마카리오스

아담은 하나님의 명령을 어기고 불경건한 뱀에게 복종함으로써 자기 자 신을 마귀에게 팔아 버렸다. 그리하여 불의가 그의 마음을 장악했으나, 하 나님께서 자기의 형상을 따라 지으신 탁월한 그 피조물(그리스도-옮긴이)은 사도가 말하듯이 "모든 통치자들과 권력자들의 무장을 해제시키시고 그들 을 그리스도의 개선 행진에 포로로 내세우셔서 뭇 사람의 구경거리로 삼 으셨습니다."(골 2:15) 주님께서 오신 것은 바로 이 때문인데, 즉 그는 (통치 자들과 권력자들을) 내쫓고 그가 거하시는 집과 그의 고유한 성전으로 인간 을 변화시키기 위해서다. 따라서 마음이 자기 안에 죄의 암흑을 유지하고 있는 한 그것은 '어둠과 악이 거하는 몸'으로 불릴 것이다. 마음은 어둠의 악한 세계 안에서 살고, 거기서 포로로 억류되어 있기 때문이다. 그러므로 사도 바울은 마음을 '죄와 죽음의 몸'이라고 불렀을 때, "죄의 몸을 멸하여 서"(롬 6:6)라고 분명하게 제시했다. 그는 또 "누가 이 죽음의 몸에서 나를 건져 주겠습니까?"라고 덧붙인다.

이와 대조적으로 하나님을 믿는 마음은 어둠 속에 사는 죽이는 죄의 권 세로부터 해방되는 동시에, 생명이신 성령의 빛을 수여받는다. 그 빛 안에 살기 시작할 때부터 그 생명은 보전되는데, 왜냐하면 그러한 삶은 신성한 빛의 통치를 받기 때문이다.(『강론 1』)

이로부터 분명히 알 수 있는 것은 마카리오스가 이 본문을 어둠의 영에 예속되어 죄의 종과 사탄의 포로가 된 사람, 그리고 죄로 인해 아직 완전히 죽은 것은 아니지만 성령의 빛을 받지 못한 사람, 즉 그리스도의 영에 의해 중생에 이르지 못한 사람을 지시하는 것으로 이해한다는 사실이다.

다마스쿠스의 요한

『신앙의 정통주의』 4권에서 다마스쿠스의 요한은 이 문제를 매우 만족스럽게 설명한다. 따라서 만일 우리가 그의 견해를 그 자신의 말로 다소 길게 해석한다면—그 내용은 라틴어 번역자에 의해 옮겨진 것이므로—지루하게 여길 만한 일이 아닐 것이다. 하나님의 법이 우리 마음에 임하여 그것을 자기에게로 이끌고 우리의 양심을 자극한다. 우리의 양심은 또한 '우리 마음의 법'이라고 불린다. 그러나 마귀의 제안, 즉 죄의 법은 육체의 지체들 안으로 들어와 육체를 통해 우리를 지배한다. 일단 우리가 고의적으로 하나님의 법을 위반하고 마귀의 제안을 받아들이고 나자 우리는 그의 침입을 허용하고, 우리 스스로 죄에게 포로가 되게 하고 말았다. 그런 까닭에 우리의 몸은 즉각적으로 죄를 짓게 된 것이다.

그러므로 죄의 냄새와 감촉은 우리 몸에 내재적인 것으로 말해지는데, 즉 몸의 정욕과 쾌락은 "우리 육체의 지체들의 법"이 된 것이다. 그리하여 '마음의 법'인 양심은 하나님의 법에 대해, 즉 그것이 실제로 원하는 계명에 대해 일종의 공동의 즐거움(con-delectation)을 느낀다. 그러나 '죄의 법', 즉 지체들 안에 각인된 법을 통해 제시하는 설득인, 내 정신의 비합리적인 부분을 통해 야기하는 몸의 성향과 작용, 곧 육적 욕망은 '내 마음의 법'—나의 양심—과 다툼을 벌이고, 하나님의 법에 동의하기는 하지만 실천하지 못하며, 그럼에도 죄를 욕망하는 것도 아닌 나를 포로로 잡아서 쾌락의 유혹과 몸의 정욕, 이성이 결여된 정신의 비천한 부분을 통해 모순에 빠져 있는 나를—앞에서 내가 말한 바 있듯이—오류로 이끌고, 나로 하여금 죄를 섬기도록 설득한다.

그러나 "육신으로 말미암아 율법이 미약해져서 해낼 수 없었던 그 일을 하나님께서 해결하셨습니다. 곧 하나님께서는 자기의 아들을 죄된 육신을 지닌 모습으로 보내셔서(그는 육신을 입으셨으나 결코 죄를 짓지 않으셨으므로) 죄를 없애시려고 그 육신에다 죄의 선고를 내리셨습니다. 그것은 육신을 따라 살지 않고 성령을 따라 사는 우리가 율법이 요구하는 바를 이루게 하시려는 것입니다."(롬 8:3) 왜냐하면 "성령께서도 우리의 약함을 도와주시고" 우리 정신의 "마음의 법"에 힘을 주시어 "우리 지체들 속에 있는 법"에 대항할 수 있게 하기 때문이다.

오흐리드의 테오필락트

사도는 "나는 육정에 매인 존재"라고 말한다. 즉 보편적인 인간 본성—그 부분은 율법이 제정되기 이전과 율법이 주어질 때도 존재했다—은 셀 수 없이 다양한 정념과 연루되어 있다. 우리는 명령을 어긴 아담의 죄를 통해 필멸적 존재가 되었을 뿐만 아니라, "죄 아래 팔린" 인간 본성은 또한 죄의 권세와 지배 아래 확실히 예속되면서 부패한 성향을 받아들였고, 그리하여 그것은 더는 머리를 들 수 없게 되었다.(『로마서 7장에 대하여』) 그러므로 이 연약함은 마땅히 해야 할 것을 명령할 수 있을 뿐인 율법에 의해 고칠 수 없었고, 마침내 그리스도께서 오셨을 때 그가 그것을 고쳐 주셨다.

그러므로 사도 바울이 여기서 말한 것, 또는 그가 말하고자 하는 것의 범위 내지 목적은 바로 이것이다. 즉 그는 인간 본성이 불치의 질병에 걸려 있고, 그것은 그리스도 외에 다른 어떤 것에 의해서도 건강하게 고칠 수 없으며, 오직 그에 의해서만 고칠 수 있다.(같은 글) "아, 나는 비참한 사람입니다. 누가 이 죽음의 몸에서 나를 건져 주겠습니까?"

자연의 법은 본디 무능하고 문자로 기록된 법은 무력한데, 죄의 법이 그 둘을 모두 정복했기 때문이다. 그러므로 구원의 소망이 남아 있는 것이다.(같은 책) 나는 예수 그리스도를 통해 하나님께 감사를 드린다. 그가 율법이 할 수 없는 일을 실행하셨기 때문이다. 그는 몸의 연약함으로부터 나를 해방하시고, 그것에 힘과 위로를 불어넣어 주셨기 때문에 더 이상 죄의 전횡에 의해 압제를 당하지 않게 되었기 때문이다.

암브로시우스

일반적으로 성 암브로시우스라는 이름으로 통용되기는 하지만 그가 참으로 『로마서 주석』의 저자이든 개찬자(改撰者)이든지 간에 다음은 로마서 7장에 대한 그의 언급 중의 일부분이다. 화자는 자기가 죄에 팔린 존재라는 사실에 대해 그 기원을 처음으로 죄를 지은 아담에게로 추적하고, "너희가 팔려 간 것은 너희의 죄 때문이다"(사 1:1)라고 이사야가 기록했듯이 자신의 범죄로 인해 아담은 스스로 죄의 종이 되었다. 왜냐하면 아담은 처음으로 자기 자신을 팔았고, 이 행위에 의해 그의 모든 자손이 죄에 예속되었기 때문이다. 그리하여 인간은 너무나 연약해져서 하나님의 도우심에 의해 힘을 얻지 않는 한 율법의 명령을 지킬 수 없게 되었다.

그런 까닭에 "우리는 율법이 신령한 것인 줄 압니다. 그러나 나는 육정에 매인 존재로서 죄 아래에 팔린 몸입니다"(14절)라고 사도가 말하는 것이다. 다시 말해 율법은 강하고 정의로우며 전혀 흠이 없지만, 인간은 연약하고 선조의 범죄에 의해 정복되었기에 자기의 힘으로는 율법에 복종할 수가 없다. 따라서 그는 하나님의 자비하심에게로 도망해야 하고, 그럼으로써 율법의 엄중함을 피하고 자신의 범죄로부터 면책될 수 있을 것이며, 그 밖의 다른 것에 관해 하늘의 도우심을 받아 자기의 적에게 대항할 수 있을 것이다. "나는 선을 행하려는 의지는 있으나 그것을 실행하지는 않으니 말입니다."(18절) 그러므로 율법이 명령하는 것을 그는 즐겁게 여기고, 그것을 실행하려는 의지를 가지고 있다. 그러나 끝까지 실행하기에는 힘과 덕이 부족하다. 그는 죄의 권세 아래 억압되어 있기 때문에 자기가 하고 싶은 대로 행할 수 없고, 그가 반항하지도 못하는 것은 그의 능력의 주인과 지배자는 따로 있기 때문이다.(같은 곳)

사도가 하나님의 은혜를 찬양할 수 있는 것은 그가 해방을 얻는 사람이 묶여 있던 엄청난 악에 관해 설명하고, 그가 아담에게서 이끌어내는 파괴적인 자원에 어떤 것이 있는지를 지적한 다음, 율법이 구원할 수도 없고 완화해 줄 수도 없는 것으로부터 그리스도를 통해 놀라운 은사를 얻게 되었기 때문이다.

제롬

우리는 죄를 지었고, 불의를 행했으며, 악하게 행동하고, 불순종했다. 의심의 여지 없이 세 명의 히브리 자손은 죄를 범하지 않았고, 그들은 (셀 수 있는) 그 시기 동안 바벨론으로 끌려가지도 않고, 악행으로 인해 벌을 받지도 않았다. 그러므로 그들은 그들의 민족 일반을 대표하는 인격을 빌려 말하고 있으므로 우리는 사도 바울이 기록한 구절—"나는 내가 원하는 선한 일은 하지 않고"(19절)—을 읽고 적용해야 한다.

아우구스티누스의 견해

1) 그의 저술로부터의 인용.

2) 그 단락은 저자의 해석을 확증해 준다. 후일 아우구스티누스가 다른 설명을 제시하고 이전의 견해를 철회했다는 반론이 있다. 이에 대한 나의 답변은 로마서 7장에 대한 그의 해석은 그런 식으로 수정된 것이 전혀 없다는 것이다.

3) 아우구스티누스가 정확히 무엇을 철회했는지는 그의 저술에서 인용문을 통해 제시된다.

4) 이 장에 대한 설명에서 엿볼 수 있는 그의 겸손. 그는 이 본문이 실제로 죄가 실행된 것을 보여 주는 것이 아니라, 정욕의 내적 운동을 지시하는 것으로 파악한다.

그의 권위의 무게로 인해 나의 견해가 부담을 느껴 위축될 수도 있으므로 먼저 그의 작품을 펼치고 그가 이 구절에 대해 어떤 견해를 가지고 있었는지를 살펴보도록 하자. "내가 그런 일을 하면서도 그것을 해서는 안 되겠다고 생각하는 것은 곧 율법이 선하다는 사실에 동의하는 것입니다."(16절) 율법은 모든 고발로부터 충분히 방어될 수 있다. 그러나 누구든지 이 구절이 마치 우리가 의지를 자유롭게 행사하거나 선택할 수 없다고 말하는 것처럼 가정하지 않도록 주의해야 한다. 왜냐하면 여기에 기술되어 있는 사람은 은혜(를 얻기) 이전 율법 아래 사는 사람이기 때문이다.(『로마서 7장의 몇 가지 명제들에 대한 주해』) "내 지체에는 다른 법이 있어서 내 마음의 법과 맞서서 싸우며."(23절)

그는 육체의 습관이나 본성에 고착되어 있어서 모든 사람을 옭죄는 것을 '죄의 법'이라고 부른다. 그는 이것이 '마음의 법'과 맞서서 싸우며, "내 지체에 있는 죄의 법에 나를 포로로 만든다"라고 말한다. 이것을 볼 때 이 사람은 아직 은혜 아래 있지 못한 것으로 기술되어 있다고 이해된다. 만일 육적인 습관이나 본성이 단지 싸움을 벌일 뿐이고 포로로 잡아가지는 않는다면 정죄함에 이르는 일은 없을 것이다. 정죄함은 바로 우리가 부패하고 육적인 욕망에 복종하고 섬기는 것에 있기 때문이다. 그러나 그런 욕망이 계속 남아 있고 전혀 사라지지 않는 상태에서 우리가 그 욕망에 복종하지 않을 경우 우리는 포로로 잡힌 것이 아니다. 따라서 우리는 은혜 아래 있고, 그 상태에 대해 사도는 구원자의 도우심을 얻고자 부르짖은 것인데, 그것은 율법을 통해 두려움이 할 수 없는 일로서, 사랑에서 비롯되는 은혜를 통해야만 가능한 일이다. 그렇기 때문에 사도는 "아, 나는 비참한 사람입니다. 누가 이 죽음의 몸에서 나를 건져 주겠습니까?"(24절)라고 말했던 것이다. 그리고 "우리 주 예수 그리스도를 통하여 나를 건져 주신 하나님께 감사를 드립니다"(25절)라고 덧붙인다.

그런 다음 그는 은혜 아래 있는 사람을 기술하기 시작하는데, 이는 그가 인류를 네 등급으로 구별한 것 중에서 셋째 등급에 해당한다.(같은 글) 그러나 이전에 했던 탐구와 설명이 충분히 만족스럽지 않기에 나는 과도한 태만으로 인해 거기에서(즉 로마서 7장에서) 무엇이든지 간과하는 일이 없도록 계속해서 사도가 말한 것과 같은 언명과 그것이 의미하는 취지를 더욱 조심스럽게 주의를 모아 검토했다. 만일 그 언명이 쉽고 어떤 어려움도 없이 이해될 수 있다면 여러분은 그런 것을 묻는 것이 부적절한 일이라고 생각할 것이다.

본문에는 "그러면 우리가 무엇이라고 말을 하겠습니까? 율법이 죄입니까? 그럴 수 없습니다(하나님이 금하셨습니다)"(7절)라고 기록되어 있고, 이에 대해 사도는 "여기에서 나는 법칙 하나를 발견했습니다. 곧 나는 선을 행하려고 하는데"(21절)라고 말한다. "아, 나는 비참한 사람입니다. 누가 이 죽음의 몸에서 나를 건져 주겠습니까? 우리 주 예수 그리스도를 통하여 나를 건져 주신 하나님께 감사를 드립니다." 이 구절에 관한 한 여러분이 내게 바라는 것은 사도 바울이 율법 아래 있는 한 사람을 마치 자기의 인격인 양 빙의하고, 그로 하여금 이 본문에서 던지게 한 그 물음을 사도 바울 자신의 말에 의해 우선적으로 내가 설명하거나 해소하는 것이었다.(『밀라노의 주교 심플리치아노에게』)

그러므로 분명한 것은 첫째, 그 시기의 교회는 이 본문의 의미에 관해 아무것도 분명하게 규정하지 않았다는 점이다. 성 암브로스가 감독의 직능을 수행했던 같은 교회에서 예배 집전을 맡고 있었던 밀라노의 주교 심플리치아노는 만일 그 본문에 관해 이미 규정된 견해를 유지해야 할 뿐이었다면 성 아우구스티누스의 견해를 듣고자 간곡하게 요청하지 않았을 것이다.

둘째, 아우구스티누스가 이 문제를 면밀하게 고찰한 후 그는 본문 전체가 율법 아래 있는 사람을 지칭하는 것으로 이해되어야 한다고 공개적으로 선언한다. "나도 과거에 율법 없는 사람이었다"라고 그는 말한다. 이렇게 말할 때 그는 현재 자신의 정체성에 속한 인격이 아닌 일반적으로 '옛사람'의 인격을 통해 말한 것이다.(같은 곳)

뒤이어 그 사람은 왜 그러한가 하는 원인을 밝히면서 "우리는 율법이 신령한 것인 줄 압니다. 그러나 나는 육정에 매인 존재"(14절)이기 때문이라고 말한다. 그 말은 은혜의 도우심 없이는 그런 일을 할 수 없는, 신령한 사람에 의해서가 아니고서는 율법이 실현될 수 없음을 보여 준다. 참으로 "그러나 나는 육정에 매인 존재로서"라고 말했을 때, 사도는 과거의 자기 자신이 육적인 부류의 사람이었음을 첨언한 것이다. 현재 은혜 아래 있고, 그리스도의 피에 의해 구속을 얻고, 믿음을 통해 중생에 이른 사람이라 할지라도 어떤 측면에서 '육정에 매인 존재'라고 부를 수 있기 때문이다. 그런 사람에게 사도 바울은 "형제 자매 여러분, 나는 여러분에게 영에 속한 사람에게 하듯이 말할 수 없고, 육에 속한 사람에게 말하듯이 하였습니다"(고전 3:1)라고 말한다. 그러나 여전히 율법 아래 살고 은혜 아래 있지 않은 문제의 그 사람은 너무 육적이기 때문에 죄로부터 다시 태어날 수 없고, 다만 죄에 의해 율법 아래 종으로 팔린 채로 있다. 치명적인 쾌락의 대가는 달콤한 겉모습으로 사람을 속이고 율법에 반대되는 행동을 좋아하게 만드는 것인데, 쾌락은 그 불의함에 비해 더 크기 때문이다. 그가 율법이 금하는 것을 행하지 않지만 대체로 자기가 원하지 않는 일을 행하는 만큼 그는 "율법이 선하다는 사실에 동의하는 것"(16절)은 사실이다.

율법을 통해 그는 자기가 올바르게 행하고 있지 않다는 것과 자기가 마지못해 그렇게 한다는 것을 모두 의식하고 있기는 하지만, 그럼에도 은혜에 의해 해방되지 못한 상태에서 그는 (죄에 의해) 정복된 채이기 때문이다. 그러나 이어서 "그렇다면 그와 같은 일을 하는 것은 내가 아니라, 내 속에 자리를 잡고 있는 죄입니다"(17절)라고 말하는 데서 그는 자기가 범하는 죄를 좋은 것으로 인정하지 않음으로써 율법에 동의한 것이지만, 그렇다고 해서 그가 죄를 짓는 데 동의한 것이 아니기 때문이라고 말하는 것은 아니다. 그러나 사도가 여기서 인격을 빌려 말하고 있는 그 사람은 여전히 율법 아래 있고 은혜 아래 있지 않으며, 세상 정욕의 지배를 받음으로써, 그리고 금지된 죄의 기만적인 달콤함에 의해 악을 자행하면서도 한편으로는 율법에 대한 지식을 통해 그러한 악한 행위를 부분적으로 비난하고 있기도 하다. 그러나 바로 그런 이유로 그는 "그와 같은 일을 하는 것은 내가 아니다"라고 말하는데, 죄에 억류된 상태에서 그런 일을 하는 것이기 때문이다. 그렇기 때문에 그것은 그를 굴복하게 만드는 정복자의 권세에 속한 악한 욕망에 의해 자행된 것이다. 그러나 은혜는 그로 하여금 더 이상 굴복하지 않게 일으키고, 정욕에 대항할 수 있도록 그의 속사람에게 힘을 주신다.(같은 곳)

또한 다음 인용문에 바로 이어지는 것을 참조하라. "나는 선을 행하려는 의지는 있으나."(18절) 그 사람이 하는 이 말은 그가 갖춘 기본 지식에 대한 것이다. 다시 말해 그것은 율법 아래 있는 사람에게 선한 것에 뜻을 품고, 악한 것을 행하라고 말하는 것보다 더 쉬운 일은 없기 때문이다.(같은 곳) 그러나 이 모든 설명은 포로로 잡혀 있는 사람에게 그가 자기의 힘이나 능력을 믿어서는 안 된다는 것을 보여 주기 위한 것이다. 그렇기 때문에 사도는 율법의 행위에 대해 자랑스럽게 뽐내는 유대인들을 질책하는데, 그들은 자기들이 자랑하는 율법이 "탐내지 말라" 혹은 정욕에 탐닉하지 말 것을 선언하는데도 그들 자신은 정욕으로 인해 불법한 일은 무엇에든지 탐닉했기 때문이다. 그러므로 죄에 정복되고 정죄함을 받고 포로 상태에 있는 사람, 즉 율법을 받은 후 율법을 따라 살지 않고 오히려 그것을 위반하는 사람은 반드시 겸손하게 "아, 나는 비참한 사람입니다!"라고 외쳐야 한다.(같은 곳)

성 아우구스티누스의 글을 인용한 이 단락을 로마서 7장에 관한 나의 논증과 비교해 본 사람이라면 우리가 문제를 완전히 똑같이 인식하고 있으며, 내가 아우구스티누스의 견해를 따르고 있다는 것을 알게 될 것이다. 이 발췌문을 통해 그 당시에 교회는 사도 서신의 이 부분과 관련하여 아무것도 규정하지 않았고, 특히 그 부분에 관해 전혀 말한 바가 없었으며, 그 본문이 중생을 경험하고 은혜 아래 있는 사람에 관한 것으로 이해되어야 한다고 당연시했던 것으로 보인다.

그러나 여기서 나는 다음과 같은 반박과 마주한다. "여러 해 뒤에 성 아우구스티누스는 이 장에 대해 다르게 설명했다. 즉 시간에 관한 그의 43번, 45번, 47번 강론과 그 밖의 다른 저술에서 말하고 있듯이 그 본문은 은혜 아래 있는 중생한 사람에게 적용될 수 있다는 것이다." 나는 여기서 이미 진술했던 사실을 밝혀 두고, 언급된 발췌문은 나중에 검토할 것을 말해 두겠다. 그때 우리는 아우구스티누스의 견해가 나의 것과 대립한다는 주장을 그들이 어느 정도로 확립할 수 있을지 판단할 수 있을 것이다.

같은 비판자는 다시 말한다. "그렇지만 『로마서 7장의 몇 가지 명제들에 대한 주해』라는 논문과 『밀라노의 주교 심플리치아노에게』라는 책에서 아우구스티누스는 그가 자기의 처음 글에서 제시했던 견해를 철회하고 스스로 비판했다." 이 주장에 대해 나는 이렇게 답변할 수 있다.

첫째, 아우구스티누스가 로마서의 이 본문에 대해 처음에는 내 견해와 똑같았다가 나중에 다른 견해를 갖게 되었다는 사실로부터 이 견해들 중 어느 것도 당시 교회에 의해 가톨릭적이거나 보편적인 교의라는 견지에서 고려된 적이 없었다는 것을 볼 수 있다.

둘째, 아우구스티누스는 나중에 견지했던 것보다 더 정확한 견해를 처음에 가졌던 것으로 볼 수 있다. 특히 처음에 그가 로마서 7장 전체를 정확히 조사하고, 같은 주제에 대한 다른 견해와의 비교를 거쳐 도달한 자기 자신의 판단을 따랐다고 볼 때 그러하다. 그러나 그가 『철회』 1권 23장에서 밝혔듯이 이 주제에 대해 그가 매우 철저하게 고찰했다는 말을 덧붙이기는 했지만, 후일 그는 특정 성경 해석자들의 권위에 영향을 받은 것으로 보인다. 왜냐하면 그는 자신이 그 주석가들의 권위로부터 흡수한 선입견이 전혀 배제되었다고 생각하지 않았기 때문이다.

그러나 나는 이 정도로 예비적인 답변을 할 수도 있겠지만, 실제로 내가 제시하려는 답변은 이것이다. 즉 이 로마서 7장을 율법 아래 있는 사람에게 적용될 수 있는 것으로 설명하도록 자신을 이끈 견해에 대해 아우구스티누스는 인정한 적도 비난한 적도 없다. 다만 그는 이전 견해의 특정 부분, 즉 "이 구절들은 그 당시 신령한 사람이었던 사도 바울 자신의 인격이 언술한 것으로 받아들여서는 안 되고, 율법 아래 살고 아직 은혜 아래 있지 못한 어떤 사람의 언술로 간주해야 한다"라는 부분을 철회했을 뿐이다. 앞서 그는 두 가지를 단언했기 때문인데 첫째, 이 장은 율법 아래 사는 사람에 관한 것으로 이해되어야 한다는 것이고, 둘째, 그 장을 은혜 아래 있는 사람에 관한 것이라거나 당시에 이미 신령한 사도 자신에 관한 것으로 이해해서는 안 된다고 주장했다. 이 단언 중 전자는 아우구스티누스에 의해 철회된 적이 없고, 후자의 경우 그 단락을 검토해 보면 누구든지 분명하게 확인할 수 있듯이 그가 그것을 철회한 것이 맞다. 이번 기회에 그 단락을 번역해 보는 것도 어렵지 않을 것인데, 이 위대한 교부의 작품은 누구나 접할 수 있는 것이 아니기 때문이다.

　　『철회』 1권 23장에서 그는 다음과 같이 말한다. "내가 아직 사제로 있을 때, 그 당시 카르타고에 모였던 우리는 사도 바울의 로마서를 읽고 있었다. 나의 형제들은 그 본문에 대해 내게 여러 질문을 던졌고, 나는 힘이 닿는 대로 답변했다. 그러자 형제들은 그 주제에 대해 내가 말한 것을 그저 임기응변식으로 넘어가는 대신 기록으로 남기기를 원했다. 그 때 나는 그들의 요청에 동의했고, 나의 『논문집(Opuscula)』 뒤에 별책처럼 한 권을 추가했다. 그 책에서 나는 이렇게 말했다. 사도가 '우리는 율법이 신령한 것인 줄 압니다. 그러나 나는 육정에 매인 존재로서 죄 아래 팔린 몸입니다'라고 말했을 때, 그는 하나님의 은혜에 의해 신령하게 된 사람을 제외하고 어떤 사람에 의해서도 율법이 성취될 수 없다는 것을 충분히 명백하게 밝힌 것이다. 나는 그 구절을 당시 영적인 사람으로 살고 있었던 사도의 인격이 말한 것이 아니라, 율법 아래 살며 아직 은혜 아래 있지 못한 사람이 말한 것으로 받아들이고 싶었다. 그런 식으로 처음에 나는 그 구절을 이해했고, 그후 좀 더 꼼꼼하게 거룩한 계시의 말씀에 대한 특정한 주석가들의 작품들을 정독한 후 입장이 바뀌었다. 그리하여 사도가 '율법이 신령한 것인 줄을 우리가 알지만 나는 육정에 매인 존재로서 죄 아래에 팔린 몸입니다'라고 말할 때, 나는 그 말이 사도 자신을 지칭하는 것으로 이해될 수 있다는 것을 깨달았다. 바로 이 견해가 근래에 펠라기우스주의자들에 대해 비판하는 책들에서 내가 할 수 있는 최대의 면밀성을 다하여 제시한 것이다."

"그러므로 이 책(『논문집』-옮긴이)에서 '그러나 나는 육정에 매인 존재로서 죄 아래에 팔린 몸입니다'라는 구절에서부터 그 장의 나머지 부분을 거쳐 '아, 나는 비참한 사람입니다!'라는 구절에 이르기까지 아직 율법 아래 살고 은혜 아래 있지 못한, 선한 것을 행하려는 의지가 있지만 육체의 욕망에 제압당하여 악한 일을 행하는 사람에 대해 기술하고 있다고 나는 말했다. 악을 행하려는 욕망에 우리가 동의한 것이 아니라, 오히려 선을 행하기 원함에도 불구하고 그러한 정욕의 지배 아래 있는 사람은 우리 마음에 사랑을 발산하거나 전이하심으로써 육체의 모든 욕망을 정복하는, 예수 그리스도 우리 주를 통한 하나님의 은혜에 의해, 즉 성령의 은사에 의해서가 아니고서는 그 상태에서 결코 해방될 수 없다. 이 같은 설명에 의해 우리로 하여금 선하고 경건한 삶을 살 수 있게 하는 사랑이 하나님께로부터 오는 것이 아니라, 우리 자신으로부터 나온다고 주장하는 펠라기우스 이단을 마침내 척결했다."

"그러나 펠라기우스주의자들에게 대항하여 출간한 책들에서 우리가 보여 준 것은, 아직 신령하지는 않지만 죽은 자들이 부활할 때가 되면 그렇게 될 육체의 몸을 근거로, 그리고 악에게 동의하지 않지만 이 지상에 사는 동안 저항해야 하는 적대적인 육정에서 벗어날 수 없는, 성도들이 늘 갈등을 겪을 수밖에 없는 육적 욕망을 근거로, 로마서 7장에서 사도가 말한 것은 이제 은혜 아래 있는 영적인 사람의 언술로 이해하는 것이 타당하다는 것이었다. 그러나 성도들은 승리에 의해 죽음이 삼킨 바 되는 세상에서는 악을 지향하는 그러한 정욕을 갖지 않을 것이다. 그러므로 여전히 우리 내면에 남아 있어서(또는 그것을 우리가 마음에서 감당해야 하기에) 계속 맞서 싸워야 하는 정욕과 육정 때문에 현재 은혜 아래 있는 모든 거룩한 사람들도 은혜 아래 있지 못하고 여전히 율법 아래 사는 사람이 술회하는, 여기서 내가 언급한 모든 말을 표출할 수 있다. 이것을 구체적으로 제시하려면 많은 시간이 요구될 것이므로 나는 그것을 입증한 출처를 언급해 놓았다."(같은 곳)

"내가 주교로 있을 때 쓴 책들 가운데 처음 두 권은 복된 성 암브로스의 후임이 된 밀라노 교회의 주교 심플리치아노에게 편지한 것으로, 거기서 나는 여러 문제에 대해 이야기했다. 첫째 책에서 내가 다룬 물음 중 두 가지는 사도 바울이 로마인들에게 쓴 서한에 들어 있는 것이다. 그중 하나는 로마서 7장 7절 '그러면 우리가 무엇이라고 말을 하겠습니까? 율법이 죄입니까? 그럴 수 없습니다'에서 시작해서 25절 '누가 이 죽음의 몸에서 나를 건져 주겠습니까? 우리 주 예수 그리스도를 통하여 나를 건져 주신 하나님께 감사를 드립니다'까지다. 그 책에서 나는 사도 바울이 말한 '율법은 신령하나 나는 육정에 매인 존재입니다'와 육체가 영에 맞서 싸운다고 하는 다른 표현을 풀어서 설명했다. 거기서 나는 여전히 율법 아래 있고, 아직 은혜 아래 이르지 못한 것으로 기술되는 사람이 어떤 상태에 있는지를 설명했다. 그 후 오랜 시간이 흐른 뒤에야 나는 그 본문이 영적인 사람에 대한 기술일 수도 있고, 그 편이 개연성이 더 커 보인다는 것을 깨닫게 되었다."(『철회』 2권 1장)

앞의 인용문은 성 아우구스티누스가 이전에 서술했던 견해를 철회한 것을 자구적으로 정확하게 옮긴 것으로, 여기서 분명히 알 수 있는 것은 그가 이전 견해를 거부하지도 않았고, 그것을 거짓이나 오류로, 또는 이단으로 비판하지도 않았다는 사실이다. 다만 그는 "사도 서신에 들어 있는 이 본문은 중생에 이르고 신령하며 은혜 아래 있는 사람을 지칭하는 것으로 이해될 수도 있고, 이 견해는 그것이 율법 아래 사는 사람에 관한 것으로 보는 것보다 더 낫고 개연성도 더 높다고 생각된다"라고 말했을 뿐이다. 그러나 그는 이 견해(그의 처음 견해)가 펠라기우스 이단과 대립된다고 말한다.

그런데 『철회』에서 그가 사용한 표현으로 미루어 사도 서신에 들어 있는 이 장을 율법 아래 사는 사람에 관한 것으로 이해할 수 있으나, (그의 최근 판단에 따르면) 그다지 좋은 것이 못되고 개연성도 낮은 것으로 보았다고 생각된다. 그러므로 우리는 성 아우구스티누스의 이 같은 겸양으로부터 "성경의 이 부분은 반드시 은혜 아래 있는 사람에 관한 것으로 이해되어야 하고, 펠라기우스주의 이단에 대한 비판으로 빠지지 않고서도 결코 율법 아래 사는 사람을 지칭한 것으로 설명될 수 없다"라고 단언하는 사람들의 맹렬함과는 매우 거리가 멀다는 것을 알 수 있다. 독자들이 원한다면 사도 바울의 언명에 관한 성 아우구스티누스의 작품(10권)을 찾아서 확인해 보자(로마서 7장 7절에 대한 다섯 번째 설교, 59쪽, 셋째 열).

"거룩한 사도여, 당신이 지금 자기 자신에 대해 말하고 있다는 것을 아무도 의심하지 않는다면 그렇다고 직접 내게 말해 주십시오." 같은 설교문 넷째 열에서는 "그러므로 만일 내가 사도가 자신에 대해 말하고 있다고 말했다면 나는 그것을 사실로 시인하지 않는다"라고 했다. 그러나 바로 앞의 진술이 그것을 아우구스티누스의 해명으로 보든지 입장 철회로 보든지 간에 해당 본문이 은혜 아래 있는 사람에 관한 기술일 수도 있고, 그렇게 보는 편이 훨씬 낫고 개연성이 크다고 생각하게 되었다고 그가 공공연히 선언하고 있는 관점 변화에 따른 것이라고 보기를 거부하는 사람들의 요구는 부적절하다. 그가 생각을 바꾸게 된 원인은 아직 영적이지 않은 문제의 인물이 육체의 몸을 가지고 있는 탓에 '육적' 존재로 불릴 수도 있고, 그가 스스로 동의하지는 않음에도 여전히 내면에 육체의 욕망을 가지고 있기 때문이다. 이것은 또한 성 아우구스티누스가 실제로 따르고 있다고 보는 다른 주석가들의 견해이기도 하다.

그러나 로마서 7장에 대한 내 견해에 반대하는 신학자들은 그런 식으로—즉 선한 것에 대한 의지를 갖는 것은 정욕에 빠지거나 불법한 욕망을 품지 않겠다는 의지를 갖는 것이고, 악을 행하는 것은 정욕에 빠지는 것이다—설명하지 않고, 그 대신 실제로 악한 일을 행하거나 저지르는 것이라고 본다. 그러므로 성 아우구스티누스의 권위는 굳이 그들에 의해 생산될 필요는 없다. 뒤에서 우리는 그의 판단이 실제로 다음과 같다는 것—만일 이 장이 실제로 범한 죄를 지시하는 것으로 설명되어야 한다면 그 본문은 중생한 사람에 관한 것으로 볼 수 없다. 그러나 그것이 중생한 사람에 관한 것이라고 설명되어야 한다면 필연적으로 오직 강한 욕망이나 정욕 같은 내적 육정에 관련된 것으로 제한적으로 이해되어야 한다—을 증명할 것이기 때문이다. 따라서 나는 성 아우구스티누스의 처음 견해가 나의 것과 완전히 일치하는 것으로, 그리고 나중의 견해는 나의 것과 상당히 다른 것으로 생각한다. 그러나 내게 반대하는 사람들은 성 아우구스티누스가 그의 두 견해 모두에서 그들과 다르고 완전히 대립하는 것으로 해석한다.

중세의 여러 저자들은 우리의 견해를 지지한다

1) 베다 베네라빌리스.

2) 성 파울리누스.

3) 니콜라스 드 리라.

4) 글로사 오르디나리아.

5) 원어 성경 행간 주석.[61]

6) 휴 오브 세인트 체르.

7) 토마스 아퀴나스. 그는 로마서 7장 14절이 두 가지 방식으로 모두 설명될 수 있다고 생각하지만, 적용에 있어서는 중생한 사람을 지시하는 것으로 본다.

8) 그는 로마서 7장 17절과 18절이 억지 구성에 의해서만 죄 아래 사는 사람에 관한 것으로 간주될 수 있다고 생각한다. 그가 그렇게 단언하게 된 이유를 검토하고 답변할 것이다.

9) 토마스가 이 두 구절에 대해 내리는 논평의 개요, 아울러 그것으로부터 그 두 구절이 율법 아래 있는 사람에 관한 것으로 이해하는 것이 적절하고, 억지스러운 방식으로 구성할 경우를 제외하고 은혜 아래 있는 사람과 연관시키기 어렵다고 본다.

---

61) Interlinear Gloss. 행간 주석은 예문과 그 의역의 행간에 형태소마다 붙이는 축차 번역(逐次飜譯)을 가리킨다. 주해 또는 주석이라고도 말한다. 막스플랑크진화인류학연구소와 라이프치히대학의 언어학 부문에 의해 제안된 열 가지 규칙을 따른다.

베다 베네라빌리스[62]

"우리는 율법이 신령한 것인 줄 압니다. 그러나 나는 육정에 매인 존재로서." 따라서 아마도 이는 다른 어떤 사람 또는 당신 자신일 수 있다. 당신이나 내가 그 사람일 수 있다. 따라서 만일 그런 사람이 우리 가운데 있다면 그 구절이 마치 그 사람에 대해 말하는 것인 양 경청하면서 우리 마음에서 분노의 감정을 몰아내고 우리 스스로를 바로잡도록 하자. 하지만 만일 그 사람이 그라면(즉 사도 바울이라면) "내가 해야겠다고 생각하는 일은 하지 않고, 도리어 해서는 안 되겠다고 생각하는 일을 하고 있다"(『로마서 7장에 대하여』)라고 그가 말하는 것을 그 자신에 대한 것으로 이해하지 말도록 하자. 그러므로 사도가 자기 몸에서 가시를 제거해 주실 것을 세 번이나 주님께 간구했고, 그가 바라는 대로 응답받지 못했던 그가 그의 치유에 유익이 되는 응답을 들었기 때문에 "우리는 율법이 신령한 것인 줄 압니다. 그러나 나는 육정에 매인 존재로서"라고 그가 말했다는 것은 아마도 그에게 어울리지 않는 것으로 보인다.(같은 곳)

성 파울리누스

나는 이 복된 사도가 나의 연약함을 활용하는 편을 택하고, 내가 고생하는 것을 안타깝게 여기면서 나를 대신해서 "아, 나는 비참한 사람입니다"라고 부르짖고 있다고 생각한다.(『투르의 사제 세베루스 술피치오에게 보낸

• •

62) Venerable Bede(672?~735). 성 비드로 널리 알려진 노섬브리아 출신의 기독교 수도사, 신학자, 역사가, 연대기 학자다. 『잉글랜드인들의 교회사(*Historia ecclesiastica gentis Anglorum*)』를 집필한 학자로 유명하여 '잉글랜드 역사의 아버지'라 불린다. 성서 라틴어 불가타 번역을 한 권으로 묶어 재편집한 그의 역본은 종교개혁 때까지 서방 교회 세계를 통틀어서 쓰인 공식 역본이었고, 로마가톨릭교회에서는 1966년까지 쓰였다.

두 번째 편지』)

니콜라스 드 리라[63]

우리는 율법이 신령하고, 사람들로 하여금 영이나 이성의 권면을 올바로 따를 수 있도록 바로 세워 준다는 것을 안다.(『로마서 7장에 대하여』) "그러나 나는 육정에 매인 존재로서", 즉 나는 육체나 관능의 충동을 따른다. 전에 살펴보았듯이 이성의 명령을 따르는 사람보다 관능의 충동을 따르는 사람이 더 많기 때문에 사도는 타락한 인류의 인격을 빌려 말하고 있다. 그는 이성의 자연 명령을 따르는 속사람을 따르고자 하는데, 이성은 '속사람', 관능은 '겉사람'으로 불리기 때문이다. "아, 나는 비참한 사람입니다!" 이 구절에서 사도는 본성이 부패한 온 인류를 대신해 '아, 나는 비참한 사람입니다!'라고 외치면서 결국 그 상태에서 해방해 줄 것을 간청한다. "나는 속사람으로는 하나님의 법을 즐거워하나", 즉 이성의 경향에 따르지만 실제로는 육체의 욕망에 따름으로써 "내 지체에 있는 죄의 법"에 복종한다.

글로사 오르디나리아[64]

"우리는 율법이 신령한 것인 줄 압니다"라는 구절은 7장 후반부에 나온다. 이 표현이 사도 바울 자신으로서 말한 것으로, 혹은 온 인류의 인격을

••

63) Nicholas De Lyra(1270~1349). 중세 시대에 가장 성서적 주석을 다루는 실무자 중 한 사람이다. 노르망디 라르에서 태어났다는 사실을 제외하고는 그의 생애에 대해 알려진 바가 거의 없다.

64) Glossa Ordinaria(Ordinary Gloss). '표준 광택'을 뜻하는 라틴어 『글로사 오르디나리아』는 광택 형태의 성경 주석을 모아 놓은 것이다. 이 글은 대부분 교회 교부들로부터 나온 것이지만, 본문은 12세기에 학자들에 의해 정리되었다. 광택을 다른 광택 주석과 구별하기 위해 '일반(ordinary)'이라고 부른다.

빌려 말한 것으로 이해하는 것이 나을지는 그리 분명하지 않다.(『로마서 7장에 대하여』)

원어 성경 행간 주석

"그러나 나는 육정에 매인 존재이기에 내 마음의 부패나 마귀에게 대항할 수 없습니다."(『로마서 7장에 대하여』) 나의 첫 선조에 의해 죄 아래 팔린 나는 참으로 죄 아래서 종살이를 하게 되었다. 은혜의 시대가 오기 전 나는 그때 다만 율법 아래서 그렇게 살고 있을 뿐이었다. 악은 나의 이성과 더불어 내 안에 공존하고, 그것은 나의 속사람 곁에 가까이 있다. 나는 다른 법이 장작이나 불꽃처럼 통치하는 것을 본다. 나의 마음의 법과 맞서 싸우면서 그 법과 나의 이성은 하나로 연합되어 있다. 그리하여 동의와 작업을 통해 나를 포로로 잡아오는데, 그것은 습관이나 관행에 의해 지배하기 때문이다. 죄에게 죄의 법은 곧 법인데, 바로 그것이 통치하기 때문이다. 율법도 아니고 나 자신의 힘도 아닌 하나님의 은혜, 오직 하나님의 은혜가 구원하신다. 따라서 이성적이고 안에 있는 속사람은 과거에도 그랬듯이 마음에 장작을 소유하고 있다.

휴 오브 세인트 체르

"우리는 율법이 신령한 줄을 압니다." 7장의 셋째 단락에서 사도가 보여주는 것은 모세의 율법에서 명령된 것이 영의 법, 즉 은혜 없이는 성취될 수 없다는 것이다. "그러나 나는 육정에 매인 존재로서", 즉 나는 의지가 약하고 연약해서 마귀와 육체의 정욕에 대항하지 못한다. 이성을 따라 내가 하고자 하는 것, 즉 내가 인정하는 것은 그것이지만 내가 미워하는 것, 즉 악을 따른다. 그러나 이것으로부터 추론되는 것은 그가 이성을 따라 자기가 원하는 바를 행할 수 있게 하는 영적인 법을 원한다는 사실이다. 그러므로 이제 어떤 정죄함도 없게 된다.

앞에서 기술한 것은 육정에 매여 사는 사람이 대죄에 사로잡혀 있는 상태에 관해, 그리고 은혜 아래 있는 사람이 중죄[65]에 사로잡혀 있는 상태에 관해, 그리고 영의 법 또는 은혜의 법이 죽음의 예속으로부터 해방시키는 것에 대해 설명한다. 그리하여 사도는 다음과 같이 추론한다. '그러므로 이제 어떤 정죄함도 없다.' 즉 정죄함에 이르는 대죄란 존재하지 않는다.

토마스 아퀴나스[66]

"그러나 나는 육정에 매인 존재로서." 사도는 그 사람이 처한 상태를 보여 준다. 그리고 이 표현은 두 가지 방식으로 해석할 수 있다. 하나는 사도가 죄에 빠진 사람의 인격을 빌려 말하고 있다고 보는 것이다. 성 아우구스티누스는 그의 『질문들』의 여든세 번째 언명에서 그 주제에 대해 설명한다. 그러나 훗날 율리아누스를 비판하는 책에서 그는 사도 바울이 자기 자신, 즉 은혜 아래 있는 사람의 육성으로 말하고 있을 수도 있다고 해석한

··
65) 천주교에서 구별하는 죄의 범주로, 중죄(venial sin)는 회개하지 않은 필사자의 죄처럼 하나님으로부터 완전히 분리되고 지옥에 처하는 영원한 저주를 초래하지 않는, 상대적으로 작은 죄를 가리킨다. 반면 대죄(mortal sin)는 필사자의 죄가 암시하는 은혜의 상태와 실제적으로 양립할 수 없는 상태에서 결코 시도해서는 안 되는 행위를 가리킨다.
66) St. Tomas Aquinas(1224?~1274). 이탈리아의 나폴리 근교에서 출생한 저명한 신학자이자 스콜라 철학자로서, 자연신학의 으뜸가는 선구자이며 서방 교회의 주요 철학적 전통의 하나인 토마스학파의 아버지이기도 하다. 그는 기독교 교리와 아리스토텔레스의 철학을 종합하여 스콜라 철학을 대성한 중세 기독교 최고의 신학자다. 다만 아리스토텔레스를 수용할 때 '은총은 자연을 파괴하지 않고 오히려 자연을 완성한다'는 태도를 가지고 은총과 자연, 신앙과 이성 사이에 조화로운 통일을 부여했다. 그의 이러한 그리스도교적 휴머니즘은 특기할 만하다.

다. 그러므로 사도가 말한 것이 어떤 종류의 언명이며, 그것으로부터 귀결되는 것이 무엇인지, 그리고 그의 언명이 각각의 방식으로 어떻게 상이한 해석을 낳는지를―둘째 해석이 가장 나은 것이기는 하지만―살펴보도록 하자.(『로마서 7장에 대하여』)

나는 동일 인물인 토마스가 7장에서 두 구절을 지목하고, 왜곡된 해석에 의존할 경우를 제외하고 그 구절이 중생하지 않은 사람에 관해 설명하는 것으로 볼 수 없다고 주장한 것을 정확히 기억한다. 그러나 만일 우리가 이 구절을 다시 들여다보고 토마스가 무엇 때문에 그 견해를 갖게 되었는지를 검토한다면 우리의 노고는 후한 보상을 받을 것이다.

첫째 구절은 17절인 "그렇다면 그와 같은 일을 하는 것은 내가 아니라, 내 속에 자리를 잡고 있는 죄입니다"이다. 둘째 구절은 18절인 "나는 내 속에, 곧 내 육신 속에 선한 것이 깃들여 있지 않다는 것을 압니다"이다.

토마스는 이렇게 말한다. "이 중 첫째 구절은 왜곡되게 해석하지만 않는다면 죄 아래 있는 사람에 관한 것으로 이해될 수 없다. 왜냐하면 죄인 자신은 자아의 심층부, 즉 자기의 이성과 마음을 따르는 사람으로서, 범죄 기도에 동의한 상태에서 그 죄를 범했기 때문이다. 그러나 이것은 마땅히 한 주체에게 귀속되어야 하는 문제로서, 마음과 이성에 의해 그가 인간 주체가 되는 것이므로 인간 본성에 의거해 그 행위는 그에게 전가되어야 한다." 그러나 이 언명에 대한 나의 답변은 다음과 같다.

첫째, 율법이 죄를 금하는 명령을 내리지만 육체의 정욕을 통해 마음과 이성이 정복되어 버린 사람은 자기 의지로 동의하는 경우를 제외하고는 죄를 범하는 것으로 볼 수 없다는 주장은 죄 아래 있는 사람에게 적용될 뿐만 아니라, 중생한 사람이나 은혜 아래 있는 사람에게도 적용된다. 마음이 예속되었을 뿐만 아니라, 의지가 동의하지 않는 한 그 사람들은 실제로 죄를 범할 수 없기 때문이다. 그러므로 이런 식으로 죄 아래 있는 사람과 은혜 아래 있는 사람을 구별하려는 것은 헛된 시도에 불과하다.

둘째, 나는 죄 아래 있는 사람들 모두가 자기 마음의 동의를 얻어, 즉 양심의 어떠한 저항도 없이 불의를 저지른다고 생각하지 않는다. 율법 아래 있는 사람들이 죄를 범할 때, 그들은 자기의 양심을 거슬러서, 그리고 마음의 주저함에도 개의치 않고 밀고 나가는 것은 그들이 죄와 육적 욕망의 전횡에 제압되어 있기 때문이다.

셋째, 주어진 주제는 토마스가 기술한 그대로지만 그럼에도 왜곡된 것일 경우를 제외하고 어떤 해석에 의해서도 이 사람에 대해 "이 죄를 범한 것은 그가 아니라 죄이다"라고 말할 수 없다는 결론이 함축되는 것은 아니다. 한 가지 이유는 토마스 자신에 의해 제시된다. 즉 그 사람이 죄를 짓는 것은 그의 속에 살면서 그를 지배하는 죄의 운동과 강제 때문이다. 그러나 결과는 대개의 경우 주인(主因)에 귀속되므로 이 구절 역시 특별히 의미의 왜곡 없이 율법 아래 있는 사람에 관한 것으로 이해될 수 있다. 아우구스티누스의 판단을 따라 "실제로 죄에게 동의한 사람이 아니라면 죄를 지은 것은 그 자신이 아니라, 죄라고 전가될 수 있고, 따라서 죄의 실행은 악과 그 명령에 대한 동의에 관련되는 것이 아니라, 정욕이나 악한 욕망에 관련되는 것으로 이해되어야 하며, 그러므로 이 행위는 은혜 아래 있는 사람에게 귀속된다"라고 주장하는 사람이 있다면 이 반론에 대해 앞에서 살펴보았듯이 나는 그 선행 전제를 거부한다고 답하겠다. 하지만 그것이 오직 정욕 자체에 관련될 뿐이고, 죄에 대한 동의와 그 실제 실행에 관련되지 않는 것으로 이해되어야 하는 것이라면 굳이 왜곡하지 않더라도 이 구절에 들어 있는 표현은 결코 율법 아래와 죄 아래 있는 사람을 기술하는 데 사용되어서는 안 된다.

토마스는 "이 본문 중 후자—18절—는 약간의 수정을 가미하는 것처럼 어떤 식으로든 왜곡이 없이는 결코 죄 아래 있는 사람에 관한 것으로 설명될 수 없는데, 즉 그 담론이 자기 육체나 마음속에 어떤 선한 것도 '거주하고' 있지 않은 사람에 관한 것이라고 보아야 할 이유를 예시할 필요는 없다"라고 말한다.

이에 대한 나의 답변은 그 선행 전제가 거짓이라는 것이다. 왜냐하면 우리는 이미 18절을 언급하면서 율법 아래 있는 사람의 마음속에 어떤 선이 존재하고 머물고 있는 것을—토마스는 여기서 '거주하다(dwell)'라는 낱말을 사용한다—입증했고, 그 낱말을 올바르게 적용한다면 그것은 또한 통치하고 지배하는 것을 뜻하기 때문이다. 그러므로 이런 측면에 대한 토마스의 무지가 그로 하여금 그렇게 사고하고 글로 옮기도록 이끌었다.

그러나 이 본문에 대한 토마스의 논평 전체를 훑어보도록 하자. 그러면 이 두 구절에 포함된 모든 것이 율법 아래 있는 사람에 관한 것으로 가장 투명하게 설명될 수 있고, 오직 상당한 오독과 왜곡에 의해서만 은혜 아래 있는 중생한 사람에관한 기술로 해석된다는 사실이 드러날 것이다. 나는 그 점을 다음과 같이 간략하게 보여 줄 것인데,—누구든지 즉시 그가 쓴 글이라는 것을 알 수 있듯이—우선 그가 매우 장황하게 다루고 있는 것을 한데 모아서 간결하게 정리한다.

"만일 그 사람이나 이성이 육체의 공격을 받은 까닭에 육적이거나 정욕적이라고 불려야 한다면, 즉 행하는 것이 정욕이나 욕망을 품는 것과 동일하다면, 선한 뜻을 품고 악을 의지하지 않음으로써 특정한 행동 경로를 선택하거나 이행하는 완전한 의욕(volition)과 비의욕(nolition)으로 간주되어야 한다면, 그 반면에 악을 행하고 선을 행하지 않는 것이 감각적 욕구를 가질 뿐 이성의 동의 수준까지 이르지는 않는 불완전한 행위에 해당하는 것으로 이해되어야 한다면, 여기서 말하는 예속 상태가 오직 정욕의 발동이 낳는 결과라면, 이 죽음의 몸으로부터의 구원을 바라는 것이 몸의 부패라는 문제가 완전히 해소되는 것을 의미한다면, 이 성경 본문에 표현된 것은 은혜 아래 있는 중생한 정의로운 사람에 관한 것으로 이해되어야 한다."

"그러나 만일 이 사람이나 이성이 그가 육체에 매여 있다는 이유로, 즉 육체가 그를 선동하는 것에 동의하므로 육적이거나 육정에 매여 있다고 불러야 한다면, 어떤 상태에 있는 것이 실제 행동으로 옮기는 것과 같은 것이라면, 선한 것을 의지하고 악한 것을 의지하지 않는 것이 사람들로 하여금 일반적으로 선한 뜻을 품고 악한 것에 뜻을 두지 않게 하는 불완전한 의욕과 비의욕을 수용하고 실제로 사람들은 둘 중 어느 것도 실행에 옮기지 않는 것으로 간주된다면, 반면에 악을 행하고 선을 행하지 않는 것이 이성의 동의에 의해 외적인 실행으로 행사되는 완전한 행위로 이해되어야 한다면, 만일 이 같은 예속이 동의와 실행 또는 행동을 통해 산출되는 결과라면, 끝으로 이 죽음의 몸으로부터의 구원이 죄를 짓게 만드는 마음을 완전히 지배하지 못하도록 몸이 부패되기를 바라거나 요구해야 하는 것이라면, 이 본문에 들어 있는 표현은 죄인인 사람과 율법 아래 있는 사람에 관한 것으로 이해되어야 한다."

이제 이것을 추가해 보자. 육신으로부터 공격을 받지만 그 싸움에서 승리하는 사람은 육적이거나 정욕적이라고 불리지 않고, 그 이름은 유혹에 굴복함으로써 육체에 종이 되는 사람에게 부여된다. 여기서 사도 바울은 미결 상태의 불완전한 의욕과 비의욕, 그리고 악의 실제 실행과 선의 부작위에 대해 거론하고 있는 것이지 단지 정욕을 품거나 욕구하는 행위나 발의(發議)만을 다루고 있지 않다(왜냐하면 이 점은 문제 자체에 의해 선언되고 있는데, 사람이 뜻을 품되 행동하지 않는다면 그 의욕은 불완전하기 때문이다).

여기 언급된 예속 상태는 단지 정욕의 발의에 대한 것이 아니라, 동의와 실행에 의해 이루어진다. 정욕 자체나 육체의 법은 마음의 법에 맞서 싸움을 벌임으로써 사람을 포로로 잡아오기 때문이다. 그리고 요청되는 해방은 몸의 부패, 즉 육체가 마음을 지배할 수 없게 하는 것이지 육체를 완전히 제거하는 것이 아니다. 그러므로 이 본문은 은혜 아래 있는 사람이 아니라 율법 아래 있는 사람에 관해, 그리고 은혜에 의해 이미 회복된 사람이 아니라 아직 회복되어야 할 사람에 관해 말하는 것으로 이해되어야 한다. 우리가 제시하는 명제는 토마스 아퀴나스에게서 온 것이다. 우리는 여기에 그 텍스트 자체로부터 추론되는 가정을 덧붙였다.

현대 신학자들의 우호적인 증언

마르틴 부처

"나는 선을 행하려고 하는데, 그러한 내게 악이 붙어 있다는 것입니다. 나는 속사람으로는 하나님의 법을 즐거워하나." 이 같은 상태는 말할 것도 없이 악하거나 세상적인 사람, 그런데도 하나님께로 나아가지 않는 사람이 갖는 특질이 아니라, 하나님을 사랑하고 그의 말씀 앞에서 두려워 떠는 거룩한 사람의 특질이다. 하나님은 우리 모두가 날 때부터 억눌려 있는 죽음으로부터 어느 정도 구해 주실 수 있기 때문이다.

첫째, 그는 얼마 동안 우리가 그의 심판을 무시한 채 무지 가운데 살아가는 것을 허용하신다. 이 시기 동안 "죄는 죽은 상태에" 있다. 그러나 죄가 하나님으로 하여금 이 무지의 시간을 종결하도록 재촉하자 그는 그의 율법을 내려 보내시고, 그것이 '거룩하고, 정의로우며, 선하다는 것'을 우리가 깨닫게 하셨다.

이때부터 필연적으로 발생한 일은 "우리가 율법에 동의하고", 율법이 명령하는 것을 우리가 욕구하고, 율법이 금하는 것을 우리가 싫어하게 된 것이다. 그러나 만일 그리스도의 영이 우리에게 강력한 구원을 베풀지 않는다면 하나님에 대한 이러한 사랑과 그의 율법에 대한 동의는 참으로 미약한 수준에 머물고, 그 반면에 우리 속에 사는 죄의 세력은 너무도 강력하게 우리를 압도한다. 그렇기 때문에 율법의 징계와 명령을 통해 부패한 정욕은 한층 불타오르며, 정욕이나 욕망을 품을 뿐만 아니라 실제로 행동에 옮김으로써 우리는 종종 스스로 혐오하는 일을 행하고, 심지어 우리가 승인하고 뜻을 품는 것 외에 달리 할 길 없는 것을 간과하고 만다. 그러나 이 같은 것은 우리 속에서 하나님의 심판에 대한 두려움을 증폭시키고, 그로 인해 우리는 완전히 마비되어 감각을 잃게 된다.

이 모든 결과는 율법으로 인해 발생한 것이지만, 사실 우리의 타락한 본성의 부패를 통해 실현된다. 사도 바울이 현재 우리가 다루고 있는 7장에서 직접 묘사한 것은 방금 언급한 시기 동안의 인간 조건을 가리킨다. 그러나 모든 자비하심의 아버지이신 하나님은 그 자신을 우리에게 보다 풍성히 나누어 주시고, 그의 아들의 영을 측량할 수 없을 정도로 내려 주시기로 작정하셨을 때, 우리가 율법 자체에 아무리 동의한다 해도 우리로 하여금 율법과 그 권위에 대적하게 만들 수 있었던 죄의 권세를 바로 이 그리스도의 영에 의해 억누르고 장악해 버리신다. 그리하여 하나님은 우리 속에 사물들에 대한 참된 판단력과 견실한 사랑(올곧고 고상한 것에 대한 정직한 인식)을 심어 주시므로 확증되고 항구적인 경향성 또는 목적의식을 가지고 하나님의 삶을 우리도 살아가게 된다.

거룩한 백성의 이 상태에 대해 사도 바울은 다음 장에서 기술했다. 거기서 그는 "그리스도 예수 안에서 생명을 누리게 하는 성령의 법이 당신을 죄와 죽음의 법에서 해방하여 주었기 때문입니다"(롬 8:2)라고 선언한다. 그러므로 여기서 사도는 먼저 율법이 그 자체로 거룩한 백성들에게 어떤 효력을 발생시키는지를 말하고, 그 다음부터 율법이 엄청나게 많은 혜택을 제공하는 것을 들어 추천하기 시작하는데, 그럼에도 그는 율법이 하나님 앞에서 사람을 의롭게 만들지 못하고, 우리를 의롭다고 선언할 수 있는 유일한 분이신 그리스도에게로 우리를 도망가게 만든다고 단언한다. 그리고 우리가 논의를 시작한 지점에 이르러 거룩한 백성이 처하는 중간 시기라고 부를 수 있는, 하나님의 백성의 실존적 정황을 지적한다. 즉 이때 율법은 이미 계시되었지만 마음에 충분히 각인되어 있지 않다. 다시 말해 인간의 마음은 하나님의 율법에 동의하지만 본성에 속한 욕망이 여전히 저항하고 율법의 명령과 반대되는 방향으로 행동하도록 내몬다.

내가 다시 말해 두고 싶은 것은 이 상태에서 사도는 자기 자신에게 제안하고 있는 것처럼 보이는데, 예컨대 율법이 어떤 능력을 가지고 있는지, 그리고 그리스도의 영이 우리 내면에서 더 큰 영향력을 행사하기까지 모든 것이 어떻게 사망에 이르는지를 개인적으로 지목해 보는 것이다. 왜냐하면 곧이어서 그는 "그리스도 예수 안에서 생명을 누리게 하는 성령의 법이 당신을 죄와 죽음의 법에서 해방하여 주었기 때문입니다", 그리고 그리스도의 영을 통해 "육신을 따라 살지 않고 성령을 따라 사는 우리가 율법이 요구하는 바를 이루게 하시려는 것입니다"(롬 8:2, 4)라고 선언하기 때문이다.(『로마서 7장 강해』)

볼프강 무스쿨루스

율법은 정의로운 일을 명령함으로써 의와 의로움을 선언하는 조건을 확립한다. 그러나 율법은 의롭다고 선언할 수 있는 원천을 가질 수 없다. 율법은 육신을 통해 육정에 매이고, 죄인인 사람이 마주치게 되는 육체의 부패하고 타락한 성향을 통해 훼방을 받고 무력화되어, 거룩하고 정의로우며 선하기도 한 율법의 명령을 따를 수 없게 되기 때문이다.(『율법의 능력과 효력』이라는 제목 아래 나오는 율법에 관한 장에 들어 있는 비망록)

우리는 '문자'라고 불리는 율법의 능력과 효력에 두 가지 유형이 있다고 말한다. 첫째 유형은 그것 자체에 의해 성립되는 본래적인(proper) 것이다. 둘째 유형은 그것 자체로부터 성립되는 것이 아닌 우리가 가진 육체의 부패를 통해 발생하는 비본래적인(improper) 것이다.

전자를 본래적이라고 하는 것은 그것이 죄에 대한 지식을 산출하기 때문이다. 이 주제에 대해 사도는 이렇게 말한다. "율법에 비추어 보지 않았다면 나는 죄가 무엇인지 알지 못했을 것입니다. 율법에 '탐내지 말라' 하지 않았다면 나는 탐심이 무엇인지를 알지 못하였을 것입니다."(롬 7:7) 또한 그는 이렇게 말한다. "율법으로는 죄를 인식할 뿐입니다."(롬 3:20)(같은 책) 뒤에서 사도는 지성적 이해를 포함하는 '죄의 인식'에 대해 말할 뿐만 아니라, 우리 육신 안에서 죄가 주는 생생한 느낌에 의해 수용되는 죄의 인식에 대해 중점적으로 말한다. 즉 율법은 나로 하여금 죄를 이해하게 만들 뿐만 아니라, 양심의 고통스러운 가책에 의해 죄가 내 속에 존재하는 것을 느끼고 체험하게 만들기도 한다. 이 죄에 대한 인식이 본래적인 것은 그것이 우리가 용서받을 수 없는 유죄 상태에 있다는 것을 확신시켜 주고, 우리를 질책하고 정죄하며(갈 3:10), 죄를 인식하고 정죄에 대한 두려움을 통해 율법은 우리를 두려움에 싸이게 하고 하나님의 은혜를 바라게 만들기 때문이다. 그런 식으로 로마서 7장에서 사도가 탐구하는 주제가 떠오르고, 마침내 그는 부르짖는다. "아, 나는 비참한 사람입니다. 누가 이 죽음의 몸에서 나를 건져 주겠습니까? 우리 주 예수 그리스도를 통하여 나를

건져 주신 하나님께 감사를 드립니다."(같은 책)

사도는 로마서 7장에서 육정에 매이고 자연 상태에 있는 인간 속에서 작동하는 율법의 힘과 효력에 대해 말한 후, 그 다음 장에서 그리스도를 믿는 사람들에게 수여되는 성령의 은혜에 대해 말하면서 이렇게 덧붙인다. "그것은 그리스도 예수 안에서 생명을 누리게 하는 성령의 법이 당신을 죄와 죽음의 법에서 해방하여 주었기 때문입니다."(롬 8:3)(『영의 법』이라는 제목 아래 들어 있음)

사도 바울은 '죄의 법'을 강력한 힘으로 우리를 내몰고 강제하여 죄를 짓게 만드는, 우리 육체를 통치하는 죄의 권세와 전횡으로 이해한다. '죽음의 법'이란 죄인에게 영원한 죽음의 선고를 내리는 법이다. 그러므로 '생명을 주시는 영의 법'은 그리스도를 믿는 믿음을 통해 의로움이 전가되는 까닭에 우리가 더 이상 정죄받은 상태에 있지 않는 효력을 개시할 뿐만 아니라, 우리 속에서 죄의 힘을 불식시켜 더 이상 죄가 우리를 지배하지 못하고, 그리스도의 능력과 은혜의 다스림을 받게 하며, 우리로 하여금 더 이상 죄를 섬기지 않고 의를 섬기게 하며, 죽음에 대해 미워하는 것이 아니라, 참된 생명을 향해 도전받고 인정받게 하기 때문이다.(같은 책)

이 주제에 대한 더 명료한 설명을 듣기 원한다면 우리는 경건의 완전함으로 거룩한 인도하심을 받은 세 등급의 성도들을 관찰해야 한다. 첫째 등급은 술 취한 사람들을 닮고, 얼마 동안 모든 판단과 모든 선한 자연 성향을 따라 잠들어 있는 채로 죄를 짓는 사람들로서, 하나님의 법이 아직 그들 안에서 효력을 개시하지 않았다. 둘째 등급은 어떤 길을 따르든지 결국 그들 자신에게로 귀착하여 그들의 이성의 판단이 조명하는 가운데 그들의 성향이 바뀌고, 선한 것을 욕구하며, 그리하여 하나님의 법에 동의하고 그것을 즐거워하고, 악한 것을 진심으로 미워하는 사람들이다. 그러나 그들은 여전히 죄의 전횡 아래 지배되고 있으므로 마지못해 악한 일을 행하고, 따라서 그들이 인정하고 진실로 원하는 선을 행하지 못한다. 그러나 그들의 양심이 강력하게 반대하고, 또 마음의 판단은 전혀 다른 것을 선언하는데도 불구하고 그들은 자기가 싫어하고 회피하는 악을 저지른다. 이 둘째 등급은 사도 바울이 여기서 자기 자신의 사례를 들어 언급하는 측면에 의해 지칭되는 것이 틀림없다. 셋째 등급에는 영을 통해 죄의 권세와 불의를 제압하고 정복한 후, 의로움의 자유 속으로 구조된 사람들이 속한다. 그들은 이제 죄의 법에 복종하는 것이 아니라, 그들의 지체 안에서 통치하시는 영의 법을 따르며, 의지하고 행하는 이중 능력을 소유한 주제로 일어선다. 이 등급에 대해 사도 바울은 뒤에 이어지는 장에서 다루게 될 것이다.(『로마서 7장 주해』)

나는 예수 그리스도 우리 주를 통해 하나님께 감사한다. 가장 놀랍고도 갑작스러운 감정의 물결이 밀려온다. 방금 전에 사도는 자신을 비참한 사람이요 포로로서 고통스럽게 탄식했지만, 이제 순식간에 그는 은혜에 감싸여 감사 기도를 드린다. 이것으로부터 우리는 사도 바울이 지금 여기서 자기 자신의 인격으로 돌아와 있고, 앞에서 글을 쓰는 동안 그가 표상했던 인격을 더 이상 유지하고 있지 않다는 것을 알 수 있다.(같은 책) 그러므로 이제 더 이상 정죄함이 없다. 앞에서 그가 율법의 영 아래 살고 있는 사람의 상태를 기술했듯이 지금 그는 복음의 영의 인도하심을 따라 사는 사람의 상태를 기술하며 예리하게 지목한다.(『로마서 8장 주해』) 이제까지 제시한 증인들의 상호적이고 완전한 일치는 내가 판단하건대 나의 견해에 대한 모든 추측과 새로운 의혹을 매우 쉽게 불식시킬 것으로 생각된다.

3장

나의 견해는 이단적이지도 않고 어떤 이단과도 연루되어 있지 않다

1) 3장에서 다루는 주제는 두 가지다. 하나는 부정 형태로, 로마서 7장에 대한 나의 해석은 펠라기우스주의 이단에 대해 우호적이지 않다는 것이다. 펠라기우스주의 이단의 주요 교리를 아우구스티누스의 관점에서 낱낱이 기술한다.

2) 나의 해석이 지목된 교리들 중 어느 것과도 일치하지 않는다는 것을 귀납적으로, 그리고 비교를 통해 증명한다.

3) 두 가지 반론에 대한 답변. 첫째 반론에 대한 답변은 모든 선한 것은 중생한 사람에게서 빼앗을 수 없다는 것이다.

4) 둘째 반론에 대한 답변은 견고한 논증에 의해 진리는 확증하고 거짓은 수정되어야 한다는 것이다.

5) 그리스도의 은혜의 필연성에 관한 교의와, 율법이 죄를 이길 수 없다는 교의는 지상에 사는 동안 중생한 사람들의 불완전성이 지속될 것이라는 교의보다 훨씬 중요한 것으로 고대 사도들에 의해 다루어졌다.

6) 이 입장에 대해 카르타고의 교부들은 교황 이노첸트에게 보낸 서한에서 동의를 표했던 것으로 보인다. 펠라기우스주의이건 다른 어떤 것이건 어떤 이단도 이 견해로부터 파생되지도 않고 확증되지도 않는다. 그러나 나의 견해는 더 이상 명백할 수 없을 만큼 펠라기우스주의와 반대되고, 그 이단이 거대하고도 수위(首位)에 선 거짓임을 확실하고 공개적으로 반박한다.

제시된 논제는 두 부분으로 이루어진다. 첫째 부분은 나의 견해가 이단적이지도 않고, 어떤 이단에도 연루되어 있지 않다는 것이다. 둘째 부분은 나의 견해가 펠라기우스주의 이단과 정면으로 대립하고, 또 의도적으로 그것을 반대한다는 것이다.

이 중 처음 것에 대해 말하면 이 부분이 부정 형태로 되어 있으므로 긍정 형식을 고수하려는 사람은 그것과 반대되는 것을 증명함으로써 그 논제를 파괴해야 할 것이다. 그러므로 나는 나의 견해가 과연 어떤 이단을 옹호하거나 편향적인 태도를 갖는 것인지를 그들에게서 직접 듣고자 한다. 의심의 여지 없이 문제를 제기하는 사람들은 나의 견해가 펠라기우스주의에 해당한다고 선언할 것이다. 그러나 나는 나의 견해와 펠라기우스주의 사이에 조금이라도 일치하는 점이 있는지를 구체적으로 짚어서 증명할 것을 요구한다. 그 반면에 나의 견해가 펠라기우스주의에 전혀 우호적이지 않다는 것은 얼마든지 보여 줄 수 있다.

다음에 나오는 교리 목록은 아우구스티누스가 이단 교리와 아류 영지주의를 비판하는 책에서 펠라기우스주의의 속성으로 규정한 것이다. ① 아담이 죄를 지었든지 죄를 짓지 않았든지 그는 죽음을 면하지 못했을 것이다. ② 아담의 죄는 자신을 제외하고 그 누구에게도 손해를 끼칠 수 없다. ③ 따라서 어린아이들은 아담에게서 기원하는 원죄에 오염되지 않는다. 그 아이들이 침례 성사를 받지 않은 채 현세의 생을 마친다고 해도 그들은 영생을 박탈당하지 않을 것이다. ④ 정욕이나 세속적 욕망은 자연적인 선이다. 그것들 중 어느 것에 대해서도 인간이 부끄럽게 생각할 필요가 없다. ⑤ 자유의지 그 자체만으로 인간은 자립적 존재가 되기에 충분하고, 스스로 선에 대한 의지를 가질 수 있으며, 의지한 것을 실행에 옮기거나 완수할 수 있다. 심지어 행위의 공적에 따라 하나님은 누구에게나 은혜를 베푸신다. ⑥ 현세의 삶에서 정의롭거나 의롭게 사는 사람은 어떤 죄에도 물들지 않는다. 이런 사람들 덕택에 필멸적 상태에 있는 그리스도의 교회는 오점이나 주름 잡힌 데가 전혀 없는 완전한 상태에 이를 수 있다. ⑦ 은혜를 고백할 것을 강요받던 펠라기우스는 죄를 지었을 경우 용서받기 위해서뿐만아니라, 선한 것과 악한 것을 인식할 수 있도록 은혜가 창조 시에 우리에게 은사로서, 율법의 교의로서, 그리고 마음을 조명하는 빛으로서 주어졌다고 말했지만 이 은혜의 정의로부터 사랑과 성령의 은사와 그 도우심이 제외되었는데, 그러한 목적을 위해―즉 본성의 힘에 의해 획득하는 것이 가능하기는 하지만 매우 힘든 과정을 거쳐 얻을 수 있는 것을 훨씬 용이하게 얻을 수 있게 하기 위해―은혜가 필요하다는 것을 시인하면서도 그는 은혜 없이도 이미 알고 있는 선을 행할 수 있다고 대답했다.

전술한 것은 펠라기우스 이단의 주요 교리로서, 혹여 그런 것이 있을 수 있다면 나머지 교리는 그것을 준거로 삼아야 할 것이다. 그러나 이 교리들 중 어느 것도 로마서 7장을 율법 아래 있는 사람에게 적용될 수 있는 것으로 다루거나, 우리가 그 장에 대해 설명하는 것과 같은 방식으로 옹호하지 않는다. 아우구스티누스도 『로마서의 몇 가지 명제에 대한 주해』라는 책과 심플리치아노에 대해 비판한 첫 번째 책에서 같은 점을 지적했다.

이 문제는 귀납적으로 다음과 같이 증명된다. ① 죽음에 이르게 하는 단 하나의 유일무이한 공로적 원인은 죄이며, 만일 인간이 죄를 짓지 않았다면 그가 죽음에 이르지 않았을 것이라고 우리는 명시적으로 인정한다. ② 죄를 실행에 옮김으로써 아담은 자기 자신은 물론이고 후손들을 모두 오염시키고, 하나님의 진노를 촉발시키는 미운 것으로 만들었다. ③ 아담으로부터 자연적인 방식으로 태어난 사람들은 모두 그로부터 원죄와 영원한 죽음의 형벌에 오염되는 운명을 맞이한다. 우리의 견해는 그 점을 후속 설명의 기초로 삼는다. 즉 이 원죄는 로마서 7장에서 "죄가 나를 속이고"(11절), "죄를 죄로 드러나게 하려고"(13절), "내 속에 자리 잡고 있는 죄"(17절), "나에게 악이 붙어 있다는 것"(21절), "내 지체에 있는 죄의 법"(23절)으로 지시된다. ④ 우리의 견해는 정욕으로 이해되기도 하는 세속적 욕망을 악으로 명시적으로 선언한다. ⑤ 앞에 열거한 펠라기우스주의 교리들 중 다섯째 항목은 우리의 견해에 의해 공개적으로 반박되었다. 우리 견해에 따르면 로마서 7장에서 율법 아래 있는 사람이 율법에 의해 선한 의지를 생산하는 경우를 제외하고, 자연 상태의 인간은 선한 것을 인식할 수 없다고 사도 바울이 가르치기 때문이다. 그리고 그 사람이 선한 의지를 품는다고 해도 그것을 결코 자유의지에 의한 것이 아니고, 혹여 율법의 명령에 의해 동일한 것을 행할 수 있도록 압박하고 도움을 얻는다고 해도 마찬가지다. 그러나 선한 의지를 갖기 위해서는 그리스도의 은혜, 즉 성령과 사랑의 은사가 절대적으로 필요하지만 은혜는 공로에 따라 수여되는 것이 아니라(공로란 결국 아무것도 아니므로) 순전히 거저 주시는 것이다. ⑥ 열거한 펠라기우스주의 교리들 중 여섯째 항목은 우리 견해가 주장하지도 반박하지도 않은 것으로, 비판자들은 로마서 7장이 중생한 사람들에 관해 다루고 있지 않다고 주장하기 때문이다. 그러나 그동안 우리의 견해를 후원하거나 옹호하는 사람들은 현세의 삶에서 신자들의 불완전한 상태가 지속된다고 기록되었다는 사실을 부정하지 않는다. ⑦ 열거한 펠라기우스주의 교리들 중 일곱째 항목은 우리 견해에 의해 반박된다. 왜냐하면 우리는 율법 아래 있는, 아직 은혜 아래 이르지 못한 사람이 선을 행하기가 매우 힘들다는 것을 인정할 뿐만 아니라, 그 상태에 있는 사람이 무슨 수를 써서라도 죄에 대항하고 선한 일을 실천할 수 있는 가능성을 조금도 주저함 없이 부정하기 때문이다.

그러나 아마도 우리의 답변에 반대하면서 이렇게 반박하는 사람이 있을 지도 모른다. "로마서 7장에 대한 당신의 해석은 두 가지 점에서 펠라기우스주의 쪽으로 기운다. 첫째, 그 해석은 아직 중생하지 못한, 은혜 아래 살지 않는 사람에게 선한 어떤 것을 전가하기 때문이다. 둘째, 그 해석은 현세의 삶에서 중생한 사람들의 불완전함과, 그들이 지상에 머무는 한 육과 영 사이에 갈등이 지속되리라는 것을 입증할 때 관행적으로 사용되는 성경 구절을 교회가 참조할 수 없게 만들기 때문이다.

이러한 반론 중 첫째 것에 대한 나의 답변은 이러하다.

첫째, 우리의 해석이 중생하지 못한 사람에게 전가한다고 주장된 선이 어떤 종류의 선인지는 검토해야 할 문제다. 왜냐하면 종류를 불문하고 모든 선은 중생하지 않은 사람과 아직 은혜 아래 있지 못한 사람으로부터 완전히는 아니더라도 상당 부분 제거될 것이 분명하기 때문이다. 진리에 대한 인식(롬 1:18, 19), 그 사람의 마음에 새겨진 율법의 작용, 서로 참소하거나 옹호하기도 하는 그의 생각, 정의와 부정의를 구별할 수 있는 분별력(롬 2:15, 18), 죄에 대한 인식, 죄로 인해 느끼는 슬픔, 양심의 번뇌, 구원에 대한 갈망(롬 7:7, 9, 13, 24) 등 모두가 선한 것이고, 이런 것은 중생하지 않은 사람들도 충분히 소유할 수 있기 때문이다.

둘째, 로마서 7장을 율법 아래 있는 사람에 관한 것으로 설명하는 우리의 견해는 그와 같은 선한 것을 자연의 창고에서 꺼내 오는 것이 아니라, 율법의 가르침을 통해 복을 주시는 성령의 역사하심으로부터 이끌어 낸 결과다.

셋째, 우리는 또한 이 견해가 교회와 펠라기우스주의자들 간의 논쟁에서 다룬 문제—"선한 것 가운데 아직 은혜 아래 있지 않은 중생하지 못한 사람들에게 전가될 수 있는 선이란 무엇이고 전가될 수 없는 선은 무엇인가?"—가 아니었다는 사실을 고찰할 필요가 있다. 즉 양측 사이에 제기되었던 문제는 "선한 것 중 어떤 것이 은혜의 역사가 없이도 중생하지 않은 사람에게 전가될 수 있는가?" 하는 것이었다. 은혜의 역사를 받아들인 사람이 그 즉시 은혜 아래 있게 되거나 중생에 이르는 것은 아니다. 은혜는 그것이 그 사람의 마음속에 머물 수 있도록 그의 의지 자체를 준비시키는 과정을 필요로 하기 때문이다. 은혜는 우리의 마음 문을 두드리는데, 물론 문을 두드리는 사건은 문을 열도록 설득할 수 있는 기회를 마련해 줄 수 있겠지만 그 사건 자체는 은혜가 마음속에 거주할 수 있게 하거나 마음을 지배할 수 있게 하는, 문을 여는 행위 자체와 동일하지 않다. 그러나 우리는 본 연구의 1장에서 이미 이와 비슷한 주제에 대해 여러 번 다룬 바 있다.

제기된 반론 중 둘째 사항에 대한 나의 답변은 다음과 같다.

첫째, 성경의 이 본문은 교회가 처음 세워졌던 시기에, 중생한 사람이 지상에 사는 동안 불완전한 상태에 있다는 것과, 그들이 지속적으로 겪는 육과 영 사이의 갈등을 확증하기 위해 교회에 의해 기록되었던 것이 아니다. 고대의 그리스도교 교부들은 중생한 사람이나 은혜 아래 있는 사람들을 구체적으로 지시하며 로마서 7장을 설명하지 않았다는 것을 우리는 이미 밝힌 바 있다.

둘째, "어떤 본문은 많은 사람들이 생각하는 것과 다르게, 정확히 말해 어떤 이단을 멸절하기 위해 교회 자신이 인용해 온 것과는 다른 방식으로 설명될 수 있다"라는 견해는 그러한 이유로 그런 견해를 이단이나 이단과 연루된 것으로 판단할 수 있다고 말하는 것은 사소한 논증에 불과하다. 왜냐하면 그것이 참된 교의를 증명하고 이단을 반박하기 위해 통상적으로 사용되는 성경 본문을 교회로 하여금 사용할 수 없게 만들 수 있기 때문이다. 만일 그것이 결코 사소한 추론이 아니라면 이러 저러한 이단과 연루되었다거나, 간혹 참으로 엄청난 이단 교리와 관련된다는 판단을 피할 수 있는 신학자들이 과연 얼마나 남게 될지 알 수 없다.

이 같은 (비판의) 법칙에 따라 칼뱅은 루터교도들에 의해 아리아인 (Aryan)[67]이라고 불렸는데, "삼위일체론을 확립하기 위해 고대에 (그리스와 로마 지역을 모두 포함하여) 교회가 예로 들었던 많은 성경 본문은 그 목적에 조금도 도움이 되지 못했다"라고 자신의 저서에서 그가 공공연히 단언했고, 나아가 상이한 해석을 그들에게 제시했기 때문이다.

셋째, 교회 측은 언급된 동일한 교리를 입증하고 반대되는 교리를 약화할 수 있는 다른 성경 본문을 많이(넉넉할 정도로 풍성하게) 사용할 수 있기 때문에 지상에 사는 동안 중생한 사람들의 불완전함을 뒷받침하는 이 특정 본문을 삭제한다고 해도 교회에 전혀 손실이 없을 것이기 때문이다. 아우구스티누스가 켈레스티우스에 반대하여 지상에서 완전한 수준의 의에 이를 수 있다는 논제를 증명할 때 그는 이 점을 충분히 보여 주었다.

넷째, 미약하고 타당성이 낮으며 상당한 정도로 의구심을 줄 수 있는 본문이나 논증이 예시될 경우, 이단 신봉자들의 허약한 보루가 파괴된 후 다시금 그들이 희망을 품고서 같은 주제에 대해 남아 있는 (더 적절하고 타당성이 높은) 논증을 허위로 무장하고 다시 반박할 수 있는 길을 모색하는 일이 없도록 우리는 어떤 성경 본문에 의해, 그리고 어떤 논증에 의해 진리를

··

67) '고귀한', '훌륭한'을 뜻하는 영어 'Aryan'은 원시 인도이란어 'áryas'에서 유래했다. 이 낱말은 인도유럽 계통의 인도이란인들이 자신들을 가리킬 때 쓴 것이다. 베다 시대에 인도아리아인들은 타 집단과 구분하여 자신들을 '아리아'라고 불렀고, 오늘날 '이란'의 어원이 된다. 고대 동양 문헌 발굴을 통해 인도유럽어족이라는 개념이 정착됨으로써 19세기에 아리아는 인도유럽어족과 동의어로 사용되었다. 그러나 후대 역사에서 아리아인이라는 이름 아래에 벌어진 인종 우월주의와 잔혹 행위 때문에 오늘날 학계에서는 인도유럽어족을 가리킬 때 아리아인이라는 표현을 사용하는 것을 자제하고 원래 의미인 인도-이란 지역의 고대 언어와 종족, 문화권을 가리키는 용어로 한정해서 쓴다. 현재의 문맥에서 루터교도들이 아리아인을 어떤 의미로 사용했는지 정확히 파악하기 어렵다.

확증하고 거짓을 반박할 수 있을 것인지를 꼼꼼하게 주의를 기울여 검토해야 한다. 허약한 논증에 의해 진리를 수호하려는 사람은 진리에 조금도 해를 끼치지 못하기 때문이다. 또한 기술의 규칙이 가르쳐 주는 것은 필연적인 결론은 반드시 필연적인 논증에 의해 검증되거나 증명되어야 한다는 것이다. 그 결론은 (삼단논증의) 가장 취약한 부분으로부터 도출될 수 있기 때문이다. 그러나 이미 보여 주었듯이 우리가 적시한 성경의 이 부분은 가장 편파심 없이 성경을 해석하는 주석가들 사이에서도 논쟁을 피하기 어렵다.

다섯째, 내 사고의 흐름을 따라 설명해 보면 이 세상을 사는 동안 중생한 사람들이 불완전하다는 것을 이 7장이 어떤 방식으로도 입증하지 못한다고 해도 이 장에서 우리는 다른 교리와 펠라기우스주의자들을 격퇴하는 일보다 훨씬 더 중요한 것을, 즉 그리스도 은혜의 필연성, 율법이 죄를 이기거나 피할 수 있게 하지 못한다는 것과, 인간의 삶을 율법의 기준에 의해 바로잡거나 인도할 수 없다는 것을 확증하는 데 기여할 수 있다.

그 반면에 우리는 성 아우구스티누스의 저술 속의 여러 단락에서 제기된 두 가지 물음 또는 교리들(같은 책의 앞 단락에 상술한 것을 참조하라) 중 전자의 필연성과 후자의 필연성 사이에서 고대 교회가 엄청난 시각 차이를 나타내고 있음을 볼 수 있다. 다음의 예를 보라. "그런 능력이 인간에게 있다면 과연 누가 죄를 짓지 않고 사는 것을 마다하겠는가?"라고 말하는 사람들에 맞서 펠라기우스가 반론을 펼칠 때, 그런 물음을 던지는 사람들은 죄를 짓지 않기로 결심하는 것이 불가능하지 않다고 인정한 셈이다. 왜냐하면 많은 사람들이, 아니 모두가 죄를 짓지 않는 편을 원하기 때문이라는 펠라기우스의 비판은 실제로 타당하기 때문이다. 하지만 어떤 근거에서 그것이 가능하다고 말한 것인지 밝히도록 펠라기우스에게 요구하자. 그러면 우리는 즉각적으로 평화에 이를 수 있다. 평화는 예수 그리스도를 통한 하

나님의 은혜에서 기원하기 때문이다.(『자연과 은총에 관하여』, 59장)

진실하고 경건한 그리스도인들 가운데 과연 이 세상에서 어떤 죄도 짓지 않고 의롭게 사는 사람이 존재한 적이 있는가, 현재 그런 사람이 있는가, 또는 원칙적으로 그것이 가능한가 하는 문제가 떠오를 수 있다. 그러나 이 세상을 떠난 후 인간이 죄를 짓지 않을 수 있는지에 대해 의구심을 갖는 사람이 있다면 그가 이해력이 부족한 것이 확실하다. 하지만 나는 이 문제에 대해 왈가왈부할 생각이 없다.

그러나 내가 보기에 시편의 기록이나 다른 비슷한 구절들에 표현된 것—"살아 있는 어느 누구도 주님 앞에서는 의롭지 못하니"(시 143:2)—은 다른 의미로 해석될 여지가 없는 것 같다. 하지만 이 같은 표현조차 달리 이해하는 편이 나을 수 있다. 더 이상 더할 것이 없을 정도로 완전하고 완벽한 의를 어떤 사람에게서 발견할 수 있다고 해도 그가 육체 안에 사는 동안 오늘도 내일도 그에게서 의를 목격하겠지만 장차 훨씬 더 많은 인격이 나타날 것이고 그들은 이생의 마지막 날까지 "우리가 우리에게 죄 지은 사람을 용서한 것같이 우리의 죄를 용서해 주십시오"라고 말할 수밖에 없다는 것은 의심의 여지가 없지만, 그리스도 안에서 그리고 그의 약속 안에서 그들이 갖는 소망은 참되고 확실하며 견고한 반면, 그들이 십자가에 못 박힌 그리스도 구세주의 은혜와 그의 영의 은사를 통해 도우심을 받지 않고서는 모든 것이 불가능하다. 어떤 사람이든지 가장 완벽한 수준의 완전함에 이를 수 있다거나, 참된 경건과 의로움에 어느 정도 수월하게 도달하는 사람이 있다는 것을 부인하는 사람이 있다면 과연 그가 어떤 종류이 사람이건 과연 그리스도인으로 계수될 수 있을지 의문이 든다.(같은 책, 60장)

그뿐만 아니라 나는 그 정도로 순전한 완전함에 이르는 사람이 존재하지 않고, 이제까지 없었으며, 앞으로도 없을 것이라고 믿는 편이지만, 내가

내릴 수 있는 최선의 판단에 따르면 그렇게 완전한 사람이 존재하고, 전에
도 있었고, 앞으로도 있을 것이라는 입장을 옹호하고 그렇게 가정하는 경
우, 그런 견해를 가진 사람이 크게 또는 치명적으로 오류를 범하고 있다고
생각되지 않는다. 그러나 하나님의 도우심 없이 자기 자신의 힘으로, 또는
숙달된 수준을 목표로 삼음으로써 인간 의지의 의로움을 완수하거나 완벽
하게 만들 수 있다고 생각하는 사람은 가장 엄중하고도 맹렬한 반대에 부
딪힐 것이다.(『영과 문자에 관하여』, 2장). 또한 그의 연구서 『자연과 은총론』
42, 43, 58, 63장도 참조하라. 그 책에서 아우구스티누스는 간략하게 이 같
이 말한다. "그리스도의 은혜 없이는 결코 인간이 완전에 이를 수 없다는
것을 의심하지 않는 한 어떤 사람이 완전하게 될 수 있는지, 또는 언제 그
가 그렇게 되는가는 전혀 문제가 되지 않거나 별로 중요하지 않은 문제다."
또한 그의 다른 연구서 『과실과 용서에 관하여』 2권 6, 14장과 3권 13장을
참조하라.

그러나 이 관점이 비단 아우구스티누스만의 견해일 뿐만 아니라, 보편
교회의 견해이기도 하다는 것을 확정 짓기 위해 카르타고 공의회[68]에 운
집한 주교들이 교황 인노첸시오 1세[69]에게 보낸 서한에 귀를 기울여 보자.

∴

68) 카르타고 공의회(Concilium Carthaginense)는 카르타고 지역에서 열린 일련의 지역 공의
  회를 의미한다. 251년 시노드부터 시작하여 348년, 397년, 418년, 419년까지 계속되었다.
  카르타고에서 열린 회의는 시노드급의 지역 공의회임에도 불구하고 역사적으로 상당히 주
  목할 만한 결정을 했는데, 특히 397년에 확정된 신약과 구약 성경 목록, 419년에 반포된
  교회 법조문을 들 수 있다.

69) Pope Innocent I(재위 401~417년) 제40대 교황이다. 그는 펠라기우스 논쟁에 대해 확고한
  태도를 보이며 개입했다. 펠라기우스는 411년 카르타고 교회 회의에서 이미 단죄되었으나
  415년 팔레스타인의 디오스폴리스 교회 회의에서 사면을 받았다. 그러나 카르타고와 밀레
  비스의 공의회는 펠라기우스를 다시 단죄한 후 416년에 그 결정을 로마로 보냈다. 그들은
  인노첸시오 1세에게 펠라기우스의 문제점을 지적한 서신을 보내어 로마교회의 개입을 청

"이 지상의 삶에서 죄 없는 사람을 찾을 수 없기 때문에 이 문제가 어떤 식으로 전개될지 모르겠지만 하나님의 은혜와 영의 결연(結緣)에 의해 가능하고, (그러한 완전함에) 도달하기 위해 우리가 대단히 절실하게 간구하고 최선의 노력을 기울여야만 한다고 말할 수 있다. 이 점에 대해 속은 적이 있는 사람에 대해서는 관대한 처분을 내려야 한다. 그 목표를 가장 근면하게 추구하고 소망해야 한다고 믿는 것은 비록 그렇게 믿는 목표 자체를 보여 줄 수는 없다 해도 극악무도한 불경건이 아니라, 인간적인 오류일 뿐이다." 그러므로 우리는 로마서 7장에 대한 나의 설명 방식이 다른 견해가 주장하는 것보다 훨씬 중요도가 높은 교의를 확립할 수 있도록 교회에 기여할 것이라 믿는다.

"그러나 로마서 7장을 은혜 아래 있는 사람에 관한 것으로 설명하는 견해로부터 그 두 가지 교의(즉 중생한 사람의 불완전성과 완전성) 모두를 확립할 수 있다"라고 반박하는 사람이 있을 수 있다. 나는 그 반론을 수용하면서도 그 두 교의 모두를 직접적으로 확립할 수 있다는 것은 부정한다. 왜냐하면 첫째 것, 즉 이 세상에서 사는 동안 중생한 사람이 불완전한 상태로 있다는 것은 이 성경 본문으로부터 직접적으로 입증되지만, 둘째 교의는 결과에 의해 추론되어야 하기 때문이다. 그렇지만 한 교리가 성경 본문 자체에 의해 내재적으로, 그리고 성경의 근본 대의에 따라 확증되어야 하는가, 또는 결과에 기초한 귀납에 의해 추론되어야 하는가는 대단히 중요한 문제다. 어떤 성경 본문은 논쟁에 대해 결정을 내릴 수 있는 확실한 보

..

하고 그를 로마로 소환하여 파문할 것을 촉구했다. 인노첸시오 1세는 417년 1월 27일 카르타고 교회 회의의 결정을 지지한다는 내용의 답신을 보낸 동시에 밀레브의 누미디아 교회 회의에 참석한 주교들에게도 비슷한 논조의 서신을 보냈다.

루와 같은데, 그런 종류의 본문은 대개의 경우 매우 안정되고 안전한 방식으로 논쟁에 대해 결정을 내릴 수 있도록 인도한다.

우리의 견해는 펠라기우스 이단과 정면으로 반대된다

1) 본 장의 둘째 주제는 우리의 로마서 7장 해석이 공개적으로 펠라기우스주의 이단을 반대한다는 사실이다.

2) 이 점은 그 이단의 주요 교리가 바로 우리의 이 해석을 통해 공개적으로 반박되었다는 사실에서 입증된다.

3) 여기 인용된 그의 책 몇 단락에서 아우구스티누스는 그것이 참이라는 것을 충분할 정도로 명쾌하게 시인한다.

4) 논제에 대한 반론과 답변.

5) 또 다른 반론으로 사모사타주의자 프로스페르 디시데우스[70]도 우리와 똑같은 방식으로 이 장을 설명한다. 이에 대한 답변은 어떤 이단도 모든 점에서 오류를 범하는 것은 아니라는 것이다. 교황의 충실한 종자인 예수회교도들은 이 장이 은혜 아래 있는 사람을 지시하는 것으로 설명한다.

6) 셋째 반론, 즉 아르미니우스의 해석은 순교자들의 피로 틀이 잡히고 세워진 개혁교회들의 고백과 다르다는 주장에 대한 답변은 다음과 같다. 신앙고백서의 어떤 조항도 이 해석과 반대되지 않는다. 어떤 사람도 반대

---

70) Prosper Dysidaeus(1539~1604). 사모사타주의(Samosatenians)는 초대 교회 시기에 삼위일체에 관해 양자론을 주장했던 사모사타 출신의 바울(Paul of Samosata, 200~275)을 추종했던 루키안(?~312), 아리우스(256년경~336) 세력을 지칭하는 말이기도 하다. 양태론에 대한 대안이라도 한 듯이 양자론은 190년경에 로마에서 등장했는데, 예수가 세례를 받을 때 성령을 받았고 도덕적으로 완전한 삶을 살 수 있었다고 설명한다. 이들은 268년 안디옥 시노드(지역 노회)에서 이단으로 정죄되었다.

해석을 위해 피를 흘린 적이 없다. 수많은 순교자들은 의로움의 완전성에 관한 이 조항에 대해 심문을 받지 않았다.

나는 이제 논제의 둘째 부분을 다룰 것인데, 여기서 나는 율법 아래 있는 사람을 지칭하는 것으로 설명된 로마서 7장이 직접적으로 그리고 공공연하게 펠라기우스주의 이단과 반대된다고 말했다. 앞에 나왔던 반론에 답변하는 기회에 나는 이미 부분적으로 그 점을 입증했지만 이제부터 본격적으로 자세하게 논지를 설명하고 확증할 것이다.

우리는 결코 최종본도 아니고 최소의 것이라고도 볼 수 없는 펠라기우스 이단 교리 조항을 마주하고 있는데, 이것은 율법의 교의를 파악함으로써 우리가 무엇을 해야 하고 무엇을 하지 말아야 할 것인지를 알 수만 있다면 인간은 자기 충족적인 자유의지를 통해 하나님의 명령을 준행할 수 있다고 단언하는 바다. 표면적으로 볼 때 사도 바울의 기획 자체와 목적에 따라 율법 아래 있는 사람을 다루고 있다고 이해할 수 있다면 로마서 7장에 의해 이 교리가 반박되었을 뿐만 아니라, 뿌리부터 전모가 근절된 것처럼 보인다. 이 교리가 사도의 문맥과 반대된다는 점은 분명하다. 전자는 "율법의 가르침을 인식할 때 인간은 자기의 자유의지만으로 죄를 극복하고 하나님의 법을 따를 수 있다"라고 단언한다. 반면에 사도는 자유의지와 율법의 힘에 의해 그렇게 귀결될 수 없다고 선언하면서 "여러분은 율법 아래 있지 않고 은혜 아래 있으므로 죄가 여러분을 다스릴 수 없을 것입니다"(롬 6:14)라고 말한다. 이로부터—7장에서 그가 더욱 상세하게 기술하는 것을 통해—만일 그들이 율법 아래 있다면 죄가 그들을 지배할 것이라는 결론이 도출된다는 점이 명백하다.

펠라기우스는 "그리스도의 은혜 없이도 인간은 오로지 율법의 가르침을 습득함으로써 자신의 자유의지를 통해 원하는 선을 행할 수 있고, 원하지 않는 악을 피할 수 있다"라고 주장한다. 반면에 사도는 이 사람은 "율법이 선하다는 것에 동의하지만 선한 것을 행하려 하나 자기 안에 선한 것을 찾지 못하여 그가 원하는 선을 실행하지 않고 오히려 그가 원하지 않는 악을 실행한다"라고 선언한다. 그러므로 사도의 가르침은 그 결과와 무관하게 펠라기우스 교리에 정면으로 반대되며, 이것은 동일한 장에서 사도가 기획한 범위와 목적에 준거하여 그 자신에게 제기한 것이다. 그러나 이와 같이 기술된 본문으로부터 이단들은, 이 저자의 범위와 의도를 넘어 비판을 위해 인용된 다른 본문을 의존하기보다 물론 그 본문도 정확한 의미에 입각해야 하겠지만, 훨씬 강력하게 비판을 받고 와해되었다.

아우구스티누스 자신도 이 장이 율법 아래 있는 사람과 관련된 것으로 설명할 때 그것은 펠라기우스 교리에 배치된다는 것을 시인했다. 펠라기우스는 이렇게 응수했다. "그러나 왜 내가 여기서 그리스도 안에서 세례를 받았다고 선언해야 하는가? 그러한 혜택을 인식하지 못한 사람들로 하여금 그런 선언을 하게 해 보자. 그렇게 되면 사도가 자기 자신에게 적용한 그 표현이 그들이 말한 것과 같은 것이 되는가?" 하지만 이처럼 본성을 옹호하는 것은 그들이 목청을 높여 그렇게 외칠 수 있게 허용하지 않는다. 왜냐하면 본성은 세례를 받은 사람들 속에 존재하지 않고, 세례를 받지 않은 사람들 속에는 본성 같은 것이 아예 존재하지 않기 때문이다. 만일 세례를 받은 사람들 속에서 본성이 다시 살아나도록 허용한다면 충분한 이성이 결여된 것은 아니지만 그들은 "아 나는 비참한 사람입니다! 누가 이 죽음의 몸에서 나를 건져 주겠습니까?"라고 외칠 것이고, 그들에게 은혜의 도우심이 주어질 때 그 즉시 "우리 주 예수 그리스도를 통하여 나를 건져 주신 하나님께 감사를 드립니다"라고 고백할 것이므로 결국 인간 본성이

의사의 도움을 필요로 한다는 것이 확증된다.(『자연과 은총에 관하여』, 54장)

앞의 진술을 통해 성 아우구스티누스의 사유에 따르면 이 본문을 설혹 자연적 인간에 관한 것으로 이해할 경우에도 자연적 인간이 본성의 힘에 의해 하나님의 법을 실행할 수 있다고 단언하는 펠라기우스의 교리에 치명적이라고 판단하고 있음이 분명해진다. 따라서 그의 『철회』(1권 23장)에서 우리가 이미 숙고했던 본문에서도 보았듯이 성 아우구스티누스는 이 장이 율법 아래 있는 사람에 관한 것으로 설명될 때 펠라기우스 이단을 충분히 와해한다는 것을 공개적으로 인정한다. 그는 다음과 같이 말한다. "우리로 하여금 선하고 경건한 삶을 살 수 있게 하는 사랑이 하나님으로부터 우리에게 수여된다는 것을 인정하지 않고, 사랑이 우리 자신으로부터 나온다고 주장하는 펠라기우스 이단은 바로 이 본문에 의해 무너진다." 그뿐만 아니라 만일 우리가 아직 세례를 받지 않은 사람들이 구세주의 은혜의 도우심을 탄식하며 구할 것이라는 그들의 관점을 받아들일 경우, 자기 충족적인 자연 본성과 자유의지의 힘에 대한 그릇된 옹호에 맞서 대결해야 하는 결코 작은 문제가 아니다. 왜냐하면 "아 나는 비참한 사람입니다! 누가 이 죽음의 몸에서 나를 건져 주겠습니까?"라고 말하는 사람은 자기 충족적일 수 없고, 그렇지 않다면 그는 충분한 자유를 소유하고서도 여전히 해방되어야 할 존재라고 말해야 할 것이기 때문이다.(『자연과 은총에 관하여』, 55장)

그러나 우리가 주요 논점을 충분히 고찰해 온 이 시점에서 사도 사울은 자신의 인격을 불러들여 마치 자기 자신에 관한 것처럼 말하기 시작한다. 이 본문에 대해 펠라기우스주의자들은 사도 자신에 관한 것으로 이해하기를 주저하면서 그가 아직 율법 아래 있고, 은총을 통해 구원받지 못한 다른 사람을 자신에게 전가하고 있다고 단언한다. 따라서 사도 바울이 그가 쓴 서신들의 다른 본문에서 선언한 것처럼 그들은 "율법에 의해 아무도 의롭다고 선언될 수 없고" 다만 율법은 죄를 인식하고 율법 자체를 위반하게 하는 효력을 가질 뿐이라는 것과, 죄가 알려지고 더욱 커지게 될 때 믿음을 통해 은총을 구해야 한다는 것을 인정해야만 할 것이다.(『펠라기우스가 성 보니파시오에게 보낸 두 서한에 대한 비판』, 1권 8장)

한편 이렇게 말하는 사람이 있을 수 있다. "펠라기우스주의자들은 중생하지 않았으나 건전한 이성이 결여되지 않은 사람에게 로마서 7장이 적용될 수 있다고 해석한 것이다. 그러한 해석이 교회에 맞서 변론하는 자신들의 견해에 특유하게 편향적이라는 것을 그들이 알고 있는 것은 의심의 여지가 없다." 이 같은 주장에 나는 이렇게 답한다.

첫째, 율법 아래 있고 아직 중생하지 않은 사람에게 적용 가능한 것으로 이해하더라도 이 7장은 펠라기우스 이단 교리에 적대적이라는 것은 실제로 그리고 성 아우구스티누스의 증언에 의해서도 이미 밝혀졌다.

둘째, 펠라기우스주의자들은 그들이 정통 교의와 논쟁을 벌이고 있다는 사실을 간과한 채 그 장이 은혜 아래 있지 않은, 율법 아래 있는 사람에 관한 것으로 설명될 수 있다고 가정했을 수도 있다.

셋째, 이 장에서 사도가 율법 아래 있는 사람에 대해 다루고 있다는 사실이 펠라기우스주의자의 입장에 힘을 실어 준다고 말할 수 없지만, 자신들의 입장을 강화하기 위해 전유할 수 있다고 생각했기 때문에 그들이 7장을 율법 아래 있는 사람에 대한 기술로 제시했다고 보는 것은 옹호할 만하다. 왜냐하면 "율법 아래 있는 사람은 자연에 속한 능력과 본능에 의해 (아담에 의해 그것이 부패하지는 않았으므로) 선한 것에 대한 의욕을 품을 수 있고, 악한 것에 대해서는 품지 않을 수 있지만, 그럼에도 타락한 습성 때문에 죄를 섬길 수밖에 없다. 그러므로 필연적으로 그리고 실질적으로 그 사람은 자기가 원하는 선을 행할 수가 없다"라고 그들은 말한다. 그 사람에 대한 이 그릇된 기술은 로마서 7장의 주제가 율법 아래 있는 사람이라는 것을 부정하기보다 직접 그 기술 자체를 반박함으로써 논박할 수 있다. 이단론이라고 해서 모든 주제와 모든 논점에 대해 이단적인 것이 아니기 때문이다. 그들의 통상적 관행은 참된 것을 거짓된 것과 뒤섞고, 심심찮게 참된 기초 위에 거짓된 상부구조를 세우는 것이다. 거듭 말하지만 그들은 거짓을 옹호하기 위해 교묘한 술책이나 명백한 왜곡을 통해 참된 기초를 전도한다.

그뿐만 아니라 "온갖 이단론에 깊이 물들어 있던 사모사타주의자 프로스페르 디시데우스가 자신의 이단론을 강력하게 뒷받침할 수 있을 것이라고 생각하지 않았다면 결코 내놓았을 리가 없는 견해, 즉 로마서 7장의 내용이 은혜 아래 있지 않고 여전히 율법 아래 있는 사람에 관한 것이라는 해석을 제시한 것을 보게 될 때, 우리는 이 견해(아르미니우스의 견해—옮긴이) 역시 이단적이거나 이단론에 연루되었다고 판단하지 않을 수 없다"라는 반론이 있다. 이에 대한 나의 답변은 이러하다.

이 반론은 참으로 넌센스적인데, 마치 이단적인 사람은 모든 점에서 오류를 범하고 참된 것은 전혀 말할 수 없다거나, 그가 진리를 말할 경우 그 전체가 반드시 그의 이단적 견해를 확증하는 데 쓰이는 것처럼 말하기 때문이다. 최악의 이단들도 어떤 조항을 보면 교회의 정통 견해와 동일한 것을 담고 있다. 고대 이단론자들은 자신들의 여러 이단 교리를 훼손하지 않기 위해 성경의 많은 본문을 정통주의와 반대되게 해석하는 일에 진력했고, 정말로 습관적으로 그러했다는 것은 잘 알려진 사실이다. 그럼에도 문제의 그 본문은 현재까지도 우리 신학자들에 의해 고대의 정통적 의미에 배치되는, 그리고 그 이단자들의 해석과 일치되는 방식으로 설명되고 있는 실정이다. 그러나 이런 이유로 그 사람들을 '이단 옹호자'라고 불러서는 안

된다. 하지만 나는 로마서 7장에 대한 나의 설명이 아리안주의와 사모사타주의와 어떤 유사성을 가지고 있는지를 증명해 줄 것을 원한다. 만일 아리안주의자나 사모사타주의자인 문제의 인물이 지상에 사는 동안 완전한 의로움에 이를 수 있는 가능성을 입증하려는 열의를 가지고 있다면 사모사타주의자나 아리안주의자로서가 아니라, 펠라기우스주의자 또는 켈레스티우스주의자[71])로서 그는 로마서 7장을 중생한 사람에 관한 것으로 해석했어야 한다는 견해를 부정해야 할 것이다. 만일 이 정도로 상황을 파악할 수 있다면 로마서 7장을 은혜 아래 있는 사람에 관한 것으로 설명하는 견해는 그리스도의 교회와 진리의 불공대천의 원수인 예수회와 그 지도자들에 의해, 그와 동시에 교황주의 교회, 즉 우상숭배적이고 전횡적이며 무수히 많은 이단 교리들에 의해 극심하게 오염된 교회의 가장 유력한 변호인들에 의해 일반적으로 해석되는 견해라는 사실로 인해 자체적으로 크나큰 편견에 시달리게 될 것이다. 그러므로 성경의 어느 부분에 관해서건 이와 같은 논쟁 양태에서 벗어나야 한다. 선한 양심에서 진리를 수호하기로 한 사람들의 마음에서 또는 입술에서 그런 말이 더 이상 진전되지 않도록 하자. 이런 종류의 논증이 무지하고 견식이 부족한 청중의 마음을 당혹하게 하고 교란시키기 위해 차용되었다는 것을 간파하지 못할 사람이 어디 있

---

71) Caelestius. 5세기에 활약한 최초의 영국 출신 펠라기우스 추종자들 중 하나다. 409년경, 그는 로마에서 펠라기우스를 처음 만난 것으로 알려져 있다. 그는 아담의 범죄에서 기인하는 원죄 교리를 부정한 것으로 유명하다. 411년, 밀라노의 파울리누스는 켈레스티우스의 이단 교리의 핵심을 아래의 여섯 개 항목으로 정리했다. 431년, 1차 에베소 공의회에서 공식적으로 이단 선고가 내려졌다. 1) 아담은 죄를 짓지 않았더라도 결국 죽었을 것이다. 2) 아담의 죄가 인류 전체에 해를 끼치는 것은 아니다. 3) 어린아이들은 아담이 창조되었을 때와 똑같은 상태로 태어난다. 4) 전 인류는 아담의 죄와 무관하다. 5) 율법도 복음과 같이 인류를 천국으로 인도한다. 6) 주님이 오시기 전에도 무죄한 자가 있었다.

겠는가? 즉 모종의 두려움과 무감각에 의해 분별력을 잃을 때, 사람들은 진리를 올바르게 판단할 수 없고, 나아가 이단의 헛된 공포감으로 인해 논란이 된 문제를 직접 다룰 엄두조차 내지 못한다!

이 같은 술책은 악명 높은 것이고, 배우려는 자세로 절제하는 사람들이라면 모두 그것을 익히 알고 있다. 무지하고 단순한 사람들, 혹은 생각 없이 헤매며 오류에 빠져드는 사람들을 제외하고 누구에게도 그 이단들은 위해를 가할 수 없다. 우리가 보여 주었듯이 아리안주의, 사모사타주의, 그리고 다른 이단들에 대한 가장 권위 있는 논적이며, 성부와 성자와 성령에 관한 참된 교의의 가장 열성적인 옹호자로 나서고 스스로 그것을 입증한 교회의 수많은 박사들도 로마서 7장을 우리가 해석하는 것과 똑같은 의미로 해석한다. 주님의 은혜가 크도다!

그렇게 똑같이 해석된 본문을 가지고 다른 사람들이 이단들을 공격할 수 없게 하기 위해 이단 교리를 반박할 때 흔히 예시되는 특정 성경 본문을 해석한다는 전제하에 보편 교의의 가장 유능하고 효율적인 전령관을 이단 교리의 진영 속으로 밀어 넣는 것을 즐기는 사람에게는 넓고 풍부한 평야가 열려 있다.

끝으로 이러한 나의 설명은 또 다른 반론에 부딪힌다. 즉 "그 견해는 무수히 많은 순교자들이 피 흘려 세운, 유럽의 모든 개혁교회의 고백과 다르다." 이 단언도 마찬가지로 진리를 가르치기 위해서가 아니라, 그들이 느끼는 분개심을 통해 청중의 마음에 불씨를 던지고 맹목 상태로 만들기 위해 사용된 것이라고 나는 단언한다. 왜냐하면 나는 프랑스, 네덜란드, 스위스, 사보이공화국, 영국, 스코틀랜드, 보헤미아, 루터교회 등 다른 어떤 고백서에서도 로마서 7장에 대한 이 해석과 배치되거나 이 해석에 의해 조금이라도 약화되는 조항이 단 하나라도 있다고 생각하지 않기 때문이다.

7장이 은혜 아래 있는 중생한 사람에 관한 것으로 설명되지 않는 한 이 장의 어떤 부분이 그것에 의해 확증될 수 없는 어떤 교리를 확립하기 위해 어떤 고백서에서 사용되었을 가능성은 있다. 그러나 정황이 이렇다고 해서 그 견해를 지지하는 성경의 다른 본문을 예시한다고 해서 바로 그 동일한 교리가 죄를 통해 죽게 되는 것도 아니고, 그리스도의 부활을 통해 구원받는 것도 아니다. 작정하고, 열의 있고 빈틈없는 방식으로 그것을 옹호하는 사람을 어떻게 막을 수 있겠는가?

그 사람이 시인하는 것은 이것뿐이다. 즉 그 견해를 옹호하기 위해 인용되는 참된 교리는 이 특정 성경 본문에 의해 충분히 잘 지지되고 있지 않다. 그리고 로마서 7장이 율법 아래 있는 사람이 아니라, 중생한 사람에 관한 것으로 설명되어야만 한다는 견해를 가지고 있기 때문에 자기의 피를 흘렸거나 흘릴 수밖에 없었던 사람은 과연 누구인가? 그런 이유를 듣고 있는 동안 나는 그런 말을 퍼뜨리는 사람들이 유해한 무지의 허물로 인해 마땅한 심판을 받게 되는 일이 없도록 하나님께서 자비를 베푸시고, 그들 속에 선한 마음과 신실한 양심을 넣어 주실 것을, 혹은 그들이 거룩하게 계시된 진리와 그리스도의 교회에 해를 끼치지 못하도록 하나님께서 그들의 시도를 막아 주시거나 적어도 중단시켜 주실 것을 슬픈 마음으로 큰 소리로 간구하려는 나 자신을 억제하고 다스리기가 얼마나 힘든지 모르겠다!

지혜와 명철을 겸비한 사람들에게서 표출되는 그러한 주장에 대해 나는 달리 어떻게 더 온건하게 논평할 수가 없다. 고백서에 들어 있는 모든 항목이 똑같이 모두 필요한 것은 아니다. 어느 고백서이건 그 안의 모든 특수한 요소는 그 고백서 전체가 아니라, 그 일부분을 관철시키는 과정에서 흘린 분들의 피에 의해 확증되었다. 수많은 순교자들은 의로움을 완전성이나 불완전성이라는 항목에 관해 문제를 제기한 적이 없고, 그 문제에 대해 특별히 생각해 본 적이 없이 오직 복음의 진리를 그들의 피로 인봉했다. 따라서 나는 이렇게 묻겠다. "그리스도를 통해 무죄한 것으로 선언되고 성화된 사람들은 그리스도의 도우심과 은혜의 영을 통해 이 세상에서 사는 동안 전혀 흠 없이 하나님의 법을 지킬 수 있는가?"

그리스도인이면 누구나 그리스도의 은혜 없이는 어떤 선이건 행할 수 없다는 것을 잘 알고 있다. 따라서 이런 종류의 논증을 사용하는 것은 진리를 추구하는 선하고 양심적인 탐구자와, 진리가 발견되었을 때 그것을 보전하는 데 진력하는 사람들에게 맡겨 두어야 할 것이다.

4장

고대의 교회 박사들 가운데 반대 견해를 인정한 적이 없었다

1) 로마서 7장을 은혜 아래 있는 사람에 관한 것으로 해석한 고대 교부들과, 유사한 해석을 제시한 현대 신학자들은 실질적으로 서로 판이하게 다르다. 왜냐하면 사도 바울이 그가 원하지만 행하지 않는 선에 대해, 그리고 그가 원하지 않는데도 행하는 악에 대해 고대 교부들은 정욕에 탐닉하거나 탐닉하지 않는 문제로만 이해한 반면에 현대 신학자들은 선과 악을 실제로 실행되는 측면에서 이해하기 때문이다.

2) 고대 교부들의 그러한 견해는 에피파니오, 아우구스티누스, 베다, 토마스 아퀴나스로부터 발췌한 인용문을 통해 증명된다.

3) 선과 악에 대한 그러한 두 가지 유형의 상이한 설명 간의 차이를 고대 교부들은 대단히 심각하게 판단했기 때문에 그처럼 서로 다른 설명에 따라 그들은 중생한 사람에 관해 의견 일치에 이를 수 없었다. 이 점은 아

우구스티누스, 베다, 토마스 아퀴나스, 휴 오브 세인트 체르에서 발췌한 인용문에 의해 입증된다.

우리 현대 신학자들의 대다수가 로마서 7장의 사도 바울에게 귀속시키는 의미는 교회의 어느 고대 교부에 의해서도 인정되지 않았고, 아우구스티누스 자신조차도 마찬가지였다. 오히려 많은 교부들은 그 의미를 비판하고 거부했다. 이 논제를 통해 나는 고대 박사들 가운데 로마서 7장을 중생을 경험하고 은혜 아래 있는 사람에 관한 것으로 해석한 경우가 전혀 없다고 단언하려는 것이 아니다. 나는 이미 성 아우구스티누스와 다른 몇몇 교부들이 그렇게 해석하는 것을 밝힌 바 있기 때문이다. 그러나 나는 우리의 동료 신학자들의 해석이 결정적으로 중요한 점에서 고대 교부들의 설명과 다르고, 또한 그 차이가 너무 커서 억지스러운 구성이나 고대 교부들 자신의 의도와 반대되는 의미를 고수하지 않는 한 오늘날 우리가 고대인들의 권위에 의거해 이 주제에 대해 타당한 견해를 개진하기 어렵다고 단언하는 바다.

만일 사도가 본문에서 언급되는 인물에게 전가하는 요소들에 관하여 그가 7장에서 은혜 아래 있는 사람에 대해 기술하고 있다고 설명했던 일부 고대 교부들이 공유했던 이해 방식과 엄청나게 다르게 우리의 동료 신학자들이 수용하고 있다는 것을 드러내 보일 수 있다면 전술한 나의 논점은 충분한 정도로 정확히 입증될 것이다. 실제로 현대 신학자들은 그 본문을 일부 고대인들이 제시한 것과 매우 판이하고 불일치하는 의미로 받아들이기 때문에 고대 교부들의 견해를 우리 현대 신학자들의 구성 방식에 따라 재해석한다면 귀속된 그 속성들은 중생하고 은혜 아래 있는 사람이 아닌 율법 아래 있는 사람에게 부합한다. 이 판단이 옳다는 것을 나는 다음과 같은 순서를 따라 보여 줄 것이다.

사도가 그가 원하면서도 행하지 않는다고 말하는 선, 그가 원하지 않음에도 행한다고 말한 악에 대해 우리 현대 신학자들 대부분은 그것이 실제적 선과 악(actual good and evil)을 지시하는 것으로 해석한다. 그들은 의지의 동의에 따라 영의 소욕에 맞서 육체의 소욕을 통해 실행에 옮겨진 행위 자체에 의해 그 악을 설명한다. 같은 방식으로 그들은 영을 따라 사람이 행하고자 하는 뜻을 품거나 의욕하지만 육체의 정욕에 의해 훼방을 당함으로써 실제로 행하지 못하는 특정 행동에 의해 선을 설명한다. 우리 신학자들의 주석을 검토해 보면 7장에 대한 그들의 해석이 바로 그러하다는 것을 즉시 분명하게 적시할 수 있을 것이다. 동일한 논점은 이 주제에 대해 나와 반대되는 견해를 가진 사람들에 의해 공공연하게 선언된다.

그러나 성 아우구스티누스와 내가 참조할 기회가 있었던 고대 교부들이 모두 이 장을 중생하여 은혜 아래 있는 사람을 지시하는 것으로 설명할 때, 그들은 사도가 원하는 것과 반대로 행한다고 탄식하는 악이란 정욕을 품고(to lust) 욕구하는(to desire) 차원의 악을 가리킨다고 해석한다. 그러면서도 그 교부들은 양자를 구별하는데, 즉 정욕을 품는 것과 자기의 정욕을 따르는 것, 그리고 정욕을 품지 않는 것과 정욕을 따르지 않는 것이 각각 별개의 것이라고 보았다. 이와 거의 비슷한 방식으로 야고보 사도는 그의 서신 1장 14절과 15절에서 이 차이를 지목하면서 "사람이 시험을 당하는 것은 각각 자기의 욕심에 이끌려서 꾐에 빠지기 때문입니다. 욕심이 잉태하면 죄(즉 자범죄(actual sin))를 낳고, 죄가 자라면 죽음을 낳습니다"라고 했다. 이것이 고대 교부들이 이해한 의미라는 것은 아래와 같이 입증된다.

2부 야코부스 아르미니우스의 박사 학위 논문

에피파니오

"나는 내가 원하는 것을 행하지 않고, 내가 미워하는 것은 행한다"라고 말한 것은 우리가 실행에 옮겨 완수하는 악에 관한 것이 아니라, 우리가 오직 생각으로 행하는 악으로 받아들여야 한다.(『파나리온』,[72] 64번, 오리게네스에 대한 비판, 2권 2절) 만일 종종 우리가 어떤 생각에 빠져 왜 그런 생각을 하게 되었는지 모르는 채 욕구로 발전시키지 않는 외향적 사고에 대해 사도가 언급하지 않았다면 그가 어떻게 자기가 싫어하는 악을 행하고, 자기가 기뻐하는 선을 실제로 행하지 않을 수 있었겠는가?(같은 책) 왜냐하면 이 선은 행동을 제지하는 일뿐만 아니라, 생각을 금하는 데도 완벽한데, 우리는 원하는 그 선을 행하지 않고 원하지 않는 악을 행하기 때문이다.(같은 책) 그러므로 이것은 우리 속에 있는 것이 아니므로 의욕을 품기 위해 우리는 그런 것에 대해 생각할 필요가 없다. 그러나 그것은 우리 속에 있는 것이 아니라, 우리의 목적을 이루기 위해 다시 마음으로 돌아올 필요가 없도록 사방에 퍼져 있으며,—"나는 원하는 선을 행하지 않는다"라는 후속 구절에서 표현된 견해대로—그저 우리는 어느 정도로 그것을 사용하거나 사용하지 않거나 할 수 있을 뿐이기 때문이다. 나는 나를 해칠 것에 대해 궁리하기를 바랄 필요가 없다. 왜냐하면 (다른 상황을 참조하자

∴

72) 에피파니오의 가장 유명한 이 저서는 '약방(medicine-chest)'을 뜻하며, 『이단 비판론(*Adversus Haereses*)』으로도 알려져 있다. 이단의 뱀에 물린 사람들을 위한 해독제로 의도된 이 책은 374년에서 377년 사이에 쓰였다. 이 책은 60개의 이단 교리 목록을 제시하고 그것들을 각각 반박하는데, 그중에는 에피파니오 이래 현존하는 다른 어떤 문서에도 기록되어 있지 않은 것이 있다. 에피파니오는 그리스도교 이전 시대 이단의 '4대 어머니(야만주의, 스키타이 종교, 헬레니즘, 유대교)로부터 시작하여, 그로부터 파생된 열여섯 개의 그리스도교 이전 시대 이단 교리들(스토이즘, 플라톤주의, 피타고라스주의, 에피쿠로스주의)와 12개의 유대교 종파에 대해 서술한다. 말씀의 육화에 대해 서술하는 막간에 이어, 60개의 그리스도교 이단 교리들에 대해 설명한다.

면) "정사각형은 마음속으로 또는 손에 의해 완전무결하게 만들어질 수 있다"라는 속담이 있듯이 이것은 선하고 흠 없는 활동으로서 질책할 것이 전혀 없기 때문이다. 그러므로 "나는 내가 원하는 선을 행하지 않고, 내가 원하지 않는 악을 행한다." 즉 나는 내가 원하지 않는 것을 생각하기를 원하는 것이 아니라, 내가 원하지 않는 것에 대해 생각하는 것이다.(같은 책)

사도 바울 자신이 행하는 행동을 기술하는 이 구절을 해석하는 사람들을 반박하는 후속 단락에서 에피파니오는 이렇게 말한다. 그러나 "사도가 '내가 원하는 선을 행하지 않고, 내가 원하지 않는 악을 행한다'라는 말로 우리에게 가르치고자 하는 것은 이것이다. 즉 그 말은 우리가 싫어하고 피하려 하는 악을 마음속으로 생각할 뿐만 아니라, 우리가 실제로 악을 행동으로 옮기는 것을 가리키므로 만일 그가 정확하게 말하는 것이라면 사도가 미워하고 전혀 행하려는 뜻이 없음에도 그가 실제로 행하는 악이 과연 어떤 것인지를 우리에게 설명할 것을 요구해야 한다는 것이다. 혹은 그 반대로 사도가 행하고자 간절히 원하지만 행동에 옮길 수 없는 그 선이 무엇인지 우리에게 알려 주어야 할 것이다.(같은 책) 같은 단락의 나머지 부분을 참조하라.

아우구스티누스

뒤에 이어지는 구절에서 사도는 "여기에서 나는 법칙 하나를 발견했습니다. 곧 나는 선을 행하려고 하는데, 그러한 나에게 악이 붙어 있다는 것입니다"라고 말한다. 즉 율법이 원하는 선을 내가 행하려 할 때 내 속에 있는 법칙 하나를 발견한다는 것이다. "탐하지 말라" 또는 정욕을 품지 말라고 말하는 율법이 악한 것이 아니라, "나에게 악이 붙어 있는" 것인데, 나는 원하지 않는데도 정욕을 품기 때문이다.(『결혼과 정욕에 관하여』, 30장 7행) 그러므로 "이 죽음의 몸"에 "마음의 법과 맞서 싸우는" 내 지체의 다른 법이 속해 있는 것이다.

마음에 복종하지 않는 내 지체는 영을 거슬러 정욕을 품는 반면, 영은 지체를 거슬러 욕심을 품는다. 그리하여 죄의 법 자체가 육체의 어떤 부분을 포로로 만들고, 그 때문에 마음의 법에 대항하지 못하게 되지만, 만일 우리가 그 속에 있는 정욕에 복종하지 않는다면 비록 죽을 수밖에 없는 것이기는 해도 그 정욕이 우리의 몸을 완전히 지배할 수 없다.(같은 책, 31장)

그러나 사도는 이어서 "그러나 나 자신은 마음으로는 하나님의 법을 섬기고, 육신으로는 죄의 법을 섬기고 있습니다"(25절)라고 덧붙이는데, 이것은 다음과 같이 이해되어야 한다. "나는 마음으로 죄의 법에 동의하지 않음으로써 하나님의 법을 섬기지만, 육신으로는 죄의 욕망을 품음으로써 죄의 법을 섬기므로 비록 내가 그것에 동의한 것은 아니지만 나는 그것으로부터 완전히 자유롭지 못하다."(같은 책)

그럼에도 우리는 다음의 말을 두렵게 느끼지 않을 수 없다. "나는 내가 원하는 선한 일은 하지 않고 도리어 원하지 않는 악한 일을 합니다."(19절) 이 같은 말로부터 우리는 마치 사도가 악한 일을 행하려는 육체의 정욕에 동의한 것이 아닐까 의구심을 갖지는 않을지 우려된다. 하지만 우리는 사도가 바로 이어 "내가 해서는 안 되는 것을 하면 그것을 하는 것은 내가 아니라, 내 속에 자리를 잡고 있는 죄입니다"(20절)라고 덧붙인 것을 고려해야만 한다. 여기서 사도는 그가 육신의 정욕보다는 율법에 더 동의한다고 말하고 있음이 분명한데, 그가 그 육신의 정욕을 '죄'라는 이름으로 부르기 때문이다. 그러므로 그가 행동하고 실천하는 것은 죄에 동의하고 행동하는 경향성에 따라서가 아니라, 정욕이나 탐심이 작용하여 강제한 탓이라고 말한 것이다. 사도가 나는 "율법이 선하다는 사실에 동의한다"라고 말한 것은 바로 그 때문이다. "내가 동의한다"라고 말한 것은 율법이 원하지 않는 것을 내가 원하기 때문이다. 뒤에서 그는 "내가 해서는 안 되는 것을 하면 그것을 하는 것은 내가 아니라, 내 속에 자리를 잡고 있는 죄입니다"라고 시인한다. "내가 해서는 안 되는 것을 하면", 이것이 의미하는 것은 그가 은혜 아래 살고 있는 현재가 아니라, 정욕이 요구하는 것에 동의함으로써 의지에게 만족감을 안겨 주었던 시기를 지시한다. 그 구절의 후반부, 즉 "그것을 하는 것은 내가 아니다"라는 그때 나는 나의 "지체를 죄에 내맡겨서 불의의 연장이 되게 하지" 않을 수 없었다는 뜻 외에 달리 더 잘 해석할 수 없을 것 같다. 왜냐하면 만일 사도가 실제로 욕심[73]에 이끌려 (의지의) 동의와 더불어 행동으로까지 나아간 것이라면—물론 그가 그런 자기의 행동을 슬퍼하고 죄에 정복당한 사실로 인해 비탄 속에서 신음하지만—어떻게 "그것을 하는 것은 내가 아니다"라고 말할 수 있겠는가?(『펠라기우스의 두 서신에 대한 비판』, 10장) 왜냐하면 그것은 선한 일을 행하고자 하는 것, 즉 그 사람이 욕망에 깊이 빠져들지 않은 것을 뜻하기 때문이다. 그러나 그가 악을 위해 욕망에 동의하는 것은 아니지만 그가 욕심을 느낄 때 그 선은 불완전한 것이다.(같은 책)

이 같은 논의를 거쳐 사도는 이렇게 결론 내린다. "그러므로 내 속사람은 진실로 하나님의 법을 섬기지만, 나의 지체는 죄의 법을 섬긴다." 즉 욕망에 빠짐으로써 '육신으로는 죄의 법을 섬기는' 반면, 그 욕망에 동의하지

••

73) concupiscence. 현재 논의에서 중요한 역할을 하는 이 낱말은 정욕 또는 강한 욕망으로 번역할 수 있다. 즉 죄를 지향하는 인간 본성이 올바른 이성 판단을 잃고 육체의 욕심을 따르는 내재적 성향을 가리킨다. 사도 바울은 이것을 인간 육신의 비하(롬 1:24~32; 7:7; 엡 2:3 등)라고 했고, 사도 야고보는 욕정이 죄를 낳고 죄는 죽음을 초래한다(1:15)고 했으며, 사도 요한은 정욕을 세속 또는 육체 그 자체로 불렀다(요일 2:15~17).

않음으로써 여전히 '내 하나님의 법을' 섬긴다.(같은 책) 그는 무엇을 어떻게 행하고 실행에 옮길 것인가를 말한 것이 아니라, '선한 일을 어떻게 완수하거나 끝까지 이행할 것인가'를 말하고 있다. 왜냐하면 선한 일을 하거나 행동에 옮기는 것은 정욕을 따르는 것과 같다고 볼 수 없지만, 선한 일을 완수하거나 끝마치는 것은 정욕을 품거나 욕심에 빠지는 것과는 다르기 때문이다. 그러므로 갈라디아서 5장 16절에서 "육체의 욕망을 채우려 하지 말라"라고 한 것은 로마서의 이 구절, 즉 "나는 선을 행하려는 의지는 있으나 그것을 실행하지는 않으니 말입니다"가 전달하려는 취지와 상반된다.

문제의 그 정욕은 우리의 의지가 합세하지 않는 한 악한 것으로 종결되거나 완성되지 않는다. 또한 그 정욕이 계속 작동하는 한 우리가 그 강요에 동의하지 않는다고 해도 우리의 의지가 선한 것으로 완결되거나 완성될 수도 없다. 그러나 세례를 받은 사람들조차 고통 속에서 갈등할 수밖에 없는, 정욕과의 이 적대 관계는 "육체의 욕망은 성령을 거스르고, 성령이 바라시는 것은 육체를 거스르기" 때문이다. 이때 영이 악한 욕망에 동의하지 않는 한 선한 일을 도모하고 실천에 옮길 수는 있지만 그것을 선한 목적을 이행하거나 완수하는 것으로 볼 수 없는 이유는 그 상황에서 영이 악한 욕망이나 정욕을 불식하거나 제거하지 않고 있기 때문이다. 마찬가지로 육체는 악한 욕구를 실행하거나 행동에 옮기면서도 그것을 완수하거나 끝까지 밀고 나가지 않을 수 있는데, 왜냐하면 영이 그런 결정에 동의하지 않음으로써 육체가 정죄받을 만한 결과를 낳기까지 밀고 나가지 않기 때문이다.

그러므로 이런 종류의 갈등은 유대인이라든지 어떤 특정 범주에 속하는 사람들의 문제가 아니라, 로마서 7장 25절에서 사도 바울이 "그러나 나 자신은 마음으로는 하나님의 법을 섬기고, 육신으로는 죄의 법을 섬기고 있습니다"라고 말하듯이, 그리스도교 신자들, 선한 삶을 추구하는 사람들도 이 싸움에서 고된 씨름을 하고 있음이 분명하다.(『펠라기우스주의자 줄리아 노에 대한 비판』, 1권, 26장)

그러므로 여러분이 기꺼이 뛰어들고 싶은 마음이 없는 어떤 것을 마지 못해 행동에 옮길 때, 우리가 여러분을 꾀어 달콤한 행위를 하게 만들었다고 말해서는 안 된다. 이에 대해 사도는 자기 자신의 경우를 들어 말한다. "나는 내 속에, 곧 내 육신 속에 선한 것이 깃들어 있지 않다는 것을 압니다."(19절) 사람들이 "선을 행하고자 하는 의욕을 갖고 있으므로" 욕심을 끝까지 밀어붙이지 않는 상태에서 선한 일을 실행하여 완수할 수가 없는 데, 그럼에도 적어도 자신의 정욕을 끝까지 추구하지 않는 점에서 그들은 (상대적인) 선을 행하고 실천에 옮기고 있는 것이다.(같은 책, 5권 5장) 따라서 사도 바울 자신이 "그것을 하는 것은 내가 아니다"라고 말하면서 실제로 여전히 죄에 동의하지 않은 상태에서 육체의 정욕이 관능적 충동을 불러일으키도록 허용할 때, 불건전한 관능적 쾌락의 손아귀에 잡힌 채 음란과 맞서 싸우는 것처럼 보이는 형국을 두고 실제로 그가 모종의 간음 행위를 벌이는 셈이라고 말한다면 그 상황은 여러분이 상상하는 것과 완전히 거리가 멀다.(같은 책, 6권)

마찬가지로 또한 죄를 짓되 악한 것이 자기의 속사람을 지배할 정도는 아닌 사람의 경우, 어떤 (의도한) 행동이나 실천을 끝까지 추구하지 않은 채 아무도 모르게 책망받을 만한 생각을 마음에 품고 있는 사람은 완전한 악에 빠지지 않도록 자신을 제어하고 있는 것이다. 그러나 죄를 짓는 것과 죄의 소욕이나 정욕에 복종하는 것은 서로 다르다. "탐내지 말라"라는 명령에 따라 실천하는 것과, "육체의 욕망을 채우려 하지말라"(갈 5:16)라는 명령에 어긋나게 행하지 않으려고 자기를 절제하려고 노력하는 것은 별개의 문제다. 하지만 우리로서는 "구세주의 은총을 얻지 않는 한" 그러한 일에 대해 올바로 판단하기가 어렵다. 따라서 하나님을 참되게 경배하면서 의를 행하고 실제 행동으로 실천하는 것은 욕심이라는 내면의 악에 맞서 싸우는 것이지, 결코 그 반대되는 것을 소유하고 완수하거나 완전한 정도로 채우는 것을 말하지 않는다. 대항하고 있는 사람은 여전히 큰 위험 속에 있을 뿐만 아니라, 물론 완전히 무너져 버린 것은 아닐지라도 간혹 호된 강타를 맞는다. 그 반면에 적을 갖고 있지 않은 사람은 완벽한 평화와 고요함 가운데 유유자적할 수 있다. 그런 사람은 또한 가장 엄밀한 의미에서 죄 없는 상태에 있다고, 즉 그의 속에 어떤 죄도 살고 있지 않다고 말할수 있고, 악한 행실을 절제함으로써 "그런 일을 하는 것은 내가 아니라, 내속에 자리를 잡고 있는 죄입니다"라고 말하는 사람과 같지 않다.(『자연과 은총에 관하여』, 62장)

그러므로 사도 바울이 "내가 원하지 않는 일을 하고 있다"라고 말하는 까닭은 그가 정욕을 추구하거나 욕망에 탐닉하고자 하는 의지를 가지고 있기 때문이 아니라, 다만 마음속에 정욕을 품고 있는 것이 사실이기 때문이다. 그 결과 그는 "해서는 안 되겠다고 생각하는 일을 하고 있다." 문제의 그 악한 욕망은 사도를 욕망에 굴복시키고 간음을 행하게 만든다는 것인가? 전혀 그렇지 않다. 우리가 그런 방향으로 생각하지 않도록 주의하자. 사도는 힘껏 저항하고, 그리하여 정복당하지 않았다. 지금 어쩔 수 없이 사투를 벌이고 있는 그 욕망은 그가 원하는 것이 아니기 때문에 그는 "내가 원하지 않는 악한 일을 합니다"라고 말한 것이다. 즉 나는 욕망을 끝까지 따르고 싶지 않지만 마음에 그것을 품고 있다. 그리하여 "내가 원하지 않는 악한 일을 합니다"라고 말하지만 그럼에도 내가 그 욕망에 동의한 것은 아니다. 그 반대로 그가 끝내 실행에 옮기고 욕망을 완성시켰다면 친히 "육체의 정욕을 채우려 하지 말라"라고 말하지 않았을 것이기 때문이다.(『시간에 대하여』, 설교 55번 10절)

내가 악한 욕망에 동의하지 않을 때, 나는 선한 일을 행하되, 내가 행하거나 실천하기 시작한 선을 어떻게 완수하지 않을 수 있는 것인가? 이런 경우 나 자신을 욕망으로부터 완전히 단절하지 않음으로써 나는 선한 일을 완수하거나 완전한 정도로 채우고 있지 못한다. 그렇다면 나의 원수는 악한 일을 실행하기 시작하면서도 그 악을 완수하지 못하는 것인가? 악한 욕망이 야기될 때 그는 실제로 악한 일을 행하기 시작한다. 그러나 그는 악한 일을 완수할 수가 없는데, 그가 나로 하여금 악한 일을 행하게 만들지 못했기 때문이다.(같은 책) 내가 죄에 동의하지 않음으로써 "나는 속사람으로는 하나님의 법을 즐거워하나" 욕망을 따름으로써 여전히 "육체로 죄의 법을 섬기는" 것이다.(같은 책) 그러므로 "내가 원하지 않는 악한 일을 합니다"라고 사도가 말한 것은 "육체는 영을 거스르고", 또 그 역시 영이 바라시는 것을 행동에 옮기기를 싫어하기 때문이다. 나는 내가 동의하지 않는다는 것을 매우 중요하게 여기기 때문에 그 일을 하지 않으려고 절제하고 있고, 따라서 "내가 원하지 않는 일을 합니다"라고 말한다. 나는 내육체가 영을 거슬러 악한 정욕을 품지 않기를 바라는데도 실제로는 그렇게 하지 못하고 있다. "내가 원하지 않는 악한 일을 합니다"라고 말한 것은 바로 그런 뜻이다.(『설교』, 13번, 「사도 바울의 가르침에 관하여」)

그러므로 만일 "육체의 소욕이 영이 바라시는 것을 거스른다"면 여러분이 속으로 원하면서도 실제로 실행하지 않는다는 바로 그 사실로부터 여러분은 욕망에 따르기를 원하지 않지만 그럴 능력이 없으므로(즉 그 욕망을 즐기고자 하는 것을 막을 수 없으므로) 적어도 주님의 은혜 안에 의지의 닻을 내리고 그의 도우심을 간구해야 한다. 그분 앞에서 여러분이 노래했던 것을 다시 불러 보라. "내 걸음걸이를 주님의 말씀에 굳게 세우시고, 어떠한 불의도 나를 지배하지 못하게 해 주십시오."(시 119:133)

여기서 "어떠한 불의도 나를 지배하지 못하게 해 주십시오"라고 말한 것은 무엇을 의미하는가? "그러므로 여러분은 죄가 여러분의 죽을 몸을 지배하지 못하게 해서"(롬 6:12)라고 사도 바울이 말한 것에 귀를 기울이자. 지배당하는 것은 "몸의 정욕에 굴복하는" 것이다. 사도는 악한 욕망을 품지 말라고 우리에게 말하지 않았다. "육체의 욕망은 성령을 거스르고, 성령이 바라시는 것은 육체를 거스른다"면 어떻게 "이 죽을 몸 안에" 악한 욕망을 품지 않을 수 있겠는가? 그러므로 관건은 "죄가 나를 지배하지 못하게 하는 것"이다.(같은 책)

베다 베네라빌리스

그러나 만일 화자가 그라면(즉 사도 바울이라면) "나는 내가 원하는 선한 일은 하지 않고, 도리어 원하지 않는 악한 일을 합니다"라고 사도가 말한 것을 마치 그가 정결한 사람이 되고자 했으나 간음죄를 지었다든지, 자비로운 사람이 되기를 바랐으나 잔인무도한 사람이 되었다든지, 심지어 경건하게 되기를 바랐지만 불경스러운 사람이 되고 말았다는 식으로 말한 것처럼 이해하지 않기를 바란다. 반대로 우리는 그가 "내가 욕망을 따르기를 원하지는 않았지만 그것을 좋아하게 되었다"라는 뜻으로 이해해야 한다.(『로마서 7장에 관하여』). 내가 욕망에 동의한 것도 아니고, 또 나의 정욕을 채우려고 그것을 따라가지도 않았지만, 나는 여전히 욕망을 품은 채로 있다.(같은 책)

그렇다면 내가 미워하는 것은 무엇인가? 욕망을 따라 깊이 빠져드는 것이다. 즉 나는 그렇게 욕망을 따르는 것을 싫어하는데도 나의 속사람에 복종하지 않은 채 육체를 따라 욕망을 놓지 않는다.(같은 책) 그러나 내가 실제로 하는 것은 욕망을 품고 있는 것이지 그것에 동의하는 것이 아니므로 여기서 사도가 스스로 죄를 지음으로써 남긴 나쁜 선례를 찾아나서는 사람은 아무도 없을 것이다. "나는 내가 원하는 것을 하지 않는다." 율법이 명령하는 것은 무엇인가? "정욕을 품거나 탐내지 말라." 그런데 나는 정욕을 품지 말아야 하는데도 그러지 못하고 있고, 그렇다고 해서 내가 그 욕망에 동의한 것도 아니고, 그것이 시키는 대로 하는 것도 아니다. 나는 그것에 저항하고, 마음을 절제하고, 육체의 수단을 거절하며, 지체들을 제어한다. 그럼에도 내 마음속에서는 내가 원하지 않는 일이 벌어진다. 마찬가지로 율법이 요구하지 않는 것을 나도 요구하지 않는다. 그리고 율법이 원하지 않는 것을 나도 원하지 않는다. 그러므로 "나는 율법에 동의하는 것이다." 나는 육체 안에 거하는 동시에 마음속에도 거한다. 그러나 내게는 육체보다 마음이 더 중요하다. 나는 마음속에도 존재하므로 마음이 통치하는 곳에 내가 존재한다. 마음이 통치하는 곳에서 육체는 지배를 받는다. 그리고 나는 내가 지배받는 것보다 지배하거나 통치하는 것을 더 중요하게 여긴다. 그러므로 나는 마음으로 더 많이 지배한다.(같은 책)

토마스 아퀴나스

의욕을 품는 행위는 나의 관할 아래, 즉 은총 아래서 회복된 나의 자아에게 맡겨져 있다. 내가 실제로 선한 것을 의지할 뿐만 아니라 선한 어떤 행위를 실천할 수도 있는 것은 하나님의 은총을 통해서다. 왜냐하면 그것에 의해 비로소 나는 선한 것을 의욕할 수 있을 뿐만 아니라 선한 일도 실행할 수 있는 것인데, 그것은 내가 욕망에 저항하고 은총의 인도하심 아래서 그것에 맞서 싸우기 때문이다. 그러나 나는 선한 것을 행동으로 옮길 수 있는 구체적인 방책, 즉 욕망을 완전히 일소할 수 있는 수단을 내 힘으로 발견하지 못한다.(『로마서 7장 강해』)

그러나 문제의 속성들〔실제적 선과 악―옮긴이〕에 대한 앞의 두 가지 설명은 로마서 7장을 중생한 사람에 관한 것으로 설명하는 고대 교부들의 판단에 따라 서로 대단히 판이하고 상충되기 때문에 그러한 두 설명을 따라간다면 똑같은 주제에 대해서도 일치에 이를 수 없다. 사실상 이 두 설명 중 처음 것에 따르면 그 교부들이 로마서의 이 본문을 중생한 사람에 관한 것으로 보는 데는 일치하는 반면, 둘째 설명을 따를 경우 그들은 이 본문이 죄 아래 있는 중생하지 못한 사람에 관한 것이라는 데 동의할 수밖에 없다. 바로 이 점을 나는 고대 교부들 자신의 증언을 통해 증명해 보일 것이다.

먼저 아우구스티누스의 증언을 살펴보자. "그와 같은 일을 하는 것은 내가 아니다"라고 말한 것은 그 사람이 "자기의 지체를 죄에 내맡겨서 불의의 연장이 되게" 하는 데 동의하지 않는다는 뜻으로밖에 달리 더 잘 해석할 길이 없다. 만일 그 사람이 정욕을 품고, 그것에 동의하고, 그것을 실행에 옮긴다면 그는 그러한 자신의 모습을 슬퍼하고, 자기가 죄의 지배 아래 있다는 사실을 개탄하고 괴로워하면서도 "그와 같은 일을 하는 것은 내가 아니다"라고 말할 수는 없을 것이기 때문이다.(『펠라기우스주의자의 두 서한에 대한 비판』, 1권, 10장)

우리가 앞에서 논박했던 세 구절 가운데 둘째 것은 "나는 육정에 매인 존재로서 죄 아래에 팔린 몸입니다"이고, 이번 것은 셋째 구절, 즉 " 내 지체에 있는 죄의 법에 나를 포로로 만드는 것을 봅니다"이다. 이 세 구절에 대한 설명에서 사도는 여전히 율법 아래 있고 은혜 아래 있지 않은 사람에 대해 기술하는 것처럼 보인다. 그러나 처음 두 구절에 대해 우리가 그것이 썩을 수밖에 없는 죽을 육체에 관해 말한 것으로 설명했듯이 이 셋째 구절 역시 다음과 같이 해석할 수 있다. 즉 나는 속사람이 아닌 육체에 의해, 그리고 내가 동의한 바 없이 강제로 포로로 잡혀 온 것이고, 그 육체가 나를 포로로 잡을 수 있는 것은 나의 지체 안에 우리의 공통된 본성 외에 다른 것이 없기 때문이다.(같은 책)

그 사람은 영을 따라 사는 신령한 사람임에도 불구하고 자기의 죽을 육체의 부분에 관한 한 신령하기도 하고 육정에 매여 있기도 하다. 먼저 신령한 사람을 보라. "속사람으로는 나는 하나님의 법을 섬긴다." 그리고 육정에 매인 사람을 보라. "그러나 육신으로는 나는 죄의 법을 섬깁니다." 그렇다면 이 사람은 신령한 동시에 육적인 존재인가? 그가 이 세상에 사는 동안에는 그런 상태에 있게 될 것이 확실하다. 여러분이 어떤 사람이든지, 어떤 종류의 정욕이든지 간에 그것에 굴복하고 동의한다면 여러분은 더러운 정욕을 채우기 위해 그것들을 선한 것처럼 가장했거나, 아니면 그것이 악하다는 것을 알고 있음에 의심의 여지가 없으므로 그런 욕망에 굴복하기로 동의함으로써 그것들이 어디로 이끌든지 따라가고, 그것들이 악한 목적을 위해 시키는 일을 실행에 옮기는 것일 수 있다.

따라서 만일 이 같은 기술에 들어맞는 사람이라면 여러분이 누구이든지 간에 전적으로 육정에 매인 존재라고 말할 수 있다. 그러나 만일 여러분이 "탐내지 말라"라고 율법이 말하는 것을 참으로 탐내고 갈망하면서도 "육체의 욕망을 채우려 하지 말라"라고 율법이 금하는 것을 참으로 원하거나 갈망한다면 여러분은 속사람으로는 신령하나 육체로는 육정에 매인 것이다. 정욕을 품지 않거나 강한 욕망에 사로잡히지 않는 것과, 정욕을 채우려 하는 것은 서로 다른 것이기 때문이다. 욕망에 사로잡히지 않는 것은 완전히 흠 없는 사람의 특질인 반면, 자기의 정욕을 채우려 하지 않는 것은 갈등 속에서 고군분투하는, 자신과 싸우는 사람의 특질이다.

마찬가지로 문제의 본질 자체가 요구하는 것을 첨언하고자 하는데, 그것은 자기의 정욕이 이끄는 대로 따르지 않는 사람의 속성이고, 또한 정복하고 극복하는 사람의 속성이기도 하다. 이 항목들 중 첫째 것, 즉 욕망에 사로잡히지 않는 것은 싸움과 투쟁과 산고에 의해 얻을 수 있는 특질이다. 그러나 승리는 보장되지 않는다. (『사도의 가르침에 관하여』, 설교 5번)

그러므로 만일 이 로마서 7장을 실제적 악에 동의하고 실행하는 문제에 관한 것으로 설명한다면 이 본문을 통해서는 중생한 사람에 대해 전혀 이해할 수 없고, 다만 율법 아래 있고 '육정에 매어 있을 뿐인' 사람이 스스로 고백하는 것으로 설명할 수 있을 뿐이라는 것이 성 아우구스티누스의 생각인 것 같다.

이어서 베다 베네라빌리스의 증언을 살펴보자. 우리는 율법이 신령하다는 것을 안다. 따라서 아마도 그렇게 알고 있는 사람들이 있고, 여러분이 그런 사람일 수 있다. 여러분이 그런 사람이거나 내가 그런 사람일 수 있다. 그리하여 그 사람이 우리 중 하나라면 그가 자신에 대해 말하는 것에 귀를 기울이고, 비난받는 것으로 생각하지 말고 우리 자신을 고쳐 나가기로 하자.

그러나 그것이 바로 그 자신(즉 사도 바울 자신)이라면 "나는 내가 하는 일을 도무지 알 수가 없습니다. 내가 해야겠다고 생각하는 일은 하지 않고, 도리어 해서는 안 되겠다고 생각하는 일을 하고 있으니 말입니다"(15절)라고 말한 것을 가지고 마치 그가 정결한 사람이 되기 원했으나 간음을 저질렀다거나, 자비심 많은 사람이 되고자 했는데 잔인무도한 사람이 되었다거나, 경건한 사람이 되기 원했지만 불경스러운 사람이 되어 버렸다고 말하는 것으로 오해하지 말자. 그렇다면 우리는 어떻게 이해해야 할 것인가? 나의 의지는 욕망에 깊이 빠지지 않는 것이나, 그럼에도 나는 그것을 좋아하여 빠지고 만다는 것이다.(『로마서 7장에 관하여』)

이번에는 토마스 아퀴나스의 증언을 살펴보자. 모든 저자들 가운데서 유일하게 아퀴나스는 이 장에 들어 있는 것이 사도 자신에 의해 그가 다루고 있는 인물에게 전가되고 있다고, 즉 그 설명 중 어떤 것은 중생한 사람에게 부합하는 반면 다른 설명은 죄 아래 사는 사람에게 부합하는 것으로 매우 분명하게 선언한다. 그러므로 인간이 육정에 매인 존재라고 말해지는 것은 그의 이성이 육적이기(his reason is carnal) 때문이다. 그 이유는 두 가지 점에서 그러하다.

첫째, 이성이 육체에 의해 선동된 것에 동의할 때, 고린도전서 3장 3절에 기록되었듯이 "여러분 가운데에서 시기와 싸움이 있으니, 여러분은 육에 속한 사람이고", 그리하여 이성이 육체에 지배당하기 때문이다. 은총에 의해 회복되지 않은 사람에 대해서는 이런 방식으로 이해할 수 있다.

둘째, 이성이 육체로부터 공격을 받는 상황에 처할 때 이성도 육적인 것이 된다고 말할 수 있기 때문이다. 갈라디아서 5장 17절에 선포되었듯이 "육체의 욕망은 성령을 거스르고, 성령이 바라시는 것은 육체를 거스릅니다." 그런 까닭에 비록 은혜 아래 있는 사람이라고 해도 그의 이성이 육적인 수준으로 떨어질 수 있다.

어쨌거나 이 두 종류의 세속성은 죄로부터 발원한다. 따라서 사도는 "나는 내가 하는 일을 도무지 알 수가 (또는 허용할 수가) 없습니다"라고 말한 것인데, 즉 나는 해야 하는 일을 하고 있지 않다. 이 말은 두 가지 방식으로 이해할 수 있다. 하나는 죄의 지배 아래 있는 사람이 일반적으로 죄를 짓지 말아야 하는 것을 알고 있지만, 그렇게 정복당한 상태에서 마귀의 유혹에 의해, 정념에 의해, 부패한 습관에 의해 죄를 짓고, 그리하여 자기가 해서는 안 된다고 잘 알고 있는 일을 하며, 누가복음 12장 47절에 "주인의 뜻을 알고도 준비하지도 않고, 그 뜻대로 행하지도 않은 종은 많이 맞을 것이다"라고 기록되었듯이 자기가 양심에 어긋나는 일을 하고 있음을 시인하는 사람으로 해석하는 것이다. 또 다른 방식은 은혜 아래 있는 사람이지만 그가 실제로 악을 행하고 있는 것으로 이해하는 것이다. 즉 실제로 그가 악을 행동에 옮기거나 마음으로 동의해서가 아니라, 오직 관능적인 정욕의 감각을 따라 욕망에 탐닉함으로써 악에 빠지는 것이다. 이처럼 정욕이 우세한 것에 대해 이성과 지성의 탓으로 설명할 수 있는 까닭은 그것이 실제로 활성화되지 못하도록 판단력이 나서기도 전에 먼저 작동하기 때문이다.

그러므로 첫째, 자기가 선한 일을 유기하는 것에 관해 그는 "나는 선을 행하려는 의지는 있으나 그것을 실행하지는 않으니 말입니다"라고 말한다. 이것은 한 편으로 죄 아래 있는 사람에 관해 기술하는 것으로 이해할 수 있고, 따라서 그 상태에서 그가 "나는 그것을 행하고 있다"라고 말할 때 그것은 이성의 동의를 통해 외적 행위로 실행되는 완전한 행위로 인식해야 한다. 그 반면에 그가 "그것은 내가 원하는 것이다"라고 말한다면 그것은 어떤 활동이나 작업을 요구하는 완전한 의지를 지시하는 것이 아니라, 사람들로 하여금 일반적으로 선한 것에 대한 욕구를 갖게 하는 어떤 불완전한 의지로서, 일반적으로 한 가지 일 정도는 정확한 판단력을 행사할 수 있는 상태를 지시하는 것으로 이해해야 한다. 그런 의지가 특별히 부패한 것은 그것이 일반적으로 해야 할 일이라는 것을 알고, 또 그렇게 하고자 하는 의지도 가지고 있으면서도 실제로 실행하지 않기 때문이다. 그러나 이 본문을 은혜에 의해 회복된 사람에 관한 것으로 이해할 경우, 우리는 그가 "그것은 내가 원하는 것이다"라고 말할 때 앞의 경우와 반대되는 것으로, 즉 특수한 외부 전략을 기획하거나 선택하는 단계까지 지속되는 완전한 의지로 이해해야 한다. 따라서 "나는 그것을 행한다"라고 그가 말할 때, 그것은 단지 관능적 욕구로만 그치고, 이성의 동의로까지 발전되지 않는 불완전한 행위일 수 있다. 은혜 아래 있는 사람은 자기의 속사람을 부패한 정욕으로부터 보호하고자 하지만, 그런데도 그가 선한 일을 실제로 행동에 옮기지 못하는 것은 그의 관능적 욕구가 불러일으키는 강한 욕망의 무절제한 난동 때문이다. 이와 비슷한 논지를 발견할 수 있는 곳은 "이 둘이 서로 적대 관계에 있으므로 여러분은 자기가 원하는 일을 할 수 없게 됩니다"라고 선포한 갈라디아서 5장 17절이다.

둘째, 사도는 악한 행실과 관련하여 "도리어 원하지 않는 악한 일을 합니다"라고 덧붙인다. 만일 이 말을 죄인인 사람에 관해 기술한 것으로 이해해야 한다면 '내가 원하지 않는'이라는 말은 일반적으로 누구나 악을 싫어한다는 의미에서 일종의 불완전한 혐오로 이해할 수 있다. 그러나 그가 '나는 실행한다'라고 말할 때 그 행위는 이성의 동의에 따라 어떤 전략을 집행함으로써 완수되는 행위로 파악된다. 일반적으로 혐오는 어떤 습관이나 정념의 경향성을 통해 취사선택할 수 있는 특수한 형태를 취하기 때문이다. 그렇지만 만일 그렇게 말한 사람이 은혜 아래 사는 사람이라고 이해할 경우, '나는 실행한다'는 말은 그 반대로 관능적 욕구가 야기하는 강렬한 욕망 자체로 완결되는 불완전한 행위로 동일시해야 한다. '내가 원하지 않는'(실제로 이것은 '내가 싫어하는 것'을 지시한다―옮긴이)이라고 말한 것도 일반적으로 누구든지 악에 대한 혐오감을 참아 내다가 끝내 등을 돌리게 되는 완전한 혐오 자체로 이해해야 한다.

그러나 죄의 법이 사람을 포로로 만드는 것에는 두 가지 방식이 있다. 하나는 동의와 외적인 작업을 통해 죄인인 사람을 사로잡아 종으로 만드는 것이다. 또 다른 방식은 은혜 아래 사는 사람을 정욕의 강압에 의해 사로잡는 것이다.

따라서 은혜는 이 죽음의 몸에서 우리를 두 가지 방식으로 해방한다. 첫째 방식에 따르면 은혜는 몸의 부패가 속사람을 종국적으로 죄에 참여하게 함으로써 지배하려는 것을 좌초시킨다. 둘째 방식에 따르면 은혜는 몸의 부패 자체를 완전히 사멸할 수 있다. 그러므로 첫째의 경우, 죄인은 "은혜가 나를 이 죽음의 몸에서, 즉 나의 영혼으로 하여금 몸의 부패 과정을 겪지 않을 수 없게 만드는 죄로부터 나를 해방시켰다"라고 말할 수 있다. 그렇지만 의인은 이미 죄로부터 구원되었다. 따라서 그 사람은 "하나님의 은혜가 나를 이 죽음의 몸에서 자유롭게 만들었다. 즉 나의 몸은 죄 또는 죽음의 부패 과정을 겪지 않을 것이다"라고 말할 수 있고, 그것은 부활 시 실현될 것이다. 뒤에서 사도가 "나는 속사람으로는 하나님의 법을 즐거워하나"라고 말할 때, 그는 이 같이 전술한 방식에 따라 그 전제로부터 상이한 과정을 거쳐 결론을 추론한다. 예를 들어 죄인인 사람과 관련하여 앞에서 제시한 전제 조건에 따라 다음의 결론을 이끌어 낼 수 있다. "하나님의 은혜가 나를 이 죽음의 몸에서 해방시켰다고 선포되었으므로 나는 그 몸에 의해 죄에 빠지지 않을 것입니다. 그러므로 나는 이제 자유를 얻었으므로 속사람으로는 하나님의 법을 섬깁니다. 그러나 지체로는 죄의 법을 섬기는 바 그것이 여전히 내 육체 속에 연료처럼 남아 있어서 육체로 하여금 영에 맞서 싸우게 만듭니다." 그 반면에 만일 앞에 기술된 것이 의로운 사람에게서 (표출된) 것으로 이해해야 한다면 상이한 결론이 추론되어야 한다. "예수 그리스도를 통한 하나님의 은혜가 나를 이 죽음의 몸에서 해방시켰다. 즉 죄와 죽음의 부패 과정은 나에게서 떠났다."

마지막으로 휴 오브 세인트 체르의 증언을 살펴보자. "그러므로 그리스도 예수 안에 있는 사람들은 정죄를 받지 않습니다."(롬 8:1) 이 구절 앞에 나오는 본문은 육정에 매여 살고 있는 사람이 대죄의 포로가 되는 것에 관해, 그리고 은혜 안에 있는 사람이 용서받을 수 있는 가벼운 죄의 포로가 되는 것에 관해 설명한다. 그런데 사도는 가동되는 것 자체로 성립되는 것을 '대죄'로, 의지의 동의함 없이 정욕을 품거나 사욕에 빠지는 행위와 동요로 완결되는 것을 '가벼운 죄'로 각기 다르게 부른다.

5장

반대 견해는 은혜를 훼손하고 바른 도덕규범에 유해하다

1) 오늘날 로마서 7장에 대한 주류의 해석은 정당한 수준보다 미흡한 것을 귀속시킴으로써 은혜를 훼손하고 있음이 입증된다. ① 이 장에 기술된 싸움은 명백하게 성령을 모독하지 않고서는 신자 안에 내주하시는 성령에게 귀속될 수 없다. ② 반론과 답변.

2) 이 장에 대한 현대적 해석은 선한 행실에 유해하다. 그 해석을 따를 때 양심의 거리낌을 가진 채 죄를 짓는 한 죄를 지어도 무방하다는 식으로 부추기는 결과를 가져오기 때문이다. 몇 가지 사례를 들어 그 점을 예시한다.

3) 내가 제시하는 논제는 성 아우구스티누스와 베다 베네라빌리스에 의해 확증된다. 그 논제는 다음과 같다. 로마서 7장에서는 중생하여 은혜 아래 사는 사람에 대해 다루고 있는데, 그 사람이 마음으로는 원하면서도 실행하지 않는 선과, 원하지 않음에도 실행하는 악을 각각 실제적 선과 악으로 지칭하는 것으로 해석하는 견해는 은혜를 훼손하고 바른 도덕규범에 유해하다.

근래에 제시된 견해가 거룩한 은혜를 훼손한다는 것을 나는 다음과 같이 증명할 것이다. 은혜에 고유하게 속하는 것을 본성이나 자유의지에 전가함으로써, 즉 은혜로부터 속성을 그릇되게 탈취하고, 또한 정당한 것에 미치지 못하고 참으로 은혜에 귀속해야 할 것보다 미흡한 것을 은혜에 귀속함으로써 주류 견해는 은혜를 훼손한다. 이 같은 양태 중 마지막 항목에서 그에 대한 동시대의 견해는 은혜를 훼손한다. 왜냐하면 그것은 성경을 따라 마땅히 은혜에 귀속해야 할 것 대신에 그보다 미흡한 것을 은혜에 귀속하기 때문이다. 성경이 하나님의 은혜에 귀속하는 것을 보면 중생한 사람에게 작용하는 은혜의 역사는 의지뿐만 아니라 행위에도 미친다(빌 2:13). 즉 은혜의 능력은 우리로 하여금 우리의 옛사람을 십자가에 못 박고, 그리하여 죄의 몸을 멸절하거나 무력화함으로써 옛사람의 정욕에 복종할 필요가 없게 만든다. 따라서 은혜를 통해 중생한 사람은 죄에 대해 죽고, 새롭게 살리시는 생명 안으로 다시 살리심을 받았으므로 더 이상 그들은 죄를 섬기지 않고 하나님을 섬기며, 자기의 지체를 불의의 연장이 아닌 하나님을 위한 의의 연장이 되게 하며(롬 6:2~13), 성령의 유효적 능력을 통해 그들은 자기 몸의 행실을 죽일 수 있으며(롬 8:13), 그러므로 은혜는 중생한 사람에게 세상과 사탄과 육체에 대항할 수 있는 힘을 제공할 뿐만 아니라, 그것들을 극복하고 승리를 거둘 수 있는 능력을 주신다(엡 6:11~18, 약 4:4~8, 요일 4:4, 5:4 등).

그러나 현대의 주류 견해가 은혜에 귀속하는 것을 보면 그것이 중생한 사람에게 부여하지만 실천에 옮길 수 없는 정도의 효력을 가질 뿐으로, 그 힘이 너무 미약하여 옛사람을 십자가에 못 박고, 죄의 몸을 파멸시키며, 육체와 세상과 사탄을 이길 수 없다. 이 견해에 따르면 중생한 사람은 그 정욕으로 인해 죄에 복종하고, 육체의 욕망을 따른다. 그가 그렇게 하는 까닭은 양심의 저항과 의지의 주저함에도 불구하고 죄의 폭력에 의해 강요받기 때문이다. 그러한 해석과 확대 해석은 인간이 죄에게 굴복하는 복종의 양태를 변모시킬 뿐 복종 자체는 부인하지 않는다. 바로 그런 이유로 성 아우구스티누스는 이 장을 정욕에 초점을 두어 해석했다. 그가 그 장을 자범죄에 관한 것으로 해석할 경우, 은혜에 손상을 끼칠 수 있음을 깨달았기 때문이다.

따라서 나는 7장에 기술되어 있는 싸움과 관련하여 본문에 나오는 인물이 영의 소욕을 따라서가 아니라, 육체의 의지를 따라 행하는 것이 맞다면 과연 그리스도와 그의 영의 은혜에 대해 명백하게 모독과 불명예를 가하지는 않더라도 그 싸움이 내주하는 성령에게 귀속될 수 있을는지 확증하기 위해 그것을 빈틈없는 고찰의 주제로 삼고 수시로 숙고할 것을 바라는 바다. 바로 이것이 그 싸움의 결과로서, 7장을 실제적 선과 악에 관한 것으로 해석하는 사람들이 규정한 바다.

그 본문을 면밀하게 검토해 본다면 누구에게나 그러한 싸움이 엄청난 신성모독을 안겨 주는 일 없이 성령에게 귀속될 수 없다는 것이 확연하게 드러날 것이다. 그렇다면 그것은 과연 무엇인가? 그것은 '속사람의 법', 즉 마음속에 내주하시는 성령과 '지체의 법' 사이의 싸움, 목숨을 건 싸움으로 말해진다.

그리고 승리는 속사람의 법을 제치고 지체의 법에 돌아간다. 내주하는 성령이 헛되이 저항하면서 맞서 싸우는데도 불구하고 그 법이 그 사람을 사로잡아 죄의 법으로 끌고 오기 때문이다. 이 같은 상황에서 성령은 지체의 법, 즉 육체의 정욕과 그 안에 살고 있는 죄보다 훨씬 미약한 것으로 표상되지는 않는다. 이 사실을 부인하는 사람은 자기의 전성기의 찬란한 모습으로 보이기 위해 태양을 부인하는 것과도 같다. 왜냐하면 여기에는 그가 싸움에서 패배하여 자발적으로 무릎을 꿇거나 항복한다든지, 무기를 버린다든지 하는 것이 전혀 언급되어 있지 않기 때문인데, 그랬다면 우리는 그것이 성령 안에서 싸움을 시작한 그가 육체에게 정복당하는 원인이라고 주장해야 했을 것이다. 그러나 그러한 정황에 대한 언급은 여기에 전혀 없다. 그것은 '지체의 법'과 '속사람의 법'을 사용하는 주체들 사이의 싸움이 아니라, '속사람의 법'과 '지체의 법' 사이의 싸움이므로 그것에 속사람의 법이 무기를 던져 버릴 수는 없는 것이다. 이것은 실제로 참가하는 전투이지 가상 전투가 아니기 때문이다.

또한 마음의 법이 실제로 싸움에 패배하고 정복당하기도 전에 먼저 포기하는 일도 있을 수 없다. 마음의 법이 스스로 항복하는 일도 불가능한데, 이런 일은 싸우는 양 진영 사이에 결코 일어나지 않을 것이기 때문이다. '마음의 법'은 기꺼이 그리고 자발적으로 그 반란군 지체에게 항복하기 전에 필연적으로 목숨을 잃고, 그리하여 더 이상 존재하지 않게 될 것이다.

그러나 누군가 이렇게 응수할지도 모른다. "이것은 은유적인 종류의 담화 내지 담론이고, 따라서 의인화[74]를 통해 인간 주체와 그의 속성들이 마음의 법과 지체들의 법에 각각 전가되는 것이다. 그렇지만 엄밀하게, 그리고 어떤 비유나 수사도 사용하지 않고 말해서 이 사람은 자기 자신과 싸우고 있는 것이다. 즉 그는 중생한 사람으로서 마치 중생하지 않은 사람인 양 자기 자신과 싸우고 있다."

이에 대해 나는 이렇게 답변하겠다. 방금 묘사한 것 같은 방식으로 일이

..

74) 프로소포페이아(prosopopoeia). 화자 또는 작가가 다른 사람이나 사물인 양 말함으로써 청중과 소통하는 수사적 장치이다. 이 용어의 그리스어 어원을 살펴보면, 문자적으로 '얼굴' 또는 '뿌리'를 뜻하는 프로소폰(prósopon)과 '만들다' 또는 '시작술(詩作術)'을 뜻하는 포이에인(poiéin)이 합성된 낱말로, 의인화라고 번역되기도 한다.

전개될 수 없게 가로막는 것은 아무것도 없다. 중생한 사람은 실제로 은혜와 그리스도의 영의 권능과 힘으로 싸움에 임하는 것이기 때문이다. 그러므로 만일 그가 싸우다가 패배한다면 은혜와 그리스도의 영이 패배하는 것이고, 그것은 은혜와 그리스도의 영에게 가장 수치스러운 사건이 될 것이다. 그러나 만일 그가 저항을 멈추지 않은 상태에서 정복당한다면, 그리고 전투 중이 아니라 그가 무기를 버리거나 싸움에서 항복해 버린 뒤에 그런 일이 벌어지는 것이 아니라면 이것은 현재 탐구 중인 주제와 무관한 문제가 된다. 왜냐하면 사도 바울이 진술한 사례에서 그 사람은 실제 전투에서 포로가 된 것이지 교전 상태를 벗어난 후에 포로가 된 것이 아니기 때문이다.

본문에서 말하는 사로잡힘의 결과와 성취는 진정한 의미에서 교전 행위와 직접적으로 연결된다. 그러나 이 둘이 올바른 방식으로 서로 싸움을 벌이는 양측의 본성에 부합하게 서로 연결될 수 있으려면 '마음의 법', 즉 양심이 그 법의 공정성과 정의에 대해 확신을 갖고 '지체의 법'과 싸움을 벌이는 것으로 말할 수 있어야 한다. 왜냐하면 전자(마음의 법)는 한창 교전 중에 포로가 되었는데, 그것은 그 법이 힘이 너무 약하기 때문에 온갖 전략을 사용하고 있는 힘을 다해 싸움터에서 승리의 월계관을 쟁취하려고 애쓰지만, '지체의 법'이 가하는 충격, 즉 육체의 정욕과 죄의 소욕의 위세를 막아 낼 수 없기 때문이다.

그러나 엄연한 사실로서 밝혀야 할 것은 그런 견해가 바른 도덕규범에 적대적이고 유해하다는 것이다. "자기가 원하는 선을 실천할 수 없고, 도리어 자기가 원하지 않는 악을 행한다"라는 것이 중생한 사람의 속성이라고 단언하는 것만큼 바른 도덕에 해악을 끼칠 수 있는 어떤 것도 상상할 수 없기 때문이다.

이로부터 필연적으로 따라 나오는 것은, 그렇게 말하는 사람들은 죄를 짓는 동안 양심의 거리낌을 느끼고 의지의 강한 저항감을 느낀다고 말하면서 스스로 죄를 부추긴다는 사실이다. 그런 정황을 들어 그들은 자신을 중생한 사람이라고 결론을 내린다. 왜냐하면 자기가 원하지 않는 악을 행하고 원하는 선은 유기하고 행하지 않는 것은 바로 중생하지 않은 사람들의 속성이 아니기 때문이다. 그 반면에 중생하지 않은 사람들은 의지의 온전한 동의 아래 어떤 저항감이나 가책도 없이 선을 유기하고 악을 저지르는 사람들이다. 율법이 금지하는 어떤 종류의 불의를 행하지 말도록 스스로 경계하라고 내가 어떤 사람들에게 권면했을 때, 그들은 "자신들의 의지는 참으로 저항하지만 사도가 말했듯이 우리는 원하는 선을 행할 수 없다"라고 대답한다. "나는 그리스도 안에서 진실을 말하고 거짓말하지 않으며, 또한 나의 양심도 성령 안에서 나를 위해 증언해 줍니다"라는 대답을 나는 실제로 어떤 사람에게서 들었는데, 그가 그 말을 한 것은 죄를 짓고 난 후가 아니라, 죄 짓지 말라는 교훈을 이미 과거에 듣고 난 다음이었다. 나는 또 어떤 부인을 만난 적이 있는데, 그녀는 자기가 한 일이 하나님의 법과 그녀 자신의 양심에 어긋나는 것을 알고서도 어떤 행동을 한 것에 대해 교훈을 듣고 질책을 받은 후 아무렇지도 않게 이렇게 대답했다. "나는 의지가 주저하므로 온전한 동의를 얻지 못한 채 그 행동을 실행한 것인데, 그렇게 행하는 중에 나는 사도 바울이 '내가 원하지 않는 악을 나는 행합니다'라고 말할 때 느꼈을 것과 비슷한 감정을 느꼈다."

내가 로마서 7장을 이 책에서 옹호하는 것과 같은 의미로 설명했을 때, 남녀노소를 불문하고 사람들은 내게 다음과 같이 솔직하게 고백했다. "만일 내가 마음의 거리낌을 느끼면서 실제로 악한 일을 할 경우, 또는 양심이 도덕적 태만에 대해 질책하는데도 선한 일을 하지 않을 경우, 반드시 내가 그 일로 염려하거나 깊이 개탄해야 할 필요는 없다는 견해를 이미 오래전부터 늘 당연시했다. 왜냐하면 이 문제에 관한 한 나는 사도 바울과 비슷한 입장이기 때문이다." 그리하여 그 사람들은 내가 나의 해석을 통해 그들을 그릇된 견해로부터 구출해 냈다고 선언하면서 오히려 내게 진심 어린 감사의 말을 들려주었다.

그러나 이와 같이 단언하는 사람이 마치 나밖에 없는 것으로 생각하거나, 또한 어떤 증인이나 지지자도 없는 가운데 "로마서 7장을 실제적 선과 악에 관한 것으로 해석하는 견해가 바른 도덕규범과 경건에 유해하다"라고 섣불리 단언하지 않기 위해 이제부터 이 문제에 관해 고대 교부들이 어떻게 판단했는지 살펴볼 것이다.

아우구스티누스

"나는 내가 원하는 선한 일은 하지 않고, 도리어 원하지 않는 악한 일을 합니다"라고 사도 바울이 말한 것에 대해 논의하는 중에 이 고대 교부는 다음과 같이 진술한다. 사도 바울의 서신에서 방금 인용한 성경 말씀을 읽을 때마다 그것을 부정확하게 이해할 경우 그 말씀은 적당한 구실을 찾는 사람들에게 절호의 기회를 제공한다. 왜냐하면 그들은 자기 자신을 절제하기가 어려워서 결국 죄를 짓기 쉬운 사람들이기 때문이다. 따라서 그들이 사도가 "나는 내가 원하는 선한 일은 하지 않고 도리어 원하지 않는 악한 일을 합니다"라고 말하는 것을 듣게 될 때, 그들은 부담 없이 악을 행하고 만다. 그리고 마치 악한 일을 한 것에 대해 스스로 불쾌감을 느끼기라도 한 듯이 그들은 자신들이 "나는 내가 원하는 선한 일은 하지 않고, 도리어 원하지 않는 악한 일을 합니다"라고 말한 사도와 닮았다고 상정한다. 이 본문은 심심찮게 읽히기 때문에 현재 시점에서 그것이 우리에게 부과하는 책무는 사람들이 그 말씀을 그릇되게 받아들일 경우 건강한 먹을 것을 독으로 바꾸어 버릴 수 있다고 훈계하는 일이다.(『시간에 관하여』, 설교 43번부터 45번까지, 10권)

그러나 이 같은 싸움에 관해 기술하는 이 성경 본문을 읽을 때, 그것을 올바로 이해하지 못하는 사람들에게 그것이 아군의 나팔소리가 아니라 적군의 것처럼 들릴 수 있고, 그로 인해 우리가 흥분할 일이 아니라, 패전하고 마는 일이 벌어지지 않도록 형제들이여, 지금 한창 싸움 중에 있는 분들은 부디 주의를 모으고 담대하게 대항할 것을 간곡히 바라는 바다. 아직 싸움을 시작하지 않은 사람들은 내가 무슨 말을 하고 있는지 잘 이해되지 않을 것이다. 하지만 현재 한창 싸우고 있는 분들은 내가 말하고자 하는 뜻을 쉽게 알아들을 것이다. 내가 공개적으로 내놓고 말하는 동안 여러분은 침묵을 지키기 바란다.

첫째, 사도 바울이 갈라디아 교회에 보낸 편지에서 지금 우리가 다루는 이 구절이 잘 설명되어 있다는 것을 기억할 필요가 있다. 이미 세례를 받은 신자들에게 말할 때, 사도는 그들의 모든 죄가 거룩한 놋대야의 물로 깨끗해진 사람들에게 말하고 있음에도 그들이 여전히 싸우고 있는 중이라고 말한다. "여러분은 성령께서 인도하여 주시는 대로 살아가십시오. 그러면 육체의 욕망을 채우려 하지 않을 것입니다."(갈 5:16) 사도 바울은 그들에게 어떤 일을 하거나 행동하지 말라고 하지 않고 우리가 완수하거나 끝마치는 일이 없을 것이라고 말한 것이다.

그가 이렇게 말하는 것은 성경이 다음과 같이 말하기 때문이다. "육체의 욕망은 성령을 거스르고, 성령이 바라시는 것은 육체를 거스릅니다. 이 둘은 서로 적대관계에 있으므로 여러분은 자기가 원하는 일을 할 수 없게 됩니다. 그런데 여러분이 성령의 인도하심을 따라 살아가면 율법 아래에 있

는 것이 아닙니다."(갈 5:17~18)

'성령의 인도하심을 따른다'는 것은 과연 무엇인가? 명령하시는 하나님의 영에게 동의하고, 정욕을 품는 육체에 동의하지 않는 것이다. 대개의 경우 성령은 무엇인가를 욕구하고, 저항하며, 의지를 품으시지만, 여러분은 그것을 원하지 않는다. 그러므로 (육체가 원하는 것을) 원하지 않도록 힘껏 버티라. 그리하여 하나님을 향한 여러분의 욕망은 다음과 같이 표현된다. 여러분이 저항해야 할 어떤 정욕도 남아 있지 않게 될 것이라고. 내가 방금 말한 것에 대해 깊이 생각해 보라. 다시 말하건대 여러분이 맞서 싸워야만 하는 어떤 종류의 정욕도 남아 있지 않게 되기를 하나님께 간구하라. 여러분은 맞서 싸워야 하고, 결코 동의하지 않아야만 정복당하지 않을 것이기 때문이다. 하지만 싸워 이겨야 할 원수가 없는 편이 훨씬 낫다. 그 원수가 더 이상 모습을 감추게 될 날이 곧 올 것이다. 여러분의 마음을 나팔 소리에 맞추고 "죽음아, 너의 승리가 어디에 있느냐?"라고 외칠 수 있는지 보라. 여기서 "죽음아, 너의 독침이 어디에 있느냐?"라고 물을 수 없다. 여러분은 그것이 어디 있는지 찾으려 해도 찾지 못할 것이기 때문이다.(같은 책)

같은 책의 후속 본문 가운데 사도가 말한 것의 의미에 대해 더 명료하게 설명하는 곳에서 구실을 찾는 사람들에게 그의 말이 치명적일 것이라고 생각하지 않아야 한다. 아우구스티누스는 다음과 같이 말한다. 그러므로 사도 바울이 그가 원하는 것을 행하지 않은 것은 정욕을 품거나 세상적인 것에 탐닉하기를 원하지 않기 때문이다. 그러나 그는 욕망을 품는다. 그리하여 그는 자기가 원하지 않는 악을 행한다. 이 악한 욕망이 사도로 하여금 정욕에 굴복하여 음행하게 만들었는가? 결코 그렇지 않다. 여러분의 마음에 그런 생각이 일어나지 않도록 하라. 그는 그것에 맞서 싸웠고, 정복당하지 않았다. 그러나 그는 맞서 싸우는 편을 원하지 않았고, 오히려 스스로 원했기 때문에 그는 "원하지 않는 악한 일을 합니다"라고 말했던 것이다. 그는 정욕을 품거나 세상적인 욕망에 빠지기를 원하지 않지만 실제로는 정욕을 품게 된다. "그러므로 나는 도리어 내가 원하지 않는 악한 일을 합니다." 그러나 끝내 그는 정욕에 동의하지 않는다. 반대로 만일 사도가 육체의 육망을 채우려 했다면 그는 "육체의 욕망을 채우려 하지 않을 것입니다"라고 말할 수 없었을 것이다.

사도는 여러분을 위해 그가 임했던 싸움을 눈앞에 드러내 보이면서 여러분이 그런 욕망을 갖고 있는 사실에 대해 두려워하지 말라고 한다. 만일 복된 그 사도가 이런 말을 하지 않았다면 여러분이 동의할 수 없는 지체의 욕망이 요동하는 것을 느끼게 될 때, 여러분 내부에서 정욕의 움직임을 느끼는 것이 사실이므로 아마도 여러분은 스스로에 대해 실망감을 느끼며 '내가 하나님께 속한 사람이라면 이런 내적 교란을 겪지 않았을 것이다'라고 말했을 것이다. 그러나 이제 한창 싸우고 있는 사도를 보라. 그리고 여러분 자신에 대해 실망하지 말도록 하라. 사도는 "내 지체에는 다른 법이 있어서 내 마음의 법과 맞서서 싸우며"라고 말한다. 그는 자아 자체이며 그의 일부분이기도 한 자신의 지체와 싸움을 벌이기를 원하지 않기 때문에 "나는 내가 원하는 선한 일은 하지 않고", 그가 욕망을 느끼기 때문에 "도리어 원하지 않는 악한 일을 합니다." 그러므로 나의 악한 욕망에 동의하지 않음으로써 나는 악을 행하기 시작하지만 그것을 끝까지 완수하지는 않는다. 그리하여 나의 원수인 악한 욕망은 악을 자행하지만 그것을 완수하지 못한다.

그렇다면 어떤 방식으로 나는 선을 행하지만 완수하지 못할 수 있는가? 내가 악한 욕망에 동의하지 않을 때 나는 선을 행하고, 그럼에도 내가 최소한의 그 욕망에 대한 탐닉에서 벗어나지 못하는 한 나는 선을 완수하지 못한다. 그러므로 마찬가지로 어떤 방식으로 나의 원수는 악을 실행하되 완수하지 못할 수 있는가? 그는 악한 욕망을 가동시킴으로써 악을 실행하기 시작한다. 그러나 나로 하여금 악한 행위를 하게 만들지 못하기 때문에 그것은 악을 완수하지 못하게 된다.(같은 책)

베다 베네라빌리스

그렇지만 내가 개입하거나 실행하는 것은 정욕을 품는 것이지 그것에 동의한 것은 아니다. 사도에게서 실제 사례를 찾고자 하거나 그에게서 나쁜 사례를 얻고자 나서는 사람이 없기를 바란다. "나는 내가 원하는 선한 일은 하지 않고." 예컨대 율법이 "탐내지 말라"고 명한 것이다. 그리고 나는 나의 정욕에 동의하지 않고, 또 그것을 따라가지 않음에도 불구하고 내가 원하지 않는 정욕을 품는다.(「로마서 7장에 관하여」)

기존 해석을 옹호하는 반론에 대한 답변

증명되어야 할 논제는 다음과 같다.

1) 기존 해석에 대한 반론, 즉 로마서 7장의 논지로 해석할 수 있는 것은 "중생한 사람이 자신이 바라는 만큼 일관적이고 완전하게 선을 행하고 악을 절제하지 못할 수 있다"라는 것이다. 이에 대한 답변은 다음과 같다. 기존 해석은 본문에 배치되는데, 왜냐하면 로마서 7장은 그 안에서 다루고 있는 인물의 지속적 상태를 기술하기 때문이다.

2) 만일 사도 바울이 오늘날 일반적으로 수용되고 있는 논지를 전달하고자 했다면 그가 택한 담화 방식은 다른 본문에서 자신에 대해 기술할 때 흔히 사용했던 담화 스타일과 양태와 일치했어야만 한다. 과거에 언술된

바 있고, 여기에 삼단논증 형태로 환원된 논의를 토대로 오늘날 주도적인 견해를 반박하는 논증 제시.

3) 기본 해석을 옹호하는 또 다른 반론과 그것의 두 원소들. "중생한 사람이 죄를 지을 때, 그들은 양심의 거리낌을 느끼면서 그렇게 한다"라는 둘째 원소에 대한 답변. 죄와 싸우는 모든 내적 투쟁의 존재가 곧 그 사람이 중생했다는 징표는 아니다.

4) 또 다른 반론과 그에 대한 답변. 완전한 의지와 불완전한 의지에 대한 설명. 중생한 사람이 완전한 의지를 품을 경우, 그로 인해 평소보다 더 많은 선을 행하는 것도 아니고, 그들이 원하는 것보다 더 많은 악을 행하는 것도 아니다.

5) 우리 각자는 자기 자신에 대해, 그리고 의지의 모든 작용에 대해 철저하게 고찰할 필요가 있다.

오늘날 확립된 주류 견해를 옹호하고 앞에서 제시된 이중 오명을 씻어내기 위해 누군가 이렇게 말할 것이다. "(기존의) 이 해석은 거룩한 은혜를 조금도 훼손하지 않고, 선한 행동규범에도 전혀 해를 끼치지 않는다." 또 다른 누군가는 자기가 수용한 견해를 한층 격앙된 논조로 방어하면서 내게 중상모략 혐의를 씌울지도 모른다. "로마서 7장을 기존의 방식에 따라 해석하는 사람들이, 실제적 선을 수행하거나 악한 일을 스스로 금할 수 있는 기회를 중생한 사람에게서 완전히 빼앗는다거나 함으로써 중생의 은혜(역사)를 박탈하는 것이 아니라는 것은 주지의 사실이다. 그러나 그들이 인정하는 것은 거기까지다. 간혹 아니 실은 매우 빈번하게 그리스도의 영에 의해 중생한 사람들은 자기가 원하지 않는 악한 일을 하고, 그보다 더 흔하게는 그들이 원하는 선을 행하지 못한다."

그러나 지상에 사는 동안 우리의 의로움이 불완전할 수밖에 없다는 것을 인정하고, 성경에 묘사된 인물들 가운데 가장 거룩한 사례들에 대해 정확한 숙고를 거친 사람들은 그러한 주장 중 어느 것도 부정하지 않는다. 사실 이 같은 속임수는 로마서 7장에 대한 기존의 설명 방식을 올바로 방어할 수 없고, 변명거리도 되지 못한다는 것이 나의 답변이다. 왜냐하면 (속담에도 있듯이) 이 경우 꿈보다 해몽이 더 좋기 때문이다. 이 본문은 지금 논의되고 있는 사람에게 간헐적으로 일어날 수 있는 일에 대해 다루고 있는 것이 아니라, 그가 처한 지속적인 상태에 대해 기술한다. 이 점은 사용된 낱말들 자체와 채택된 담화 방식에 의해 뚜렷이 나타난다.

사도는 "나는 내가 원하는 선한 일은 하지 않고, 도리어 원하지 않는 악한 일을 합니다"(19절)라고 말한다. 이 말은 그가 때때로 자신이 원하는 선은 행하지 않는다거나 원하지 않는 악을 행하고, 또는 많은 경우에 자신이 미워하는 악을 스스로 금하고 원하는 선을 행하는 것처럼 특정한 의미로 이해될 수 있는 일반적인 언명이 어떤 구별이나 모순도 없이 표명되었다. 사도는 그가 범하는 혐오스러운 악에 관해, 그가 의도했으나 실행에 옮기지 못한 선에 관해 단순하고 불특정하게 예시하고 있을 뿐이다.

그러나 만일 이 불특정한 예시가 "그가 의도한 선을 부작위로 끝내기보다 실행에 옮긴 일이 더 많고, 그가 미워하는 악을 저지르기보다 피했던 일이 더 많다"라는 뜻으로 말한 것이라면 중생한 사람은 육체를 따라서가 아니라 영을 따라 행하므로 그러한 관점은 필연적으로 7장을 중생한 사람에 관한 것으로 설명하는 사람들이 수용할 것이 분명하다. 그럴 경우 사도는 자기가 뜻하는 바를 예시하는 방법을 잘 알지 못하는 것이 된다. 왜냐하면 불특정한 예시는 보편 예시에 맞먹는 힘을 갖거나 가능성 자체에 거의 근접하는 것이기 때문이다. 즉 불특정한 예시는 대상들 각각에게서 그리고 모든 경우에, 또는 대체로 거의 가장 탁월한 사례에서 발견할 수 있는 속성들을 예시한다. 따라서 크레타 사람들에 대해 그들이 영락없는 거짓말쟁이라고 말할 수 있는 것이다(딛 1:12). 그리고 아테네인들은 가볍고 변덕스러우며, "무엇이나 새로운 것을 말하고 듣는 것"을 좋아하고, 카르타고 사람들은 믿을 만한 사람이 못 된다고 말할 수 있다. 따라서 성경은 유대인들이 대다수의 불신자들 때문에 버림을 받았고―"하나님께서는 미리 아신 자기 백성을 버리지 않으셨습니다."(롬 11:2)―이방인들이 그들을 대신해 용납되었다고 말한다. 모든 민족에게 복음을 전하기 위해 사도들에게 권세가 부여되었고 명령이 내려졌다. 그리하여 이방인들 대다수가 벌써 오래전에 그리스도를 영접했고, 앞으로도 돌아올 것이다.

로마서 7장에서 사도는 완전하고 모든 면에서 완벽하게 선을 실천하고 악을 피하는 모범 사례에 대해 말한 것이 아니라, 단지 선의 실행과 악의 불이행에 관해 각각 기술한 것이다. 어떤 사람이 중생자라면 그가 악을 행하기는 해도 완전한 정도로 행하지 않을 것이며, 그렇지 않을 경우 그는 오히려 완전하고 충분한 의지를 가지고 악을 행할 것이다. 그러나 이 점에 대해서는 아래에서 더 상세히 길게 논의할 것이다.

그러나 만일 사도 바울이 7장에서 기존 해석자들이 그에게 전가하는 의미를 전달하려 했다면 그는 자기 자신에 대해 정확히 기술하기 위해 다음과 같은 방식으로 말했어야 한다. "우리는 율법이 신령하다는 것과, 우리에게 모든 면에서 완전하게, 도중에 끊기거나 중단하는 일 없이 순종할 것을 요구한다는 것을 압니다. 그러나 나는 아직 육체를 완전히 정복하지 못했고, 그 정도로 완벽하게 죄를 지배하지 못했으며, 율법이 요구하는 완전하고 중단 없는 순종을 행할 수 있을 만큼 육체의 욕망을 분쇄하거나 제압하지 못했습니다. 그래서 때때로 나는 내가 원하지 않는 악을 행하고, 원하는 선을 건너뛰고는 합니다. 사실을 말하면 나는 완전한 정도로, 선을 행하려는 내 의지에 가득 넘치는 열의를 담아서 선을 실천한 적이 없고, 악한 일도 내가 바라는 만큼 완전하게 절제한 적도 없습니다. 두 경우에서 모두 선한 일을 하고 악한 일을 절제하고 있는 중에도 나는 육체 속에서 갈등하면서 저항하는 욕망을 느낍니다. 만일 내가 그 싸움에서 승리한다면, 즉 내가 성령이 바라시는 것을 행하고, 육체가 원하는 것을 금할 수 있다면 그것으로 나는 훌륭한 성공을 거둔 것으로 생각합니다."

이와 같은 선언은 기존 해석자들이 사도 바울에게 전가하는 의미에 잘 부합하고, 참으로 그 의미에 대한 지표이자 해석으로 볼 수 있다. 그러나 사도가 자기 자신에 대해 말하는 다른 여러 성경 본문을 통해 우리가 알 수 있는 것은 만일 그가 실제로 자신에 대해 말했다면 다음과 같은 식으로 말해야 했다는 것이다. "나는 양심에 거리끼는 것이 없습니다. 그러나 이런 일로 내가 의롭게 된 것은 아닙니다. 나를 심판하시는 분은 주님이십니다."(고전 4:4) "그러므로 나는 목표 없이 달리듯이 달리기를 하는 것이 아닙니다. 나는 허공을 치듯이 권투를 하는 것이 아닙니다. 나는 내 몸을 쳐서 굴복시킵니다. 그것은 내가 남에게 복음을 전하고 나서 도리어 나 스스로는 버림을 받는 가련한 신세가 되지 않으려는 것입니다."(고전 9:26, 27) "내가 그리스도를 본받는 사람인 것과 같이 여러분은 나를 본받는 사람이 되십시오."(고전 11:1) "우리는 보이는 것을 바라보는 것이 아니라, 보이지 않는 것을 바라봅니다. 보이는 것은 잠깐이지만, 보이지 않는 것은 영원하기 때문입니다."(고후 4:18) "아무도 우리가 섬기는 이 일에 흠을 잡지 못하게 하려고 우리는 무슨 일에서나 아무에게도 거리낌거리를 주지 않습니다. 우리는 무슨 일에서나 하나님의 일꾼답게 처신합니다. 우리는 많이 참으면서."(고후 6:3~10) "나는 율법과의 관계에서는 율법으로 말미암아 죽어 버렸습니다. 그것은 내가 하나님과의 관계 안에서 살려고 하는 것입니다. 나는 그리스도와 함께 십자가에 못 박혔습니다. 이제 살고 있는 것은 내가 아닙니다. 그리스도께서 내 안에서 살고 계십니다. 내가 지금 육신 안에서 살고 있는 삶은 나를 사랑하셔서 나를 위하여 자기 몸을 내어 주신 하나님의 아들을 믿는 믿음 안에서 살아가는 것입니다."(갈 2:19, 20) "그런데 내게는 우리 주 예수 그리스도의 십자가밖에는 자랑할 것이 아무것도 없습니다. 그리스도로 말미암아 내 쪽에서 보면 세상이 죽었고, 세상 쪽에서 보면 내가 죽었습니다."(갈 6:14)

이와 비슷한 취지의 다른 구절은 얼마든지 인용할 수 있다. 그러므로 이 주류 해석은 7장 본문에 부합하지 않으므로 나의 견해가 비판적으로 제기한 두 가지 죄목(거룩한 은혜를 훼손하고, 선한 행동 규범에 유해하다는 것)으로부터 용서받을 수 없다. 따라서 나는 동일한 비판 노선을 따르면서 다음과 같이 단언한다. 즉 "일반적으로 그는 자기가 원하지 않는 악을 행하고, 거의 언제나 자신이 원하는 선을 간과하고는 한다"라는 경향성을 중생한 사람에게 전가하는 견해는 중생케 하시는 은혜를 훼손하고 선한 행동 규범에 유해하다. 그러나 로마서 7장을 중생한 사람에 관한 것으로 설명하는 주류 견해는 그러한 면모를 중생한 사람에게 귀속시킨다. 그러므로 이 견해는 중생을 주시는 은혜를 훼손하고 바른 행동 규범에 유해하다. 대명제가 비추는 빛은 충분히 밝기 때문에 별도의 증명이나 예시가 필요하지 않다. 소명제는 본문 안에 들어 있다. 이미 입증했듯이 사도가 여기서 다루고 있는 사람에게는 그가 거의 언제나 악을 행하고 선한 일을 도외시하는 경향성이 전가된다. 따라서 그 결론은 마땅히 도출된다.

사실 나는 내 견해와 반대되는 기존 견해에 어떤 중상모략도 더하지 않았다고 말할 수 있다. 그리하여 내 손에 펜을 쥐어 주는 행위를 하기 전에 먼저 나는 하나님 앞에서 (이 주제에 대한 논의에서) 어떤 비방도 하지 않을 것을 서약했음을 굳이 언급할 필요가 없다. 그러므로 제기된 반론은 거짓으로 판명되었지만, 그 경우 나는 적대감이 아니라 무지를 통해 나를 구출해 줄 수 있었을 것이다.

그러나 이 시점에서 확립된 기존 테제를 포기하지 않고 집요하게 고수하기를 원하는 누군가는 이렇게 응수할 것이다. "사도가 이 사람에게 전가하고 있는 그런 요소들을 설명하는 이 방식에 부족함이 있다고 인정해 보자. 또한 다른 사람들이 내놓은 그 해석이 본문에 일치하지 않는다고 인정하기로 하자. 그러나 마땅히 형평성 있게 오직 전체적으로 바라보면서 어느 한 부분도 다른 것과 떼어 놓지 않는다면 이 견해로 인해 선한 행위 규범이 해를 입는다거나 은혜를 훼손하는 일은 없을 것이다. 이 점을 받아들인다면 우리의 해석이 로마서 7장에 부적합할 수 있다고 해도 그것은 성경의 나머지 부분들과 믿음의 정도에는 부합할 것이다."

내가 지나치게 경직된 것으로 보이지 않도록 나는 이 반론의 전반부를 기꺼이 수용하겠다. 후반부에 관해서는 좀 더 검토할 필요가 있다. 이 장을 오직 정욕의 행위와 운동과 연관되는 것으로 해석하는 아우구스티누스의 견해는 비록 그가 이 본문을 중생한 사람에 관한 것으로 설명하지만 그의 견해가 은혜를 손상한다거나 선한 행위 규범에 해를 끼치지 않는다고 나는 확신한다. 그러나 로마서 7장에서 사도 바울이 중생한 사람에 대해 논의하고 있다는 사실이 일단 청중이나 독자들의 마음에 각인되고 설득력을 갖게 되면 그 사람에게 전가된 모든 속성들을, 그 본문에 대한 올바른 이해와 상이한 다른 방식으로 귀속하지 못하도록, 즉 그 본문과 사도의 의도에 부합하지 않는 해석을 그들이 수용하는 것을 막을 도리가 없다. 그리하여 그 본문이 죄와 율법 아래 있는 사람에 관한 것으로 설명될 때, 특히 그 해석이 설득력을 발휘할 경우, 그리고 육체의 욕망이 그 비슷한 충동을 야기할 경우 그 해석이 수용되지 못하게 막기는 어렵다.

이미 내가 언급했듯이 이런 일은 실제로 많은 사람들에게 일어났고, "전체를 한꺼번에" 고찰할 경우에도 그 견해 자체에 책임이 없다고 볼 수 없다. 왜냐하면 그 견해는 "중생한 사람도 때때로 죄를 짓는다. 그들은 이 세상에 사는 동안 완벽하게 선한 일을 행하고 악한 일을 금하지 못한다"라고 선언하는 데 그치지 않기 때문이다. 여기에 다음의 것이 덧붙는다. "의지의 완전한 동의를 얻지 못한 채 죄를 짓고, 죄를 짓는 동안에 죄를 짓지 않으려는 의지를 갖는 것이 중생한 자의 속성이다. 왜냐하면 중생하지 못한 사람은 의지의 완전한 동의를 얻어, 그리고 의지 편에서 어떤 거리낌도 없이 죄를 짓기 때문이다."

로마서 7장으로부터 자기 자신을 위한 어떤 구실을 얻기를 바라고, 죄에 가담하는 동안 죄 짓는 행위에 대해 의지로부터 어떤 저항이나 양심의 가책을 느끼는 사람들은 전술한 언명으로부터 그들이 의지의 완전한 동의를 얻지 않은 채 죄를 짓고 있으며, 따라서 그런 상태에서 죄를 짓는 사실 자체가 자신들이 중생한 징표라고 결론 내린다. 바로 이 같은 결론이 은혜를 훼손하고 선한 행위 규범에 유독한 영향을 미치는 것이다.

그 결론이 은혜를 훼손하는 이유는 그것이 중생한 사람이나 중생하지 않은, 즉 율법 아래 있는 사람 모두에게 공통된 것을 중생의 징표로 규정하기 때문이다. 그 결론이 바른 도덕에 유해할 수밖에 없는 것은 이 같은 견해를 가진 사람은 죄를 피할 수도 없고, 죄를 범함으로써 그것에 책임 있는 당사자로서 깊은 슬픔을 느끼는 일도 없을 것인데, 그 행위의 양태에 의해 그는 여전히 자신을 중생자로 간주하기 때문이다.

그러나 이제 이 이중 범죄의 책임을 추궁함으로써 그들의 견해를 파기하고자 하는 나의 시도가 과연 성경의 다른 본문과 믿음의 정도(程度)[75]에 일치하는지 여부를 고찰해 보기로 하자. 중생자가 이 죽을 수밖에 없는 몸 안에서 살아가는 동안 그들이 선한 것을 완벽하게 실천한다거나 악한 것을 완전히 피할 수 없다는 것은 부정할 수 없는 엄연한 사실임을 나는 인정한다. 그러나 내가 여기에 덧붙여 말하고 싶은 것은 이 지상에서 사는 동안 그들은 결코 선한 것을 완벽하게 욕구하거나 악한 것을 완벽하게 미워하는 일이 없다는 사실이다. 마찬가지로 나는 중생한 사람들 가운데 가장 훌륭한 사람조차도 많은 점에서 실수를 하고, 때로는 악한 일을 하고 선한 일을 불이행함으로써 죄를 짓기도 한다는 것을 인정한다. 왜냐하면 중생한 사람이 항상 중생의 원칙에 입각해서 행동하는 것은 아니기 때문이다. 그러나 나는 그들이 죄를 지을 때, 마음과 양심의 갈등을 겪으면서 자기가 원하지 않는 죄를 짓는다는 주장은 거부한다. 속사람과 육체 사이에 싸움과 갈등이 계속되는 동안 육체가 그들에게 부추기는 악한 일을 피하고, 그것이 방해하는 선한 일에 대한 의지를 갖기 위해 그들이 아무리 애쓴다고 해도 그 싸움이 끝나고 속사람이나 양심이 패배하여 의지가 육체에 동의하지 않는 한—물론 그 동의도 찌르는 것 같은 양심의 가책

..

75) '아날로기아 피데이(analogia fidei, analogy of faith)'는 본디 수학 용어로 '비례(proportion)'를 뜻하지만 철학자들이 이를 차용하여 부분적으로 일치하고 부분적으로 다른, 상이한 개념들 간의 관계를 지시하는 데 사용했다. 그 대표적인 예인 '아날로기아 엔티스(analogia entis)'라는 철학 용어는 아날로기아 피데이와 혼동되어서는 안 된다. 성경에 쓰인 용례는 로마서 12장 6절에서 볼 수 있다. "하나님께서 우리에게 주신 은혜를 따라 우리는 저마다 다른 신령한 선물을 가지고 있습니다. 가령 그것이 예언이면 믿음의 정도(analogy of faith)에 맞게 예언할 것이요." 여기서 사도 바울은 믿음의 수준이나 주어진 과제의 경중을 고려하면서 예언의 은사를 사용할 것을 권고한다. 예언 같은 성령의 은사라고 할지라도 그리스도의 한 몸에 적합한 통일된 믿음을 벗어나지 않는 범위 내에서 행사되어야 한다는 것이다.

이 동반되지 않는 것은 아니지만—그들이 목표로 삼은 그 행동을 실제로 실행하는 것이 아니기 때문이다.

따라서 나는 속사람의 이 같은 반대로부터 그 사람이 이런 식으로 죄를 짓게 되는 중생한 사람이라는 결론이 도출될 수 있다는 것을 부정한다. 왜냐하면 우리가 앞에서 보여 주었듯이 마음과 양심의 거리낌을 느끼며 죄를 짓는 것은 중생하지 않은 사람들에게서 많이 관찰되는 현상이기 때문이다. 그뿐만 아니라 우리가 앞에서 제시한 바 있듯이 죄를 짓기 직전에 나타나는 저항감은 중생하고 성령이 내주하는 사람들에게서가 아니라, 율법의 의와 공정성에 대해 확신을 가진 속사람에게서 발원한다. 성령이 완전히 떠나시거나 너무 큰 슬픔에 잠기시어 죄를 막으려는 운동이나 행동을 전혀 하지 않으시는 경우에도 양심의 삶은 계속되고, 그 생애와 행위와 작용은 여전히 남아 있기 때문이다.

식물 상태에 처한 사람의 정신도 생명 기능의 처음부터 마지막까지 수행하는 반면, 정신이상자와 광신도의 경우 정신의 이성적 측면이 그 작용을 멈추며, 혼수상태에 빠진 사람의 경우 감각적 정신의 모든 행위가 정지된다는 것은 잘 알려진 사실이다. 나는 이 같은 경험적 관찰이 면밀하게 고찰되기를 바란다. 그러한 고찰은 사람으로 하여금 자기 자신에 관해 진지하고 견실한 검토 과정을 시작하게 만들 수 있고, 그럼으로써 중생 상태에 대해 정확한 지식을 얻을 수 있으며, 나아가 그 상태와 율법 없는 상태, 그리고 중요하게는 그 상태와 율법 아래 있는 상태의 차이를 지멸있게 구별할 수 있게 해 줄 개연성이 대단히 크기 때문이다.

그러나 이 시점에서 누군가 일어나 자기의 견해를 해명하거나 옹호할 목적으로 이렇게 말할 수 있다. "중생한 사람들이 그들이 실제로 이행하는 것보다 더 많은 선을 욕구하고, 또 그들이 원하는 것보다 더 많은 악을 저지른다는 사실을 부인할 수 없다.”

이에 대해 나는 그 발언은 올바르게 이해될 경우에만 인정될 수 있다고 답변한다. 그 주장은 상당한 정도로 애매성을 담지한 채 진술되었기 때문이다. ‘이것을 욕구하는 동시에 욕구하지 않는 것’은 (토마스 아퀴나스의 용어법을 따라서) 완전하거나 불완전한 의욕과 비의욕으로 이해될 수 있고, 의미의 차이가 발생할 수 있다.

특정한 대상에 관해 형성된 이성의 최종 판단이 내리는 명령이나 인도에 따라 그 대상을 인정하거나 부인하는 가운데 특별히 고찰되는 특수한 대상에 대해 갖는 의지를 나는 ‘완전한 의지(complete will)’라고 부른다. 특정한 대상에 관해 형성된 이성의 최종 판단에 속하지 않는 명령이나 인도에 따라 그 대상을 인정하거나 부인하는 가운데 동일한 대상을 일반적 관점에서 고찰함으로써 발생하는 의지를 나는 ‘불완전한 의지(incomplete will)’라고 명명한다. 둘 가운데 전자는 참으로 완전하고, 확정적으로 단순히 의욕(volition)과 비의욕(nolition)으로 불러도 무방하다. 그러나 후자는 불완전한 것으로서, 욕구나 바람으로 표현될 수 있고, 사실 의지라기보다 충동적 발상 같은 것이라고 불러야 마땅하다.

이 점을 전제로 삼고서 본인이 자초한 잘못도 없이 필연성이나 어떤 더 큰 막강한 힘에 의해, 아니면 “그가 원하는 것보다 훨씬 더 큰 악을 실제로 행한 것”이 아닌 한 “중생한 사람이 실제로 행하는 것보다 더 많은 선을 완전한 의지 수준에서 욕구한다”라는 주장에 진리성이 담겨 있는 것으로 인정할 수 없다. 왜냐하면 중생한 사람은 어떤 식의 강제에 의해 행동하지 않기 때문이다. 배가 난파되는 것을 막기 위해 무거운 면화 꾸러미를 바다에 던지는 상인은 자기 이성의 최종 판단을 따름으로써 기꺼이 그런 일을 단행하는 것인데, 그것은 면화 꾸러미와 함께 자신이 죽는 것보다 면화 상품을 버리는 것이 더 낫기 때문이다. 따라서 완전한(나는 그것을 '빈틈없이 가득 찬' 것이라고 부르지 않겠다) 의욕을 가지고 다윗은 밧세바와 간통 행위를 하려는 뜻을 품었다. 베드로는 자발적이고 완전한 의욕을 가지고 그리스도를 부인했다.

그러나 이런 행위를 불완전한 의지의 관점에서 파악해야 한다면 나는 "중생한 사람들이 실제로 그들이 행하는 것보다 더 많은 선을 행하려 하고, 그들이 실제로 간과하는 것보다 더 많은 악을 간과하려는 의지를 갖는다"라고 말할 수 있다고 인정하겠다. 그러나 이것은 중생한 사람의 전일한 속성이 아니다. 사실 그 속성은 율법 아래 있는 사람들도 모두 가지고 있는 것으로서, 율법은 모든 직능을 그들에게 배분하고(같은 목적을 위해 성령도 율법을 사용하신다), 율법이 산출하는 것이 가능하거나 통상적인 모든 결과를 그들에게서 산출하기 때문이다. 중생한 사람이거나 율법 아래 있는 사람들은 모두 그들 속에 존속하면서 그들을 지배하는 어떤 막강한 힘과 효력 같은 것이 그들 안에 존재하지 않기를 간절히 바란다. 그리고 그들은 모두 육적인 욕망과 죄의 유혹을 통해 악한 행위에 말려들거나 강제되는 일이 없기를 바랄 것이다. 그뿐만 아니라 그들은 자신들이 정욕을 품거나 육적 욕망에 탐닉하지 않기를 원하기도 한다. 그러나 그들 안에 존재하거나, 그들 속에 살면서 그들을 지배하는 죄에게 유혹을 받아 이끌리는 악한 행위는 그러한 죄의 시험에 의해 획득된 의지의 동의가 개입하지 않는 한 그들이 실제로 행동에 옮기는 일은 없다. 왜냐하면 욕심은 그것이 잉태하지 않는 한 죄를 낳을 수 없기 때문이다. 그러나 그것은 의지의 동의를 통해, 예컨대 전 남편의 아이를 잉태할 수 있다. 하지만 어느 쪽으로도 기울지 않은 채 의지가 미결정 상태로 남아 있는 한—저울을 내려 누르는 무게가 추가되어 반대 방향으로 추를 이동시키기 전까지 위나 아래 어느 쪽으로도 움직이는 일이 없는, 공정한 저울 혹은 정확한 눈금에서 볼 수 있듯이—어떤 행위도 산출되지 않는다. 모든 운동은 하나의 토대에 기대거나 온전히 그것에 좌우된다. 따라서 의지는 그것이 유혹에 굴복할 때를 제외하고 죄의 진영으로 돌진하는 일은 없다.

누구든지 자기 내면을 들여다보며 의지의 모든 움직임을 정확히 관찰하기만 한다면 이상의 진술은 대단히 명확히 인식되고, 경험 자체에 의해 충분히 확증될 수 있는 것이다. 그러나 우리 대부분은 이 의무를 저버리기 십상이다. 아무도 스스로 자청하려 하지 않을, 마음의 슬픔이나 아픔 없이 (그것을 유발하지 않고서는) 그 의무를 수행할 수 없기 때문이다. 그러나 그렇게 말한다고 해서 우리가 어떤 슬픔이나 후회를 느끼지도 못하기 전에 행위들의 의로움과 불의함에 대해 일반적인 가르침을 잘 받은 사람으로부터 죄가 의지의 동의를 받아 낼 개연성이 높다는 말은 아니다. 그러므로 중생한 사람과 중생하지 못한 사람 간의 차이는 그들이 모두 죄를 짓는 상황에서 특별히 유의미하게 거론될 필요는 없다. 그런 특정 행위에서 그들은 똑같이 죄의 유혹에 굴복할 수 있고, 부패한 본성의 동일한 원리에 따라 그들 모두가 죄를 지을 수 있으며, 두 경우 모두 죄가 자행되는 시점에서 내부의 저항감, 즉 속사람과 양심 편에서 그 행위의 정의 또는 부정의에 대해 참소를 받을 때 느끼는 가책을 똑같이 경험하기 때문이다. 만일 영이 그러한 저항 세력 자체라면 죄는 문제의 해당 행위를 실행에 옮길 수 없을 것이다.

"그렇다면 죄를 짓는 상황에서 중생한 사람이나 중생하지 못한 사람이나 아무 차이가 없다는 말인가?" 나는 그것을 부정할 생각은 없지만 그 차이는 성경의 명백한 본문으로부터 자연히 떠오르게 될 것이라고 확실히 말해 둔다. 그렇지 않을 경우 다른 종류의 판단 규칙을 따르는 사람은 스스로 속임으로써 자기에게 큰 위험을 자초하게 될 것이다.

결론: 로마서 7장에 대한 세 가지 해석에 대한 개별 검토와 비교

아우구스티누스가 받아들이는 두 견해 중 나중 것으로서 로마서 7장을 은혜 아래 있는 사람에 관한 것으로 해석하는 첫째 해석은 다음과 같은 여러 난점을 가지고 있다. 1) '육적(carnal)'이라는 낱말의 뜻과 '죄 아래 팔린'이라는 어구의 뜻을 그릇되게 제시하는 것. 2) 사도 바울이 언급하는 악을 실제로 그가 행한 것처럼, 그리고 선을 언급할 때도 사도가 실제로 간과한 것처럼 설명하는 것. 3) '내면에 살고 있는 죄'에 대한 해석. 4) '속사람의 법'에 대한 설명. 5) 죄의 법 아래서 종살이하는 사람에 대한 설명. 6) 기원(祈願) 감탄사에 대해 왜곡된 의미를 부여하는 것. 7) 중생한 사람에게 이중의 예속을 부과하는 것과, '속사람(the mind)'을 '영(the spirit)'으로 해석하는 것.

우리 동료 신학자들의 견해이며, 로마서 7장을 은혜 아래 있는 사람에 관한 것으로 설명하는 둘째 해석은 첫째 해석과 공통된 난점을 가지고 있을 뿐만 아니라, 그것 자체로도 특유한 문제를 안고 있다. 1) 본문에서 언급되는 이 사람이 처한 지속적 상태에 항구적으로 속하는 것을 그에게 간헐적으로 일어날 뿐인 것처럼 기술하는 것. 2) '선한 것을 실행하는 것'에 대해 피상적으로 설명하는 것. 3) 중생한 사람이 원하지 않는 죄를 짓는 것으로 단언하는 것. 4) 중생한 사람에 관해 모순적인 속성들을 전가하는 것. 5) 성경에서 단순히 귀속하는 것을 중생한 사람에 관한 제한 조건처럼 전가하는 것.

(아르미니우스의 견해일 뿐만 아니라, 성 아우구스티누스의 첫째 견해이기도 하

며, 로마서 7장에서 언급되는 사람이 율법 아래 있는 것으로 파악하는 셋째 해석은 명약관화한 것으로서, 사도 서신의 어법이나 성경의 다른 본문과도 상충하는 점이 없다. 이 사실은 당면한 상황에서도, 즉 이 사람이 "율법 아래" 있는 동시에 "죄의 지배 아래" 있는 정황에서도 명백하게 밝혀진다. 본 논고는 같은 목회자 형제들에게 아르미니우스가 바치는 연설문으로 마무리된다. 여기서 저자는 만일 그가 조금이라도 오류를 범한 것이 있다면 형제의 우애로서 그들이 자신에게 유익한 권면을 제시해 주기를, 그러나 만일 그가 여기서 집필한 것이 성경 전체와 사도 바울이 의도한 뜻에 잘 부합한다면 그들이 진리에 동의해 줄 것을 이루 말할 수 없이 간곡하게 요청하고 있다.)

그러면 이제 로마서 7장에 대한 이 같은 세 가지 해석을 간략하게 비교해 보기로 하자. 첫째 해석은 성 아우구스티누스가 작고하기 얼마 전에 제시한 것이다. 둘째 해석은 그가 생전에 일찍이 가르쳤던 것으로, 나의 해석과 초기 교회의 많은 박사들의 견해와 일치하며, 내가 이미 밝힌 바 있듯이, 심지어 오늘날 우리 신학자들 중에서도 지지자들이 있다. 셋째 해석은 특정 주제에 관해 아우구스티누스에게 동의하는 사람들의 해석으로서—그들은 로마서 7장이 중생한 사람에 관해 설명하고 있다는 점에서 그에게 동의하지만, 다른 특수한 주제에 대해서는 그에게 반대한다—즉 그들은 선과 악을 정욕의 행위와 연관되는 것이 아니라, 실제적 선과 실제적 악과 연관되는 것으로 해석한다.

성 아우구스티누스가 로마서 7장을 중생한 사람과 은혜 아래 있는 사람과 관련된 것으로 해석했을 수 있다는 사실은(아마도 그는 그런 해석이 펠라기우스주의자들과의 논쟁에서 자신에게 도움을 줄 것이라고 생각했을 것이다) 그가 사도의 어법을 따라 어색하게 본문을 재구성하고, 사도가 표명했음이 분명한 의미나 의도와 상충되도록 많은 것을 해석하지 않을 수 없었기 때문으로 보인다.

그는 '육적인 사람(carnal man)'을 아직 육체로 인해 영적이 되지 못한, 그리고 여전히 내적으로 육신적인 정욕을 느끼는, 썩을 수밖에 없는 육체의 짐을 지고 있는 사람으로 해석했다. 그러나 사람들의 유형을 나누는 이 두 가지 기술 중 처음 것은 사도 바울이 여기서 다루고 있는 것이 아니다. 그러므로 그러한 해석은 사도의 본문이 목적하는 바와 크게 동떨어진 것이다. 따라서 나는 성경에서 중생한 사람들이 내면에 육체의 욕망을 여전히 가지고 있다는 이유로 '육정에 매인' 존재로 부르는 것을 보여 주는 구절을 단 하나라도 제시할 것을 아우구스티누스에게 요청하고 싶다.

'그들이 영에 의해 육체의 행실을 죽이고' 육신적 욕망에 따르지 않고 오직 영을 따라 살기 때문에 성경에서 그들을 영적인 사람이라고 부르는 것이 사실이고, 참으로 중생한 사람으로서 그들이 여전히 그 욕망을 느낀다는 것을 이유로 육적인 사람이라고 부를 수는 없다. 죄에 속하는 욕망이 그들에게 현전한다는 것 때문에 그들이 '영적으로 완전하지 못한 사람'이라고 불릴 수는 있겠지만, 이미 죄의 지배는 그들에게서 제거되었으므로 결코 그들을 육적인 사람으로 부를 수는 없다.

같은 취지에서 아우구스티누스는 죄 아래 팔린 사람이 가진 또 다른 속성을 왜곡하지 않을 수 없었는데, 죄 아래 팔린 사람이 양심으로부터 아무런 저항도 없이 스스로 죄를 짓든지, 또는 속사람이 반대하고 자기 자신도 원하지 않는데도 부득이 죄를 짓든지 간에 '죄 아래 팔린'이라는 어구는 '죄의 포로가 되어 죄를 섬기는 자'를 지시한다는 것이다. 우리에게 허락되지 않는 일 한 가지는 사소한 불필요한 구별을 고안해 내어 성경에서 쓰이지 않는, 사람들에게 좀체 전가하지 않는 특정 용어를 사람들에게 적용하는 일이다.

그 결과 아우구스티누스는 사도 바울이 자기가 행한 것으로 말하는 악에 대해 문자 그대로 욕심을 품거나 정욕에 빠지는 것으로, 그리고 사도가 자기가 불이행한 것으로 말하는 선에 대해서도 문자 그대로 욕심을 전혀 품지 않는 것으로 해석한다. 이것은 그 용어들을 가장 부조리하고 왜곡된 방식으로 적용한 사례다!

첫째, '행하다'를 뜻하는 카테르가제스다이,[76] 프라세인,[77] 포이에인[78]은 '정욕을 품다'를 뜻하는 '콘큐피스코'[79]와 똑같은 의미를 가질 수 없기 때문이다. 적어도 내가 아는 한 성경의 어느 곳에서도 '욕심을 품다(to lust)'를 이 세 가지 낱말들 중 어느 것으로도 설명하는 예를 찾을 수 없다. 아우구스티누스 자신도 죄를 정의할 때 그 낱말들을 구별하면서 "죄란 하나님의 법에 거슬려 말하거나 행하는 것, 욕심을 품거나 욕구하는 모든 것을 의미한다"라고 말한 바 있다. 부처는 그가 쓴 『로마서 7장 주해』에서 다음과 같이 말했다. "어떤 사람들은 '욕심을 품다(to lust)'를 수용하면서 이 세 가지 동사 모두가 '~하다(to do)'로 해석하지만, 그것은 사도 바울의 담화 방식과 다르다. 사도는 '욕심을 품다'를 정욕의 충동에 의해 율법의 명령을 거역하고, 율법의 선함을 인정하는 속사람이 동의하는 가운데 실제로 실행에 옮긴 행위 자체로 이해한다. '정욕을 품다' 또는 '욕구하다'를 뜻하는 콘큐피티오(concupitio)는 실제로 강한 욕망에 탐닉하는, 속사람에게서 발생하는 정욕, 즉 내적 행위다. 그러나 '~하다'를

..

76) κατεργάζεσθαι. 로마서 7장에서 바울이 이 동사를 사용할 때 의도한 것은 어떤 일을 끝까지 완수하는 것이다

77) πράσσειν. 일의 내용과 무관하게 이 낱말의 중립적 의미는 실행 또는 실천이다.

78) ποιεῖν. 물질적 또는 비물질적 재료를 사용하여 새로운 것을 만들거나 제작하는 것을 뜻하는 동사 원형으로, 이것으로부터 창작 활동을 의미하는 '포이에시스'가 파생했다.

79) κονκοπίσκο. 매우 강한 욕망을 품거나 갈구하는 것을 뜻한다.

뜻하는 앞의 세 동사는 7장에서 말하는 정욕을 품는 내적 행위를 지시하는 것이 아니라, 엄밀히 말해 정욕이나 욕망의 대상인 구체적인 행위를 실행에 옮기는 외적 행위를 지시한다."(369면)

둘째, "죄는 문제의 악을 행동으로 옮기는 것과, 악을 실행함으로써 사람 자체를 죽이는 것"이다. 그러나 죄는 정욕을 통해 사람을 죽이지 않는다. 그렇기 때문에 사도 야고보는 "욕심이 잉태하면 죄를 낳고, 죄가 자라면 죽음을 낳습니다"(약1:15)라고 말한다. 그 반대로 욕심은 실제적인 죄(자범죄)를 통해 사람을 죽인다. 동일한 요지는 로마서 7장 5절에서 사도 자신이 선포한 바 있다. "이전에 우리가 육신을 따라 살 때에는 율법으로 말미암아 일어나는 죄의 욕정이 우리 몸의 지체 안에서 작용해서 죽음에 이르는 열매를 맺었습니다." 지금 나는 율법의 엄격함을 따라 말하는 것이 아니라, 예수 그리스도 안에 있는 복음의 은혜를 따라 말하고 있다.

셋째, 악과 선 중에서 사도가 자기가 행하고 있다고 말하는 악과 자기가 이행하지 않는다고 말하는 선은 서로 완전히 상반되는 것이다. 그러므로 대개의 경우 악은 부정적인 함의의 금지법(prohibitive law)에 의해 부과되는 반면, 선은 대체로 긍정적인 함의의 교훈적 율법(preceptive law)에 의해 부과된다. 죄는 이행을 금지하는 명령을 어기는 것과, 불이행을 명령하는 법을 어기고 실행에 옮기는 것을 가리킨다. 금지하는 법이 준수되는 경우 악이 불이행되었다고 말할 수 있는 반면, 교훈적인 법이 준수되는 경우 선이 이행되었다고 말할 수 있다. 그렇다면 욕심을 품는 것과 욕심을 품지 않는 것은 서로 대립하는 것이 아니다. 욕심을 품는 것은 금지 명령에 의해 금지되지만, 욕심을 품지 않는 것은 교훈법에 의해 명령된 것이 아니기 때문이다. 둘 중 어느 것도 율법에 의해 명령될 수 없는데, 욕심을 품지 않는 것은 어떤 행위의 부정 또는 불이행으로 구성되는 반면, 불이행에 의해 교훈법을 위반하는 죄가 성립되기 때문이다. 반면에 정욕을 품지 않는 불이행에 의해 적극적이거나 교훈적인 어떤 법에 대한 위반도 발생하지 않지만 그로 인해 금지법을 이행하는 결과가 발생한다. 그리고 욕심을 품지 않는 것 자체로 구성되는 순종 행위는 선을 이행하는 것이 아니라, 악을 불이행하는 것이다.

우리는 이 같은 (아우구스티누스의 해석에 내재하는) 부조리를 지적하기 위해 사도 바울이 말한 것을 다음과 같이 전도해 보겠다. "나는 내가 원하는 선을 이행한다", 즉 나는 정욕을 품지 않는다. "나는 원하지 않는 악을 이행하지 않는다", 즉 나는 정욕을 품지 않는다. 왜냐하면 나는 정욕을 품지 않기를 원하기 때문이다. 즉 나는 정욕을 품는 일을 원하지 않기 때문에 정욕을 품지 않는다. 그러므로 이 경우 하나의 동일한 행위가 선의 이행인 동시에 악의 불이행이 된다. 그 결과 완전한 부조리가 발생한다. 그리고 악한 행위의 불이행을 선한 행위의 이행으로 부르는 것, 이것 역시 부조리한 결과다!

아우구스티누스여, 평상시 당신의 예리함은 어디로 갔는가? 이런 표현을 쓰는 것을 부디 용서하기 바란다. 훌륭한 철학자가 항상 철학자로 사는 것은 아니며, 우리의 위대한 호메로스도 때로는 고개를 끄덕일 것이다.

넷째, "나는 정욕을 품는 것을 원한다"와 "나는 정욕을 품지 않기를 원한다"라고 말하는 것은 비논리적인 언술 양태다. 왜냐하면 실제로 정욕을 품는 일은 의욕(volition)이나 비의욕(nolition)에 선행하고, 따라서 정욕을 품는 행위는 의지의 선택이나 결정과 무관하기 때문이다. 진부할 정도로 참된 말이지만 학자들이 스스로 고백하듯이 "최초의 운동은 그것이 의지의 행위에 의한 것이 아닌 한 우리의 능력 안에 있지 않다." 그러나 우리는 "나는 정욕을 품지 않을 수 있기를 바란다", 즉 "나는 정욕의 충동으로부터 자유롭게 되기를 원한다"라고 말할 수 있다. 이 말은 우리의 바람을 표현한 것일 뿐 우리가 어떤 행위의 이행이나 불이행을 지향하거나 기피하려고 하는 말이 아니라, 우리에게 악한 행위를 강제하고 선한 행위를 하지 못하게 방해하는 악으로부터 해방되기 위해 다른 사람에게 필요한 행위를 간절히 요청하는 것이다. 즉 우리는 좋은 행위를 시인하고 나쁜 행위를 부인하는 것뿐이다.

18절에서 사도 바울이 "내 안에서 선한 것을 찾을 수 없다"라고 말한 것을 해석할 때, 아우구스티누스는 그것을 "선한 일을 완수하려는 것"으로 해석하지 않을 수 없었던 것으로 보이는데, 그가 집필한 책에서 "나는 선한 것을 완전하게 이행할 수 없다"라고 풀어 쓴 것에서 분명히 나타난다. 그러므로 아우구스티누스의 이 해석은 부조리하고, 왜곡되었으며, 저자의 견해와 의도와도 모순된다. 그렇게 판단해야 하는 이유는 다음과 같다.

첫째, '카테르가제스다이'는 '완수하는 것', 즉 '어떤 일을 완전하게 마무리짓는 것'을 의미하는 것이 아니라, 단순히 '작동시키다, 수행하다, 영향을 미치다, 행하다'는 뜻을 가지고 있다. 이 낱말의 가장 흔한 용례는 '어떤 일을 완전하게 수행하는 것'이 아니라, '어떤 결과를 낳는 것'이다. 이 점에 대한 나의 관찰은 텍스트 자체에서 분명하게 확인된다. 15절의 상반절에 동일한 그리스어 낱말이 사용된 것을 볼 때, 사도는 "내가 하는 일을 나는 인정하지 않는다"라고 말한 것이다. 그러나 그가 인정하지 않는 것은 '완수하기까지' 이행하고 있지 않는 점이 아니기 때문이다. 그 낱말은 20절 하반절에도 사용되었다. "내가 해서는 안 되는 것을 하면 그것을 하는 것은 내가 아니라, 내 속에 자리잡고 있는 죄입니다." 그러나 그 죄는 이 사람에게서 악이 완전하게 실행된 것을 지시하는 것이 아니다. 특히 그가 중생한 사람일 경우 그렇게 말해야 한다고 아우구스티누스는 가정한다. 우리가 본 논고의 4장에서 이미 인용했던 구절에서 확연히 볼 수 있듯이 아우구스티누스는 이것과 반대되는 진술을 명시적으로 보여 준다.

둘째, 로마서 7장에서 일관성 없이 그때그때 사용된 이 동사의 유의어인 프라세인과 포이에인은 같은 뜻을 가진 것으로 밝혀진다. 왜냐하면 사도는 그가 원하지 않는 악을 행한다고 말하면서도(15, 16, 19절) 악을 끝까지 완수하는 것은 아니기 때문이다. 이 점은 그가 '내가 원하지 않는 것'이라고 첨언한 것에 명백하게 나타난다. 그러므로 사도는 그의 의지로부터 완전한 동의를 얻어 악을 행하는 것이 아니다. 아우구스티누스가 그 본문을 중생한 사람에 관한 것으로 간주하면서 그 사람이 의지의 완전한 동의 아래 행하고 있는 것이 아니라는 것, 즉 악을 완전하게 성취하는 것이 아니라고 설명할 때, 그는 그 점을 충분히 인지하고 있음을 알 수 있다.

셋째, 사도가 말하는 "그가 원하지만 실행에 옮기지 않는 선한 일"은 아우구스티누스에 따르면 이 경우 정욕을 품지 않는 것이다. 그러나 사도가 이 '선'을 어떻게 이행할 수 있는가는 그 의지를 품는 것으로 충분하고, 그 의지를 완결 지을 필요는 없다. 따라서—아우구스티누스의 논증을 따르는 사람들에 의해—정욕을 품는 일이 이중적으로 불이행되어야 한다. 그 불이행 중 하나는 '행하다' 동사로부터 파생되는 불완전한 불이행이고, 다른 하나는 '완수하다' 동사에서 파생되는 '완성'의 불이행이 될 것이다. 아우구스티누스의 의미를 따른다면 이 구절(19절)에서 사도는 "나는 정욕을 품지 않기를 원하고, 이 선을 참으로 나는 이행하고 있지만 그것을 완수하는 것은 아니다"라고 말한다. 이 언술로부터 내가 지적했던 부조리성이 가장 명백하게 드러난다.

넷째, 이 사람의 의지력에 그가 가진 능력과 힘 또는 영향력의 수준을 훨씬 능가하는 선이 전가되고 있다. 따라서 그의 능력과 영향력으로부터 선의 완전한 실천이 탈취될 수 있을 뿐만 아니라, 불완전한 실천도 탈취될 수 있게 된다. 즉 이 사람에 대해 그가 선을 완수하는 것뿐만 아니라, 선을 실행에 옮기는 것까지도 부정된다. 그러므로 이 구절은 완전함, 즉 선의 완전한 이행을 의미하는 것으로 이해되어서는 안 된다.

아우구스티누스는 "내 속에 머물거나 살고 있는 죄"를 "내 속에 현전하는 죄"로 해석하고, 그것과 "사람을 통치하고 지배권을 행사하는 죄"를 구별해야만 했던 반면, 실제로 '내 속에 사는'이라는 어구는 우리가 적절한 시점에서 이미 지적했듯이 내면에 거주하는 존재의 지배와 완전한 최고 통치권을 지시한다. 그러나 본문이 여실히 보여 주는 것은 죄가 사람에게 영향력을 행사하고 있다는 것이다. 왜냐하면 그가 원하지 않는 죄를 짓게 만들고, 그를 죄의 권세 아래 있는 포로로 만들기 때문이다.

아우구스티누스는 '속사람의 법'을 '영의 법'으로 해석하지 않을 수 없었는데, 그럼으로써 '속사람의 법'에 속하는 속성과 '영의 법'에 귀속되는 속성 사이에 엄청난 모순을 야기하고 말았다. 로마서 7장 23절에서 '속사람의 법'은 '지체의 법'에 의해 싸움에서 패배하는 것으로 말해진다. 이 일로 인해 그 사람은 '그의 지체에 있는 죄의 법의 포로가 된다.' 그리고 로마서 8장 2절에서 '영의 법'은 그 사람을 '죄와 죽음의 법에서 해방했다'고 말해진다. 즉 영의 법은 싸움에서 '지체의 법'보다 훨씬 막강하고 우월하며, 그리하여 지체의 법이 패배하고 정복될 때 '영의 법'은 그 사람을 이제까지 '지체의 법'에 의해 강제로 속박했던 종살이에서 해방시킨다.

아우구스티누스는 '죄의 법에 나를 포로로 만드는 것'을 왜곡하여 그것에 우리 모두를 부패하게 만들고 죄와 사탄의 포로로 만들었던, 아담이 초래한 우리의 원초적 상태라는 의미를 부여하지 않을 수 없었다. 그러나 이 구절에서 사도 바울은 그런 종류의 포로 상태가 아닌 다른 것에 대해 말한다. 즉 우리가 아담으로부터 감염된 '지체의 법'이 '속사람의 법'에 맞서 싸움을 벌이고, 패배함으로써 사람이 자기 자신의 행위에 의해 스스로 죄의 법에 포로가 되는 것을 말한다. 우리는 아담으로부터 원초적으로 포로 상태에 처하게 되었지만, 우리 자신의 행위에 의해 스스로 후자의 포로 상태에 놓이기 때문이다. 사도 바울의 담론에서 우리의 원초적 상태를 지시할 경우에도 중생한 사람은 죄를 용서받고 그리스도의 은혜의 영을 수여받았기 때문에 그들은 더 이상 죄 아래 있는 포로가 될 수 없다. 그 연료가 완전히 제거된 것은 아니지만 죄가 우리를 호령하고 자기에게 예속시키는 힘은 중생의 권능에 의해 죄에게서 박탈된 것이다.

아우구스티누스는 24절의 기원적 감탄사의 용법을 왜곡하여 사도가 여기서 다루고 있는 것과 다른 욕구에 적용하지만 그것은 25절에 표현된 감사 기도와 일치하지 않는다. 왜냐하면 이 구절에서 사도 바울은 그가 '죽음의 몸'으로 부르는, 죄의 지배로부터 해방되기를 바라는 갈망에 대해 말하고 있는 반면, 아우구스티누스는 (그가 채택한 해석의 도식에 의해) 사도가 이 죽을 수밖에 없는 몸으로부터 해방되기를 바라는 것으로, 그리고 그런 사건이 발생할 때 사도가 동시에 죄의 정욕으로부터 해방되기를 바라는 것으로 설명하기 때문이다. 그러나 사도의 감사 기도는 (이 경우) 바라는 것이 실현되기 전에 표현된, 가장 시기에 맞지 않는 기원 감탄사처럼 보이는데, 아우구스티누스의 해석에 따르면 이 구절에서 바로 그러한 바람이 표출된 것이다.

끝으로 아우구스티누스는 중생한 사람에게 이중의 예속 상태—하나는 하나님을 섬기는 종으로서, 다른 하나는 죄를 섬기는 종으로서—를 배정해야만 했다. 그러나 이것은 그리스도의 명시적 선언인 "아무도 두 주인을 섬기지 못한다"(마 6:24)와 모순된다.

"다른 측면에서, 그리고 상이한 부분들을 따라서 사람은 하나님을 섬기고 또한 죄를 섬긴다고 말할 수 있다"라는 반론이 제기될 수 있다. 그러나 이 언술은 비판의 표적을 비껴가기 어렵다. 첫째, 성경은 중생한 사람에 관해 말할 때 좀체 그런 구별을 내리지 않기 때문이다. 그렇지 않을 경우 부디 반대되는 구절을 제시하기 바란다. 둘째, 육체조차 욕심에 의해 영이나 속사람에 맞서 싸움을 벌일 수 있다면 이 같은 반항과 싸움만으로도 사람이 '자기의 지체로' 죄나 죄의 법을 섬기지 못한다고 말할 수 없기 때문이다. 아우구스티누스에게 그 둘은 사실상 같은 것을 뜻한다. 마찬가지로 본 논고의 1장에서 이미 설명했듯이 아우구스티누스는 성경의 용례와 어법에 어긋나게도 '속사람(the mind)'을 중생한 사람의 변화된 부분을 지시하는 것으로 간주한다. 내가 보기에 이 같은 사례는 아우구스티누스의 나중의 견해를 거부해야 할, 그리고 그가 기면 상태로부터 깨어나 맑은 정신의 아우구스티누스로 돌아오기를 호소해야 할 가장 정당한 이유로 생각된다. 만일 그가 방금 우리가 제시한 논증을 고찰할 기회를 가졌다면 특히 7장 전체에 대한 설명 방식이 매우 적절하고 합당하기 때문에 펠라기우스주의자들이 자신들의 교의를 증명하기 위해 무엇에 대해서든지 싸움을 걸어오는 일 자체가 불가능하다는 것을 깨달았다면 자기의 둘째 견해를 철회했을 것은 의심의 여지가 없다.

　우리의 동료 신학자들도 우리가 아우구스티누스의 견해를 비판하며 지적했던 오류 중 일부에서 다음과 같은 방식으로 걸려 넘어지고는 한다. 그들은 '육정에 매인'과 '죄 아래 팔린'이라는 어구를 사도 바울이 수용할 수 있는 의미와 매우 상이한 방식으로 해석하려고 애쓴다. 그들은 '사람 속에 사는 죄'를 '내면에 존재하는 죄'로 부르고, 그럼으로써 그것을 '통치하는 죄'와 구별한다. 이 신학자들은 '속사람의 법'이 '영의 법'을 가리킨다고 주장하고, 또 (사도 바울의) 기원적 감탄사를 왜곡된 방식으로 설명한다. 끝으로 그들은 중생한 사람에게 이중적 예속을 전가한다. 이 같은 오류 외에도 그들은 그들의 해석에 특유한, 그러나 사도 바울이 7장에서 채택한 의미에 일치하지도 않고, 성경 전체의 구도에서 맞지 않는 다른 오류도 범한다. 그렇게 말할 수 있는 이유는 다음과 같다.

첫째, 사도 바울의 의미를 따르면 논의되고 있는 사람의 지속적인 상태에 속하는 것을 마치 그것이 간헐적으로만 그 사람에게 일어나는 일인 양 "나는 내가 원하는 선한 일은 하지 않고, 도리어 원하지 않는 악한 일을 합니다"(19절)라고 말하는 사도의 언술에 뚜렷이 나타나 있는 어법에 모순되는 방식으로 해석하려 한다. 사실 이 어법은 우리가 이미 아주 분명하게 밝혔듯이 누구든지 때때로 악을 범하고 또 선을 행하기도 한다는 것을 표현하기 위해 사용된 것이 아니다.

둘째, 우리의 동료 신학자들은 "나는 내가 원하는 선한 일은 하지 않고"를 "나는 선을 내가 마땅히 해야 하는 완전한 수준으로 행하지 못한다" 또는 "나는 내가 원하는 만큼 충분히 많은 선을 행하지 못한다"라는 뜻으로 해석해야만 하는 압박 아래 있는데, 앞에서 살펴보았듯이 이 설명 중 어느 것도 사도가 의도한 의미에 부합하지 않는다.

셋째, 그들은 외연을 넓혀서 일반적인 주장을 한다. 즉 중생한 사람들도 실제로 죄를 짓기는 하지만 죄를 행동에 옮길 때 그들은 죄를 지으려는 욕구 없이 강압에 의해 움직인다는 것인데, 그것은 성경의 전체 구조에 부합하지 않고, 또 의욕이 존재하지 않을 경우 죄는 발생하지 않는다는 실제적인 죄의 본성 자체에도 어긋난다.

넷째, 이 신학자들은 논의되고 있는 사람에 관해 모순적인 것을 말하지 않을 수 없다. 왜냐하면 그들은 그 사람 속에 존재하는 죄로부터 그에 대한 장악력을 탈취하고, 오히려 죄에게 거주 또는 내주를 전가하고, 그리하여 그 사람으로 하여금 자기 의지에 반하여 악을 자행하게 하고, 그를 죄의 법 아래 포로가 되게 만드는 막강한 힘과 영향력을 죄에게 귀속하기 때문이다. 실제로 그러한 특성은 죄가 통치하고 지배권을 행사하는, 전혀 의심할 바 없는 증거에 해당한다.

다섯째, 중생한 사람에게 기꺼이 선을 행하고자 하는 의욕, 하나님의 법을 즐거워함, 그리고 이와 비슷한 종류의 특질을 전가하는 성경의 많은 구절에서 보듯이 이 신학자들은 그런 본문을 매우 제한적인 부사구인 '속사람을 따라'에 의해 해석하려 하지만, 그 반면에 성경의 다른 부분에서 그러한 속성은 오직 중생한 사람에게 귀속될 뿐인데, 그들은 그 특성을 넘칠 정도로 가지고 있기 때문이다. 그러나 이 시점에서 우리가 앞에서 이미 기술했고 이 견해에 대한 비판적인 증명을 제시한 바 있으므로 이 모든 것을 반복해서 말할 필요는 없을 것이다.

그러나 내가 설명해야 할 견해는 명약관화하기 때문에 사도 바울의 어법에 무엇을 더한다거나, 성경의 다른 본문과 갈등을 야기할 필요가 전혀 없다. 두 가지 사항, 즉 현재의 탐구 대상인 사람이 죄의 지배 아래 있고, 또한 율법 아래에 있다는 것, 즉 그가 율법이 전적으로 그 직권을 행사하고 있는 대상자라는 것을 주목한다면 누구든지 그 사실을 한눈에 간파하게 될 것이다.

그 사람은 죄의 지배 아래 있으므로 그에 대해 정확하고 어떤 곡해도 없이 다음과 같이 단언할 수 있다. "그는 죄 아래 팔렸고, 자기가 원하지 않는 일을 이행하지만, 자기가 원하는 일을 이행하지 않으며, 죄가 그의 속에 살고 있고, 그의 지체 안에는 어떤 선한 것도 찾을 수 없다. 그는 선한 것을 실행에 옮기려는 목표를 세울 수 없다. 그는 선한 일을 행하지 않고 악한 일을 행한다. 그의 속에는 악이 현전하고, 그의 지체의 법은 속사람의 법에 맞서 싸움을 벌이고 승리를 거두며, 그의 지체 안에 내재하는 죄의 법 아래 포로로 잡아 온다. 그리하여 그렇게 사로잡혀 예속된 채 그는 이 죽음의 몸에 의해(즉 죄의 몸에 의해) 인질로 잡혀 있고, 그의 지체는 죄의 법을 섬겨야 한다."

그러나 그는 또한 율법 아래 있는 것으로 말해지기 때문에 다음의 기술도 그에게 정확하고 어떤 곡해도 없이 적용된다. "그는 자기가 행하는 것을 허용할 수 없고(즉 그것은 그가 인정하지 않는 것이다), 오히려 그가 행하지 않는 것을 원한다. 그리고 그는 자기가 행하는 것을 원하지 않고, 하나님의 율법이 선하다는 것에 동의한다. 따라서 악을 행하는 것은 더 이상 그 자신이라 할 수 없다. 그의 속사람은 선한 것을 가지고 있다. 그러나 그는 자기가 원하는 선을 행하지 않고, 원하지 않는 악을 행한다. 그는 자기의 속사람을 따라 하나님의 법을 즐거워한다. 그의 속사람의 법은 그의 지체의 법에 맞서 싸움을 벌인다. 그는 해방되기를 갈구해 마지않고, 속사람으로는 하나님의 법을 섬긴다."

부조리한 기술이다. 서로 긴밀하게 연결되어 있는 두 가지 종류의 속성은 사도 바울의 문맥에서 율법 아래 있는 동시에 죄의 지배 아래 있는 사람을 제외하고는 다른 어떤 사람에게도 귀속될 수 없다. 이 두 관계는 동일한 한 사람에게 동시에 속할 수 없는 것이므로 율법 아래 있는 사람은 필연적으로 죄의 지배를 받지 않으면 안 된다. 즉 그 율법은 너무 미약하기 때문에 죄인을 죄의 전횡으로부터 풀어 주고 해방시킬 수 없는 것이다. 바로 이것이 로마서 7장 전체를 통틀어 사도 바울이 다루면서 율법 아래 있는 사람의 인격을 빌려 그 점을 가장 탁월한 방식으로 제시하는 주제다. 즉 그 사람에게서 율법은 그 직능의 일부를 성취할 뿐만 아니라, (그것만으로는 사도가 기획한 목적에 기여하지 못하므로) 그에게서 자기의 모든 직능과 법령을 집행했기 때문이다. 그것은 사도 바울이 논구하고 있는 취지의 필연성이 요구하는 것이기도 하다. '율법이 미약하다는 사실'은 대개의 경우 율법에 의해 산출되는 모든 것을 자기 내면에 소유하고 있지 않은 사람의 모범을 통해 가르칠 수 없기 때문이다. 유대인들은 다른 어떤 사람들이 율법의 능력과 효력을 통해 여전히 완전함을 향해 진보해 왔다는 사실에 늘 반대했다고 볼 수 있기 때문이다. 다른 것은 물론이고 이런 관찰도 면밀하게 고찰해 본다면 현재 논의 중인 로마서 7장을 율법 아래 있는 사람에 관한 것으로 이해해야 한다고 설득하는 데 크게 도움이 될 것이다.

만일 이 같은 관점을 우리 주석가들이 기꺼이 받아들이게 된다면 그들이 성경의 이 부분에 대해 설명할 때 틀림없이 그 본문을 이 같은 방식으로 해석할 것이라고 나는 스스로 설득해 본다. 그 주석가들의 경건과 학식은 대단히 고매하기 때문에 나는 그들과 관련하여 이 방법 외에 다른 어떤 설득도 생각할 수 없기 때문이다. 반면에 일반적으로 수용되는 것과 다른 방식으로 성경 본문을 설명할 경우 오류나 이단에 빠질 수 있다는 두려움은 그런 공포심의 영향 아래 있는 사람들로 하여금 그런 본문을 더욱 면밀하게 조사하거나 그것이 믿음의 정도에 적합하고 조화를 이루며 설명될 수 있는지, 심지어 이단 교리에 우호적이라고 말해지는 방식에 의해서도 그럴 수 있는지를 고찰하려는 엄두를 내지 못하게 만든다.

마찬가지로 내가 제시한 이 해석이 로마서 7장에서 기술된 사람에 대해 성경이 규정하고 있는 방식이라고 주장한 상이한 방식에 대해 한 번도 생각해 본 적이 없는 많은 사람들에 의해 거부되는 것도 바로 그 때문이라고 생각된다. 만일 그들이 심혈을 기울여 이 점을 확인해 보려 했다면 그 측면 모두가 율법 아래 있는 사람에게 가장 적합한 것으로 설명된다는 점을 발견했을 것이 확실하다.

내가 첨언하고 싶은 것은 자연적 인간, 육정에 매인 사람, 겉사람, 옛사람, 관능적 인간, 땅에 속한 사람, 세상에 속한 사람, 영적인 사람, 하늘에 속한 사람, 속사람, 새사람, 조명된 사람, 중생한 사람 등 이 이름들과 형용사가 정확히 무엇을 의미하는지, 그리고 그들이 서로 어떻게 구별되는지를 충분할 만큼 꼼꼼히 고찰하지 않을 뿐만 아니라, 해 보려는 열의도 나타내지 않는 사람들이 많다는 것을 경험을 통해 알게 되었다는 점이다. 그들은 영의 행위와 활동에 대해, 즉 언제 율법을 사용하고, 언제 복음을 사용하시는지, 언제 자신을 위한 집이나 거주지를 준비하고, 언제 실제로 자기 성전의 거주자가 되시는지, 빛의 조명, 중생케 하심, 인 치심, 인간을 그리스도께로 인도하고 그들을 그리스도와 연합하게 하심, 그들에게 그리스도의 선물들을 전달하심, 그의 역사하심, 동력자로 일하심, 격려하심, 도우심, 협력하심, 확증하거나 강화하심, 선한 습관을 고취하고 선한 행위를 생산하심 등을 정확하고 적절한 방식으로 구별하려는 노력을 전혀 기울이지 않는다.

내가 보기에 이 모든 것은 누구든지 이런 측면에 대해 전혀 고려하지 않은 채 사도 바울이 로마서 7장에서 다루고 있는 주제를 진지하고 견실하게 설명하려 한다면 그 사람의 행동은 돌과 석회도 없이 웅장하고 찬란한 건물을 지으려고 마음먹은 사람처럼 보인다고 말할 수밖에 없다.

성실하고 정직한 마음으로 나는 이 모든 진술이 충실하게 읽히고, 인지되며, 판단을 거쳐, 인정되거나 부인되기를 바라면서 나에게서 마땅히 영예와 존경을 받기에 부족함이 없는, 경건하고 견식 높은 분들에게, 그리고 그리스도의 명망 높은 종들에게, 그리스도 안에서 한 형제가 된 사랑하는 형제들과 주의 사역에 동참하는 동료 일꾼들에게 제시하는 바다. 그리고 우리 모두의 구세주이신 분의 이름으로 그분들에게 내가 간곡히 요청하는 것 단 한 가지는, 만일 앞에 제출한 논고에서 믿음의 정도에 배치되거나 사도 바울의 의도나 목적에 위배되는 것을 조금이라도 내가 썼다는 것을 발견하게 된다면 부디 형제를 대하는 방식으로 그것에 관해 나를 깨우치고 가르침을 주었으면 하는 것이다. 만일 그들이 그런 것을 찾아낸다면 나는 그분들의 권면과 깨우침과 가르침에 주의를 기울이며 끈기 있게 경청할 뿐만 아니라, 그분들에게 온전히 복종할 것을 하나님 앞에서 서약하는 바다. 마찬가지로 나는 이번 사례에서 기술하는 중에 미처 생각하지 못하고 빠뜨린 것이 있다면 (우리 모두가 모르는 부분이 있게 마련이므로) 나는 그것을 실제로 쓰지 않고 또 말하지 않은 것으로 간주한다. 그러나 형제들이 그런 것조차 성경의 다른 부분과 조화를 이루고 사도 바울의 의도에 부합하는 것으로 인식한다면 나는 그것들이 진리의 기둥이며 토대인 그리스도의 교회 안에서 진리를 향한 하나의 좌표로서 용납해 줄 것을 형제들에게 간청한다. 조사와 토의가 진행되는 과정에서 그리스도의 교회 안에서 어떠한 소란이나 언쟁, 불화 또는 큰 악을 위한 기회가 발생하지 않을지 두려워할 이유가 전혀 없다고 나는 확신한다.

이 주제를 함께 논의해야 할 사람은 단적으로 필요하고 근본적인 교리와 동등한 필연성을 갖지 않고 다만 어떤 기초 위에 세워진 상부구조의 부분에 해당하는 교리를 구별하는 방법을 부분적으로 알고 있고, 진리의 필연성 다음으로 모든 일을 교회의 평안을 위해 양보해야 한다고 생각하며, "다른 사람들의 믿음에 대해 주도권을 행사하려" 하지 않는 한 자신과 다른 견해를 가진 사람들을 그리스도의 사랑으로 관용하고, 대중 앞에서 자기의 권리를 주장하거나 상호적인 토의를 위해 서로에게 정직하게 고백한 다른 사람들의 권리를 옹호한다는 명목으로 쓸데없이 관여하려 하지 않고, 오히려 그들의 고백을 신실하게 지킬 줄 알고, 옛 격언에도 있듯이—"하루는 다른 날의 제자다. 훗날 우리의 성찰은 앞의 날들보다 더 지혜롭고 더 정확하다. 우리는 날마다 성장하며 많은 것을 배워 간다"—9년이라는 오랜 시간 동안 그것을 마음속으로 되새길 줄 아는 지혜를 가진 사람이다.

끝으로 그 형제들은 오류가 있을 수 있으나 이단자일 수 없는, 그리고 이단에 빠지지 않으려는 확고한 의지를 가진 사람과 우리의 주제에 대해 토의해야 할 것이다. 같은 믿음과 같은 신앙에 속한 신학자들 사이에 규정된, 서로에게 우호적이고, 형제의 우애로 대하며, 투명하게 진행되는 이 회의는 더 깊이 있는 진리 탐구를 위해, 진리를 찾았을 때 그것을 견고하게 지키기 위해, 그리고 적들에 맞서 그것을 담대히 방어하기 위해 그리스도의 교회에게 유익할 뿐만 아니라 필요한 것이기도 하다.

이 같은 우호적인 회의를 통해 승리를 쟁취하거나, 이전에 다루고 채택했던 어떤 주제를 방어하려는 욕구가 팽배하지만 않는다면 기필코 우리는 진리를 발견하게 될 것이다. 그러나 서로 격렬하고, 신랄하며, 무분별하게 기소를 남발하면서 격론을 벌이는, 그다지 그리스도교적 회의답지 못하고 상이한 신앙적 원칙을 추종하고 옹호하는 사람들에 의해 소란스럽게 느껴지는 다른 공의회의 경우, 일반적으로 "입씨름을 하다 보면 진리를 잃어버린다"라는 세속 격언으로 요약되는 결과가 나온다. 격론을 벌이는 방법 자체와 상황으로부터 진리와 사랑과 평화의 정신은 뒷전에 둔 채 처음부터 모든 문제를 한꺼번에 착수하고, 그 뒤에 소추하는 식의 전개가 저절로 나타나기 일쑤다. 그 필연적인 결과로서 그리스도의 교회에게 가장 개탄스러운 슬픈 대재난으로 이어진다.

그러므로 (가시적인) 교회가 이 세상에 남아 있는 한, 그리고 그 안에 미성숙하고 불안정하며 사악한 사람들을 품고 있는 한 새로운 방법을 따라 새롭게 단장한 옛 이단 교리와 날마다 새롭게 나타나 더욱 번성하는 참신한 이단에 맞서 오직 견고한 논증의 힘과 무게에 의거함으로써 결코 고갈되지 않는 지혜의 샘인 성경으로부터 진리를 더 탐색해 볼 필요가 없다거나, 성경의 기초 위에 상부구조로서 세워진 교리에 대해 연구하고 조사하는 일을 면제할 수 있다거나, 그리스도의 교의를 확증하고 옹호해야 할 최소한의 필요가 없을 만큼 어떤 사람이라 할지라도 정확하게 그리스도의 교의를 소유하고 있다고 성급하게 스스로를 설득하려 하지 말아야 할 것이다.

그러한 연습과 훈련에 뛰어드는 것은 교만에 속한 행위가 아니라, 하나님을 향한 참되고 견고한 경건의 행위로서, "내가 복음을 전할지라도 그것이 나에게 자랑거리가 될 수 없습니다"(고전 9:17)라고 말할 수밖에 없는 하나님이 명하시고 제정한 일이므로 우리는 "(우리) 속에 간직하고 있는 하나님의 은사에 다시 불을 붙이고"(딤후 1:6), 순전한 양심과 여호와를 경외함으로써 우리에게 하나님이 맡기신 달란트를 늘리려고 애써야 하며, 그의 이름이 거룩히 여김을 얻도록 그리스도의 교회를 세우고 함양하기 위해, 그리고 사탄과 적그리스도의 왕국을 허물고 일소하기 위해 이 신성한 직임을 맡은 우리의 의무를 이행해야 한다. 우리 주 예수 그리스도의 아버지 하나님께서 그의 유일하신 아들을 통해, 그를 위해, 그의 영의 권세와 능력으로 친히 우리에게 그 사명을 맡겨 주시기를 빕니다. 아멘.

3부

서한문

히폴리투스 아 콜리부스에게 보낸
서한과 입장 선언

수신 사항

〔지존하신 국왕 폐하, 팔라틴 특권령(特權領) 선거후(選擧侯) 프레데릭 4세
의 대사(大使) 히폴리투스 아 콜리부스 전하와 네덜란드 연방 일곱 개 속주
에게, 네덜란드 아우더봐터 출신의 목사이자 저명한 신학 교수인 야코부스
아르미니우스가 개혁주의 진영의 교수들 사이에 야기된 논란으로 인해 면
밀한 검토가 필요한 것으로 제기된 몇몇 조항에 대해 자신의 입장을 좀 더
상세하게 선언하기 위해 보냄.〕

독자에게 띄우는 편집인단의 선언

존귀하신 전하. 그동안 화란, 독일, 대영제국의 전역에 유포되었던 신

학 교수 야코부스 아르미니우스에 관한 소문이 얼마나 다양각색하고, 불확실하며, 또한 참으로 기발한 것이었는지는 수신인 여러분께도 더 이상 비밀이 아닌 일입니다. (나는 얼마나 장황스럽지 않게 이야기를 끝낼 수 있을지 모르겠습니다.) 어떤 사람들은 분열을 조장한다고, 또 어떤 이들은 이단으로 의심된다고, 또 어떤 이들은 펠라기우스주의 이단에 빠졌다고, 또 어떤 이들은 소치누스주의자[1]라고 흑색선전을 시도하는 등 이루 말할 수 없는 각종 혐의를 그분에게 씌우는가 하면, 모두 이구동성으로 개혁교회의 역병이라는 저주를 그분에게 퍼붓기도 했습니다.

그간에 있었던 이 같은 정황 속에서 오롯이 학문의 길을 닦으셨던 그분을 추모하는 마음으로, 결코 정당한 이유가 있다고 할 수 없는 일로부터 그의 평판과 인품을 지켜 드리는 한편, 그처럼 잔학한 중상과 악성 비방으로부터 그를 옹호하기를 원하는 여러 사람들이 아르미니우스 교수의 현학적인 조심누골(彫心漏骨)의 일부를 힘 닿는 대로 깔끔하게 정리하여 근래에 출간했습니다. 그렇게 함으로써 대중이 그의 저술에 접근할 수 있는 길을 닦고, 진리를 추구하는 데 누구보다도 열심인 독자들로 하여금—아르미니우스에게 쏟아진 거짓 소문과 악의적인 참소가 아니라, 저자의 원작 자료를 토대로 마치 피의자 자신이 자기의 소신을 정직하게 말하고 있는 고백 자체를 듣고 있으며, 자신에게 기소된 죄목에 대해 온화한 태도로 그가 직접 답변하는 상황을 눈앞에 보는 것처럼—아르미니우스가 이후 세대에

---

1) socinianism. 재세례파의 반(反)삼위일체의 한 형태로서, 그 명칭은 이탈리아 사람 파우스투스 소치누스(Faustus Socinus, 1539~1604)로부터 유래했다. 소치누스주의는 삼위일체의 교리와 아들의 영원한 출생 교리를 비성경적인 것으로 보며, 또한 그리스도의 속죄를 죄에 대한 배상(satisfaction)으로 보는 이론도 거부했다. 17세기 동안 일련의 소치누스주의자들의 저서들은 영국에 소개되었고, 후에 미국에도 소개되었는데, 그중에는 폴란드의 라코우(현재의 크라코우)에서 소치누스가 쓴 『라코우 교리 교육서(Racovian Catechism)』도 있다.

게서 마땅히 인정받을 만한 가치가 있는 학자로서의 품격을 갖추고 있음을 좀 더 편안하고 즐거운 마음으로 스스로 판단 내릴 수 있는 기회를 마련했습니다. 이러한 목적을 추구하는 가운데 아르미니우스의 친구들은 그가 쓴 『한 소책자에 대한 온건한 검토』라는 별도의 연구서를 출간했는데, 문제의 그 소책자는 대단히 박식한 신학자인 윌리엄 퍼킨스가 여러 해 전에 '예정'에 대해 쓴 것으로, 거기에 「로마서 9장에 대한 분석」이 첨부되어 있습니다. 하지만 이 두 논문은 탐색에 치중하거나 추정으로 일관하는 기질을 가진 많은 사람들에게, 그리고 판단력의 통렬한 기민함이 넘치는 다른 저명인사들이 보기에 충분하지도 만족스럽지도 않았습니다. 그들은 아르미니우스의 당혹스럽기 짝이 없는 난해함을 전반적으로 또는 주요 부분조차도 포용할 수 없었기 때문입니다. 그의 학술 강의를 들었던 사람들 중 어떤 이들은 그가 정통 교의의 이면에 있는 논점에 관해 새롭고도 놀랄 만한 역설을 종종 언급했다고 단언합니다. 다른 어떤 사람들은 아르미니우스가 자기의 유해한 견해에 대해 상세하게 밝히는 '편지 한 통'을 히폴리투스 아 콜리부스님께 띄웠다는 사실을 기밀 사항인 양 귀띔하기도 합니다. 그리고 몇몇 기사가 이 사람들 사이에 유포되고 있는데, 거기서 그는 정통 신학의 일부 주요 항목을 다루면서 자신의 유독성 교리들을 도입하고 있다고 합니다.

일이 이쯤 되자 우리는 이 자리에 없는, 아니 이미 고인이 된 사람에게 조금이라도 도움을 제공하고, 지금 우리가 상술하는 고발과 기소 사항에 대해 믿을 만한 증인들의 증언에 의해, 그리고 마침내 우리가 용기를 내어 공개하기로 한 문서들을 출간함으로써 답변할 수 있는 기회를 얻고자 한 것입니다. 이 방법을 통해 우리는 그 같은 악의적인 비방과 혐의를 제거할 수 있으리라고 믿습니다. 적어도 우리는 많은 사람들의 소망에 부응하고,

지금껏 긴장을 늦출 수 없는 상태에 있었던 여러 사람들의 불안감을 종결지을 수 있을 것입니다.

그러므로 공정한 독자 여러분, 그것에 대해 숱하게 많은 보고서가 유포되었고, 프레데릭 대공 4세와 팔라틴 선거후의 파견 대사인 히폴리투스 아 콜리부스 님께 보낸 것이기도 한 문제의 '그 편지'를 부디 받아 주십시오. 마찬가지로 면밀하게 검토하고 숙고해야 할, 그리고 하나이며 삼위이신 하나님, 하나님의 속성들, 하나님의 은혜, 그리스도와 그의 배상, 칭의, 믿음과 회개, 중생, 유아세례, 주의 만찬, 사법권을 가진 세속 정부에 관한 아르미니우스의 견해를 우리에게 밝혀 줄 그 '기사'를 받아 주시기 바랍니다. 그가 수정할 필요가 있거나 개혁교회의 교의를 좀 더 완전하게 만드는 데 필요하다고 생각되는 것이면 무엇이든지 엄밀한 고찰을 거쳐 공정한 판결을 내려 주십시오. 이 저자의 저술은 우리뿐만 아니라 다른 어떤 사람으로부터 추천받을 필요가 없습니다. 여기 출판한 이 저술 자체가 공고하게 인준해 줄 것이므로 이 경우 담쟁이덩굴 같은 것은 필요하지 않습니다.

목사이자 신학자인 야코부스 아르미니우스의 서한문

존귀하신 히폴리투스 아 콜리부스 각하.

지존하신 대공 팔라틴 선거후께서 파견하신 화란의 일곱 개 연합주 대사님께.

이 야코부스 아르미니우스는 존귀하신 각하의 건강과 승운을 기원합니다. 얼마 전에 제가 각하와 대화를 나눌 수 있는 기회를 얻게 되었을 때, 각하께서는 우리의 신앙에 관한 어떤 조항과 관련하여 제가 제시한 이설(異說)에 관해 하이델베르크에서 유포된 것으로 파악한 보고서를 보시고 친절하게도 제게 전언을 주시면서 논란거리가 된 그 조항에 대한 진실의 전모를 제게서 직접 듣기 원했습니다. 그뿐만 아니라 진실이 요구하는 경로이기도 한바, 공고한 직위에 계신 각하의 중재를 통해 추악할 정도로 인식되고 전파되고 있는, 저에 대한 의혹을 다른 사람들의 마음으로부터 깨끗이 씻어 낼 수 있는 기회를 마련해 보겠다는 뜻을 알려 주셨습니다.

그 면담의 결과 저는 성실과 진심을 다해 각하의 친절한 요청에 따르기로 결심했고, 각하께서 제시한 질의 각각에 대해 솔직하고 공명정대한 답변을 함으로써 즉각적으로 문제의 그 일곱 개 조항에 대한 저의 견해를 밝혔습니다. 그리스도인으로서, 특히 성직자로서 제가 그렇게 하는 것이 마땅한 의무일 뿐만 아니라, 각하께서 제게 보여 주신 것과 같은 존경할 만한 올곧음과 겸양, 자비로움이 제게 요청하는 바이기도 합니다.

그런데 저의 설명을 각하께서 매우 합당한 것으로 받아들여 주셨기에 (그것은 저를 향하신 신적 은총의 행위로 여겨집니다) 그것을 계기로 삼아 저는 그 명제들을 문서로 만들어 각하에게 전달하기로 방침을 세웠습니다. 그럼으로써 각 주제에 대해 충분히 심도 있는 고찰의 기회를 제공함으로써 당면한 문제와 관련하여 각하 스스로 확실하고 견실한 판단을 내릴 수 있을 뿐만 아니라, 제가 기술한 답변을 다른 사람들에게도 전달하여 그들 역시 떠도는 중상모략을 반박하고 저의 무고함을 옹호할 수 있을 것입니다. 각하의 사려 깊은 충고를 따르고, 같은 소망을 공고히 하면서 저는 지금 이 편지에 담긴 각하의 다른 소망에 대해서도 동의하는 바입니다. 그리하여 저는 각하께서 사건에 대해 들으실 때 보여 주셨던 것과 똑같은 정직함과 공명정대함으로 제가 기술하는 내용을 면밀히 숙독하는 자비로움을 보여 주실 것을 간청하는 바입니다. 저의 이성이 저를 속이지 않는 한 누구든지 자기 견해에 대한 최선의 해석자라는 것을 알고 있는 선한 사람들의 마음으로부터 제가 겪고 있는 부당한 모든 혐의를 지워 버릴 수 있고, 나아가 완전히 불식시킬 수 있습니다. 그리고 거룩함으로, 또 하나님 앞에서 들은 증언을 자기 자신의 의미로 수용하는 사람에게 가장 큰 신뢰로 보답한다는 것을 이 편지 속에서 보게 될 것입니다.

각하께서 문의하신 교리에 관한 조항은 제 기억이 맞다면 다음과 같습니다. 하나님의 아들의 신성, 섭리, 신적 예정, 은총, 자유의지, 칭의 등. 그 밖에도 각하께서는 화란의 각 주들이 보낸 문의 사항에 대해 답하면서 우리의 견해와 관련한 것, 제안된 시노드 총회를 개최하는 방식에 관한 질의에 관해서도 물으셨습니다. 그러나 후자의 질문은 저 자신과 관련되는 것 못지않게 필적할 데 없이 고매하신 헤이그교회의 목회자로서 계시자로 불리는 요한네스 아위텐보하르트와 관련된 것입니다. 그러기에 그의 자택이 각하의 공관에서 훨씬 가까운 곳에 있는 까닭에 그 질의에 관해 그가 직접 설명할 수 있게 남겨둘 것입니다.

교리와 관련한 다른 모든 조항에 관해 저는 교회에서건 대학에서건 우리의 생각과 말의 유일한 기준이 되어 마땅한 성경을 곡해한다든지, 네덜란드 신앙고백이나 우리가 동의해야 할 한층 엄격한 공식집인 하이델베르크 교리문답서에 어긋나는 어떤 것도 가르친 것이 없음을 확실히 선언합니다. 이 주장을 확증하기 위해 저는 가장 명석하고 의심할 데 없는 증언으로서 문제의 그 일곱 개 조항에 대해 제가 작성한, 그리고 대학에서 열렸던 공개 토론에서 논의되었던 논문을 제시할 수도 있겠으나, 우리 모두가 그 논문을 쉽게 접할 수 있는 형편도 아니고, 내용 전달에도 적지 않은 어려움이 있으므로 저는 이 자리에서 그 조항 각각에 대해 특별히 필요하다고 생각하는 범위 안에서 논구하고자 합니다.

하나님 아들의 신성에 관하여

하나님 아들의 신성과 관련하여 아버지께서는 그의 말씀과 그의 영과 함께하지 않으시는 적이 없습니다. 말씀과 영은 지혜나 선하심, 정의나 힘 같은 속성 개념에 의해 아버지와 연관 지을 수 있는 것이 아니라, 참으로 실존하는 인격의 개념 아래서 그에게 속함으로써 비로소 존재하고, 살고, 인식하고, 의욕하고, 능력을 가지며, 일하거나 행동할 수 있고, 그런 모든 것을 통합하는 한 인격의 실재성을 지시하고 입증하는 것입니다. 그러나 그것들은 또한 아버지로부터 발출된 것이므로 아버지 안에 있고, 종속 관계를 통해서가 아니라 특정한 기원의 특정 순서를 따라 아버지를 지시하며, 그 특질은 창조나 결정에 의해서가 아니라, 지극히 놀랍고도 불가해한 내적 발산(emanation)에 의해 아버지로부터 나오는 것입니다. 그러므로 아들에 관해서는 고대 교회가 나심(generation)이라고 불렀지만 성령에 관해서는 영감(spiration) 또는 호흡(breathing)이라고 불렀던, 즉 영(spirit)이라는 낱말의 기원 자체에 의해 요구되는 명칭으로 불리게 되었으며, 그렇게 가르쳐 왔고, 앞으로도 그렇게 가르치게 될 것입니다.

그러나 이 호흡에 관해 라틴 교부들이 표명한 것처럼 그것이 아버지와 아들로부터 나온 것인지, 혹은 그리스 교부들이 선호했던 정의를 따라 아들을 통해 아버지로부터 나오는 것인지의 문제는 솔직히 저의 능력을 넘어서는 것입니다. 그러므로 저의 판단을 끼워 넣을 생각이 없습니다. 어느 주제에 대해서든 우리가 맑은 정신으로 생각하고 말해야 하는 것이라면 제가 생각하기에는 바로 이 주제에 대해 그래야 할 것이다. 이것이 하나님 아들의 신성에 대한 저의 견해이므로 이 점과 관련하여 제가 중상모략의 화살을 맞아야 할 하등의 이유가 없습니다.

그럼에도 이 비방은 맨 처음에 행실이 천격스럽기 그지없는 한 사람에 의해 조작되어 독일 전역에 두루 퍼졌습니다. 그는 저의 학생이었는데, 어떤 불행한 기억을 가지고 있었거나 성적에 대해 염려했는지는 모르지만 아무튼 그 자신의 고통스러운 경험으로 인해 수업을 철회해야만 했습니다. 이전에도 그는 그 비슷한 중상을 가했고, 제 앞에서 솔직하게 자기의 잘못을 고백하고 나의 용서를 구한 일이 있었습니다. 그러나 독일에서 레이던으로 전달된, 그리고 동일한 그 젊은이가 하이델베르크 신학자들에게 보낸 한 원고를 통해 제가 알게 된 것으로, 그는 아들과 성령을 통해 아버지께서 베푸시는, 우리 구원의 경륜에 관해 제가 공개적으로 가르쳤던 것에서 중상을 위한 단초를 확보했습니다. 이 경륜에 대해 설명하면서 저는 "성경이 어느 부분에서든지 가장 신실하게 지키고 있는 이 질서를 끈질기게 주목해야 하고, 이 문제에서 고유하게 아버지에게만 귀속되는 것에는 어떤 것이 있는지, 아들에게 속하는 것은 무엇이고, 또 성령에게 속하는 것은 무엇인지를 변별적으로 고찰해야 한다"라고 말했습니다.

이런 일이 있은 뒤 다른 어떤 사람들이 다른 기회를 잡아 똑같은 방식으로 비방했는데, 이번에는 문자 그대로 '자기 자신으로부터 나온 하나님'을 뜻하는 낱말인 아우토테온,[2] 즉 '하나님 자신'을 지시하는 낱말로 하나님의 아들을 부르는 것은 옳지 않다고 내가 말했던 것을 표적으로 삼았습니다. 이처럼 대담한 비방을 시도하는 경향은 성삼위의 동일본질(consubstantiality)[3] 또는 공통본질(coessentiality)을 확립하기 위해 통상적으

••

2) αυτοθεον. 문자적으로 '하나님 자신'을 뜻한다.
2) αυτοθεον. 문자적으로 '하나님 자신'을 뜻한다.
3) 호모우시오스(ὁμοούσιος). '동일성'을 뜻하는 호모스(ὁμός)와 '존재'를 뜻하는 우시아(οὐσία)의 합성어. 하나님을 삼위일체론적으로 이해하는 기독교 신학 교리에서 주된 역할을 한다. 니케아 신경은 성자 예수를 성부 하나님과 동일한 존재(동일본질)로, 존재에서 하나 혹은 하나의 본질로서 서술한다.

로 예시하는, 구약과 신약의 특정 본문을 다른 방식으로 제가 설명하는 정황에 의해 증폭되었습니다. 그러나 저는 잠시 숨을 고르면서 우리 시대의 동료 신학자들의 증언과 아울러 구약과 신약 성경 자체로부터, 고대 전통 전체로부터, 고대의 그리스 교회와 라틴 교회의 견해로부터, 건전하고 정통적인 신앙에 거스르는, 최소한의 개연성에 근접하는 것으로 보이는 어떤 것도 그릇된 해석으로 주장된 본문에서 추론될 수 없다는 것을 보여 주고자 합니다.

「유대교적인 칼뱅」이라는 제목이 붙은 후니우스의 논문을 비판하면서 뛰어난 능력으로 칼뱅을 변호한 박식한 파라에우스는 마지막으로 붙잡은 그 기회가 허사가 되었다는 것을 가르쳐 주었습니다. 그는 일일이 반박하는 일의 필요성으로부터 저를 해방시켰습니다. 그 젊은 학생에 의해 유포된 최초의 비방에 맞서 반박하는 데 시간을 소비하는 것은 제가 치르는 고생을 보상해 주지 않을 터였습니다. 아들 안에서 아버지께서 세상을 자기와 화합시키셨고 성령을 통해 화목의 말씀을 경영하고 계시는 것을 아는 사람들은 마찬가지로 구원의 섭리에서 성삼위의 인격들 사이에 순서가 고려되어야 하고, 자칫 가부장주의 이단[4]에 빠지고 싶지 않다면 각 인격의 속성들을 혼동하지 않아야 한다는 것을 잘 알고 있습니다. '하나님 자신'을 뜻하는 아우토테온이라는 낱말과 연관되는 둘째 계기에 관해서는 다소 까다로운 답변을 드려야만 하는데, 왜냐하면 반대 견해를 가진 사람이 적지 않은 데도 우리 교회 측에서는 그 사람들을 삼위일체에 관해 그릇된 견해를 가진 것으로 간주하지 않기 때문이다. "아버지의

∴

4) 가부장주의(patripassionism). 라틴어 'patri'와 'passio'를 합성한 낱말로, '아버지의 수난'을 뜻한다. 일반적으로 기독교 신자를 가리키는 경멸적 표현이다.

본질과 아들의 본질은 하나이고, 그것은 다른 어디에서도 기원하지 않으므로 그런 측면에서 아들은 아우토테온, 즉 자기 자신으로부터 나온 하나님이라고 부르는 것이 옳다."

그러나 이에 대해 저는 이렇게 응답합니다. "아들의 본질은 다른 어떤 기원을 가지지 않거나, 그 자신으로부터 나온다"라는 말은 "아들은 자기 자신으로부터 나오거나, 다른 어디에서도 기원하지 않는다"라는 말과 같은 것이 아니다. 왜냐하면 올바르게 형식적인 방식으로 말한다면 아들은 하나의 본질이 아니라, 존재나 실존의 어떤 양태, 즉 '위파르세온'에 의해 자기의 본질을 갖기 때문입니다.

그들은 다시 응답합니다. "아들은 두 가지 측면에서, 즉 아들로서와 하나님으로서 고찰되어야 한다. 아들로서 그는 아버지로부터 나오고, 아버지로부터 자기의 본질을 얻는다. 그러나 하나님으로서 그는 다른 어디에서도 기원하지 않고 오직 자기 자신으로부터 자기의 본질을 얻는다."

그러나 이 같은 표현에서는 후자의 것이 가장 정확합니다. 자기 자신으로부터 자기의 본질을 얻는다는 것은 모순을 함축하기 때문입니다. 따라서 나는 이 같은 구별을 받아들이지만, 지금 그것은 허용할 수 있는 한계 너머로 지나치게 확장되었습니다. 왜냐하면 하나님으로서 그는 신적 본질을 가지고, 아들로서 그는 그것을 아버지로부터 얻기 때문입니다. 즉 '하나님'이라는 낱말은 일반적으로 어떤 특정한 존속 양태를 갖지 않는 신적 본질을 지시합니다. 반면에 '아들'이라는 낱말은 아버지로부터의 속성 교류, 즉 출생(generation)을 통해 신적 본질을 소유하는 하나의 특정 양태를 지시합니다.

이 같은 이중적인 삼원(三元) 실체들이 '신성을 얻는 길' 시리즈에서 서로 대립 관계에 있는 것으로 간주해 봅시다. 즉 신성을 얻는 길. 하나님이 되려면 아버지로부터 신성을 얻어야 합니다. 아들이 되려면 어디에서도 신성을 얻을 필요가 없습니다. 그 다음은 '아버지가 되는 길' 이런 식인데, 이 실체들은 서로 간에 상호적으로 상응합니다. 따라서 '신성을 갖는 것'과 '하나님이 되는 것', '아버지로부터 신성을 얻는 것'과 '아들이 되는 것', '어디에서도 신성을 얻지 않는 것'과 '아버지가 되는 것', 이 항목들은 어디에서도 본질을 얻지 않는다는 것을 의미하지 않는, 긍정 형태의 '아버지'라는 낱말 아래 포섭되지만 서로 합치를 이룹니다. 왜냐하면 이것은 '아버지에게 전가되는 출생(ingenitus), 내적 탄생(inwardly born)'을 의미하지만, 엄밀히 그러한 것은 아니고 다만 아버지가 출생이라는 양태에 의해 자기의 본질을 갖는 것이 아님을 뜻할 뿐입니다. 그러나 '아버지'라는 낱말은 그 자체가 갖는 힘과 뜻에 의해 그 점에서 결정적입니다. 질서가 확립될 때, 어떤 최초의 인격이나 사물로부터 출발되어야 하기 때문인데, 그렇지 않을 경우 무한히 계속해서 혼돈이 발생할 것입니다. 그러나 기원에 관해 이 서열에서 최초 순번에 있는 것은 다른 어떤 것에도 기원을 두지 않습니다. 둘째 순번에 있는 것은 최초의 것을 기원으로 삼습니다. 셋째 순번에 있는 것은 최초의 것과 둘째 것으로부터, 또는 둘째 것을 통해 첫째로부터 발원합니다. 이것이 사물의 실재적 상태가 아닐 경우, 종속 위격들이 규정되는 만큼이나 많은 하나님을 만들어 내는, 부차적인 분화가 초래될 것입니다. 성삼위에서 신성의 통일성은 반삼위일체론자들에 맞서 오직 기원의 관계와 기원에 따른 순서의 관계에 의해서만 옹호되기 때문입니다. 그러나 이 문제에 대해 고대 교회가 택한 견해임이 분명해 보이는 것을 저는 그리스 교회와 라틴 교회에 속한 고대 교부들로부터 이 주제에 적용할 수 있는 발췌문을 예시하도록 하겠습니다.

대바실레이오스: 자신들로부터 발생하는 사물들에게 미치는 원인들의 관성에 따라 우리는 아버지가 아들보다 먼저 존재한다고 말할 수 있는데(Ever. lib. 1), 왜냐하면 아들은 아버지로부터 자기의 원천을 얻기 때문이다. 이에 따르면 아버지는 원인과 원천으로서 더 우월하다. 그렇기 때문에 우리 주님도 "내 아버지는 나보다 크신 분이기 때문이다"(요 14:28)라고 말씀하셨는데, 그것은 그가 아버지이시기 때문이다. 그러나 '아버지'라는 낱말은 그에게서 나신 분(아들)의 원인이자 시초라는 것 외에 다른 어떤 뜻을 갖는가?(같은 책) 아버지는 아들과 성령의 뿌리이며 근원이다.(『사벨리우스주의자[5]와 아리우스를 비판하는 강론』) 내가 '하나의 본질'이라고 말했을 때, 그 둘(즉 두 인격)이 하나와 구별되는 것을 알지 못해서가 아니라, 아버지와 아들이 하나의 우월한 본질로부터 나오지 않고 아버지라는 근원으로부터 아들이 존속하기 때문이다. 그렇기 때문에 우리는 그 둘을 '형제'라고 부르지 않고, '아버지와 아들' 관계로 고백하는 것이다.

그러나 본질은 동일성을 함의하는데, 아들이 아버지로부터 나오는 방식은 명령에 의해 만들어지는 것이 아니라, 본성으로부터 출생하고, 또한 아버지로부터 나뉜 것이 아니라, 아버지는 완전한 채로 있으면서 빛을 완전하게 다시 반사하는 방식이기 때문이다.

그러나 여러분은 이 같은 우리의 주장을 빌미로 삼아 범죄 행위로 기소

∴

5) 사벨리우스주의(sabellianism)는 사벨리우스에 의해 주장된 이단의 한 종류로, 양태론적 단일신론(양식적 단일신론)로 불린다. 성부, 성자, 성령은 각각 양태로서 존재할 뿐이며, 신의 유일성을 주장한다. 따라서 그리스도는 오직 신성만을 가지고 있으며, 그가 육체를 갖는 것을 부인한다. 니케아 신경은 "그리스도는 하나님으로부터 나신 하나님이시며, 빛으로부터 나신 빛이시며, 참 하나님으로 부터 나신 참 하나님이심"을 확증함으로써 사벨리우스주의를 단죄했다.

할 수 없고, "그는 두 개의 신을 주장하고, 다신론을 퍼뜨린다"라고 말할 수 없다. 두 개의 신은 존재하지 않고 두 아버지 같은 것은 없다. 두 개의 기원적 원천을 제시하는 사람이 두 개의 신을 주장하는 것이다.(같은 책)

하나님에 대해 아는 길은 한 성령에 의해, 한 아들을 통해 한 하나님께 이르는 것이다. 그와 반대로 자연적 선, 자연적 성화, 왕으로서의 위엄은 오직 독생자를 통해 아버지로부터 성령에게로 유전된다. 따라서 우리는 (성부 안에 있는) 인격들을 인정하는 동시에 통일성의 경건한 교의도 결코 경시되어서는 안 된다.(『성령에 대하여』, 18장)

나지안조스의 그레고리우스: 본질은 아들과 아버지에게 공통되고 동등하다. 그러나 아들은 그것을 아버지에게서 얻는다.(『신학에 관한 네 번째 강론』) 동일한 것이 어떻게 자기 자신보다 더 크고, 그럼에도 자기 자신과 동등할 수 있는가? 그러므로 아들을 준거로 하여 아버지에게 귀속되는 '더 크다(greater)'는 낱말은 '원인'을 지시하는 것임이 지극히 명백하다. 그러나 아버지와 대등한 지위에 있는 아들에게 전가되는 '동등하다'는 낱말은 본성을 지시하는 것으로 보아야 하지 않을까?(같은 책) 참으로 그렇다고 말할 수 있겠으나 그렇다고 해서 "인성(人性)에 있어서 아버지는 아들보다 더 크다"라고 말하는 것은 그다지 영예롭지 못하다. 하나님이 인간보다 더 위대하다고 할 때 그에게 무엇이 훌륭하다는 것인가?(같은 책)

암브로시오: 그리스도는 우리를 구속하셨지만 "모든 것은 하나님께 귀속된다." 왜냐하면 그로부터 모든 부권(父權)이 나오기 때문이다. 그러므로 필연적으로 아버지의 위격이 우선성을 갖는다 (『고린도후서 5장 18절에 관하여』와 고린도전서 15장에 대한 그의 언명도 참조).

아우구스티누스: 만일 후사를 낳는 것이 그 후사의 원초적 근원이라면 아버지는 아들을 낳는 자이므로 아들의 근원이라 할 수 있다.(『삼위일체론』, 5권, 14장) "나로부터 아버지께서 너희에게 보혜사"라고 말씀하시지 않고 "내가 아버지께로부터 너희에게 보낼 보혜사"(요 15:26)라고 말씀하신 것은 단순히 아버지께서 전체 신성의 근원이심을 보여 주기 위해서다.(같은 책, 4권, 10장) 그러므로 "아버지께서 내 안에 계시면서 자기의 일을 하신다"(요 14:10)라는 말씀은 아버지에 관해 하신 것인데, (신성의) 협동하는 위격들이 존재성을 얻는 모든 사역의 기원이 아버지이기 때문이다. 아들은 그에게서 나셨고, 성령 또한 아들을 낳으시고, 아들과 동일한 성령을 소유하시는 아버지로부터 주로 발출하기 때문이다.(같은 곳, 10행, 11면, 1열) 참으로 아버지 하나님은 다른 신으로부터 나온 하나님이 아니지만, 아들 하나님은 하나님 아버지로부터 나온 하나님이시다.(『막시미누스에 대한 비판』, 3권, 23장, 2열)

힐라리오: 영원하고 시작이 없으며, 만물이 그로부터 나오는 하나님에게 하나님이 되는 그런 하나님은 없다. 그러나 아버지는 아들에게 하나님이 되시는데, 아들은 그로부터 태어난 하나님이기 때문이다.(4권, 60면) 참된 믿음의 고백은 빛이 빛으로부터 나오듯이 하나님께서 하나님으로부터 나셨다는 것이며, 그것은 자기 자신을 전혀 훼손하지 않은 채 자기 자신으로부터 그 자신의 본성을 공급하고, 그것이 가진 것을 수여하시며, 그가 수여하시는 것을 소유하신다는 것이다.(6권, 87면)

위의 본문을 통해 살펴본 고대 교부들의 견해에 따르면 아들이 비록 하나님이심에도 아버지로부터 낳은 바 되신 것은, 그가 아버지에게서 출생하심으로써 '하나님'이라고 불릴 수 있는 신성을 얻었기 때문입니다. 하지만 하나님이라는 이름은 여기서 이 같은 존재 또는 실존의 양태를 지시하고 있지 않습니다. 발췌한 인용문에서 보듯 아버지가 아들과 성령의 근원이므로 그가 전체 신성의 근원으로 불리는 것이 분명해집니다. 그것은 하나님이 어떤 시발점이나 근원을 가지고 계시기 때문이 아니라, 아버지에 의해 아들과 성령에게 유전되기 때문입니다.

그러므로 다음과 같이 말하는 것은 정확한 표현이 아닙니다. "하나님의 아들이 하나님이신 것은 그가 어디에서도 나오지 않고, 그의 본질에 관해서는 그 자신으로부터 나오거나 어떤 것으로부터 나오지 않는다." 왜냐하면 아버지에게서 출생함으로써 자기의 본질을 얻은 자는 그의 본질에 관해 아버지로부터 얻은 것이기 때문이다. 그러므로 정통 고대 교부들과 함께 사고하고 말하기 원하는 사람들은 이 같은 표현 방식을 삼가야만 합니다. 그런 표현법을 취함으로써 삼신론(三神論)이나 사벨리우스주의자들 같은 적대적인 이단 교리의 후원자가 되기 십상이기 때문입니다.

테오도르 베자가 쓴 『삼위일체에 대한 성 아타나시우스의 대화』의 서문을 참조하기 바랍니다. 그는 "그는 그 자신을 통해 즉자적 아들이 되신다", "그는 자기 자신으로부터 대자적 아들이 되신다"라는 두 언명 간의 차이를 그다지 열심히 찾아내려 하지 않았다고 말하면서 칼뱅을 관용으로 대했습니다. 이 점에 대해 저에게서 더 이상의 것을 캐내기를 원하는 사람이 있다면 저는 서면으로나 대화를 통해 그와 우호적인 회합을 갖기를 주저하지 않을 것이다. 이제 저는 다른 주제로 방향을 돌려 그것에 대해 간략하게 이야기할 것입니다.

하나님의 섭리에 관하여

하나님의 섭리에 관한 저의 견해는 다음과 같습니다. 그것은 만물에 현전하고, 그 위에서 관장합니다. 그리고 만물은 그것들의 본질, 양, 질, 관계, 능동성, 수동성, 장소, 시간, 거주지와 관성에 따라 섭리의 통치와 보존과 인도를 따릅니다. 저는 특수하거나 지상에 속한, 무가치한 것이나 어떤 우연한 것도 인정하지 않고, 선악을 불문하고 인간이나 천사의 자유의지조차 인정하지 않습니다. 그뿐만 아니라 저는 신적 섭리의 통치로부터 죄악 자체도 배제하지 않는데, 우리가 그 시초나 진행 과정과 종결을 고려하는가 여부와 무관합니다. 죄의 시초의 관해 저는 다음의 행위를 하나님의 섭리에 전가합니다.

첫째, 허용(permission)의 행위로 그것은 그저 방임하는 것이 아니라, 다음과 같은 네 가지 적극적 행위로 구성됩니다. ① 피조물을 본질, 생명, 능력에 따라 보존하는 것. ② 더 우월하거나 대등한 힘이 방해하지 않도록 막는 것. ③ 죄가 수행될 수 있는 대상을 공급하는 것. ④ 둘째 원인이 첫째 원인에 의존하는, 필연적인 협력이 보장되도록 섭리의 동시성의 예정을 인가하는 것.

둘째, 죄의 실제 수행을 유도하는, 논변과 기회를 관리하는 것.

셋째, 장소, 시간, 방법, 유사한 상황을 정하는 것.

넷째, 죄를 짓는 행위에 관여하는 하나님의 직접적인 동시성 자체.

또한 죄의 진행 과정에 관해 저는 다음의 네 가지 행위를 신적 통치에 전가합니다.

첫째, 이미 시작된 죄가 범죄자가 표적으로 삼지 않았거나 절대적으로 확정 짓지 않은 어떤 대상을 향하도록 인도하는 것.

둘째, 피조물이 특정 결말을 의도하거나 의도하지 않거나 상관없이 그가 다른 목표나 심지어 정반대 목표를 의도하더라도 하나님 자신이 원하시는 결말로 죄의 진행을 이끄는 것.

셋째, 얼마 동안 죄가 지속될 것을 원하시는지 또는 허용할 것인지를 하나님이 규정하고 결정하는 것.

넷째, 죄가 불어나거나 더 큰 힘을 갖지 않도록 죄에 경계를 두름으로써 죄의 크기를 결정하는 행위.

죄의 시작과 진행 과정에 관련되는 이러한 행위 전체에 대해 저는 각 행위 자체, 무법성(아노미)이나 법의 위반, 제가 판단하기에 필연적이고 유익한 경로를 변별적으로 고찰합니다. 끝으로 죄의 종결과 완성에 관해 저는 극형을 통한 심판이든지 은혜를 통한 용서이든지 모두 신적 섭리에 전가하는데, 이것은 행위로서의 죄 자체와 법의 위반에 준거하여 죄에 대해 시행되는 것을 가리킵니다.

그러나 저는 불법 행위의 두 가지 원인을 강력하게 제외합니다. 즉 하나님을 죄의 저자로 제시할 수 없다는 점, 인간의 의지로부터 자유가 박탈되어서는 안 된다는 점입니다. 이 두 가지 사항에 대해 그것을 피할 수 있는 길을 아는 사람이 있다면 그럴 경우 신적 탁월성을 공정한 시각으로 바라보아야 하는 한 그는 제가 하나님의 섭리에 귀속되는 일이 없기를 두 팔 벌려 환영할 만한 어떤 행위도 생각할 수 없을 것입니다. 하지만 저는 대학 강단에서 동일한 주제에 대해 두 번이나 공개적으로 토의했던 논제를 통해 이 같은 나의 견해에 대해 매우 상세한 설명을 내놓은 바 있습니다. 그러므로 이런 점을 고려할 때, 제가 하나님의 섭리에 관해 부패한 견해를 가지고 있다는 비방을 받고 있는 사실은 대단히 놀랐을 뿐만 아니라, 그럴 만한 정당한 이유가 없지도 않다고 생각합니다.

잠시 추정을 해 보아도 좋다면 저는 이 비방의 근원지가 하나님의 법령에 관해 아담이 필연적으로 죄를 지을 수밖에 없었다는 것을 제가 부인하는 사실에 있다고 생각합니다. 그것은 제가 여태껏 일관되게 부인하는 단언으로서, 어떤 사람들에게서 볼 수 있듯이 '필연적으로'라는 낱말을 '무오류성'을 용인하는 것으로 이해하지 않는 한 결코 용납되어서는 안 되는 것이라 생각합니다. 왜냐하면 필연성은 존재의 작용인 반면, 무오류성은 마음의 작용이기 때문입니다. 그러나 근래에 제가 언급했던 그 두 불편 사항을 충실하게 피할 수만 있다면 저는 그 낱말들 가운데 첫째 것이 사용되는 것도 쉽게 참아낼 수 있습니다.

신적 예정에 관하여

예정 조항에 관한 저의 견해는 다음과 같습니다. 예정은 그리스도를 통해 하나님께서 행하시는 영원하고 은혜로운 법령으로서, 그것에 의해 그는 신자들을 무죄로 선언하고, 자녀로 택하시며, 그들에게 영생을 주시는 반면, 불신자들과 회개하지 않은 사람들을 정죄하십니다. 이것은 동일한 주제에 대한 논제를 통해 제가 설명한 바 있고, 공개적인 토론을 거쳤으며, 아무도 거기서 그릇되거나 불건전한 것으로 비난받을 만한 것을 발견하지 못했습니다. 다만 그 논제가 이 법령에 속하는 모든 요소를 포괄하고 있지 않다는 몇몇 사람들의 견해가 있습니다.

사실 이번에 가장 큰 논란거리가 된 예정론은 그 논제에서 다룬 탐구 주제가 아닙니다. 그리하여 제가 참으로 고백하려는 것은 이것입니다. 저는 그리스도교와 우리의 구원와 구원에 대의 확신의 초석이며, 그리고 그 위에서 사도 바울이 로마서 8장과 9장, 에베소서 1장에서 다룬 예정의 법령을 논의하는 것이 최선의 경로라고 생각했기 때문입니다. 그러나 제가 거기서 기술했던 법령은 하나님께서 어떤 특정한 사람들을 구원하기로 작정하시고, 실제로 실행하시며, 그들에게 믿음을 수여하기로 하시지만, 다른 사람들은 정죄하시고 믿음을 수여하지 않기로 결정하시는 근거가 되는 것이 아니었습니다. 그럼에도 많은 사람들은 바로 그것이 사도 바울이 방금 인용한 본문에서 다룬 종류의 예정이라고 주장합니다. 그러나 저는 그들이 주장하는 것을 부인합니다. 저는 하나님께서 믿음과 구원에 필요한 수단을 경영하시고, 이것을 그의 공의에, 즉 그의 자비하심과 엄격하심 모두에 적합한 것으로 판단하시는 방식으로 시행하는 근거가 되는 하나님의 어떤 법령이 있다는 사실을 인정합니다. 그러나 이 법령에 대해 저는 믿음이 하나님의 은혜로운 자비하심에 의해 주시는 선물이라는 것과, 불신앙은 부분적으로 인간의 오류와 불의함에, 그리고 부분적으로 죄인들을 버려두고 눈을 멀게 하며 마음의 완악함을 허용하는 하나님의 정의로운 복수에 전가된다는 것 외에 더 이상 알아야 할 것이 없다고 생각합니다.

그러나 하나님께서 어떤 특정한 사람들은 구원하고 그들에게 믿음을 수여하기로 한 반면, 다른 사람들은 정죄하고 믿음을 수여하지 않기로 미리 작정하신다는 예정에 관해서는 동료 목회자들 사이에서조차 너무나 다양한 견해가 존재합니다. 이처럼 견해의 다양성 자체가 그 주제에 대해 어떤 것도 확정 지을 수 없게 하는 난관으로 쉽게 대두됩니다. 왜냐하면 어떤 사람들은 일반적으로 고려되는 예정, 즉 선택이나 영벌(永罰)의 대상을 아담 안에서 죄를 짓고 타락한 인간으로 제안하는 반면, 다른 사람들은 창조되고 '순수한 자연 상태에' 놓인 사람들로 규정하기 때문입니다. 그들 중 어떤 이들은 이 대상을 창조되어야 할 인간으로, 또는 그들의 표현을 빌리면 구원 받을수 있고 또 저주받을 수 있는 인간으로, 창조되고 또 타락할 수 있는 인간으로 간주합니다. 반면에 다른 이들은 선택과 영벌의 대상으로 그들이 비선택(nonselection)과 간과(preterition)라고 부르는, 공통되고 절대적으로 고려되는 인간으로 규정합니다. 그러나 그들은 영벌의 대상은 그들이 선행적 심판(predamnation)과 적극적 심판(affirmative reprobation)이라고 부르는, 아담 안에서 죄인이 되고 죄책을 가진 인간으로 규정합니다. 끝으로 그들 중 어떤 사람들은 그 대상이 전체적으로 공통되게, 즉 장차 창조되어야 할 사람, 창조된 사람, 타락한 사람으로 고찰되어야 한다고 상정합니다.

저는 이 같은 견해의 다양성을 반론으로 제시할 경우, 구체적인 상황에는 얼마쯤 차이가 있을지라도 문제의 본질에서 완전한 일치를 이루는 것으로 대답하는 것이 통상적임을 알고 있습니다. 그러나 전술한 견해는 이러한 종류의 예정이라는 문제 자체와 본질에 접근하도록 기여하는 많은 요소에서 매우 큰 차이가 나타난다는 것을 입증하는 일을 제가 해낼 수 있을 것입니다. 그러나 그러한 견해를 가지고 있고, 논점들이 확대됨에 따라 그들 사이에 불일치하는 견해를 가진 사람들을 용납할 태세가 되어 있는 사람들의 마음을 제외하고는 어디에도 동의나 일치는 존재하지 않습니다.

이와 같은 동의의 양태는(그들 자신이 바로 그 후원자다) 그리스도의 교회에서 가장 필요한 급선무입니다. 그것이 없이는 결코 평화는 유지될 수 없습니다. 저는 또한 그 형제들로부터 저와 저의 견해에 대해 자비로운 느낌을 경험할 수 있기를 소망합니다. 제가 다루었던 예정이라는 종(種)에 대해 저는 모든 사람들에게서 만장일치로 인정받을 수 있는 어떤 것도 규정할 수 없습니다. 오직 이 한 가지에 대해 저는 다르다고 말할 수 있습니다. 즉 저는 전술한 견해 중 어느 것에 대해서도 평안한 양심으로, 긍정적으로 견지하지 않을 것입니다. 어쩔 수 없이 요구되고, 적절한 방식으로 처리할 수 있을 경우, 저는 또한 이 양심의 가책에 대해 한 가지 이유를 제시할 준비가 되어 있습니다.

은혜와 자유의지에 관하여

은혜와 자유의지에 관해 성경과 정통 교회가 동의한 바에 따라 제가 가르치는 것은 다음과 같습니다. 은혜 없이 자유의지는 어떤 참되고 영적인 선도 시작하거나 완수할 수 없습니다. 펠라기우스처럼 제가 '은혜'라는 낱말에 대해 기만적이라고 말할 수 없는 것은 그 낱말을 그리스도의 은혜를 지시하는 것으로, 그리고 중생케 하시는 활동에 속하는 것으로 사용하기 때문입니다. 그러므로 저는 이 은혜가 마음의 조명, 정념의 합당한 배열, 의지의 선한 경향성을 위해 기본적이고 절대적으로 필요한 것임을 확언합니다.

마음과 정념, 의지에 영향력을 행사하는 것이 바로 이 은혜이입니다. 즉 은혜는 마음에 선한 생각들을 주입하고, 선한 욕구들을를 행동에 옮길 수 있게 고무하시며, 의지로 하여금 선한 생각과 욕구들을를 실천할 수 있도록 이끕니다. 이 은혜는 앞서 행하고, 동행하며, 뒤따릅니다. 즉 은혜는 우리가 의지를 품도록 자극하고, 도우며, 가동시키고, 우리의 의지가 허사로 끝나지 않도록 협동합니다. 유혹을 차단하고, 시험을 당할 때 구해 주며, 육체와 세상과 사탄에 대항할 수 있게 우리를 견인하며, 이 같은 큰 싸움에서 승리의 기쁨을 맛보게 합니다. 정복당하고 패배한 사람들을 일으키고, 그들에게 새 힘을 주어 다시 서게 하며, 더욱 신중한 태도를 갖게 합니다. 이 은혜는 구원의 단초가 되고, 구원을 촉진하며 완전하게 끝까지 이룹니다.

저는 자연적이고 육적인 사람의 마음은 불투명하고 어두우며, 그의 정념은 부패하고 무질서하며, 그의 의지는 완고하고 반항적이며, 그 사람 자체는 죄 안에 죽은 상태에 있다고 믿습니다. 그뿐만 아니라 만일 하나님의 정의를 훼손하는 일이 없도록, 그리고 악한 것에 대한 자유의지를 제거하지 않도록 은혜의 정당한 목적에 호소하는 선생이 있다면 그는 신적 은혜에 주어져야 할 만큼의 최고의 추천을 제게서 인준받을 수 있을 것입니다. 저는 그 이상의 것이 제게 요구된다고 생각하지 않습니다. 다만 그것이 제시된다면 저는 그것에 동의할 것입니다. 그렇지 않을 경우 저는 제가 그러한 동의를 해서는 안 된다는 것을 보여 줄 것입니다. 그러므로 저는 이 점에 관하여 어떤 정의에 의거해 제가 비방을 받을 수 있는 것인지 납득되지 않습니다. 왜냐하면 대학에서 공개적으로 토론의 기회를 가졌던, 자유의지에 대한 논제를 통해 저는 충분히 명확하게 저의 견해를 밝혔기 때문입니다.

칭의에 관하여

마지막 조항은 칭의이고, 그것에 대한 저의 견해는 다음과 같습니다. 믿음, 오직 믿음만이 (행위가 전혀 없이 믿음만 있는 일은 없지만) 의로움에 귀속됩니다. 오직 믿음에 의해 우리는 은혜의 보좌로부터 판결을 내리시는 하나님으로부터 의로운 자로 선고를 받고 그렇게 선언됩니다. 저는 그리스도의 능동적인 의와 수동적인 의 문제, 또는 그의 죽으심과 그의 삶의 문제를 거론하지는 않을 것입니다. 그 주제에 대해 저는 아주 자유로운 입장에 서 있습니다. 저는 "그리스도께서 하나님에 의해 내게 의가 되셨다" 또는 "그는 나를 대신하여 죄가 되셨고, 나는 믿음을 통해 그 안에서 하나님의 의가 될 수 있다"라고 말합니다. 그러나 신랄한 말을 서로 나눌 필요가 없는 분위기에서, 그리고 주의산만하게 만드는 것 외에 좀체 다른 어떤 결과도 도출할 수 없는, 특히 열의가 지나치게 과열되어 뜨겁게 논쟁을 벌이는 사람들이 토론할 경우, 사람들의 마음을 비등(沸騰)하게 만들 뿐인, 필연성과 관련된 견해를 거론하지만 않는다면 저는 이 문제에 대해 형제들과 회합을 통해 얼마든지 논의할 수 있습니다.

그런데도 어떤 사람들은 저를 이런 죄목으로 참소하기도 합니다. 즉 제가 믿음의 행위 자체, 다시 말해 믿음 그 자체로 의로움이 전가된다고 말하고, 그것은 환유가 아니라 문자적인 의미에서 그러하다고 말한다는 것입니다. 로마서 4장과 다른 본문에서 사도 바울이 그 표현을 사용하는 것을 저의 선례로 삼아 저는 그 비난을 수용할 수 있습니다. 그러나 그것을 시인한다고 해서 비판자들이 이끌어내는 다른 결론, 즉 "그리스도와 그의 의는 우리가 무죄 선언을 받는 것과 무관하고, 따라서 우리가 얻는 무죄 선언은 우리가 가지고 있는 믿음의 합당한 가치에 전가된다"라는 명제에 대해서는 제가 밝힌 견해로부터 그들이 어떻게 그런 결론을 도출할 수 있는지를 도무지 납득할 수 없습니다. 왜냐하면 '전가하다(impute)'라는 낱말은 믿음이 의로움 자체가 아니라, 은혜롭게도 의로움으로 간주되는 것을 의미하기 때문입니다. 그 조건에 의해 믿음으로부터 모든 가치는 탈취되고, 오직 하나님의 은혜로운 시혜적 판단을 통한 의로움이 남을 뿐입니다. 그러나 이 은혜로운 시혜와 판단은 그리스도가 배제된 채 이루어지는 것이 아니라, 그의 피를 믿는 믿음을 통해 대속물로 하나님께서 위임하신 그리스도를 준거로 삼아 그리스도 안에서, 그리고 그리스도 때문에 이루어지는 것입니다. 그러므로 저는 그리스도와 그의 의로우심으로 인해 믿음이 우리에게 의로서 전가된다고 단언합니다.

　이 단언에서 믿음은 전가의 대상이지만, 그리스도와 그의 순종은 칭의의 결과를 얻기 위한 청원(즉 중재 수단)이거나 공로적 원인이라고 말할 수 있습니다. 그리스도와 그의 순종은 우리의 믿음의 대상일 뿐 하나님께서 그리스도와 그의 의를 우리에게 의로 전가하는 것 같은 칭의 또는 신적 전가를 위한 대상이 아닙니다. 그것이 성립될 수 없는 까닭은 그리스도의 순종은 율법의 가장 엄격한 요구에 따라 수행된 의 자체이기 때문입니다.

그렇지만 저는 그리스도의 순종이 우리에게 전가된다는 것, 즉 그것이 우리의 것으로, 우리의 혜택을 위한 것으로 간주되거나 인정된다는 것을 부인하지 않습니다. 왜냐하면 이것은 바로—하나님께서 그리스도의 의가 우리를 대신해 우리의 혜택을 위해 수행된 것으로 간주하신다는 것—그리스도와 그의 의를 믿음의 대상과 기초로 삼는 우리의 믿음을 하나님께서 우리의 의로 판단하시고, 믿음에 의해, 믿음으로부터, 믿음을 통해 우리에게 무죄 선언을 내리시는 이유이기 때문입니다. 만일 이 같은 저의 견해에서 어떤 오류가 발견된다면 저는 언제든지 오류를 범할 수 있는 존재이기 때문에 기꺼이 그것을 수용할 것이지만, 제가 이단적이라는 비판은 수용할 수 없습니다.

그리하여 제 기억이 옳다면 이상과 같이 전술한 것은 각하께서 제게 언급하셨던 조항들이고, 그 조항들에 대해 성실함을 다해 제가 내놓은 설명입니다. 진심으로 저는 그것을 읽는 모든 사람들이 그 내용을 꼼꼼히 살펴보기를 바라는 바입니다. 같은 신앙을 고백함으로써 주 안에서 연합을 이룬 형제들에게 제가 호의를 바랄 수 있다면 그것은 제가 하나님을 향해 최소한의 양심의 감각을 가지고 있음을 그들이 믿어 주는 일입니다. 만일 그들이 그리스도의 성향과 본성에 대해 배우고자 한다면 그러한 호의는 그리스도의 사랑을 통해 그들이 쉽게 베풀 수 있어야 할 것입니다. 하나님과 그리스도의 은혜에 의해 저 자신이 한 지체가 되었음을 고백하는 그리스도의 교회 안에서 무모한 마음으로 객기를 부리거나 파당을 만듦으로써 야기되는 분열을 통해 제가 과연 어떤 이익을 얻을 수 있다는 말입니까? 만일 형제들이 제가 어떤 야심이나 탐욕 때문에 그런 모험을 감행한 것으로 상정한다면 그것은 그들이 제가 어떤 사람인지 모르기 때문이라고 저는 주 안에서 진심으로 선언합니다. 오히려 저는 그 후자의 악으로부터 완

전히 자유롭기 때문에 제아무리 강력한 덫에도 걸린 적이 한 번도 없다고
—어떤 전제 조건이나 그 밖의 것도 피하거나 누그러뜨릴 수 있는 힘이 제
게 있기에—단호하게 고백할 수 있습니다. 야망에 관해서 저는 그런 것을
품고 있지 않습니다. 다만 저를 이 사역으로 이끄는 바람이 있다면 신성한
진리를 얻기 위해 성경을 전심전력으로 탐구하고, 진리를 발견할 때 모순
없이 그것을 선포할 수 있고, '다른 사람들의 믿음을 주도하려는' 욕망으로
인해 다른 사람에게 진리를 규정하거나 동의를 강요하는 일 없이 오직 영
혼을 그리스도에게로 인도하기 위해 나 자신이 그에게 달콤한 향기가 되
고, 성도들의 교회 안에서 선한 평판을 얻을 수 있게 되는 것입니다. 그러
한 선한 명성을 저는 오래 참음을 통해 그리스도의 은혜로 얻을 수 있을
것입니다.

　비록 지금 저는 형제들에게 책망거리가 되었고, 하나님 아버지와 우리
주 예수 그리스도에게 한 영과 동일한 믿음으로 경배하고 간구하는 사람
들에게, 우리 주 예수 그리스도의 은혜를 통해 하늘의 기업을 얻고자 하는
동일한 소망을 나와 함께 나누는 사람들에게 "이 세상의 쓰레기처럼 되고,
이제까지 만물의 찌꺼기처럼"(고전 4:13) 되었지만 말입니다. 형제들과 내
가 주의 크신 이름 안에서 온유한 마음으로 함께 만나서 신앙과 관련한 조
항들에 관해 그리스도인답게 회의를 진행할 수 있는 기회를 주님께서 허
락해 주시기를 소망합니다. 그 거룩하고 즐거운 날의 밝은 빛을 속히 내게
비추어 주시기를!

　그 집회에서 그리스도 예수의 종에게 마땅히 요구되고 기대되는바, 하
나님의 은혜를 통해 저는 마음의 탁월한 절제와 진리와 평화에 대한 큰 사
랑을 나타낼 것입니다. 그때까지 잠시 동안(그 집회가 개최될 수 있을 때까지)
나의 형제들이여 부디 침묵을 지키고 저에 대해서도 발언을 자제하기 바라

며, 저 또한 평안한 마음을 유지하며 그들을 번거롭게 하거나 어떤 소란도 피우지 않을 것입니다. 만일 형제들이 저에 관해 다른 생각을 품고 있다면 저에 대해 공식적인(교회 차원의) 행동을 조치하기 바랍니다. 저는 유능한 재판관의 권위를 혐오하지도 회피하지도 않을 것이며, 청문회에 불출석함으로써 저의 보석금을 몰수당하는 일도 없을 것입니다.

혹여 제가 어떤 정치적 치밀함을 발휘하여 멀리서도 저의 증언을 듣는 사람들의 마음을 편파적으로 움직여서 저를 재판장 앞에 세워 심문하는 것이 부적절한 일로 생각하게 만들고 있다면 마땅히 형제들은 이처럼 당면 과제를 교묘하게 처리하는 저 같은 사람에게 어린 학생들을 지도하는 일을 맡길 수 없다고 판단할 것입니다. 그런 식으로 제게 전가되고 있는 흉한 오명으로 인해 학생과 청중이 모두 경악할 경우, 그런 이유로 시노드를 연기하는 것은 오히려 위험을 키울 수 있다고 생각하기에 저는 다음과 같이 제안합니다.

즉 제가 그 형제들과 함께 그간의 경과에 대해 진술하고, 도움을 청하며, 그런 규모의 대회의를 소집하거나 허가할 수 있는 권한을 가진 고위급 인사들에게 호소함으로써 더 이상 우리에게 이런 고통과 마음의 불안을 끼치지 말고, 그들 스스로 신속한 처방전을 제시하거나 다른 사람들에게 그 일을 맡기되 여전히 그들의 지시와 감독 아래 일을 진행하도록 하는 것입니다. 조국 네덜란드 연합국의 모든 목회자들로 구성되거나, 일곱 개주 각각으로부터 파견된 대표자들이나 화란과 우리 레이던대학이 속해 있는 웨스트프리슬랜드주에 속한 목회자 전체 또는 그들 중에서 선별된 몇 몇 목회자들로 구성된 것이든지 간에 문제 상황 전체가 우리의 적법한 사법행정관의 인지 아래 다루어질 수만 있다면 저는 어떤 방식으로 조직된 집회든지 개의치 않고 그 앞에 나서기를 서슴지 않을 것입니다. 또한 저는 공정한 조건에 따라 회의에 참석하고, 제게 적용되는 것과 동일한 법률의 적용을 받는, 외국에서 초청된 높은 학식을 가진 학자들 앞에 서는 것을 피하지도 않고 겁먹지도 않을 것입니다.

제안한 것을 한마디로 정리하면 (그들에게는) 성공의 밝은 전망이나 서광이 비칠 수만 있다면 건전한 논증에 의해 불충분한 것이건 견고한 것이건 제가 확실한 근거를 증명할 수 있기 위해 대규모든지 소규모든지 공식적인 대회의를 소집하자는 것입니다. 오늘 바로 이 시각에 제가 그 집회로 들어설 준비를 하고 태세를 갖추고 서 있는 모습을 상상해 보시기 바랍니다. 저는 매일같이 새로운 비방이 튀기는 더러운 구정물 세례를 받고, 그것을 제 몸에서 씻어 내야만 하는 무거운 짐을 지고 탄식하는 것에 지쳤기 때문입니다. 이러한 저의 행동 방침을 볼 때, 교회 총회가 소집되는 것을 피한다거나 지지자들의 수에 만족하면서 확실한 승리를 기대하는 식으로 일을 끌고 나가는 이단자들과 저는 결코 같지 않습니다. 오히려 지금 저의 입장은 확고부동합니다.

존귀하신 각하께서는 충분히 오랜 시간에 걸쳐 저의 말에 주의 깊게 경청해 주셨습니다. 저는 각하께서 중대한 일에 투여하실 만한 그 귀한 기회를 감히 얻어 낼 수 있었습니다. 그리스도의 교회의 거룩한 진리와 평화, 화합이 각하로 하여금 아량을 베풀 것을 허락하실 것이 분명하므로 제가 각하의 후원과 보호를 받는 일을 하찮게 생각하기 때문이 아니라, 필요 불가결한 사정에 의해 강탈하는 것이나 다름없지만 제가 재량으로 이 서신을 띄우게 된 것을 각하께서 넓은 아량으로 용서해 주실 것으로 믿습니다. 전능하신 하나님께서 각하를 안전하게 보호해 주시고, 지혜와 분별의 영을 더욱 풍성히 부어 주시며, 그럼으로써 각하께서 맡으신 대사의 직무를 잘 감당하고, 지존하신 대공 팔라틴 선제후의 소망을 넉넉히 만족시키실 수 있도록 지켜 주시기를 저는 기도로 간구합니다. 그리고 그러한 직무를 즐겁게 모두 수행하신 후 각하께서 자신의 조국과 친지에게로 무사히 돌아갈 수 있도록 자비와 은혜를 베푸시기를! 그렇게 각하의 가장 충성스러운 종은 기도합니다.

1608년 4월 5일
레이던대학 신학 교수 야코부스 아르미니우스

면밀하게 검토하고 평가해야 할 일부 조항들

다음 조항들은 부분적으로 결정적인 방식으로 부정되거나 인정된 것과, 부분적으로 의문의 여지를 남기는 방식으로 부정되거나 인정된 것으로서, 그 각각의 방법은 다른 조항들에 부속된 직접적인 증거에 의거한다.

성경과 인간적 전통에 관하여

신학적 진리의 기준은 으뜸이 되는 것과 이차적인 것, 두 가지로 되어 있지 않고 하나의 절대적인 것, 성경일 뿐이다. 성경은 모든 신적 진리의 기준으로서, 진리는 그것 자체로부터, 그것 자체 안에, 그것을 통해 주어진다. 따라서 "성경은 참으로 (진리의) 기준이지만 화란 교회 고백서의 의미에 따라 이해되는 한, 또는 하이델베르크 요리문답의 해석에 의해 설명되는 한에서 그러하다"라는 것은 분별 없는 주장이다. 한 사람에 의해서건, 몇 사람들에 의해서건, 여러 사람들에 의해서건 사람이 쓴 어떤 글도 (성경을 제외하고) '그 자체로 믿을 만한' 악시오피손(axiopison)[6]한 것이거나, '그 자체로 암묵적인 신뢰를 얻기에 합당한' 아우토피손(autopison) 한 것이 못 된다. 따라서 성경을 준거로 삼아 검토 과정을 거치는 일이 면제될 수 있는 것은 아무것도 없다.

"고백서나 요리문답에 대한 검토가 요청될 경우, 그것들은 믿을 수 없다는 것을 뜻한다"라고 말하는 것은 지각 없는 단언이다. 왜냐하면 그것들이 의문에 부쳐지는 위험에 노출되지 않거나, 그러한 상황에 처하지 않은 적이 없기 때문이다. 인간의 저술에 의해 사람들의 양심을 구속하고 합당한 조사 과정에 부칠 수 없도록 막는 것은 어떤 전제 조건에 의해 그러한 전횡적인 행동이 채택되든지 전횡적이고 교황주의적인 처사다.

하나님의 본성에 관하여

하나님은 선하시되 그것은 우연적이지 않은, 내적 필연성에 의해 그러하다. 끝부분에 덧붙은 어구를 '무제한적으로', '맹목적이지 않은' 같은 낱말로 설명하는 것은 우스꽝스러운 일이다. 하나님은 장래 일이 필연적으로 일어날 것을 의지하거나 작정하시는 것이 아니라, 그의 무한성과 지성과 예지의 탁월한 완전성을 통해 그가 미래의 일을 미리 아시는 것이다. 그 일이 미래에 일어나지 않는다면 하나님은 그것을 미리 아실 수 없고, 그가 그 일을 실행하거나 허용하기로 작정하시지 않는 한 그것은 실제로

..

6) '악시오피손'이나 '아우토피손'은 그 자체로 믿을 만한 것 또는 암묵적으로 신빙성을 지닌 것을 뜻한다.

일어날 미래 사건이 아닐 것이다.

하나님은 의(義)와 자기 피조물을 사랑하시지만 자기 피조물보다 의를 훨씬 더 사랑하신다. 이로부터 두 가지 결과가 야기된다. 첫째, 하나님은 죄 때문인 경우를 제외하고 자기 피조물을 미워하는 일이 없다. 둘째, 법적 의에 의해 또는 복음적 의에 의해 무죄한 것으로 판단하는 경우를 제외하고 하나님은 어떤 피조물도 영원히 사랑하지 않으신다. 하나님의 의지는 전건적인 것과 후건적인 것으로 엄격하고 유용하게 구별된다. 하나님의 의지를 감추어져 있거나 자유재량적인 것, 그리고 계시되거나 표상된 것으로 구별하는 것은 엄밀한 검토를 필요로 한다. 징벌적 정의와 자비는 최초의 작정과 그것의 최초 집행의 '유일한 원동력' 또는 최종 원인이 아니며, 또 그럴 수도 없다. 하나님은 그 자체로 자기의 완전성에 대한 지식에 의해 지복 자체이시다. 그러므로 그는 아무것도 부족한 것이 없고, 또 그의 어떤 속성들에 대해서도 외적 실행에 의해 증명해야 할 필요가 없다. 그러나 그가 증명해야 할 필요가 있다면 그는 자기의 순전하고 자유로운 의지에 의해 그렇게 하시는 것이 분명하다. 그러나 (그의 속성들 중 어느 것에 대해서든지) 그렇게 작정하실 때 그의 선함의 다양한 떠남이나 '발출'에 따라, 그리고 그의 지혜와 정의의 규정에 따라 순서가 지켜져야 한다.

삼위 위격들 사이의 관계에서 하나님의 위치에 관하여

고대 교부들은 하나님의 아들을 '그 자신으로부터 나신 하나님'이라고 부른 적이 없다. 그것은 위험한 표현이다. '아우토테온'(자기 자신으로부터 나온 하나님으로 해석되는 용어)은 자구적으로 아들이 다른 어떤 것으로부터 신적 본질을 얻지 않았음을 지시한다. 그러나 아들이 가진 본질이 다른 것으로부터 나온 것이 아니라고 말하는 것은 주어 관계를 뒤바꾼 것이기 때문에 언어 오용이거나 부적절한 것이다. '아들'과 '신적 본질'은 관계에 있어서 별개의 상이한 것이기 때문이다.

신적 본질은 아버지에게서 아들에게로 교류된 것인데, 그렇게 말하는 것이 적절하고 참되다. 따라서 "신적 본질을 아버지와 아들이 공유한다고 말하는 것이 적절하지만 그것이 교류되었다고 말하는 것은 부적절하다"라고 주장하는 것은 매우 어색한 표현이다. 신적 본질은 그것이 교류되었다고 말하는 경우를 제외하고 그것을 양자가 공유할 수 없기 때문이다. 하나님의 아들은 아우토테온, 즉 '하나님 자신'으로 불리는 것이 옳다. 이 낱말은 하나님 자신, 참으로 하나님이신 분을 지시하지만 그 표현을 통해 아들이 아버지에게서 교류되지 않은 어떤 본질을 가지고 있는 것을 함의하려 한다면 그 용어로 아들을 지칭하는 것은 그릇된 것이다.

"본질에 관해 하나님의 아들은 그것을 자기 자신으로부터 얻는다"라는 것은 애매모호한 표현이고, 바로 그렇기 때문에 위험한 표현이기도 하다. "그의 절대적 본성 또는 절대적인 것으로 간주되는 그의 본질에 대해 아들은 그것을 자기 자신에게서 얻는다"라고 말함으로써 그 애매성을 제거할 수 없다. 그뿐만 아니라 그와 같은 담화 방식은 들어본 적이 없을 뿐만 아니라, 공허한 것이기도 하다. 신적 위격들은 사물의 정도와 양태에 의해서가 아니라, 실재적 구별에 의해 서로 구분된다. 각 위격은 독립적으로 존속하는 개체이며, 어떤 특질을 가진 속성이나 개별 원리 같은 것이 아니다.

다음과 같은 질문을 던져 본다. 성삼위에 관해서는 신적 위격들의 공통 본성적 관계에 따라 본성 자체로 존재하는 것으로, 그리고 하나님 아버지에 의해 그리스도 안에서 성령을 통해 성취되는 구원의 경륜에 의해 현시되는 것으로 고찰하는 것이 유용하지 않을까? 이 같은 고찰 중 전자는 보편 종교에, 그리고 율법에 따라 아담에게 명령되었던 것에 속하는 것이 아닐까? 그 반면에 후자의 고찰은 예수 그리스도의 복음에 고유하게 속하면서도 모든 종교에 보편적으로 속하며, 따라서 마땅히 그리스도교에도 속한다는 나의 언명을 배제하지 않는다.

하나님의 작정에 관하여

하나님의 작정(divine decree)은 내부에서 시작되고, 따라서 어떤 절대적 필연성도 갖지 않는 하나님의 자유의지에 의해 이루어지는 것이지만, 하나님께서 밖으로 시행하시는 외적 행위다. 그러나 하나의 작정은 모종의 정당성의 적절함 때문에 다른 작정을 가정할 것을 요구하는 것처럼 보인다. 이성을 가진 피조물을 창조하는 것에 관한 작정, 순종과 불순종을 조건으로 하는 (그 피조물의 구원 또는 유기에 관한 작정의 경우가 그렇다. 영원의 관점에서 하나님이 보실 때, 피조물의 행위 또한 때로는 (작정의) 기회가 될 수 있고, 때로는 어떤 것을 작정하시는 외적 동력의 원인이 될 수 있다. 이것은 매우 추세에 따르는 것이기에 (피조물의) 그러한 행위가 없는 한 어떤 것도 작정되지 않거나 그럴 수도 없다.

다음과 같은 질문을 던져 본다. 피조물의 행위는 어떤 것을 작정하도록, 참으로 다른 것이 아닌 어떤 특정한 종류의 작정을 내리시도록 하나님께 필연성을 부과할 수 있는가? 그리고 피조물과 그의 행위와 관련해 수행되어야 할 어떤 행위뿐만 아니라, 그 행위가 완수되어야 할 어떤 양태에 대해서도 그렇게 말할 수 있는가?

하나님께서 어떤 것을 작정하시고 그것을 행하거나 허용하는 결정에 이르게 하는 의욕과, 그가 작정하신 특정 행위를 행하거나 허용하게 하는 의욕은 수적으로 하나이며 동일하다. 하나이며 동일한, 그리고 균등하게 고려된 어떤 대상에 관해 실제로, 또는 반대되는 의욕과 흡사한 어떤 것에 따라—예컨대 어떤 조건 아래에서 인간을 구원하려는 의지를 품으면서 동시에 정확히 절대적으로 그를 유기하려는 의지를 갖는 것—내려지는 하나님의 두 가지 작정이나 두 종류의 의욕은 존재할 수 없다.

어떤 사물이나 사건 자체에 관한 작정은 그것에 대해 어떤 필연성도 부과하지 않는다. 그러나 만일 하나님의 작정 속에 어떤 필연성이 존재하는 경우 그것은 신적 능력의 중재를 통해 존재할 수 있고, 참으로 그것은 자기가 작정하신 것에 영향을 미치는 대항할 수 없는 능력을 스스로 사용하는 것이 적절하다고 판단하실 때다. 그러므로 "하나님의 뜻은 사물들의 필연성이다"라고 말하는 것은 옳지 않다. "모든 일은 신적 작정과 관련해 필연적으로 일어난다"라는 것도 공정한 표현이 못 된다. 하나님께서 작정을 내리시는 대상과 그 작정을 예시하는 공리가 다양한 만큼 우리는 많은 별개의 작정을 상상할 수 있고, 반드시 그렇게 생각해야 한다. 하나님의 모든 작정이 영원 전부터 성립된 것이기는 하지만 사건들의 본성과 그것들 간의 상호 관계에 따라 우선순위와 후순위의 어떤 순서가 규정되어야 한다.

구원을 위한 예정과 최고 수위의 정죄에 관하여

초자연적 목적을 미리 규정할 수 있게 하는, 그리고 구원할 대상과 유기할 대상을 정하고 그의 자비와 징벌적 정의를 선언하며 그리하여 구원하는 은혜의 영광과 그 은혜에 상응하는 그의 지혜와 권능을 나타내기로 뜻을 정할 수 있게 하는 근거로서 예정(predestination)은, 하나님의 작정에서 순서상으로 첫째가 아니다. 초자연적 목적, 구원과 영벌, 자비와 징벌적 정의 또는 구원하는 은혜와 지혜, 무제약적으로 자유로운 하나님의 능력의 현시에 관한 예정이 대상으로 삼는 것은 영원 전부터 미리 아신 바 된, 그리고 구원과 유기와 창조와 타락과 개선이나 회복의 가능성을 가지고 있는 이성을 소유한 피조물이 아니다. 또한 예정의 대상자는 그러한 사안과 관련하여 고려되는 피조물 중 일부의 어떤 개체들이 아니다. 영광을 받을 그릇과 수치를 당할 그릇, 즉 자비나 진노를 담을 그릇들 간의 차이는 우주 전체 또는 하나님의 집의 장려함이나 완전성과 관련된 것이 아니다. 죄가 세상에 들어온 것은 우주의 아름다움과 무관하다. 원초적 의의 고결한 상태에서 진행된 창조는 예정이나 선택이나 유기에 관한 작정을 집행하기 위한 수단이 아니다. "유기의 방법은 원초적 의의 고결한 상태에서 창조되었다"(호마루스, 『예정에 관한 논제들』)라고 말하는 것은 너무 가공스러운 말이다. 바로 이 단언에는 하나의 동일한 것에 관해 서로 모순되는 하나님의 두 가지 의욕이 제시되어 있다. "하나님께서는 누구를 유기할 것인가뿐만 아니라, 유기의 원인에 대해서도 그가 원하시는 대로 예정하셨다"라는 것은 무시무시한 주장이다.(베자, 1권, 417면). "사람들은 그들 측의 어떤 과실과도 무관하게 하나님의 무제약적인 의지 또는 선택에 의해 영원한 죽음에 예정될 수 있다"라고 말하는 것 또한 끔찍한 주장이다.(칼뱅, 『기독교 강요』, 1권, 1부, 2~3장). 이뿐만 아니라 "사람들 중 일부는 영원한 생명에, 나머지는 영원한 사망에 이르도록 창조되었다"라는 것 역시 가공할 만한 주장이다. "멸망을 위해 예비된다는 말은 하나님의 은밀한 계획을 지시하는 것 외에 다른 것일 수 없다"라고 말하는 것은 적절한 표현이 되지 못한다.

(아담이) 죄로 인해 엎드러지게 방임한 것은 예정이나 선택 또는 유기와 관련된 작정을 집행하는 수단이 아니다. "타락한 사람들의 과실은 그들을

예정된 멸망으로 이끄는 부차적 수단이다"라고 말하는 것은 부조리하기 짝이 없다. 따라서 "예정의 유효적이고 충분한 원인과 질료는 타락한 사람들에게서 발견된다"라는 것은 거짓된 단언이다. 구원하기로 선택된 사람들은 목적에 대한 수단의 관계에서 '자비의 그릇'으로 부를 수 없는데, 왜냐하면 구원을 위한 예정에 관해 작정하는 것 자체로 성립되는 자비가 구원의 유일한 운동 원인이기 때문이다. 그리스도를 예정된 구원의 부차적 원인으로 부를 경우 그것은 중보자로서 그리스도를 폄하하는 것이 아니다. 천사들에 대한 예정과 인간에 대한 예정 사이에는 엄청난 격차가 존재하므로 그 개념을 애매모호한 일반적인 의미로 수용하지 않는 한 두 경우 모두에서 하나님의 어떤 속성도 전제 조건이 될 수 없다.

창조, 그리고 특별히 인간 창조에 관하여

무로부터 만물을 창조하는 것은 하나님의 모든 외적 행위 중 최초의 것이다. 어떤 행위도 이보다 앞설 수 없고, 그렇게 선행하는 어떤 것도 상상할 수 없다. 하나님께서 만물을 지으시고 운행할 수 있도록 유도하는 속성들은 하나님의 본성에 기원하는 최초의 충동과 그의 최초의 발출(egress)에 의존하므로 그 속성들이 애드 엑스트라(ad extra), 즉 '밖으로' 조성될 때 빈 공간 또는 무를 채우는 것은 아무것도 없었다.

하나님은 이성을 소유하고 신적 차원의 일을 수행할 수 있는 두 종류의 피조물을 만드셨다. 하나는 순수한 영적 존재이자 비가시적 존재인 천사(들의 집합)이고, 다른 하나는 부분적으로는 물질적이고 부분적으로는 영적인, 그리고 부분적으로는 가시적이고 부분적으로는 비가시적인 존재, 즉 인간(들의 집합)이다. 이 우주가 완성되기 위해서는 그 두 피조물(들의 집합)

이 창조되어야만 했다.

다음과 같은 질문을 던져 본다. 이 두 지성적 피조물들이 창조 때부터 근본적인 차이를 갖는다는 사실과, 천사와 인간 각각에게 영원한 생명을 수여하는 방식과 요구되는 조건에 있어서 하나님께서 후자에 관해 작정하시는 것과 매우 다른 방식으로 전자에 관해 작정하신다는 사실은 하나님의 지혜의 다면성을 나타내고, 또한 그 두 지성적 존재들이 창조 때부터 가진 차이점에 대한 매우 적합한 조치가 아닌가? 하나님은 그렇게 차별적으로 경영하시는 것으로 보인다.

그러나 우리는 두 가지 일반적인 방법론을 마음속으로 상상해 볼 수 있다. 하나는 조금이라도 위반 행위가 발생할 경우 용서받을 어떤 희망도 없이 규정된 율법을 엄격히 준수할 것을 요구하는 것이다. 다른 하나는 인간 본성과 조화되는 율법이 독단적인 작정에 의해 규정되어 인간에게 부과되어야 함에도 불구하고 죄에 대한 용서를 통해 엄격하고 극도로 엄중한 수위에 따라 인간들을 다루지 않기로 하고, 또한 어떤 약속이나 사면 없이 그들에게 무조건적 복종을 요구하지 않기로 작정하는 것이다.

인간을 지을 때 본으로 쓰인 하나님의 형상과 유사성은 부분적으로 인간의 본성에 속하므로 그것 없이는 어떤 것도 인간일 수 없다. 하지만 그것은 또한 부분적으로 초자연적인, 곧 하늘에 속한 영적인 일과 관련된 요소로 이루어진다. 전자의 집합은 지성, 감성, 자유로운 의지로 구성되는 반면, 후자의 집합은 하나님과 거룩한 일, 의, 참된 경건 등에 관한 지식으로 이루어진다. 본질과 그에 적합한 대상에 관해 아담이 하나님을 믿었던 믿음은 복된 씨(the blessed seed)에 대한 약속이 주어진 후 그가 하나님을 믿었던 믿음과 같지 않고, 또 우리가 그리스도의 복음을 믿는 믿음과도 같지 않다. 하나님께, 아담에게, 그리고 진리 자체에 대해 어떤 부정의가 발생하지 않았다면—그가 자신의 노력에 의해서나 하나님의 은사에 의해 최소한도의 능력을 가졌음이 분명하지만, 그렇지 않았다면 본질적인 어떤 것이 인간 자신의 내부에서 형성되었어야 할 것이므로 그가 어떤 상태에 도달할 수 있었든지—원초적 상태에서 아담은 그가 이해하고 믿고 또는 행할 수 있기 위해 필요로 하는 어떤 것이든지 그가 이해하고 믿고 행할 수 있는 근접 원인적 능력을 부여받았거나 소유했던 것으로 말할 수 없다.

의지의 자유가 성립하기 위한 요건은 다음과 같다. 즉 의욕을 품거나 의욕을 품지 않기 위해 요구되는 모든 요건이 규정될 때, 인간 주체는 의욕을 갖거나 의욕을 갖지 않는 것, 저것보다 이것을 더 원하는 것 그 자체에 무관심하다. 이 같은 무관심은 의지를 제한하고, 모순되거나 반대되는 어느 한편보다 다른 편으로 절대적으로 기울어지게 하는 선행적 결정에 의해 제거된다. 따라서 이러한 선행적 결정은 자유로운 능력뿐만 아니라, 그것을 행사하는 것 자체에서도 자유로운 사용을 요구하는, 의지의 자유를 성립할 수 없게 만든다.

외적 필연성 못지않게 내적 필연성도 자유에 반한다. 차라리 내적 필연성의 간섭에 의한 경우를 제외하고 외적 필연성은 어떤 일을 행하지 않을 수 없게 만들지 않는다고 말해야 한다. 아담은 그에게 주어진 상징적이거나 의식적인 명령과 도덕적인 명령까지 모두 이행하는 것이 습관적이었거나 유익이 되었든지 간에 이미 충분한 은혜를 소유했거나, 그를 위해 언제든지 은혜가 준비되었던 것으로 생각된다.

피조물, 특히 인간에 대한 하나님의 주권에 관하여

피조물에 대한 하나님의 주권은 그가 그들에게 베푼 선의 조달에 근거한다. 이 선은 무제한적이지 않으므로 주권 자체도 무한정하지 않다. 그러나 그의 주권은 무한하므로 그에 따라 하나님께서 피조물에게 명령을 내리고, 자기의 모든 사역을 그에게 부과하며, 자기의 전능성을 통해 그에게 명령하고 부과할 수 있는 모든 일에서 그를 부리고, 자기를 섬기고 전심을 기울이게 하는 것은 적법하고 합당한 일이다.

그러므로 피조물 자신의 과실이 없는 한 하나님의 주권은 이성을 가진 피조물이 영원한 사망에 처하게 될 정도로 스스로를 확대하지 않는다. 그러므로 "죄를 공로적 원인으로 고려하지 않은 채 하나님께서 어떤 피조물이든지(무제약적인 고려 사항) 멸망하기로 작정하고 창조하셨지만, 그럼에도 그를 부정의하다고 비난할 수 없는 까닭은 그가 피조물에 대해 절대적 주권을 가지고 있기 때문이다"(호마루스, 『예정에 대한 논제들』)라고 말하는 것은 그릇된 단언이다.

또 다른 그릇된 단언은 이것이다. "무슨 권한으로 하나님께서 무가치하고 죄를 지은 인간들을 구원하시는지를 은혜의 빛에 의해 우리가 알 수 있듯이, 영광의 빛에 의해 우리는 무슨 권한으로 하나님께서 무죄한 사람 또는 정죄받을 만한 일을 하지 않은 사람을 유기할 수 있는지 알 수 있다. 그러나 자연의 빛에 의해서는 우리가 이 권한에 대해 전혀 알 수 없다."(루터, 『의지의 부자유함에 관하여』)

그러나 이보다 한층 그릇된 단언은 이것이다. "인간은 하나님의 뜻에 순종하지 않을 수 없다. 오히려 그는 하나님께 감사하지 않을 수 없다고 말해야 할 것이다. 왜냐하면 하나님께서 그를 신적 영광의 도구가 되게 하여 영원한 멸망을 불러오는 진노와 권능을 나타낼 수 있게 하셨기 때문이다."

하나님은 그가 원하는 대로 무엇이든지 행하실 수 있다. 그러나 그는 자기의 무한하고 절대적인 능력대로 행할 수 있는 어떤 일에 대해서도 일방적으로 결정하기를 원하지 않으시며, 또 그렇게 하실 수도 없다.

하나님의 예정에 관하여

하나님의 예정은 창조 활동에 속한다. 그러므로 인간의 자유의지가 사용될 수 없도록 금하거나 방해할 경우 야기될 수 있는 방식으로 예정이 창조를 침해한다거나, 인간이 창조된 환경과 상태에 부합되지 않는 방식으로—즉 하나님께서 그의 영원하신 뜻에 따라 인간의 죄를 통해 자기 자신의 영광과 정의와 자비를 나타내실 수 있게 하기 위해 인간이 반드시 부패한 상태에 이르도록 하나님의 예정이 그를 다스리고 통치해야만 하는 식으로—예정의 필연적인 상호작용을 인간에게 허락하지 않거나, 인간을 전혀 다른 목적이나 멸망으로 내모는 일은 결코 없어야 한다.

적극적 조처(to act)나 허용(to permit)은 하나님의 예정에 속한다. '허용은 무위(無爲) 또는 수수방관일 수 없다.' 이것을 전제로 허용이 적극적 조처로 바뀔 경우 그 두 가지는 혼합되어 구별되지 않는다.

신적 예정은 자유의지를 모순이나 반대 어느 한편으로 결정하지 않는다. 즉 실제의 의욕 자체에 앞서 선행적으로 결정하지 않는다. 상황이 달라질 때 그 의욕 자체가 의지와 동시에 발생함으로써 부속 원인이 되고, 따라서 학자들이 흔히 표현하는, 선행적이 아니라 동시적인 하나의 행위에 의해 그 의욕 자체가 의지를 규정짓는다.

누구든지 죄를 지을 수 있도록 하나님께서 허용하는 것을 가리켜 "신적 은혜를 삭감하거나 철회하는 것", 즉 "하나님께서 자기의 작정하신 뜻을 이성적인 피조물을 통해 집행하실 때, 악한 일을 실현하고자 하는 자기의 뜻을 그 피조물에게 밝히지 않는다거나, 그 행위에서 인간이 하나님의 뜻에 순종하도록 그의 의지에 간섭하지 않는 것"이라고 규정하는 것은 올바른 정의가 아니다.(우르시누스, 『예정론』, tom. 1, fol. 178)

인간의 원초적 상태에서의 예정에 관하여

"순수한 자연 상태에서(in puris naturalibus: 초자연적 존재들과 공존할 수도 있고 그렇지 않을 수도 있다) 하나님께서는 선택의 작정에 의해 일부 특수한 개인들을 초자연적 지복 차원으로 높이신 반면, 나머지 사람들은 자연 상태 그대로 버려두기로 결정하셨다"라는 것은 참된 단언이 아니다. "건축가의 요구에 따라 어떤 돌들은 지을 집의 왼편에, 다른 돌들은 오른편에 놓이게 되는 것처럼, 어떤 사람들은 오른편에, 다른 사람들은 왼편에 서게 될 것이라는 것은 우주의 관계 또는 유비에 속한다"라는 것은 성급한 주장에 불과하다.

하나님께서 어떤 사람들로 하여금 초자연적 목적을 벗어나 잃어버린 상태에 이르도록 방임하시는 허용은 부조리하게도 이 예정에 잘못 종속되었다. 왜냐하면 이성을 소유한 피조물을 그의 본성에 일치하는 방식으로 초자연적 지복으로 인도하고 유도하는 것이 예정에 속한 일이기 때문이다. 또한 하나님께서 우리의 최초의 조상들로 하여금 죄에 빠지도록 방임하셨던 그 허용이 바로 이 예정에 종속되는 것이라고 말하는 것은 성급한 주장이다.

죄의 보편적 원인에 관하여

이성을 가진 피조물을 제외하고 누구도 죄를 지을 수 없다. 따라서 죄의 원인이 하나님에게 전가될 경우 바로 그 상황에 의해 죄는 더 이상 죄가 되지 않는다. 그럼에도 다음의 비판, 즉 "그 교리로부터 하나님이 죄의 조성자라는 결론이 함축된다"는 네 가지 논증에 의해 우리 신학자들에게 연루될 수 있는 것처럼 보인다.

첫째, 그 신학자들은 "죄를 미리 내다보지 못한 상태에서 하나님께서는 어떤 사람들은 구원하고 다른 사람들은 유기하는, 징벌적 정의와 자비를 통해 자기의 영광을 선포하기로 절대적으로 작정하셨다"라고 가르치기 때문이다. 또 다른 사람들은 이렇게 단언한다. "어떤 특별한 사람들을 구원하고 다른 사람들을 영원히 유기하는 일에서 하나님은 구원하는 은혜, 지혜, 진보, 능력과 가장 자유로운 힘을 행사하심으로써 자기의 영광을 나타내기로 작정하셨다. 죄가 세상에 들어오지 않고서는 그런 일은 있을 수도 없고, 또 일어나지도 않았다."

둘째, 그 신학자들은 "으뜸가는 최고의 목적을 이루기 위해 하나님께서는 인간이 죄를 짓고 부패하게 될 것을 예정하셨고, 그에 따라 하나님은 이 같은 작정을 실행할 수 있는 길을 스스로에게 여셨다"라고 주장하기 때문이다.

셋째, 그들은 "인간이 죄를 범하기 전에 죄를 피하기 위해 필요하고도 충분한 은혜를 인간에게 제공하기를 거부하셨거나 그들에게서 철회하셨다"라고 가르치기 때문이다. 그 주장은 마치 하나님께서 인간이 자기의 본성에 의해 수행하거나 준수할 수 없는 율법을 그들에게 부과하셨다고 말하는 것과 마찬가지다.

넷째, 그들은 일단 한 번 제정되면 인간은 모든 자유를 송두리째 잃게 만드는 범죄 행위 자체의 후건과 전건의 필연성에 의해 죄를 짓는 것 외에 달리 어찌할 수 없는, 부분적으로 외적이고 부분적으로 중재적이며, 부분적으로 직접적인 어떤 행위를 하나님께 전가하기 때문이다. 그러나 바로 그 자유가 없는 한 인간은 그가 실행된 죄에 대해 책임이 있는 것으로 간주되거나 판단될 수 없다.

다섯째, 똑같은 내용을 기술하는 증언이 우리 신학자들에 의해 뚜렷이 표현된 것에 덧붙일 수 있다. "유기된 자들은 범죄 행위의 필연성을 피할 수 없고, 특히 이러한 종류의 필연성은 하나님의 예정을 통해 주입되었기 때문에 그러하다."(칼뱅, 『기독교 강요』, 2권, 23장)

아담의 타락에 관하여

아담은 여전히 선을 행하고 스스로 죄를 멀리할 수 있었고, 이것은 실재와 쟁점 자체에 관해 마땅한 것인데, 단지 하나님의 선행하는 어떤 작정으로 인해 실행에 옮길 수 없었기 때문이라기보다 오히려 그 선행하는 작정에 의해 어떤 행위로 끌어들일 수 없었기 때문이다. 아담은 내적이거나 외적인 하등의 필연성에 매이지 않은 채 자유롭고도 자발적으로 죄를 지었다. 아담이 하나님의 작정을 통해 타락한 것이 아니다. 즉 그는 넘어지도록 예정되었거나 유기를 통해서가 아니라, 구원이나 멸망 어느 쪽의 예정에도 종속적이지 않지만 그것이 예정과 대립하는 것으로 구별되는 한 섭리에 속하는 것으로 보아야 할, 하나님의 단순한 허용을 통해 넘겨졌던 것이다.

아담은 작정, 예고, 유기 또는 허용과 관련하여 필연적으로 넘어져야 했던 것이 아니며, 이것으로부터 아래의 기술이 표현하는 것에 대해 어떤 종류의 판단을 내려야 하는지가 분명해진다. "나는 하나님의 의지에 의해 아담의 모든 자손들이 예속되고 매여 있는 이 비참한 상태로 전락한 것이라고 진실로 믿는다."(칼뱅, 『기독교 강요』, 3권, 23장) "그들은 뚜렷한 표현을 통해 이 사실의 존재를 부인한다. 즉 아담이 그 자신의 일탈에 의해 멸망에 이른 것은 하나님에 의해 작정된 일이다." "하나님께서는 인간이 어떤 결과를 얻게 될 것인지 미리 아셨고, 그가 그렇게 된 것은 하나님의 작정에 의해 규정되었기 때문이다." "하나님은 최초의 인간의 타락을 미리 아셨을 뿐만 아니라, 그것은 그 자신의 뜻에 따라 예정한 것이다."

원죄에 관하여

원죄는 아담이 선악을 아는 나무와 관련된 명령을 위반함으로써 인류 전체가 죄인으로 규정되었으며, 죽음과 정죄를 받아 마땅한 불쾌한 존재가 되거나 그렇게 될 수밖에 없게 만든 자범죄(自犯罪)가 아니다.

여기서 다음과 같은 질문을 던져 본다. 질 수 있다. 원죄란 단지 원초적 의와 시원적 거룩함의 부재 또는 결여로서, 지금처럼 맹렬하거나 무질서하지는 않았더라도 이전에도 사람 안에 존재했던—인간이 하나님의 호의를 잃고 저주를 받게 만든, 그리고 선한 것을 잃음으로써 그 경향성을 명령으로 축소한 원인—즉 죄를 짓고자 하는 경향성을 가리키는가? 아니면 그것은 (최초의) 범죄 이후 의와 거룩함에 반대되는 어떤 주입된 관성(또는 후천적으로 습득된 성향)을 가리키는가? 아담의 실제적 범죄로 인해 인류가 이미 죄인으로 규정되고 유기될 운명에 처했을 때, 원죄는 그들을 하나님의 진노를 불러일으킬 만큼 불쾌한 존재로 만드는 것인가? 죄를 지은 후, 그리고 회복되기 이전에 바로 이 상태에서 고찰한다면 아담은 즉시 처벌받고 복종하게 되기보다 오직 처벌만 받아야 했던 것인가?

원초적 상태에서의 예정과 타락 이후의 예정 각각에 대한 고찰

"예정의 문제는 영벌과 반대로 목적에 관한 선행 예정을 고려해야 할 경우 모든 인간에게 공통되거나 절대적으로 적용되지만, 목적에 대한 수단에 대해 고려해야 할 경우 아담에 의해 그리고 그 자신과 그의 죄책에 따라 죽음에 처해져야 하는 것은 바로 인간 자신이다."(트렐카티우스,[7] 『신학제요』, 2권, 「예정에 관하여」).

"첫째 정죄는 부정적이거나 수동적인 반면, 둘째 정죄는 능동적이다. 전자는 모든 만물과 사물들의 원인이 예지되고 고찰되거나, 그것이 사물들로부터 창발하기 전이었다. 이 행위는 바로 죄에 관한 것이고, 선행 유기라고 불린다"라는 단언은 동일한 정도로 부적절한 것이다.

다음 언술이 어떤 방식으로 이 교리와 조화를 이룬다고 말할 수 있는지는 토의해야 할 주제다. "이 예정의 충동적 원인은 그리스도 안에서 하나님의 뜻의 자비로운 성향이며, 예정 자체는 하나님의 외적 행위로서 그것에 의해 그는 그리스도 안에서 어떤 피조물로 하여금 그의 은혜와 영광에 참여할 수 있게 작정한다."

이어지는 단언은 매우 어리석은 것이다. "유기된 사람에게 은혜를 베풀

---

7) Lucas Trelcatius Jr.(1573~1607). 그의 아버지 루카스 트레카티우스는 네덜란드 북부의 아트레흐트에서 출생하고 자랐으며, 성장한 뒤 파리와 오를레앙에서 신학을 공부했다. 가톨릭교회의 부패상에 실망한 그가 프로테스탄트로 전향하자 친척의 재정적 후원이 끊어졌다. 그러나 라이젤시의 상인들로부터 후원을 받아 계속 프로테스탄트 신학자로서 성장했다. 프랑스의 주변 상황이 악화하자 그는 안트베르프, 북부 네덜란드를 거쳐 결국 레이던에 정착하여 레이던대학의 정교수가 되었고 목회자로도 일하게 되었다. 그러나 전염병으로 1602년에 사망하자 그의 아들 루카스 트레카티우스 주니어가 교수직과 목회를 이어받았다. 그러나 그 자신도 1603년에 『신학 제요(Institutiones Theologiae)』을 쓴 후 사망했다.

지 않기로 작정하는 하나님의 정의로운 유기는 예정과 그것의 집행에 관련된 것으로서, 탐험 또는 시험의 성격을 갖는다." 이것은 또한 그 앞의 단락에 들어 있는 표현과 조화될 수 없다.

타락 이후의 예정에 관하여

다음과 같은 질문을 던져 본다. 타락한 인류로부터 또는 부패와 파멸이 만연한 가운데 택정된 자들의 선이나 유기된 자들의 악에 대해 어떤 고려도 하지 않은 채 하나님께서 어떤 특정한 사람들을 생명으로 절대적 선택을 내리시고, 나머지 다른 사람들을 사망에 처하는 절대적 유기를 작정하신 것인가? 그리고 은혜로우면서도 엄중하기도 한 정의로운 작정으로부터 하나님께서 선택하고 구원하기로 작정하거나 또는 유기하고 정죄하기로 작정하시는 대상에게 그러한 조건이 필수 불가결한 것인가? 영원한 사망을 선고받은 사람은 오직 아담의 죄 때문에 그렇게 되는 것인가? 그런 방식으로 택정된 사람들은 그들이 그것에 동의하든지 아니면 저항하는 것 외에 달리 아무것도 할 수 없는 정해진 운명을 따라 오직 은혜의 유효성에 의해 필연적으로 구원을 얻는 것인가? 차라리 아우구스티누스를 따라 말한다면 그렇게 선택된 사람들이 구원받을 것이 확실한 것은 그들이 설득되고 구원을 얻기에 합당하고 어울린다는 사실을 하나님께서 아셨으므로 그들에게 은혜를 베풀기로 작정하셨기 때문인가? 그렇게 유기된 사람들이 확정적으로 저주를 받는 것은 막간에 그들에게 충분한 은혜가 주어질 경우 그들이 스스로 동의하고 구원을 얻을 수 있음에도 불구하고 하나님께서 그들이 적절하고도 어울린다고 생각하시는 은혜를 그들에게 베풀지 않기 때문인가?

하나님 자신의 뜻에 따라 죄인들을 구원하기로 하는 그의 작정에 관하여

　죄인들의 구원에 관한 최초의 작정은 하나님께서 그의 아들 예수 그리스도를 구원자, 중보자, 구속자, 대제사장, 죗값을 보상하는 자로 임명하여 그 자신의 순종에 의해 상실되었던 구원을 회복하고, 자신의 유효적 능력에 의해 구원을 분배할 수 있도록 뜻을 정하신 것을 지시한다. 둘째 작정은 하나님께서 회개하고 믿는 자들에게 호의를 베풀고, 끝까지 견디는 자들을 그리스도 안에서, 그리스도 때문에, 그리스도를 통해 구원하는 반면, 회개하지 않는 불신자들을 죄와 진노 아래 버려 두고 그들을 그리스도와 무관한 이방인으로 저주를 내리기로 뜻을 정하시는 것을 지시한다. 셋째 작정은 하나님께서 회개와 믿음을 위해 필연적이고 충분하고 효력 있는 수단을 경영하기로 뜻을 정하시는 것을 지시한다. 이 경영은 자비 또는 엄격함에 각기 적합하고 상응하는 것이 무엇인지를 아시는 하나님의 지혜를 따라 수행된다. 그것은 또한 하나님 자신의 지혜를 따르고 (그 명령을) 집행할 태세가 되어 있는 그의 의를 따라 이루어진다. 이 같은 명제로부터 특정한 개인들을 구원하고 나머지 사람들을 유기하는 것에 관한 넷째 작정이 귀결된다. 이 작정은 하나님의 전지성과 예지에 의존한다. 그러한 능력에 의해 하나님께서는 그의 경영 아래 예방하거나 선행하는 은혜의 도움을 받는 가운데 사람들이 무엇을 믿을 것인지, 후속으로 수반하는 은혜의 도움으로 누가 끝까지 인내할 것인지, 누가 믿고 견디지 못할 것인지를 영원 전부터 미리 아신다. 그러므로 하나님은 "누가 그의 소유인지 아신다고 말할 수 있고, 따라서 구원받을 사람과 유기될 사람의 수가 확정되어 있으므로 내용과 대상이(즉 집합 구성원의 자격과 해당자) 또는 학자들의 어법을 따라 물질적으로나 형식적으로 모두 결정되어 있다.

둘째 작정은 구원에 관한 예정으로, 그리스도교, 구원, 구원에 대한 확신의 기초가 된다. 그러나 하나님께서 특정한 피조물과 개인들을 구원하고 그들에게만 믿음을 부여하기로 작정하셨다고 말하는 예정은 그리스도교나 구원의 기초가 아니며, 또한 구원의 확신을 위한 기초도 아니다.

그리스도에 관하여

다음과 같은 질문이 있을 던져 본다. 죄가 세상에 들어온 후 하나님의 아들의 죽음을 통하는 길 외에 죄를 대속할 수 있는 다른 어떤 방책도 없었다. 그렇다면 그리스도 안에서 인간의 본성은 로고스로부터 직접적으로, 즉 성령의 간섭 없이 얻게 되는 본질 외에 다른 어떤 것도 갖지 않는 것인가? 성령을 통해 그리스도가 거룩하게 잉태되고, 동정녀 마리아에게서 탄생한 것은—하나님이 보실 수 없도록 우리 본성의 부패를 감추는—그 경향성을 갖게 하기 위해서인가? 인간의 하나님과 우리 이웃을 사랑할 것을 요구하는 도덕법의 명령을 따라 그리스도께서 온전히 의를 완수하셨던 그의 거룩한 생애는 다음 목적을, 즉 그리스도께서 순전하고 무죄한 대제사장인 동시에 아무 허물도 없는 희생제물이 되어야 하는 결과를 산출하려는 목적을 위해서인가? 그러나 그것은 또 다른 목적—(그리스도의 거룩한 삶의) 의로움은 하나님 앞에서 우리의 의로움이 되고, 바로 그 수단에 의해 우리를 위해, 즉 우리의 이름으로 우리를 대신하여 그가 수행해야 하는 것—을 위한 것이 아닌가? 빌라도의 재판정 앞에 세워지기에 앞서 그리스도께서 당하셨던 많은 수난은 이후에 그가 감당해야 했던 일—우리 죄를 깨끗하게 씻고 대속하는 것, 죄인들을 구속하고 하나님과 화해시키는 것—과 서로 합치를 이루는가? 그리스도께서 죄를 위한 희생제물로서 자기 자신을 아버지께 드렸던 봉헌은 십자가 위에서 완수되었으므로 그는 하늘에서 더 이상 자기 자신과 그의 피를 아버지께 드릴 필요가 없는 것인가? 그리스도께서 하늘에서 자기의 피가 뿌려진 자기 자신을 아버지께 드리는 봉헌은 그의 중보의 토대 또는 지지대가 되는 항구적이고 연속적인 행위인가? 그리스도의 피에 의해 성취된 구속은 세상을 위해 자기 아들을 내어주신 하나님의 사랑과 호의에 따라 특별히 모든 인간에게 공통되게 적용되지만, 믿는 자들만을 구원하는 확정적인 작정에 따라 인류의 일부분에게만 적용되는 것이 아닌가?

그리스도와 연합하기 위해 그의 은사들에 참여하도록 죄인을 부르시는 것에 관하여

죄를 지은 후 죄인은 그를 비난하고, 참소하며, 저주하기에 충분한 역량을 가진 율법에 대해 잘 알게 된다. 하나님께서는 이 지식 자체를 사용하시어 죄인을 그리스도에게로 부르시고, 그것을 통해 인간을 회개로 이끄시며 그리스도에게로 피할 수 있게 하실 수 있다. 중생에 이르지 못한 사람은 그가 실제로 간과할 수 있는 것보다 더 많은 악한 외적 행위를 간과할 수 있고, 하나님께서 명령하신 외적 행위를 그가 실제로 행하는 것보다 더 많이 실천에 옮길 수 있다. 즉 그는 실제로 하는 것과 다른, 그리고 더 나은 방식으로 자신을 제어할 수 있게 유도하는 방책을 얼마든지 마련할 수 있다. 비록 그가 그렇게 해야 한다고 해도 그 행동에 의해 유익을 얻는 것은 하나도 없지만 말이다.

부르심이 내적인 것과 외적인 것으로 나뉘는 것은 유(類)를 종(種)으로, 또는 전체를 부분에 분배하는 것과 다르다. 내적 부르심은 부르심에 응답하지 않는 사람들에게도 수여된다. 중생하지 않은 사람들 모두가 의지의 자유를 가지며, 따라서 그들은 자의로 성령에 저항하고, 하나님께서 내리시는 은혜를 거부하며, 하나님이 그들에게 주시는 훈계를 멸시하고, 은혜의 복음을 거부하며, 마음의 문을 두드리시는 그에게 문을 열지 않을 수 있다. 그러한 행사는 택정된 자이건 유기된 자이건 무관하게 누구든지 실제로 행할 수 있다.

하나님께서 누구를 부르시든지 그는 그 사람들이 회개하고 구원을 얻기를 바라시는 의지를 품고 진정을 다해 그들을 부르신다. 부르시는 사람들에 관해 하나님께서 품으시는 뜻에는 그들을 균등하게 고려하시는 어떤 면모도 없다. 즉 그 뜻은 긍정적이거나 그의 뜻과 반대로 부정적이거나 할 뿐이다. 하나님께서 모든 사람을 구원하기 위해 동원할 수 있는 모든 방법을 사용해야 하는 것은 아니다. 구원하기 위해 사용할 수 있는 하나 또는 그 이상의 수단을 사용하실 때, 하나님은 그의 역할을 수행하실 뿐이다.

"인간은 용서받을 수 없는 상태가 되었다"라는 것은 하나님께서 처음 부르시고 그것이 거절되지 않았을 때, 근접 원인적 목적도 아니고 하나님께서 의도하셨던 것도 아니었다. 용서받을 수 없게 된 사람들을 그렇게 만드는 목적과 관련된 유일한 교리는 권한에 의해또는 효력 있는 원인에 의해 그들을 용서받을 수 없도록 만들 필요가 없다는 것이다. 하나님의 권한―즉 그리스도를 믿을 능력이 없는 사람들에게 믿음을 가질 것을 요구할 수 있고, 은혜를 거부하는 과실 같은 것도 없는 사람에게도 믿음을 갖기에 필요하고도 충분한 은혜를 베풀지 않기로 결정할 수 있는 권한―은 원초적 상태에 있던 아담과 그에게 속한 인류 전체에게 하나님께서 그리스도를 믿을 수 있는 능력을 공급하셨다는 사실에 달려 있거나 그것에 의존하는 것이 아니다. 하나님의 권한, 즉 은혜의 복음을 거부한 사람들에게 저주를 내릴 수 있고, 불순종한 사람들에게 실제로 저주를 내리신다는 것은 모든 사람이 그들 자신의 죄책에 의해 아담을 통해 그들이 갖게 되었던 믿음의 능력을 상실했다는 사실에 달려 있지도 않고, 그것에 의존하지도 않는다.

충분한 은혜는 반드시 제공되어야 한다. 그러나 이 충분한 은혜는 그 수혜자 자신의 과실에 의해 그 효력이 (항상) 유지되지 않을 수 있다. 이것이 참이 아니라면 믿지 않는 사람들에게 저주를 내릴 때 하나님의 정의를 옹호할 수 없을 것이다. 구원하는 은혜의 유효성은 하나님께서 사람들의 생각과 마음에 내적으로 역사하심으로써 그러한 행위가 마음에 각인된 사람들이 자기를 부르신 그에게 동의하지 않을 수 없게 만드는 하나님의 전능한 행위에 항상 부합되는 것은 아니다. 또는 같은 말이지만 은혜는 저항할 수 없는 힘 같은 것이 아니다.

이에 다음과 같은 질문을 던져 본다. 효력 있고 충분한 은혜는 일관적이거나 적합한 부르심에 따라, 그리고 비일관적인 부르심에 따라 정확하게 구분되는 것이므로 하나님께서 일부 특정한 개인들을 구원하기로 하는 절대적 목적을 위해 사용하실 때 그것을 유효적 은혜라고 부를 수 있고, 그런 목적이 아니라 인류 전체에 대해 베푸는 일반적인 사랑으로부터 고무되고 감동을 얻는 사람들이 있을 경우 그들에게 자비를 베풀지 않기로 작정하신 선행적 작정에 따라 공급되는 차원의 은혜를 충분한 은혜라고 부를 수 있을까?

효력(efficiency) 자체와 구별되는 유효성(efficacy)은 충분성(sufficiency)과 전혀 구별되지 않는 것처럼 보인다. 하나님의 부르심에 순종하는 사람들은 자유롭게 은혜에 동의한다. 그러나 그것에 선행하는 것은 그들이 은혜에 의해 고무되고, 재촉 받으며, 인도되고, 도우심을 얻는다. 그러므로 그들이 실제로 동의하는 순간 그들은 동의하는 것 외에 달리 할 수 있는 게 없다.

회심이 시작되는 시점부터 인간은 완전히 수동적으로 스스로를 내몬다. 즉 약동적인 행위에 의해, 곧 감각 경험에 의해 자기를 부르시는 은혜를 인식하지만, 그는 그것을 수용하고 경험하는 것 외에 달리 아무것도 할 수 없다. 그러나 은혜가 자기의 생각과 마음에 영향을 미치거나 압도하는 것을 느낄 때 그는 그것에 자발적으로 동의하게 되므로 마찬가지로 자기의 동의를 철회할 수 있는 것이다.

회개에 관하여

회개에 관한 교리는 율법적인 것이 아니라 복음적인 것이다. 즉 율법은 회개하도록 설득하고 강하게 재촉할 수 있기는 하지만, 회개는 복음에 속한 것이지 율법에 속한 것이 아니다. 죄 때문에 슬퍼하고 구원을 갈망하면서 죄를 멀리하고자 결단하는 것으로 성립하는, 죄에 대한 인식이나 고백은 그러한 회심이 개시되는 순간부터 하나님께서 기뻐하시는 일이다. 엄밀하게 말해서 전술한 것은 육체나 죄를 죽이는 것 자체라고 말할 수 없고, 사실상 회개에 선행되어야 하는 것이다. 회개는 그리스도를 믿는 믿음에 선행한다. 그러나 그것은 회개하는 죄인을 하나님께서 기꺼이 은혜 안으로 품으신다는 것을 우리가 믿는 믿음에 뒤따라 나오는 후행적인 것이다.

다음과 같은 질문을 던져 본다. 가룟 유다의 회개는 율법적인 회개로 부르는 것이 적합한가? 마태복음 11장 21절에서 그리스도께서 언급하신 두로와 시돈의 거주자들이 했던 참회 또는 회개는 본심을 감추고 거짓으로 꾸민 것인가? 아니면 참된 회개였는가?

믿음에 관하여

무죄 선언을 얻게 하는 믿음(justifying faith)은 자기의 죄가 그리스도에 의해 대속되었다고 믿는 사람이면 누구나 얻을 수 있는 것이 아니다. 왜냐하면 후자의 경우 믿음은 칭의 사건 자체 또는 그렇게 무죄 선언을 얻게 하는 믿음의 결과인, 죄에 대한 용서에 뒤따르는 것이기 때문이다. 무죄 선언을 얻는 믿음은 자신이 택정되었다고 믿는 사람 모두가 얻는 것이 아니다. 모든 사람이 자기가 택정되었다고 반드시 믿어야 하는 것은 아니다. 자기가 믿음을 가지고 있다는 것을 알고 또 그렇게 믿게 하는 인식이나 믿음은, 자신이 택정되었다는 것을 알고 또 그렇게 믿는 사람이면 누구나 갖게 되는 인식과 믿음에 자연적 이치에 따라 선행한다.

이 같은 언명으로부터 때때로 제시되는 "믿음을 가진 택정된 사람들은 자신이 택정되었다고 믿지 않을 수가 없다"라는 주장에 대해 어떤 판단을 내릴 수 있어야 한다. 무죄 선언을 얻는 믿음이란 예수 그리스도를 믿는 모든 사람들의 구세주로, 특별히 그들 각자의 구세주로, 심지어 그리스도를 통해 하나님께서 불경건한 사람까지도 의로운 자로 선언하시는 것을 믿는 사람의 믿음을 가리킨다. 복음적이고 구원하는 믿음은 인간의 본성 전체와 그의 모든 지성을, 그리고 무죄한 상태에 있었던 아담의 지성까지도 능가할 만큼 무한한 탁월성을 가진다.

하나님께서는 실제로 고의로 범한 어떤 죄도, 혹은 아담 안에서 타락한 사실도 고려함 없이 절대적인 뜻에 의해 그가 유기한 사람에 대해 그리스도를 믿는 믿음을 원칙적으로 요구하지 않으신다. 따라서 하나님은 그리스도가 이 사람에게 조금이라도 혜택을 줄 수 있기를 원하지 않으셨다. 오히려 그는 그리스도가 그에게 유익이 되어서는 안 된다는 뜻을 정하신 것으로 말할 수 있다. 믿음은 그 목적을 위해 필요한 수단이 관리되는데, 즉 자비의 방향이든지 엄중함의 방향이든지 하나님의 정의에 부합하는 경륜에 따라 공급된, 은혜롭고 아무런 대가 없이 주어진 하나님의 선물이다. 그것은 일부 특정한 개인들을 구원하려는 절대적 의지를 따라 수여된 선물이 아니다. 왜냐하면 그것은 구원받을 대상에게 요구되는 조건이며, 실제로 그것은 구원을 얻기 위한 수단이기에 앞서 요구되는 조건이기 때문이다. 구원하는 믿음은 하나님이 택정한 사람들이 갖추어야 할 요건이다. 그 믿음은 모든 사람, 패역하고 악한 사람들이 갖는 것이 아니며, 은혜의 말씀을 거절하고 스스로에 대해 영생을 얻을 가치가 없다고 생각하는 사람이 가질 수 없는 것이며, 성령에 대항하고 하나님의 권면을 타박 놓고 영생을 얻기에 녹명되지 않은 사람들이 결코 얻을 수 없는 것이다. 다음 성경 구절이 제시하듯이 "하나님의 뜻을 따르려는 사람은 누구든지 이 가르침이 하나님에게서 난 것인지, 내가 내 마음대로 말하는 것인지를 알 것이다."(요 7:17) 하나님께서 믿음을 주시기 위해 요구하시는 조건을 충족시킴으로써 영생을 얻을 수 있기 위해 먼저 악으로부터 보호하고, 앞서 인도하시는 은혜에 의해 올바른 위치에서 준비되지 않는 한 어떤 사람도 그리스도를 믿는 믿음을 소유할 수 없다.

중생과 중생한 사람에 관하여

지상의 삶 속에서 그리스도의 영에 의해 실현되는 중생의 근인(近因)적 대상은 사람의 생각과 정념, 또는 본성의 양태를 따라 고찰된 의지로, 이 경우 자유의 양태를 따라 고찰된 의지와 다르다. 중생에 의해 인간의 사고와 감성이 변화될 때, 그는 실제로 선한 방향으로 의욕하고 신체의 도구들을 통해 바른 행동을 하게 되는 것이 사실이지만 몸은 중생의 대상이 아니다. 중생은 한순간에 완성되는 것이 아니라, 일정한 단계와 시간적 간격을 거쳐야 한다. 하지만 그 본질적 차원에서 생각과 정념의 혁신을 통해 중생이 완결되면 그 상태는 그 사람을 신령한 존재로 변화시키고, 하나님의 돕는 은혜를 통해 죄와 맞서 싸울 수 있게 한다. 따라서 그가 여전히 영에 거스르는 욕심을 품는 육체 안에 살고 있음에도 그의 안에서 그를 지배하는 영을 통해 그는 육정에 매인 존재가 아니라 신령한 존재라고 불리게 된다. 왜냐하면 육정에 매인 사람과 영적인 사람, 이 두 가지 이름은 서로 대립하는 뜻을 가졌고, (그들 각각에게) 더 우세하고, 주도권을 갖거나 더 압도적인 편에게 붙는 것이기 때문이다.

중생한 사람은 실제로 그가 행하는 것보다 더 참된 선을, 그리고 하나님에게 기쁨이 되는 일을 더 많이 행할 수 있고, 그들이 실제로 해 오던 것보다 더 많은 악을 멀리할 수 있다. 그러므로 만일 그들이 마땅히 해야 할 일을 행하지 않고 간과해 버린다면 그것은 하나님의 어떤 작정이나 신적 은혜의 무효성 때문이 아니라, 중생자 자신의 태만 때문인 것으로 보아야 한다.

"중생한 사람은 그리스도의 은혜를 통해 현재의 삶에서도 율법을 완벽하게 이행할 수 있다"라고 주장하는 사람은 펠라기우스주의자도 아니고, 하나님의 은혜를 조금이라도 훼손하는 것도 아니며, 행위를 통한 칭의를 내세우는 것도 아니다. 중생한 사람도 계획적으로 그리고 자기의 양심을 거슬러 죄를 통해 양심을 무가치하게 만들어서 결국 정죄 선고 외에는 아무것도 듣지 못할 수 있다. 중생한 사람도 죄를 지음으로써 얼마 동안 다시 회개의 자리로 돌아와 자기의 힘과 능력을 죄 짓는 데 쓰지 않게 되기까지 성령을 슬프게 만들 수 있다. 중생한 사람들 중 어떤 이들은 실제로 죄를 짓고, 자기의 양심을 내버리며, 성령을 슬프게 만들기도 한다. 만일 다윗이 간음과 살인을 통해 우리야에게 죄를 범했던 순간에 죽었다면 그는 영원한 사멸에 이르는 선고를 받았을 것이다. 하나님께서는 중생자와 택정받은 사람의 죄를 참으로 미워하시고, 하나님으로부터 더 많은 혜택을 받고, 죄에 대항하는 더 많은 권능을 수여받은 사람들의 죄를 훨씬 미워하신다.

인간이 죄를 범할 때 완전한 의지를 따르는가, 또는 완전하다고 볼 수 없는 의지를 따르는가 하는 구별이 있다. 즉 양심을 파괴할 정도로 완전하게 의지적인가, 아니면 부분적으로 양심을 파괴할 뿐이지만 그에게서 아직 중생하지 못한 부분이 가세하는가 하는 구별이다. 이 구별을 어떤 사람들이 사용하는 의미로 이해할 경우, 그것은 경건을 훼손하고 선한 윤리규범에 유해할 뿐이다.

성도의 견인에 관하여

다음과 같은 질문을 던져 본다. 참된 신자들이 완전히 그리고 결정적으로 미끄러질 수 있는가? 참된 신자들 중에서 실제로 완전히 그리고 결정적으로 믿음으로부터 이탈하는 사람이 있는가? "참된 신자들과 중생한 사람들도 믿음으로부터 미끄러질 수 있고, 또는 실제로 완전히 그리고 결정적으로 믿음에서 떠나는 일이 있다"라는 것을 부인하는 견해는 사도들의 시대로부터 오늘날까지 교회에 의해 보편적 교리로 인정된 적이 없었다. 또한 그 반대 언명을 긍정하는 견해가 이단적 견해로 판단된 일도 없다. 오히려 신자들이 믿음으로부터 이탈할 수 있음을 긍정하는 견해는 그런 일이 실제로 일어날 수 있는 가능성을 부인하는 견해보다 그리스도의 교회에서 더 많은 지지자들을 늘 확보해 왔다.

구원에 대한 확신에 관하여

다음과 같은 질문을 던져 본다. 어떤 신자이든지 특별한 계시 없이도 자기가 믿음에서 미끄러지거나 믿음을 잃어버리는 일이 없다는 것을 알거나 확신할 수 있는가? 믿음을 가진 사람들은 자신이 믿음으로부터 이탈하지 않을 것을 믿지 않을 수 없다. 이 질문들 중 어느 것에 긍정적으로 답했든지 그것은 그리스도의 교회에서 보편적인 교리로 다루어진 적이 없다. 그리고 어느 것에든지 부정적으로 답했다고 해서 보편 교회에 의해 이단으로 판결된 적은 없다. 어떤 신자이건 자신이 믿음을 잃어버리는 일이 있을 수 없다거나, 적어도 믿음에서 이탈하지 않을 것이라고 스스로를 설득할 수 있다고 해서 그것이 우리가 구원을 이루어 나가야 할 명령을 받은 자로서 가질 만하고 시험에 봉착할 때 강력하게 필요로 하는 가장 건강한 두려움에 정반대되는 것, 즉 구원에 대해 조금도 보장할 수 없는 것만큼이나 믿음과 소망에 역행하는 절망이나 의심으로부터 보호하는 위로를 주지 못한다. 자기가 믿음에서 이탈할 수도 있다는 견해를 가지고 있고, 따라서 그렇게 이탈할까 봐 염려하는 사람은 자신이 필요로 하는 위로가 결핍되었다거나, 그런 사실로 인해 마음의 불안에 시달리게 되는 것은 아니다. 왜냐하면 그가 기꺼이, 그리고 확고한 뜻을 가지고 유혹에 굴복하거나 양심에 부합하는 방식으로 자기의 구원을 이루어 나가는 일에 태만하지 않는 한 사탄이나 죄나 세상의 압력을 통해서, 자신의 육체의 성향이나 연약함 때문에 믿음으로부터 이탈하게 되는 일은 없다는 것을 분명히 알 때, 그로부터 그는 충분히 위로를 얻고 불안감을 떨칠 수 있을 것이기 때문이다.

죄인이지만 하나님 앞에 신자로서 무죄 선언을 받는 것에 관하여

다음과 같은 질문을 던져 본다. 율법이 변제되지 않는 것이라면 과연 하나님의 정의가 변제될 수 있는가? 그리스도를 통해 율법이 변제된 것처럼 그리스도 안에서 이루어진 변제는 하나님의 정의 수준에 합당한 것인가? 율법적 의와 복음의 의는 본질적으로 다른 것인가? 아니면 양자의 본질은 동일한가? 즉 그 내용—하나님께 복종해야 할 책무와 보편적 공식—은 율법에 필연적으로 일치하는 것인가?

신자들을 의롭게 변화시키는 그리스도의 의는 세 부분을 가지고 있다고 말할 수 있을까? 그 의의 첫째 부분은 습성적 의로움으로 명명되는, 그리스도의 본성의 거룩함인가? 그 둘째 부분은 태어날 때부터 죽으시기까지 그가 우리 때문에 당하신 수난을 가리키며, 그 이름은 그의 수동적인 순종을 지시하는가, 아니면 그의 죽으심을 지시하는가? 셋째 부분은 가장 완전한 것, 오히려 죽으시기까지 그의 전 생애를 통틀어 도덕법의 완전한 성취(여기에 전례법의 완성도 더해야 한다)를 능가하는 것인가?

이것은 그의 능동적 순종을 지시하는가, 아니면 그의 삶의 완전함을 지시하는가? 우리를 의로운 존재로 만드는, 그리스도께서 몸소 실행하신 순종의 행위는 아버지의 특별한 명령과 그와 아버지 사이에 체결된 특수 계약 또는 언약에 따라 그에게 부과된 것이다. 아버지는 여기에 순종해야 할 행위를 정확히 규정하고 확정하시고, 그것을 통해 그리스도께서 그들을 위해(인류를 위해) 영원한 구속을 완수하고, 그들의 지식을 통해, 즉 그리스도를 믿는 믿음을 통해 그러한 순종에 의해 그 자손이 의롭게 되는 것을 보게 될 것이라는 약속을 함께 주셨다. 그러한 순종의 행위는 그리스도의 직책 중 어느 것에 속하는가?

그리스도의 의는 또한 하나님께서 그것을 전가하시는 신자 또는 택정된 사람의 의와 같은 것인가? 하나님께서는 믿음을 통해 신자에게 무죄 선언을 하기 전에 먼저 그 의를 그에게 전가하시는가? 아니면 결국 같은 것이기는 하지만 하나님께서 무죄 선언을 하시는 행위에서 목표로 삼는 대상은 그 자체로는 불의하지만 그의 머리이신 그리스도 안에서 의롭다고 여김을 받는 택정된 사람이고, 하나님께서 그를 의로운 것으로 여기시는 까닭은 그가 그리스도 안에서 이미 의롭게 되었기 때문인가? 즉 그에게 내렸던 심판이 그의 구원자이자 머리이신 그리스도에 의해 지불되고 탕감되었기 때문이거나, 또는 그가 자기에게 부과된 순종의 명령을 그런 방식으로 이행했기 때문인가? 택정된 사람은 실제로 그리스도 안에서 형벌을 감당하고 순종을 실천한 것인가, 아니면 하나님께서 그렇게 추정하거나 간주하시는 것인가? 택정된 사람이 형벌을 감당하고 명령받은 순종을 이행한 것으로 추정하시는 이 같은 신적 판단은 칭의에 앞서는 선행적 행위인가?

하나님께서 그의 아들의 순종을 수용하시는 승인 행위는 복음을 통해 그가 공의를 위해 아들에게 내놓으시는 봉헌보다 선행하는 것인가? 그리스도의 의가 전가된 것으로 승인되는 것은 칭의 그 자체인가, 아니면 칭의를 위한 예비 단계인가? 믿음에 의해 그리스도와 그의 의를 함께, 또는 그리스도를 의로 인식할 수 있게 되는 그 파지 행위는 칭의 자체보다 먼저 발생하는가? 만일 이 (파지) 행위가 칭의에 선행한다면 믿음은 어떻게 우리의 칭의를 위한 도구적 원인이 될 수 있는가? 즉 칭의에 선행하는 파지 행위의 도구적 원인인 동시에 이 파지를 뒤따르는 칭의 사건 자체일 수 있는가? 아니면 믿음이 의로움으로 전가되기에 앞서 믿음은 그리스도를 의를 위해 봉헌된 것으로 파지하는 것인가? "믿음은 신자에게 의로 전가된다"라는 표현에서 '믿음'은 그리스도를 의로 인식할 수 있게 하는 도구적 행위로서 반드시 수용되어야 하는가? 또는 그것은 환유에 의해 믿음이 인식하는 대상 자체로 받아들이는 것은 부적절한 일인가? "믿음은 상대적으로 그리고 도구적으로 수용된다"라는 표현은 "믿음이라는 낱말은 환유를 통해 믿음의 대상 자체를 가리킨다"라는 표현과 동일한 것인가? 또는 그것은 "우리가 믿음에 의해 상호적으로 의롭다고 간주된다"라는 것과 같은 말인가?

"우리가 순종 또는 의로움에 의해 의롭다고 여김을 얻는다"라고 말하는 것처럼 그것은 우리가 그리스도를 의로 파지할 수 있게 하는 도구적 행위인가? 그리스도의 의는 의를 위해 은혜로 전가된 것으로, 혹은 은혜롭게도 의로 간주되는 것으로 어떻게 말하는 것이 옳은가? "믿음은 의로 여김을 얻는다"라는 식으로 사도 바울이 말할 때, 그것은 채무 관계를 따라서가 아니라, 은혜를 따라 이루어진 전가에 관한 것으로 이해해야 하지 않은가?

우리가 믿음을 통해 또는 믿음에 의해 함께 참여할 수 있게 되는 것은 믿음의 도구적 결과라고 부를 수 있는가? 하나님께서 그리스도를 믿는 사람을 제외하고 어느 누구도 은혜와 자비하심을 통해 의롭다고 선언하지 않기로 작정하셨을 때, 따라서 복음의 교훈을 통해 의롭다고 선언받고자 하는 사람에게 그리스도를 믿는 믿음을 요구하실 때, 그것은 "하나님께서 복음을 따라 은혜로 판단하실 때, 그가 은혜의 보좌 앞에서 재판을 받고 의롭다는 선언을 얻고자 하는 사람에게 요구하시는, 그리고 그가 실천해야 할 조건으로 믿음을 짚어서 말씀하시는 것"이라고 말할 수 있지 않을까? 만일 그렇게 단언할 수 있다면 "아무런 대가 없는 은혜로운 (하나님의) 승인을 통해 믿음은 그리스도의 순종 때문에 의로움으로 간주된 것이다"라고 말할 때 어떤 오류를 범하게 되는 것인가? "거듭난 사람들의 행위가 완전할 경우 그들이 죄를 용서받을 때 (또는 그 이전에도) 많은 악한 행위를 범했음에도 불구하고 그들은 그 행위에 의해 의롭게 여김을 얻을 수 있다"
라는 것은 올바른 단언이라고 볼 수 있는가?

신자들의 선한 행위에 관하여

다음과 같은 질문을 던져 본다. 신자들의 선한 행위를 두고 "그들은 생리대처럼 더럽다"라고 참으로 말할 수 있는가? "우리는 모두 부정한 자와 같고, 우리의 모든 의는 더러운 옷과 같습니다"(사 64:6)라는 고백은 바로 그 행위에 적용되는 것인가? 어떤 의미에서 "신자들은 그들이 선한 행위를 행할 때마다 대죄를 짓는다"라는 진술이 옳은 말이 되는가? 신자들의 선한 행위는 그것이 믿음의 증언이 되는 경우에만 하나님의 심판대 앞에 서게 되는 것인가? 또는 그 행위가 하나님께서 명령하신 것이고, 상급의 약속이 인가되고 영예롭게 수여되는 경우에만—즉 하나님께서 그리스도의 피를 믿는 믿음을 통해 대속물로 예정하고 설정하신 그리스도를 믿는 믿음을 준거로 삼으심으로써 그 상급이 자비하심과 '은혜'가 결합될 때, 그리고 그리스도 때문이 아니고는 결코 그들에게 수여될 수 없는 것이다—그 심판대 앞에 내놓을 수 있게 되는 것인가?

기도에 관하여

다음과 같은 질문을 던져 본다. 기도 또는 하나님께 간구하는 것은 하나님의 영광을 위해 예배를 드릴 때만 유의미한 것인가? 혹은 기도는 요구한 것을 얻기 위해 필요한 수단—즉 하나님께서 간청하는 사람에게 복을 내리시기로 절대적으로 작정하시기 전에 먼저 사용되어야 할 것으로서 그가 미리 예지하시는 수단—으로서 유의미성을 갖는가? 우리가 기도할 때 반드시 가져야 할 믿음은 기도하는 사람이 자기가 간구한 것을 얻게 되리라는 것을 확실하게 믿는 믿음을 가리키는가? 혹은 그것은 기도하는 사람이 자기가 하나님의 뜻에 따라 간구하고 있으며—그의 기도가 하나님의 영광과 간구하는 사람의 구원을 위해 모두 유익이 되리라는 것을 하나님께서 인정하시기만 한다면—자기가 간구한 것을 얻게 될 것을 스스로에게 확실하게 설득시킬 수 있는 믿음인가?

신자의 유아들에게 베푸는 세례에 관하여

다음과 같은 질문을 던져 본다. 세례를 받기 위해 신자들의 자녀들을 데려올 때, 그 아이들은 '진노의 자녀들'인가, 아니면 하나님과 은혜의 자녀들인가? 그리고 만일 그 아이들에 대해 두 가지 방식으로 모두 고려될 수 있는 것이라면 이 연관성은 동시적인가, 또는 각기 다른 시점에서 그러한가?

주님의 만찬에 관하여

다음과 같은 질문을 던져 본다. 주님의 만찬이 처음으로 거행되었을 때나 오늘날에도 마찬가지로 추모하거나 기념하는 뜻으로, 또는 주의 죽으심에 대한 포고로서 받아들이면서, 나아가 우리를 위해 자기 아들을 내놓으시고 그를 믿는 믿음을 통해 그의 살을 먹고 그의 피를 마실 수 있게 하신 하나님의 선물에 감사하는 마음과 함께 거행하는 것이 주의 만찬의 주요하고도 가장 적합한, 따라서 가장 직접적인 목적이라 할 수 있지 않은가?

세속의 사법권에 관하여

최고치안판사란 정확히 말해 정치권이나 세속 사회의 직책이 아니다. 그런 명칭은 교회나 영적인 문제를 다스리는 권력의 반대편에 속하는 것이기 때문이다. 최고치안판사가 가진 모든 공적 권한과 재량권은 동물적이고 영적인 삶의 모든 영역에서 자기 백성들을 돌보시고 자원을 공급하시며, 또한 그들을 통치하시는 최고 주권자이신 하나님 아래에 위치한다.

종교적 신앙과 관련한 업무를 처리하는 일은 하나님에 의해 사제들과 교회 운영자들보다 최고치안판사에게 위임되었다. 영적인 문제에 관해 가장 잘 해박한 사람이 누구인지, 특별히 교회에서 가르치는 일에서 누가 적임자인지를 그들에게 묻고 자문을 구하지 않은 경우가 아닐 때도 민간 사회와 교회 조직에 관한 법률을 집행하는 일은 세속 사법권자의 권한에 속하는 것인가?

교회의 사역을 유지하고 방어하는 것, 장로회 앞에서 합법적인 시험을 먼저 치른 후 하나님의 말씀을 전하는 목회자로 임명하는 것, 서임된 자들이 맡은 직무를 올바르게 수행하는지를 감독하는 것, 그들의 목회 활동에 대한 보고를 요청하는 것, 직무에 태만한 사람들을 훈계하고 자극을 주는 것, 양들을 훌륭하게 인도하는 목회자들에게 포상하는 것, 태만한 태도를 고수하거나 교회 안에서 추문거리가 되는 사람들을 제명하는 것 등은 세속 사법권자의 의무다. 그뿐만 아니라 일반 정기 총회이든지 전국 또는 지역 차원이든지 공의회를 소집하는 것, 자신의 직위가 부여하는 권위에 의해 직접 참석하거나 직책을 맡길 만한 자격을 가진 대표위원들을 통해 회의를 이끌어 나가는 것 역시 그의 의무에 속한다.

다음과 같은 질문을 던져 본다. 신앙과 교회 치리(church discipline)와 관련된 사안을 이 방법보다 저 방법으로 처리하는 것이 더 낫다는 차원의 관심을 가질 뿐인 인물들이 회의 조정자의 임무를 맡는 것이 과연 교회 총회나 공의회에 유익이 될 것인가? 그러한 직무를 수행하는 데 그 세속 사법권자들은 인간의 구원을 위해 절대적으로 필요한 신앙의 신비를 상당한 정도로 이해해야만 한다. 왜냐하면 (그의 높은 직책의 일부인) 이 역할을 수행할 때, 그는 타인의 양심에 의존하거나 신뢰해서는 안 되기 때문이다. 그러나 그리스도인인 사법권자는 자신이 직접 참석하는 교회 총회에서 인도자가 되어 결정적이고 명확한 판결을 내리거나, 결정적이고 명확한 판결을 선언할 권한을 가질 수 있다.

로마교회에 관하여

다음과 같은 질문을 던져 본다. 로마의 궁정(즉 로마교황, 추기경들, 엄숙히 서약한 다른 충복들과 그의 왕국의 수행원들)과 로마교회라고 불리는 교회 사이에 차이를 두어야만 하는가? 로마교황에 속아서 그를 사도 베드로의 후계자와 교회의 머리로 숭앙하는 사람들은 과연 '그리스도의 교회'로 불릴 수 있는가? 하나님께서는 그런 사람들에게 이미 이혼장을 보내셨고, 그리하여 마호메트교도와 유대인들을 자기의 소유로 부르지 않으시는 것 못지않게, 그는 그들을 더 이상 그의 것으로 인정하지 않으신다.

한스 아위텐보하르트에게
성령을 거스르는 죄에 관해 쓴 편지

성령을 거스리는 죄에 대하여

모든 사람들 가운데 가장 소중한 친구여, '성령을 거스르는 죄'를 주제로 당신이 시무하고 있는 교회의 지체들 앞에서 곧 설교할 예정이라고 하면서 이전에도 내 견해를 물어본 적이 있었지요. 그 주제에 대해 내가 생각하고 묵상한 것을 말해 달라고 말이지요. 그런데 당시에 나는 그 요청을 들어줄 수가 없었습니다. 왜냐하면 나는 그 주제에 대해 뚜렷한 개념을 가지고 있지 않았고, 내 견해는 확실하고 충분한 설득력을 가진 수준에 오르지 못한 상태였습니다. 그렇지만 나의 미천한 상상과 성찰을 통해 당신에게 거절의 말을 하고 싶지 않았습니다. 또한 오랜전에 내게서 무엇이든지 요구하고 심지어 명령을 내리는 것까지 포함해 전권을 이양했던 사람의 요구를 도외시하는 것은 도리가 아니라고 생각했습니다. 이 문제에 대한 나의 성찰이 나 자신도 인정할 수 없는 수준인지라 당연히 당신을 만족시킬 수 없다는 것을 알고 있었지만, 그렇다고 해서 어떤 거짓되고 천박한 수치를 무릅쓰고 당신의 말을 따르려는 욕심으로 나 자신을 설득하고 싶은 생각도 없었습니다. 그것이 실제로 어떤 종류에 해당하든지, 아우구스티누스가 마태복음 12장 31~32절에 대해 설명하는 가운데 이 주제를 다루었다고 시인할 때 증언했듯이(19권 9면), 성경 전체를 통틀어 이보다 더 난해한 것을 발견할 수 없는 바로 그 문제와 관련한 것임을 변명으로 둘러댈 수 있는 것이기 때문이었습니다.

그뿐만 아니라 나는 당신이 나의 거친 노트들을 잘 정리할 것이므로 나중에 당신에게서 이자(利子)뿐만 아니라, 나의 소망을 완전히 충족시켜 줄 수 있는 다른 것까지 함께 돌려받을 수 있기를 바라고, 또 확실히 그럴 것이라고 믿게 되었습니다. 그러나 이 죄악에 관해 기록할 때, 아우구스티누스가 같은 대목에 대해 어떤 글을 남겼을지를 지금 나는 확인해 보지 않을 것입니다. 고대 교부들이건 오늘날 우리 동료 신학자들이건 다른 저자들의 저술 속에서 이 주제에 대해 발견할 수 있는 것도 마찬가지인데, 나는 불필요하게 길게 말하고 싶지 않기 때문입니다. 특히 당신은 그들의 작품에 대해 과할 정도로 해박한 데다, 그들의 견해에 대해 필요한 연구를 언제라도 시작할 수 있기 때문입니다. 나 자신의 생각을 당신에게 글로 써서 전하기로 한 것은 그것이 사안 자체의 본성에 부합하기 때문이 아니라(내가 충분히 잘 알지도 못하는 마당에 어떻게 그 일을 할 수 있겠습니까?), 여러 가지 생각이 뒤섞여 있는 것을 관찰할 수 있었기 때문입니다.

"그러므로 내가 너희에게 말한다. 사람들이 무슨 죄를 짓든지, 무슨 신성모독적인 말을 하든지 그들은 용서를 받을 것이다. 그러나 성령을 모독하는 것은 용서를 받지 못할 것이다. 또 누구든지 인자를 거슬러 말하는 사람은 용서를 받겠으나, 성령을 거슬러 말하는 사람은 이 세상에서도, 오는 세상에서도 용서를 받지 못할 것이다."(마 12:31, 32) "내가 진정으로 너희에게 말한다. 사람들이 짓는 모든 죄와 그들이 하는 어떤 비방도 용서를 받을 것이다. 그러나 성령을 모독하는 사람은 용서를 받지 못하고 영원한 죄에 매인다."(막 3:28~29) "누구든지 인자를 거슬러서 말하는 사람은 용서를 받을 것이지만, 성령을 거슬러서 모독하는 말을 한 사람은 용서를 받지 못할 것이다."(눅 12:10)

이 밖에도 히브리서의 두 구절이 더 있는데, 처음 것은 6장에, 그다음 것은 10장에 있습니다. 크게 빠지는 것 없이 둘 다 당면 주제를 지시하는 것으로 볼 수 있습니다. "한번 빛을 받아서 하늘의 은사를 맛보고, 성령을 나누어 받고, 또 하나님의 선한 말씀과 장차 올 세상의 권능을 맛본 사람들이 타락하면 그들을 새롭게 해서 회개에 이르게 할 수 없습니다. 그런 사람들이야말로 하나님의 아들을 다시금 십자가에 못 박고 욕되게 하는 것이기 때문입니다."(히 6:4~6) "모세의 율법을 어긴 사람도 두세 증인의 증언이 있으면 가차 없이 사형을 받는데, 하나님의 아들을 짓밟고 자기를 거룩하게 해 준 언약의 피를 대수롭지 않게 여기고, 은혜의 성령을 모욕한 사람은 얼마나 더 무서운 벌을 받아야 하겠는가를 생각해 보십시오."(히 10:28~29)

여기에 사도 요한의 첫째 편지에 나오는 본문을 더할 수 있을 것입니다. "누구든지 어떤 교우가 죄를 짓는 것을 볼 때, 그것이 죽음에 이르게 하는 죄가 아니면 하나님께 간구하십시오. 그리하면 하나님은 죽을 죄는 짓지 않은 그 사람들에게 생명을 주실 것입니다. 죽을 죄가 있습니다. 이 죄를 두고 간구하라고 하는 말이 아닙니다."(요일 5:16)

또한 정확히 같은 주제에 대해 말하는 것이 아니므로 부가적 설명을 위해 히브리서에 있는 다음 구절을 덧붙여도 좋을 것입니다. "천사들을 통하여 하신 말씀이 효력을 내어 모든 범행과 불순종하는 행위가 공정한 갚음을 받았거든 하물며 우리가 이렇게도 귀중한 구원을 소홀히 하고서야 어떻게 그 갚음을 피할 수 있겠습니까? 이 구원은 주님께서 처음에 말씀하신 것이요, 그것을 들은 사람들이 우리에게 확증하여 준 것입니다. 그리고 하나님께서도 표징과 기이한 일과 여러 가지 기적을 보이시고, 또 자기의 뜻을 따라 성령의 선물을 나누어 주심으로써 그들과 함께 증언하여 주셨습니다."(히 2:2~4)

여기에 사도행전에 나오는 또 다른 구절을 더하도록 합시다. "목이 곧고 마음과 귀에 할례를 받지 못한 사람들이여, 당신들은 언제나 성령을 거역하고 있습니다. 당신네 조상들이 한 그대로 당신들도 하고 있습니다."(행 7:51) 그러나 동일한 인물들에 대해 선행하는 장에서는 이렇게 말합니다. "그러나 스데반이 지혜와 성령으로 말하므로 그들은 스데반을 당해 낼 수 없었다."(행 6:10) "공의회에 앉아 있는 사람들이 모두 스데반을 주목하여 보니 그 얼굴이 천사의 얼굴 같았다."(행 6:15)

내가 이런 대목을 한데 모은 것은 그것을 한꺼번에 총괄하고, 그 말씀을 따라 내 생각을 이끌어 나갈 수 있기 위해서일 뿐 다른 이유는 없습니다. 우선적으로 해야 할 일은 지금 우리가 다루고 있는 죄에 붙은 명칭을 조사하는 것입니다. 전도자 마태와 마가와 누가는 그것을 '영을 모독하는 것' 또는 '성령을 거슬러 말하는 것'이라고 부릅니다. 히브리서 6장에서 그것은 '탈수(脫垂)' 또는 '타락'이라고 부르고, 10장에서는 '은혜의 성령에게 오만 무례한 언동을 퍼붓는 것' 또는 '은혜의 성령을 모욕하는 것'이라고 부릅니다. 나는 6장으로부터 "하나님의 아들을 다시금 십자가에 못 박는 것", "그를 욕되게 하는 것"을, 10장으로부터 "하나님의 아들을 짓밟는 것", "언약의 피를 대수롭지 않게 여기는 것"을 인용하여 덧붙이고자 합니다. 혹여 그 어구가 다른 함의를 가질 수 있는지에 대해서는 뒤에서 다시 논의할 수 있을 것입니다.

요한일서 5장 16에서는 그 죄를 '죽을 죄'로 정확히 가리킵니다. 히브리서 2장 2~4절에는 그 죄가 "주님께서 처음에 말씀하신 것이요, 그것을 들은 사람들(사도들)"과 "무오류적인 증언들에 의해 하나님에 의해 확증된 것을 소홀히 하는 것"으로 기술되어 있습니다. 사도행전 7장 51절에서는 그 죄를 "성령을 거역하는 것"이라고 부릅니다. 그러므로 우리는 그런 의미로 그 본문에 접근할 수 있는데, 여기서 문제의 죄가 속해 있는 속(屬)에 대해 탐색할 필요가 있기 때문입니다.

사도 마태, 마가, 누가는 이 죄로 인해 위해를 당하는 주체를 '성령'으로, 히브리서 10장에서는 '은혜의 성령'으로 지목합니다. '성령'에 '은혜의'라는 수식어를 덧붙임으로써 이 구절에서 고찰되고 있는 대상이 성령의 귀격 자체뿐만 아니라, 그 성령의 은혜로운 특정 행위이기도 하다는 것을 암시합니다. 앞의 그 복음서 기자들은 이 죄를 '인자(the Son of Man)'에게 저지른 죄와 구별한 반면, 히브리서 6장과 10장에서는 동일한 죄에 대해 그것이 하나님의 아들과 그의 피에 대한 모욕 행위를 초래하는 요인으로 보며—이 선언은 각각 참된 것이므로—그 둘은 나중에 서로 합치될 것이 분명합니다. 그러나 이 죄를 범하는 사람들을 가리켜 히브리서 6장에서는 "한번 빛을 받아서 하늘의 은사를 맛보고, 성령을 나누어 받고, 또 하나님의 선한 말씀과 장차 올 세상의 권능을 맛본 사람들"(4절)이라고 말하는 반면, 히브리서 2장에서는 그들에게 구원이 예고되었고, 의심의 여지 없는 증언에 의해 확증된 바 있다고 말합니다. 사도행전 6장에서 그 사람들은 "스데반이 지혜와 성령으로 말하므로 그들은 스데반을 당해 낼 수 없었다"(10

절), "모두 스데반을 주목하여 보니 그 얼굴이 천사의 얼굴 같았다"(15절)라고 기록되어 있습니다.

이 같은 특수한 면모로부터 어떤 원인에 의해 그들이 이 죄를 범하지 않을 수 없었는지를 추정해 볼 수 있습니다. 그뿐만 아니라 마태와 마가와 누가 사도는 이 죄의 속성에 관해 사면 불가능하거나 용서받을 수 없는 것으로, 그리고 사도 요한은 '죽을 죄'라고 명시합니다. 히브리서 6장에서도 같은 점이 확증되었는데, 나는 여기서 특별히 죄의 원인에 방점을 찍고 있다고 생각합니다. 왜냐하면 "타락하면 그들을 새롭게 해서 회개에 이르게 할 수 없습니다"(6절)라고 적시하기 때문입니다. 히브리서 10장에서는 비교를 통해 이 죄가 모세의 율법을 멸시한 죄에 비해 훨씬 중한 형벌을 받아 마땅하다고 말하고, 같은 구절이 시작되는 부분에서 심판의 확실성에 관해 "모세의 율법을 어긴 사람도 두세 증인의 증언이 있으면 가차 없이 사형을 받는데"(28절)라고 말하면서 안타포도시스,[8] 즉 보상 또는 합산의 위치에 올려놓습니다. 히브리서 2장에서 이 구원을 경시하는 사람은 "모든 범행과 불순종하는 행위가 공정한 갚음을"(2절) 받게 된다고 합니다. 그뿐만 아니라 그런 죄는 사면될 가능성이 없고, 사형 선고를 받아야만 하며, 그 죄를 저지른 사람이 회개할 기회를 두 번 다시 얻을 수 없다는 이유에서 히브리서 6장에서는 "그런 사람들이야말로 하나님의 아들을 다시금 십자가에 못 박고 욕되게 하는 것이기 때문입니

..

8) antapodosis. 그리스어 'αντιπόδωση'에서 나온 것으로, 문자적으로 보수(reward)나 되갚음(repaying)을 뜻한다. 현재의 문맥은 '눈에는 눈'이라는 복수의 법칙에 따라 중한 죄에 상응하는 심판이 가차 없이 내려질 것을 명시하는 반면, 골로새서 3장 24절에서는 신자들의 올곧은 믿음에 내려지는 보상이 언급되어 있다. 이것은 안타포도시스가 긍정적인 함의를 갖는 방식으로 쓰인 사례를 보여 준다.

다"(6절)라고 밝힙니다. 히브리서 10장에도 "하나님의 아들을 짓밟고, 자기를 거룩하게 해 준 언약의 피를 대수롭지 않게 여기고, 은혜의 성령을 모욕한 사람"(29절)이라고 기술되어 있습니다. 하지만 내 생각에 이와 같은 기술은 타락과 은혜의 성령을 모욕하는 것과 평행적인 관계에 놓일 수 없고, 서로 포섭하는 관계에 있는 것으로 이해해야만 한다고 봅니다.

끝으로 히브리서 10장 2절에서는 이 죄와 모세 율법을 어기고 멸시하는 죄가 서로 비교되어 있습니다. 이 점도 고찰해 볼 만한데, 이 죄가 속해 있는 범주를 결정하는 데 도움을 줄 것이기 때문입니다. 이러한 비교를 통해 현재의 구절에서 다루고 있는 죄는 모세의 율법을 위반하는 것과 완연히 다르다는 것을 알 수 있습니다. 그러나 선행하는 요소의 구조와 뒤따르는 후속 요소를 비교해 봄으로써 복음서의 그리스도, 히브리서의 사도, 요한일서의 사도 요한이 모두 바로 이 죄에 대해 언급한다는 점을 확실시할 수 있는 기회를 얻을 수 있습니다.

이제 우리는 탐구의 근거와 전제의 역할을 하는 그 대목이 이끄는 대로 최대한 따라가면서 이 죄에서 고찰해야 할 문제를 구체적으로 해부해 나갈 수 있는 단계에 이르렀습니다. 그러나 나는 다음과 같은 순서를 따라 문제를 관철해 나가는 것이 가장 용이할 것이라고 생각합니다. 먼저 이 죄가 속한 범주 또는 속에 대해 논의하고, 이어서 그 대상과 양태, 이 죄를 짓는 사람들, 이 죄를 강제하는 원인, 이 죄의 목적, 이 죄의 심도, 이 죄의 특이성—즉 복권 불가능성 또는 용서받을 수 없음—에 대해 논구할 것입니다.

여기에 더해 당신이 편지에서 언급한 세 가지 질의를 논구할 것입니다. 즉 이 죄는 인간적 판단 능력에 의해서도 인지될 수 있는가? 또한 어떤 특징을 갖는가? 이 죄를 지은 것으로 흔히 의심되는 사람들은 실제로 유죄나 무죄 선고를 받아야 하는가? 인자에게 범하는 죄와 성령에게 범하는 죄를 구별하는 것은 성령의 위격성(personality)의 진리성을 확증하는 데 유익한가?

성령을 모욕하는 죄가 속한 범주

이 죄가 속하는 범주와 관련하여 그것을 탐구하는 것이 대단히 어렵다는 점은 애석하기 그지없는 일입니다. 왜냐하면 죄의 엄청난 다산성과 그로부터 연역되는 것과 여러 하부 종(種)으로 파생되는 것을 제외하고는 별다른 원천이 발견되지 않기 때문입니다. 하지만 이 죄에 속하는 모든 분파와 특성을 그 점과 연관 지을 필요는 없습니다. 우리를 이런 부류의 죄에 이르는 길로 인도하는 정도의 수위로 내려가는 것으로 충분합니다.

이 작업을 위해 우리는 먼저 가장 높은 지점에 있는 것부터 시작해야 합니다. 따라서 '율법'을 어떤 식으로 기술하든지 죄란 하나님께서 제시하신 율법을 위반하는 것입니다. 율법 위반에는 율법이 명령하는 것 가운데 이것이나 저것을 어기는 특수한 것이 있고, 율법 자체를 받아들이지 않고 철폐하거나 율법을 직접 제정한 주체를 경멸하면서 거부하는 것과 맞먹는 것으로 율법이 명령하거나 금지하는 것 전체를 통째로 물리치는 보편적인 것이 있습니다.

이런 유형의 죄는 구약에서 '알면서도 고의로 지은 죄[9]'라고 부르는 것

••
9) 민수기 15장 22~31절에서는 무지나 실수로 지은 죄와, 알면서도 일부러 지은 죄를 서로 구별한다. 원문에 "to sin with a high or elevated hand"라고 기술된 죄는 후자를 지칭하는 것으로 보인다. 그러므로 의도성에 준거한 구별에 이어 생각해 볼 문제는 이 유형의 죄를 범하는 사람이 과연 어느 정도로 이 죄에 관해 알고 있는가 하는 것이다. 즉 이 죄의 본

에 해당합니다. 도덕법의 경우 "나는 너희를 이집트 땅 종살이하던 집에서 이끌어 낸 주 너희의 하나님이다"라는 서문과 구체적인 법령으로 구성됩니다. 따라서 그 서문 자체를 거부하고 하나님을 직접적으로 멸시할 수도 있고, 또는 명령을 개별적으로 어기는 죄를 지을 수 있는데, 후자의 죄는 거룩하신 주재(主宰)에 대해 모욕적인 행동을 하거나 하나님을 멸시하는 말을 쏟아내지 않더라도 얼마든지 범할 수 있는 죄입니다. 따라서 모든 죄가 반드시 하나님을 멸시하는 데서 나오는 것은 아닙니다.

다윗은 간음죄를 저질렀는데, 그것은 환원적으로 또는 결과적으로 하나님에 대한 멸시를 지칭하고, 그것에 귀착할 수 있는 것이었습니다. 그러나 그가 그 죄를 지은 것은 하나님을 멸시했기 때문이 아닙니다. 이렇게 볼 때 하나님의 법은 둘로, 즉 행위에 관한 법과 믿음에 관한 법으로 나뉩니다. 혹은 율법의 명령은 두 부류로 구분할 수 있는데, 어떤 것은 본래적으로 율법으로 불리는 것이고, 다른 것은 복음에 속한 것입니다.

그러나 현재 우리가 다루고 있는 죄는 율법에 대한 특수한 혹은 보편적인 위반과 변절이든지 간에 하나님의 율법 자체에 대해 가해진 범죄의 유형이 아닙니다. 이 점은 히브리서 10장 28~29절에 뚜렷이 나타나 있습니다. 거기서 이 죄는 모세의 율법을 위반하거나 철폐하는 것과 비교되면서 더 중한 죄와 덜 중한 죄로 다루어집니다. 또한 히브리서 2장 2~4절에도 그 점이 명시되어 있습니다. 이 죄는 "은혜의 성령을 멸시하는 것"으로 불리기도 하는데, 율법에 대해서가 아니라 그리스도의 영과 그의 복음을 모

∴

성, 죄에 의해 위해를 가하게 되는 대상, 죄인에게 내려질 처벌의 심도, 죄의 궁극적인 결과 등에 관해 죄인이 어느 정도로 인식하는지를 고찰해야 한다. '복권 불가능성', '용서받을 수 없는 죄' 또는 사도 요한의 표현대로 '죽을 죄' 같은 표현은 이 죄의 심각성을 충분히 암시하는 것으로 보인다.

독하는 것을 가리킵니다. 동일한 요점은 복음서에서도 쉽게 발견할 수 있습니다. 마태복음에서 그리스도께서는 "그러나 내가 하나님의 영을 힘입어서 귀신을 쫓아내는 것이면 하나님의 나라는 너희에게 왔다"(12:28)라고 말씀하십니다.

그러므로 이 죄는 하나님의 나라가 임했다는 사실을 증언하는 영에 대항하여 저지른 것입니다. 바로 그러한 이유로 그것은 하나님의 율법을 어기는 죄가 아니라, 예수 그리스도의 복음을 위반하는 죄가 됩니다. 히브리서 6장에서도 같은 논점을 찾아볼 수 있습니다. 사도는 그 본문에 열거된 은사와 그리스도의 복음의 은사를 맛본 사람들의 타락에 대해 이야기합니다. "이 타락으로 인해" 하나님의 아들을 다시금 십자가에 못 박고 공공연히 모욕하는 결과가 빚어집니다. 히브리서 10장에서는 "하나님의 아들을 짓밟고 자기를 거룩하게 해 준 언약의 피를 대수롭지 않게 여기는" 죄임을 명시합니다. 이 같은 죄는 모두 율법이 아닌 그리스도의 복음에 대해 범해진 것입니다.

이러한 관찰을 통해 분명히 알 수 있는 것은 이 죄가 하나님에 관해, 그리고 그의 뜻과 모든 사역에 관해 확증된 진리를 거부하는 것이라고 주장하는 사람들이 충분히 명확하게 구별하지 않은 채 가르치고 있다는 사실입니다. 그들은 "복음의 진리에 맞서"라는 어구를 포함해야 했습니다.

그 반면에 복음의 명령은 두 가지로, 즉 그리스도를 믿으라는 명령과 하나님께로 돌아오라는 명령으로 나뉩니다. 믿음에 관한 명령은 명백합니다. 그러므로 이제 회심(conversion)에 관해 탐구하기로 합시다. 하나님에 대한 반감으로부터 죄가 발생할 때, 율법은 그렇게 반감을 품거나 일탈한 사람을 고발하고, 용서에 대한 일말의 희망도 없이 그를 정죄하면서 저주하는 반면, 복음은 그에게 돌이킬 것을 요구하고 용서를 약속합니다. 따라서 하나님께로 돌이키는 것은 복음적 명령이지 율법적 명령이 아닙니다.

그러나 회개하지 않고 고집을 피우는 것은 하나님께로 돌이키는 것에 반대되며, 그것이 최종적일 경우 그 사람은 하나님의 절대적 작정을 통해, 즉 복음적인 작정을 통해 정죄받는 심판에 처해집니다. 그러나 이 최종적 완악함은 지금 우리가 고찰하고 있는 주제인 '성령을 거스르는 죄'로 부를 수 없습니다. 그 이유는 다음과 같습니다.

첫째, 마지막 순간까지 지속되는 완악함은 정죄받을 모든 사람들에게 공통된 것인 반면, 성령을 거스르는 죄는 특정한 사람들에게만, 실제로 매우 적은 수의 사람들에게만 해당하는 죄이기 때문입니다.

둘째, 마지막 순간까지 지속되는 완악함은 삶을 마감하는 시기를 제외하고는 일어날 수 없는 것이고, 오직 당사자가 아직 삶을 영위하고 있는 동안에만 저지를 수 있는 죄이기 때문입니다. 요한일서 5장 16절은 그 점을 뚜렷이 보여 줍니다. "죽을 죄가 있습니다. 이 죄를 두고 간구하라고 하는 말이 아닙니다." 셋째, 죽을 죄를 지은 사람에 대해 "그가 다시 회개할 기회를 얻는 일은 있을 수 없다"라고 말하는 것은 마지막 시점까지 완악한 사람에 대해 말할 필요가 없는 언술에 불과하기 때문입니다. 용서의 모든 희망은 짧은 이생의 삶에 의해 끝나 버린다는 것은 주지의 사실입니다.

넷째, 성령을 거스르는 죄에 관해 "성령을 거슬러 말하는 사람은 이 세상에서도 오는 세상에서도 용서를 받지 못할 것이다"(마 12:32), 즉 절대로 용서받을 수 없는 것으로 확정되었기 때문입니다. 이 경우에도 최종적인 완악함에 관해 그렇게 단언하는 것은 사실상 불필요한 것입니다. 결국 이 죄는 예수 그리스도를 믿으라는 명령을 어기는 죄에 해당합니다.

하지만 예수 그리스도를 믿는 믿음에 관한 가르침은 이것으로 전부가 아니라 여러 부분들을 가지고 있습니다. 이 사실로부터 우리는 명령을 위반하는 죄에도 보편적인 것과 특수한 것 간의 차이가 있음을 추정할 수 있습니다. 보편적인 죄는 단적으로 그리스도를 거절하고 거부하는 것으로, 일반적으로 '무신론' 또는 '불신앙'으로 불립니다. 특수한 죄는 그리스도를 전부 거부하는 것이 아니라, 그가 말씀을 통해 나타내신 것을 있는 그대로 받아들이기를 거부하는 것입니다. 이것은 '이단'이라고 불리는데, 그 말은 그리스도를 믿는다고 고백한 후 그의 가르침을 온전히 훼손 없이 보존하지 못하고 부패하게 변질하는 것을 의미합니다.

그러나 우리가 고찰하고 있는 죄는 이 특수한 죄에 속한 것이 아닙니다. 따라서 그것은 그리스도를 믿을 것을 명하는 명령을 어기는 보편적인 죄에 속합니다. 그것은 무신론이나 불신앙입니다. 불신앙은 모두 같은 것이 아니며 여러 유형이 있습니다. 1) 그리스도에 대해 전혀 들은 바가 없는 사람들의 불신앙. 2) 그리스도에 대해 들어 본 적이 있지만 무슨 말인지 이해하지 못하는 사람들(마 13:19)의 불신앙. 이 두 부류에 속하는 사람들은 어느 누구도 성령을 거스르는 죄를 지었다고 말할 수 없습니다. 3) 올바르게 알아듣기는 했지만 자기가 이해한 것의 진리성에 대해 양심적으로 확실하게 설득되지 못하고 자기 확신에 이르지 못한 사람들의 불신앙. 이 사람들 역시 성령을 거스르는 죄에 책임 있다고 볼 수 없습니다. 4) 예수의 그리스도 되심을 자기의 양심에 의해 확신하면서도 배교에 의해 그리스도를 거절하는 사람들의 불신앙. 내가 판단하기로는 이 부류의 사람들이 지금 우리가 탐구하고 있는, 성령을 거스르는 죄에 저촉됩니다. 그러므로 문제의 죄가 속해 있는 범주 또는 속은 자기의 양심을 거슬러 그리스도에게 반감을 갖고 거부하는 죄입니다. 그것은 단순한 거부나 부인이 아니라, 이전에 고백했던 것을 철회하는 것입니다. 또 그것은 단순한 반발이나 공격과도 다릅니다. 뒤에서 우리가 살펴볼 것이지만 이것은 (죄 안에) 후속 전개 과정이 뒤따르기 때문입니다. 그러나 한 가지 주목할 만한 점은 그것이 '그리스도를 거부하는 것'이든지 '그리스도에 관한 진리성을 거부하는 것'이든지 이 교리나 저 교리에 대한 특정한 거부가 아니라, 그리스도교 신앙 전반에 대한 보편적 거부인 한 결국 하나의 동일한 것을 지시한다는 것입니다.

이 죄의 대상과 양태

그러면 이제 죄의 대상에 대해 생각해 봅시다. 이 죄의 대상은 그것이 하나님이건 죄 짓는 인간 자신이나 그의 이웃이건 위해가 가해지는 어떤 인격체라고 말할 수 있습니다. 그런데 우리는 공격을 당하는 대상뿐만 아니라, 종종 학자들이 '형식적 이유(formal reason)'라고 부르는 공격의 양태(mode)까지 고찰할 필요가 있습니다. 대상에 부가되는 이 양태는 그 대상을 구체적이고, 적합하며, 특유하거나 꼭 들어맞는 것으로 만듭니다. 겉으로 보이는 것은 하나의 대상이지만 실제로 그것은 다채로운 면들을 가집니다. 하나님께 맞서는 범죄가 배은망덕에 의해 저질러질 경우, 그것은 마치 우리가 더 많은 것을 돌려받아야 하는 것처럼 대항하는 것입니다.

또한 우리는 불신앙과 멸시에 의해 하나님께서 내리시는 명령, 금지, 약속, 경고, 징계, 훈계 등을 거부할 수 있습니다. 배교는 하나님께 반항하는 죄이지만, 특별히 그것은 하나님을 인정하고 그에게 헌신하기로 서약했던 그의 신성과 이름으로부터 돌아서는 것입니다. 그러나 이 경우 우리가 다루고 있는 죄의 대상은 예수 그리스도이고, 즉시 하나님이 그 대상이 됩니다. 내가 '직접적으로'라는 낱말을 덧붙인 이유는 아들을 거부하는 사람은 또한 아버지를 거부하는 것이기 때문입니다.

이만하면 형식적 이유라는 양태가 (이 죄를 짓는 당사자에게) 뚜렷이 인식되고 입증된 것으로 보입니다. 정확히 말해 거부되는 대상은 곧 메시야와 세상의 구원자입니다. 이 점은 히브리서 6장에 "타락한" 사람들은 "하나님의 아들을 다시금 십자가에 못 박고 욕되게 하는 것이기 때문입니다"라고 표현되어 있는 것에서 분명히 나타나 있습니다. 또한 히브리서 10장 29절에서도 그런 사람들이 "하나님의 아들을 짓밟고, 자기를 거룩하게 해 준 언약의 피를 대수롭지 않게" 여기는 것으로 말합니다. 이 점은 "이 사람이 귀신의 두목 바알세불의 힘을 빌려 귀신을 쫓아낸다"(마 12:27)라고 말했던 바리새인들의 말에서 여실히 드러납니다. 이것에 대해 사도 마가도 그렇게 말하는 것 자체가 죄가 되는지 여부와 상관없이 "사람들이 '그는 악한 귀신이 들렸다' 하고 말하였기 때문이다"(막 3:30)라고 기록했습니다. 사도들은 그리스도께서 성령을 거스르는 죄에 대해 말씀하시기 시작하는 기회를 포착했던 것입니다.

그러나 이 양태는 주로 직접적으로 성령이나 은혜의 영으로부터 발출하는 어떤 은혜로운 행위를 통해 그 대상과 일치하게 되므로 바로 이러한 이유로 이 죄를 가리켜 '성령을 거스르는 죄' 또는 '은혜의 영을 거스르는 죄'로 부릅니다. 성령의 행위를 거슬러 그 행위를 멸시하거나 모욕하는 태도로 취급하기 때문입니다. 그러나 성령의 행위는 그리스도와 그의 나라의 도래를 증언하는 것으로서, 그것은 예수가 그리스도이심을 증명하기에 충분할 뿐만 아니라, 그리스도에 관한 증언을 전달받는 사람의 마음과 양심을 효력 있고 확실하게 확신시키는 행위입니다. 그것이 작동함으로써 이르는 완전한 결과는 사람의 마음속에 "예수는 그리스도, 하나님의 아들이다"라는 진리에 대한 확실한 인식과 설득입니다.

그러나 이 죄에서 성령은 공격하려는 대상이 아닙니다. 왜냐하면 그 죄의 표적은 성령의 위격 자체가 아니기 때문입니다. 그 점은 증언의 목적과 대상에서 뚜렷이 나타납니다. 이 증언의 목적은 그리스도이기 때문입니다. 그러나 그 증언을 교란하는 이 죄의 목적과 그 증언 자체의 목적은 하나이 며 동일한 것입니다. 그 증언의 목적은 성령이 아니라, 예수를 하나님의 아 들과 기름 부음 받은 주님으로 인정하고 영접해야 한다는 것입니다.

이것은 그리스도에 의해 직접 다음과 같이 선언되었습니다. "그러나 내 가 하나님의 영을 힘입어서 귀신을 쫓아내는 것이면 하나님의 나라는 너희 에게 왔다."(마 12:28) 또한 그것은 그리스도에게서 발출하는 영이 아니라, 그리스도 자신이 그의 영 안에서, 그리고 그것을 통해 기적을 행한다는 동 일한 목적에 기여합니다. 이렇게 볼 때 기적을 행하는 것은 그리스도께서 자기 자신에 관해 가르치는 것이 참이라는 것을 입증하기 위한 것으로 생 각할 수 있습니다.

이 같은 관찰을 통해 우리는 '성령을 거스르는 죄'와 '인자를 거스르는 죄'를 구별하고, 전자는 사면이 불가하고 용서받을 수 없는 반면, 후자는 용서의 가능성이 열려 있다고 선언하신 그리스도의 말씀에 내재한 난해함 을 쉽게 해소할 수 있을 것입니다. 왜냐하면 성령에 대한 증언 없이 인자 를 거스르는 죄를 지은 많은 사람들이 사함을 얻기 때문입니다. 따라서 이 제까지 전개한 논의 전체로부터 그 죄의 표적이 된 인격체에 관심이 집중 된다기보다 그 죄가 훼방하는 성령으로부터 발출하는 증언의 행위가 훨씬 중시된다는 것을 알 수 있습니다.

그러므로 행위와 관련하여 범죄는 인자에 대해서가 아니라 성령을 거 슬러 자행되었지만, 대상에 관해서는 오직 증언하는 행위로부터 알려지는 분, 즉 인자를 적대한 것입니다. 이에 따라 주안점은 대상이 아니라 행위에 주어지는 것입니다. 이런 측면에서 이 죄를 그리스도께서 '성령을 거스르 는 죄'라고 부르시고, 그러한 양태와 형식적 원인에 대한 어떤 고려도 없이 그리스도를 거스르는 죄와 구별하셨던 것입니다.

나는 교부들 중에 예수가 인자이심을 지시하기 위해 중첩이나 상호 반영을 통해 '인자'라는 이름에, 그리고 예수가 하나님의 아들이심을 지시하기 위해 '하나님의 아들'이라는 표현에 접근했던 이들을 알고 있습니다. 그들은 또한 인자로서의 예수를 적대하는 죄를 저질렀을 때 그것은 하나님의 아들을 적대하여 저지른 죄와 구별되는 것으로, 그리고 죄책이 상대적으로 가벼운 것으로 생각합니다. 그러나 이 같은 고찰은 현재 우리의 논의와는 무관합니다. 성령이 행하시는 증언은 이 목적에 기여하기 위한 것입니다. 즉 어떤 경우에는 인자라는 이름으로, 또 그 밖의 경우에는 하나님의 아들이라 불리기도 하는 그 인물을 참되고 유일한 메시아로 받아들일 것을 확실시하려는 목적을 위한 것이기 때문입니다.

하지만 만일 고대 교부들 중 일부가 택했던 이 고찰을 논의의 초점에 두고 싶어 하는 사람이 있다면 그는 인자를 적대하는 죄는 예수가 하나님의 아들로 인지되지 않았던 시점에 저지른 것인 반면, 하나님의 아들을 적대하는 죄는 의심의 여지 없는 증언에 의해 하나님의 아들이라는 사실이 이미 확증된 이후에 저지른 것으로 구별하여 말할 수 있을 것입니다. 복음서에 "누구든지 인자를 거슬러 말하는 사람은 용서를 받겠으나"(마 12:32)라고 기록된 부분이나, "하나님의 아들을 다시 십자가에 못 박는 것"과 "하나님의 아들을 짓밟는 것", 즉 성령의 "빛을 받아" 하나님의 아들로 자신들이 고백했던 예수를 모욕하는 것을 지시하는 히브리서 구절 역시 그런 관점을 옹호해 줍니다. 나사렛 예수에 관해 믿어야 할 본질적 속성은 바로 그가 그리스도와 하나님의 아들이시며, 세상의 구세주이자 구속자라는 사실이기 때문입니다. 그리고 적합한 대상으로부터 그와 연관된 행위를 결정할 수 있고, 행위로부터 적합한 대상에 관해 결론을 내릴 수 있는 식으로,

믿음의 대상과 그것에 적합한 행위는 긴밀한 상호적 관계를 가지고 있습니다.

그러므로 히브리서 6장과 10장에서 사도가 열거하는 행위로부터 우리는 예수에 대해 그런 죄를 짓는 사람들은 그를 하나님의 아들로 시인할 뿐만 아니라, 자신들이 그렇게 고백했던 하나님의 아들을 적대하는 죄를 범한 것으로 결론 내릴 수 있을 것입니다. 왜냐하면 예수를 하나님의 아들로 인정하는 사람이 그런 인식을 가지고 있으면서도 그를 대적하는 죄를 범하는 경우를 제외하고는 어떤 사람도 "하나님의 아들을 다시 못 박고" "그를 짓밟는" 일을 할 수 없기 때문입니다. 예를 들어 스페인 사람들이 거만한 태도로 참된 복음이 담겨 있는 것이라고 하면서 건네주었던 사복음서 각 권들을 발로 짓밟고 불 속에 던져 버렸던 아메리카 인디언들은 "그리스도의 복음을 짓밟은" 것으로 말할 수 없습니다.

이 죄를 짓는 사람들

계속해서 성경이 정의하고 있는 방식을 따라가면서 이 죄를 범한 사람들에 대해 기술하기로 합시다. 그런데 일반적으로 그 사람들은 성령이 주시는 증언을 통해 마음과 양심에 의해 이 진리를, 즉 마리아의 아들 예수가 그리스도이시며 하나님의 아들이라는 것을 확신했던 이들입니다. 그럼에도 그들은 내부적으로 서로 다를 수 있고, 실제로 차이를 보여 줍니다. 그 진리에 대해 확신을 갖게 된 후 그들은 즉시 그리스도를 거부하고, 다시는 자기 이름을 제자들의 명단에 올리려는 생각을 하지 않았을 수도 있고, 또는 얼마 동안 그리스도를 영접하고 믿다가 나중에 뒤로 물러나 타락의 길에 빠지게 되었을 수도 있기 때문입니다.

이 두 그룹 중 전자에 속하는 사람들은 바리새인들로서, 그들은 그리스도가 "바알세불의 힘을 빌려서 귀신을 내쫓는다"라고 말했을 때 "내가 바알세불의 힘을 빌려서 귀신을 쫓아낸다고 하면 너희의 아들들은 누구의 힘으로 귀신을 쫓아낸다는 말이냐?"라고 그리스도께서 주장하셨듯이 귀신을 내쫓는 일이 성령이 하시는 일이라는 것을 양심적으로 믿고 있었습니다.

후자의 그룹에 속하는 사람들에 대해서는 히브리서 6장과 10장에 언급되어 있습니다. 그들은 비록 일시적으로 그리스도를 믿음으로 영접했을 뿐이지만 그것은 성령의 조명을 받아서 이루어진 일인데, "성령을 힘입지 않고서는 아무도 '예수는 주님이시다' 하고 말할 수 없기"(고전 12:3) 때문입니다. 이 사람들에게는 "하늘의 은사를 맛보고, 하나님의 좋은 소식을 듣고, 장차 올 세상의 권능을 경험하는 일"이 허락되었던 것입니다. 하나님의 아들이신 예수 그리스도에 관한 성령의 증언을 통해 그들의 마음이 충분히 설복되었을 때—마태복음 13장 20절에서 그리스도 자신이 "또 돌짝밭에 뿌린 씨는 이런 사람이다. 그는 말씀을 듣고 곧 기쁘게 받아들이기는 하지만", 그리고 요한복음 5장 35절에서 "요한은 타오르면서 빛을 내는 등불이었다. 너희는 잠시 동안 그의 빛 속에서 즐거워하려 하였다"라고 선포하셨듯이—그리스도를 믿음으로 고백하는 사람들의 마음에는 기쁨과 만족의 흥분 상태 외에 다른 어떤 효과도 뒤따를 수 없기 때문입니다. 하지만 이 주제에 관해서는 칼뱅의 『기독교 강요』를 참조하기 바랍니다.(3권, 2장, 11절)

히브리서 6장 5절에서 바로 그 사람들에 관해 "성령의 동역자들"이었다고 부연하는 것에 대해서는 당시 교회 안에 풍성했던 성령의 놀라운 은사에 준거하여 이해해야 할 것입니다. 그 점에 대해 히브리서 2장 4절에서도 이렇게 선언합니다. "그리고 하나님께서도 표징과 기이한 일과 여러 가지 기적을 보이시고, 또 자기의 뜻을 따라 성령의 선물을 나누어 주심으로써 그들과 함께 증언하여 주셨습니다." 바로 그런 사람들에게서 그리스도를 부인하거나 거부하는 일이 발생하고, 히브리서 6장에서 '타락'이라고 부르는 것, 즉 그들이 인정했던 진리로부터, 그리고 그리스도의 이름에 대한 그들 자신의 고백으로부터 뒤로 물러가는 일이 벌어지는 것입니다.

자기에 대한 이러한 부인에 대해 그리스도는 누가복음 12장 10절에서 일반적인 방식으로 다루면서 지금 우리가 이야기하는 특정한 행동의 특수한 양태 한 가지를 첨가합니다. "누구든지 인자를 거슬러서 말하는 사람은 용서를 받을 것이지만, 성령을 거슬러서 모독하는 말을 한 사람은 용서를 받지 못할 것이다." 베드로의 행동은 그리스도를 부인하는 이런 유형에 속합니다. 하지만 곧 우리가 고려하게 될 다음 사례에서 매우 확연히 드러나겠지만 그것은 문제의 범죄 행위가 속한 종의 경우와 크게 다릅니다. 그러므로 성령을 거스르는 죄는 우리가 이미 구별했던 유효적 원인의 양태에 따라 구별됩니다.

이 죄의 원인

이제 우리는 이 죄의 원인에 대해 탐구를 시작할 수 있게 되었습니다. 모든 죄의 원인으로 흔히 무지, 연약함, 악의가 대표적인 것으로 거론됩니다. 무지는 부정적인 것은 아니지만 반드시 소유해야 할 지식의 결여이며, 따라서 율법에 대한 무지를 가리킵니다. 연약함이란 강렬한 정념과 시험, 그리고 사람들로 하여금 죄를 짓게 만드는 유혹거리에 대항할 만큼 강하지 못한 것을 가리킵니다. 악의는 자신이 어떤 시험거리에 의해 선동되고 있는 상태에서 의지에 의해 쉽게 물리칠 수 있고 또 언제든지 극복하려는 의지를 동원할 수 있음에도 의식적으로 기꺼이 죄를 짓는 쪽으로 기울어지는 것을 말합니다. 무지와 연약함은 직접적이거나 즉각적인 죄의 원인은 아니지만 방어기제의 부재라는 양태를 통해 원인이 됩니다. 즉 무지는 의지에 명령을 내림으로써 죄를 방지할 수 있는 올바른 지식과 이성의 부재라는 양태를 통해, 연약함은 의지를 올곧고 강건하게 만듦으로써 죄를 짓지 못하게 막을 수 있는 강인함과 역량이 결여된 양태를 통해 유발됩니다.

그러므로 만일 우리가 이 문제를 정확하게 조사하기 원한다면 의지는 죄의 고유하고 적합하고 직접적인 원인이며, 내적인 것과 외적인 것을 포괄하는 죄를 범하게 만드는 두 가지 동기와 자극제를 가집니다. 인간 자신 안에 들어 있는 내적 원인은 자기 자신에 대한 사랑과, 일시적인 것이나 눈에 보이는 복에 대한 강한 욕망이나 정욕을 지시합니다. 외적인 동기는 욕구나 욕망을 불러일으키는 대상으로서 명예, 부, 쾌락, 생명, 건강과 온전한 정신, 친구, 조국, 그 비슷한 것을 예로 들 수 있는데, 그것과 반대되는 것은 자신을 덮칠 것을 상상만 해도 혐오스럽고 저주할 수밖에 없는 두려운 것들입니다.

그러나 이런 동기는 의지를 필연적으로 움직이게 만들 수 있을 정도로 매우 효과적으로 의지에 작용하는 것은 아닙니다. 따라서 이 경우 의지는 죄로부터 면제될 수 있을 테지만, 그 동기는 설득과 유인의 양태를 통해 의지를 움직입니다. 그렇지만 자기 자신에 대한 사랑과 어떤 가시적인 선에 대한 욕망을 통해(현상적인 악에 대한 기피나 혐오도 여기에 포함됩니다) 금지된 어떤 행위 쪽으로 우리가 회유되거나 미혹될 때, 그러나 그것이 죄라는 것을 모를 경우 욕망과 그릇된 이성을 맹목적으로 따르는 의지는 무지를 통한 죄의 원인이 됩니다.

그러나 동기가 똑같다고 해도 당사자가 그것이 죄가 된다는 것을 알고 있는 어떤 행위에 이끌릴 때 의지는 욕망을 따라 의도적으로 죄를 짓게 됩니다. 그러나 그러한 죄가 연약함 또는 악의 때문에 저질러진 것인지는 그 사람이 추구하는 선의 필연성과 그가 기피하려는 악의 심각성이 얼마나 극악한지에 비추어 결정되어야만 합니다. 이 점에 대한 판단 역시 선하고, 적법하며, 수행 명령이 내려진 것이든지, 아니면 악하고, 불법적이고, 금지된 것이든지 당사자가 회피하기 위해 의존하는 양태에 대한 식별이 고찰의 대상일 경우, 욕망의 완수나 성취를 막으려 하는 것처럼 보이는 사람 쪽으로(모든 경우에 발생하는 상황은 아니지만 어떤 이유에서 나는 이것을 이 맥락에 포함해야 한다고 생각했습니다) 기울어지는 경향성뿐만 아니라, 욕구나 정념의 강렬함에 준거해야만 합니다.

그러면 이제까지 고찰한 것을 우리 논의의 목적에 적용해 보도록 합시다. 바울은 그리스도의 교회를 핍박했지만 많은 유대인들이 그리스도가 영광의 주라는 사실을 몰랐기 때문에 그리스도를 십자가에 못 박았던 것처럼 율법에 대한 과도한 열심과 욕망으로 불타올라 무지의 상태에서 그렇게 했던 것입니다. 만일 그렇지 않았더라면 그들은 그토록 극악무도한 일을 행하지 않으려 했을 것입니다. 베드로는 그리스도가 참된 메시아이며 여호와로부터 기름 부음 받은 자이신 것을 알았습니다. 그는 이 지식을 아버지의 직접적인 계시를 통해 얻었음에도 불구하고 그리스도가 자기의 주님이신 것을 부인했습니다. 그런데 그의 이런 행동은 생명에 대한 욕구와 죽음에 대한 두려움—가장 용감한 사람이라도 무너뜨릴 수 있는 감정이지요—때문에 비롯된 것입니다. 즉 그는 연약함 때문에 그렇게 했던 것입니다. 추방, 낙인, 지하굴이나 영구 감금에 처해지는 정죄를 받는 것에 대한 두려움으로 인해 어떤 사람들은 그리스도의 이름을 고백하지 못하고 움츠

러들기도 합니다. 따라서 그들에 대해서는 연약함 때문에 그렇게 한 것으로 고려해야 합니다.

그리스도를 부인하지 않는다면 검의 위엄과 공적 지위를 몰수할 것이라는 황제의 위협으로 인해 초기 그리스도인들 중에는 그리스도를 부인하는 대가를 치르더라도 자신들의 모든 영예를 유지했던 사람들이 있었습니다. 이런 경우 역시 연약함 때문에 죄를 지은 것으로 말할 수 있습니다. 어떤 사람은 그리스도인 국왕이나 그리스도인 민간인들에 의해 극렬한 고문을 당하고, 시달리고, 재산을 몰수당하게 되었을 때 하나님과 그리스도를 향해 격정에 넘치는 모욕적인 언사를 쏟아놓기도 했습니다. 이런 사람에 대해서도 분노와 지독한 심리적 강압에 의해 그렇게 행동한 것으로 판단해야 합니다.

그러나 만일 전술한 사례의 주인공들의 죄목에 그리스도 자신과 그의 가르침에 대한 적대감이 추가된다면 내가 판단하기로는 그들은 성령을 거스르는 죄에서 과히 멀지 않습니다. 논의 전체를 한마디로 마무리한다면 나는 성령을 거스르는 죄는 본래적으로 악의를 통해 고의로 범한 죄로 규정합니다.

여기서 나는 악의를 두 종류로 구분합니다. 첫째 유형은 큰 불편을 야기하지 않고서도 쉽게 실행에 옮길 수 있는 정욕이나 욕망에 어떤 방어기제도 적용하지 않는 경우이며, 둘째 유형은 그리스도 자신을 미워하는 경우로서, 그가 내리시는 명령이 불법적인 욕망이 완수되거나 성취되는 것을 막기 때문이거나, 그리스도의 목적과 이름을 근거로 불의한 욕구를 향유하는 일이 허용되지 않기 때문일 수 있습니다.

이러한 악의에서 비롯된 죄의 두 유형은 모두 마태복음 12장에 언급되어 있는, 그리스도께서 대면했던 유대인들에게 적용됩니다. 그러나 그들은 예수가 그리스도이시며 약속된 메시아라는 사실을 양심에 따라 충분히 확신했던 것처럼 보이지 않습니다. 그러므로 이 죄의 정의에 들어 있는 다른 부분에 덧붙여야 할 것은 그 죄가 그리스도에 대한 악의와 반감 또는 그리스도와 그에 관한 진리에 대한 반감을 통해 실행되었을 수 있다는 점입니다.

이런 종류의 반감은 히브리서 6장과 10장에서 사도가 사용한 낱말들 속에 들어 있다고 생각됩니다. 즉 "그런 사람들이야말로 하나님의 아들을 다시금 십자가에 못 박고 욕되게 하는 것이기 때문입니다. 하나님의 아들을 짓밟고, 자기를 거룩하게 해 준 언약의 피를 대수롭지 않게 여기고, 은혜의 성령을 모욕한 사람"들입니다. 앞의 기술이 지시하는 것은, 전혀 예상하지 못한 채 죄를 통해 그리스도에게서 미끄러지거나 소외되는 사람들이 처하게 되는 결과에 관해서가 아니라, 그들이 자발적으로 자신의 본성에 이끌려 죄와 결탁하고 확고한 목적 의식을 가지고 실행에 옮긴 문제의 죄에 친화적이며서 또한 그 죄의 결과이기도 한 행위에 관해서라고 나는 생각합니다.

이 죄의 목적

우리는 이 같은 원인을 통해 이 죄의 목적을 쉽게 알 수 있을 것입니다. 대부분의 경우 그 둘은 서로 상응하고, 어떤 측면에서는 서로 일치하기도 하기 때문입니다. 따라서 이 죄의 목적 역시 두 종류로 나뉩니다. 첫째는 욕망의 대상이 되는 현상적인 선을 획득하고 향유하는 것이고, 둘째는 그리스도와 그가 인준하시는 진리에 대한 반감이 팽배해져서 그것을 거부하는 것인데, 이에 대해 칼뱅은 "이 목적을 위해 그들은 기필코 저항할 것이다"라고 예시합니다.

바로 이런 정황은 그 죄를 범하는 사람이 품은 악의를 보여 줍니다. 그는 죄의 행위를 통해 현상적 선을 획득하는 데 만족하지 않고 죄라는 행위 자체를 목적 또는 근본 의도로서 즐거워하기 때문입니다. 이것은 이 사람의 의지가 이 죄를 범하지 않을 수 없게 만드는 성향이나 정념에 이끌리는 것이 아니라, 자유롭게 그 성향을 따르고 거기에 또 다른 것까지, 즉 그리스도에 대한 반감까지 덧붙인다는 것을 공고히 해 주는 확실한 증거가 됩니다. 이 반감은 전적으로 자발적인 것이며, 따라서 악의로부터 비롯된 것이라고 말할 수 있습니다. 욕구나 욕망이 정욕적 능력에, 연약함이 성급한 기질에, 무지가 이성이나 마음에 귀속될 수 있듯이 악의는 의지에 귀속되기 때문입니다.

그러나 이 요소들을 이런 방식으로 고찰할 때, 성령을 거스르는 죄는 다음과 같이 정의 내릴 수 있습니다. "성령을 거스르는 죄란 성령의 증언을 통해 하나님의 아들로 확고하게 인정된 그리스도에 대한 결의에 찬 악의와 반감으로(또는 같은 말이지만 복음의 확증된 보편적 진리를 부인하고 거절함으로써) 예수 그리스도를 부인하고 거부하는 것으로, 양심을 위배하면서까지 한 가지 목적, 즉 전혀 필수적이지 않은 현상적인 선에 대해 죄인이 가지고 있는 욕망을 이루고 만족시키고자 하는, 그리고 그리스도를 거부하고자 하는 것에 헌신하는 것이다."

이 죄의 등급

이 죄에 열성적으로 몰두하는 죄인들에 관해 다음의 관찰을 덧붙이도록 합시다. 즉 이 죄에는 다음과 같은 여러 등급이 있는데, 내가 보기에 그것은 다음과 같은 용이한 방식으로 정렬할 수 있을 것 같습니다.

첫째 등급은 확증된 그리스도 또는 복음의 확증된 진리를 부인하고 거부하는 것입니다. 이 등급은 보편적이고 일차적이며, 그리스도를 부인하고 거부하는 사람이 잠시 동안 그리스도의 제자로 자처했든지 그렇지 않든지 간에 모든 상황에 포괄적으로 적용됩니다. 이 점은 우리가 이미 앞에서 다룬 바 있습니다.

둘째 등급은 하나님의 아들 그리스도를, 그리고 복음의 확증된 진리를 모독하는 것입니다.

셋째 등급은 본인이 직접 나서든지 다른 동지들의 손을 빌리든지 해서 그리스도를 공격하고 핍박하거나, 확증된 진리를 철폐하는 것입니다.

넷째 등급은 죄의 대상과 그 대상에게 과시하거나 드러내 보이는 행위 사이의 차이를 준거로 삼아 첨가될 수 있습니다. 이것은 곧 영 자체를 모욕하는 것이거나 성령의 행위에 대한 모욕으로 나뉩니다. 예를 들면 그리스도를 가리켜 '포도주를 즐기는 술고래', '세리와 죄인의 친구', 스스로 하나님의 아들이라고 주장하는 '속이는 자와 거짓 선지자'라고 부르는 사람은 성령이 행하신 이적이 실제로는 바알세불에 의해 수행된 것이고, 따라서 마귀적인 행위라고 주장했던 사람과는 현저히 다른 방식의 죄를 짓는 것입니다.

이 죄는 왜 용서받을 수 없는가?

이제 우리는 이 죄에 부속되거나 특유한 속성이라고 부를 만한 것, 즉 이 죄는 사면할 수도 용서할 수도 없는 죄라는 것과, 그 죄가 왜 용서할 수 없는 것인지 그 이유에 대해 다룰 것입니다. 이 죄는 '죽을 죄'라고 불립니다. 그것은 모든 죄가 영원한 사망에 처해질 만한 것이지만, 그럼에도 불구하고 그리스도를 믿기 시작하고 하나님께로 돌아오는 많은 사람들이 용서를 받게 된다는 의미에서가 아니라, 성령을 거슬러 이 죄를 지은 적이 있거나 이후에 다시 같은 죄를 짓는 사람은 어느 때건 복을 누리지 못하고 나중에도 영원한 죽음을 피할 수 없을 것이기 때문입니다.

이 죄가 '용서할 수 없는 죄'가 되는 것은 "아들을 믿는 사람은 심판을 받지 않는다. 그러나 믿지 않는 사람은 이미 심판을 받았다"(요 3:18), "내가 너희에게 말한다. 너희도 회개하지 않으면 모두 그렇게 망할 것이다"(눅 13:3~5)라고 선포하신 하나님의 작정을 통해 불신앙과 끝까지 완악한 것을 가리켜 용서할 수 없는 죄라고 부르는 것과 똑같은 의미에서가 아닙니다. 그것이 용서할 수 없는 죄일 수밖에 없는 것은 차라리 이런 의미에서 그러합니다. 즉 한번 그 죄를 범한 것만으로도 그 죄인이 이후에 아무리 오래 산다고 해도 하나님의 결정적이고 절대적인 법령과 작정을 통해 결코 하나님으로부터 용서를 받을 수 없다는 뜻입니다.

그러나 이 죄가 왜 용서할 수 없는지 그 주원인이자 직접적인 원인은 내가 보기에 히브리서에서 사도가 다음과 같이 말한 대목에 포괄적으로 정리되어 있습니다. "한번 빛을 받아서 하늘의 은사를 맛보고, 성령을 나누어 받고, 또 하나님의 선한 말씀과 장차 올 세상의 권능을 맛본 사람들이 타락하면 그들을 새롭게 해서 회개에 이르게 할 수 없습니다."(히 6:3~5) 이 원인의 작용적 효력은 회개 없이는 죄에 대한 용서도 없다고 하시는 하나님의 항구적이고 불변적인 작정으로부터 나옵니다.

그렇지만 우리의 마음은 여기서 멈추지 않고 다시금 이렇게 묻습니다. "그런 죄를 지은 사람들이 왜 다시 회개할 기회를 얻을 수 없는 것입니까?" 내 생각에 이 질문에 대한 답은 부분적으로 "그들을 새롭게 해서 회개에 이르게 하는" 원인을 동일시함으로써, 또한 부분적으로는 히브리서 6

장과 10장에서 사도가 기술한 것처럼 이 죄의 심각성 자체로부터 탐색해야 합니다. 이 본문들을 대조해 볼 때, 이 죄를 지은 사람이 왜 "새롭게 되어 회개에 이를 수 없는가" 하는 이유가 선명하게 떠오를 것입니다.

이 새롭게 하는 원인에 대해 먼저 고찰해 봅시다. 새롭게 되어 회개에 이르는 것은 성령 또는 은혜의 영의 활동을 통해 그리스도께서 중보하시기 때문에 그리스도 안에서 하나님의 자비하심 또는 은혜가 효력을 행사함으로써 비로소 가능해지는 것으로 보입니다. 그러나 하나님의 이 같은 자비하심, 그리스도의 중보, 성령의 활동은 무한히 계속되지 않습니다. 즉 그러한 것은 하나님과 그리스도, 그리고 그의 영의 무한한 전능성에 따라 효력이 발생하는 것이 아닙니다. 오히려 그것은 하나님과 그리스도, 그리고 하나님의 영의 형평성과 의지의 특정한 양태에 의해 제한됩니다. 이 점은 특정한 성경 구절에 분명히 나타나 있습니다.

하나님의 자비하심에 관해서는 "하나님께서는 긍휼히 여기시고자 하는 사람을 긍휼히 여기시고, 완악하게 하시고자 하는 사람을 완악하게 하십니다"(롬 9:18)라는 구절에, 그리스도의 중보에 관해서는 "나는 세상을 위하여 비는 것이 아니고, 아버지께서 내게 주신 사람들을 위하여 빕니다"(요 17:9)라는 구절에 나타나 있습니다. 성령의 사역에 관해서는 "세상은 그를 보지도 못하고 알지도 못하므로 그를 맞아들일 수가 없다"(요 14:17)라는 구절로 알 수 있습니다.

이제 같은 사도가 기술한 말씀으로부터 이 죄의 극악함에 대해 고찰하기로 합시다. "그런 사람들이야말로 하나님의 아들을 다시금 십자가에 못 박고 욕되게 하는 것이기 때문입니다. 하나님의 아들을 짓밟고, 자기를 거룩하게 해 준 언약의 피를 대수롭지 않게 여기고, 은혜의 성령을 모욕한 사람은 얼마나 더 무서운 벌을 받아야 하겠는가를 생각해 보십시오."(히

6:6, 10:29) 하지만 나는 그런 행위가 극도로 사악하고 마귀적이어서 만일 하나님께서 그런 사람에게도 그의 자비하심을 부정하지 않으시고, 그리스도께서 그들을 위해 중보하시기로 하신다면, 그리고 은혜의 영께서도 그의 자비로운 작용적 효력을 그들에게 베풀지 못하도록 방해받는 일이 없는 한 그리스도 안에서 하나님의 자비하심이 어떤 한도에 의해서도 제한되지 않고, 그리스도의 중보도 어떤 곳에 한정되지 않으며, 은혜의 영 역시 어떤 악의에 의해 방해받을 수 있으리라고 인정할 수 없습니다.

하나님의 율법을 어긴 죄와, 그리스도 안에서 하나님의 복음과 은혜를 거스르는 죄의 차이에 대해 고찰해 보십시오. 그리고 질병 자체에 빠지는 것보다 그 질병의 치료제를 거부하는 것이 얼마나 더 극악한 것인지에 대해 성찰해 보십시오! 청중에게서 용서에 관한 좌절감을 제거하기 위해 그들이 그리스도를 대적하는 죄가 유죄임을 밝힌 후 사도 베드로는 그들에게 이렇게 말했습니다. "그런데 동포 여러분, 여러분은 당신들의 지도자들과 마찬가지로 무지해서 그렇게 행동했다는 것을 나는 알고 있습니다."(행 3:17) 고린도 사람들에게는 이렇게 말했습니다. "그들이 알았더라면 영광의 주님을 십자가에 못 박지 않았을 것입니다."(고전 2:8) 사도는 또 자기 자신에 관해 이렇게 말했습니다. "그러나 그러한 행동은 내가 믿지 않을 때에 알지 못하고 한 것이므로 하나님께서 나에게 자비를 베풀어 주셨습니다."(딤전 1:13)

그리스도께서는 십자가에 달리셨을 때 이사야서 53장 12절에 표현된 말씀처럼 범죄자들을 위해 중보 기도를 드리시면서 "아버지, 저 사람들을 용서하여 주십시오. 저 사람들은 자기네가 무슨 일을 하는지를 알지 못합니다"(눅 23:34)라고 말씀하셨습니다. 성령에 관해 성경에 기술된 것에 따르면 성령은 슬픔을 느끼실 수 있을 뿐만 아니라(엡 4:30), 근심에 빠질 수 있고(사 63:10), 그 때문에 소멸해 버릴 수도 있습니다(살전 5:19). 이 기술에 들어맞는 사람들, 즉 오랫동안 하나님의 아들이라고 진실로 시인했던 그리스도를 십자가에 못 박고 그의 피를—곧 하나님께서 교회를 구속하기 위해 그에게 치르게 하신, 그보다 더 귀중한 것이 있을 수 없는 대속의 대가이며 오직 그것에 의해서만 하나님과 인간 사이의 은혜로운 언약이 확증되고 확립될 수 있게 하기 위해 그리스도께서 흘리신—짓밟는 사람들과, 양심의 찔림도 개의치 않고 성령을 극도로 멸시하고 모욕하며 그 극악함을 능가할 수 있는 것이 아무것도 없을 정도로 그에게 중대한 범죄를 저지른 사람들이 누구이든지 우리가 하나님에게서 공의를 완전히 박탈하고 그의 자유의지로부터 신적 자비의 경륜을 제거하지 않는 한 이 범주에 속하는 사람들이 다시 새롭게 되어 회개할 기회를 얻지 못하게 되는 것은 정의롭고 공정한 처사입니다.

만일 우리가 그 방향으로 나아가기로 하고, 구원의 경륜을 신적 자비 또는 선하심의 무한성에만 귀속한다면 신앙의 초석 자체가 무너지게 되고, 그것으로 인해 영생이 모든 사람에게 보편적으로, 심지어 마귀들에게도 수여될 수 있게 됩니다. 만일 히브리서 6장과 10장에서 제시된 단언이 공적으로 그리스도교 신앙을 고백한 후 뒤로 물러나 타락하는 사람에게만 해당하는 것으로 상정하는 사람이 있다면 그리스도교 신앙을 고백한 적이 없는 사람이라 해도 얼마든지 '은혜의 성령'에게 언어도단과 치욕을 퍼부을 수 있다는 것, 다음과 같은 표현—"새롭게 되어 회개할 기회를 얻는 것"과 "우리를 정결하게 만든 보혈"—은 공적 고백을 하지 않은 사람들에게도 적용되는 것으로 보는 것이 옳다는 것, 그리고 앞의 기술의 나머지 부분은 성령을 거스르는 죄를 짓는 각계각층의 사람들 모두에게 적용된다는 것을 깨달아야 한다. 앞에 나온 문제를 이처럼 빠르고 개략적으로 다루었으므로 이번에는 당신이 제기한 세 가지 질의에 대해 논구해 보기로 합시다.

이 죄를 다른 사람들도 알 수 있을까?

당신이 던진 첫째 질의에 관해 생각해 봅시다. 누군가 이런 죄를 지었을 때, 나는 다른 사람들도 그 사실을 알 수 있을 것이라고 생각합니다. 만일 그것이 불가능한 일이라면 사도 요한이 우리에게 그 사람을 위해 기도하지 말라고 하는 일은 없었을 것이기 때문입니다. 개연성의 모습이 조금이라도 있기만 하다면 우리는 하나님의 자비하심을 경험한 적이 있고, 그를 위해 그리스도의 중보가 예비되어 있으며, 성령의 은혜를 내리실 것이 부정되지 않은 모든 사람들을 위해 기도해야 할 것입니다.

고대 교회도 그와 비슷한 판단을 내렸습니다. 그 당시 교회는 배교자인 율리아누스[10]를 위해 기도하는 것은 부적절할 뿐만 아니라, 실제로 그를 저주하는 기도를 했습니다. 그러나 내가 판단하기로는 이 죄를 인식하고 있음을 죄인 측에서 보이는 행위에 의해 알 수 있습니다. 그 첫째 행위는 강제되거나 압박을 받지도 않은 채 전적으로 자발적으로 그리스도의 이름을 고백한 것이고, 둘째 행위는 그리스도를 부인하고 이전의 모든 고백을 철회한 것입니다. 만일 이 두 행위에 신성모독, 핍박 등을 더해야 한다면 이 죄에 대한 판단은 한층 명확해질 것입니다. 이 같은 표지를 통해 얼마 동안 잠시 그리스도교 신앙을 공개적으로 시인했으나, 그

---

10) Flavius Claudius Iulianus(331~363). 최후의 비기독교인 로마 황제로서, 361년부터 363년까지 재위했다. 쇠락하는 제국의 부흥을 위해 로마의 전통을 부활하여 개혁하려고 노력했다. 이 때문에 후세의 기독교로부터 '배교자 율리아누스'라고 평가되었다.

후 뒤로 물러나 타락한 사람들에 관해서만 판단을 내릴 수 있음이 분명합니다. 자신과 자기의 신앙에 대해 공개적으로 고백한 일 없이 그리스도를 거부하는 사람들의 마음에서 성령의 증언이 어떤 효과를 야기하는지는 신적 계시(의 행위)가 없는 한 우리로서는 알 길이 없기 때문입니다.

"누구든지 어떤 교우가 죄를 짓는 것을 볼 때"(요일 5:16), 즉 그가 그리스도에 대한 믿음을 공개적으로 고백할 때, "그것이 죽음에 이르게 하는 죄가 아니면 하나님께 간구하십시오. 그리하면 하나님은 죽을 죄는 짓지 않은 그 사람들에게 생명을 주실 것입니다"(요일 5:16)라고 사도 요한이 말했을 때, 그는 바로 그 점을 암시한 듯합니다. 곧이어 일반적인 원칙을 다시 말합니다. "죽을 죄가 있습니다", 형제가 그런 죄를 범했을 경우 "이 죄를 두고 간구하라고 하는 말이 아닙니다." 배교자 율리아누스의 전체 역사에 대해 고찰해 보기로 합시다. 그러면 당시 교회의 판단이 우리가 방금 열거한 두 행위, 즉 첫째는 그리스도교 신앙에 대한 공개적 고백이고, 둘째는 타락, 신성모독, 핍박 행위에 근거를 두었음이 분명해질 것입니다.

가인과 사울은 이 죄를 범한 것인가?

둘째 질의에 관해 생각해 봅시다. "가인, 사울, 유다, 율리아누스, 프란세스코 스피라[11] 등은 바로 이 죄를 범한 것인가?" 이 주제에 대해 상

⁘

11) Francesco Spira(1502~1548). 베니스공화국의 시타델라 출신의 프로테스탄트 법학자. 근세 초기 프로테스탄트들은 그를 성령을 거스르는 죄의 무서운 결과를 보여 주는 대표적인 사례로 다루었다. 처음에 그는 복음적 진리를 수용했으나 외적 요인에 의해 신앙을 부인하고 철회했다. 그는 다른 사람들과 함께 베니스 종교재판정에 소환되었다. 그에 대한 재판은 1548년 5월 24일에서 6월 20일까지 이어졌다. 마지막 날, 성 마가의 바실리카에서 그는 자기의 판단 오류를 인정하고 신앙을 철회했다. 그는 고향에서도 같은 진술을 반복했다.

이하고 아마도 훨씬 정확한 견해를 가지고 있는 사람들의 판단에 대한 편견을 배제한 채 나는 가인이 이 죄를 범한 것이 아닌 것 같다고 말할 수 있습니다. 그렇게 말하는 데는 상당히 개연성이 있다고 생각하기 때문입니다. 왜냐하면 가인은 은혜에 대한 반감으로 인해 은혜를 거스르는 죄를 지은 것이 아니라, 은혜에 대한 도착적인 질투심과 동생 아벨을 시기했기 때문에 그랬던 것입니다. 그가 거절당한 은혜를 아벨은 풍성히 받았기 때문에 그는 형제 살인의 죄를 범했던 것입니다. 그가 느꼈을 절망감에 관해 우리는 해석자들마다 상이한 견해를 가지고 있다는 것을 압니다. 비록 그가 하나님의 자비하심을 수여받지 못했지만, 그렇다고 해서 우리가 다루고 있는 문제의 죄를 범했다고 결론 내릴 수는 없습니다. 왜냐하면 자포자기는 다른 죄들의 결과이며, 항상 그렇다고 말할 수 없지만 이 죄를 따라다니는 종자(從者)라고 생각되기 때문입니다.

사울의 죄는 그리스도의 모형인 다윗에 대해 자행된 것으로, 그는 양심의 소리에도 개의치 않고 다윗을 핍박했습니다. 하지만 그는 뚜렷한 의도를, 즉 장차 자기 자신과 후손들을 위해 왕국을 안전하게 지키겠다는 염원을 품고 죄를 범했습니다. 그러나 그리스도의 모형인 인물을 적대하여 죄를 짓는 것과 그리스도 자신을 적대하여 죄를 짓는 것은 전혀 별개의 일입니다(왜냐하면 그 당시 사울은 다윗이 그런 모형을 상징하는 인물이라는 것을 몰랐을 개연성이 짙기 때문입니다). 그가 유대교 신앙을 완전히 저버린 것은 아니었으므로 그 사실이 내게는 사울이 성령을 거스르는 죄를 짓지 않았을

••

집으로 돌아오는 길에 그의 양심 또는 영이 그를 질책하는 소리를 들었다. 그런 일이 계속되자 탈진 상태에 빠진 그는 파두아로 실려가 의사의 도움을 받았다. 그러나 치료는 아무 효과가 없었고, 집에 돌아온 뒤 얼마 안 있어 숨을 거두었다고 한다.

개연성으로 다가옵니다.

가룟 유다에 대한 나의 견해는 사뭇 다릅니다. 나는 그가 성령을 거스르는 죄를 지었다고 생각합니다. 그렇게 여길 만한 근거로 앞에서 제시한 두 가지 단서를 들 수 있습니다. 3년 동안 내내 그는 그리스도와 친밀한 대화를 나누었고, 그의 강론을 들었으며, 그가 행하시는 기적을 보았고, 동료 제자들과 함께 직접 복음을 전파하기 위해 파송되기도 했으며, 실제로 제자의 직무를 수행했고, 성령의 참여자가 되었으며, 스스로 기적을 행하기도 하고, 귀신을 내쫓았으며, 병자를 고치고, 그리스도의 이름으로 죽은 사람을 일으키기도 했습니다. 그러므로 그가 자기의 스승 예수 그리스도가 참된 메시아이며 하나님의 아들이라는 사실을 확신했고 의심의 여지 없이 믿었다는 사실은 결코 불확실한 문제로 치부할 수 없습니다.

그럼에도 그는 자기가 확고히 믿고 그렇게 고백했던 그리스도를 저버렸을 뿐만 아니라, 그를 찾아내 죽이려 했던 원수들의 손에 그를 넘겨주기까지 했습니다. 그가 이렇게 한 것은 연약함이나 어떤 용서할 만한 불가피함 때문이 아니라, 단순히 그리스도에 대한 악의와 순전한 반감 때문이었습니다. 그 점은 복음서 기자들의 기록에서 뚜렷이 나타납니다. '매우 값비싼 향유'를 그리스도의 머리에 부었던 그 순간 유다는 즉시 현장을 떠나 대제사장들을 찾아가서 자기의 배반의 대가에 대해 그들과 흥정하기 시작했습니다. 그런 행동은 당시에 그 향유가 팔리는 가격이었던 300데나리온을 날려 버렸고, 그리스도가 허락한 탓에 그 돈을 자기가 빼앗긴 것이라고 생각함으로써 그리스도에 대한 복수심에서 비롯된 것임이 분명합니다. 여기에 덧붙여 말해야 하는 것은 사도 베드로가 성경에서(행 1:2) 예시했듯이 그리스도의 모형인 다윗이 과거에 탄원하며 간구했던 말이 유다에게서 정확히 그대로 성취된 것이라는 사실입니다.

나는 그리스도에 대해 순전한 악의와 극도로 신랄한 적대감을 품고 이 죄의 모든 영역을 섭렵한 것으로 생각되는 배교자 율리아누스에 대해서도 매우 비슷한 견해를 가지고 있습니다. 왜냐하면 그는 그리스도교에서 돌아섰고, 그리스도에게 무수히 많은 모욕적인 언사를 퍼부었으며, 그리스도교 신자들과 그리스도교의 진리를 다양한 방법으로, 아니 차라리 그가 궁리해 낼 수 있는 온갖 수단을 총동원하여 핍박했기 때문입니다. 그는 또한 그리스도께서 행하신 이적이 하나님의 아들로서가 아니라, 마귀에게 속하는 것으로 단언했습니다. 바로 그 이유로 그 당시에 교회는 그에게 심판이 내려질 것을 기도했고, 그 기도를 하나님께서 들으시고 응답하셨습니다.

프란세스코 스피라에 관해서는 성령을 거스르는 죄를 지었다고 유죄 판결을 감히 내릴 수 있을지 매우 주저됩니다. 오히려 나는 그에 대해 반대되는 쪽으로 생각하는 편이고, 이점에 관해서는 오늘날 몇몇 높은 식견을 가진 분들의 판단을 따릅니다. 그들은 스피라에 대해 이 죄를 지었다는 판결에서 면제시킬 뿐만 아니라, 그가 지은 다른 죄를 용서할 수 있는가 하는 문제에서 그를 제외하지도 않습니다. 왜냐하면 그는 그리스도 자체를 부인했던 것이 아니라, 교황주의자들이 불만스럽게 생각함에도 불구하고 그리스도에 대한 판에 박힌 신앙고백을 거부했기 때문입니다. 그는 알려진 대로 진리에 대한 악의와 반감에 의해 프로테스탄트 신앙고백을 회피했던 것이 아니라, 연약함 때문에, 그리고 그가 필요하다고 보았던 어떤 수준의 선함을 강렬하게 열망했기 때문입니다.

그는 재산이 강제로 압류되고 몰수될까 봐 두려워했는데, 그럴 경우 그 자신과 가족들까지 삶을 영위하기가 완전히 불가능해질 것이라고 생각했던 것입니다. 좌절의 극심한 고통 속에서도 그는 그리스도에 대해서뿐만 아니라, 그가 신봉했던 진리에 대해서도 고상하고 훌륭한 말을 자주 했습니다. 주변의 지인들이 그에게 그가 저지른 모독 행위를 용서해 주실 것을 하나님께 간청하고 마음에 확신을 얻도록 해 보라고 권고했을 때, 그는 아무것도 더 바라는 것이 없다고, 오히려 사실 아무리 엄청난 고통을 겪더라도 하나님의 용서를 돈으로 살 수 있었으면 좋겠다고 대답했습니다. 그러나 돈으로 용서를 사는 것이 불가능하다는 것을 그는 잘 알고 있었습니다. 엄밀히 말해 그의 이런 소망 자체가 그리스도의 피를 모독하는 일이라는 것을 아무도 상상조차 못했던 것 같습니다. 그는 그를 방문하는 사람들에게 육체를 죽일 것, 이 세상 삶의 좋은 것을 멀리할 것, 그리스도와 진리의 목적을 저버려야 한다면 목숨 자체를 미워할 것 등을 부지런하고 진지하게 설파했다고 합니다.

이런 모든 특수한 면모는 로마교회로부터 그를 사면하고, 복음주의 교회 또는 개혁교회와 연합을 이룰 것을 요청하도록(베네치아 주에 사는) 많은 사람들을 이끌어 내는 요인이 되었습니다. 그리고 이 같은 연합을 실제로 실천했던 사람들 사람들에게 그런 사항은 그들 자신의 고백을 견인하게 만드는 동기로 작용했습니다.

인자를 거스르는 죄와 성령을 거스르는 죄에 관하여

셋째 질의에 관해 생각해 봅시다. 나는 이 죄가 성령 자신을 직접 공격하는 것이 아니라, 일차적으로 엄밀하고 직접적으로 그의 은혜로운 행위를 표적으로 삼아 저지른 것이라고 답하겠습니다. 하지만 이것 역시 성령 자신에게도 엄청난 모독과 오만무례한 행동이 될 것이므로 성령께서도 이 죄로 인해 불명예와 무례함을 얻게 된다고 말해야 합니다. 더욱이 그것은 부수적인 일이 아니라, 본질적인 것 자체에 해당합니다.

그러나 이것으로부터 타당하게 귀결되는 것은 성령이 우리가 흔히 특질의 양태에 포섭되는 것으로 생각하는 하나님의 어떤 속성이나 덕이나 능력 같은 것이 아니라, 살아 있고 지적이며 의지력과 행동력을 가진, 아버지와 아들과 구별되는 존재라는 사실입니다. 그것을 사람들은 '위격(person)'이라는 이름으로 구별합니다. 나는 그 점을 여러 논증에 의해 증명할 수 있다고 생각합니다.

첫째, 성령은 아들과 구별되는 위격입니다. 그렇게 말할 수 있는 것은 그 스스로 주도권과 권능을 소유하는 방식의 원리를 통해서가 아니라, 자기의 행위에 관해 전권과 권능을 행사하는 방식의 원리를 통해 이적을 행하는 힘을 갖기 때문입니다. 만일 그런 힘이나 능력이 아버지로부터 그리스도에게 전달된 자립적 본성을 가진 것이 아니었다면 성령은 아들과 위격적으로 구별될 수 없었을 것입니다.

둘째, 사람이 성령을 거스르는 죄를 짓고, 영에 적대하는 신성모독의 말을 쏟아낼 때, 그가 질고와 멸시를 당하는 것으로 말해지기 때문입니다. 나는 그런 표현이 하나님과 그리스도의 내부에 성령이 존재하는 것이 아니라, 성령 자신의 실존성과 존속성을 확보하고 있음을 가리키는 것으로 생각합니다. 특히 우리가 다루고 있는 이 죄가 인자를 거스르는 죄와 구별될 때, 만일 그것이 그리스도의 내부에 종속적으로 존재하는, 따라서 그에 의해 사용될 수 있는 어떤 능력으로부터 발출된 행위를 적대하여 저질러진 것이고, 따라서 강한 능력을 가지고 스스로 행동하는 성령 자신을 적대하는 것이 아니라고 말할 경우, 있을 수 없는 일임에도 그렇게 구별되고 있기 때문입니다. 왜냐하면 위격들에 속하는 여러 행위가 있듯이(그들은 자신만의 고유한 자연적인 속성을 통해 행동하지만) 위격들 각각에 속하는 정념이 존재하기 때문입니다.

만일 어떤 사람이 회개로 이끄시는 하나님의 은혜로운 초청을 거절한다면 그 죄는 하나님의 자비심에서 비롯된 행위를 거슬러 저지른 것이라고 말해집니다. 그와 마찬가지로 그 죄를 범한 사람이 하나님의 자비하심을 거스르는 죄를 지었다고 말할 수 있지만 바로 그 행위에 의해 그 죄는 마땅히 하나님을 거슬려 자행된 것이 됩니다. 왜냐하면 하나님은 자기의 은혜로운 자비하심을 따라 그 은혜로운 초청을 하신 장본인이시기 때문입니다. 따라서 하나님의 자비하심을 거스르는 죄를 지은 사람이 하나님을 거스르는 죄를 지은 것이 아니라, 단지 그의 자비하심을 거스르는 죄를 지었을 뿐이라고 말할 수 없습니다. 성령의 은혜로운 행위를 거스르는 죄를 지은 사람은 이 본문에서 보듯이(마 12:31, 32) 인자가 아니라 성령을 거스르는 죄를 지은 것이다.

죄를 생각하는 것만으로도 죄인이라 부를 수 있는가?

이상의 세 가지 질의에 이어 넷째 것을 더할 수 있을 것입니다. "이 죄를 짓는 것에 대해 생각하고, 그것을 행동에 옮기는 것에 대해 진지하게 숙고하는 것만으로 죄라는 명칭으로 분류해야 하고, 자기 형제에게 분노를 품었던 살인자 또는 자기 이웃의 아내를 엿보고 그녀를 향해 정욕을 품는 마음의 간음죄를 짓는 사람이 죄인으로 불리듯이 그런 사람도 죄인으로 부를 수 있는가?"

나는 이것만으로 죄 자체가 성립한다고 볼 수 없다고 답하겠습니다. 왜냐하면 죄를 차단하기 위해 성령이 공급하는 방어기제를 끝내 거부하면서 문제의 죄를 실행에 옮기기로 최종적으로 확정적인 결론을 내리기까지 그가 계속 이 문제에 대해 숙고하는 한 성령께서는 그 죄를 막기 위해 그의 마음속에서 자기의 유효적 권능을 왕성하게 행사하실 것이기 때문입니다. 마침내 그가 그런 결론을 내리고 나면 곧 죄가 뒤따를 것입니다. 그가 그리스도에 대한 악의와 반감을 끌어안고 그 수위까지 자신을 내몬다고 해도 그 죄는 그리스도를 거부하고 배척한 것과 관련될 뿐, 좋은 시절에 그가 수많은 헌신자를 배출했다는 사실과는 무관합니다.

1599년 3월 3일 암스테르담에서

1536	네덜란드 종교개혁가인 멘노 시몬스의 재세례파 입교. 에라스뮈스 사망. 장 칼뱅의 『그리스도교 강요』 출간.
1546	마르틴 루터 사망.
1549	스페인 국왕 필리페 2세에 대한 충성 서약. 황제 조칙. 스페인령 네덜란드 시대의 개시.
1560	아르미니우스 탄생. 부친 사망 후 프로테스탄트 성향의 가톨릭 사제 테오도루스 에밀리우스에게 입양됨.
1561	푸아시 회담 개최. 남부 지역의 지하 개혁주의 운동. 벨기에 고백(네덜란드 신앙고백) 초판 인쇄.
1563	하이델베르크 요리문답. 39개 조항 출간.
1572	해안 지역 거지들(Sea Beggars) 집결하여 내륙의 도시 장악. 이 시기에 위트레흐트에서 아르미니우스의 학업 시작.
1574	도르트레흐트 시노드. 프로테스탄트 도시의 개혁교회에 총집결 명령을 내림.
1575	루돌푸스 스넬라우스의 후원으로 아르미니우스의 마르부르크 유학. 레이던대학 창립. 오데봐터 학살기에 아르미니우스 가족(모친, 형제, 누이) 사망.
1581	아르미니우스의 제네바 유학을 후원하는 암스테르담 상인 길드의 인준.
1582	제네바 아카데미에서 테오도르 베자와 안토니우스 파이우스 아래 1586년까지 신학 수학.
1588	목사직 서임. 암스테르담 개혁교회에서 목회 사역(1588~1603).
1590	예수회에 맞서기 위해 레이던에 신학부 창설. 암스테르담 상인 라우렌스 야콥스 레알의 딸인 래이스벳 레알과 결혼.
1592	네덜란드 국가회의 주도하에 플란시우스의 세계 지도 제작. 플란시우스

와 세 명의 상인 대표들이 동인도 무역을 위한 기안 수립.

1593 아르미니우스와 유니우스의 예정 교의에 관한 20개 논제에 대한 공개 토론(레이던대학에서 개최된 공개 토론회로, 윌리엄 코다에우스가 좌장을 맡음).

1597 아르미니우스와 유니우스가 예정과 유기를 주제로 서신 토론.

1598 올리비어 판 노르트, 네덜란드 역사상 최초의 세계 일주 원정.

1599 재세례파에 대한 반박문을 집필하는 임무를 부여받음.

1601 미들부르크에서 라우렌스 아코프 레알 사망. 홀란트 지역에 페스트 창궐.

1602 연합동인도회사 1차 원정대 출항. 아르미니우스의 청원으로 잉글랜드 신학자인 윌리엄 퍼킨스의 저술에 관한 법정 조사. 트렐카티우스 교수와 유니우스 교수가 레이던에서 사망.

1603 유니우스의 후임으로 아르미니우스가 레이던대학 신학부 교수로 취임. 신학 박사 학위 취득. 교수 취임 강연.

1604 예정 교의에 관한 논제 발표. 호마루스의 공격 개시.

1605 레이던대학 총장 취임. '아홉 가지 질의'에 대한 답변 제시.

1608 하우다 교리문답 출간.

1608 홀란트와 웨스트 프리슬란트 국가회의의 명령에 따라 31개 조항과 예정 교의에 대한 입장 선언. 네덜란드 신앙고백과 하이델베르크 교리문답 관련 해명. 국가회의 앞에서 프란시스코 호마루스의 입장 선언.

1609 2월에 아르미니우스의 급성 질환 발병. 스페인과 휴전 협상 조인. 헤이그에서 아르미니우스와 호마루스와 양측 대리인들 간의 컨퍼런스 개최되었지만 질병으로 인해 아르미니우스 중도 포기. 10월 19일에 아르미니우스 사망.

1610 아르미니우스를 지지하는 항론파(Remonstrance)의 5개조 항변 선언.

1618 도르트 시노드(Synod of Dortrecht, 1618~1619)에서 항론파에 대한 단죄와 파문 선고.

1619 5월 9일 154차 총회에서 타죄 이전설을 옹호하는 도르트 신조(Dord Canon) 선언.

찾아보기

지은이

:: 야코부스 아르미니우스 Jacobus Arminius, 1560~1609

네덜란드 개혁교회 역사의 주요 인물 중 하나로, 1560년에 네덜란드 중부 위트레흐트 주 아우더봐터에서 태어났다. 선조로부터 내려오는 이름은 야코프 헤르만스존(Jacob Hermanszoon)이지만, 후일 아르미니우스 자신이 게르만식 이름을 택했고, 그 결과 오늘날 우리가 아는 바대로 그의 공식 이름은 야코부스 아르미니우스가 되었다. 일반인에게 알려진 제임스 알미니우스(James Arminius)는 그의 영어식 이름이다.

철기 제조업자였던 부친은 아내와 어린 자녀들을 두고 일찍 사망했다. 아르미니우스의 모친과 형제자매들은 1575년 스페인 학살 기간 중 사망했다. 일찍이 가톨릭 사제 테오도루스 에밀리우스에게 입양된 아르미니우스는 그의 후원 아래 초등 교육을 받았고, 레이던대학에서 수학했다. 이후 암스테르담 상인 길드와 시정부의 후원으로 그는 스위스 제네바에서 장 칼뱅의 제자인 테오도르 베자 아래서 칼뱅주의 신학을 공부하게 되었다. 1587년, 목사 안수를 받은 그는 1588년부터 15년 동안 암스테르담 개혁교회에서 목회 활동을 계속하면서 로마서를 집중적으로 연구했다. 특히 로마서 7장 14절의 요지를 논증으로 구성한 것으로 유명하다. 예정론에 대한 그의 유명한 입장 선언은 이때의 설교를 바탕으로 한다. 1603년, 레이던대학의 저명한 신학자인 프란시스쿠스 유니우스 교수가 사망함에 따라 아르미니우스가 후임으로 신학부 교수가 되었다.

아르미니우스는 칼뱅주의 예정론에 대한 반론을 제기하기 시작하면서 동료 교수인 프란시스쿠스 호마루스와 공개적인 논박과 저술을 통해 격론을 주고받았다. 1608년에는 국가회의 앞에서 입장 선언을 하기도 했다. 이후 여러 종류의 회의가 진행되던 중 1609년 10월 19일에 지병 악화로 세상을 떠났다.

옮긴이

:: 김혜련

연세대학교 철학과를 졸업하고 서울대학교 미학과 석사 과정을 수료했다. 미국 버팔로 소재 뉴욕주립대 대학원에서 인문학 석사와 철학 박사 학위를 받았다. 귀국 후 교육부 박사후 연수 과정에서 '실용주의와 환경미학의 문제'를 주제로 연구했다. 서울대학교 미학과와 연세대학교 철학과 강사, 홍익대학교 미학과 대학원 겸임교수, 연세대학교 미디어아트연구소 HK연구교수를 역임했다. 현재 연세대 인문학연구원 전문연구원이다. 관심 있는 연구 분야는 감정 철학, 프래그머티즘, 신학미학이다. 지은 책으로『예술과 사상』,『센티멘털리즘과 대중문화』가 있고, 옮긴 책으로는 아서 단토의『일상적인 것의 변용』, 론다 쉬빈저의『젠더 분석: 과학과 기술을 바꾼다』, 윌리엄 제임스의『다원주의자의 우주』등이 있으며, 주요 논문으로「감정과 주체의 죽음: 여성주의적 읽기」,「'감각질로서의 통증'에 대한 비판의 철학적 함의에 관하여」,「음악의 미적 경험의 다중양상성에 관한 연구: 신경인지적 관점에서」등이 있다.

한국연구재단총서 학술명저번역 667

야코부스 아르미니우스 전집 2

1판 1쇄 찍음 | 2025년 1월 15일
1판 1쇄 펴냄 | 2025년 2월 5일

지은이 | 야코부스 아르미니우스
옮긴이 | 김혜련
펴낸이 | 김정호

책임편집 | 임정우
디자인 | 이대응

펴낸곳 | 아카넷
출판등록 | 2000년 1월 24일(제406-2000-000012호)
주소 | 10881 경기도 파주시 회동길 445-3
전화 | 031-955-9511(편집)·031-955-9514(주문)
팩시밀리 | 031-955-9519
www.acanet.co.kr

Printed in Paju, Korea.

ISBN 978-89-5733-968-8 94230
ISBN 978-89-5733-214-6 (세트)

이 번역서는 2019년 대한민국 교육부와 한국연구재단의 지원을 받아 수행된 연구임
(NRF-2019S1A5A7069252)

This work was supported by the Ministry of Education of the Republic of Korea
and the National Research Foundation of Korea. (NRF-2019S1A5A7069252)